KB042772

한국 고대의 시선과 시각

이강래 지음

한국 고대의 시선과 시각

이강래 지음

주류성

[책머리에]

인문학의 깊이란 댐의 높이와는 다른 것이라, 한 사람의 연구자가 바르게 성숙하는 데에는 한 세대가 오히려 짧다고들 말한다. 그러나 살아온 이의 타고난 바탕과 걸음의 태세에 따라 세대의 무게와 굴곡 또한 같을 리 없는바, 누구나 함부로 자부할 말은 아닐 것이다. 그동안 책머리에 담을 말씀을 고를 때마다, 처음 제 목소리로 글을 세워보던 대학원생 시절을 되돌아보면서 늘 거듭하게 되는 주저함의 연원이다. 그러다 보니 한 세대는 커녕 세월을 아무리 더한다 한들 궁리가 절로 여물지 않는다는 사실만 분명해지고 말았다.

작년에 또 한 차례 글들을 묶어 펴내면서, 책 표지에 이렇게 토로한 적이 있다.

> 역사학은 인간의 경험에 바탕을 둔다. 모든 사태에는 그를 경험한 당사자가 있다. 경험 주체는 그가 개입한 사건에 대해 가장 직접적인 설명자가 될 수 있다. 이미 발생한 사태라는 점에서 그것들은 기억의 대상이기도 하다. 어떤 사건이든 문자로 기록되기 전에는 사람들의 기억 속에서 형성되고 보존되며 또 변전할 수밖에 없다. 경험은 감각 수단에 의존하며, 그에 대한 기억은 정서적 맥락에 좌우된다. 경험 주체의 기억이란 동시대 구성원들이 공유하는 가치와 의미를 내재한 것들이다. (『한국 고대의 경험과 사유 방식』, 2020)

지금 다시 글들을 모으고 나누어 맥락과 순서를 정해본 이 책도 저와 같은 나름의 定言 몇 마디 범주를 벗어나지 못한다. 음미의 대상 자료 또한 고려 사회가 낳은 『삼국사기』와 『삼국유사』이며, 경험과 기억과 설명과 기록과 인식 따위의 층위를 따지고 가른 귀결 역시 의구하여 다름이 없다. 두 문헌은 한국의 고대를 시공간으로 삼는 한편, 후대 사람들의 눈과 손으로 정돈된 知的이자 시대적인 산물이다. 이는 문헌들의 본래적 속성이기도 하지만, 이 책의 제목 가운데 '시선'이 대상 중심의 방향성을 이끈다면, '시각'은 대상에 대한 설명과 기록의 주체가 설정하는 인식 틀과도 같은 것이다.

그러므로 서론의 두 글은, 역사의 특정 사태[경험]와 그에 대한 설명[인식] 사이의 복잡다단한 '거리'를 의심하지 말 것이며, 동시에 그 양단을 매개하는 수많은 단서를 꾸밈없이 존중하자는 다짐에 해당한다. 다시 말해 고대를 채우고 안내하는 특정 문자 정보가 가리키는 바의 내용보다는, 마땅히 그 형성의 문제에 먼저 주의를 집중할 것을 제안하였다. 설화적 설명의 저류에 잠복해 있는 '비경험적 역사성'을 간과하지 않기 위함이다. 그리하여 착안한 이 역설적 정보들의 사료적 자질과 가치 그리고 설명력은, 여러 방향의 비판력과 상상력을 디딤돌 삼아 새롭게 획득되거나 회복되리라고 믿는다.

1편 '고대사 정보의 이해 방식'에서는, 먼저 고구려와 백제의 왕조 멸망에서 파생된 설화들을 고대인들의 보편적 사유 방식과 정서를 근거로 분석하고 비교하였다. 기록자와 해석자의 설명에 우선하여, 사태를 경험한 행위자들 스스로가 '여기고 있는 진실'의 설득력을 웅변하는 적실한 사례들이었다. '익산'에 대한 인식 문제는, 특정의 역사 공간이 마한의 왕과 백제의 왕, 그리고 보덕국과 후백제 등 실제 전개된 경험과 그에 대한 기억과 설명 사이의 착종에 그치지 않고, '마한정통론'과 '일통삼한론' 같은 당대적 명분이 개입하면서 변용이 무성하게 파생하는 현상을 예증하기에 적합하였다.

하나의 보편적 제도로서 '혼인'은 구체적 정치 단위의 생태 조건, 경제 전략, 남녀 비율, 전투 역량, 행동 양식, 계층 분화, 사회 규범 등의 요소들이 누층적으로 교차하는 주요 결절점[노드]이라고 이를 만하였다. 게다가 고대인들의 행위와 관념의 저층에 자리한 감성적 동인을 가늠하여 고대의 인간관과 세계관을 헤아리는 데 매우 유효한 분석 영역이었다. 한편 '물'은 지극히 일상적 요소이면서도 건국 신화를 비롯한 다양한 설화 가운데 신성성과 지배자의 권능을 표상하는 상징물이기도 하였다. 그로 말미암아 조화로운 강우와 절기를 누리기 위한 의례와 조치들에는 고대의 정서와 사유가 스며있게 마련이었다.

2편 '문헌 자료의 형성과 성격' 부분은 『삼국유사』의 서술자가 선택하고 활용한 자료의 문제와 편찬의 문제를 아우르고, 그 사서적 성격을 분석한 글들로 갖추었다. '후백제견훤'조는 고려 이전 왕조 단위 서술의 마지막이자 백제사의 종결이기도 하여, 기이편 구조의 내재적 이해와 서술자의 인식을 탐색하기 위한 지침으로 삼기에 적절하였다. 이를 바탕으로 기이편 전체 서술에 기여한 자료들의 인용과 활용 방식을 분석하였다. 그 과정에서 기이편의 구조가 종족적 연계와 정치체의 계기성에 근거하고 있으며, 그 전개 과정은 고려의 '일통'으로 귀일하도록 서술되었음을 확인하였다.

그와 함께 『삼국유사』에는 불교 신앙의 홍포에 대한 열망 못지않게, 관념 속의 승리라는 신비적 사유가 강요되고 있던 13세기 후반의 현실이 상당한 규정력으로 작동하고 있었음을 각성하였다. 이 점은 『삼국사기』가

12세기 중엽의 점증하는 왕조 위기에 대한 하나의 정치적 대안이었던 사실과도 유사한 것이다. 끝으로 『삼국유사』의 편찬 과정에 어떤 유기적 서술 방식들이 원용되었는지를 추적해 보았다. 이로써, '증명되지는 않았으나 배제할 수도 없는' 가필자의 역할이란, 애초 편찬자의 방식과 인식에 공감한 위에서 극히 제한적으로 간여하는 데 그쳤다고 여기게 되었다.

결국, 이 책에 담은 문제의식들은 충분히 오래전에 발아된 것들이라는 점에서 지속적이었으되 새롭지 못하다. 한 세대를 견지할 만큼 의젓하지도 치열하지도 않았다. 평생의 궁리가 겨우 교과서의 통념 한 줄 바꾸는 데 그쳤노라 하신 선학의 자탄이 차라리 숙연하게 다가오는 즈음이다. 누군가에게 내 생각을 이른다는 게 교수로서는 익숙한 일인 듯하면서도, 낯설고 두려운 무엇인가를 끝내는 온전히 밀어젖히지 못한 채 말의 자락을 여미게 되었다. 이제 동료 연구자들의 눈길이 머무는 어느 한 갈피나마 있어서, 주류성 편집진의 다정한 배려에 갚음이 되기를 바랄 뿐이다.

2021년 9월, 이강래

[부기]

이 책에 수록한 글들은 책 전체의 유기성을 위하여 처음 발표된 글로부터 크고 작은 수정과 산삭을 거친 것들이지만, 애초의 중심 논지가 달라지지는 않았다. 각 장별로 처음의 발단이 된 글의 원제와 출전은 아래와 같다.

서론 1장. 「『삼국사기』 '정보' 비판을 위한 제언」 『韓國古代史研究』 100, 2020

2장. 「『삼국유사』 '정보' 비판을 위한 제언」 『삼국유사의 세계』, 세창출판사, 2018

1편 1장. 「고구려 멸망론의 설화적 파생」 『한국 고대사 연구의 자료와 해석』, 사계절, 2014

2장. 「백제 멸망론의 설화적 파생」 『韓國史學報』 77, 2019

3장. 「고대의 익산에 대한 후대의 인식」 『익산, 마한·백제연구의 새로운 중심』, 서경문화사, 2014

4장. 「한국 고대 혼인의 사회사적 함의」 『호남문화연구』 49, 2011.

5장. 「한국 고대사회의 물, 그 문화적 맥락」 『역사에서의 물과 문화』, 엔터, 2010

2편 1장. 「『三國遺事』 '後百濟 甄萱'條의 再檢討」, 『후백제 견훤 정권과 전주』, 주류성, 2001

2장. 「『삼국유사』 기이편의 자료 수용 방식」 『삼국유사 기이편의 연구』, 한국학중앙연구원, 2005

3장. 「『삼국유사』의 사서적 성격」 『韓國古代史研究』 40, 2005

4장. 「『삼국유사』 편찬의 유기성 문제」 『歷史學研究』 40, 2010

목차

책머리에 ······ 4

서론 | 정보 비판의 전제 ······ 13

1장 『삼국사기』 '정보' 비판을 위한 제언 ······ 15
1. 논의의 발단과 전제 ······ 15
2. 사료 비판의 문제적 시각 ······ 22
3. 동사 '거느리다'의 표기 분포 ······ 29
4. 주요 표기의 빈도와 경향 ······ 37
5. 정보 가치 판별의 준거 ······ 44

2장 『삼국유사』 '정보' 비판을 위한 제언 ······ 52
1. 정보의 사료적 자질 문제 ······ 52
2. 오인(誤認·引)과 오각의 분별 ······ 57
3. 정보 서술의 유기적 맥락 ······ 63
4. 파편 정보의 역사성 회복 ······ 70

1편 | 고대사 정보의 이해 방식 ······ 77

1장 고구려 멸망론의 설화적 파생 ······ 79
1. 고구려 멸망의 역사성 ······ 79
2. 羊皿의 개소문 환생담 ······ 83
3. 楸南의 김유신 환생담 ······ 87
4. 평양 만월성의 망국담 ······ 91
5. 普德의 이암과 망국담 ······ 95
6. 멸망론 설화의 일상성 ······ 99

2장 백제 멸망론의 설화적 파생 ······ 103
1. 고대적 설명의 보편성 ······ 103
2. 반월과 만월의 상징 해석 ······ 108
3. 원혼의 환생과 설분의 논리 ······ 116
4. 권위의 이탈과 기억의 왜곡 ······ 123
5. 신성성의 파탄과 세속화 ······ 130

3장 고대의 익산에 대한 후대의 인식 ······ 138
1. 익산의 역사적 경험 ······ 138
2. 마한과 정통의 맥락 ······ 143
3. 백제와 일통의 맥락 ······ 152
4. 기억과 설명의 파생 ······ 160

4장 한국 고대 혼인의 사회사적 함의 ······ 167
1. 논의 범주와 전제 ······ 167
2. 고대 혼인의 속성 ······ 173
3. 혼인 규범의 양상 ······ 179
4. 사회 경제적 맥락 ······ 185

5장 한국 고대사회 물의 문화적 맥락 ······ 193
1. 고대의 사유와 물 ······ 193
2. 물의 관리와 이용 ······ 195
3. 물의 상징과 의례 ······ 219
4. 치자의 권능과 물 ······ 243

2편 | 문헌 자료의 형성과 성격 ······ 251

1장 『삼국유사』 '후백제견훤'조의 자료 분석 ······ 253
1. 문제의 소재 ······ 253
2. 자료의 계통과 범위 ······ 257
3. 「三國史本傳」과 「古記」 ······ 265
4. 찬자의 인식과 의도 ······ 273

2장 『삼국유사』 기이편의 자료 수용 방식 ······ 287
1. 기이편의 설정 의의 ······ 287
2. 자료의 인용 방식 ······ 293
3. 자료의 활용 방식 ······ 326
4. 기이편의 서술 맥락 ······ 361

3장 『삼국유사』의 사서적 성격 ······ 372
1. 本史와 遺事 ······ 372
2. 자료의 수용 ······ 383
3. 활용의 맥락 ······ 394
4. 편찬의 주체 ······ 408
5. 사서적 위상 ······ 423

4장 『삼국유사』 편찬의 유기성 문제 ······ 440
1. 검토의 시각 ······ 440
2. 지시와 호응 ······ 445
3. 분재의 맥락 ······ 461
4. 논증의 기준 ······ 476
5. 오류의 적용 ······ 491

참고논저 ······ 509

찾아보기 ······ 522

서론

정보 비판의 전제

1장 • 『삼국사기』 '정보' 비판을 위한 제언

2장 • 『삼국유사』 '정보' 비판을 위한 제언

『삼국사기』 '정보' 비판을 위한 제언

1. 논의의 발단과 전제
2. 사료 비판의 문제적 시각
3. 동사 '거느리다'의 표기 분포
4. 주요 표기의 빈도와 경향
5. 정보 가치 판별의 준거

1. 논의의 발단과 전제

『삼국사기』는 한국 고대의 역사를 음미하기 위한 문자 자료 가운데 중심적 지위를 지닌 책이다. 그러나 신라와 고구려와 백제의 역사 경험을 정돈한 자료로서는 지극히 소략하여, 『삼국사기』 정보만으로는 어느 국면 하나인들 제대로 헤아리기가 어렵다. 『삼국사기』가 서술 대상으로 삼고 있는 세 나라의 존속 기간을 합산하면 2,000년을 크게 상회한다. 그에 반해 『삼국사기』의 정보량은 18(행)×18(자)가 최대 분량인 목판 800매에 지나지 않는다. 게다가 단순한 왕대력 자료인 연표를 제외한다면, 200자 원고지 1,000매 남짓 분량에 불과한 것이다.

고대 삼국의 구성원들이 경험한 바를 저와 같은 기록물이 옳게 감당하여 전할 수 없다는 것이야 다시 이를 나위가 없다. 그러나 더 큰 문제는 분량보다 내용일 것이다. 물론 『삼국사기』 정보의 본질은 고대 삼국인들이 경험한 사실들이라고 말할 수 있다. 그러나 그 사실들이란 오늘의 독자들이 제기하는 질문에 대해 유의한 대답의 자질을 갖추지 못한 것들이 대부분이다. 게다가 경험된 사건의 복원에 직접 기여하지 못하는 것처럼 보이는 '비경험적' 정보들이 너무나 많다. 그러한 정보들은 미처 충분히 독해되지 못한 채 방기되어 있기도 하다.

경험된 사건의 구체적 시공간과 행위 주체가 제대로 갖추어진 정보들이라 할지라도 의혹은 멈추지 않는다. 특정 사태가 경험된 후 그에 대한 기억과 전승과 채록의 굽이마다 의도하거나 의도하지 못한 착종과 변용이 거듭되었기 때문이다. 사료 비판이란 그러므로, 저와 같은 병리적 요소들을 헤아리고 드러내고 옳게 정돈하는 작업일 것이다. 사실 이러한 진단은 너무도 당연한 바라 수긍하는 게 그다지 어렵지 않지만, 각성의 정도와 수용하는 방식에는 연구자들 사이에 편차가 제법 큰 것 같다.

이 논의의 성격을 드러내기 위해 잘 알려진 사례 하나를 환기해 본다.

『삼국사기』에는 신라 訖解尼師今 대에 벽골지를 만들었다고 하였다. 벽골지가 오늘날 전라북도 김제시 부량면의 벽골제라는 데는 큰 이견이 없다.[1] 이곳은 전주시의 서남쪽 방향이며, 서해로 들어가는 동진강 하구까지 멀지 않은 지점으로서, 당시의 신라가 안정적으로 점유할 수 있는 공간이 아니다. 그러므로 이 정보는 백제의 그것으로 이해하는 것이 대세이다. 공

1) 『삼국사기』 36 雜志 5 지리 3 全州, "金堤郡은 본래 백제의 碧骨縣이다".

간 조건으로 판단할 때, 제한적이나마 있을 법한 추정이다. 시간 조건으로는 백제의 比流王 대에 해당하므로, 규모와 기술의 측면을 비롯하여 얼른 동의하기 어려운 요소들도 없지 않다.[2] 여하튼 그것이 신라본기에 기재된 이유는 어떤 연유의 오류일 것 같다. 다만 이러한 설명이 끝내 불가해한 것은 아닐지 모르지만,[3] 흔연히 수긍하기도 쉽지는 않다.

그런가 하면 『삼국유사』에도 『삼국사기』와 상응하는 정보가 있다. 비교를 용이하게 하기 위해 두 책의 정보를 함께 인용한다.

- 訖解尼師今 21년(330). 始開碧骨池 岸長一千八百步 (『삼국사기』 2 신라본기 2)
- 乞解尼叱今 己丑(329). 始築碧骨堤 周□萬七千二十六步 □□百六十六步 水田一萬四千七十□ (『삼국유사』 왕력, □은 결락된 글자 수를 추정한 표시)

두 정보의 '벽골지'와 '벽골제'는 동일한 대상을 이른다. 위의 정보를 사실로 받아들일 것이냐의 여부와는 별개로, 벽골제[지] 자체는 신라 하대 이후 고려와 조선 시대에 걸쳐 여러 차례 보수와 중수가 거듭되어 오늘에 이르고 있다. 벽골제는 바로 『삼국사기』가 서술되고 찬진되던 고려 중기에도 중수되었고, 또 조정에서 각별하게 거론되고 있었다.[4] 그러므로 위

2) 김기섭, 2000, 『백제와 근초고왕』, 학연문화사, 182~184쪽.

3) 이와 관련하여, 제방 밑바닥에서 채취한 식물 시료로 얻은 방사성탄소 연대 측정 결과가 대체로 4세기 중엽 경으로 드러난다는 지적을 환기한다. 尹武炳, 1976, 「金堤 碧骨堤 發掘報告」 『百濟硏究』 7.

4) 『고려사』 세가 17, 인종 24년 2월.

두 정보에 보이는 서로 크게 다른 규모가 어느 때의 어떤 실체를 대상으로 한 것인지 확정하기는 어렵다. 두 책이 서술되기 이전 어느 시점의 측정치들이었을 규모의 차이는, 최초의 축제 단계 및 이후 증축 단계의 실상을 각각 반영한 것일 수도 있다.[5] 아울러 벽골제는 기본적으로 관개 제언이며 저수 기능과 방조 기능을 겸한 것으로 판단한 논의를 환기한다.[6]

무엇보다 먼저 주의할 사항은, 위 두 정보의 자료 원천이 같을 수는 없다는 점이다. 또한, 그럼에도 불구하고 두 정보는 동일한 사건을 대상으로 하고 있다는 점이다. 예컨대 만약 왕력의 벽골제 '始築' 정보가 유년칭원법에 충실한 자료에서 비롯했고, 반면에 신라본기의 벽골지 '始開' 정보는 『삼국사기』 본기에 일괄 적용된 유월칭원법에 따른 기년을 취한 것이라고 한다면, 양 측의 기록에 보이는 '기축년'과 '재위 21년'은 실상 같은 해가 될 수도 있다.[7] 말하자면 위의 두 정보는 동일 사건에 대한 서로 다른 전승 자료를 각각의 서술 기반으로 삼았다고 여길 만한 것이다.

한편, 지금은 알 수 없는 원전들 가운데 적어도 하나에는, 축제의 주체를 신라로 명시하거나 그렇게 간주할 만한 문맥으로 서술되어 있었을 것이다. 예컨대 원성왕 6년(790)에 벽골제가 소재한 전주를 비롯하여 무려 7개 州의 인력을 동원해 벽골제를 증축한 일이 있었듯이, 오랫동안 벽골제는 신라의 대표적인 토목 시설로 알려져 왔던 것이다. 원성왕 대에는 오늘날 경상북도 영천시에 있는 菁堤에 대해서도 대규모 수리 사업이 이루어

5) 신증동국여지승람』 33 金堤郡 고적조. 永樂 13년(1415) 당시 중수된 벽골제는 길이가 60,843尺이고 堤內 周回가 77,406步이며 堤下의 蒙利面積이 약 9,840結이라고 하였다.

6) 성정용, 2007, 「金堤 碧骨堤의 性格과 築造時期 再論」 『한·중·일의 고대 수리시설 비교연구』, 계명대학교출판부, 91~94쪽.

7) 이강래, 2011, 『삼국사기 인식론』, 일지사, 130쪽.

졌다.[8] 이처럼 7세기 이후 신라가 국가적 규모로 관리하게 된 벽골제에 대한 기억과 전승이 그 처음 '開築' 관련 전승 정보에 개입했을 수도 있겠다.

추측컨대 대상 사건의 간지 기년만을 — 그것이 옳든 그르든 — 지침으로 이를 4세기 초엽의 신라사 관련 자료에 편입한 기록 주체가 있었을 수 있다. 즉 『삼국사기』 편찬진이 채택한 전거 문건의 작성에 개입한 사람을 전제해 본다. 하지만 얼마간 극단적인 추정을 거듭하다보면, 부주의하고 무신경한 『삼국사기』 서술자 가운데 누군가가 축제의 주체가 불명료한 벽골지 전승을 문득 신라의 그것으로 속단했을지도 모른다. 어느 경우든 있을 수 있는 일이면서도, 이를 증명할 도리도 없다. 물론 이러한 추정 방식 자체가 문제 해결에 직접적인 도움을 주는 것은 아니다. 그러나 문제를 지나치게 단순화하거나 결론을 서두르지 않게 하는 데는 효과적으로 기여한다.

같은 논법으로, 『삼국유사』 왕력의 정보 형성에도 두 가지 과정을 헤아려 볼 직하다. 하나는 왕력 작성자가 근거한 자료에 이미 신라 걸해이질금의 벽골제 축조로 기록되어 있었을 가능성이다. 더군다나 『삼국유사』나 그 일부인 왕력은 흘해이사금의 벽골지 시축을 기록한 『삼국사기』 신라본기 서술 이후에 작성된 자료들이다. 다시 말해 왕력 작성자가 접한 신라의 벽골제 축조 전승은 이미 관찬 사서에 명시되어 있는 '공적' 인식이었던 셈이다. 그렇다면 왕력 작성자의 입장에서는 그다지 주저할 이유 없이 해당 정보를 수용했을 것이다.

다른 하나의 가능성은, 『삼국사기』 서술자가 확보한 관련 전승과는 다르지만, 시간과 공간이 불명료한 또 하나의 벽골제 축조 전승을 왕력 서술

8) 韓國古代社會研究所, 1992, 『譯註 韓國古代金石文 II』, 駕洛國史蹟開發研究院, 31쪽, '貞元銘菁堤碑'.

자도 확보하고 있었을 경우이다. 그 경우 그가 그 전승을 걸해이질금조에 기입하게 된 판단에는, 『삼국사기』 신라본기의 관련 서술이 하나의 명료한 지침으로 작용했을 수 있다. 어떤 경우든, 고려 시대에 벽골지(제)는 충분히 저명한 토목 시설이었으며, 그처럼 현저한 규모를 갖추게 되고 또 국가적으로 관리되던 연원으로는 통일기 신라에서 비롯한 역사적 배경을 염두에 둘 필요가 있겠다고 생각한다.

그러나 이 불안한 추정들의 어느 대목에 일말의 실상이나마 반영되었을지 자신하지는 못한다. 특히 왕력의 경우 왕의 즉위와 훙거를 중심 기재 대상으로 삼는 가운데 벽골제 축조와 같은 토목 정보를 특기한 까닭은 무엇이었을지, 그 단서를 찾기가 어렵다. 왕력의 고구려와 백제 관련 서술을 보면, 왕과 왕실 관련 내용이 아닌 특이 정보로는 오직 王都의 문제가 있을 뿐이다. 신라 측 서술에서도 왕도와 국호 관련 정보와 함께, 연표답게 시대 分定 내용과 기준이 보인다. 아울러 율령 반행과 불교 공인, 주요 국가와 교빙한 단초와 전쟁 등이 기록되었을 뿐이다.

그런데 왕력의 특이 정보들 가운데, 『삼국사기』에 서술된 정보와 아무런 접점도 찾을 수 없는 사례 두 건을 주목한다. 하나는 벽골제를 축조한 왕으로 간주된 걸해이질금 대에 백제의 군사가 처음으로 신라를 침입해 왔다는 것이다. 다른 하나는 자비마립간 대에 처음으로 吳國과 통교했다는 것이다. 그나마 후자에 대해서는, '吳'를 중국 남조의 汎稱으로 본 이해를[9] 단서로 삼아 어느 정도의 추론을 할 여지가 없지 않다. 즉 법흥왕 대의 불교 전래 관련 기록들에 등장하는 '梁使'는 『해동고승전』 인용 『고기』에

9) 신종원, 2002, 「삼국 불교와 중국의 남조문화」 『강좌 한국고대사 9』, 駕洛國史蹟開發硏究院, 121쪽.

'吳使'로 기록되었다.[10)]

『해동고승전』의 이 견해는 『삼국유사』에서도 인용되었다.[11)] 아도기라조(흥법) 서술자는 阿道가 신라에 들어온 때를 눌지왕 때로 논증하는 한편, 양나라 사자가 가져온 향의 용도를 설명하고 왕녀의 병을 고친 『삼국사기』의 墨胡子를 아도와 같은 인물이라고 여겼다.[12)] 신라본기는 묵호자에 이어 毗處王[소지마립간] 대 阿道의 포교 활동을 언급하였다.[13)] 그러므로 신라본기의 문맥을 존중할 경우, 눌지마립간의 아들이자 소지마립간의 아버지라 한 자비마립간 대를 양나라 사신이 방문한 때, 다시 말해 吳國과 처음 통교한 때로 속단할 수 있다.

다 아는 바처럼 아도기라조 서술자는 신라본기를 홀시하지 않았다. 순도조려조나 난타벽제조의 서술 역시 다르지 않았다. 물론 흥법편 서술자와 왕력 작성자를 일치시킬 수 있는지에 대해서는 이견이 있을 수 있다. 다만 『삼국유사』 제편에서 보이는 '吳' '吳人' '吳堂'이 양나라를 비롯한 남조 왕조를 가리킨다는 쓰임의 맥락은, 왕력의 '吳國'에도 동일하게 적용할 수 있다. 또한 왕력의 작성 과정 문제와는 별개로, 그 내용 자체는 기이 이하 제편과 긴밀한 의미 관계에 있다.[14)] 요컨대 오국과의 통교를 언급한 왕력의 특이 정보는, 그러한 서술에 담긴 사고의 계통을 어느 정도 짐작할 만한 것이다.

---

10) 『海東高僧傳』 流通 1, 阿道.

11) 『삼국유사』 흥법, 阿道基羅.

12) 최연식, 2007, 「高麗時代 僧傳의 서술 양상 검토 — 『殊異傳』 『海東高僧傳』 『三國遺事』의 阿道와 圓光전기 비교」 『韓國思想史學』 28, 170~171쪽.

13) 『삼국사기』 5 신라본기 5, 법흥왕 15년.

14) 이 문제에 대한 논의는 이강래, 2010, 「『삼국유사』 편찬의 유기성 문제」 『歷史學硏究』 40; 이 책의 2편 4장에 수록.

2. 사료 비판의 문제적 시각

결국 왕력의 특이 정보 가운데 『삼국사기』는 물론 어떤 다른 자료와도 계통의 실마리를 찾을 수 없는 사례는 오직 한 건이 남는다. 공교롭게도 벽골제를 축조한 주체로 설정된 걸해이질금 대의 백제 관련 정보가 그것이다. 신라와 가장 빈번하게 접촉하고, 또 그와 관련한 기록을 남긴 인접국이라면 단연 백제를 꼽아야 한다. 그 다음이 고구려일 것이다. 따라서 왕력 작성자가 신라와 두 나라의 관계가 비롯한 최초 사태를 각각 기입한 것은, 일면 수긍할 만하다. 여하튼 왕력의 해당 정보는 이런 형태로 서술되었다.

- 第十二理解尼叱今. 始與高麗通聘
- 第十六乞解尼叱今. 是王代百濟兵始來侵

우선 이해이질금은 왕력 작성자가 "一作詁解王"이라고 했듯이, 『삼국사기』에는 '沾解尼師今'이라고 표기하였다. 위의 두 정보는 신라가 고구려 및 백제와 경험한 최초의 관계에 대한 언급으로서, ― '是王代'는 불필요한 부분이므로 ― 형태적으로 매우 잘 대응한다. 그러나 내용에서는 완벽하게 반대의 사태를 이르고 있다. 즉 고구려와는 '통빙'이었는데, 백제와의 그것은 '내침'이라는 것이다. 물론 이렇게 자문해 볼 수는 있다. 고구려와는 그 이전에 우호적이지 않은 상태였다가 이때 와서 처음 '통빙'했을 수도 있지 않은가? 마찬가지로 백제와의 관계 역시 이러저러한 전력이 있었으나 이때 와서 최초의 내침을 당했던 것인가?

그러나 저와 같은 설정을 지지하기 위해서는, 왕력 작성자가 신라와 고구려의 교빙을, 그리고 반대로 백제와의 교전을 각각 부각하려 했다고 해야 한다. 그것은 부자연스럽기 짝이 없으며 성립하기 어려운 전제이다. 다만 『삼국사기』에 의하면, 신라는 실제로 첨해이사금 2년(248)에 "고구려에 사신을 보내 화친을 맺었다." 그런데 그보다 3년 전 조분이사금 16년(245)에는 舒弗邯 于老가 고구려의 침입에 맞서 교전하였고, 불리한 전황 속에서도 사졸들을 감동시킬 정도로 훌륭한 지휘 역량을 보였다 한다. 그러므로 왕력의 저 정보는 『삼국사기』 신라본기에 보이는 고구려 관련 사태의 추이를 정돈한 일련의 문맥에 정확하게 조응한다.

이와는 달리 걸해이질금 대의 백제 '내침' 사건은 전혀 조응할 바가 없다. 무엇보다도 『삼국사기』에는 흘해이사금이 재위하던 47년(310~356) 동안 단 한번도 백제와 교전한 흔적이 없다. 오히려 재위 28년(337)에 신라 왕은 "사신을 보내 백제를 방문하였다." 왕력 작성자가 신라와 고구려가 처음 교빙한 사건을 특기한 것처럼, 혹시 백제와 처음 '통빙'한 바를 '내침'으로 잘못 쓴 것인가? 자연스러운 의구심이긴 하지만, 동의할 근거가 충분하지 않다. 왜냐하면 훨씬 오래 전인 고이왕 53년(286)에도 백제는 "사신을 신라에 보내 화친을 청하였"기 때문이다.[15] 놀랍게도 그 이후 양국은 6세기 중반까지 교전 기록을 남기지 않았다.

따라서 왕력의 이 정보는 『삼국사기』 신라본기와 백제본기에 드러난 일련의 기록들을 완벽하게 배반하는 것이다. 신라본기와 백제본기에 따를 경우, 양국은 탈해이사금 대의 잦은 공방을 비롯하여 1~3세기 동안 교전과 화친을 무상하게 반복한 바 있다. 고이왕 53년에 화친을 청한 사신 파견도, 고구려와 신라가 그랬던 것과 마찬가지로, 교전 끝에 이어진

15) 『삼국사기』 2 신라본기 2 儒禮尼師今 3년(286)에 보이는 대응 기록은 "百濟遣使請和".

수습책이었다. 즉 고이왕은 재위 22년(255)부터 50년(283)까지 槐谷城과 蓬山城 일대에서 군사적 도발을 거듭하였다. 그로부터 3년 뒤에 화친을 청한 교섭은, 장기간의 교전과 그로 인한 긴장 상태를 해소하기 위한 외교적 모색이라는 점에서 매우 정합적인 전개 과정이자 타당한 귀결로 읽히는 것이다.

물론 그와 같은 이해가 『삼국사기』 신라본기와 백제본기에 보이는 교전과 교빙의 기록들을 의심 없이 객관적 경험 정보로 받아들일 수 있다는 의미는 아니다. 그 하나하나의 정보들은 한결같이 엄정한 비판적 점검의 대상이어야 한다.[16] 다만 4세기 전반 걸해이질금 대에 백제가 처음으로 신라를 내침했다 한 왕력의 정보는, 신라본기와 백제본기에 서술된 양국의 관계 정보들과는 일말의 접점도 지니지 않는다는 사실을 주목하자는 것이다. 바꿔 말하자면 수백 년에 걸친 수십 건의 편년 기록들을 일거에 무화시키는 이 돌출 사례야말로 훨씬 광범한 영역에 걸쳐 신중하게 점검되어야 옳다.

문제는 왕력 정보의 진의를 파악할 수 있는 방법이 마땅치 않다는 것이다. 그와 같은 형태로 정보가 기록된 과정에 대해서도 분명히 말하기 어렵다. 어쩌면 왕력의 왕조별 및 왕대별 구획 공간에 관련 정보를 기록해 넣을 때 발생할 수 있는 혼선까지도 염두에 두어야 할지 모른다. 예컨대 벽골제 축조 정보가 신라 걸해이질금이 아니라 그 아래편에 배치된 백제 비류왕의 구획 공간에 기록되어 있었다고 가정해 보자. 그 경우, 벽골제 축조 주체를 신라가 아니라 백제로 이해하는 게 온당하다고 생각하는 많은 이들은, 이를 역사적 대세에 너무도 잘 부합하는 정보로 저항 없이 수긍하

16) 박대재, 1999, 「『三國史記』 初期記事에 보이는 新羅와 百濟의 戰爭」 『韓國史學報』 7 참조.

였을 것이다.

그러한 발상은 그러나, 훨씬 앞서 편찬된 『삼국사기』에 이미 신라가 축조 주체인 것처럼 기록되어 있는 현상 하나만으로도 금방 취약성을 드러내고 만다. 더구나 앞에서 짚어본 것처럼, 벽골제[지] 축조를 신라 측의 주요한 역사 경험으로 간주할 만한 개연성이야 이미 충분하였다. 그럼에도 불구하고, 현 단계 자료 현황과 논증력만으로 새로운 설명의 가능성을 서둘러 차단하는 것은 성급하다. 그러므로 다시 한 번 잠시 유사한 발상을 드러내 보기로 한다. 즉 하필 걸해이질금 대에 자리한 두 가지 문제적 정보[17] 가운데 남은 하나인 백제의 최초 '내침' 정보를, 바로 아래 고구려 고국원왕의 구획 공간으로 옮겨 보면 어떨까?

걸해이질금(310~356년 재위)과 고국원왕(331~371년 재위)의 재위 기간은 331년부터 356까지 겹친다. 『삼국사기』에 의할 경우, 고국원왕 대에 백제는 처음으로 고구려와 교전을 시작하였다. 이렇게 공교로운 정합 관계에 착안하다 보면, 왕력 작성자가 해당 정보를 고구려가 아닌 신라 측 공간에 잘못 기입했을 가능성도 얼른 배제하기는 어렵다. 그러나 현 단계의 연구자들이 알고 있는 역사적 상황에 잘 들어맞는다는 것을 정보 가치의 판정 기준으로 삼아 단정할 일은 아니다. 현전하는 사료의 형태와 내용을 독자가 알고 있거나 이해하고 있는 상황에 맞춰 문득 과감하게 재단하는 방식은 가능한 한 자제해야 한다.

그 반대의 경우도 다르지 않다. 말하자면 왕력의 이 정보를 무례하게 손상하지 않는 대신, 이를 지침으로 그와 배치되는 모든 정보들을 손상한다

17) 이 두 정보를 아울러서 음미하는 방식에 대한 최근의 예로는, 노중국, 2020, 「『삼국사기』 초기 기록 연구의 흐름과 문제점」 『삼국사기 초기 기록, 어디까지 믿을 수 있나』, 한성백제박물관, 39쪽.

면, 사료 비판 기준의 일관성을 잃은 것이다. 그와 유사한 방식의 저명한 예를 한 가지 들어본다.

백제본기에는 多婁王 36년(63)과 37년, 백제의 통교 요청을 신라가 거절하자 蛙山城과 狗壤城 등지를 공격했다고 하였다. 그런데 이 최초의 양국 관계 기록은 『삼국사기』의 편년보다 5주갑을 인하할 경우 바로 저 왕력의 걸해이질금 대 백제의 최초 내침을 특기한 정보와 잘 조응한다는 주장이 있다. 따라서 63년 이후 50년 동안의 신라와 백제의 관계 기록은 일괄 300년을 하향 조정하는 게 옳다고 한다. 또한 2세기 초 이후 고이왕이 화친을 청한 286년까지의 양국 관계 정보들 역시 360년을 하향 조정해야 옳다고 주장한다.[18)] 그렇게 하면 왕력의 저 지침적 정보 편년 이전의 모든 신라—백제 관련 기사는 일거에 '일소'된다.

한 발 더 나아가, 백제본기의 문제점은 여기에 그치지 않는다고 한다. 475년에 한성을 상실한 이후에도 백제가 여전히 한성과 한강 수계의 전략지들을 점유하고 있는 것처럼 서술된 정보들이 있는바, 482년부터 523년 사이의 정보들은 120년을 오히려 상향 수정할 경우 4세기 후반의 연대기 정보들과 잘 부합한다는 것이다. 6세기 초에 水谷城을 둘러싼 백제와 고구려 사이의 공방은 그 좋은 예증이라고 보았다. 충분한 논증을 구비했다고 보지는 않지만, 이 주장의 설득력에 대한 판단은 사람마다 다를 수 있을 것이므로, 실제로 그러했을 가능성을 그냥 배제할 수만은 없겠다.

그러나 놓치지 말아야 할 점은, 지금 거론된 백제본기의 관련 정보들은

18) Jonathan W. Best, 2006, *A History of the Early Korean Kingdom of Paekche,* Cambridge : Harvard University Asia Center. pp.40~41. 그가 이 문제를 특히 집중적으로 거론한 것은 2000년 3월에 발표한 'The Rectification of Anachronisms in the Samguk sagi : Some Systematic Redatings and Their Implications'.

신라 및 고구려와의 관계에 대한 것들이라는 사실이다. 특히 이들은 특정 인명과 지명 등 고유한 요소가 그 어떤 것들보다도 더 구체적인 정보들이다. 다시 말해 의혹과 조작의 혐의를 받고 있는 1세기부터 6세기에 걸친 백제사 전반의 대 신라·고구려 관계 기사들은 백제 왕조만의 문제가 아니라 신라와 고구려의 국가적 사건이기도 하다. 따라서 120년부터 360년까지 광폭으로 기년을 올리거나 내린다는 것은, 백제사 내부 흐름의 전체 줄기를 재편하는 일일 뿐 아니라, 그와 연동된 신라사나 고구려사 역시 상응하는 폭의 수정이 불가피하다는 의미가 된다.

역시 그래야 할지도 모른다. 실제로 새로운 물질 정보와 문자 정보의 출현은 끊임없이 기왕의 생각들을 선입견이나 편견으로 만드는 계기가 된다. 그렇다고 하여 이처럼 수백 년에 걸친 백제사 관련 기본 자료를 재단하는 중심 논거가 『삼국유사』 왕력의 한 줄 정보가 되어서는 안 될 것이다. 특히 『삼국사기』에 있는 백제와 신라의 관계 정보들은 거의 대부분 신라 측 자료가 원전적 지위에 있는 것들이다. 백제인들이 직접 자신들의 경험을 정돈한 자료의 질량을 가늠하기 어려운 이상, 적어도 현행 백제본기의 가장 중요한 서술 근거, 혹은 판단의 관건은 신라본기 바로 그것이었다고 보아야 한다.

백제본기의 특정 정보나 정보 군에 대한 비판에는, 그러므로 반드시 신라본기를 비롯한 『삼국사기』 내 관련 정보들과의 유기적 분석이 수반되어야 한다. 인상적인 하나의 단서로 이 문제를 심화해 보기로 한다. 아래는 삼국의 각 본기에 보이는 495년 雉壤城 전투 관련 기록들이다. '치양'은 369년에 고구려와 백제가 최초로 접전을 벌인 곳이기도 하다. 375년에 공방을 벌인 水谷城과 함께 두 나라 사이의 요충지로 보인다. 위에 소개한 2주갑 인하설에 따를 경우, 아래 인용한 495년 정보들은 바로 그 375년 즈음의 국면에 들어맞는다는 것이었다.

> [신라] 소지마립간 17년(495). 秋八月 高句麗圍百濟雉壤城 百濟請救 王命將軍德智 率兵以救之 高句麗衆潰 百濟王遣使來謝
>
> [고구려] 문자명왕 4년(495). 八月 遣兵圍百濟雉壤城 百濟請救於新羅 羅王命將軍德智 率兵來援 我軍退還
>
> [백제] 동성왕 17년(495). 秋八月 高句麗來圍雉壤城 王遣使新羅請救 羅王命將軍德智 帥兵救之 麗兵退歸

고구려가 백제의 치양성을 포위하였다. 백제는 신라에 구원을 청하였다. 신라 왕은 장군 덕지에게 병력을 이끌고 가서 구해 주게 했다. 이에 고구려 군사가 타격을 입고 물러갔다. 일련의 과정이 세 나라의 본기에 똑같이 실렸다. 백제의 왕이 신라에 사신을 보내 감사했다는 후속 사건은 오직 신라본기에만 있다. 여기에 어떤 형태의 비중을 둘 수 있다면, 동일 사건에 대한 세 본기의 서술 원천은 신라 측 정보였을 것 같다. 설령 그렇지 않다 해도, 논의를 백제본기 작성의 문제에 국한할 수 없다는 것이야 더 말할 필요가 없다.

공유하는 사건을 관련 당사국 본기에 반복 기입하는 것은 삼국에 모두 본기를 설정한 『삼국사기』 편찬 방식상 불가피한 작업이었다. 그러나 과연 백제 역사의 정리 과정에서 봉착한 문제를 해결하기 위하여, 즉 특정 시기 정보의 공백을 적절하게 메꾸기 위하여, 본래 4세기 후반의 연대기 정보를 저처럼 백제본기는 물론 신라본기와 고구려본기에까지도 120년 하향 조정해 넣을 수 있는 것일까? 더구나 『삼국사기』의 국가 간 공유 기사 가운데 매우 많은 경우, 신라 측에 본래의 정보 원천이 있었던 것을 감안해야 한다.[19] 백제본기의 정보 분포를 그럴듯하게 만들기 위해 신라본기와 고구려본기의 정보는 물론 그 기년까지 연동하여 작위적 조정을 감행한다는 것은, 미처 설득력 있는 추정으로 여기기 어렵다.

3. 동사 '거느리다'의 표기 분포

시각을 달리 하여 치양성 전투를 기록한 세 본기의 문장들을 다시 들여다본다. 신라 장군 덕지가 백제를 돕기 위해 "병력을 거느리고" 온 행위를 일러 '率兵'과 '帥兵'으로 다르게 표기한 점을 발견한다. '率'과 '帥'는 모두 '거느리다'는 의미의 동사로서, 용법에 특별한 차이를 지니지 않는 글자들이다. 만약 삼국의 본기에 중복 서술된 이 정보의 원천이 신라 측의 것이었다면 — 물론 가장 높은 가능성이 있는 추정이지만 —, 고구려본기는 '率'을 그대로 옮겨 쓴 반면, 백제본기 서술자는 '帥'로 바꿔 쓴 셈이다.

이 문제에 주목하여 세 나라가 공유하는 저명한 사건 정보 하나를 더 들어본다. 고구려 장수왕에 의해 백제의 왕도 한성이 함락당한 사건을 삼국의 본기에는 이렇게 서술하였다.

> [신라] 자비마립간 17년(474). 가을 7월에 고구려 왕 巨連이 직접 군사를 거느리고[率兵] 백제를 쳤다. 백제 왕 慶이 아들 文周를 보내 구원을 요청하니, 왕이 군사를 내서 구하게 했으나 (우리가) 도착하기 전에 백제는 이미 함락되었고 경 역시 해를 입었다.
>
> [고구려] 장수왕 63년(475). 9월에 왕이 3만 명의 군사를 거느리고[帥兵]

19) 이강래, 1996, 「三國史記 本紀間 共有記事의 檢討」『三國史記 典據論』, 民族社.

백제를 침공하여 그 왕도 한성을 함락하고 그 왕 扶餘慶을 죽였으며 남녀 8천 명을 잡아서 돌아왔다.

[백제] 개로왕 21년(475). 가을 9월에 고구려 왕 거련이 3만 명의 군사를 거느리고[帥兵] 와서 왕도 한성을 에워쌌다. … 고구려 사람들이 쫓아와 (왕을) 해쳤다. 文周王 즉위기. … 고구려가 침입해 와 한성을 에워싸자 개로는 성을 둘러 스스로 굳게 지키면서 문주로 하여금 신라에 구원을 청하게 했다. (문주가) 군사 1만을 얻어 돌아오니 고구려 군사들은 비록 물러났지만 한성은 파괴되고 왕은 죽었는지라 마침내 (그가) 왕위에 올랐다. …

신라본기는 한성 함락 사건을 474년으로 설정하여 기록하였다. 그러나 『일본서기』가 인용한 『백제기』에도 한성의 함락과 개로왕의 피살은 475년의 일이라 하였다.[20] 널리 지적되었듯이, 신라본기의 474년 사건 기록은 고구려본기와 백제본기의 475년 사건과 동일한 것이되, 기년에 오류가 발생한 것으로 볼 일이다. 특히 이 경우에는 정보의 구체성이나 압도적 분량으로 미루어, 백제본기의 서술이 원천이 되어 신라와 고구려의 본기에도 중복 서술되었겠다는 추정이 타당해 보인다.

그렇다면 고구려본기는 백제본기의 표기 '帥'를 그대로 따른 반면, 신라본기는 '率'로 바꿔 서술한 셈이 된다. 앞에서 분석해 본 20년 전 신라 장군 덕지가 활약한 수곡성 전투 정보와는 다른 국면이다. 즉 신라본기의 정보가 원천으로 판단되는 사건 정보의 경우 고구려본기는 신라본기의 동사

20) 『일본서기』 14 雄略天皇 20년, "百濟記云 蓋鹵王乙卯年冬 狛大軍來 攻大城七日七夜 王城降陷 遂失尉禮 國王及大后王子等皆沒敵手".

'率'을 취하였고, 반대로 백제본기의 정보를 취한 것으로 판단되는 경우에는 '帥'를 따른 것이다. 달리 말하자면, 신라본기 서술자는 동사 '거느리다'를 표기할 때 하필 '率'을 쓰고, 백제본기 서술자는 굳이 '帥'를 선택한 반면, 고구려본기 서술자는 그가 의존한 신라 혹은 백제본기의 용자를 그대로 답습했다고 해야 할지도 모르겠다.

더 나아가 이러한 경향이 다른 정보들 사이에서도 폭넓게 인정된다면, 그것은 『삼국사기』 편찬 과정에서 추론할 수 있는 유의한 어떤 것일 수 있다. 일찍이 '唐書'라는 표기가 가리키는 대상이 『신당서』와 『구당서』 가운데 어느 하나인 경우를 단서로 삼은 유사한 논의가 있었다. 그에 따르면, 제사지와 지리지에 보이는 '당서' 3개, 그리고 색복지와 직관지에 보이는 '당서' 2개는 각각 『신당서』와 『구당서』를 가리키는 것이었으며, 일관성 없는 이러한 표기 혼선은 "잡지별로 집필자가 달랐던 때문"으로 짐작되었다.[21]

그것은 예민한 관찰이었지만, '당서'가 『신당서』를 가리키는 경우들은 고구려의 제사 정보와 지리 정보에 한정해 있고, 반대로 '당서'가 『구당서』를 가리키는 경우들은 백제의 색복 정보와 직관 정보에 국한해 있는 점도 유의할 만하다. 다만 오직 잡지에만 국한된 희소한 용례로 서술자의 차이나 서술 방침의 갈래를 일반화하기는 어렵겠다. 반면에 삼국의 본기 서술에 나타나는 동사 '거느리다'의 한자 표기 현황은, 그로부터 어떤 경향을 읽어내기에 충분한 양의 정보가 『삼국사기』 전편에 걸쳐 고르게 산재되어 있다.

21) 田中俊明, 1982, 「『三國史記』中國史書引用記事の再檢討 — 特にその成立の研究の基礎作業として」 『朝鮮學報』 104, 45~47쪽.

이들을 적출하고 유형을 분류하기 전에, 한 가지 요소를 더 음미해보려 한다.

[후한] 靈帝 建寧 2년(169) 현도태수 耿臨이 고구려를 쳐서 수백 명을 목 베고 잡았더니 伯固가 항복하고 요동에 속하게 되었다. 熹平 연간에 백고가 현도에 속할 것을 요청했다. 公孫度이 해동에 세력을 떨치자 백고가 大加 優居와 主簿 然人 등을 보내 그를 도와 富山의 적도를 쳐서[擊] 부수었다[破]. (『三國志』 30 魏書 30 동이전 고구려)

[후한] 영제 건녕 2년. 이해에 고구려의 백고가 대가 우거와 주부 연인 등을 보내 현도태수 공손탁을 도와 부산의 적도들을 쳐서[擊] 토벌했다[討]. (『冊府元龜』 973 外臣部 18 助國討伐)

[고구려] 新大王 5년(169). 왕이 대가 우거와 주부 연인 등을 보내 군사를 거느리고[將兵] 현도태수 공손탁을 도와 부산의 적도들을 쳤다[討]. (『삼국사기』 16 고구려본기 4)

『삼국지』와 『책부원귀』의 '伯固'는 고구려 신대왕의 이름이다. 그러나 『책부원귀』와 『삼국사기』에 공손탁을 현도태수라고 한 것은 잘못이다. 그는 요동태수였으며,[22] 더구나 그가 요동태수였을 때의 고구려 왕은 이미 고국천왕이었다. 이렇게 된 데에는 아마 전사 과정의 오류가 거듭된 때문일 것이다. 오류의 순서를 추정하자면, 먼저 『책부원귀』는 『삼국지』 정보의 첫머리 '현도태수' 경림의 일과 희평 연간의 정보를 간과한 채, 영제 건녕 2년을 곧바로 '공손탁'으로 이어서 파악한 것 같다. 이와는 달리 『삼국

22) 『삼국지』 8 위서 8 二公孫陶四張傳, 公孫度.

사기』 고구려본기 서술자는 경림의 사건을 1년 이른 신대왕 4년에 배치하고,[23] 『삼국지』를 오독한 『책부원귀』의 정보를 그 기년을 따라 신대왕 5년에 활용하였다.[24]

한편 『삼국사기』와 『책부원귀』의 정보 사이에는 사소한 표현의 차이들이 보인다. 우선 『책부원귀』는 富山의 적들을 향한 군사행동을 '擊'과 '討'로 나누어 쓴 반면, 『삼국사기』는 '討'만으로 정돈하였다. 있음직한 표현의 절제이다. 다른 하나는 『책부원귀』에는 없는 표현 '將兵', 즉 고구려의 우거와 연인 등 지휘부의 현도태수 조력 방식이랄까, "군사를 거느리고"라는 표현이 첨기된 점이다. 문맥상 반드시 필요한 것은 아닐 수도 있으나, 상황에 충실한 첨기로서는 하자가 없다. 그런데 이 경우 동사 '거느리다'를 하필 '將'으로 표기한 점을 주의한다. '將'은 『삼국사기』 가운데 병력을 거느리는 군사행동을 서술할 때 '率'과 '帥'에 버금하는 빈도로 쓰인 동사였다.

『삼국사기』에서 목적어의 성격을 막론하고 넓은 의미에서 동사 '거느리다'에 해당하는 한자로는 率, 帥, 將, 領, 引, 擁, 統, 勒, 摠[總], 御 등 10개의 글자를 꼽을 수 있을 것 같다. 그 가운데서도 눈에 띄게 현저한 빈도로 쓰인 한자는 率, 帥, 將, 領, 引 등 5개로 드러난다. 다만 '引'의 경우는 대부분 '(수습하여) 돌아가다[물러가다, 철수하다, 퇴각하다, 돌아오다]'의 문맥으로 쓰였다.[25] 다시 말해 동사 '引'은 적극적인 행위의 발단이 아

23) 『삼국사기』 16 고구려본기 4 신대왕 4년, "漢玄菟郡太守耿臨來侵 殺我軍數百人 王自降 乞屬玄菟".

24) 이강래, 2020, 『한국 고대의 경험과 사유 방식』, 전남대학교출판문화원, 345~350쪽.

25) 고구려 東川王과 烽上王 대의 대중 교전 기록과, 642년 백제 允忠이 신라 大耶城을 쳤을 때 신라인 黔日이 毛尺과 모의하여 백제 군사를 성안으로 '끌어들이고[引]' 창고를 불살라 성이 적군에 함몰하게 했다는 대목 등 희소한 예외도 있다. 『삼국사기』 5 신라본기 5; 같은 책 17 고구려본기 5.

니라 사태의 해소와 마무리의 국면에서 주로 쓰였다. 주체가 누구든 간에 구체적인 상대를 겨냥하여 군사 행동을 하기 위해 '병력, 군사, 기병' 따위를 거느리는 대목의 동사로는 거의 대부분 率, 帥, 將, 領의 네 글자가 쓰였다.

이러한 전제적 이해 위에서 『삼국사기』에 쓰인 동사 '거느리다'의 빈도를 헤아려 보겠다. 대상은 대부분 군사 관련 정보들이 된다. 한두 가지 예외적 사례들이 있긴 하다. 예컨대 고구려 대무신왕의 아들 호동이 낙랑 왕 崔理의 딸에게 북과 피리를 부술 것을 요구하자, 그녀는 날카로운 칼을 '지니고[將]' 잠입했는데, 이때의 '將'과 같은 경우는 제외한다. 직접적 군사 행위가 아니라서가 아니라, 그 목적격이 사람이 아니기 때문이다. 사론에 쓰인 동사도 사건 기사가 아니므로 제외한다. 반대로 신라 유리이사금대에 왕녀들이 6부의 여인들을 '거느리고' 길쌈을 경합하는 이른바 嘉俳의 묘사에 쓰인 '率'은 포함한다.

그러나 이러한 예외적 사례의 빈도는 거의 무시해도 좋을 정도로 희소하였다. 따라서 이들을 배제하거나 포함하는 정도가 삼국의 본기 간 동사 '거느리다'의 선택적 표기 경향을 짐작하는 데는 장애가 되지 않을 것이다. 아울러 『삼국사기』의 원전 경향과 복수의 서술자를 짐작하기 위한 미세한 단서나마 염두에 두고서, 열전의 경우를 본기와 함께 헤아려 보려 한다. 물론 열전에 입전된 이들은 소속 국가부터 이미 지극히 신라 편향적이다. 게다가 각 인물들의 소속 왕조별 본기에 대응 정보들이 있는 경우도 적지 않다. 그러나 본기와 열전의 동사 표기가 반드시 조응하는 것은 아니다. 예를 하나 들어본다.

• 六月 … 詔令左驍衛大將軍契苾何力 **率兵**應接之 (『구당서』 199상 고려

전, 乾封 원년)

- 高宗 … 詔契苾何力 **率兵**援之 (『신당서』 110, 泉男生傳)
- 六月 … 以右驍衛大將軍契苾何力爲遼東道安撫大使 **將兵**救之 (『자치통감』 201 唐紀 17)
- 六月 高宗命左驍衛大將軍契苾何力 **帥兵**應接之 (『삼국사기』 22 고구려 본기 10, 보장왕 25년)
- 高宗 … 詔契苾何力 **率兵**援之 (『삼국사기』 49 열전 9, 개소문전)

인용문들은 666년 6월, 男生이 아우 男建에게 쫓겨 궁색한 나머지 아들 獻誠을 시켜 당에 의탁하고자 하는 의사를 전했을 때의 일이다. 당 고종은 계필하력으로 하여금 남생을 맞아오게 하였다. 이 사건과 당의 조처는 고구려본기와 개소문전에 다 실려 있다. 그러나 고구려본기 서술자는 『구당서』에 쓰인 '率'은 물론 중국 관련 정보 채택에서 가장 많이 의존한 『자치통감』의 '將'도 아닌 '帥'를 선택하였다. 『자치통감』의 동일 사건 문장을 취하지 않은 유일한 예이다. 그와는 달리 열전의 표현은 『신당서』 천남생전을 따랐다.

이와 같은 불일치의 연유를 일괄하여 말하기는 어렵다. 얼른 생각해도 자료의 문제와 서술자의 문제가 개입되었을 것 같다. 그럼에도 불구하고 열전 전체의 표기 분포 자체는 제한적이나마 일정한 경향을 드러낼 수 있다고 생각한다. 열전 가운데는 서사의 완결성을 갖춘 고유 전승이 적지 않은 점도 유의할 만한 요소이다.

〈표 1〉 동사 '거느리다'의 한자 표기 분포[26)]

	率	將	帥	領	引	統 摠 勒 御	합계
신라본기	**45**	9	3	27	4	3	91
고구려본기	17	**42**	23	8	23	5	118
백제본기	9	8	**37**	12	6	4	76
열전	22	4	2	18	8	4	58
소계	93	63	65	65	41	16	343

〈표 1〉의 지표들은 몇 가지 점에서 지금까지의 이해를 지지한다. 첫째, 신라와 고구려와 백제의 본기 정보들 가운데는 각각 '率'과 '將'과 '帥'가 현저하게 많이 쓰였다. 둘째, 주로 병력 동원과 교전 관련 표기들이라, 중국과 전쟁이 잦았던 고구려의 본기에 가장 많은 사용 빈도를 보였다. 셋째, 열전에는 신라인들이, 그 가운데서도 7세기 전쟁에서 활약하고 순국한 인물들이 많았던 탓에 전반적인 표기 분포가 신라본기와 방불하게 드러났다. 넷째, 신라본기와 백제본기와 열전 모두 '領'이 두 번째로 높은 빈도를 보이는 반면 고구려본기의 경우는 가장 적어, 고구려본기 서술에 동원된 주요 자료의 환경 차이를 짐작하게 하였다.

즉 '領'의 사용 빈도는 고구려의 많은 전쟁 기사가 의존한 중국의 자료들과, 열전 정보를 포함하여 신라·백제의 전쟁 기사의 근거 전승이었을 고유 자료의 차이를 반영하는 것으로 해석된다. 이 점은 본기에 비겨 상대적으로 국내 고유 전승의 비중이 가장 컸던 열전의 경우, 동사 '領'의 빈도

26) 『삼국사기』 5 신라본기 5 태종무열왕 7년 7월 9일, 김유신의 신라군이 黃山에 이르고 백제의 계백 역시 '擁兵'하여 이르렀다고 한 대목은 '擁'의 의미를 확대하여 볼 때 군사를 통솔하는 문맥으로 쓰인 유일한 예이지만, 이 글에서 겨냥하는 계량에 유의한 지표가 될 수 없으므로 표에서는 제외하였다.

가 거의 '率'에 근접한 정도인 데서도 짐작할 만한 것이다. 고유 전승이라는 측면에서는 『삼국유사』의 용자 경향도 하나의 유효한 단서가 될 것인바, 실제의 현황은 열전의 상황에 부응하였다.[27)]

4. 주요 표기의 빈도와 경향

『삼국유사』의 현황은 제한적이지만 일정한 시사점을 지닌다. 『삼국유사』의 서술은 『삼국사기』에 비해 전쟁 정보도 적으려니와, 그 가운데 중국의 자료에 의존한 서술은 더욱 적다. 그런 만큼 『삼국유사』의 경향이 『삼국사기』 열전의 그것과 부합한다는 것은 유의할 만한 사항이라고 여긴다. 특히 『삼국유사』에는 '거느리다'는 의미의 '帥'가 딱 한 차례 쓰였다. 백제의 장군 偕(堦)伯이 결사대 5천을 거느리고 황산에서 교전한 내용을 이른 부분인데, 『삼국사기』 백제본기 서술을 전재한 것이었다.[28)] 즉 『삼국유사』 서술자나 그가 의거한 삼국 관련 자료에서 '거느리다'의 한자 표기로 '帥'가 사용된 경우는 거의 없었다고 할 수 있다.

이 문제를 『삼국사기』의 열전에서 다시 점검해 본다. 열전에는 58개의 대상 가운데 '帥'가 쓰인 경우가 둘밖에 없다. 하나는 明臨答夫가 수천 기의 군사를 거느리고[帥師] 坐原에서 한의 군사를 대파했다는 서술이다. 이것은 고구려본기 新大王 8년(172)의 서술과 '帥'의 표기를 포함하여 완벽하게 중복된 것이다. 다른 하나는 김인문전 가운데 당 고종이 李勣을 보내

---

27) 『삼국유사』에는, 사람을 비롯하여 어떤 형태의 개체들을 거느린다는 용어로 '率'(31)이 압도적 빈도로 쓰였고, '領'(9)과 '將'(8)의 용례도 확인된다.

28) 『삼국사기』 28 백제본기 6 의자왕 20년, "將軍堦伯帥死士五千出黃山 與羅兵戰" : 『삼국유사』 기이 태종춘추공, "將軍偕伯帥死士五千出黃山 與羅兵戰".

군사를 거느리고[帥師] 고구려를 치게 했다는 668년의 사건 부분이다. 김유신전 서술자는 똑같은 내용을 '興師'라고 표현하였다.[29] 그러므로 이 경우는 해당 대목을 서술한 이의 선택 결과일 가능성이 높다.

반면에 고구려본기와 중복 서술된 명림답부전의 '帥'는 본래의 고유 전거에서 비롯한 결과일 것 같다. 고구려본기에는 중국 자료나 백제본기의 표현을 차용하지 않은 고유 정보 가운데 '帥'가 쓰인 용례로는 오직 둘이 더 있을 뿐이다. 하나는 한의 요동태수가 왕도를 공격해 왔을 때 左輔 乙豆智의 전술을 좇아 尉那巖城에서 농성하면서 지략으로 물리쳤다는 서술 가운데 "帥百萬之軍"이라고 한 대목이다.[30] 다른 하나 역시 그로부터 150년 뒤 한의 요동태수가 쳐들어왔을 때 왕이 정예 기병을 거느리고[帥] 좌원에서 격파했다는 서술에 쓰였다.[31]

이처럼 고구려본기에 쓰인 세 차례의 '帥'는 모두 한과의 교전을 다룬 고유 전승이었다. 그 가운데 2세기의 두 전승은 삼국유명미상지분에 있는 '좌원'을 배경으로 하였다. 또한 을두지나 명림답부처럼 영웅적 인물 중심 전승이 둘이었다. 이들 세 경우는 모두 비교 가능한 다른 자료가 없는 것들이다. 요컨대 비교적 이른 시기의 고구려본기 서술에 반영된 고유 전승 가운데는 동사 '帥'를 사용한 인물 중심 서사물들이 포함되어 있었던 것 같다. 이러한 추정 방식은 신라본기에서도 어느 정도 유효하다고 여긴다.

신라본기에는 7세기 전쟁을 서술하는 가운데 『자치통감』에 쓰인 '帥'를

29) 『삼국사기』 43 열전 3 김유신下, "高宗皇帝遣英國公李勣 興師伐高句麗"; 같은 책 열전 4 金仁問, "高宗皇帝遣英國公李勣 帥師伐高句麗".

30) 『삼국사기』 14 고구려본기 2, 대무신왕 11년(28).

31) 『삼국사기』 16 고구려본기 4, 고국천왕 6년(184).

그대로 답습한 경우가 한 번 보인다.[32] 고유한 사건 정보로 간주되는 내용 가운데서는 오직 2세기 초 祇摩尼師今 4년(115)과 5년에 연이어 두 차례 '帥'가 쓰였다. 모두 왕이 직접 병력을 지휘하여 가야를 친 경우지만, 두 차례의 교전에서 인상적인 성과를 거두지는 못하였다. 하필 왜 이 경우에만 '帥'의 표기가 선택되었는지를 가늠하기는 어렵지만, 고구려본기의 경우와 마찬가지로 채택 자료와의 관련성을 염두에 두고자 한다.

이제 각 본기별 용자 분포를 좀 더 심층적으로 음미해 보기로 한다. 이미 확인한 것처럼, '率'과 '將'과 '帥'의 세 글자는 각 본기별 서술자가 종종 서술 근거 자료의 표기를 따르지 않으면서까지 집중하여 채택한 표기자이기도 하였다. 이 세 글자를 중심 대상으로 각 본기별 사용의 빈도를 발췌하면 다음의 〈표 2〉와 같다. 논의의 편의상 본기별로 세 글자의 합을 전체로 삼아, 각각 가장 많이 쓰인 표기의 비중을 산정해 보았다.

〈표 2〉 동사 率, 將, 帥의 본기별 빈도

	率	將	帥	領
신라본기	45 (79%)	9	3	27
고구려본기	17	42 (51%)	23	8
백제본기	9	8	37 (69%)	12
	71	59	63	47

신라본기에는 率', '將', '帥'가 쓰인 정보 총수 가운데 '率'을 쓴 경우가 79%를 차지한다. 고구려본기에서는 '將'의 용례가 전체의 51%, 그리고 백제본기의 경우 '帥'를 사용한 빈도가 69%에 이른다. 가장 많이 쓰인 표기

32) 『삼국사기』 5 신라본기 5, 태종무열왕 7년(660) 3월.

자의 집중도에서 신라본기는 매우 현저하다. 반면에 고구려본기는 백제본기에 비해서도 집중도가 크게 떨어진다. 그런데 표의 수치에는 중국 자료의 표기를 그대로 답습한 경우들까지 산입되어 있다. 만약 중국 자료의 문장을 답습한 경우들을 제외한다면, 다시 아래와 같은 분포와 빈도로 수정된다.

	率	將	帥	領
신라본기	**45**	8	2	26
고구려본기	11	**7**	5	7
백제본기	4	3	**35**	12
	60	18	42	45

수정 현황을 보면 신라본기의 '率' 사용 사례에서는 변화가 없다. 이 말은 중국 자료의 표현은 그대로 존중하는 한편, 신라 및 삼국 내부의 전승은 예외 없이 '率'로만 표기했다는 의미가 된다. 신라본기에 서술된 정보에는 중국 사서에서 확인할 수 있는 경우가 거의 없었기 때문이기도 하다.

반면에 고구려본기의 경우에는 중국 자료에 의존한 서술의 비중이 매우 높았다. 중국 측 자료들에는 특히 '將'과 '帥'를 사용한 사례들이 많았다. 그로 인해 일견 고구려본기에서 가장 많이 쓰인 것처럼 여겨졌던 '將' 관련 정보 수는, 중국 자료에서 인용한 경우를 제외할 경우 30%에 지나지 않게 되었다. 더구나 신라 및 백제와의 관계를 기록한 고구려본기의 서술들은 거의 대부분 신라나 백제 측에 해당 정보의 원천적 지위가 있는 것들이었다. 다시 말해 고구려본기의 '率'과 '帥' 표기 정보들 가운데는 각각 신라본기와 백제본기의 서술을 답습한 경우들이 적지 않다. '將'을 사용한 7 사례 가운데서도 백제본기 측 근거 정보를 수용한 것이 전혀 없다고 단정하지 못한다. 그러므로 고구려본기의 서술에서 어떤 용자의 개성을 드러내기는 쉽지 않겠다고 판단한다.

백제본기의 현황에도 작은 변화가 드러났다. 백제본기의 '帥' 사례 가운데서는 2건이 중국 역사서의 표기와 일치한다. 다만 그 2건은 부흥운동을 이끈 부여 풍이 복신을 살해한 뒤 백강 전투에서 궤멸당하는 대목의 4건 가운데 포함된 것인데, 나머지 2건은 역시 중국 역사서의 표기인 '率' 혹은 '將'을 취하지 않고 '帥'라고 고쳐 썼다. 그러므로 중국 역사서와 일치하는 두 군데의 '帥'는 중국의 표기를 답습했다기보다는 백제본기의 표기 경향에 부합한 경우라고 해야 옳을지도 모른다. 설사 이 두 건을 제외하고 표에서 표기한 것처럼 35건만을 헤아린다 해도, 백제본기의 '帥' 표기 집중도는 83%를 상회한다.

세 본기의 분포와 빈도를 음미해 본 결과, 가장 유의할 만한 대상은 백제본기에 집중된 표기자 '帥'의 현황으로 나타났다. 이는 『삼국사기』의 신라본기와 열전, 그리고 『삼국유사』를 포괄하여 압도적 사용 빈도를 보인 표기 '率'의 현황과 충돌하는 것이다. 고구려본기의 경우에도 정보의 원천이 중국 역사서가 아닌 서술에는 '率'의 용례가 가장 많았다. 또한 '領'의 경우도 비교적 고유 전승에 상당한 비중으로 쓰인 정황을 확인한 바 있다. 그러나 '帥'는 신라본기와 고구려본기에서는 거의 유의할 만한 쓰임이 없었다. 장수왕의 한성 공함 정보(475년)에 보이는 '帥'처럼 백제본기의 용자를 답습한 경우들도 고려해야 한다. 그렇다면 백제본기에 현저히 높은 빈도를 보인 '帥'의 용례는 오직 백제본기 서술 과정의 특징이라고 할 만하다.

이 점에 주목하여 백제본기에서 '帥'가 쓰인 정보들을 대상으로 분석을 심화해 본다.

〈표 3〉 백제본기의 '帥' 표기 정보 분석

	백제본기의 '帥' 관련 정보			대응 정보의 표기			
	왕대력과 연도	행위 주체	행위 내용	신라본기	고구려본기	열전	중국자료
1	온조3(-16)	왕	帥勁兵				
2	온조10(-9)	왕	帥精騎				
3	온조18(-1)	왕	帥兵				
4	온조22(4)	왕	帥騎兵				
5	온조34(16)	왕	帥兵				
6	초고2(167)	(신) 왕	帥精騎	率騎			
7	초고25(190)	(신) 仇道	帥馬兵	率勁騎			
8	초고39(204)	(신) 利音	帥…精兵	率精兵(*1)			
9	구수3(216)	왕	帥勁騎				
10	구수5(218)	(신) 왕	帥兵	率兵			
11	근초고24(369)	(고) 왕	帥步騎		以兵		
12	근초고26(371)	왕	帥精兵		率兵		
13	진사8(392)	(고) 왕	帥兵		○		
14	아신4(395)	(고) 왕	帥兵		○(*2)		
15		왕	帥兵		×		
16	개로21(475)	(고) 왕	帥兵	率兵(*3)	帥兵		
17		(고) 齊于	帥兵		×		
18	삼근2(478)	眞老	帥精兵				
19	동성17(495)	(신) 德智	帥兵	率兵	率兵		
20	무령1(501)	왕	帥兵馬				
21		優永	帥兵		率兵(*4)		
22	무령12(512)	왕	帥勇騎		○		
23	성1(523)	志忠	帥步騎		○		
24	성7(529)	(고) 왕	帥兵馬		○		
25	성32(554)	왕	帥步騎	來攻			
26	위덕24(577)	(신) 世宗	帥兵	出師			
27	무3(602)	解讎	帥步騎			發兵	
28		(신) 武殷	帥衆			領兵	
29	무37(636)	于召	帥甲士	率甲士			
30	의자2(642)	왕	帥兵	擧兵			
31	의자7(647)	義直	帥步騎	圍		來攻	
32	의자9(649)	殷相	帥精兵	率衆		來攻	
33	의자20(660)	堦伯	帥死士	擁兵		簡死士	
34	龍朔2(662)	豐	帥親信				帥
35	용삭3(663)	(신) 왕	帥陸軍				帥
36		隆	帥水軍				率 / 將
37		忠志	帥其衆	率其衆			率 / 將

위의 〈표 3〉은 백제본기 정보 가운데 '帥'로 표기한 부분의 서술이, 그에 대응하는 신라본기, 고구려본기, 열전, 중국 자료에서는 어떻게 표기되어 있는가를 간추린 것이다. 고구려본기에 표시된 'O'는 백제본기에 서술된 사건과 동일한 정보임에도 불구하고 백제본기의 '帥'에 해당하는 동사 표기가 없는 경우를 의미한다. 두 군데 '×' 표시는 고구려본기에 해당 사건 자체가 서술되지 않은 경우를 가리킨다. 즉 15번은 백제 阿莘王이 고구려 공격을 위해 직접 지휘하여 출정했다가 폭설을 만나 회군한 사건이다. 17번은 고구려의 對盧 齊于 등이 이끄는 한성 공격 장면이지만, 정작 고구려본기에는 그들의 존재를 포함하여 자세한 전황을 기록하지 않았다.

한편 표의 왕대력과 산정 연대는 백제본기를 기준으로 삼았다. 행위 주체가 신라나 고구려의 경우는 (신), (고) 등으로 표시하였다. 그에 따라 신라본기와 고구려본기의 애초 연대가 조정되어야 할 경우가 각각 두 건씩 발생했다[표 가운데 '*' 표시].

우선 (1)은 동일 사건이 신라본기에 10년 뒤인 奈解尼師今 19년(214)에 기록된 경우인데, 天干이 같은 데서 온 어느 일방의 실수일 것이다. (2)는 고구려본기 광개토왕 4년(394)에 대응 서술이 있는바, 광개토왕의 즉위년 오류에서 빚어진 현상으로 추정되는 대목이다. (3)은 장수왕의 한성 공함 기록으로서 백제본기에 매우 자세한 전말이 서술되었는데, 신라본기에는 1년 이른 자비마립간 17년(474)에 짧게 언급되어 있는 경우이다. (4)는 백제의 達率 優永이 고구려 수곡성을 침습한 사건인데 고구려본기에는 문자명왕 12년(503)에 기록되었다.

우영의 고구려 공격 사건은 상당히 복잡한 논의가 잠복된 경우이다. 다만 그 실제의 시점을 어떻게 설정할 것인가와는 무관하게, 이들 정보는 "동일한 원 사료를 출전으로 한 하나의 사건이 『삼국사기』의 편찬 작업 과정에서 錯簡된 결과"라고[33] 한 판단을 지지한다. 나머지는 모두 비교적 용이하게 판단되는 것들이라, 이견이 없는 것으로 안다.

5. 정보 가치 판별의 준거

이제 백제본기의 '帥' 표기 정보에 보이는 경향과 특징을 중심으로 『삼국사기』가 전하는 정보를 옳게 비판하기 위한 몇 가지 분석적 준거를 도출해보고자 한다. 설명의 편의를 위해 세 시기로 나누기로 한다. 첫째는 10번까지, 주로 신라와 관계 사건이 빈번하던 시기를 대상으로 한다. 둘째는 고구려와 교전이 시작된 11번부터 사비성으로 천도하기 전의 사건인 24번까지로 설정하겠다. 25번부터 37번까지는 셋째 집단인데, 상대적으로 왕조별 독자 전승의 양상이 짙어지고 열전이나 중국 측 자료에서도 종종 비교 대상이 확인되는 사건 군이다.

첫째, 건국 이후 3세기 초에 이르는 시기를 본다. 연구자들이 타성적으로 '초기 기록'이라 부르는 시기이다. 10개의 정보 가운데 백제의 왕이 주체가 된 군사 활동 6건은 말갈과 마한을 상대로 한 것이다(1, 2, 3, 4, 5, 9번). 따라서 백제본기 외에 어떠한 대응 서술도 찾을 수 없는 정보 군이다. 한편 같은 기간에 들어 있는 초고왕과 구수왕 대의 4건의 군사 행위는 신라를 대상으로 한 것이다(6, 7, 8, 10번). 그런데 신라본기에는 백제본기의 '帥'가 모두 '率'로 표기되었다. 그리고 두 본기의 정보들 가운데서는 신라본기의 서술이 원전적 지위에 있다. 특히 초고왕 대의 교전 기록 3개는 각

33) 深津行德, 1992, 「『三國史記』編纂作業の一齣 — 武寧王紀·文咨明王紀を手がかりとして」(黛弘道 編)『古代國家の歷史と傳承』, 吉川弘文館, 78쪽.

각 一吉湌 興宣, 장군 仇道, 伊伐湌 利音 등 오직 신라인의 인명 정보를 포함하고 있다.

물론 문장의 구조만으로 본다면, 양국의 본기 가운데 원전적 지위를 단정하기 어려울 정도로 유사한 문장들이지만, 적어도 백제본기의 서술이 원전적 지위를 가지는 것으로 추정될 수 있는 요소는 없다. 그리고 그와 같은 경향은 백제와 신라의 관계 정보 전체의 점검 결과에도 부응하는 것이다. 즉 『삼국사기』의 같은 시기 기록에 의하면, 교전을 주로 하고 일부 교빙이 포함된 양국의 관련 정보는 무려 20회가 헤아려지는데, 정보의 원천을 확정하거나 추정할 수 있는 경우들은 모두 신라본기의 서술이었다.

만약 처음으로 백제와 교전이 시작되었다고 한 왕력의 걸해이질금 이전 시기, 즉 3세기 말 4세기 초까지로 시간대를 확장하면, 양국의 교섭 기사는 30회에 이른다. 그러나 역시 백제본기가 정보 원천이었을 것으로 추정할 수 있는 사례는 그 가운데 없다.[34] 오히려 고이왕 33년(266) 蓬山城을 둘러싼 교전 정보에서는 '率' 표기까지 그대로 옮겨 기록할 정도로, 신라본기 서술이 일방적인 근거 자료였다. 요컨대 백제와 신라 사이에 사건을 공유하는 정보들은 신라본기가 그 자료 원천이었을 가능성이 매우 크다. 이로 미루어 신라를 상대로 한 군사 활동에 보이는 '帥' 표기는 백제본기 서술자가 신라본기의 '率'을 의도적으로 개서한 것이었음을 알 수 있다.

그러므로 고이왕 대 봉산성 전투에서 신라본기의 '率'을 표기자로 답습한 것은, 백제본기 서술자가 신라본기 정보에 의거한 증거인 동시에, '帥'로 개서하는 과정에서 실수로 누락한 경우로 볼 일이다. 다시 말해 백제본기의 4세기 이전 신라 관계 정보는 거의 모두 신라본기 자체거나 그 근거

34) 이강래, 1996, 앞의 책, 88~91쪽.

가 되었을 신라를 중심으로 한 자료에서 인입한 것들이었다. 그와 같은 정보들의 역사적 실제 여부는 다른 방식의 검증을 필요로 하겠지만, 백제본기의 정보 가치 논의는 많은 경우 신라본기의 그것에서 출발해야 옳은 것이다.

요컨대 근초고왕 이전 시기의 백제본기 정보들은 엄정한 사료 비판 대상인 한편, 신라본기의 추이와 유리된 채 백제사 내부의 논리와 필요에 따른 후대 사실의 기년 인상으로 이해하는 것은 온당하지 않다. 그렇다면 왕력의 걸해이질금 대 백제의 침입 정보를 양국 관계의 어떤 실제적 기준으로 이해하는 데에도 얼른 동의하기 어렵다. 오히려 『삼국사기』에는 왕력의 문제적 서술 이후, 즉 4세기 이후 6세기 중엽까지 양국이 직접 교전을 벌인 기록이 아예 없다. 물론 그러한 기록의 정황을 그대로 '믿는다'는 것이 아니라, 건국 이후 6세기 중엽에 이르는 동안 양국과 관련하여 전하는 『삼국사기』의 교전 기록 현황 자체를 거의 부정하거나 배제하는 근거 정보로서 저 왕력의 불안한 한 줄 서술은 너무나 취약하다는 것이다.

둘째 음미 대상은 근초고왕 24년(369)부터 성왕 7년(529) 사이에 분포한 14건의 정보 군이다. 한성 왕도 시절 후반 100여 년과, 웅진 도읍시대까지 160년 동안의 사건들이다. 이 가운데 문주왕 2년과 무령왕 즉위년의 사건(18, 20번)은 국내의 반군을 토죄한 경우이며, 나머지는 모두 고구려를 상대로 한 군사 충돌 정보들이다. 아울러 고구려를 군사 활동 대상으로 삼은 이 기록들은 대부분 백제본기가 원천 자료적 지위를 지닌다고 판단한다. 비유하자면 3세기 이전 백제본기와 신라본기 사이의 정보 군에서 검증된 신라본기의 자료적 위상이, 이번에는 백제본기에 있는 것이다.

『삼국사기』에는 이 기간 동안 발생한 백제와 고구려의 관련 사건이 모두 24건 기록되어 있다. 그 가운데 오직 진사왕 8년(392) 10월의 關彌城 전투의 경우만 고구려본기의 서술이 더 자세하였다.[35] 그러나 관미성 회복을 위한 아신왕의 구체적 시도나, 관미성이 지리지의 삼국유명미상지분 목록 가운데 백제 지명 군에 있는 점 등을 고려할 때, 고구려본기에 보이는 관미성 관련 서술 역시 필시 백제 측 전거에서 비롯했다고 생각한다. 그밖에는 거의 모두 백제본기가 월등 상세하여, 각각에 상응하는 고구려본기 서술이 백제본기 정보에 의존했다는 판단을 주저할 이유가 없어 보인다.

다만 동성왕 17년(19번) 정보는 삼국이 모두 간여하고 있는 사건이라 판정에 주의할 필요가 있겠다. 이미 앞에서 분석한 것처럼, 세 본기의 서술에는 주요 행위 동사와 고유 인명이 일치한다. 반면, 신라본기와 고구려본기의 기록 가운데 보이는 '率兵'에 대해 유독 백제본기만 '帥兵'이라고 썼다. 만약 유일한 고유명사로서 신라 장군 '德智'의 존재를 주목하고, 그러므로 신라본기 측에 원전적 위상을 인정한다면, 고구려본기는 이를 답습한 반면, 백제본기는 3세기 이전 사례와 마찬가지로 의연히 '帥'를 고집한 것이다. 다시 말해 백제본기 서술자는 신라본기가 근거한 신라 측 정보를 원용할 때는 동사 '率'을 굳이 '帥'로 환치하였다. 당연히 백제본기 정보가 국가 간 공유 기사의 근거로 보이는 경우에도 '帥'로 일관하였다. 그러나 고구려본기 서술자에게는 그러한 특정 경향성이 발견되지 않는다.

특히 신라 장군 덕지가 개입한 495년의 이 교전은 백제와 고구려의 쟁처 '치양성'을 둘러싸고 빚어졌다. '치양성'은 곧 이어지는 6세기 초 양국의 주요 분쟁지인 '수곡성', '浿水', '五谷原' 등과 함께 한성을 상실한 백제로서는 영유 가능한 지역이 아니라는 의혹이 집중된 지명이다.[36] 게다

35) 전덕재, 2018, 『三國史記 본기의 원전과 편찬』, 주류성, 412쪽.

36) 高寬敏, 1996, 『『三國史記』の原典的研究』, 雄山閣, 34~39쪽.

가 하필 2주갑 앞선 375년에 근초고왕과 소수림왕의 양국은 '수곡성'의 영유를 다툰 기록이 있고, 369년에 고구려와 백제가 최초로 접전을 벌인 곳이 또한 '치양'이었다. 그에 따라, 앞에서 언급했던 것처럼, 일부 연구자들은 475년에 한성이 함락된 이후 사비로 천도하는 538년까지에 집중된 백제본기와 고구려본기의 분쟁 정보들은 369년부터 비롯하는 4세기 후반의 '史實'이 인위적으로 하향 편년되었다고 짐작했던 것이다.[37]

물론 사람들은 근초고왕 대의 '치양'과 동성왕 대의 '치양성'이 서로 다른 곳이라고 생각하기도 한다. 또한 한성을 장악한 고구려가 한강 유역을 영유한 지속 기간에 대한 이견들도 있음을 고려해야 한다.[38] 그러한 이견들이야 개별 검증의 대상일 수 있다. 다만, 그러한 이해 방식의 검증은, 신라와 분쟁하거나 교섭한 4세기 이전 기록의 경우와 마찬가지로, 백제만이 아니라 고구려와 신라 국가 각각의 역사 전개와 연동하여 다룰 문제라는 점을 각성할 필요가 있다. 아울러 교전 기록에서 충분히 드러난 바이지만, 백제본기 서술자의 경직된 용자법도 유념하여 정보의 원천과 활용의 맥락을 추구해야 할 것 같다.

셋째 군으로 묶은 백제본기의 정보들은 6세기 중엽 이후의 '帥' 관련 기록들이다. 표에서 쉽게 확인할 수 있듯이, 그리고 이미 검토한 바와 다를 바 없이, 신라본기의 '率'이나 또 다른 동사 표기들은 백제본기의 대응 서술에서 모두 '帥'로 쓰였다. 사실 이 시기의 본기별 정보들은 어느 일방의 서술이 관련 왕조의 본기에 중복 기록되었다기보다는, 고유한 전승의 자질을 가진 경우가 제법 많다. 무엇보다도 이 시기 발생한 국가 간 교전에

37) Jonathan W. Best, 2006, 앞의 논문, 6~8쪽.

38) 문안식, 2006, 『백제의 흥망과 전쟁』, 혜안, 278~281쪽 및 289~291쪽.

대해서는, 오히려 더욱 생생한 서술이 본기가 아니라 열전에 안배된 사례들도 적지 않다. 그럼에도 불구하고 변하지 않는 특징적 요소는, 백제본기에 쓰인 동사 '帥'의 빈도인 것이다.

그 연장선에서, 백제가 왕조의 운명에 종국을 고한 후, 부흥 전쟁 관련 기록에 보이는 '帥'의 용례에 대해 덧붙이고자 한다. 이 시기의 국면에 대해서는 전쟁에서 승리한 신라 측의 정리도 중국 측 기록에 못지않게 비중이 크다.[39] 그러나 용삭 2년(662)과 3년의 사례 4건에 보이는 해당 대목은 중국 자료를 직접 활용한 부분으로 판단한다. 그 가운데 34번 부여풍이 福信을 치는 대목은 『자치통감』을 활용한 것이다.[40] 김법민 즉 문무왕이 육군을 거느리고 당 군과 함께 주류성을 협공하는 35번의 대목은 『구당서』의 서술에 가장 가깝다.[41]

한편, 부여융이 수군을 거느렸다 한 대목 36번도 문장 자체는 『구당서』에 부합하지만, 백제본기 서술자는 『구당서』의 '率'을 '帥'로 고쳤다. 扶餘忠勝과 扶餘忠志가 "그들의 무리를 거느리고" 항복한 부분 37번도 마찬가지로 문장 구성은 『신당서』와 방불하나,[42] '率'을 '帥'로 고친 경우이다. 『자치통감』은 김법민과 부여융의 행위를 '將'이라 하면서도, 부여충지에 대해서는 '帥'라 하였으나,[43] 백제본기 서술자가 활용한 문장은 아니었다. 이처럼 백제본기 서술자는 『자치통감』, 『신당서』 유인궤전, 『구당서』 백제전 등을 전거로 활용하면서도, '帥' 표기에 대한 집중을 견지하였다.

39) John C. Jamieson, 1969, 「羅唐同盟의 瓦解 — 韓中記事 取捨의 比較」 『歷史學報』 44.
40) 『자치통감』 200 唐紀 16, 高宗 龍朔 2년 7월.
41) 『구당서』 199상 열전 149상, 백제; 같은 책 84 열전 34, 劉仁軌.
42) 『신당서』 108 열전 33, 劉仁軌.
43) 『자치통감』 201 당기 17, 고종 용삭 3년 9월.

그러나 660년 당의 군사력이 직접 백제 역사에 개입하게 된 이후의 서술은 그 이전까지의 '경향성'에 반드시 부합한다고는 보기 어렵다. 계백의 전투나 김유신의 출병과 같이 희소한 고유 전승을 제외하면, 거의 대부분의 서술이 중국 측 문헌을 활용하였기 때문이다. 예컨대 백제가 종국을 고한 뒤 福信과 道琛이 주류성을 근거로 부흥군을 조직한 때로부터 용삭 2년 7월 이전까지의 백제본기 서술을, 『구당서』와 『신당서』의 백제전 및 『자치통감』의 대응 기록과 비교 분석한 결과를 환기한다. 그에 의하면, 백제본기 서술자는 중국 측의 여러 관련 정보를 채용하여 적절하게 아우르면서도 자의적인 작문보다는 원전을 존중하였다.[44]

이 선행 연구가 동사 '거느리다'에 착안한 것은 아니지만, 분석 대상의 문장에는 '將'이 세 번, '引'이 두 번, 그리고 '御'가 한 차례 쓰였으며, 이 6개의 표기는 『자치통감』과 『신당서』의 표기를 따른 것으로 확인된다. 만약 나·당 연합군이 백제를 겨냥하여 출병한 때로부터 부흥군이 궤멸될 때까지의 백제본기 서술을 분석한다면, 率(3), 將(2), 帥(5), 領(1), 引(1), 統(3) 등 15개의 표기가 더 적출된다. 그런데 21개의 관련 표기 자들의 대응 정보를 추적하면, '帥' 3회와 '領'을 제외한 모두가 『구당서』 소정방전과 백제전, 『신당서』 유인궤전과 백제전, 그리고 『자치통감』에서 대응 정보를 찾을 수 있다.

요컨대 『삼국사기』의 특정 정보의 사료 가치에 대한 판별 과정에는, 대상 정보가 그와 같은 형태로 정돈된 과정과 맥락에 대한 이해가 우선해야 한다고 믿는다. 이미 폭넓은 동의가 확보된 생각이지만, 『삼국사기』의 본기

44) 坂元義種, 1978, 「『三國史記』百濟本紀の史料批判 — 中國諸王朝との交渉記事を中心に」 『百濟史の研究』, 塙書房, 24~34쪽.

별 서술의 원천은 물론, 서술[편찬]자 자체가 같지 않았다. 동사 표기의 편향이 가장 두드러진 백제본기 분석 결과는 신라본기와 고구려본기의 경향성에 대한 이해에도 직접 기여하고 있다. 그러므로 시공간의 양면에서 의혹의 대상이 되어 온 이른바 『삼국사기』 '초기 기록'에 대한 비판과 설명은, 마땅히 연관 정보들을 유기적으로 아울러 시도되어야 한다. 즉 고대를 매개하는 특정 문자 정보에 대한 신·불신의 논의가 유의한 진전을 이루기 위해서는, 정보의 내용보다 정보의 형성 문제에 집중할 것을 제안하는 것이다.

이 글은 『삼국사기』에 기록된 정보의 사료 가치를 가늠하기 위한 하나의 방법론적 시론이다. 이를 위해 『삼국사기』에서 매우 잦은 전쟁 기록에 쓰인 동사 '거느리다'의 한자 표기를 적출하여 분석하였다. 특정 정보의 형성 과정에 대한 이해를 갖추지 못한 채 그 신뢰성을 평가하는 것은 설득력이 취약하다고 여겼기 때문이다.

분석과 검토의 결과, 신라본기의 '率', 고구려본기의 '將', 백제본기의 '帥'의 용례가 높은 빈도를 보였다. 특히 백제본기 서술에는 가장 높은 집중도와 편향성이 드러났다. 이러한 경향성은 서술 근거 자료의 차이라기보다는 서술자[과정]의 차이에서 유래한 것으로 보았다. 또한 백제본기의 전쟁 관련 정보 가치는 신라본기나 고구려본기의 정보와 연동하여 평가되어야 할 당위를 강화하였다.

따라서 시간과 공간의 측면에서 오랫동안 의혹의 대상이 되어 온 『삼국사기』 '초기 기록'에 대한 판단은, 마땅히 광범한 연관 정보들을 유기적으로 아울러서 이루어져야 한다. 즉 고대를 매개하는 문자 정보에 대한 비판 논의의 진전을 위해, 정보의 내용보다 형성 문제에 더 집중할 것을 제안하고자 한다.

『삼국유사』 '정보' 비판을 위한 제언

1. 정보의 사료적 자질 문제
2. 오인(誤認·引)과 오각의 분별
3. 정보 서술의 유기적 맥락
4. 파편 정보의 역사성 회복

1. 정보의 사료적 자질 문제

『삼국유사』는 『삼국사기』를 삼국의 근본 역사로 전제한 편찬물이다. '遺事'의 자의는 '남은 일들'인바, 본 몫에서 비켜 있는 것을 말한다. 물론 그와 같은 자처가 그 이후의 역사 전개와 상황의 변화에 비춰 과연 명실상부한 것인가의 문제는 따로 따져볼 사항일 것이다. 다만 그것이 어떤 형태의 겸양에 머무는 것이라 해도, 『삼국유사』의 실체는 의연히 중심 기록물로서 『삼국사기』를 염두에 두고 있었다는 사실이야 엄연한 것이다.[1)]

그러므로 『삼국유사』를 채우고 있는 정보들은 삼국의 '本史' 즉 『삼국사기』의 그것들과는 이미 다른 것이다. 물론 '삼국사기', '삼국사', '국사', 혹은 '삼국본사'라거나 국가별 '본기' 따위로 언급된 인용 대목들은 『삼국사기』의 내용이 다시 서술된 경우이겠다. 그러나 그와 같은 서술들은 『삼국사기』와는 다른 정보들을 언급하면서 비교하거나 논증하기 위해 거론한 것으로서, 그 자체가 새로운 정보의 자질을 지니는 문맥은 아니라는 점을 환기할 필요가 있다.

또한 그처럼 『삼국사기』와는 다른 내용, 적어도 서술자가 '다르다고 여기고 있는' 내용을 본질로 하는 이상, 그 분량의 다과나 사태의 객관성 여하가 문제의 본질은 아닐 것이다. 예컨대 후백제견훤조는 '삼국사본전', 즉 『삼국사기』 견훤전을 주요 인용 자료로 삼아 서술하였으므로 매우 많은 부분이 『삼국사기』와 중복 서술되었다. 그러나 정작 드러나거나 드러나지 않은 채 산재한 『고기』를 비롯한 여타 계통의 정보들이야말로 『삼국유사』 편찬자가 겨냥한 중심이었던 것이다.[2)]

사실 왕력과 기이편을 제외한다면, 『삼국유사』는 불교적 신이로서의 역사로 채워져 있다고 해야 옳다. 어쩌면 바로 그 점이 곧 『삼국유사』의 근본 지향일지도 모른다. 실로 왕력과 기이편은 흥법편 이하 불교 신앙의 홍포와 신이한 이적에서 오는 감동의 공유를 위한 시공간적 배경 설정과도 같은 것이다.[3)] 왕력과 기이편의 내용이 삼국의 역사를 복원하고 탐미하고자 할 때 주목을 받는 까닭도 여기에 있다.

---

1) 이강래, 1998, 「本史와 遺事」『월운스님古稀記念 佛敎學論叢』, 東國譯經院; 2007, 『삼국사기 형성론』, 신서원.

2) 이강래, 2001, 「『三國遺事』 '後百濟甄萱'條의 再檢討」『후백제 견훤정권과 전주』, 주류성; 이 책의 2편 1장에 고쳐서 수록.

3) 이강래, 2005, 「『삼국유사』의 사서적 성격」『韓國古代史硏究』 40; 이 책의 2편 3장에 수록.

그렇다고 하여 흥법편 이하 제편의 내용이 삼국의 역사를 사유하기 위한 자료로서의 자질과 전혀 무관한 것은 또한 아니다. 대개 문자 정보들이란 종종 작성자가 의도하지 못한 채 고유한 역사성을 대유하고 있기 십상이다. 『삼국유사』에서 삼국의 마당으로 들어서기 위한 통로를 찾고자 하는 이들은 오히려 그와 같이 애초 서술자가 '의도하지 않은 역사성'에 착안하고 주력해야 할 것 같다.

이러한 다짐은 어떤 정보가 과연 객관적 사실이냐 아니냐를 엄정하게 가름하는 문제와는 다른 것이어야 한다. 설사 『삼국사기』가 상대적으로 사실주의에 충실한 관찬 사서라 해도, 그 또한 과거의 객관적 재현에 직접 기여하기 어려운 속성에서는 『삼국유사』와 구분될 여지가 그다지 없다고 여긴다. 하물며 『삼국유사』의 서술자나 『삼국유사』를 메우고 있는 행위자들에게 객관을 염두에 둔 경험적 인과론이란 처음부터 관심의 대상이 아니었거나 오히려 경계해야 할 타성일 뿐이었다.

7세기 신라의 화엄승 義湘은 皇福寺에서 허공을 밟고 탑돌이를 하였는데, 함께한 무리에게 일러 "세상 사람들이 (우리의) 이 모습을 보면 반드시 괴이하게 여길 것이니 세상에 가르칠 만한 것은 아니다"라고 하였다.[4] 『삼국유사』 서술자는 또한 법흥왕과 진흥왕 夫妻의 출가를 언급한 다음 "二興 — 즉 법흥왕과 진흥왕 — 이 세속의 왕위를 버리고 출가한 것을 사가가 쓰지 않았으니, 세상을 경영하는 가르침[經世之訓]이 아닌 때문이다"라고 하였다.[5]

저들은 저처럼 스스로 절제했거니와, 성과 속의 분별에도 불구하고 이

4) 「삼국유사」 의해, 義相傳敎.

5) 「삼국유사」 흥법, 原宗興法猒髑滅身.

른바 '세상' 저편과 이편의 서로 다른 사유와 방식에 대해 유연하게 긍정하였다. 이는 의종 대의 문인 白雲子가 五臺山 文殊寺의 석탑에 관한 영험한 이야기를 듣고, "나는 괴이한 것을 좋아하는 사람[好怪者]은 아니나 부처님의 威神을 보매 이적을 드러내어 만물을 이롭게 하는 것이 이처럼 빠르거늘, 佛子된 자로서 어찌 묵묵히 아무 말이 없을 수 있으랴!"라고 한 말에 함축된 생각이기도 하다.[6]

'好怪'와 '神異'는 이처럼 다른 것이겠지만, 이들로부터 역사적 맥락을 탐색하기 위해 일반적인 사료 비판 방식을 원용하는 일은 피할 수 없기도 하다. 특히 『삼국유사』의 정보들은 『삼국사기』에서 비켜진 것들이면서도, 그것들을 외면한 이들의 눈에 그저 '호괴'로 비쳐진 것들이었기 일쑤다. 한 예로 『삼국유사』의 화자들은, 고구려의 연개소문은 수의 羊皿이 원한을 품고 환생한 인물이라거나 신라의 김유신 역시 고구려의 楸南이 환생한 것이라고들 한다.[7]

그들에게는 각각 그렇게 환생해야 할 연유가 분명하였고, 환생 이후 그들의 행적도 지극히 합목적적이었다. 양명의 원혼이 환생하여 고구려를 내부에서 무너뜨렸다면, 추남이 환생한 김유신은 직접 물리력으로 고구려를 패망케 한 신라의 장수였던 것이다.[8] 반면에 『삼국사기』 서술자가 전하는 김유신의 탄생담은 범속하지 않은 점에서는 신이보다는 괴이에 가까우며, 분산된 정보의 파편들은 모두 어떤 형태의 결손을 피하지 못한 채 문맥을 잃고 말았다.

6) 『삼국유사』 탑상, 五臺山文殊寺石塔記.

7) 『삼국유사』 흥법, 寶藏奉老普德移庵; 기이, 김유신.

8) 이강래, 2014, 「고구려 멸망론의 설화적 파생」 (노태돈교수 정년기념논총 간행위원회 편)『한국 고대사 연구의 자료와 해석』, 사계절; 이 책의 1편 1장에 수록.

• 白石이 말하기를 "저는 본래 고(구)려 사람입니다. 우리나라의 여러 신하들은 '신라의 유신은 바로 우리나라의 점치던 卜士 추남이다'라고들 합니다. 우리나라 국경에 역류하는 물이 있었는데 추남에게 점을 치게 했더니 말하기를 '대왕의 부인께서 음양의 도를 역행했으므로 나타난 표징이 이와 같습니다'라고 했습니다. 대왕이 놀라고 괴이하게 여겼으며, 왕비도 크게 노하여 이는 요망한 여우의 말이라고 왕에게 고하면서, 다시 다른 일로 시험해 물어서 그 말이 틀리면 중형에 처하기로 했습니다. 이에 쥐 한 마리를 함 속에 감추어 두고 이것이 무슨 물건이냐고 묻자 추남이 아뢰기를 '이것은 틀림없이 쥐인데 그 수는 여덟 마리입니다'라고 했습니다. 그러자 말이 틀렸다고 하여 목을 베 죽이려 하니 추남이 맹세하여 말하기를 '내가 죽은 뒤에 대장이 되어 반드시 고구려를 멸망시키리라!'라고 했습니다. 곧 목을 베어 죽이고 쥐의 배를 갈라 보니, 새끼가 일곱 마리나 있었으므로, 그제야 그의 말이 맞은 것을 알게 되었습니다. 그날 밤 대왕의 꿈에 추남이 신라 舒玄公 부인의 품으로 들어갔습니다. (대왕이) 이것을 여러 신하에게 이야기했더니, 모두 말하기를 '추남이 마음속으로 맹세하고 죽더니 그 일이 실제 그렇게 되는가 합니다'라고 했습니다. 그 때문에 나를 보내 여기에 와서 이런 계획을 꾸미게 한 것입니다"라고 했다. (『삼국유사』 기이, 김유신)

• (김)서현이 경진일 밤에 꿈을 꾸었는데, 熒惑星과 鎭星 두 별이 자신에게 내려오는 것이었다. 만명 역시 신축일 밤 꿈속에서 금빛 갑옷을 입은 동자가 구름을 타고 집안에 들어오는 것을 보았다. 이윽고 임신을 하여 20개월 만에 유신을 낳았으니, 이때가 바로 진평왕 建福 12년이요, 수 文帝 開皇 15년 을묘(595)이다. 서현이 이름을 지으려 할 때 부인

에게 말하였다. "내가 경진일 밤에 길몽을 꾸어 이 아이를 얻었으니 마땅히 그로써 이름을 삼음이 좋겠지만, 한편 일·월로 이름을 삼는 것은 또한 예가 아닙니다. 이제 보면 '庚'자와 '庾'자는 서로 모양이 비슷하고, '辰'자와 '信'자는 서로 발음이 가까우며, 더구나 옛날의 어진 이로 庾信이라는 이가 있었으니 어찌 '유신'이라고 이름하지 않겠습니까?" 이로써 마침내 이름을 유신이라고 하였다. (『삼국사기』 열전, 김유신 상)

『삼국사기』 김유신전의 경우, 두 행성이 김서현에게 '내려온다'는 것과 갑옷 입은 동자가 집안으로 '들어온다'는 것이 과연 김유신이라는 영웅적 인물의 탄생을 향해 어떻게 유기적 상징으로 작용하고 있는 것인지 얼른 짐작하기 어렵다. 작명의 논리는 더욱더 허망하여 부모의 태몽과 직접 만나지 못한다. 더구나 남조의 梁과 北周에서 벼슬한 문인 유신과 신라의 김유신 사이에 어떤 연관의 단서도 찾을 수 없다.

반면에 추남의 김유신 환생담은 김유신의 영명함과 고구려의 패망을 동시에 효과적으로 설명한다. 그 사건들이 왜 그렇게 전개되었는가를 수긍하게 한다. 물론 이 정연한 인과의 논리가 역사적 실상을 직접 안내하는 것은 아니다. 즉 『삼국유사』의 설득력은 경험된 사태의 진실이 과연 어떠한가와는 실제 무관할 수 있다. 다만 그것이 경험 당대라 할 고대적 사유의 문제에서 훨씬 더 원형에 핍진하다면, 연구자는 그로부터 사료적 자질을 기대하고 발견해야 한다.

2. 오인(誤認·引)과 오각의 분별

『삼국유사』의 특정 정보를 음미할 때 서술자가 저지른 수많은 오인 앞에서 당황하게 되는 경우가 많다. 후백제견훤조에는 928년에 고려 태조가 견훤의 국서에 답하는 대목이 있다. 이미 말한 바와 인용의 주요 전거인 '삼국사본전'은 『삼국사기』 견훤전이다. 태조의 서한 역시 그로부터 인용한 것인데, 그 내용 가운데 925년 10월, 즉 을유년의 사단을 언급한 부분을 비교해본다.

- 及至酉年 維時陽月 忽焉生事 至於交兵 足下始輕敵以直前 … (『삼국사기』 열전, 견훤)
- 及至癸酉年 維時陽月 忽焉生事 至乃交兵 足下始輕敵以直前 … (『삼국유사』 기이, 후백제견훤)

"及至酉年" 부분이 "及至癸酉年"으로 오인되었다. 계유년은 913년으로서 아직 궁예의 泰封 시절이었으니 당착이 심하다. 이 착란은 정밀하지 못한 간지 추산에서 빚어진 것으로서, 『삼국유사』에서 빈발하는 오류의 형태이다. 이처럼 부정확하거나 불필요한 첨자가 때로는 문맥을 크게 해치기도 한다. 역시 후백제견훤조에는 936년 고려 태조가 一善郡 전투의 선발대로 태자 武와 장군 朴述希에게 보병과 기병 1만 명을 거느리고 天安府로 나가도록 한 대목이 있다.

- 先遣太子武將軍述希 領步騎一萬 趣天安府 (『삼국사기』 열전, 견훤)
- 先遣太子及武將軍述希 領步騎十萬 趣天安府 (『삼국유사』 기이, 후백제견훤)
- 先遣正胤武將軍述希 領步騎一萬 趣天安府 (『고려사』 세가, 태조 19년 6월)

『삼국유사』 서술자는 '태자' 다음에 불필요한 첨자[及]를 함으로써 그를 동반한 자를 '武將軍述希'로 오해하게 했다. 게다가 또 병력의 규모 또한 1만을 10만으로 기술하였다. 이러한 상위점은, 『고려사』를 제3의 판별 기준으로 삼아 비교해 보아도, 『삼국유사』의 오류라고 보아야 한다. 다만 숫자 '一'과 '十'의 차이와 같은 사례는 유통 판본의 병리적 흠결일 가능성도 고려할 필요가 있다. 판각의 문제는 자칫 공교로운 오판을 낳기도 한다.

> 살펴보건대 東明帝가 왕위에 오른 지 10년에 北沃沮를 멸망시켰고, 온조왕 42(四十二)년에 南沃沮의 20여 가가 투항해 왔으며, 신라 또한 혁거세 52(五十二)년에 東沃沮가 와서 좋은 말을 바쳤으니, 동옥저도 있었던 것이다. (『삼국유사』 기이, 말갈발해)

1512년에 판각된 이른바 정덕본 『삼국유사』의 말갈발해조 말미에 문득 보이는 옥저 관련 정보들이 간추려진 대목이다. 이 생경함 때문에 "靺鞨·渤海조는 그 내에 나오는 〈黑手·沃沮〉조와 나누는 것이 바람직하다"라고 판단하기도 한다.[9] 『삼국사기』에는 동명성왕 10년 겨울 11월에 "왕이 扶尉猒에게 명해 北沃沮를 쳐 없애게 하고, 그 땅을 성읍으로 만들었다"[10]라고 하여 위의 정보에 대응하고 있다.

문제는 북옥저와는 달리 남옥저와 동옥저의 저와 같은 모습이 『삼국사기』에서 그 연대가 어긋나 있다는 점이다. 즉 백제본기에는 온조왕 43년에, 그리고 신라본기에는 혁거세거서간 53년에 같은 사건이 기록되어 있다. 『삼국유사』 측의 재위년이 『삼국사기』보다 1년씩 늦은 것이다. 특히

9) 金杜珍, 2000, 「三國遺事의 體制와 내용」 『韓國學論叢』 23, 국민대학교 한국학연구소.

10) 『삼국사기』 고구려본기 1.

백제 온조왕 재위년의 경우는 변한백제조에서 "本記를 살펴보면 온조가 일어난 것은 鴻嘉 4년 甲辰의 일이다"라고 한 서술과 맞물려 주목되었다.

홍가 4년 갑진년은 기원전 17년이다. 『삼국사기』 백제본기에 의하면 시조 온조왕의 개국년은 계묘년으로서 기원전 18년이다. 변한백제조의 온조 즉위년은 『삼국사기』보다 1년 늦는 한편, 공교롭게도 말갈발해조의 온조왕 재위년 수와 서로 조응하는 것이다. 그러다 보니 변한백제조의 인용자료 '본기'는 『삼국사기』가 아니라 필시 그 이전에 있었던 『구삼국사』의 백제본기일 것이라는 판단을 낳기까지에 이르렀다.[11]

한편 왕력은 온조왕의 즉위를 『삼국사기』와 마찬가지로 '계묘'로 기록하였다. 그러나 그에 이어 "在位四十五"라고 하였다. 이것은 『삼국사기』 백제본기에 온조왕이 재위 46년째 되던 해 "봄 2월에 왕이 죽었다"라고 한 바에 비춰 다시 1년이 줄어든 것이다. 재위년 산정의 경우는 역시 변한백제조나 말갈발해조와 상응하는 형국이 되고 만다. 물론 왕력은 온조왕의 아들 다루왕이 무자년에 즉위했다고 한다. 무자년은 기원후 28년으로서 『삼국사기』의 편년과 일치한다.

이와 같은 현상은 마치 『삼국유사』 왕력이 『삼국사기』의 즉위년칭원법이 아니라 해를 넘겨 원년을 칭하는 踰年稱元法을 적용한 결과처럼 간주되었다. 그러나 왕력 작성자는 특정 왕의 재위기간 즉 치세년을 산정할 때 사거한 전왕과 그를 잇는 사왕이 겹쳐지는 해를 오직 새로 즉위한 왕의 치세년으로만 산입하는 방식을 취했다. 다시 말해 왕력 역시 의연히 왕이 즉위한 해를 그 왕의 원년으로 삼은 데서는 『삼국사기』와 다르지 않은 것이다.

11) 강인숙, 1985, 「구『삼국사』의 본기와 지」 『력사과학』 4, 사회과학원 력사연구소 : 洪潤植, 1987, 「三國遺事에 있어 舊三國史의 諸問題」 『韓國思想史學』 1.

그렇다면 말갈발해조와 변한백제조의 온조 즉위년 및 재위년의 공교로운 일치 및 『삼국사기』와의 1년 차이는 또 어디에서 연유한 것인가. 우선 말갈발해조의 "溫祚四十二年"과 "赫居世五十二年"의 '二'는 일찍부터 '三'의 결각일 가능성이 높았다. 예컨대 조선 초의 고판본으로 간주되는 石南本의 해당 부분은 모두 '三'으로 기재되었다.[12] 역시 파른본에서도 '三'이 명료하므로,[13] 이는 자료 계통의 차이 문제가 아니라 정덕본의 결각일 뿐이었다. 하물며 이 차이를 『구삼국사』의 실체에 대한 증거로 삼는 것은 위험하고도 지나친 속단이었던 것이다.

변한백제조의 경우도 크게 다르지 않다. 이 대목은 여러 조목에 걸쳐 논리적 유기성을 드러내는 『삼국유사』의 독특한 필법을 염두에 두고 판단할 일이다.

- 본기에 의하면[據本紀], 신라가 먼저 갑자에 일어나고 고구려가 그 뒤 갑신에 일어났다고 했다. (『삼국유사』 기이, 마한)
- 본기를 살펴보면[按本記], 온조가 일어난 것은 鴻嘉 4년 갑진이니 곧 혁거세나 동명의 시대보다 40여 년 뒤이다. (『삼국유사』 기이, 변한백제)

- 시조는 성이 박씨이고 이름은 혁거세이다. 前漢 孝宣帝 五鳳 원년 갑자 4월 병진일에[정월 15일이라고도 한다.] 즉위해, 왕호를 거서간이라 하였다.
- 시조 혁거세거서간 21년 … 이 해에 고구려의 시조 동명이 왕위에 올랐다.
- 시조 혁거세거서간 40년 백제의 시조 온조가 왕위에 올랐다. (이상 『삼

12) 高麗大學校 中央圖書館, 1983, 『晩松文庫本 三國遺事』, 旿晟社, 附錄, 43쪽.
13) 연세대학교 박물관, 2016, 『파른본 삼국유사 교감』, 혜안.

국사기』 신라본기 1)

- 시조 동명성왕 (즉위년) … 이때는 전한 孝元帝 建昭 2년이요, 신라 시조 혁거세 21년 갑신년이었다.
- 유리명왕 2년 … 백제의 시조 온조가 왕위에 올랐다. (이상 『삼국사기』 고구려본기 1)
- 시조 온조왕 (즉위년) … 이때는 전한 成帝 鴻嘉 3년이었다. (『삼국사기』 백제본기 1)

기이편 서술자는 먼저 마한조에서 신라와 고구려의 건국년을 '갑자'와 '갑신'년이라고 했다. 신라본기와 고구려본기의 정보와 일치한다. 이어 변한백제조에서 백제의 건국년을 '갑진'이라고 한 것이 문제가 되는 것인데, 혁거세나 동명의 시대보다 40여 년 뒤라는 산정을 덧붙였다. 다만 세부적으로 보면 혁거세보다 40여 년 뒤이면서 동명의 시대로부터는 20여 년 뒤라고 해야 옳다. 여하튼 이것은 『삼국사기』의 혁거세 40년 조를 염두에 둔 것이었다.

요컨대 고구려가 신라보다 20년 뒤인 것처럼, 백제는 신라보다 40년 뒤이므로, '갑자' '갑신'에 이어 문득 '갑진'년으로 속단한 것에 불과하다.[14] 게다가 하필 백제본기 온조왕 즉위기에는 신라와 고구려의 경우와는 달리 건국년인 홍가 3년의 간지가 없어서 오산할 여지가 조금 더 크기도 하다. 그러나 설사 '갑진'은 그렇게 여긴다 해도, '홍가 4년'의 오류조차 오판한 '갑진'에 맞춰 기재되었다고 추정하기는 주저된다. 즉 오기가 '三'과 '四'와 '계묘'와 '갑진' 사이에서 동시에 발생했다고 하는 설명은 얼마간 궁색하다.

14) 이강래, 2005, 「『삼국유사』 기이편의 자료 수용 방식」 『삼국유사 기이편의 연구』, 한국학중앙연구원; 이 책의 2편 2장에 수록.

사실 『삼국유사』의 모든 오류와 당착의 배경이나 과정을 다 설명하거나 짐작할 수는 없다. 예컨대 『삼국사기』 지리지에 인용된 '古典記'에 백제의 건국년을 "鴻嘉三年癸卯"라고 한 것을 『삼국유사』에서는 같은 '고전기'를 인용하면서도 "鴻佳三年癸酉"라고 하였다. 그러나 이렇게 된 이유로서 『삼국유사』 서술자의 불철저함과 무신경함 외에 그 착란을 수긍할 만한 다른 추정이 사실상 난망한 것이다.

한편 또 다른 오류거나 오산이겠지만, 「동명왕편」의 분주에 유리가 고구려에 합류해 와 주몽을 이어 왕이 된 해를 "鴻嘉 4년 4월"이라고 한 것을 환기할 수도 있다. 즉 유리의 출현으로 온조와 비류 형제가 고구려를 이탈했다는 서사 구조로 보아, 온조 등이 백제를 건국한 연대가 '홍가 4년'으로 간주될 여지가 있는 것이다. 그러나 「동명왕편」에서도 동명왕 주몽이 "在位十九年 升天不下莅" 하였다고 했으므로, 재위년 수는 『삼국사기』와 일치한다. 갑신년 즉위를 수정하지 않는 한, 19년 재위한 동명왕은 홍가 4년에 생존해 있을 수 없는 것이다.

요컨대 이루 열거하기 힘든 빈도로 산포되어 있는 『삼국유사』의 착종은 역사 정보로서 중대한 흠결이 아닐 수 없다. 그러한 당착은 엄정한 사료 비판을 경유하여 충분히 적출하고 수정할 수 있다고 믿는다. 특히 간지 적용과 연호 표기와 재위년 수 산정 등 기년 관련 오류들은 대부분의 경우 다른 전거들에 비춰 바로잡을 수 있다. 다만 판각이 거듭되면서 저질러진 결획의 병리 현상 등은 매우 공교로운 오독을 초래하기도 한다는 점을 각성해야겠다.

3. 정보 서술의 유기적 맥락

『삼국유사』를 구성하는 여러 편목들 사이에서 발견되는 정보의 불일치는 편찬자의 실체에 대한 논란을 증폭시킨다. 특히 왕력과 기이편 이하 제편 사이의 정보 괴리는 손쉽고도 유력한 의혹의 발단이 되어 왔다. 편찬의 과정이 단일하지 않거나 혹은 서술자가 서로 다를 경우, 그로 말미암아 동일 대상에 대한 정보가 상충할 가능성이 있기 때문이다. 다만 동일한 서술자라 해도 특정 사건에 대한 전거 자료 사이의 상충을 인지하지 못하거나 해소하지 못한 채 서로 다른 정보가 반복되었을 수도 있다.

이 문제에 대해 연구자들은 미처 명료한 대답을 공유하지 못하고 있지만, 몇 가지 검증의 단서들은 있다. 우선 서술하는 가운데 대상 항목 자체나 그 특정 내용에 대해 다른 항목이나 내용을 지시한 경우가 있을 때, 그런데 바로 그 지시 내용이 실제 다른 서술 부분에서 호응할 때, 이것은 서술 과정의 유기성을 반증하는 증거로 볼 수 있는 것이다. 『삼국사기』를 찬수할 때도 종종 이와 같은 지시와 호응의 방식을 활용했던 것을 환기한다.

특정 자료의 내용이 여기저기에 나뉘어 인용되는 경우도 마찬가지의 증거 능력을 지닌다고 생각한다. 즉 특정 대상에 대한 서술의 토대를 이루는 정보가 복수의 항목에 분재된 경우들을 주목할 필요가 있다. 그런가 하면 『삼국유사』에 종종 보이는 정보의 시비를 판정하거나 논증하는 대목에 적용된 기준에서 서술자의 경향성을 드러내 보일 수도 있다. 서술자의 논증에는 그의 자료에 대한 신뢰의 정도와 취급의 방식 및 취사의 태도가 반영되어 있게 마련이다.

가장 주목할 만한 국면은 서술 상의 한 가지 오류가 다른 대목의 서술에 다시 적용되는 사례들일 것이다. 다시 말해 단순한 誤引이나 오각이 아니라 서술자의 명백한 誤認과 오판이라면, 그것이 적용된 복수의 사례들 사이에는 지극히 심중한 서술의 유기성, 혹은 사고의 일관성이 공유되어 있다고 보아야 할 것이다.[15] 역시 사건 기년의 사례를 들어 이 문제를 음미해 보기로 한다. 왕력은 백제 성왕에 대해 이렇게 기록하였다.

- 聖王 … 虎寧子 癸巳立 理三十一年 戊午移都泗沘 稱南扶餘
- 威德王 … 甲戌立 理四十四年

성왕은 『삼국사기』에 의하면 계묘년 즉 523년에 즉위하여 재위 32년째 되는 해 7월에 신라군과 교전 중에 전사했다. 그러므로 왕력의 즉위년 간지 '계사'(513)는 '계묘'의 오기에 불과하다. 더구나 왕력의 성왕 치세년 '31년'은 이미 말한 바와 같이 사거년을 제외한 재위년 수이므로 『삼국사기』 백제본기와 일치한다. 다시 말해 성왕을 이은 위덕왕의 경우, 왕력이든 『삼국사기』 연표를 따르든, 모두 성왕 재위 32년째가 되는 갑술년에 즉위했다는 데 일치를 보이고 있다.

이처럼 天干의 일치에 따른 10년 단위의 단순 오류는 『삼국사기』 내부에서도 종종 보이는 현상이다. 예컨대 신라에서 모반하다 적발되어 백제로 달아난 吉宣을 둘러싼 양국의 갈등 사건은 백제본기와 신라본기에 각각 을미년(155)과 을사년(165)으로 어긋나게 기록되었다.[16] 신라와 접경해 있던 고구려의 변장이 悉直에서 피살되었던 저명한 사건 역시 고구려본기에는 경진년(440)에 기록된 반면 신라본기에는 경인년(450)에 기록되었다.[17]

한편 왕력의 성왕 관련 정보 가운데 무오년(538)에 왕도를 사비로 옮기고 남부여를 일컬었다고 한 것은 『삼국사기』 백제본기 성왕 재위 16년

15) 이강래, 2010, 「『삼국유사』 편찬의 유기성 문제」 『歷史學硏究』 40; 이 책의 2편 4장에 수록.

16) 『삼국사기』 백제본기 1, 개루왕 28년; 신라본기 2, 아달라이사금 12년.

17) 『삼국사기』 고구려본기 6, 장수왕 28년; 신라본기 3, 눌지마립간 34년.

(538)에 동일하게 기록되어 있다. 그런데 『삼국유사』의 남부여전백제조에도 『삼국사기』를 인용하여 이 천도 문제가 언급되었으되, 유독 그 연대가 다르게 설정되었다. 이로 말미암아 '삼국사기'라고 언명된 유일한 인용처인 이 대목에 대해서조차 현행 『삼국사기』와 다르다는 점에 의혹의 시선을 보내기도 한다.[18]

- 按三國史記 百濟聖王二十六年戊午 春 移都於泗沘 國號南扶餘 (『삼국유사』 기이, 남부여전백제)
- 聖王十六年 春 移都於泗沘[一名所夫里] 國號南扶餘 (『삼국사기』 백제본기 4)

남부여전백제조 서술자가 인용한 '삼국사기'는 현행본 『삼국사기』로 보아도 좋다. 그런데 해당 사건 연대의 간지 '무오'는 성왕 16년에 해당한다. 그렇다면 남부여전백제조에서 사건 연대를 성왕 '二十六'년이라고 한 부분은 '十六'년을 잘못 기록한 것이겠다. 이러한 판단은 일단 무리 없는 추정이다.[19] 그러나 동시에 조선 초 판본에도 '二十六'이 분명하므로 적어도 판각 과정의 단순 오각이라고는 생각할 수 없다. 더욱 주의할 사항은 성왕 26년이 무오년이 되기 위해서는 그의 즉위년이 계사년이라야 한다는 점이다.

요컨대 기이편 서술자가 성왕 재위 26년을 무오년으로 기록한 데에는 혹시 왕력의 정보, 즉 성왕이 계사년에 즉위했다는 잘못된 정보가 그의 서술 과정에 개입한 것은 아닌지 의심하게 되는 것이다. 이와 같은 공교로움

18) 鄭求福, 1993, 「高麗 初期의 『三國史』 編纂에 대한 一考」 『國史館論叢』 45, 국사편찬위원회.
19) 최광식·박대재 역주, 2014, 『삼국유사 1』, 고려대학교출판부.

은 왕력과 제편 사이의 내용적 교호 관계를 암시하는 것이라 특히 주의할 만하다. 이러한 교호의 가능성이 곧 왕력과 제편의 서술 과정이 공유되었다는 의미는 아니다. 적어도 『삼국유사』 정보들의 상호 정합 관계를 주의할 필요가 있다는 것이다.

물론 왕력의 오기와 기이편의 오기가 전혀 관련이 없이 각각 별개로 발생한 것이며, 참으로 우연히 두 오기가 유기적 맥락의 외양을 지니게 된 것일 수도 있다. 쉽게 수긍하기 힘든 설명이긴 하지만, 그 가능성을 완전히 배척할 논리는 없다. 그러나 그와 같은 극단적 회의론은 『삼국유사』의 서술 과정이나 개별 정보에 대한 이해에 별반 기여하지 못한다. 한편, 그와는 반대로 그릇된 논증이거나 판단으로 비쳐지는 서술이 오히려 『삼국유사』 정보 사이의 유기성을 반증하는 경우조차 있다.

기이편 북부여조에 의하면 『고기』를 인용하여, 해모수가 오룡거를 타고 지상에 내려와 북부여 왕이 되었으며, 그의 아들이 해부루로서 동부여에 도읍했다고 한다. 아울러 동명이 북부여를 이어 졸본부여를 세웠는데 이가 곧 고구려의 시조라고 하면서, "아래를 보라[見下]"라는 분주로 마무리를 하였다. 이것은 기이편 체재상 뒤에 설정된 고구려조를 지시한 것이다. 실제 고구려조 서부는 "고구려는 곧 졸본부여다"는 말로 북부여조의 말미와 호응한다.

북부여조에 이어 서술된 동부여조와 고구려조는 '國史高麗本記', 곧 『삼국사기』 고구려본기의 내용과 다르지 않다. 즉 해부루의 왕위는 금와가 계승했으며, 금와는 해모수로부터 버림받은 유화를 거두어 유폐했다. 유화는 햇빛에 감응하여 산란하였고 그로부터 주몽이 태어나 천제의 아들이자 하백의 손자로서 여러 난관을 극복하고 고구려를 건국했다 한다. 결국 북부여, 동부여, 고구려조의 서술을 연계해 본다면, 동부여 왕 해부루와 고구려 왕 주몽이 모두 해모수의 아들이 된다. 이에 착안한 서술자는 고구려조를 서술하는 가운데 이렇게 판단하였다.

「壇君記」에는 "단군이 西河 河伯의 딸과 가까이 하여 아들을 낳아 夫婁라고 이름했다" 하는데, 지금 이 기록을 살펴보면[按此記] 해모수가 하백의 딸과 사통한 뒤에 주몽을 낳았다고 한다. 「단군기」에 "아들을 낳아 부루라고 이름했다" 하니, 부루와 주몽은 어머니가 다른 형제[異母兄弟]이다.

여기에 언급된 '이 기록[此記]'은 고구려조의 서두에 밝힌 인용 전거 '국사고려본기' 즉 『삼국사기』 고구려본기를 이른다. 그에 의하면 해모수가 하백의 딸과 사통한 뒤에 주몽이 태어났다. 그런데 「단군기」에는 단군과 하백의 딸 사이에서 부루가 태어났다고 하였다. 그러므로 부루와 주몽은 어머니가 다른 형제라는 것이다. 여러 연구자들은 이 경우 '異母兄弟'는 '異父兄弟' 혹은 '同母兄弟'를 잘못 쓴 것이리라고 추정한다.

그러나 만약 잘못 쓴 것이 아니라면, 부루의 어머니 '서하 하백의 딸'과 주몽의 어머니 '하백의 딸'은 서로 다른 사람이어야 한다. 실제로 그렇게 여겨 「동명왕편」에 등장하는 하백의 세 딸 가운데 주몽의 어머니가 되는 유화 외에 그녀의 자매 가운데 하나를 부루의 어머니로 헤아려보는 경우도 있다.[20] 다만 이처럼 '서하 하백의 딸'과 '하백의 딸'을 구분하는 독해는 각각의 배우자로 명시된 '단군'과 '해모수'를 동일인으로 전제하는 것이라 얼른 지지하기는 어렵다.

물론 북부여 및 동부여조와 고구려조에서 해모수가 부루와 주몽 각각의

20) 이범교 역해, 2005, 『삼국유사의 종합적 해석 (상)』, 민족사.

아버지로 설정된 전승은 이미 확인된 바 있다. 즉 인용 전거로 제시된 『고기』에서는 해모수의 아들 부루가, 그리고 '국사고려본기'에서는 해모수의 아들 주몽이 있었다. 부루와 주몽 형제의 아버지로서 해모수는 이처럼 기이편 내부의 상충 정보를 아울러 포섭한다. 또한 「단군기」에서 이른바 부루의 아버지로 설정된 단군과 주몽의 혈연관계 역시 왕력 가운데서 찾을 수 있다.

高麗 第一東明王 甲申立 … 姓高 名朱蒙 一作鄒蒙 壇君之子

고구려의 시조 주몽이 단군의 아들이라 한다. 이로써 「단군기」에서 말하는 단군의 아들 부루와 주몽은 같은 아버지의 아들 형제가 된다. 고구려조 서술자가 「단군기」를 들어 논증하는 가운데 부루와 주몽의 부로 설정된 단군과 해모수 양변의 중첩된 위상을 염두에 두었다면, 부루와 주몽을 동부형제로 판단할 만한 단서는 인정되는 셈이다. 『제왕운기』가 언급한 「檀君本紀」가 『삼국유사』가 인용한 「단군기」와 같은 것인지 단정하기는 어렵지만, 단군과 부루의 관계 자체는 다르지 않다.

檀君本紀曰 與非西岬河泊之女 婚而生男 名夫婁 (『제왕운기』 하, 동국군왕개국연대)

짐작하듯이, 부루와 주몽이 과연 형제냐 아니냐의 판단이 문제의 본질은 아니다. 하물며 그들의 어머니가 같은가 다른가 하는 문제 역시 사실 검증의 대상이 될 수 없다. 사실 『삼국사기』 고구려본기와 「동명왕편」의 (동명)本記, 그리고 『제왕운기』의 東明本紀 모두 해모수와 유화 사이에 주몽이 태어났다고 했으며, 『삼국유사』도 이러한 계보 인식을 부여와 고구려사를 서술함에 있어서 중심 인식으로 삼았다.

한편 이에 대해 이설의 전거로 인용한바, 『고기』는 해모수와 해부루를 부자로 설정하였고, 「단군기」와 「단군본기」는 단군과 부루를 부자로 설정한 것이었다. 고구려조 분주의 서술자는 『고기』와 『삼국사기』와 「단군기」를 다 함께 아울러 장악하였으되, 단군과 주몽을 부자로 설정한 왕력의 정보까지 아울렀을지도 모른다. 이 역시 물론 현행 왕력 자체를 아우른 것이 아니라 단군과 주몽을 부자로 설정한 미지의 전거를 아우른 것일 수도 있다. 그러나 현 단계에서 드러난 자료의 현황에서 볼 때, 이 모호한 분주의 사고 과정을 정합적으로 설명하자면 왕력의 돌발 정보를 개입시키지 않을 수 없다는 사실을 간과해서는 안 될 것이다.

4. 파편 정보의 역사성 회복

『삼국유사』의 편찬이 삼국의 '본사'로 간주한 『삼국사기』에 대해 어떤 정체성을 자부하는 것인지 단언하기는 어렵다. '본사'에 대한 '유사'를 자처했다는 것이야 편찬자의 주제 의식이거나 겸양의 수사일 수도 있다. 특히 『삼국유사』에는 서술자가 의도하지 않은 채 이미 중대한 역사성을 함유한 정보들이 허다하였다. 사실 '유사'의 존재란 '본사'의 흠결을 완곡하게 웅변한다. 어떤 맥락에서든 그것은 '본사'를 보완하거나, 또한 보완함으로써 비판하고 있다.

비근한 예를 들자면, 고구려 건국 초기에 성곽과 궁실을 건조한 일을 언급한 『삼국사기』의 서술은 「동명왕편」을 매개로 비로소 유효한 정보 자질을 획득하게 되었다. 즉 『삼국사기』 고구려본기에 의하면, 동명성왕 3년 봄에 황룡이 鶻嶺에 출현하더니 가을에는 또 푸르고 붉은 구름이 골령에 서렸다 한다. 이듬해 여름에는 운무가 이레 동안 자욱하여 사물을 분간할 수 없을 지경이었다 한다. 그리고 그해 가을에 성곽과 궁실을 지었다고 한다.

이렇게 보면, 황룡과 골령과 이레 동안의 짙은 운무 등이 성곽과 궁실의 건조와 어떤 접점도 없이 유리되어 있다. 그러나 이규보가 지은 「동명왕편」의 서사 가운데 그와 같은 정보들은 긴밀하게 연동되어 나타난다. 관련 대목의 본문과 그에 대한 분주를 인용해 본다.

그윽한 구름이 골령을 덮어 [玄雲羃鶻嶺]
연이은 산조차 보이지 않고 [不見山邐迤]
수천 명의 사람들이 있어서 [有人數千許]
나무 베는 소리와 방불한데 [斲木聲髣髴]
왕께서는 하늘이 나를 위해 [王曰天爲我]
저곳에 성을 쌓는다 하시매 [築城於其趾]
홀연히 운무가 걷히고 나니 [忽然雲霧散]
궁궐이 올연히 솟아 있구나 [宮闕高𡾰嵬]

[7월에 검은 구름이 골령에 일어나서 사람들이 그 산은 보지 못하고 오직 수천 명 사람들의 소리가 토목 공사를 하는 것처럼 들렸다. 왕께서는 "하늘이 나를 위해 성을 쌓는 것이다"라고 했다. 7일 만에 구름과 안개가 절로 걷히자 성곽과 궁실 누대가 저절로 이루어져 있었다. 왕이 皇天께 절하여 감사하고 나아가 살았다.] (『동국이상국전집』 3 고율시 「동명왕편」)

이렇게, 『삼국사기』의 건조한 징검돌들에 「동명왕편」이 문맥을 부여한 것이다. 이와 유사한 방식으로, 『삼국유사』를 매개로 『삼국사기』의 정보들이 비로소 풍부한 함의를 회복하는 사례들이 적지 않다. 반대로 말하자면, 『삼국유사』의 특정 정보가 『삼국사기』를 만나 의도하지 않은 역사성을 갖추게 되는 경우들이 많다고 할 수 있겠다. 당과 갈등하던 신라의 문무왕에게 明朗法師가 사천왕사의 창건을 제안한 대목을 들어 이 문제를 음미해 보려 한다.

명랑법사가 아뢰었다. "狼山 남쪽에 神遊林이 있으니, 그곳에 사천왕사를 세우고 道場을 열면 좋겠습니다." (『삼국유사』 기이, 문호왕법민)

문무왕은 명랑의 제안에 따라 우선 彩帛으로 절을 가설하고 文豆婁의 비법을 베풀어 당의 수군을 막아 냈다. 명랑법사의 이 행적은 『삼국유사』에서 여러 차례 언급되었다.[21] 『삼국사기』에 의하면 그 후 문무왕 19년(679)에 사천왕사를 제대로 낙성했다 한다. 그런데 이렇게 창건되는 사천왕사는 이미 한 세대 전에 예견되었다 한다. 즉 선덕왕이 스스로 죽을 날을 예견하고 忉利天에 장사 지내라 하였는데, 신하들이 그 장소를 묻자 낭산 남쪽이라고 대답한 적이 있었다. 그렇게 하여 왕릉이 조성된 다음, 실제로 문무왕이 사천왕사를 그 아래 창건하게 된 것이다.

불경에 "四天王天의 위에 도리천이 있다"라고 하였으니, 그제야 대왕의 영험함과 신성함을 알게 되었다. (기이, 선덕왕지기삼사)

신유림과 관련하여 『삼국유사』에 마련된 흥미로운 예견의 장치는 다시 한

21) 『삼국유사』 신주, 惠通降龍 및 明朗神印.

번 더 거슬러 올라간다. 흥법편 서술자는 「我道本碑」를 인용하여 고구려의 高道寧이 그녀의 아들 아도에게 신라의 수도 안에 前佛 시대의 가람터 일곱 곳을 열거하였는데, 그 여섯 번째가 신유림이었다.[22] 여기에 보이는 阿道·我道의 실체 및 실제 연대에 대해서는 서술자부터 확정하지 못하고 있지만, 여하튼 신유림은 신라의 불교 전래 및 공인 과정에서 주목받은 곳이었다.

六日 神遊林[今天王寺 文武王己卯開] … 皆前佛時伽藍之墟 法水長流之地

신라 불국토 관념의 증좌라 할 이들 가람 터에는 그 뒤 興輪寺를 필두로 저명한 대찰들이 창건되었다. 天鏡林의 흥륜사, 三川岐의 永興寺, 龍宮南의 黃龍寺, 龍宮北의 芬皇寺, 沙川尾의 靈妙寺, 婿請田의 曇嚴寺가 이들이다. 다만 이와 같은 전불 가람 터 지명들의 유래에 대해서는 짐작할 단서가 없다. 그런데 일곱 지명 가운데 오직 신유림에 대해서만은 그 역사적 유래가 『삼국사기』에 보인다.

실성이사금 12년(413) 가을 8월에 구름이 狼山에서 일어났는데, 멀리서 보면 누각같이 생겼고 향기가 자욱하여 오래도록 없어지지 않았다. 왕이 이르기를 "이것은 필시 신선이 내려와 노니는 것이니, 응당 복 받은 땅이로다"라고 하여, 이후로는 사람들이 이곳에서 나무를 베지 못하게 하였다. (『삼국사기』 신라본기 3)

발단은 낭산 위에 서린 이형의 구름이었다. 왕이 이 구름을 보고 신선이

22) 『삼국유사』 흥법, 阿道基羅.

내려와 노니는 징표로 해석한 연유는 드러나 있지 않다. 그러나 비상한 구름의 형용에 대한 왕의 해석은 당대 구성원 사이에서 설득력을 지녔거나 적어도 이견을 차단했을 것이다. 그리하여 왕권은 이곳에서 벌목하는 것을 금했다. 이렇게 하여, 신선이 내려와 노니는[神遊] 낭산의 숲[林]은 더욱 그윽하게 깊어져 전불 가람 터다운 기품이 서렸을 것이다.

얼마간 거칠게 말하면, 고도령의 예언과 선덕왕의 예지야 문무왕 대에 창건된 (사)천왕사의 현실에서 소급될 수 있는 연역적 장치의 하나라고 할 수 있다. 그러나 실성이사금이 관찰한 누각형 구름과 그에 대한 해석은 그와 다르다. 낭산의 누각형 구름과 자욱한 향기는 차라리 동명성왕 대에 골령에 서린 푸르고 붉은 구름과 그 귀결로서 하늘의 工匠들이 문득 건조한 성곽과 궁실 누대의 출현이라는 상징체계에 닿아 있다. 이 희귀한 고대적 관념이 얼마 뒤 불교적 세계관 아래에서 전불 가람 터로 변용된 것일 뿐이다.

그러므로 『삼국유사』의 신유림은 오히려 『삼국사기』에서 그 관념의 연원을 찾게 된 것이다. 아울러 실성이사금의 저 비경험적 해석은 사건 관찰 당대인들의 정서를 반영한다는 점에서 그 의의가 심중하다. 흥미롭게도 「동명왕편」의 구름 정보가 『삼국사기』의 파편적 정보들에 맥락을 부여해 주었다면, 신유림의 경우는 오히려 『삼국사기』의 이형 구름에 대한 왕의 해석에서 『삼국유사』 정보의 역사성이 힘을 얻었다.

이와 같은 사례에서 알 수 있듯이 『삼국사기』와 『삼국유사』 사이에 어떤 일방이 일관되게 고대인들의 경험을 원형에 가깝게 설명한다고 구분할 근거는 없다. 기왕 이 문제를 구름에 대한 관찰과 설명을 단서로 궁리한 이상 한 가지 사례를 더하고자 한다. 『삼국유사』의 후백제견훤조 가운데는 天福 원년 9월 甲午일에 一利川을 사이에 두고 대진한 고려 태조와 후백제 신검군의 격돌 대목이 있다. 이 대목은 『삼국사기』 견훤전을 큰 폭으로 생략하여 서술한 인상을 주는 한편, 전혀 새로운 서술이 한 줄 개입해 있다. 유효한 비교를 위해 『고려사』의 태조 세가의 정보까지 포함하여 해당 대목을 발췌해 본다.

- 甲午 隔一利川相對布陣 太祖與尙父萱觀兵 … 齊進挾擊 … 甄萱憂懣發疽 數日卒於黃山佛舍 (『삼국사기』)

- 甲午 隔一利川相對 王師背艮向坤而陣 太祖與萱觀兵 忽白雲狀如劍戟 起我師向彼行焉 乃鼓行而進 … 甄萱憂懣發疽 數日卒於黃山佛舍 九月八日也 壽七十 (『삼국유사』)

- 甲午 隔一利川而陣 王與甄萱觀兵 … 鼓行而前 忽有白雲狀如劒戟 起我師上向賊陣行 … 甄萱憂懣發疽 數日卒于黃山佛舍 (『고려사』)

편찬 순서에 따라 세 자료를 나열해 놓고 보면, 서로의 출입이 간단치 않다. 생략된 부분을 아울러 판단할 때 『삼국사기』와 『고려사』는 큰 줄거리와 구조가 근사하다. 반면 『삼국유사』는 두 관찬 사서에 비해 고려 군단의 구체적 편제를 비롯하여 크게 절삭한 것이 드러난다. 당연히 '본사'와 동일한 내용을 거듭 쓸 필요는 없다. 다만 양국의 군사가 접전하기 직전에 "홀연히 창칼과 같은 형상의 흰 구름이 우리 군사 쪽에서 일어나 저들을 향해 가는 것이었다"라고 한 『삼국유사』의 표현은 『삼국사기』에는 없는 한편 완연히 『고려사』의 서술과 닮았다.

흰 구름의 움직임이 의미하는 바는 고려 측의 승리일 것이다. 실제 흰 구름이 그와 같이 형성되어 움직였을 수도 있고, 혹은 고려의 승리를 신비화하면서 천의에 가탁하기 위한 수사에 불과할 수도 있다. 여하튼 이러한 기술 자체야 백제가 멸망하기 바로 전 660년 5월에 "용과 같은 검은 구름이 동쪽과 서쪽 허공 가운데서 서로 부딪쳐 싸웠다"[23]라고 한 서술이 은유하고 있는 바와 다르지 않다. 다만 『삼국유사』와 『고려사』 찬자가 놓치지 않은 이 구름 정보가 어느 자료에서 유래한 것인지는 확정하기 어려운 한편, 그것이 고대적 사유를 반영한다는 데는 이견이 없을 줄로 안다.

그에 반해 『삼국유사』에 있는 "왕의 군사가 동북방[艮]을 등지고 서남방[坤]을 향해 진을 쳤다"라거나 견훤이 죽은 일자와 나이 "9월 8일로서 70세였다"라는 서술은 나머지 두 책 어디에도 없는 정보이다. 사실 사건의 발단이 된 천복 원년 9월 갑오일 자체가 환산하면 9월 8일이 되는지라 『삼국유사』의 일자 정보는 심각한 당착이다. 후백제견훤조의 서술 구조에서 판단할 경우, 군진의 방향 정보와 견훤의 사거일 및 수명 정보는 필시 『고기』로부터 연유한 것이라고 추정할 수는 있다.[24]

요컨대 『삼국유사』의 세계를 '불교적 신이'로 수긍한다 하여 그에 함유되어 있는 '비경험적 역사성'을 간과해서는 안 된다. 이 역설적 정보들의 사료적 자질과 가치는 여러 방식의 비판력과 상상력을 경유하여 획득되거나 회복된다고 믿는다. 그와 함께 『삼국유사』의 정보 편들을 『삼국사기』에 견주어 반드시 일관되게 고대적 원형에 핍진한 것으로 간주한다거나, 반대로 겉으로 드러난 『삼국유사』의 비합리와 초현실적 내용에서 역사성의 탐색을 문득 방기하려는 타성을 똑같이 반대한다.

23) 『삼국사기』 백제본기 6, 의자왕 20년.

24) 이강래, 2001, 「『三國遺事』 '後百濟甄萱'條의 再檢討」 『후백제 견훤정권과 전주』, 주류성; 이 책의 2편 1장에 고쳐서 수록.

1편

고대사 정보의 이해 방식

1장 • 고구려 멸망론의 설화적 파생

2장 • 백제 멸망론의 설화적 파생

3장 • 고대의 익산에 대한 후대의 인식

4장 • 한국 고대 혼인의 사회사적 함의

5장 • 한국 고대사회 물의 문화적 맥락

고구려 멸망론의 설화적 파생

1. 고구려 멸망의 역사성
2. 羊皿의 개소문 환생담
3. 楸南의 김유신 환생담
4. 평양 만월성의 망국담
5. 普德의 이암과 망국담
6. 멸망론 설화의 일상성

1. 고구려 멸망의 역사성

고구려는 신라와 당의 연합군에 의해 668년에 종국을 고했다. 그보다 8년 앞서 백제 역시 멸망하였다. 유서 깊은 두 왕조의 몰락은 동아시아 고대 사회에 집적되어 온 여러 모순이 낳은 파국이며, 고대적 질서의 위기이자 와해를 의미한다. 그것은 한 시대의 종언이요, 새로운 질서의 모색을 위해 치러야 할 진통이었다. 당연히 이들 왕조의 멸망은 흥미로운 역사적 담론의 원천이 된다. 하나의 원천은 여러 갈래의 전승과 기억을 파생시킨다.

격동의 조짐은 7세기에 들어서면서 이미 동북아시아 전반에 미만하였다. 중화세계의 오랜 분열을 종식시키고 '대일통'을 이룬 수와 당의 등장 자체가 주변 왕조들에게는 목전의 위험일 수밖에 없다. 실제로 두 제국의 동방 정책은 미답의 국제적 격랑을 예고하는 지표로 읽힌다. 한편 수의 문제와 양제 그리고 당 태종의 대외 원정을 그들의 '정통성 결여'에서 연유한 것으로 보기도 하나,[1] 고구려 백제 신라의 삼국 역시 그에 못지않은 비상한 왕위 계승과 권력의 재편 과정을 공유하고 있었다. 여기에 대화개신(645) 이후 대화정권이 국제 관계의 실제적 변수로 부상했으며, 말갈과 거란 등 유목적 기반을 지닌 집단들도 정치 군사적 유동성을 키우고 있었다.

무엇보다도 중국의 역대 제왕 가운데 가장 호전적이고 현시욕이 강했던 당 태종의 고구려 친정(644)은 전례 없는 동아시아 세계 대전의 직접 발단이었다. 이 위기의 640년대에 비롯한 당과 신라의 연대는 전쟁의 주축이자 동인이었다. 전장은 고대 한국의 역사 공간 전체였다. 7세기 무력주의의 충돌 결과 고구려는 멸망했다. 한국의 사서들에 의하면 고구려는 700년 혹은 800년 동안 존속했다고 한다.[2] 중국의 사서들에는 900년 혹은 1,000년 설도 보인다.[3]

전근대와 근대를 막론하고 역사가들이 고구려의 멸망을 음미하는 방식에는 폭넓은 공유대와 전통이 있다. 일반적으로 동아시아 국제 관계의 역동성과 고구려 국내 정치의 난맥이 먼저 환기된다. 도교의 진작으로 상징되는 사상 통제는 불교 교단의 고승을 비롯한 지식인의 이탈을 초래했고, 대외적 강경 노선과 대내적 강권 통치는 지배층의 크고 작은 분열을 낳았

1) 朴漢濟, 1993「七世紀 隋唐兩朝의 韓半島進出 經緯에 대한 一考 : 隋唐初 皇帝의 正統性確保問題와 關聯하여」『東洋史學硏究』43, 54~55쪽.

2) 『삼국사기』 6 신라본기 6, 문무왕 10년; 같은 책 31, 연표 하.

3) 『신당서』 220 동이열전, 고려 : 『당회요』 95, 고구려.

다 한다. 잦은 전란에서 농업 생산성은 저하되었으며, 정변과 변칙적 왕위 계승으로 인해 왕조 권력의 정통성 또한 훼절되었다고 말한다.

이러한 설명들은 대체로 공인된 기록과 인과의 논리에 충실하다. 그러므로 그것들은 역사적 지식의 자질을 획득한다. 그러나 그러한 설명들은 역설적이게도 정작 왕조의 멸망을 경험한 당대 고구려인들의 목소리를 생생하게 들려주지도, 세심하게 탐색하지도 않는다. 엄밀히 말해 그것들은 기록에 대한 '해석자의 인식'일 뿐이다.

반면에 경험자들의 호흡과 그로부터 파생된 전승들은 대부분 역사적 정합성을 벗어나 있다. 그에 따라 경험 주체의 설명은 비현실적이며 비합리적인 것처럼 보인다. 간명하게 말해 그것들은 비경험적 '설화'의 범주에 있다.

다만 설화들에도 각기 그 내부의 논리가 작동하고 있다는 점을 주의할 필요가 있다. 다시 말해 설화 하나 하나는 모두 서사적 완결성을 가지고 있다. 더구나 사태를 경험한 당대인들의 처지에서는 설화 형태의 고구려 멸망론들이 오히려 더 큰 설득력과 인과적 속성을 지닌 것일지도 모른다. 설화의 서사적 계기는 한결같이 설화의 내용을 공유하고 전승하며 향유해 온 이들의 장구한 일상과 체험에서 배태된 것이기 때문이다. 이 점에서 설화의 설명 또한 명백한 역사성을 지닌다.

경험에 대한 역사적 설명으로서, 설화적 전승에 담긴 사회 저층의 정서를 주목하고자 한다. 이때 현상에 대한 관찰과 분석의 타당성과, 그를 매개로 부여되는 인과 관계의 정합성은 분별되어야 한다. 대개의 정보는 관찰된 현상의 외양을 띤다. 예컨대 신라 조분이사금 17년(246) 초겨울에 동남방 하늘에 흰 기운이 피륙을 편 듯[如匹練] 뻗치더니, 그로부터 일곱 달 뒤에 이사금이 죽었다. 백제 아신왕 역시 왕궁 서쪽에서 흰 기운이 피륙을

편 듯[如匹練] 일어난 여섯 달 뒤에 죽었다. 이 자체로는 어떤 명시적 설명도 아니다.

신라와 백제의 왕조 편년사에 저록된 위의 사건 정보들은 피륙을 편 듯한 흰 기운의 발현에 대한 관찰 경험과 임금의 죽음으로 구성된다. 그런데 두 현상은 마치 인과 관계에 있는 것처럼 보인다. 적어도 전승의 맥락에서 피륙과 같은 흰 기운과 임금의 죽음은 (사건의) 전조[원인]와 (귀결된) 사건[결과]임을 은연 암시하거나 감추지 않는다. 전후의 현상 정보는 관찰된 경험의 영역에 있으나, 두 현상에 부여된 선후의 유기적 관계 혹은 인과의 논리는 해석의 영역에 있는 것이다.

현상 관찰자와 해석자가 동일인일 경우, 그 해석은 경험 주체의 인식이라고 부를 수 있다. 고구려의 평양성이 당의 병력에게 함락되기 다섯 달 전인 668년 4월, 혜성 하나가 畢星과 昴星 사이에 나타났다. 당의 許敬宗은 "혜성이 동북방에 나타나는 것은 고구려가 장차 멸망할 조짐이다"라고 해석하였다.[4] 다섯 달 뒤 그의 해석은 징험되었다. 백제와 신라사에 공유되어 있는바, 흰 기운에 이은 임금의 훙거 정보 또한 이와 다르지 않다. 그 역시 세계에 대한 고대인들의 관찰과 설명의 한 방식이자, 보편적 사유의 일단이었다.

서로 조응하는 의미 관계에 있는 것처럼 보이는 현상과 사건이 반복되면서, 고대의 경험 주체들은 스스로 유효한 설명력을 키워간다. 다만 현상과 해석을 잇는 필연적 논리를 명료하게 파악하지 못할 뿐이다. 그러므로 범상한 관찰 정보에 지나지 않는 것처럼 보이는 기록들일지라도, 거기에는 이미 어떤 맥락의 설명적 자질이 구유되어 있다. 예컨대 멸망당하기 1

4) 『삼국사기』 22 고구려본기 10, 보장왕 27년 여름 4월.

년 전(659) 백제의 왕궁에는 여우 떼가 몰려 들어왔으며, 같은 해 고구려의 왕성에도 호랑이 아홉 마리가 들어와 횡행하였다. 패망국의 경험이긴 하나, 전승국의 허경종이 발견한 '조짐'과 다르지 않다.

이러한 생각 위에서 고구려의 멸망에 대한 설화적 '설명'들을 탐색해본다. 고대적 사유 방식에 핍진했을 그것들은 전쟁에서 패배한 집단의 정서요, 왕조의 권위를 분점하지 못한 계층의 시선이며, 설명의 객관성과 타당성의 측면에서 책임질 필요가 전혀 없는 사람들의 생각을 반영한다. 물론 사건 당대인의 정서와 설명을 탐색하기 위한 방편으로 설화를 응시한다 하더라도, 그 역시 본질에서 기록이라는 점을 잊지 않아야 옳다. 간과하기 쉽지만, 경험자의 사건 기억과 설명은 오직 기록자의 현재를 토대로 선택되고 재구성되기 때문이다.[5)]

2. 羊皿의 개소문 환생담

『삼국유사』에 인용되어 있는 『高麗古記』는 고구려 멸망에 관한 몇 가지 설명을 전하고 있다. 그에 의하면 고구려 멸망의 중심에는 연개소문이 있다고 한다. 연개소문은 642년에 영류왕과 중앙 귀족들을 살육하고 권력을 장악하였으며, 665년 혹은 666년에 죽었다. 그는 멸망을 앞둔 고구려 25년의 전권을 행사한 권력자였다. 그러므로 그의 행위가 당이 내세운 고구려 침공의 빌미가 되거나 명분의 재료가 되는 것을 피하지 못한다. 물론 그가 감당해야 할 책임의 정도와 성격은 처지와 맥락에 따라 다양하게 나

5) 김영범, 1999, 「알박스(Maurice Halbwachs)의 기억사회학 연구」 『(대구대)사회과학연구』 6-3, 587~589쪽.

타날 수 있다.

『고려고기』에는 다음과 같은 기록이 있다. 수의 양제가 大業 8년 임신(612)에 30만 군사를 거느리고 바다를 건너 쳐들어왔다. 10년 갑술(614) 10월에 고(구)려 왕이 표문을 올려 항복을 청하였다. 그 때 한 사람이 몰래 작은 강궁을 품속에 지니고서 표문을 지닌 사신을 따라 양제가 탄 배 안에 이르러, 양제가 표문을 들고 읽을 때 활을 쏘아 양제의 가슴을 맞혔다. 양제는 군사를 돌이키려 하면서 좌우에 이르기를 "내가 천하의 주인으로서 작은 나라를 직접 치다가 이기지 못했으니 만대의 웃음거리가 되었구나!"라고 하였다. 이때 右相 羊皿이 아뢰기를 "신이 죽어 고려의 대신이 되어서 반드시 나라를 멸망시켜 제왕의 원수를 갚겠습니다"라고 하였다. 양제가 죽은 후 (양명은) 고려에 태어났는데, 15세에 총명하고 신무하니 그 때 武陽王이 그가 현명하다는 소문을 듣고 불러들여 신하로 삼았다. 그는 스스로 성을 '蓋'라 하고 이름은 '금(金)'이라 했으며, 벼슬이 '蘇文'에까지 이르렀으니 곧 侍中의 관직이다. (『삼국유사』 흥법, 寶藏奉老普德移庵)

『고려고기』의 내용에는 여러 가지 오류가 보인다. 612년에 동원된 수 양제의 군사 규모를 30만이라고 한 점, 양제의 군사가 바다를 건너 침공했다고 한 점 등은 중국과 한국의 사서에 보이는 정보와 다르다. '양명'이라는 사람의 실존 여부도 확인할 길이 없으며, 고구려 사신의 일행이 활로 양제를 저격했다는 것도 사실로 받아들일 만한 다른 문헌 근거가 없다. 하물며 연개소문이 양명의 환생이라는 설정은 역사학이 전제하는 경험적 사실 영역에서 한참 멀리 벗어나 있다.

오히려 독자들이 쉽게 간파할 수 있듯이, 배면의 진실이란 실존 인물 연개소문의 이름 자 가운데 '盖'의 破字로 허구의 인물 '羊皿'을 창안해 낸 것에 불과할 것이다. '개'를 성이라 하고 '금'을 이름이라 한 것도 사실과 다르다. 또한 '소문'을 관직으로 해석한 것도 다시 이를 나위 없이 명백한 오류이다. 요컨대 이것은 민중적 상상력이 낳은 것이되, 호전적 군주로 저명한 당 태종과 맞선 연개소문의 영웅성과 고구려의 군사적 위용에 대한 기억이 그 토대를 이루고 있다.

특히 항복을 빌미로 양제에 근접하여 저격했다는 설정은 3세기 동천왕대에 魏나라 毌丘儉의 침공으로 왕조의 존망이 갈리는 위기에 처했을 때의 경험에서 유래했을 개연성이 크다. 즉 『삼국사기』에 의하면, 당시 고구려 東部의 紐由는 항복을 가장하여 위의 장수에게 접근했다가 그를 칼로 찌르고 함께 죽었다(246) 한다. 게다가 그로 인해 동천왕은 위나라 군사를 격퇴시킬 수 있었다고 하니, 수나라 양제가 패배를 자인하고 철군한 바와도 상응한다.

유유의 영웅적 희생과 근왕의 행적은 명백히 고구려 자체의 전승을 토대로 한 것이다. 그리고 고구려 당대인은 물론 후대 사람들에게도 고구려에 대한 우호적 기억의 맥락 가운데 종종 회자되었을 법하다. 즉 유유의 희생은 중국의 침입 앞에 물리력의 열패를 극적으로 변전시킨 순국 투쟁담이었다. 이 유명한 이야기가 고구려 멸망을 설명하는 데 다시 동원되었다고 생각한다. 비경험적 설화에 담긴 역사성을 웅변하는 적실한 사례라고 해도 좋겠다.

다른 한편 양명 환생담의 궁극적 귀결은 그로 인한 고구려의 멸망이었다. 이로써 패퇴한 제왕의 수치를 설욕한 것이다. 그런데 패배한 제왕은 수 양제이고, 그 치욕을 마침내 설욕한 제왕은 당 고종이다. 그러나 패배를 자인하며 한탄하는 양제의 말은 뒷날 안시성에서 좌절당한 당 태종의 자탄을 연상시킨다. 태종은 고구려 정벌을 위한 전략을 논의해 온 측근 李靖에게 "내가 천하의 무리를 가지고서도 (고구려와 같이) 보잘것없는 오랑캐에게 곤욕을 치른 것은 무엇 때문인가?"[6] 물었다 한다.

태종은 "만약 魏徵이 있었더라면 내가 이 원정을 하지 못하게 했을 것이다"라고 후회했으며,[7] 종국에는 고구려에 대한 군사 행동을 중단하도록 유언하기에 이르렀으니, 그 참괴함이 자못 컸다. 柳公權의 『小說』이나 王讜의 『唐語林』에서 보듯이 당 태종의 패배는 당대부터 이미 여러 형태로 거듭 회자되던 바였다.[8] 어쩌면 양명이 씻어야 할 사무치는 치욕이란 양제가 아니라 태종의 것이었다. 당 태종을 양명 '설화' 속 양제의 자리에 세울 수 있다면, 역으로 그에게 강궁을 당겨 치명상을 끼친 고구려 장수는 '역사' 속의 安市城主일 것이다.

이처럼 양명 설화에는 전후의 서로 다른 경험적 사실들이 양명의 연개소문 환생담을 위한 질료로 동원되고 변용되었다. 사실의 변용은 중국과 고구려의 투쟁이라는 근간의 맥락만 유지되면 폭넓게 허용될 수 있다. 뒷날 李穡은 안시성 전투에서 태종이 눈에 화살을 맞았다고 했으니,[9] 그 작시의 소재 역시 고려 사회에 공유되어 있던 설화적 설명에 닿아 있다고 본다. 徐居正, 李瀷, 金昌翕 등 조선의 문인들도 태종이 활로 피격을 당한 일을 의연히 거론했으며, 안시성주도 양만춘으로 구체화되어갔다.[10]

6) 『자치통감』 198 唐紀 14, 태종 貞觀 20년 2월.

7) 『신당서』 97 열전 22 위징.

8) 이강래, 2007, 「한·중 사서에 보이는 고구려와 중국의 전쟁 기록 비교 검토」 『동북아역사논총』 15, 245~247쪽; 2020, 『한국 고대의 경험과 사유 방식』, 전남대학교출판문화원.

9) 『牧隱詩藁』 2, 貞觀吟.

10) 노태돈, 2009, 『삼국통일전쟁사』, 서울대학교출판부, 108쪽.

심지어 뒷날 송의 神宗과 王安石은 당 태종이 고구려를 이기지 못한 이유로 뜻밖에도 연개소문의 비범한 사람됨을 거론하기도 했다. 그런가하면 봉황산 일대를 비롯한 요동 지역에 연개소문과 양만춘 관련 설화적 전승이 분별되지 않은 채 유포되어 있는 것을 尹根壽, 趙緯韓, 金定中 등 조선의 식자들은 기록해 두었다.[11] 설화적 설명이 종종 합리적 정합성을 벗어나는 것과 마찬가지로, 국내외를 막론하고 최상층 지식인들의 역사 인식 또한 인식 당대의 현재적 조건에 복무할 뿐인 것이다.

3. 楸南의 김유신 환생담

여하튼 수나라의 양명은 고구려의 연개소문으로 환생하여 고구려를 멸망의 구렁텅이로 이끌었다 한다. 이처럼 민중적 설명과 기억이 전승의 주요 화소로 기능하는 사례는 다양한 형태로 재생산된다. 특히 원한을 품고 죽은 이가 적국에서 환생하여 전생의 원분을 풀게 된다는 설정은, 고구려의 楸南이 신라의 김유신으로 환생하여 고구려를 멸망시킨다는 전승과도 맥락을 같이 한다. 신라는 당나라와 함께 고구려 멸망의 또 다른 주역이었다.

白石이 말하기를 "저는 본래 고(구)려 사람입니다. 우리나라의 여러 신하들은 '신라의 庾信은 바로 우리나라의 점치던 卜士 추남이다'라고들 합니다. 우리나라 국경에 역류하는 물이 있었는데 추남에게 점을 치게 했더니 말하기를 '대왕의 부인께서 음양의 도를 역행했으므로 나타난 표징이 이와 같습니다'라고 했습니다. 대왕이 놀라고 괴이하게 여겼으며, 왕비

11) 최일례, 2011, 「연개소문의 출자에 관한 몇 가지 의문」『韓國思想과 文化』 57, 167~169쪽.

도 크게 노하여 이는 요망한 여우의 말이라고 왕에게 고하면서, 다시 다른 일로 시험해 물어서 그 말이 틀리면 중형에 처하기로 했습니다. 이에 쥐 한 마리를 함 속에 감추어 두고 이것이 무슨 물건이냐고 묻자 추남이 아뢰기를 '이것은 틀림없이 쥐인데 그 수는 여덟 마리입니다'라고 했습니다. 그러자 말이 틀렸다고 하여 목을 베 죽이려 하니 추남이 맹세하여 말하기를 '내가 죽은 뒤에 대장이 되어 반드시 고구려를 멸망시키리라!'라고 했습니다. 곧 목을 베어 죽이고 쥐의 배를 갈라 보니, 새끼가 일곱 마리나 있었으므로, 그제야 그의 말이 맞은 것을 알게 되었습니다. 그 날 밤 대왕의 꿈에 추남이 신라 舒玄公 부인의 품으로 들어갔습니다. (대왕이) 이것을 여러 신하에게 이야기했더니, 모두 말하기를 '추남이 마음속으로 맹세하고 죽더니 그 일이 실제 그렇게 되는가 합니다'라고 했습니다. 그 때문에 나를 보내 여기에 와서 이런 계획을 꾸미게 한 것입니다"라고 했다. (『삼국유사』 기이, 김유신)

이에 따르면, 추남은 고구려의 占巫였다. 그는 억울한 죽임을 당하게 되자 죽은 후에 대장이 되어 반드시 고구려를 멸망시킬 것이라고 맹세했다. 그리고 그 맹세 대로 신라의 김유신으로 환생했다는 것이다. 그로 인해 고구려는 백석을 첩자로 보내 김유신을 고구려로 유인해 가려 했던 것인데, 신라의 호국신들이 나타나 김유신에게 백석의 정체를 알렸다. 위의 인용문은 정체가 드러난 백석이 김유신에게 음모의 전말을 자백하는 대목이다.

이 설화 역시 고구려의 멸망에 대한 고대인의 설명 방식을 보여준다. 양명의 연개소문 환생담이 고구려 내부에서 비롯한 멸망론이라면, 추남의 김유신 환생담은 외부로부터의 멸망론이라고 할 수 있다. 김유신은 7세기 전쟁에서 삼국의 일통을 이루어낸 신라의 최고 군사지휘자였다. 즉 그는, 멸망한 고구려에 대응하는, 승리한 신라의 주역이었다. 연개소문이 패망당한 고구려 측의 표상이라면, 김유신은 고구려를 패망시킨 측의 표상인 셈이다.

물론 김유신은 고구려에 앞서 백제의 멸망 과정에서 훨씬 구체적이고 비중 있는 역할을 수행했다. 고구려 멸망론의 설화적 도식을 적용하자면, 백제를 멸망시키고 승리한 신라의 표상도 김유신이다. 그런데 위의 환생 설화를 인용한 기록자는 '古本'에는 백석의 전생이 고구려 추남이 아니라 '백제의 春南'이라고 쓰여 있었다고 지적한다. 전승국 신라의 장수 김유신의 역할이란 실제 역사에서 고구려 추남의 환생이자 백제 춘남의 환생이기도 했던 때문일 것이다.

'고본'의 실체나 그 형성 시기에 대한 추론은 별로 실제적 의미를 가질 수 없다. 김유신의 전생을 다르게 전하는 '고본'의 의의란 오직 서로 다른 전승과 설명의 증거일 뿐이다. 김유신은 춘남의 환생으로서 백제를 멸망시켰고, 추남의 환생으로서 고구려를 멸망시켰다. 김유신에게 백제와 고구려의 분별은 본래 무의미한 것이기도 하다. 의자왕이 항복하고 백제가 종국을 고한 660년 7월, 뜻밖에도 고구려 평양성의 강물이 3일 동안이나 핏빛으로 물들었다. 백제의 멸망 자체가 곧 고구려 멸망의 명백한 예조였다.

한편 신라의 김유신에 상응하는 당 측의 인물은 李勣이었다. 이와 관련하여 당 고종에게 고구려 정벌을 고무하고 이적을 원정군의 장수로 추천하였으며 그 자신 요동 방면의 군량을 지원하기도 했던 賈言忠의 발언은 흥미롭다. 668년 봄, 가언충은 "『高句麗秘記』에 이르기를 '9백 년이 못 되어 의당 80 대장이 멸망시킬 것이다'라고 했는데, 고씨가 한나라 때부터 나라를 세웠으니 지금 9백 년이 되었고, 이적의 나이가 80세"라고 주장한다.[12] 과연 그해 9월, 이적은 평양성에 들어와 고구려의 항복을 받았다.

이적은 645년 당 태종이 패퇴한 안시성 전투에서도 최상층 지휘관이었다. 애초에 그는 태종의 고구려 원정 계획에 찬성한 소수파에 속하였다. 태종은 요동 정벌 패전의 책임을 그에게 묻지 않았으며, 고종 또한 다시금 그를 요동도행군대총관으로 삼아 고구려 공멸전을 진두에서 지휘하게 했다. 마침내 이적은 태종 대의 패배를 고종 대의 승리로 만회했다. 흥미롭게도 20여 년을 상거한 이적의 고구려 침공 전쟁의 전말은 양명의 환생담이나 추남의 환생담에 보이는 '雪憤'의 구조와 다르지 않다.

원혼의 환생은 아니지만 신라인 薛罽頭와, 고구려 원정에 혁혁한 전공을 세운 당의 장수 薛仁貴의 관계도 주의해 둘 일이다. 설계두는 골품제의 속박을 벗어나고자 당에 갔다가 645년 고구려 원정군을 지휘한 태종의 駐蹕山 전투에서 당을 위해 발군의 공로를 세우고 전사했다. 태종은 눈물로 그를 애도하고 대장군 직을 내려 평소 그의 희망에 부응하였다. 설인귀 역시 같은 전투 현장에서 태종에게 처음 발탁되어 장군에 임명되었다.

그런데 이 전쟁을 소재로 한 『설인귀전』에는 당 태종을 활로 저격한 연개소문이 설인귀의 손에 죽는다. 그리고 이 설인귀가 곧 신라인 설계두라는 인식이 보인다.[13] 신라인 설계두는 당 태종을 위해 산화했으며, 바로 그 시공간에서 발탁된 설인귀는 연개소문을 죽여 태종의 치욕을 갚았다. 주필산에서 생사가 갈린 설계두와 설인귀의 역할이 태종과 연개소문을 매개로 합치되었다. 역사에서나 설화에서나 고구려를 멸망시킨 주체로서 당과 신라의 위상은 이렇게 중첩되어 있는 것이다.

12) 『삼국사기』 22 고구려본기 10, 보장왕 27년.

13) 권도경, 2007, 「국립도서관본 계열 「설인귀전」의 형성 과정에 나타난 고·당 전쟁 문학의 교섭양상에 관한 연구」 『동북아역사논총』 15, 301~302쪽.

중국의 왕조들과 부단히 투쟁하면서 '海東'의 공간을 보위해 왔던 강대한 고구려의 패망이란 고구려 당대인들에게 크나큰 충격이었을 것이다. 그들에게는 그 충격적 현실에 대해 무엇인가 스스로 납득할 만한 설명이 필요하다. 그들은 경험 세계의 인과 논리만으로는 끝내 자기 왕조 멸망의 현실을 순순히 수긍할 수 없다. 이러한 맥락에서 김유신은 원한에 사무친 영험한 점무의 환생이어야 했고, 이적은 '秘記'에 예언된 운명적 영웅이어야 했을 것이다.

4. 평양 만월성의 망국담

이처럼 고구려 멸망에 관련한 설화들에는 당대 민중의 설명 욕구가 자리하고 있다. 그들이 고구려의 멸망이라는 현실을 받아들이기 위해서는 양명과 추남 등의 비상한 원분과 그로 인한 신비한 환생이라는 비현실적 설명이 필요했던 것이다. 물론 그러한 설명에는 일상 경험의 영역을 일탈한 논리가 개입되어 있다는 지적은 타당하다. 그러나 특정 사태를 경험한 주체들에게 설득력을 가지느냐 아니냐의 여부를 기준으로 한다면, 설화는 이미 훌륭한 설명의 자질을 지니고 있다.

고구려의 멸망은, 종국에서는 명백히 전쟁 역량의 열패에서 귀결된 것이다. 그것은 의문의 여지도, 재론할 이유도 없다. 전쟁이란 물리력의 우열로 승패를 가르는 행위일 뿐이다. 따라서 고구려의 멸망을 분석하고 설명하는 근대 역사학에서 양명과 추남은 당연히 의미 있는 담론의 대상이 될 수 없다. 그러나 그들은 설화적 서사에서 각각 고구려 내부의 멸망 요인과 외부의 멸망 요인으로 등장한다. 설득력이 강화되는 가운데 내부와 외부의 요소가 하나의 국면에서 호응하기도 한다.

개금이 왕에게 아뢰기를 '솥에는 발 세 개가 있고 나라에는 三教가 있는 법인데, 신이 보기에 우리나라에는 오직 유교와 불교만 있고 도교는 없으니, 그러므로 나라가 위태롭습니다'라고 하였다. 왕은 그 말을 옳게 여겨 당나라에 도교를 청하니 태종이 叔達 등 도사 여덟 명을 보내주었다. 왕은 기뻐하여 절을 道館으로 만들고, 도사를 높여 儒士의 위에 앉게 하였다. 도사들은 국내의 유명한 산천을 돌아다니며 진압시켰다. 옛 평양성은 지세가 新月城이므로 도사들이 주문으로 南河의 용에게 성을 더 쌓게 하여 滿月城으로 만들고, 이로 인해 성 이름을 龍堰城이라 하고 비결을 지어 龍堰堵 또는 千年寶藏堵라고 하였다. 혹은 靈石을 파서 깨뜨리기도 하였다.[속설에는 都帝嵓이라 하고 역시 朝天石이라고도 하는데 대개 옛날에 聖帝가 이 돌을 타고 上帝에게 조회했기 때문이다.] (『삼국유사』 흥법, 보장봉로보덕이암)

이 역시 『고려고기』의 글이므로, 개금은 양명의 환생이다. 문맥에 따르는 한, 그가 전생의 적국이었던 고구려를 파탄시키는 방법은 도교의 진작이요 불교의 탄압이었다. 그는 사찰을 유린하고 승려들을 억압하였다. 그리고 당나라의 도사들은 자신들을 파견한 태종의 본의를 위해 적국 고구려에서 행동할 바였다. 고구려 산천의 위엄은 도사들의 방술로 일일이 억압되었다. 특히 그들은 본래 '신월'의 형세였던 평양성을 '만월'의 형세로 바꾸게 했다.

그들을 초치한 주체가 연개소문이다 보니 도사들의 이 행위를 고구려 국가의 안녕을 기원하고 國祚의 연장을 겨냥하기 위한 것이었다거나, 평양성 방어벽 증축 공사의 효용성을 신비화하기 위한 연개소문의 의도로 오독하기 쉽다. 그러나 도사들의 행위는 오히려 국조의 연장을 방해하는 주술 행위다.[14] 본래의 '신월'이 점차 밝음을 더해갈 시작이라면, '만월'은 이제 이지러질 일만 남은 상태다. 이것은 천체의 운행 주기에 따라 피할 수 없는 운명적 귀결이다.

'만월'이 망국의 상징으로 해석된 것은 백제에서도 확인이 된다. 백제가 멸망한 의자왕 20년(660) 6월에, 땅 속에서 발견한 거북의 등에 "백제는 둥근 달과 같고 신라는 초승달과 같다"라는 讖言이 쓰여 있었다. 점무는 "둥근 달과 같다는 것은 가득 찬 것이니 가득 차면 이지러지는 것이요, 초승달과 같다는 것은 아직 차지 않은 것이니 아직 차지 않은 것이라면 점점 차게 되는 것입니다"라고 해석하였다. 불쾌한 왕은 그를 죽여 버렸다. 백제가 멸망하기 딱 한 달 전의 일이다.

신라에도 신월성과 만월성이 있었다. 특히 신월성은 금성, 만월성, 명활성, 남산성의 중심에 위치한다. 시조 이래로 왕들은 금성에 거처하다가, 후대에 와서 주로 신월성과 만월성에 거처했다 한다. 왕들이 두 성에서 거처하는 방식에는 필시 신월과 만월의 상징이 고려되었을 게 틀림없다. 달이 차고 이울어 가는 순환은 계절이 갈마드는 것과도 같아서, 신월과 만월은 이미 일상의 기호가 되어 있다. 마땅한 해석을 한 점무를 죽인다 하여 해석의 명료함이 퇴색하거나 두 왕조의 명운이 뒤바뀔 리 없다. 의자왕이 수긍하기 힘들었던 점무의 해석은 고대인들의 경험과 정서에 바탕을 둔 또 하나의 보편적 설명 사례인 것이다.[15]

도사들은 또한 영석 즉 조천석을 파괴하였다. 조천석은 고구려의 성제가 올라타서 하늘에 조회하던 돌이었다. 성제는 아마 천제의 소생으로 관

14) 김수진, 2010, 「7세기 高句麗의 道教 受容 배경」『韓國古代史研究』 59, 191~194쪽.

15) 이강래, 2011, 『삼국사기 인식론』, 일지사, 15~17쪽.

념되었던 고구려의 시조 '동명성제'일 것이다. 성제는 직접 하늘에 조회한 반면, 성제의 후예들은 성제를 매개로 하늘과 소통한다. 당 태종의 공격으로 함락의 위기에 직면한 요동성에서는 주몽의 사당에 간절하게 치제했다. 그리고 점무는 "주몽께서 기뻐하시니 성은 반드시 온전할 것이다"라고 성언했다.

그처럼 주몽은 후대 왕들의 희원을 하늘에 전하여 실현시킨다. 그러므로 조천석의 파괴는 고구려 왕과 그의 본원인 하늘과의 소통을 끊는 행위이다. 이리하여 천제로부터 한때 사람의 몸을 받은 고구려 시조의 신성성은 영구히 파탄되었다. 도사들의 만행으로 인해 수 양제를 비롯한 침략자들로부터 고구려를 보위해 온 신성의 근원을 상실하고 말았다. 너무나 자명한 논리로, 만월의 덫에 갇혀버린 고구려의 멸망은 더 이상 피할 도리가 없게 되었다.

만약 그 위에 서서 하늘로 올라가 상제에게 직접 조회하는 조천석의 비현실성을 지적하자면, 만월과 신월의 논리도 근거를 잃고 만다. 게다가 만월의 형태로 가축한 평양성을 '용언성'이나 '용언도'라 했다는 설명에서, 고려 예종 대에 서경에다가 '龍堰宮'을 조영한 '사실'[16]을 그렇게 부회했을지 모른다는 혐의에 착안하는 것 또한 결코 지나치지 않다. 그러나 설화의 본성상, 보장왕 대 평양성의 실상과 조천석의 실재는 그다지 중요하지 않다. 정작 핵심은 사건을 기억하고 설명하며 공유하여 전승해 온 이들이 '그렇게 여긴다'는 데 있다.

물론 그와 같은 설명이 담긴 기록이 고려의 것이라는 점에서 보면, 12세기 서경의 용언궁은 그 의미가 심중하다. 더구나 어떤 설명이 전승을 거듭

16) 『고려사』 96 열전 9, 吳延寵.

하고 널리 확산되는 동력은 각 시대마다 사람들의 '현재적 조건'과의 공명에서 획득된다. 달의 역동적 주기성도 그것이 시대와 지역을 막론하고 변함없이 엄연한 법칙이라서 보편적 해석의 근거가 된다. 또한 비록 처음에는 미숙하고 비약이 심했던 설명들일지라도, 다양한 전승자들의 현재적 조건과 교섭하면서 해석은 더욱 세련되고 정연한 인과적 서사로 발전해간다.

5. 普德의 이암과 망국담

탄압 당한 불교계의 반응에 대한 설명에도 역시 설화적 파생이 보인다. 특히 당대에 존경 받던 승려 보덕이 고구려를 이탈한 사건은 지식인들의 동향을 대변한다. 뒷날 신라의 최치원에 이어 고려의 대각국사 義天과 김부식과 이규보와 일연 등이 보덕의 전기를 짓거나 보덕의 '飛來方丈' 행위를 각별하게 언급하였다. 이로 미루어 고구려 사회에서 차지한 그의 비중과, 왕조 멸망과 관련하여 그의 이탈이 의미하는 바의 심중함을 짐작하기 어렵지 않다.

- 보장왕 9년(650) 여름 6월에 盤龍寺의 普德和尙이 나라에서 도교를 받들고 불교를 믿지 않는다 하여, 남쪽의 完山 孤大山으로 옮겨갔다. … 보장왕 13년(654) 여름 4월에 사람들이 혹간 말하기를 "馬嶺 위에 神人이 나타나서 '너희 임금과 신하들이 사치스럽기가 한이 없으니 패망할 날이 멀지 않았다'라고 하는 것을 보았다"라고 하였다. (『삼국사기』 22 고구려본기 10)

- 普德聖師는 원래 고구려 반룡사 승려였는데 보장왕이 도교에 미혹되

어 불법을 폐기하자 성사께서는 곧 方丈을 날려 남쪽으로 백제 고대산에 이르게 되었다. 그 뒤 웬 신인이 고구려의 마령에 나타나 사람들에게 이르기를 "너희 나라가 패망할 날이 멀지 않았다"라고 했다. (『대각국사문집』 17, 「孤大山景福寺飛來方丈禮普德聖師影」)

• 보덕화상은 반룡사에 있으면서 左道가 正道에 맞서면 국운이 위태로워질 것을 걱정하여 여러 차례 간하였으나 받아들여지지 않자, 이내 신통력으로 방장을 날려 남쪽 완산주 고대산으로 옮겨가서 살았으니, 바로 永徽 원년 경술(650) 6월이었다. 얼마 후 나라가 망했다. (『삼국유사』 흥법, 보장봉로보덕이암)

• 普德聖人은 애초에 고구려 반룡산 延福寺에서 지내고 있었는데 … 제자 明德에게 묻기를 "고구려가 오직 도교만을 존숭하고 불법을 믿지 않으니 오래지 않아 멸망할 것이라 어디 몸을 편안히 거두어 난리를 피할 만한 곳이 없겠느냐?"라고 하자, 명덕이 "신라의 완산에 高達山이란 곳이 있는데 편안히 머물 不動地입니다"라고 대답했다. 보덕께서 그 말을 듣고 부지런히 준비하시더니, 밤이 지나 새벽이 되어 문을 열고 나가 보니 불당이 곧 고달산에 옮겨 있었다. (『東國李相國集』 10 고율시, 「是月八日游景福寺明日訪飛來方丈始謁普德聖人眞容板上有宗聆首座李內翰仁老所題詩堂頭老宿乞詩依韻書于末云」)

유교적 현실 논리에 충실한 『삼국사기』에 이 설화가 담긴 것은 김부식이 보덕의 전기를 썼던 사실과 관련이 있을 것이다. 보덕의 이탈은 국가의 도교 존숭에서 비롯했다. 4년 뒤, 고구려의 마령에서는 신인이 나타나 왕조의 멸망을 예언했다. 시공간을 달리하여 발생한 두 사건은 그 자체로는 어떤 의미적 연관을 지시하지 않는다. 다시 말해 보덕이 고구려를 떠난 것은 불교와 도교의 문제였다면, 신인이 나타나 고구려가 머지않아 망할 것이라 한 경고의 단서는 '군신의 지나친 사치'였다.

김부식은 고구려가 "강포한 관리의 구박과 세도가의 가혹한 수탈을 방임해 인심을" 잃게 되었기 때문에 멸망했다 한다. 물론 그는 "공자가 중국에서 도가 시행되지 않음을 슬퍼하여 바다를 건너와 (고구려의 바탕이었던 조선의 땅에서) 살고자 했던 데에는 그럴만한 이유가 있었던 것"이라고도 했다. 이 말을 근거로 한껏 멀리 우회하여 음미하자면, 보덕이 떠난 고구려는 기자와 공자가 이른바 도의를 상실한 중국과도 같다는 말로 읽힐 수 없는 것은 아니다.

『대각국사문집』에 인용된 보덕 이거 설화의 원천은, 여러 표지적 정보로 미루어 『삼국사기』의 경우와 크게 다르지 않은 것 같다. 다만 『삼국사기』와는 달리 4년의 시차를 두고 발생한 보덕의 이거와 신인의 경고를 하나의 유기적 연관 사건으로 재구성하여 인과적 설명력을 높였다. 특히 신인은 멸망의 어두운 흉조가 어디에서 발단한 것인지를 말하지 않음으로써, 보덕의 이거 자체가 곧 고구려 멸망의 단초인 것처럼 읽히는 효과를 거두고 있다.

주지하듯이 『삼국유사』의 세계는 본질적으로 인과적 경험과 합리적 설명 여부에 구속되지 않는다. 도교의 횡행이 바로 보덕의 이탈을 초래한 것이라고 간명하게 말한다. 이어 그의 이탈이 곧 멸망의 직접 원인인 것처럼 은유적으로, 그러나 직설적 어법보다 더한 확신으로 종결하였다. 사실 보덕의 이암과 고구려의 멸망 사이에는 무려 18년의 시간 차이가 있다. 그 세월을 '얼마 후'라는 말로 해소하기에는 너무 성급하게 서두는 격이다.

이야말로 전형적인 설화적 인과론이다.

이규보의 보덕 전승은 최치원의 글에 바탕한 것이다. 최치원은 보덕이 667년에 고구려를 떠나, 그러므로 '신라의' 완산 지역으로 갔다고 한다. 650년과 667년 가운데 어느 편을 '경험적 사실' 정보로 삼느냐에 따라 보덕의 이거를 둘러싼 역사적 의미는 제법 달라진다. 그러나 그 가운데 어느 하나의 정보를 선택하든, 고구려 출발 시기와 완산 지역 도착 시기로 혹은 경복사 완정 시기 따위로 나누어 파악하든, 연대의 사실성에 집착하는 한 전승의 본맥과 유리되기는 다를 바 없다.

보덕의 이탈 사건 전승은 이미 충분히 비현실적이다. '방장'이란 불교의 사원, 즉 이 경우에는 주지의 처소를 가리킨다. 보덕으로 상징되는 고구려 불교 교단이 사원과 함께 완산 즉 지금의 전주 일대로 날아 옮겨가 버렸다고 한다. 물론 보덕의 이탈을 야기한 원인은 도교의 극성과 불교의 위축 현상이었다. 고구려는 도사들이 영석을 파괴함으로써 천제의 영역과 단절된 데다가, 불교 지식인들마저 고구려를 떠남으로써 불력의 가호도 기대할 수 없게 된 셈이다. 전승의 본맥은 고구려 멸망론이다.

한편 보덕 관련 설화들은 또한 전승자의 문제를 눈여겨보아야 할 당위를 낳기도 한다. 『삼국사기』와 『삼국유사』의 대비되는 성격을 환기한 바와 같이, 최치원과 김부식과 이규보는 유교적 현실 인식에 기운 지식인들인 반면, 대각국사와 일연은 승려였다. 최치원은 신라의 지식인이며, 그 나머지 사람들은 고려의 지식인이다. 각자 바탕으로 삼은 세계 인식의 토대와 인식 주체가 몸담은 현실 왕조의 차이가 그들이 정돈한 전승의 세부를 변형시키기도 한다.[17]

17) 이강래, 2011, 앞의 책, 210~212쪽.

특히 해당 왕조의 현실을 기준으로 본다면, 대각국사와 김부식이 보덕에 대해 고려 전기의 건강한 체질에 어울리는 범상한 이해를 하고 있는 반면, 최치원과 일연과 이규보는 각각 쇠락하는 자기 왕조의 명운을 보덕 전승과 밀접하게 연계하여 바라보는 듯하다. 보덕의 망명과 고구려의 멸망이라는 설화의 현재적 의미는 최상층 지식 계층에서도 예민한 설명력을 발휘했던 것이다. 설화는 이처럼 유동하는 현재에 따라 변용과 생성을 거듭한다.

6. 멸망론 설화의 일상성

고구려의 멸망은 엄중한 역사적 사건이다. 그 사건 자체는 고유하며 반복되지 않는다. 역사학은 과거의 사건을 분석하고 음미하는 사유를 중심에 둔다. 멸망에 이르는 여러 도정과 제반 상황이 점검되며, 폭넓은 상황론은 마침내 고구려 멸망의 당위론으로 귀결한다. 상황론과 당위론을 순조롭게 매개하는 설명 방식은 설득력을 확보한다. 대체로 설득력의 관건은 그 설명이 경험적으로 타당하며 인과적 논리에 충실한가의 여부에 있게 된다.

한국과 중국의 공인된 사서의 문맥과, 축적적이며 널리 공유된 설명들은, 바로 그와 같은 설득력을 겨냥한 것들이다. 그러나 엄밀히 말해, 그 설득력이란 기록자들과 그들이 기록한 내용을 바탕으로 삼는 해설자들에게만 유효하다. 독자들 역시 기록의 객관성을 전제로 할 때 비로소 기록자의 설득력에 동의할 수 있다. 요컨대 어떤 설명이 얼마만한 설득력을 지니는가는 기록자, 해설자, 청자들 각각의 현재적 세계 인식 여하가 결정한다.

한편, 역사적 사건과 관련된 여러 설화는 그와는 다른 또 하나의 거대 영역이다. 양명과 추남의 원혼이 고구려를 안팎에서 멸망으로 이끈 주역으로 환생했다는 설화는 전통적인 역사적 설명 방식과 접점이 없다. 왕성의 형태가 초승달과 같으면 나라가 융성할 것이고 보름달과 같으면 몰락할 것이라는 발상도 마찬가지이다. 지식인 집단의 이탈이 왕조의 명운에 하나의 유의한 예조일 수는 있지만, 양자가 곧 직접적 인과요소일 리도 없다. 심지어 일본으로 간 고구려 승려 道顯은 쥐[子]가 말[午]꼬리에 새끼를 낳는 것을 보고 "북국의 사람이 장차 남국에 붙을 것이니, 아마 고구려가 파멸되어 일본에 부속되는 것인가" 헤아렸다 한다.[18] 현상과 해석 사이 연관의 논리가 취약하고 위태롭다.

그러나 그와 같은 설화가 수백 년 동안 전승과 변용을 거듭하여 정연한 서사로 정착된 것은, 그 안에 또 다른 형태의 설득력이 작동하고 있었다는 증거이다. 예컨대 원한에 사무친 혼령이 살아있는 이들의 삶에 개입한다는 논리는 고대의 경험자와 중세의 기록자에게 의심의 여지없는 사실적 지식이었을 것이다. 만월성의 어두운 상징도 패망한 고구려와 백제는 물론 승리한 신라에서조차 널리 공유되고 있었다. 달의 역동적 주기성이야 삼국의 관찰자들 사이에 다르지 않았을 것이기 때문이다.

법칙을 일탈한 변이에 대한 해석이 공유될 수 있다면, 그 변이 또한 하나의 유력한 설명적 요소가 된다. 예컨대 머리가 하나에 몸이 둘인 까마귀의 변이에 대해 부여와 고구려 사람들은 모두 "하나의 머리에 두 몸이 달린 것은 두 나라를 아우를 징조"라고 해석했다. 다만 부여의 대소왕과 고구려의 대무신왕은 모두 그와 같은 행위의 주체가 오직 그 자신이라고 생각할 따름이었다. 백제 온조왕의 조정에서도 머리 하나에 몸이 둘인 송아

18) 『일본서기』 27, 天智天皇 원년 4월.

지의 출현을 "이웃나라를 아우를 징조"로 해석했다. 조만간 그 해석이 적확했음이 증명되었다. 이처럼 변이에 대한 해석은 점차 경험적 지식의 영역에로 이행해 갔다.

당연한 말이지만, 변이의 출현도 일상적 경험의 한 국면이다. 반복되는 변이에 대해 해석의 유형이 정착되면, 그것은 또 하나의 법칙으로 간주될 수 있다. 그리하여 어떤 변이는 더 이상 긴장된 해석의 대상이 되지 못한다. 신라 태종 무열왕에게 머리 하나에 몸이 둘인 흰 돼지가 屈弗郡으로부터 진상되었다. 흰색 자체가 상서로 받아들여지던 터에 돼지가 지시하는 바야 자명하다. 반대로 보장왕의 고구려 왕도에서는 사람의 아들이 몸 하나에 머리가 둘인 채로 태어났다. 머리 하나에 몸이 둘인 변이의 의미가 분명하듯이, 그 반대의 변이가 의미하는 바가 무엇인지는 이미 설명을 기다릴 필요가 없다. 형제가 권력을 다투고 상하가 반목하며 지역 간에 향배를 달리하고 적전 분열과 이반이 거듭되는 나라가 온전할 수 없는 이치다.

시대와 지역을 막론하고, 천체의 운행과 지상의 생태는 일상의 경험 대상이다. 일상에서 벗어난 일탈 역시 경험 대상인 점에서 다르지 않되, 고대인들은 그 변칙이 일상의 왜곡과 파국을 암시하거나 혹은 전혀 새로운 사태의 전조라고 여겼을 뿐이다. 그렇다면 이 또한 인과적 설명이다. 자연세계의 일상이란 일종의 법칙이다. 일상은 새삼 주목되거나 각별하게 회자될 필요가 없다. 반면에 법칙을 일탈한 현상은 어떤 '의미'를 지닌다. 그것은 새로운 현실의 단서가 됨이 마땅하다. 결국 변이는 법칙에서 파생하고, 일상은 일탈의 바탕인 셈이다.

설화의 서사는 이처럼 일상과 일탈의 경험을 매개로 현실을 이해한다. 물론 경험에 기반을 둔 설명이라 하여 그것이 곧 사태에 대한 사실적 정보인 것은 아니다. 의자왕과 그의 후궁들이 당 군을 피해 강에 몸을 던져 죽었다는 墮死岩[낙화암] 전승과 마찬가지로, 고구려 태자가 당 군에게 함몰될 위기에서 강에 몸을 던져 죽었기 때문에 '태자하'의 명칭이 생겼다는 유래담은 사실이 아니다. 설화적 전승들은 기록된 역사에 구속되지 않는다. 연개소문의 누이로 설정된 蓋蘇貞이 중국에서 산육의 여신으로 숭앙되는가 하면, 그녀를 죽였다 하는 설인귀는 신라와 고려인들에게 경기도 감악산의 산신으로 추앙되었다.[19]

다시 환기하거니와 설화 역시 설화의 논리를 공유하는 이들에게만 유의미할 뿐이다. 근대 역사학이 위에 예거한 고구려 멸망 관련 설화들을 주의하지 않는 이유는 여기에 있다. 그러나 이들 멸망론 설화들은 고구려 당대인들의 설명이기 때문에 역설적으로 더욱 현실적이며 설득력을 지닌다. 역사학이 기록자와 해석자의 설명에 갇혀 있는 기나긴 동안 경험자의 설명과 인식은 부당하게 방기되어 왔다. 설화가 독자를 경험자의 설명으로 안내하는 통로이기도 하다는 것을 각성할 필요가 있다.

19) 邊東明, 2011, 「전통시기의 紺岳山 숭배와 山神 薛仁貴」『歷史學硏究』 42.

백제 멸망론의 설화적 파생

1. 고대적 설명의 보편성
2. 반월과 만월의 상징 해석
3. 원혼의 환생과 설분의 논리
4. 권위의 이탈과 기억의 왜곡
5. 신성성의 파탄과 세속화

1. 고대적 설명의 보편성

백제의 31대 의자왕은 660년 7월 18일에 태자와 함께 항복하였다. 신라의 무열왕은 29일에 백제 왕도로 입성하였다. 이어 8월 2일 백제의 공식 항복 의식에서 신라 무열왕과 당의 대장군 소정방 등 전쟁 지휘부는 주연을 크게 열어 승리를 자축하였다. 이 자리에서 의자왕은 적장들에게 술을 따라야 했으며, 동석하여 이를 보는 백제의 신료들은 다들 흐느껴 울었다. 한때 扶餘豐과 福信, 道琛, 黑齒常之, 沙吒相如, 遲受信 등이 이끄는 광복 투쟁이 치열하게 전개되었지만, 왕조의 파국을 되돌리지 못하였다. 그러므로 여러 기록들은 백제가 건국한 지 678년 만에 멸망하였다고 말하고 있다.

신라와 당의 동맹군은 뒤이어 668년에 고구려를 멸망시켰다. 장구한 역사를 지녀 온 두 왕조 국가의 패멸에 대해서는 일찍부터 여러 설명들이 누적되고 공유되어 왔다. 물론 짐짓 건조하게 말하자면, 두 나라는 물리력의 열패로 인해 나·당연합군을 상대로 한 전쟁에서 패배한 것이다. 그러나 사람들은 종종 그러한 파국적 결과를 낳은 멀고 가까운 원인과 좀 더 그럴 듯한 구체적 배경을 파악하려 한다. 수백 년을 이어온 두 왕조의 멸망처럼 거대한 역사적 사태에 대해서는 설명의 욕구가 더욱 클 수밖에 없겠다.

사실 사태가 종결된 후 시대를 격절한 관찰자 혹은 기록자의 설명에 대해서는 각별하게 그 진위나 시비를 가릴 필요가 없을지도 모른다. 예컨대 『삼국사기』 편찬자에 따르자면, 백제가 말기에 이르러 행동하는 바가 많이 도리에 어긋나고, 또 대대로 신라와 원수가 되어 고구려와 함께 화통해 침공했으며, 유리한 기회만 있으면 신라의 중요한 성과 큰 진들을 베어 가고 빼앗아 가기를 마지않았으니, 이른바 "어진 이와 친하고 이웃 나라와 잘 지내는 것이 나라의 보배"[1]라는 말과는 어긋나는 행태였다고 지적한다. 더구나 당의 천자가 거듭 조서를 내려 그 원한을 풀도록 했으나, 겉으로는 따르는 체 하면서도 속으로는 어겨 대국에 죄를 지었던 것이니, 그들의 패망 역시 당연한 일이라는 것이다.[2]

이러한 그의 태도와 논법은 고구려를 향해서도 다르지 않았다. 즉 위아래가 화합하고 백성들이 화목할 때는 비록 큰 나라라 해도 고구려를 빼앗지 못했지만, 국정을 의롭게 처리하지 못하고 백성을 어질게 다스리지 못

1) 『左傳』 隱公 6년 5월 경신.

2) 『삼국사기』 28 백제본기 6, 의자왕 20년, '論曰'.

해 사람들의 원성을 불러일으키게 되어서는 허물어져 내려 걷잡을 수가 없었다고 한다. 또 백제와 마찬가지로 수·당의 조서와 칙명을 거역해 순종하지 않고 완악하게 대한 나머지 여러 차례 문죄의 군사를 불러들였던 것이니, 비록 간혹은 기발한 계책으로 대군을 함몰시킨 때도 있었지만 끝내는 왕이 항복하고 나라가 멸망되고야 말았다고 말한다.[3]

저러한 평의에서 중시하고 있는 爲民과 善隣의 가치야, 그것 대로 유의한 교훈의 자질을 지니고 있다. 다시 말해『삼국사기』편찬자의 논의는 과거의 역사에서 편찬 당시 오늘의 현실에 유효한 감계를 기대하는 관점에서 볼 때, 그다지 큰 흠결 없는 진단일 수 있겠다. 다만 경험된 사건으로부터 수 백 년을 지난 기록자 혹은 독자의 평의가 그 사태를 직접 경험한 이들의 정서나 기억에 얼마나 핍진한 것일지에 대해서는 끝내 우호적 판단을 주저하게 된다.

어쨌든 크게 보아 백제와 고구려는 '같은 적'들에게 패망하였다. 다시 말해 7세기 중엽 고구려와 백제의 구성원들은 신라와 당을 향한 시선과 기억에서 큰 차이를 지니지 않았을 가능성이 크다. 뿐만 아니라, 승리한 신라인들 역시 그들이 인식하는 세계와 자연의 질서와 속성에 대한 대부분의 관념을 패전국의 주민들과 다름없이 공유했을 것이다. 승리자와 패배자가 광범한 대상의 본질에 대해 간극 없이 함께 수긍한다는 것은, 고대를 탐색하는 이들이 깊이 주의해야 할 요소라고 생각한다.

그와 관련한 예로서, 백제인들은 '머리 하나에 몸이 둘'인 기형의 송아지가 태어난 것을 보고 '이웃 나라를 아우를 징조'로 해석하였고, 부여와 고구려인들 또한 '머리 하나에 몸이 둘'인 붉은 까마귀의 출현을 '두 나라

3) 『삼국사기』 22 고구려본기 10, 보장왕 27년, '論曰'.

를 아우를 징조'로 해석하였다는 사실을 환기한다. 백제 온조왕은 이로 인해 마한 병탄을 서둘렀고, 자기중심적 해석으로 경합하던 부여와 고구려는 각각 대소왕의 전사와 대무신왕의 승리로 명암이 갈렸다.[4)]

한편 신라의 경우, 백제에 대한 전면전을 앞두고 있던 태종 무열왕에게 '머리 하나에 몸이 둘' 달린 돼지가 屈弗郡으로부터 진상되었다.[5)] 부여와 고구려와 백제의 전례로 미루어, 이것은 마땅히 신라의 백제 병탄을 예비한 것이었다. 그러므로 『삼국사기』 서술자는 이미 너무나 당연한 해석을 덧붙일 필요조차 없었다. 그와는 달리 『삼국유사』 서술자는 "이것은 반드시 천하[六合]를 한데 아우를 상서"라는 신라인의 해석을 소개해 두었다.[6)]

소와 까마귀와 돼지의 기형 개체 출현이 장차 인접한 나라를 병탄할 징조라는 해석은 두말할 나위 없이 결과적이며 자의적이다. 그러나 공교롭게도 위에 예거한 사례들은 출현 당시 왕조사의 전개에 각각 적확하게 조응하였다. 더구나 그와 같은 조응은 삼국 사이에 균질적인 경험이었으며, 현상과 짝하지 않는 유사 변이가 빈발하지도 않았으므로 — 나라를 병탄하는 사건이 잦을 수 없기 때문이지만 —, 그 고유한 상징성은 충분히 주목할 만하였다. 따라서 삼국의 구성원 사이에 공유되어 있던 저 같은 상징 해석은 고대의 보편적 설명 방식이었다고 보는 것이다. 즉 고대인들은 특정 자연 현상이거나 일탈적 사태를 빈번히 현실의 정치·사회적 국면을 파악하고 해명하는 단서로 받아들였다.

고대 경험자들의 설명들에 함유되어 있는 설득력은 그러한 설명들이 후

4) 『삼국사기』 23 백제본기 1, 온조왕 25·26년; 같은 책 13 고구려본기 1, 대무신왕 3·5년.
5) 『삼국사기』 5 신라본기 5, 태종무열왕 2년.
6) 『삼국유사』 기이, 太宗春秋公.

대에 전해지고 기록되는 이른바 '전승력'이기도 하다.[7] 이 점에서 경험자들의 설명 가운데 오직 현전하는 기록을 통해서만 접할 수 있는 매우 희소한 사례들은, 사건 당대인들에게 매우 높은 설득력을 갖춘 것들이었던 셈이다. 이 경우 설득력이란 합리적 인과관계에 충실한 것인가의 여부와는 얼마간 다른 성격의 문제일 것이다. 대개 설화의 형태를 띤 설명들에서 '실제'는 고대적 사유 방식의 거대한 구조를 매개하는 하나의 단서에 불과할 뿐이기 때문이다.

요컨대 이 글이 겨냥하는바, 백제 왕조의 멸망에 대한 당대인들의 정서와 설명이 어떻게 구성되고 확산되었는가 하는 질문은, 고구려 왕조의 멸망에 대해서도 동일하게 제기할 수 있을 것이라는 데 이견을 가질 사람은 없을 것이다. 그러나 이 글의 전제는 이로부터 한 발 더 나가, 고구려 멸망의 경우에서 간추려질 만한 대답이라면 마땅히 백제 멸망론의 탐색에서도 거의 같은 형태로 드러나야 옳겠다는 것이다. 그리고 이러한 기대의 중심 바탕을 '고대적 설명의 보편성'에 둔다.

백제와 고구려의 멸망은 신라의 '일통'을 위한 조건이자 배면이다. 신라 태종 무열왕 앞에 진상되어 온 '머리 하나에 몸이 둘'인 특이 개체의 출현이 '두 나라를 아우를 징조'로서 신라를 위한 상서였다면, 왕조가 패멸할 흉조들은 그 반대편 백제 혹은 고구려의 공간에서 웅성거릴 것이었다. 보장왕 대 고구려 왕도의 여인이 낳은 '몸 하나에 머리가 둘'인 기형아는 그 직관적 전형일 것이다.[8] 그 절망적 징조에 이어 고구려인들은 노루 떼가 강을 건너 서쪽으로 달아나고 그 뒤를 따라 이리 떼가 서쪽으로 3일 간이

7) 황인덕, 1995, 「천정대(天政臺)전설의 역사성과 지역성(속)」『百濟研究』 25.

8) 『삼국사기』 22 고구려본기 10, 보장왕 7년 7월.

나 이동하는 것을 관찰하였다.[9)]

고구려 멸망론은 이미 몇 가지 갈래에서 검토된 바 있다. 우선 패퇴한 수 양제의 신하 羊皿이 고구려의 대신 (연)개소문으로 태어나고 楸南이라는 이가 신라의 장군 김유신으로 태어나 나라의 안팎에서 고구려를 패망케 했다는 冤魂 환생담은 가장 직접적이면서 자극적인 멸망론이었다. 그에 비해 적국 당에서 파견한 도사들이 술법으로 평양의 新月 모양 도성을 滿月 형태로 개축하여 망국에 이르게 했다는 이야기는 비교적 상투적인 설정 방식의 단계에 머물렀다. 그리고 중망을 누리던 승려 普德을 위시한 지식인 집단이 나라를 이탈한 이야기는 훨씬 더 은유적인 멸망론이라고 이를 만하였다.[10)]

여기서는 앞서 검토된 고구려의 사례에 견주어 백제 멸망론을 음미하려 한다. 다만 두 왕조의 멸망에 관한 설화적 갈래 자체는 이미 충분히 유사한 한편, 각 파생담의 비중과 내용은 서로 다르게 나타날 수 있다는 점을 유의해야겠다. 보편적이고 고대적인 설명 방식의 전승에도 기록자의 고유한 시선과 현실 조건은 개입하기 마련이다. 백제 멸망론의 경우, 대상 정보를 선택하고 기록하는 기회는 승리한 신라와, 신라의 유산을 승습한 고려의 구성원들에게만 허용되었던 것이다.

2. 반월과 만월의 상징 해석

백제가 끝내 파탄을 맞이하고 말리라는 조짐은 일찍부터 여러 형태로,

---

9) 위의 책, 보장왕 7년 9월.

10) 이강래, 2014, 「고구려 멸망론의 설화적 파생」『한국 고대사 연구의 자료와 해석』, 사계절; 이 책의 1편 1장에 수록.

그리고 지루할 정도로 거듭 관찰되었다. 『삼국사기』 백제본기의 의자왕 즉위기에는 왕을 일러 "빼어나게 용맹스러웠고 담대한 결단력이 있었"으며 "부모를 효성으로 섬기고 형제와 우애하여 당시에 海東曾子로 불렸다"라고 소개하였다. 이러한 평가는 망국의 인군에게 어울리지 않는다. 앞에서 환기했던 편찬자의 백제 멸망론과도 정면으로 충돌한다. 사실 즉위기의 평의들이 해당 왕의 실제 치세 정보의 내용과 어긋나는 사례들은 뜻밖에도 많다. 이 문제는 편찬의 과정이나 정보 채록의 방식과 관련하여 궁리할 바이지만, 15년 뒤 왕정의 분위기는 과연 극적으로 반전하였다.

> 의자왕 15년(655) 봄 2월에 태자궁을 수리했는데 극도로 사치스럽고 화려하게 했으며, 왕궁 남쪽에 望海亭을 세웠다. 여름 5월에 붉은 말이 北岳의 烏含寺에 들어와 울면서 며칠 동안이나 불당을 돌다가 죽었다. (『삼국사기』 28 백제본기 6)

655년 2월에 궁실 개수와 정자 건축이 이루어졌고, 5월에 붉은 말이 오함사 불당을 돌다가 죽었다 한다. 위의 정보만으로는 두 사건을 직접 잇거나 아우르는 의미를 얼른 발견하기가 쉽지 않다. 그러나 북악 오함사의 붉은 말이 보인 이상 행동은 크게 주의를 끌 만하였다. 이 사건은 다음과 같이 전승되기도 하였다.

- 現慶 4년 기미(659)에 백제의 烏會寺[烏合寺라고도 한다]에서 웬 크고 붉은 말이 밤낮으로 하루 종일 절 둘레를 돌았다. (『삼국유사』 기이, 태종춘추공)[11]

11) 인용문의 [ ]는 분주를 가리킴, 이하 같음.

• 이해(658)에 … (일본의) 西海使 小花下 阿曇連頰垂가 백제로부터 돌아와 "백제가 신라를 치고 돌아왔는데, 그 때 말이 혼자 절의 금당을 돌면서 밤낮으로 쉬지 않고, 오직 풀을 먹을 때만 멈추었다"라고 하였다[어떤 책에는 "경신년(660)에 이르러 적에게 멸망할 조짐이다"라고 하였다]. (『일본서기』 26, 齊明天皇 4년)

우선 사람들은 위 기미년의 '오회사' 혹은 '오합사'를 『삼국사기』에 보이는 '오함사'와 같은 실체라고 생각한다. 그리고 백제 五岳 가운데 하나인 북악에 자리한 오함사의 이변은 국가의 흥망을 암시하는 것으로 독해될 만하였다.[12] 그렇다면 655년과 659년으로 연대를 달리하는 두 전승 가운데 어느 하나가 잘못되었을 수 있다. 게다가 일본 사신의 보고에 따르면 658년의 일이었다 한다. 그러다 보니 저와 같은 이변이 여러 해 동안 반복되었을 것이라는 발상을 배제할 수도 없다. 다만 사신의 보고는 백제가 신라를 치고 돌아왔을 때의 일이라 하였으므로, 655년에 백제가 고구려·말갈과 함께 신라의 33개 성을 공탈했던 사건을 환기하게 된다.[13]

특히 백제가 오함사의 불길한 사태로 흉흉하던 바로 그때, 신라에서는 '머리 하나에 몸이 둘' 달린 흰 돼지가 출현하였음을 기억할 일이다. 그렇다면 오함사에서 울다 죽은 말은 과연 백제 멸망의 예조였던 것이다. 따라서 같은 해 2월의 태자궁을 일러 "극도로 사치스럽고 화려했다"라고 한 말에 함축된 의미 역시 왕조 패망의 위기였다고 보아야 한다. 이 점은, 10여

12) 이도학, 1989, 「泗沘時代 百濟의 四方界山과 護國寺刹의 成立」 『百濟研究』 20; 金壽泰, 2001, 「烏合寺」 『성주사와 낭혜』, 서경문화사; 이장웅, 2017, 「백제 五岳 제사와 佛教寺院 ― 북악 烏含寺(五會寺·烏合寺)와 南岳 지역을 중심으로」 『百濟研究』 66.

13) 『삼국사기』 5 신라본기 5, 태종무열왕 2년 정월.

년 뒤에 드러났듯이, 신라의 흰 돼지가 안내하는 통합의 대상이 백제를 지나 고구려에까지 미치는 것이었다는 사실에서도 미루어 짐작할 수 있다. 즉 고구려에서도 신라의 흰 돼지 출현 1년 전에 웬 神人이 나타나 "너희 임금과 신하들이 사치스럽기 한이 없으니 패망할 날이 멀지 않았다"라고 경고하였다 한다.[14)]

얼마간 돌발적인 고구려 신인의 경고는 신라의 이형 돼지에 대응하는 흉조인 동시에, 극에 달했다 한 백제 왕실의 사치와 맥락을 같이 한다. 그것은 두 왕조에서 爲民의 정치가 실종된 것을 패망의 중심 요인으로 분석한 『삼국사기』의 내재적 논리이기도 하였다. 아울러 고구려 왕도의 강물이 3일 동안이나 핏빛으로 물들어 있었던 즈음에,[15)] 백제 왕도의 강물 역시 소정방 군단에 의해 유린되고 있었다. 그보다 1년 전에도 의자왕의 궁궐에 여우 떼가 난입하고 보장왕의 궁성에 아홉 마리의 호랑이들이 난입하는 등, 혐오스럽고 두려운 동질의 변고가 두 나라에서 함께 관찰되었다.[16)]

그 밖에도 일일이 예거하기 힘들 정도로 다양한, 그러나 그들이 반영하는 정확한 현실과 귀결을 다 알아차리기도 어려운 변괴들이 백제의 왕도를 중심으로 이어졌다. 660년 초에 압축된 관찰 기록들은 그 일부에 불과하였다.

> 의자왕 20년(660) 봄 2월에 왕도의 우물물이 핏빛이 되고, 서쪽 바닷가에 작은 고기들이 물 밖으로 나와 죽었는데 백성들이 다 먹을 수가 없을 지

14) 『삼국사기』 22 고구려본기 10, 보장왕 13년(654) 4월.

15) 위의 책, 보장왕 19년 7월.

16) 『삼국사기』 28 백제본기 6, 의자왕 19년 2월; 같은 책 22 고구려본기 10, 보장왕 18년 9월.

경이었으며, 사비하의 물도 핏빛처럼 붉었다. 여름 4월에 두꺼비 수만 마리가 나무 위에 모여 들었다. 왕도의 시정 사람들이 까닭도 없이 누가 잡으러 오기나 하는 것처럼 놀라 달음질하여 나동그라져 죽은 이가 백여 명이었고, 재물을 잃어버린 것은 이루 셀 수조차 없었다. 5월에 느닷없이 비바람이 몰아쳐서 天王寺와 道讓寺 두 절의 탑에 벼락을 치더니, 또다시 白石寺 강당에도 벼락을 쳤으며, 용과 같은 검은 구름이 동쪽과 서쪽 허공 가운데서 서로 부딪쳐 싸웠다. 6월에는 王興寺의 여러 승려들 모두가 마치 웬 배 돛대 같은 것이 큰물을 따라 절 문으로 들어오는 것을 보았다. 들사슴처럼 생긴 개 한 마리가 서쪽에서부터 사비하 기슭으로 와서 왕궁을 향해 짖어대더니 금세 간 곳을 알 수 없었으며, 왕도의 뭇 개들이 길 위에 모여서 짖기도 하고 울기도 하다가 얼마 후에 곧 흩어졌다. (『삼국사기』 28 백제본기 6)

이렇게 집중된 현상들은 660년 2월부터 6월 사이에 실제로 관찰된 정보일 수도, 혹은 아닐 수도 있다. 그러나 그 하나하나는 일상에서 경험 가능한 현상들이라고 보는 것이 옳다. 우물과 하천의 변색을 문득 적조 현상이라고 속단하기는 힘들겠지만, 어떤 형태의 식수원 오염은 드문 일이 아니다. 어패류의 폐사와 불탑처럼 평지에 홀로 고준하게 서 있는 구조물들이 낙뢰로 종종 피해를 입는 사건도 마찬가지이다. 구름의 무상한 형용 변화가 고대인들의 상상과 정서를 자극한 사례는 매우 흔하다.[17] 수만 마리의 두꺼비 떼가 나무 위로 오르는 모습이야 얼른 만나기 어려운 광경이겠지만, 지진이나 해일과 같은 거대 재난이 닥쳐올 때 두꺼비, 개, 쥐, 뱀, 새

17) 이강래, 2011, 「고대의 경험과 중세의 인식」『삼국사기 인식론』, 일지사, 24~25쪽.

등의 동물들이 마치 예지력이라도 지닌 것처럼 민감하게 반응하는 일들은 오늘날에도 빈번하게 보고된다.

물론 이렇게 일방적인 '일상성'의 증거들이 저 유례없는 '집중도'까지를 설명하는 것은 아니다. 무엇보다도 까닭 모를 공포심으로 갈피를 잃은 주민들의 절망적 움직임은, 서로 다른 시기와 장소에서도 때때로 확인할 수 있듯이, 목전에 다가선 시대적 파국을 감지한 때문이었을 테니 범상한 경험일 리가 없다. 다만 얼마 후 왕조는 명운을 다하였던 것이라, 그로부터 사람들은 이 충격적 사태를 이해하기 위한 기억과 해석의 재구성에 집중했다는 것을 각성할 필요가 있다. 달리 말하자면, 집중된 것은 저 은유적 현상들이 아니라 하필 그것들을 부각시킨 당대 경험 집단의 기억과 정서의 편향이었던 것이다. 그들은 저와 같은 지루한 조짐들에 이어 마침내 가장 극적인 경고이자 저주가 이어졌다고 설명하였다.

> 웬 귀신 하나가 궁궐에 들어와서 큰 소리로 "백제가 망한다! 백제가 망한다!" 외치고는 곧 땅으로 들어가 버렸다. 왕이 괴이쩍게 여겨 사람을 시켜서 땅을 파 보게 하니 깊이 3척쯤 되는 곳에 웬 거북이 한 마리가 있었는데, 그 등에 글씨가 있는바 "백제는 둥근 달과 같고 신라는 초승달과 같다"라고 하였다. 왕이 무당에게 물으니 대답하기를 "둥근 달과 같다는 것은 가득 찬 것이니 가득 차면 이지러지는 것이요, 초승달과 같다는 것은 아직 차지 않은 것이니 아직 차지 않은 것이라면 점점 차게 되는 것입니다"라고 하였다. 왕이 노하여 그를 죽여 버렸다. 어떤 이가 말하기를 "둥근 달과 같다는 것은 왕성한 것이요, 초승달과 같다는 것은 미약한 것이니, 생각건대 우리나라는 왕성해지고 신라는 차츰 쇠약해질 듯합니다"라고 하였다. 이에 왕이 기뻐하였다.

귀신의 부르짖음에는 그 동안 말과 두꺼비, 사비수나 물고기와 구름 따위에 포함되어 있었던 일말의 '해석의 여지'조차 없다. 백제는 멸망한다! 사실 저 귀신은 일 년 전 마치 사람이 곡하는 소리로 울어대던 궁궐의 홰나무, 그리고 밤에 궁궐 남쪽 길에서 곡을 하던 바로 그 귀신일지도 모른다.[18] 귀신은 이제 백제 왕에게 달리 사태를 알릴 방법이 없었던 셈이다. 당 군이 '황해 횡단 해로'를 경유하여[19] 백제의 영토를 목전에 두고 있는 이상, 더 지체할 여유도 없다. 그리하여 귀신은 딱 자른 말로, 그리고 다시 거북의 등 위에 쓴 글로, 왕조의 명운을 적시하였다.

달이 초승달에서 보름달을 거쳐 다시 그믐달의 형상으로 거의 변함없이 주기적 변용을 반복한다는 것을 모르는 이는 없다. 사실 무당의 해석은 이미 상식의 확인에 불과하다. 무당을 죽인 의자왕은 그러므로 자연의 법칙[常道]을 부정한 것이다. 누군가가 부정한다 하여 천체의 운행이 그칠 까닭은 없다. 자연 법칙을 부정하고 싶은 완악한 왕에 동조하여 달의 운행에 담긴 보편적 의미를 왜곡한 '어떤 이'의 해석은 허망하기 짝이 없다. 그와 왕은 天譴을 외면해 버린 것이다. 이제 남은 일은 가득 찬 만월이 일상의 법칙에 따라 한결같이 이지러지는 것이다. 백제 조정은 마침내 그달 21일에 소정방의 군단이 덕물도에 도착한 것을 알게 된다.[20]

신월과 만월, 그리고 그 법칙적 주기성에 담은 고대인들의 관념은 너무도 현저하게 보편적인 사유 방식이었다. 신라의 (신)월성과 만월성은 모두

18) 『삼국사기』 28 백제본기 6, 의자왕 19년 9월.

19) 강봉룡, 2014, 「한국 고대사에서 바닷길과 섬」 『한국 고대사 연구의 시각과 방법』, 사계절, 553~555쪽; 2016, 『바닷길로 찾아가는 한국 고대사』, 경인문화사, 267~269쪽.

20) 김영관, 2014, 「의자왕과 백제 멸망에 대한 새로운 시각」 『한국 고대사 연구의 시각과 방법』, 사계절, 157쪽.

왕들의 거처였으되,[21] 저 법칙성과 관련하여 운영되었을 것이다. 특히 고구려에서는 연개소문이 주도한 조치에 부응하여 당 태종이 파견한 도사들이 용을 시켜 본래 신월성의 형태였던 평양성을 만월성으로 개축하게 했다 한다.[22] 그러고 보면 고구려가 멸망하던 당시의 평양성 즉 長安城은 평지성과 산성을 하나로 아울러, 오늘날의 대동강과 보통강을 끼고 축조된 羅城을 포함한 외양이 신월성에 가깝다고 이를 만하다.

그러나 적국의 도사들이 은밀히 술수로 용을 부려 고구려 왕도를 개축하여 변형시켰다는 설정은 그야말로 설화일 뿐이다. 경주의 월성 유적이 신월의 형상에 걸맞은 형태를 보이고 있는 것처럼, 평양의 장안성 역시 미처 반달로 차지 않은 신월의 형세로 드러난다. 짐작하듯이 백제의 도성 역시 고구려와 신라의 도성 형세와 상통하였다. 즉 사비의 도성은 半月城이었다.

> 반월성은 석축인데 주위가 1306척으로 곧 옛 백제의 도성이다. 扶蘇山을 안고 쌓아 양 끝이 백마강에 이른다. 형태가 반월과 같았으므로 (그렇게) 이름한 것이다. (『신증동국여지승람』 18 扶餘縣, 古跡)

실제로 사비성은 백마강이 반원 모양으로 휘감고 도는 형국이다. 부소산성에서 이어지는 북쪽과 동편의 나성, 그리고 백마강으로 둘러진 윤곽은 결국 반달 모양이 될 수밖에 없다. 별도의 나성 구조가 없는 강안 부분을 제외하고 보면, 확인되거나 추정된 축성 구간은 대략 문헌에 보이는 규

21) 『삼국사기』 34 잡지 3, 지리 1.
22) 『삼국유사』 흥법, 寶藏奉老普德移庵.

모에 근접한다.[23] 반월성 즉 사비성 축조는, 성왕이 사비로 천도한 때가 538년이므로, 고구려의 장안성보다 앞선 일이다. 증명할 도리는 없지만, 백제의 반월성에도 신월과 만월의 상징적 의미가 개입해 있었을 것으로 생각한다. 더구나 신월과 만월의 상징 맥락을 정면으로 명시하여 왕조 멸망의 필연을 다짐한 것은, 삼국 가운데 오히려 백제의 경우가 유일하였다.

3. 원혼의 환생과 설분의 논리

신월과 만월의 주기성에 대한 의자왕의 태도는 너무나도 우둔하고 강퍅하였다. 기록들은 의자왕의 영용함이 재위 15년부터 실종되었다고 증언하고 있는 것 같다. 특히 참언에 대해 타당한 해석을 한 무당의 목숨을 빼앗은 행위는 파국을 향해 돌이킬 수 없는 추락을 예감케 한다. 일찍이 500여 년 전 고구려 차대왕도, 흰 여우의 출현에 대해 왕으로 하여금 자성하고 덕정을 베풀 것을 바라는 하늘의 뜻으로 해석한 師巫를 죽인 바 있다. 그 이후 천문을 해석하는 이는 차대왕이 기뻐할 바를 좇아 진실을 왜곡하고 살길을 찾았다 한다.[24] 그와 방불하게 의자왕 역시 옳은 해석을 한 무당을 죽이고, 살길을 찾아 왕에게 영합한 '어떤 이'의 거짓에 기뻐하였다.

하늘의 뜻을 옳게 매개했던 무당은 그의 남다른 지혜와 정직함으로 인해 오히려 억울한 죽임을 당하고 말았다. 이처럼 억울하게 죽은 원혼이 산 사람들의 일상에 개입하여 복수를 할 수 있다는 생각에는 오랜 연원이 있다. 특히 불교의 윤회관은 그들이 원혼으로 머물지 않고 실제로 환생하여

23) 백제문화사대계 편찬위원회, 2008, 『유적·유물로 본 백제(Ⅰ)』, 100~101쪽.
24) 『삼국사기』 15 고구려본기 3, 차대왕 3년 7월·4년 5월.

전생의 억울함에서 비롯한 분한을 풀게 된다는 방식의 설명을 가능하게 하였다. 수나라의 羊皿이 연개소문으로 환생하여 고구려를 패멸케 함으로써 패퇴한 수 양제의 치욕을 씻었다는 『高麗古記』의 논리가 그것이다.[25] 김유신 역시 적국의 대장으로 환생하여 본국을 멸망시키겠다고 서원하고 죽은 무당이었다는 설화도 같은 전형이다.

그러나 신라의 김유신이 겨냥하여 멸망시킨 '본국'은 일견 고구려일 수도 혹은 백제일 수도 있다는 점을 주의할 필요가 있다. 우선 『삼국유사』에 소개된 김유신 환생 설화는 임신년(612)에 白石이란 자가 김유신이 고구려와 백제를 치려는 일로 부심하는 것을 보고 그를 '적국 정탐'을 빌미로 유인해 가는 데서 시작한다. 다행히도 얼마 뒤에 奈林, 穴禮, 骨火 등 세 호국의 신들이 김유신에게 나타나 백석이 바로 '적국의 사람'임을 깨우쳐 주었다. 이로써 위기를 벗어난 김유신이 백석을 다그쳤으며, 이에 백석은 내막을 실토하였다.

> 저는 본래 고(구)려 사람입니다.[古本에는 백제라고 했는데 잘못이다. 楸南은 곧 고(구)려의 점치는 무당이었으며, 또 음양에 역행한 일 역시 보장왕 때의 일이다.] 우리나라의 여러 신하들은 "신라의 (김)유신은 바로 우리나라의 점치던 卜士 추남이다"라고들 합니다.[古本에는 春南이라고 했는데 잘못이다.] (우리나라) 국경에 역류하는 물[혹은 雄雌가 심하게 뒤바뀐 일이라고도 한다.]이 있었는데, 추남에게 점을 치게 했더니 그가 말하기를 "대왕의 부인께서 음양의 도를 역행했으므로 나타난 표징이 이와 같습니다"라고 하였습니다. 대왕이 놀라고 괴이하게 여겼으며, 왕비도 크게 노하여 이는

25) 『삼국유사』 흥법, 보장봉로보덕이암.

요망한 여우의 말이라고 왕에게 고하면서, 다시 다른 일로 시험해 물어서 그 말이 틀리면 중형에 처하기로 했습니다. 이에 쥐 한 마리를 함 속에 감추어 두고 이것이 무슨 물건이냐고 묻자, 추남이 아뢰기를 "이것은 틀림없이 쥐인데 그 수는 여덟 마리입니다"라고 답했습니다. 그러자 말이 틀렸다고 하여 목을 베 죽이려 하니, 추남이 맹세하여 말하기를 "내가 죽은 뒤에 대장이 되어 반드시 고(구)려를 멸망시키리라!"라고 하였습니다. 곧 목을 베어 죽이고 쥐의 배를 갈라 보니 새끼가 일곱 마리나 있었으므로, 그제야 그의 말이 맞은 것을 알게 되었습니다. 그날 밤 대왕의 꿈에 추남이 신라 舒玄公 부인의 품으로 들어갔습니다. (대왕이) 이것을 여러 신하에게 이야기했더니, 모두 말하기를 "추남이 마음속으로 맹세하고 죽더니 그 일이 실제 그렇게 되나 봅니다"라고 하였습니다. 그 때문에 저를 이곳으로 보내 이런 계획을 꾸미게 한 것입니다. (『삼국유사』 기이, 김유신)

이로 미루어, 김유신의 전생에 대해 '고구려의 추남'이라는 전승과 '백제의 춘남'이라는 문자 정보가 경합하고 있었던 것을 알 수 있다. 서술자는 고구려의 추남으로 본문을 구성하면서 백제의 춘남이라 한 '고본'의 정보를 잘못이라고 판정하였다. 왜냐하면 "楸南은 곧 고(구)려의 卜士이며, 또 음양에 역행한 일 역시 보장왕 때의 일"이기 때문이라는 것이다. 수긍할 만한 논거는 아니다. 우선 추남이 고구려 사람이라는 것은 논증이 아니라 동어 반복에 불과하다. 오히려 고본에는 '백제의 춘남'이라고 하였으므로, 고본의 정보 가치를 완전히 외면하지 않는 이상, 분주와 같이 그렇게 말할 수는 없다.

그나마 고려할 만한 유일한 요소는 음양의 역행이 보장왕 때의 일이라는 지적이다. 그러나 이 또한 실제를 검증할 방법이 없다. 몇 가지 정황에서 오히려 의혹은 증폭한다.

첫째, 이 전승에서는 백석이 김유신을 유인하려 한 때가 612년이며 그 때 김유신은 18세였다고 한다. 서사의 논리에 따라, 추남/춘남은 김유신이 태어난 595년 이전에 죽은 것이다. 595년의 왕들을 굳이 따지자면 신라 진평왕 17년, 고구려 영양왕 6년, 백제 위덕왕 42년이다. 사실 이러한 확인 행위가 환생한 김유신의 애초 본국을 확정하는 데 그다지 유효한 지침이 될 수 없다는 것이야 두말할 필요가 없다. 다만 적어도 음양의 역행 사태가 '보장왕 때의 일'이라는 서술자의 지적은 자가당착일 뿐, 문제의 해결에 아무런 기여도 하지 못한다는 점만은 분명한 것이다.

둘째, 『삼국유사』 서술자는 거의 대부분의 경우 '고본'의 정보를 불신하였지만, 그의 판단이 반드시 옳거나 일관된 것은 아니었다. 가장 현저한 예로서, 서동설화로 저명한 '무왕'과 관련하여 "고본에는 武康이라 했으나 잘못이다. 백제에는 무강이 없다"라고 한 판정을 들 수 있다.[26] 그의 말처럼 백제의 왕 가운데 무강왕은 없다. 그러나 『삼국유사』의 왕력 작성자는 오히려 백제 무왕에 대해 "혹은 武康이라고도 한다"라고 하였다. 그 외에도 여러 군데에서 '고본'의 정보는 서술자로부터 일방적이고도 일관되게 존중받지 못했지만, 고본의 정보가 과연 저열한가가 확실하게 논증된 경우는 없다.[27]

그렇다면 서술자의 일방적 단정보다는 차라리 설화를 구성하고 있는 사건과 상황에 유의하는 게 바른 길이겠다. 김유신으로 환생한 '점치는 무당[卜巫之士]'은 역류하는 물 혹은 자웅의 질서가 교란된 현상을 두고,

26) 『삼국유사』 기이, 武王.

27) '고본'에 대한 논의는 이강래, 2005, 「『삼국유사』 기이편의 자료 수용 방식」 『삼국유사 기이편의 연구』, 한국학중앙연구원, 77~83쪽; 이 책의 2편 2장에 수록.

왕비가 음양의 도를 역행한 표징이라고 설명하였다. 그를 단순히 '점무'라고 이르는 데 그치지 않고 '士'를 덧붙인 것은, 그가 사태의 진상을 헤아리는 안목과 지혜뿐 아니라 은폐된 진실을 폭로하는 데 주저하지 않는 용기와 도리를 겸비한 인물이기 때문이었을 것이다. 그처럼 흠결이 없는 이였던지라, 그는 다시 독보적으로 빼어난 명장 김유신으로 환생하는 것이었다.

그러나 바로 그와 같은 자질과 성품으로 인해 그는 스스로 순교한 셈이다. 사실 폭로된 진실 앞에 불쾌하면서 불안해진 왕비의 질문은 함 속에 감추어진 물건이 무엇인가를 물었을 뿐이었다. 그런데도 그의 대답은 '쥐'라는 데 그치지 않고 태중의 새끼들 수까지 헤아리고 말았다. 출중한 자질과 함께 진실에 대한 확신이 단단한 이들이 종종 범하는 지적 교만함이거나 도덕적 자만심이 읽힌다.[28] 여하튼 그는 진실 때문에 순교한 것이라, 적국의 대장으로 다시 태어나 복수하기로 맹세하였다. 그리고 곧바로 김유신의 어머니 품속으로 깃들었다. 그를 죽음으로 내몬 왕도 그의 환생을 알아차리고 근심하였다. 이제 그의 맹세처럼 설분하는 일, 즉 그를 유인하려 했던 '본국'을 직접 응징함으로써 신이한 서사는 완결되는 것이다.

요컨대 설분의 대상은 김유신에 의해 멸망당하는 시점의 왕과 그의 왕조이다. 그 때문에 시점의 당착에도 불구하고 서술자는 보장왕을 언급한 것이었다. 만약 고본의 논리 대로라면 그것은 백제의 의자왕이 될 것이다. 다 아는 것처럼 만월과 신월을 대비한 참언에 대해 정당한 해석을 한 점무를 살해한 이는 백제 의자왕이었다.

또 역류하는 물이거나 웅자의 전복 등 음양의 질서를 교란시킨 장본인

28) 權純烈, 1993, 「三國遺事 所載의 金庾信 說話 硏究」『(朝鮮大)人文科學硏究』 15, 85~86쪽.

이 왕비였다는 설명도, 이 문제의 판단에 유력한 단서가 된다. 이 점을 염두에 두고 중국과 일본 측의 관련 기록을 비교해 본다.

- 밖으로 곧은 신하를 버리고 안으로 요망한 계집[祆婦]을 믿어 오직 충성되고 어진 사람한테만 형벌이 미치며 아첨하고 간사한 사람이 먼저 총애와 신임을 받아 … (「扶餘 唐平百濟國碑銘」)[29]

- 백제는 스스로 망한 것이다. 君大夫人이 요망한 여자[妖女]로 무도하여 제멋대로 나라의 권력을 빼앗고 어질고 착한 이를 주살했기 때문에 이러한 화란을 불러들인 것이니 삼가지 않을 수 있겠는가 … (『일본서기』 26 齊明天皇 6년, 秋七月庚子朔乙卯)

전자는 소정방이 백제 사비성을 함락시키고 작성한 660년 紀功碑銘의 한 대목이며, 후자 역시 백제의 항복 직후 그 파국의 연유를 평한 어떤 이의 발언 대목이다. 멸망 즈음 백제의 政情이 당과 왜의 기록자들에게서 일치를 보이고 있다. 곧고 어진 이들이 핍박받고 간사한 자들이 득세하는 사회는 이미 도의를 잃은 것이다. 그리고 그처럼 정의로운 가치가 전도되고 질서가 교란된 데에는 '군대부인'으로 불린 여인의 폭거가 있었다 한다. 이 '군대부인'이 곧 의자왕과 함께 당에 압송되는 왕비 '恩古'일 것이다.[30] 그렇다면 과연 음양[남녀]의 도리가 전복되었다고 할 만하다. 그러므로 김

---

29) 한국사데이터베이스(http://db.history.go.kr/), 국사편찬위원회.

30) 『일본서기』 26 齊明天皇 6년, 冬十月; 鈴木靖民, 1993, 「7世紀 中葉 百濟의 政變과 東아시아」『百濟史의 比較硏究』, 忠南大學校百濟硏究所, 186~188쪽; 이용현, 2009, 「미륵사 건립과 사택씨 — <사리봉안기>를 실마리로 삼아」『新羅史學報』 16, 66~67쪽.

유신은 백제 춘남의 환생이라 한 고본의 설정이 훨씬 더 탄탄한 '설화의 역사성'에 부합하는 것이다.

좀 더 부연하자면, 『삼국사기』 김유신전은 김유신의 후손이 작성한 김유신의 行錄에서 발췌한 것으로 알려져 있는데, 그 가운데 永徽 6년 을묘(655)의 내용을 눈여겨볼 필요가 있다. 김유신에게 백제의 내정을 정탐하여 보고하는 租未押이라는 이가 어떻게 암약하게 되었는지 저간의 사정을 적지 않은 분량으로 소개한 대목이다. 김유신은 하필 그해에 상세한 정보를 입수하였다. 즉 "백제의 임금과 신하들이 사치와 안일에 빠져 나라의 일을 살피지 않으니, 백성은 원망하고 신령은 노하여 재앙과 괴변이 여러 차례 나타났다"라는 것이다. 그리하여 김유신은 무열왕에게 "백제가 무도하여 그 죄악이 桀과 紂보다도 더하니 이는 진실로 하늘의 뜻에 따라 백성을 위로하고 죄악을 징벌할 때"라고 다짐하고, 백제 병탄을 서두르게 되었다 한다.[31]

공교롭게도 이때가 곧 망국을 은유하는 온갖 상징과 변고들이 비롯하기 시작한 의자왕 재위 15년이었다는 점을 다시 주목한다. 또한 김유신을 음해하기 위해 암약하던 적국의 첩자 백석이란, 마치 신라의 첩자 조미압에 대응하는 존재인 것만 같다. 물론 설화의 구성 방식을 역사의 그것과 동렬에서 말할 수는 없다. 다만 설화의 설명 방식에 단초를 제공한 역사적 사태의 실제와 그에 대한 고대인들의 사유를 존중하려 한다. 요컨대 기록 주체에 따라 전변하는 기억과 설명들의 바탕에는 어떤 구체적 경험에 대한 공유된 인식이 자리하고 있다고 믿는다. 물론 경험을 공유한 복수의 주체들 가운데 누군가의 기억이 애초의 실제를 반영하는 한편, 다른 이(들)의

31) 『삼국사기』 42 열전 2, 김유신 중.

설명은 그로부터 말미암은 일종의 반영물에 불과할 수는 있겠다.

4. 권위의 이탈과 기억의 왜곡

어떤 공통의 경험이 있고, 그에 대한 설명 방식을 공유하는 집단들 사이에서도, 그 사건에 개입한 입장과 전승의 과정에 따라 기록된 정보는 차이를 보일 수 있다. 예컨대 신라본기에서는 태종 무열왕 6년(659) 9월에 "公州의 基郡江에서 큰 물고기가 나와 죽었는데 길이가 백 척이었으며 이것을 먹은 사람은 죽었다"라고 한 반면, 백제본기에서는 의자왕 19년(659) 5월에 "왕도 서남쪽 사비하에서 큰 물고기가 나와 죽었는데 길이가 3장이나 되었다"라고 하는 식이다. '큰 물고기'의 묘사에 대한 차이도 그러하지만, 백제의 基郡은 지금의 서산시 방면에 있었던 것으로 판단되므로, 기군강과 왕도[부여]를 감아 서남 방향으로 흐르는 사비하[금강]는 같은 강일 수 없다.[32] 그런가 하면 누군가는 다시 이 둘을 재료로 삼아 "5월에 사비의 강안에 큰 물고기가 나와 죽었는데 길이가 3장이나 되었으며 이것을 먹은 사람은 모두 죽었다"라고 재구성하기도 한다.[33]

또 다른 예로, 『삼국사기』에 "(백제) 왕도의 시정 사람들이 까닭도 없이 누가 잡으러 오기나 하는 것처럼 놀라 달음질하여 나동그라져 죽은 이가 백여 명이었다"라고 한 정보는, 『일본서기』에 보이는 "온 나라 백성들이 까닭 없이 무기를 들고 길에서 왔다갔다하였다"라는[34] 서술과 조응한다고

32) 『삼국사기』 36 지리 3 熊州, "富城郡 本百濟基郡"; 『신증동국여지승람』 19 瑞山郡 郡名, "基郡 富城".

33) 『삼국유사』 기이, 태종춘추공.

34) 『일본서기』 26 齊明天皇 6년, 是月(5월).

생각한다. 이 백성들이 백제인들인 것은 그 분주에 "國老가 '백제국이 땅을 상실할 형상인가'라고 하였다"라고 말한 데서 짐작할 수 있다. 같은 해 10월에 백제 왕실이 소정방에게 압송당한 사실에 대해서도 편찬자는 다시 "아마도 이것은 까닭 없이 무기를 들고 (길에서 왔다갔다한) 조짐의 징험일 것이다"라고 환기하였던 것이다.[35]

추남과 춘남 가운데 어느 하나가 반드시 거짓이어야 할 필요가 없듯이, 심지어 그들 가운데 누군가가 꼭 실재해야만 하는 것도 아니다. 경험된 거대 사태에 대한 설명의 욕구가 그(들)로 말미암아 충족되는가의 여부가 그들을 생동하게 하는가 아닌가를 나누는 관건이다. 그러면서도 고구려에 비해 백제의 설화적 멸망론 가운데는 유독 신라와 대응 관계에서 음미될 요소들이 많이 보인다는 점을 유념하게 된다. 물론 크게 보면 그 자체가 세계에 대한 고대인들의 보편적 관념을 웅변하는 것이며, 두 왕조 사회가 유사한 경험의 궤적을 경유하여 역시 유사한 기술적·제도적 수준에 도달해 있었다는 증거일 것이다. 사람들은 백제 미륵사탑과 신라 황룡사탑의 건조에서도 그러한 일면을 발견한다.

고구려의 승려 普德이 방장을 날려 백제 혹은 신라로 옮겨 갔다 한 설명은, 최치원과 大覺國師 義天과 김부식과 이규보와 普覺國師 一然에 의해, 여러 방식으로 고구려의 멸망을 암시하거나 지시하는 사태로 거론되고 변용된 바 있다.[36] 이 사건은 왕조 현실에 비판적이거나 시대 흐름에 예민한 지식인이 자기 사회의 파탄을 감지하고 국외로 이탈한, 즉 이른바 '避(亂)地'의 전형적 사례이다. 백제의 멸망론 가운데서는 황룡사구층탑 건조를 성공시킨

35) 위의 책, 10월조의 분주.

36) 이에 대해서는 이강래, 앞의 논문 「고구려 멸망론의 설화적 파생」, 52~55쪽.

阿非知의 신라행이 고구려 보덕의 移居에 비견될 만한 서사라고 여긴다.

> (자장법사는) 貞觀 17년 계묘(643) 16일에 당 황제가 하사한 경전·불상·가사·폐백을 가지고 귀국하여 탑을 건립하는 일을 왕에게 아뢰었다. 선덕왕이 여러 신료들에게 의논하였더니 신료들은 "백제에다가 工匠을 요청한 뒤에라야 바야흐로 가능할 것입니다"라고 말하였다. 이에 보물과 비단을 가지고서 백제에 요청하였다. 阿非知라는 공장이 명을 받고 와서 목재와 석재를 경영하고, 伊干 龍春[龍樹라고도 한다]이 일을 주관하여 小匠 200명을 통솔하였다. 처음 刹柱를 세우는 날에 공장이 꿈에서 본국 백제가 멸망하는 형상을 보았다. 공장은 문득 마음에 의혹이 일어 일손을 멈추었는데, 갑자기 땅이 크게 흔들리고 어두컴컴한 가운데 웬 노승과 장사 하나가 금당의 문으로부터 나와 곧바로 찰주를 세우더니 승려와 장사가 함께 사라져 보이지 않는 것이었다. 공장은 이에 뉘우치고 마음을 고쳐 그 탑을 완성하였다. (『삼국유사』 탑상, 皇龍寺九層塔)

아비지는 꿈에서 본국 백제의 명운에 대한 암시를 받았다. 꿈은 그로 하여금 자신의 행위가 본국의 멸망을 이끄는 것인지 의혹하게 했으므로, 아비지는 문득 탑의 중추를 세우는 단계에서 주저하였다. 그러나 웬 노승과 장사가 나타나 아비지가 지체하고 있는 공정을 대신 감당해 버렸다. 승과 속이 힘을 합쳐 순식간에 일을 이루어 낸 신이한 체험이었다. 신라인의 입장에서는 강력한 호국 의지의 표출이겠지만,[37] 백제인의 눈에는 절망의

37) 晋永美, 1990, 「「皇龍寺九層塔」 창건설화의 구조와 의미 — 一然의 『三國遺事』 편찬의식과 관련하여」 『成大文學』 27, 127쪽.

나락일 수 있다. 이로써 아비지는 백제의 멸망이 그 자신의 의지와는 무관하며 이미 피할 수 없는 일이라는 점을 각성하고 운명에 순응하였다는 것이다.

그 자신의 의지가 아니었다는 점에서 아비지가 백제 멸망의 사태에 직접 감당해야 할 책임은 없어 보인다. 그러나 황룡사구층탑 건조 사업이 처음 발단하게 된 배경을 헤아리면, 이 문제는 그렇게 간단치 않다. 즉 자장법사의 건탑 건의는 그가 중국의 太和池에서 조우한 神人이 "황룡사 안에 구층탑을 갖추게 되면 이웃나라가 항복하고 九韓이 찾아와 조공하여 왕업이 길이 평안할 것"이라고 말한 데서 연유하였다. 그러므로 구층탑 건조의 성공이 그가 아니면 안 되었다는 점에서, 아비지의 역할은 백제 망국에 결정적인 기여를 하고 만 셈이었다.

또 한편 아비지의 참여가 '명'에 의한 것이었다는 점을 주의한다. 애초에 신라에서는 백제(의 왕)에게 거대한 구층탑을 이루어 낼 공장의 파견을 요청하였을 뿐이다. 이 요청을 실현시키기 위해 신라가 보낸 보물과 비단은 백제 왕에게 귀속되었을 것이다. 그러므로 아비지가 신라에 온 것은 아마 백제 왕, 즉 의자왕의 결정에서 비롯했다고 보아야 한다. 그렇다면 망국주의 혼매함을 이보다 더 잘 드러낼 수는 없을 것이었다.

그러나 643년은 의자왕 즉위 3년째 되는 해로서, 백제의 전례 없이 날카로운 공세 앞에 신라는 위기감에 휩싸여 있을 때라, 실제로 저와 같은 교섭이 가능할 수는 없었다. 그보다 1년 전 의자왕은 직접 군사를 지휘하여 신라의 獼猴城을 비롯한 40여 성을 함락시켰으며, 곧이어 백제의 장군 允忠은 大耶城의 성주 일족을 살해하면서 신라 서변에 타격을 집중하였다. 이때 살해된 성주 金品釋은 김춘추의 사위였는지라, 그 직후 깊은 충격에 빠진 김춘추가 백제 타도를 위해 직접 고구려에 청병하러 갔던 일은 매우 저명하다. 이후에도 649년까지 양국은 거의 매해 치열한 군사 충돌을 반복하고 있었다. 그러므로 김유신의 환생담과 마찬가지로 아비지의 파견과 그의 번민이란 의연히 설화의 논리일 뿐인 것이다.

그럼에도 불구하고 아비지라는 탁월한 기술[지식]인이 장차 자국을 멸망시킬 적국으로 이거하여 왕조 간 흥망의 중심 동인 역할을 한다는 설정은 유의할 이유가 충분하다. 보덕이 고구려 불교계의 중망을 누리던 고승이었던 것처럼, 아비지는 신라가 갖추지 못한 백제의 문화적 역량을 대변하는 존재이다. 게다가 643년 당시 백제와 신라가 기술 인력을 지원할 만한 관계에 있지 않다 하더라도, 황룡사구층목탑 공역이 645년과 646년에 추진되었던 것은 부정할 수 없는 사실이다. 9세기의 경문왕 때 작성된 舍利函記의 내용이 이를 지지한다.

> 이에 (선덕대왕은) 監君인 伊干 龍樹와 大匠인 [百]濟의 阿[非] 등에게 명하여 小匠 200인을 통솔해서 이 탑을 만들게 하였다. (선덕대왕) 14년 을사(645)에 처음으로 건조를 시작하여 4월 □□에 刹柱를 세우고 이듬해에 비로소 건탑의 일을 마쳤다. (「慶州 皇龍寺 九層木塔 金銅刹柱本記」)[38]

이로 미루어 적어도 '아비(지)'로 지시된 백제 공장의 기술력이 황룡사구층목탑 건조에 개입했다는 기억은 어느 정도 실제를 반영한다고 보아도 좋겠다. 과연 연구자들은 아비지가 실존 인물일 가능성에 동의하는 한편,[39]

38) 한국사데이터베이스(http://db.history.go.kr/), 국사편찬위원회. [百]과 [非]는 『삼국유사』 기이, 황룡사구층탑조에 근거한 추독임.

39) 박승범, 2014, 「7세기 전반기 新羅 危機意識의 실상과 皇龍寺9층木塔」 『新羅史學報』 30, 337쪽.

본국 멸망을 앞두고 신라에 와서 진흥왕을 위해 복무했던 대가야 출신 지식인 于勒에 비겨 "백제의 혼란한 정치 상황을 피하여 신라로 망명한 인물"로 추정하기도 한다.[40] 이러한 추정의 맥락에서 볼 때, 아비지의 신라 이거로 구층의 목탑을 건조할 수 있는 기술과 함께 그에 담긴 상징과 염원도 백제에서 신라로 옮겨가 버린 셈이다.

한편 이보다 앞서 백제 무왕 부처가 3금당 3탑 구조의 미륵사를 창건할 때, 신라 진평왕이 百工을 보내 그 일을 도와주었다는 설명도 유포되어 있었다.[41] 그런데 미륵사지 서탑에서 수습된 사리 봉안기에 의하면, '기해년(639)'에 사리가 봉안되었다. 설사 이때 미륵사 전체 가람 구조가 모두 완공된 것은 아니라 해도,[42] 645년에 시작된 황룡사구층목탑 건조를 위해 필요한 최신의 기술과 경험은 미륵사 건립에 참여했던 백제 기술진의 몫이었을 것이다. 그러한 현실적 조건이 신라의 기술 지원 요청과 그에 부응한 백제의 아비지 파견이라는 설화적 논리의 연원이었다. 그러므로 역시 '있을 법하지 않은' 진평왕의 백공 파견 이야기는 오히려 그 반영물일 가능성이 크며, 진평왕의 따님인 선화공주를 유인하여 백제 왕이 되었다는 서동 설화의 필요적 구성물에 지나지 않을 것이다.

건축과 토목 기술의 측면에서 볼 때 당시의 백제는 신라보다 출중하였던 것 같다.[43] 무왕이 634년에 축조한 못은 지금의 궁남지로 추정되거니와 여기에 세운 望海樓[望海亭]과 함께 신라 문무왕 대에 왕도에 축조된 雁鴨

40) 최희준, 2018, 「『삼국유사』 '황룡사구층탑'조에 대한 재검토와 아비(阿比)의 출자」 『삼국유사의 세계』, 세창출판사, 203~207쪽.

41) 『삼국유사』 기이, 武王.

42) 박현숙, 2009, 「百濟 武王의 益山 경영과 彌勒寺」 『韓國史學報』 36, 344~345쪽.

43) 신종원, 2016, 『신라불교의 개척자들』, 글마당, 239쪽.

池와 臨海殿의 모델이었을 것으로 생각한다.[44] 특히 7세기의 중국인들은 백제에 "승려와 비구니, 사원과 탑이 매우 많았다"라고 평하였다.[45] 반면에, 백제의 장인 아비지가 본국 멸망의 형상을 보고 마음을 바꾸게 되었다는 설명은 오직 신라인의 염원과 의지에 부합하는 것이다. 마찬가지로 진평왕이 백공을 보내 백제의 미륵사 건립 공역을 도왔다는 이야기는 진평왕의 관대함을 예증하는 신라 중심적 편향이 지나친 것이다. 이에 관한 한 황룡사구층탑 건조에 백제의 장인과 기술력이 기여한 "역사적 사실이 逆으로 投射된 것"이라는[46] 판단의 설득력에 주목하고자 한다.

아비지의 꿈 이야기 가운데는 백제를 패망시킨 신라인들의 고양된 자긍의 관념이 담겨 있다면, 진평왕이 백공을 보내 미륵사 건립을 도왔다는 이야기에는 반대로 백제의 기술인(력)에 의존한 사실에 대한 일종의 보상 심리와도 같은 정서가 흐르는 것 같다. 어쨌든 비슷한 시기에 두 왕조에서 세워진 거대 탑의 연기 설화에서 모두 신라인의 관념과 정서가 우선 읽힌다는 것은 패전국이 감수해야 할 대가에 다름 아니다.

같은 맥락에서, 적국의 첩자에게 유인을 당하던 김유신은 세 호국 신령들이 보위하여 구출해 주었고, 중국의 神人조차 아들을 신라의 황룡사 護法龍으로 보내 주었지만,[47] 백제의 신인들은 종적을 감추고 말았다. 즉 전성기에는 백제에서도 신라와 마찬가지로 왕도 인근의 日山·吳山·浮山에 깃

44) 李丙燾, 1977, 『國譯 三國史記』, 乙酉文化社, 417쪽; 李基白, 1986, 「望海亭과 臨海殿」 『新羅思想史研究』, 一潮閣, 288~290쪽; 신종원, 2002, 「삼국 불교와 중국의 남조문화」 『강좌 한국고대사』 9, 駕洛國史蹟開發研究院, 16쪽.

45) 『周書』 49 열전 41 異域상, 백제.

46) 신종원, 2011, 「사리봉안기를 통해 본 『삼국유사』 무왕조의 이해」 『익산 미륵사와 백제 — 서탑 사리봉안기 출현의 의의』, 일지사, 67쪽.

47) 『삼국유사』 탑상, 황룡사구층탑.

들어 있던 신인들이 아침저녁으로 날아 왕래하기를 그치지 않았다 한다.[48] 그러나 무력한 그들은 패망하는 왕조를 지키지 못하였던 것이다. 이것이 곧 승패가 나뉜 두 왕조의 역사를 기억하는 설화적 방식이라고 생각한다.

5. 신성성의 파탄과 세속화

백제에도 호국의 용은 있었다. 용이 나라를 지킨다는 사유 방식 또한 고대인들 사이에서 광범한 지지를 받았을 것이다. 문무왕은 사후에 護國大龍이 되고 싶어 하였다 한다.[49] 사람들은 실제 그가 동해의 용이 되었다고 믿었다.[50] 신문왕은 용이 된 부왕을 위해 感恩寺 금당 아래에 동해와 교통할 수 있는 물길을 만들어 두었다고 말해지기도 하였다.[51] 다만 황룡사의 호법룡처럼 점차 용들은 불교의 사유 체계 안으로 포섭되어 갔다.

결과적으로, 전쟁에서 승리한 신라는 호국의 용(들)이 제 몫을 다한 것이다. 반대로 호국의 용들은 다시 신라 국가의 왕권 및 다른 형태의 신성한 권위에 의해 보호되기도 하였다. 한 예로, 795년에 당의 사신이 신라의 세 호국룡을 주술로 작은 물고기로 만들어 통 속에 담아 가려 한 일이 있었다 한다. 東泉寺와 芬皇寺 우물에 있던 용들이었다. 용들의 아내들이 이 일을 서둘러 원성왕에게 호소하였고, 왕이 직접 뒤쫓아 가서 위기에 처해 있던 용들을 구해 올 수 있었다는 것이다.[52]

48) 『삼국유사』 기이, 南扶餘前百濟.
49) 『삼국유사』 기이, 文虎王法敏.
50) 『삼국사기』 7 신라본기 7, 문무왕 21년 7월.
51) 『삼국유사』 기이, 萬波息笛.
52) 『삼국유사』 기이, 元聖大王.

같은 논리로 말하자면, 백제의 호국룡은 제 역할을 다하지 못하였다. 호국의 용은 異國의 물리력으로부터 본국을 보위해 내야 한다. 그러나 백제 왕조를 보위하던 용은 더 큰 위력 앞에서 무력했을 뿐이다. 신라의 호국룡들이 당의 사행에게 한때 피랍되었던 것처럼, 백제 사비하에 깃들어 있던 호국룡은 당의 소정방에게 굴욕을 당하였다. 왕도를 감싸면서 도성을 옹위하는 형국의 사비하에는 호국룡의 비루한 말로를 비롯하여 멸망 즈음 백제인들의 열패감을 증언하는 여러 흔적들이 오랫동안 전승되고 있다.

- 『百濟古記』에는 "부여성 북쪽 모퉁이에 큰 바위가 있는데 그 아래로 강물이 흐른다. 전해오는 말로는 의자왕과 여러 후궁들이 죽음을 면치 못할 줄을 알고 서로들 이르기를 '남의 손에 죽느니 차라리 자결하리라' 하여 줄줄이 여기 와서 강에 몸을 던져 죽었으므로 사람들이 墮死岩이라고 한다는 것이다"라고 하였다. (『삼국유사』 기이, 태종춘추공)

- 또 虎嵓寺에는 政事嵓이라는 바위가 있으니, 국가에서 장차 재상을 뽑는 논의를 할 때 선임될 만한 사람 서너 명의 이름을 함에 넣고 봉한 다음 바위 위에 두었다가 얼마 후에 열어 보아 이름 위에 印跡이 찍힌 이를 재상을 삼았으므로 그렇게 이름하였다. 또 사비하 가에 바위 하나가 있는데 소정방이 일찍이 그 위에 앉아 물고기와 용을 낚아 냈기 때문에 바위 위에 용이 꿇어앉은 흔적이 있는지라 그로 인해 龍嵓이라고 이름하였다. (『삼국유사』 기이, 남부여전백제)

뒤에 인용한 정사암과 용암 전승은, 그 서술의 분위기가 앞의 인용문에 보이는 타사암 전승과 매우 흡사하다. 『삼국유사』에는 하나의 출전에서 나온 정보를 서로 다른 항목에 분재하는 경우가 적지 않은 것으로 미루어 볼 때, 사비하 주변의 자연물들에 대한 설명들은 이른바 『백제고기』와 같은 자료에서 유래한 것으로 짐작한다.[53)]

백제 멸망 후 시간이 흐르면서 이들 전승에는 여러 전승자들에 의해 새로운 화소가 동원되고, 그런 만큼 설명의 설득력이 강화되었다. 예컨대 소정방이 물고기와 용을 낚았다는 용암 전승은, 소정방이 백제의 왕도를 치기 위해 사비하를 건너려 하는데 홀연히 비바람이 크게 일어나므로 백마를 미끼로 용 한 마리를 낚아 올리니 잠깐 사이에 날이 개어 드디어 군사가 강을 건너 공격하였다는 서사로 구체화되어 갔던 것이다.[54)] 그러므로 용암 설화의 애초 본의는 백제가 어떻게 이국의 군사에게 무릎을 꿇고 패망했는가에 대한 설명이었다. 용암에 흔적을 남긴 용의 운명은 곧 백제의 그것을 대변하는 것이었다.

여하튼 고려 후기에는 백제의 저명한 유지로서 정사암, 용암, 타사암 관련 설화가 널리 유통되고 있었다.[55)] 李承休가 "수많은 궁녀들이 푸른 물에 몸을 던지니, 落花岩만이 大王浦에 솟아 있구나"[56)]라고 표현한 것은 그 하나의 사례일 뿐이다. 그리고 정사암, 용암, 타사암은 각각 天政臺, 釣龍臺, 낙화암 설화로 회자되었다. 이와 관련하여 고려의 문인 李穀이 배를 타고 가면서 사비하의 地物들과 그 유래를 음미한 글을 본다.

53) 이강래, 2005, 「『삼국유사』의 사서적 성격」 『韓國古代史硏究』 40, 311~313쪽; 이 책의 2편 3장에 수록.

54) 『세종실록』 149 지리지, 충청도 공주목 扶餘縣; 『신증동국여지승람』 18 扶餘郡 古跡 釣龍臺.

55) 『고려사』 56 지 10 지리 1, 扶餘郡.

56) 『제왕운기』 하, 백제기.

기축년(1349) 5월 … 다음날 부여성 낙화암 아래에 이르렀다. 옛날 당나라가 蘇장군을 보내 前百濟를 쳤는데 부여는 바로 그때의 도읍이었다. 이때 포위되어 사태가 매우 급박해지자 임금과 신하들이 궁녀들을 버려두고 도주하였다. (궁녀들은) 의리상 당의 군사들에게 더럽히지 않고자 떼를 지어 이 바위에 와서 강물에 몸을 던져 죽었으므로 이러한 이름[낙화암]이 생겼다. … 조금 서쪽으로 가니 물가에 바위가 올연히 튀어나와 있는데 그 아래는 물이 깊고 맑아 깊이를 헤아릴 수 없었다. 당의 군대가 이곳에 와서 강을 사이에 두고 진을 쳤는데, 강을 건너려 하면 운무가 어두컴컴하게 끼어 방향을 헤아리지 못하매 사람을 시켜 엿보게 했더니, "아래에 용혈이 있어 (용이) 본국을 호위하고 있기 때문"이라는 것이었다. 당나라 사람들이 술자의 계책을 받아들여 미끼를 써서 낚으니 용이 처음에는 저항하여 올라오지 않았으나 힘을 다해 낚아 올리자 그 돌이 그 때문에 쪼개지고 말았다. 지금 보면 깊이와 폭이 1척쯤 되고 길이는 겨우 1장으로 물가로부터 돌의 정수리 부분까지 (균열이) 나 있어 마치 깎아 만든 것 같은데, 이를 일러 조룡대라고 한다. 조룡대에서 서쪽으로 5리쯤 가면 강의 남쪽 언덕에 虎岩이라는 僧舍가 있다. 암석이 벽처럼 솟아 있고 절은 그 바위를 등지고 있으며, 바위에 호랑이의 자취가 완연히 남아 있어 마치 바위를 부여잡고 오르는 것 같다. 바위 서쪽에 천척의 깎아지른 斷崖가 있고 그 머리 부분을 天政臺라고 하는데, 대개 백제 때 여기를 통해 하늘과 교통할 수 있었다. 매번 사람을 써야 할 때는 그 이름들을 천정대 위에 써 두고 임금과 신하들이 조복과 홀을 갖추고서 북쪽 강안 모래밭에 줄지어 엎드려 기다렸다가 하늘이 그 이름에 낙점한 연후에야 가져와 (낙점된) 이를 등용하였다. 이 지역 사람들이 서로 전하는 바가 이와 같다. … 비록 그러하나 역사에 그러한 일들이 전하지 않고 또 깊이 따져볼 만한 碑紀조차 없는데다가 그 사건들 역시 괴이하고 의심스러우니 이 지역 사람들 말을 믿어야 할지 말아야 할지 모르겠다. (『稼亭先生文集』 5 記, 「舟行記」)

이곡이 전하는 낙화암, 조룡대, 천정대 이야기는 부여 일대에서 오랫동안 백제 멸망 설화로 전승되고 공유되었다. 이곡은 스스로 신뢰를 주저하면서도 부여 일대 주민들 — 필시 백제 유민들 — 의 기억과 설명을 진지하고 충실하게 기록하였다. 실제 편사의 경험을 갖춘 지식인의 태도에 합당하였던 것이다.

이를 신이사관에 대한 비판이라고 지적할 수도 있겠으나,[57] 『백제고기』를 인용한 『삼국유사』 서술자도 타사암 전승을 소개하면서 '속설의 와전'일 뿐이라고 부연한 바 있다. 그는 또한 "의자왕이 당에서 죽었던 것은 당나라 역사에 명백한 기록이 있다"라고 말한다. 옳은 지적이다. 그럼에도 불구하고 두 사람은 그와 같이 유포되어 있던 전승들을 말로 또는 글로 접하고 다시 기록해 두었다. 이 전승력이 곧 설명의 설득력과 무관하지 않은 이상, 이국의 장수에게 낚여 올라온 용은 백제의 멸망에 대한 예조이며, 용암의 균열은 마침내 멸망한 백제에 대한 민중적 설명이자 상상력의 소산인 것이다.

장구한 역사의 왕조가 전쟁에서 물리력의 열패로 멸망한 사실이야 이미 엄연한 것이다. 다만 그것이 '왜' 그렇게 되었는가 하는 질문은 또 다른 방식의 설명을 요구한다. 사비하의 용이 어떻게 저열한 모습으로 종국을 고

57) 邊東明, 1995, 「高麗後期 性理學 受容階層의 史書編纂活動」 『高麗後期 性理學受容硏究』, 一潮閣, 155~157쪽.

하였는가가 바로 그 하나의 대답일 수 있다. 자신의 권능을 잃은데다가 국왕과 부처의 신성한 힘조차 그에게 미치지 못하는 용이란, 호국의 용이 되고 싶어 하는 문무왕에게 智義法師가 지적한 바처럼,[58] 수중의 축생에 불과할 것이다. 하늘과 소통하는 신성 공간이었던 정사암이 단순히 빼어난 풍광의 하안 단애로 추락하는 일도 왕조 멸망의 결과이자 상징의 파탄에 다름 아니다.

애초에 백제에서는 국왕을 보필하는 재상을 선임하는 일에 '하늘'이 개입하여 옳은 결정을 이끌어 주었다는 것이 정사암 설화의 핵심일 것이다. 다시 말해 백제 왕정은 하늘의 권위로 보장되었다. 천제는 백제 재상이 될 이를 金 글자로 낙점하였다.[59] 그러므로 정사암은 하늘의 정사가 펼쳐지는 곳으로서, 곧 천정대이기도 하였다. 재상의 선임 과정으로 설명된 이 행위가 어떤 실제의 합의제에 대한 기억을 바탕으로 한 것일 수도 있다.[60] 여하튼 전승자들은 여기에 하늘의 의지를 개입시켜, 그 행위는 물론 행위가 이루어지던 공간에 권위와 신성을 부여하였던 것이다.

무엇보다도 백제의 왕정이 하늘과 소통한다는 사유는 왕실이 전유하는 신성성의 근거를 이룬다. 고구려도 하늘과의 교통 단절과 함께 왕조가 멸망했다고 여겨져 왔다. 『고려고기』에는 당의 도사들이 암약하면서 靈石을 파 깨뜨렸다고 하였는데, 사람들은 이 돌이 곧 朝天石으로서 예전에 (동명)聖帝가 이 위에 올라 上帝를 조회하였다고 설명하였다.[61] 이승휴의 말을

58) 『삼국유사』 기이, 문호왕법민, "王平時常謂智義法師曰 朕身後願爲護國大龍 崇奉佛法守護邦家 法師曰 龍爲畜報何 王曰 我猒世間榮華久矣 若麤報爲畜則雅合朕懷矣."

59) 『세종실록』 149 지리지 충청도 공주목 부여현, 天政臺.

60) 李基東, 1987, 「三國遺事에 의한 新羅史研究와 敍述」 『三國遺事의 綜合的 檢討』, 한국정신문화연구원, 118쪽; 노중국, 2003, 『백제부흥운동사』, 일조각, 28쪽.

61) 『삼국유사』 흥법, 보장봉로보덕이암.

빌리면, 주몽왕이 천상에 왕래하면서 '天政'에 참예하였던 말발굽이 조천석에 남았다는 것이다.[62] 그런데 적국의 도사들이 이 돌을 파괴하였다. 그러므로 고구려 왕실은 천제와 소통할 길을 잃었으며, 하늘로부터 부여된 신성성도 파탄되었던 것이다.

이곡의 소회와 경험처럼, 백제 왕실이 '하늘과 교통'할 수 있었던 천정대 공간은 이미 일찍부터 주유의 명승지에 지나지 않게 되었다. 천정대를 잃은 고구려·백제와 마찬가지로, 신라에서도 신성한 왕들이 하늘의 의지를 체현한다는 보편적 사유 방식은 예외 없이 산견된다. 그러면서도 아들을 희구하는 경덕왕의 갈망을 고승 表訓이 상제에게 매개한 결과 혜공왕이 태어났다고 하므로,[63] 이 또한 점차 불교의 권위 아래 포섭되어 갔을 뿐이었다.

패망한 백제인들이 왕조의 멸망 경험을 온전한 자신들의 목소리로 설명할 기회를 갖지 못하였다는 사실은 새삼스러울 게 없다. 그러나 현상과 세계에 대한 고대인들의 설명을 관통하는 보편적 사유는 이 문제에 기여할 수 있는 유력한 통로일 수 있다. 실제로 고구려와 백제의 멸망에 대한 설화적 설명들은 놀랍게도 유사한 구조를 지니고 있기 때문이다. 다만 고구려에 비해 백제의 경우에는 훨씬 더 신라 중심적 기억과 변용이 두드러졌다. 더구나 대부분 고려시대에 문자로 정착한 이상, 池龍의 아들인 전백제의 무왕과 蚯蚓[지렁이]의 아들인 후백제의 견훤 사이에 '비천한 영웅'의 본질에서 차이가 없다는 점도 쉽게 수긍할 만하다. 이러한 조건들은 백제 멸망론에 담긴 고대의 정서와 사유에 대한 탐색의 한계인 한편, 반대로 당

62) 『제왕운기』 하, 고구려기.

63) 『삼국유사』 기이, 景德王忠談師表訓大德.

대인들이 '여기고 있는 진실'에 다가서기 위해 경유해야 할 역설적 통로이기도 할 것이다.

이 글은 백제 왕조의 멸망에 관한 설화적 설명들에서 한국 고대인들의 사유 방식과 정서를 탐색하기 위한 것이다. 이를 위해 이미 이루어진 고구려 왕조의 멸망 관련 설명들에 대한 검토 방식을 원용하였다. 이러한 방법론의 선택은 한국의 고대 삼국인이 당대 세계와 자연 현상에 대해 보편적 인식을 공유하고 있었기 때문에 가능하였다.

검토는 네 가지 설화적 설명을 대상으로 삼았다. 첫째는 신월과 만월의 형상에 대한 상징 해석으로 백제의 멸망을 설명한 설화이다. 둘째는 부당하게 죽임을 당한 사람이 적국의 장수로 환생하여 본국을 멸망시켰다는 설화이다. 셋째는 권위 있는 지식인이 멸망을 앞둔 백제를 떠나 적국의 승리에 기여했다는 설화이다. 넷째는 백제의 멸망과 함께 신성한 표상들이 권위를 잃고 세속화한 설화들이다.

설화들에는 실제와 가공의 사실들이 뒤섞여 있지만, 고대인들의 정서와 관념이 그 바탕을 이루고 있다. 설화의 정보들은 백제의 멸망을 경험한 사람들의 기억과 설명에서 출발한 것들이기 때문이다. 이처럼 국가의 멸망이라는 거대 사태에서 발굴해낸 고대적 사유 방식은 한국 고대사회와 고대인들을 이해하는 데 유력한 지침이 될 것이다.

고대의 익산에 대한 후대의 인식

1. 익산의 역사적 경험
2. 마한과 정통의 맥락
3. 백제와 일통의 맥락
4. 기억과 설명의 파생

1. 익산의 역사적 경험

익산의 고대 명칭으로는 金馬가 널리 알려져 있다. 많은 연구자들은 『삼국지』 동이전에 보이는 마한의 乾馬國이 곧 금마로서 지금의 익산 지역에 있었다고 본다. 그렇다면 익산의 역사적 맥락은 3세기 이전 마한의 건마국에서 발단한다고 할 수 있다. 그러나 이에 대해서는 이견도 있다. 사실 '건마'와 '금마'의 음가가 근사하다는 것 자체는 건마국의 소재지 비정을 위한 논증의 자질로서 충분하다고 평가하기 어렵다.

지명으로서 금마는 백제 시대의 것으로 나타난다. 『삼국사기』 지리지에는 "金馬郡은 본래 백제의 金馬渚郡인데 경덕왕이 이름을 고쳤으며 지금도 그대로 부른다"라고 하였다. 그리고 관하 3개 현의 백제 시대 이름으로 所力只縣, 閼也山縣, 于召渚縣을 예거하였다.[1] 그런가 하면 당의 웅진도독부 예하 魯山州의 6개 현 목록에는 "支牟縣은 본래 只馬馬知이다"라고 하였다.[2] 여기에 보이는 지마마지는 『觀世音應驗記』의 후대 追記에 백제 武廣王이 천도했다고 하는 枳慕蜜地와 같은 지명일 것으로 널리 받아들여지고 있다.[3]

『관세음응험기』에 의하면 백제 무광왕이 지모밀지에 천도하여 帝釋精舍를 지었는데, 정관 13년 기해년(639) 11월에 큰 뇌우를 만나 불당과 부도와 낭방이 모두 불타 버렸다고 한다. 이 기록은 익산 王宮里 오층석탑에서 발견된 사리장엄의 해석과 맞물려 7세기 백제사에 비상한 관심을 촉발하였다. 특히 왕궁리 일대에서 '帝釋寺'명 기와와 함께 '官宮寺'·'大官官寺'·'王宮寺' 등의 명문 및 백제 시대의 와당들이 출토되어, 이른바 천도 관련 논의의 물적 증좌로 주목되었다. 공교롭게도 미륵사지 서탑 출토 「사리봉안기」에도 무왕 40년에 해당하는 기해년(639)이 사건 연대로 나와 있다. 익산은 백제사의 전개 가운데서도 아연 7세기 초 무광왕 혹은 무왕의 정치적이거나 종교 정책적 중심 공간으로 부상한 것이다.

7세기의 격랑은 백제 왕조의 몰락으로 이어졌다. 660년 7월 18일, 의자왕을 비롯한 백제 조정은 신라와 당의 공격군 앞에 항복하였다. 흥미롭게도 이달에 고구려 평양의 강물이 3일 동안이나 핏빛으로 물들었다. 딱 한

1) 『삼국사기』 36 지리 3, 全州.

2) 『삼국사기』 37 지리 4.

3) 李基東, 1998, 「鄭求福 外 編著, 『譯註 三國史記』 4册(城南市 : 韓國精神文化研究院 1996~1997)」 『歷史學報』 157, 302쪽.

달 전인 6월 18일, 무열왕은 김유신과 함께 남천정에 도착하였고, 소정방의 선단은 덕물도를 향하고 있었다. 그로부터 1년 뒤, 일통의 단서를 연 무열왕이 죽었다. 그의 죽음은 뜻밖에도 익산에서 발현된 불길한 예조에서 비롯하였다.

> 무열왕 8년(661) … 6월에 大官寺의 우물물이 피가 되고, 금마군에서는 땅에서 피가 흘러 너비가 5보나 되더니, 왕이 죽었다. (『삼국사기』 5 신라본기 5)

7세기 백제사에서 차지하는 익산의 위상이 백제를 멸망케 한 무열왕의 죽음과 어떤 필연적 연관을 지니는지 짐작하기 어렵다. 다만 당시 사람들은 두 가지 서로 다른 현상과 사건을 인과적으로 파악하고 있었다는 점을 주시할 필요가 있을 것이다. 또한 백제가 멸망하는 과정에서 고구려 왕도의 강물이 핏빛이 되었던 때문일까, 그로부터 꼭 10년 뒤 고구려의 國系가 익산 지역에 깃들게 되었다. 즉 문무왕 10년(670) 6월에 고구려의 대형 劍牟岑과 그가 이끄는 일단의 무리가 당의 관리와 승려 法安 등을 죽이고 신라로 향하였다.

> 일행이 서해의 史冶島에 이르러서 고구려의 대신 淵淨土의 아들 安勝을 만나 한성 안으로 맞아들여 임금으로 떠받들고, 小兄 多式 등을 보내 애걸하기를 "멸망한 나라를 일으키고 끊어진 왕통을 잇게 하는 것[興滅國繼絕世]은 천하의 옳은 의리이니, 오직 대국에 이를 바랄 뿐입니다. 우리나라의 선왕이 도의를 잃고 패멸을 당하였으나, 이제 저희들은 본국의 귀족 안승을 찾아 받들어서 임금으로 삼고 제후의 나라가 되어 영원토록 충성

을 다하고자 합니다"라고 하였다. 왕은 그들을 나라 서쪽 지방 금마저에 자리잡게 하였다. (『삼국사기』 6 신라본기 6)

금마저 곧 익산에는 이리하여 670년 8월 1일에 신라 왕이 책봉한 '고구려 왕'이 자리하게 되었다. 그러나 '고구려 왕'은 4년 뒤 '報德王'으로 고쳐 봉해졌다. 이는 칭호 자체에서부터 고구려적 요소를 제거하려는 신라의 의도에서 비롯한 것이다.[4] 그 뒤 680년 보덕왕 안승은 문무왕의 누이와 혼인을 하였으니, 이제 고구려 왕과 고구려 국가는 신라 왕조에 온전히 용해된 셈이다. 게다가 얼마 뒤 그나마 익산 지역에서 규모를 유지하던 고구려 사람들은 자못 작위성 짙은 모반 사건에 연루되어 해체되고 말았다.

신문왕 4년(684) … 11월에 안승의 조카뻘 되는 장군 大文이 금마저에서 모반했다가 일이 발각되어 처형당하였다. 그 나머지 사람들은 대문이 사형당하는 것을 보더니, 관리들을 살해하고 읍을 장악해 반역하였다. 왕이 장졸들에게 명해 이를 치게 하였는데, 맞받아 싸우던 중에 幢主 逼實이 죽었다. 그 성을 함락시키고 그곳 사람들을 나라 남쪽 지방의 주·군으로 옮겼으며, 그 지역을 금마군으로 삼았다. (『삼국사기』 8 신라본기 8)

신문왕은 기나긴 전란이 끝난 평화 시기 전승국의 첫 왕이었다. 그는 멸망 즈음 백제의 중심 공간이자 고구려의 왕조 명분과 잔민들의 용해 흡수와 그 종국적 해체를 위해 선택된 공간이었던 익산 일대를 금마군으로 재편하였다. 무엇보다도 금마저의 고구려 집단을 해체한 이듬해 봄에, 신라

4) 梁炳龍, 1997, 「羅唐戰爭 進行過程에 보이는 高句麗遺民의 對唐戰爭」 『史叢』 46, 54쪽.

가 "비로소 九州를 갖추게 되었다"라고 천명한 점을 주목한다. 9주는 중국 고대에 천하를 아홉으로 나누어 사유하던 것을 모방한 것이다. 그러므로 이제 신라는 '일통삼한'의 완성을 전제로 하는 천하관에 이른 셈이다.[5] 이렇게 익산은 통일기 신라의 금마군으로 존재하게 되었다. 이후 익산은 성덕왕 18년(719) "9월에 금마군 미륵사에 벼락이 쳤다"와 같은 형태로 희소하게 환기될 뿐이었다.

2백여 년이 흐른 뒤 10세기 벽두에, 익산은 다시 역사의 격랑 한 가운데로 호명되었다. 통일기 신라의 현실이 제반 모순의 빈출로 어그러져 가고, 일통의 명분 또한 명백한 발해의 실체 앞에 빛을 잃어 갈 즈음이었다. 효공왕 4년(900), 견훤이 서쪽을 휘돌아 完山州에 이르자, 완산주 사람들이 그를 열렬히 맞이하였다. 견훤은 인심을 얻은 것에 흡족해 좌우의 사람들에게 이렇게 말하였다.

> 내가 삼국의 시초를 상고해 보건대 마한이 먼저 일어나고 그 뒤에 혁거세가 발흥하였으므로, 진한과 변한은 그를 따라 일어났던 것이다. 이렇듯 백제는 金馬山에 나라를 연 지 6백여 년이 되었는데, 摠章 연간에 당 고종이 신라의 요청으로 장군 소정방을 보내 수군 13만 명을 거느리고 바다를 건너오게 하고, 신라의 김유신이 다시 세력을 회복하고 전력을 기울여 黃山을 지나 泗沘에 이르러 당나라 군사와 합세해 백제를 쳐 없앴다. 이제 내가 어찌 감히 완산에 도읍을 세워 의자왕의 오랜 분원[宿憤]을 씻지 않으랴! (『삼국사기』 50 열전 10, 견훤)

5) 李昊榮, 1996, 「新羅中心思想의 成立 背景」 『重山鄭德基博士華甲紀念韓國史學論叢, 韓國史의 理解』, 景仁文化社.

금마저와 금마군이 이제 금마산으로 변전하였다. 공간에 대한 호칭만이 아니라 그 역사적 맥락이 큰 폭으로 진통할 수밖에 없었다. 견훤의 인식 가운데서 금마산은 백제 개국의 표상 공간이 된 것이다. 견훤의 발언에서는 또한, 백제는 삼한 가운데 마한을 바탕으로 한다는 매우 중요한 계통의식을 발견하게 된다. 마한을 고구려에, 변한을 백제에, 진한을 신라에 분배하는 최치원의 삼한 삼국 연계 인식이 주류를 점하던 상황에서, 견훤의 주장은 이후 지식인들이 벌인 본격적 쟁론의 출발이 되었다. 그리고 그 핵심 공간이 마한의 금마산이었다.

2. 마한과 정통의 맥락

익산은 마한의 구성 분자에서 시작하여, 백제 무왕의 심중한 정치 무대였다가, 7세기 일통 국면의 매듭처를 거쳐, 10세기의 새로운 일통을 위한 발단처 등, 고대의 네 가지 시점 및 맥락에서 중심적 역사 공간으로 부상하였다. 그러나 익산의 역사 공간적 맥락은 오히려 고대를 벗어나는 순간에 이미 본격적인 논쟁의 대상이 되고 말았다. 최치원의 삼한관이란 사실 진한—신라 중심 역사관에 다름 아니었듯이,[6] 견훤 역시 오직 마한에서 백제로 이어진 계통 인식의 천명에 본의가 있을 뿐이었다. 그럼에도 불구하고 양인의 인식에는 위만에게 공격당해 한 지역으로 이거해 온 조선의 왕準과 뒤이은 유이민의 파동이 공통적으로 고려되어 있었다.

이처럼 10세기 초에 삼한, 특히 마한과 후속 왕조의 관계에 대해 양립하기 어려운 설명들이 확인되었다. 그러나 새로운 일통의 주역이 된 고

6) 이강래, 2011, 「최치원의 고대 인식 : '一統三韓'을 매개로」 『삼국사기 인식론』, 일지사.

려 왕조의 지배 계급들에게는 패멸당한 후백제 주역들의 삼한관이란 더 이상 유효성을 지니지 못하는 것이었다. 즉 12세기 중엽에 편찬된 『삼국사기』의 경우, 마한의 존재와 소멸을 마땅히 백제본기에 정돈하였으되, 지리지의 서술에서는 신라 혹은 최치원의 삼한 인식을 수긍하고 수용하였다.

13세기 말의 『삼국유사』는 한결 더 강경한 어조로 마한과 백제의 관련을 부인하였다. 서술자는 우선 마한에 관한 최치원의 이해에 동의한다. 견훤의 말 가운데 마한이 먼저 일어났다고 한 것은 위만조선 성립기 준왕의 남천을 염두에 둔 것이겠고, 이렇게 성립한 마한과 고구려의 연계는 東明이 일어난 다음 마한을 아울렀기 때문일 것이라고 추론하였다.[7] 또한 간혹 사람들이 금마산을 들어 마한을 백제라고 하는 것은 잘못이며, 고구려에 馬邑山이 있었기 때문에 마한이라고 하였다는 것이다. 마찬가지로 그는 "변한은 백제다"라고 한 최치원의 견해를 받아들이면서, 백제 땅에 있는 卞山의 존재로 인해 변한이라 이름한 것이라고 판단하였다.[8]

『삼국유사』 서술자의 논조에는 단군의 조선을 시원으로 하는 역사의 계통성에 대한 관심이 고조되던 시대 배경이 반영되어 있다. 특히 준왕의 남천과 마한을 연결시켜 설명한 부분은 향후 적지 않은 설득력을 가지고 재론되었다.[9] 비슷한 시기 李承休 역시 고구려가 "마한의 王儉城에 개국하였다"라고 하였고, 백제는 변한에 나라를 세웠다고 하였다.[10]

7) 『삼국유사』 기이, 마한.

8) 『삼국유사』 기이, 卞韓百濟.

9) 이는 『후한서』 한조의 마한 인식에서 비롯한 것인데 후일 조선 후기 삼한정통론의 전개에 있어서 중요한 논거가 되기도 하였다. 朴性鳳, 1997, 「馬韓認識의 歷代變化」 『삼한의 역사와 문화』, 자유지성사, 113쪽; 1990, 『馬韓·百濟文化』 12.

10) 『帝王韻紀』 下 東國君王開國年代.

그러나 '韓地'로 들어와 '韓王'을 자칭한 조선의 준왕을 주목할수록, 그 경우의 마한은 공간적으로 고구려보다는 백제와 중첩되게 마련이다. 실제로 계통과 명분이 개입할 필요가 없는 영토 공간만의 사건 맥락에서는 일찍이 견훤이 피력한 마한 인식야말로 오히려 당연시되고 있었다. 예컨대 後朝鮮 준왕의 남천에서 마한이 성립했다고 보는 『고려사』 찬자는 "금마군은 원래 마한국인데, 백제 시조 온조왕이 이를 합쳤다"라고 한다.[11] 그와 같은 단정이 역사적 실제에 부합하느냐 아니냐는 별개의 문제로서, 마한과 백제의 역사 공간의 중층 관계는 범연한 '사실'로 간주되었던 것이다.

게다가 금마군에는 후조선의 武康王陵이 있다고 하였다. 고려 왕조 당대에도 금마군의 무강왕릉은 '馬韓祖'의 릉으로 인식되어 있었다. 『고려사절요』에도 같은 내용이 보존되어 있는데, 다만 '무강왕'을 '虎康王'으로 피휘하였다.[12] 이는 고려 혜종의 휘 '武'를 의미가 상통하는 '虎'로 代字 피휘한 것이므로, 고려 당대의 전승을 그대로 답습한 것이라고 할 수 있다. 따라서 적어도 고려 후기 이후에는 마한을 백제와 연계하여 이해하는 시각이 널리 공유되어 있었다고 해야겠다. 권근의 발언은 이를 입증한다.

> 삼한에 관한 설들이 서로 다르다. 그러나 조선 왕 준이 위만의 난리를 피해 바다에 떠 남쪽으로 와 나라를 열고 마한이라 하였는데, 백제 온조가 서서 마침내 이를 병합하였다. 지금 益州에 옛 성이 있고 지금도 사람들이 箕準城이라 하니 마한이 백제가 된 것은 의심의 여지가 없다. 진한은

11) 『고려사』 57 지리 2, 金馬郡.

12) 『고려사』 124 열전 37 嬖幸, 鄭方吉 : 『고려사절요』 24, 忠肅王 16년 3월.

신라 시조 혁거세가 일어난 곳이다. 『신당서』에 "변한은 낙랑의 땅에 있다" 하였고, 또 "평양은 옛 낙랑군"이라 하였으니, 진한이 신라가 되고 변한이 고구려가 된 것 역시 의심의 여지가 없다. 『후한서』에는 변한이 남쪽에, 진한이 동쪽에, 마한이 서쪽에 있다고 하였는데, 그 가운데 변한이 남쪽에 있다 한 것은 대개 한의 영토인 요동 지역으로부터 '그러하다'는 것을 이른 것일 뿐, 변한이 진한과 마한의 두 한 남쪽에 있다고 이르는 것은 아니다. 최치원이 이를 연유로 마한이 고구려요 변한이 백제라 한 것은 잘못이다. (『동국통감』 外紀, 삼한)

권근은 『신당서』를 근거로 최치원의 견해를 비판하였다. 김부식과 일연이 최치원의 파악을 받아들여 『신·구당서』를 수용하지 않은 것과 반대다. 여하튼 이제 일단 마한은 백제가, 그리고 진한은 신라가 되었다는 데는 대강의 합의가 이루어진 셈이다. 그러한 상황은 조선 초기의 지리서들에서도 마찬가지였다.[13]

그런데 마한과 백제, 그 연관론의 전제가 되는 것은 다름 아니라 조선의 준왕이 마한을 '開國'하였다는 것이다. 이것이 역사의 계통 인식에 미치는 파장은 조선—마한의 승습에 그치지 않는다. 오히려 더욱 중요한 것은,

13) 『世宗實錄地理志』 全羅道 益山郡, "本馬韓國[後朝鮮王箕準 避衛滿之亂 浮海西南至韓地 開國號馬韓] 至百濟始祖溫祚并之 自後號金馬渚." 『신증동국여지승람』 33 益山郡 建置沿革, "本馬韓國[後朝鮮王箕準 箕子四十一代孫也 避衛滿之亂 浮海而南至韓地 開國仍號馬韓] 至百濟始祖溫祚王并之 自後號金馬渚." 그러나 『신증동국여지승람』의 경우도 자체 내의 착종을 옳게 탈피하지 못하고 있다. 즉 같은 책 6 경기조에서는 다시 "삼국유사에 '고구려 땅에 원래 마읍산이 있었기 때문에 마한이라 하고, 백제 땅에 원래 변산이 있었기 때문에 변한이라 했다'라고 하였는데, 지금 평양부에 마읍산이 있고, 부안현에 邊山이 있으니, 삼국유사의 말이 혹 증거가 있는 듯하다. 그런 때문에 최치원의 舊說에 따라 경기도·충청도·황해도 등을 마한의 옛 영역에 해당시키고, 전라도를 변한의 옛 영역에 해당시켰다"라고 헤아렸다. 또한 같은 책 41에서도 "黃海道 本朝鮮馬韓舊地 後爲高句麗所有"라고 하였다.

온조가 마한을 병합하였으니 다시 마한—백제의 승습 관계로 이어지게 된다는 점일 것이다. 다시 말해 준왕은 조선 왕에서 마한 왕으로 변전하였을 뿐이므로, 그 계통은 궁극에서 조선—백제가 되는 것이다. 실제로 『동국통감』의 사론에서 崔溥는 기자가 평양의 조선에 봉해진 周 무왕 기묘년(서기전 1122)으로부터 백제 온조왕에게 마한이 멸망당한 때까지를 통합하여 사고하였다.[14] 이러한 인식을 바탕으로 梁誠之는 고구려, 백제, 신라, 고려의 도읍들과 동렬에서 익산의 능묘를 정비하고 정기적으로 제사할 것을 상소한 바 있다.[15]

그러고 보면 통일기 신라의 최치원과 또 다른 일통의 왕조를 자부하였던 고려의 편찬물들이 시종 마한과 백제의 역사 공간적 연계 문제를 부정하고 왜곡하려 한 데에는, 자기중심적 정통 의식의 개입도 없지 않았겠다고 생각한다. 신라와 고려는 각각 전삼국과 후삼국을 아우르는 데 상당한 진통과 무력 갈등을 경험하였기 때문이다. 반면에 조선은 선행한 두 왕조와는 달리 백제의 고토였던 금마저, 금마군, 익주, 익산군 등에 조선과 마한의 왕통을 안배하는 데 크게 주저할 이유가 없었을 것이다.

그러나 이 마한 중심 정통이 끝내 백제로 이어지지는 않았다. 정통이란 관념[명분]에 불과하며, 그러므로 반드시 현실의 공간에 긴박될 필요는 없었기 때문이다.

기준이 남쪽으로 간 뒤 위씨가 비록 조선의 옛 땅을 차지하였지만 겨우 80여 년 만에 멸망하였다. 위만이 멸망한 뒤에는 마한만이 이어져 117년

14) 崔溥, 『錦南先生集』 1 東國通鑑論, 馬韓亡.

15) 『世祖惠莊大王實錄』 3, 2년(1456) 3월 28일.

의 장구함을 누렸다. 서북의 한 방면은 四郡과 二府에 편입되었으나, 동방에서 나라를 세워 統緖를 전해 온 것은 오직 마한뿐이었다. … 마한이 망한 것은 백제에 땅을 빌려 주었던 것을 오히려 백제가 이를 도모한 것이었으니, 백제의 교활함은 곧 위씨의 옛 奸智인 바 … 나는 그러므로 마한이 바로 동국의 정통이라고 하는 것이다. … 그리고 저 진한과 변한은 바로 마한의 속국이었다.[16]

위에 인용한 李瀷의 말에 의하면 마한은 정통을 감당하였거니와, 백제의 교활함은 위만의 간지와 같은 것이라고 한다. 즉 "마한은 先聖의 후손이요 동방의 정통으로서 나라를 익산에다 세웠다"라고 한다. 이익은 이처럼 '마한 정통'의 관점에서 "마한이 망할 적에 오직 周勤이 牛谷城에 웅거하여 옛 왕업을 회복하려다가 백제에게 살해되었는데 東史에는 반역이라 기재하였으니 사가의 공정성을 상실한 것이다. 지금 마땅히 금마의 빈터에 사당을 세우고 주근을 배향하여 군신의 대의를 뚜렷이 밝혀야 한다"라고 주장하기에 이르는 것이다.[17]

안정복 역시 위만을 일러 '簒賊'이라 하고 『동국통감』에서 단군과 기자와 위만의 조선을 '三朝鮮'으로 다룬 것을 비판한 점은 이익과 다르지 않다.[18] 다만 그는 『삼국사기』 이래의 삼한의 위치에 대한 논의를 정리하여 "마한은 금마군에 도읍하였는데 금마군은 지금의 익산이니, 이것은 兩湖[호서·호남]가 마한이었다는 명백한 증거"라고 하면서도, 최치원이 "마한은 고구려요 변한은 백제다"라고 한 말 또한 그르지 않다고 장황하게 변론

16) 李瀷, 『星湖全集』 47 雜著, 三韓正統論.
17) 李瀷, 『星湖僿說』 25 經史門, 前代君臣祠.
18) 安鼎福, 『東史綱目』 범례; 같은 책 1 上 戊申年.

하였다.

그 설 또한 옳다. 고운은 당시 사람인데, 마한이 고구려가 아니라는 것을 어찌 몰랐겠는가? 그가 말한 마한이 고구려라 한 것은 고구려가 일어난 땅을 가지고 말한 것이 아니라 뒤에 고구려가 마한 동북쪽 땅을 병합한 것을 가지고 말한 것이다. … 그가 변한이 백제라고 한 것은 마한이 백제의 땅이 아님을 말한 것이 아니라, 변한의 반면이 또한 백제에 흡수되었기 때문에 그렇게 말한 것이다. 그는 삼한을 삼국에 분배하려고 했기 때문에 그 설이 이와 같은 것이니, 착오라고는 할 수 없다. … 나는 고운의 설로 정설을 삼는다.[19]

이 모호한 논변의 핵심은 마한의 공간과 마한의 계통을 분리하는 사고이다. 안정복은 『삼국유사』 서술자가 마읍산을 근거로 고구려를 마한이라 하고, 반대로 금마산을 들어 마한을 지시한 견해들을 배척한 것은 잘못이라고 비판한다. 부안의 '邊山'을 '卞山'으로 삼아 변한에 연결하는 논법이 잘못이라는 논증도 잊지 않는다. 또 일찍이 권근이 변한을 고구려라고 한 설명은 터무니없다 하였다. 심지어 지금의 전남 장흥에 있는 天冠山이나 보성의 母后山에서 변한의 단서를 탐색하기까지 하였다. 그러면서도 마한을 온전히 백제에 전유시키지 않으려는 안정복의 논변만은, "마한이 백제가 된 것은 의심의 여지가 없다"라고 한 권근의 단정보다 설득력이 크지 않다.

사실 안정복의 마한관은 스승 이익의 설명에 바탕을 둔 것이다. 이익은

19) 안정복, 『동사강목』 부록 하권, 三韓考.

준왕이 도읍한 '금마군'과 견훤이 피력한 '금마산'을 분별한다. 즉 남과 북의 한과 조선이 동방을 반분하고 있었을 때, 한의 동쪽 반면은 진한과 변한이 되고 서쪽 반면은 마한이 되었는데, 이 마한의 땅을 통틀어 '금마'라고 하였다는 것이다. 다시 말해 준왕이 도읍한 당시의 익산이나 백제 시조 온조가 도읍한 稷山 모두 이른바 '금마'의 고을이라고 설명한다.[20] 이렇듯 그에 의하면 금마가 오직 백제의 금마저와 신라의 금마군에 한정하지 않고 아연 한반도 중부 이남의 서편 반면에 대한 통칭이 되고 만다.[21]

한편 삼한 관련 논의에서 아직 미숙한 권근과, 삼한 특히 마한정통론의 세련된 논리를 완성한 안정복의 가장 큰 차이점은, 정작 준왕과 마한의 선후 문제라고 해야 할 것이다. 『고려사』 지리지를 필두로 조선 전기의 인식은 나라를 열어 국호를 마한이라고 하였다[開國號馬韓]는 것이었다. 반면에 안정복은 준왕이 마한을 공략하여 격파하고[攻破馬韓] 금마군에 도읍하였다는 것이다. 물론 이 차이의 처음 단초는 준왕의 남래를 전한 『삼국지』 동이전 인용 『위략』과 『후한서』 동이전의 서술이었다. 이 두 가지 상이한 인식에 따라 마한의 국도로서 금마의 위상에도 큰 차이가 뒤따르게 된다.

바야흐로 조선의 지식인들은 이 점을 정면으로 거론하기 시작하였다.

- 범엽의 『후한서』를 근거로 하여 보면, 마한은 본디 스스로 나라를 지니고 있었는데, 기준이 특별히 와서 습격해 탈취한 것이다. 그런즉 금마

20) 李瀷, 『星湖僿說』 2 天地門, 三韓金馬.

21) 이러한 발상은 『宋史』 487 열전 246 외국 3, 고려전에 개성을 제외한 3경을 설명하면서 옛 고구려의 평양을 서경, 신라 지역을 東州 낙랑부로 삼아 동경, 그리고 백제 지역을 金州 금마군으로 삼아 남경이라 하였다는 설명과 비교할 만한 것이다. 물론 고려 시대의 남경은 금마군이 아니라 지금의 서울지역이지만, 『송사』의 경우는 '金馬'나 필시 그로부터 연유한 '金州'라는 명칭이 백제 전체를 이르는 대명사로 쓰인 용례가 된다.

가 마한의 국도가 된 것은 기준이 오기 전에 있었던 듯한데, 이른바 月支國[目支國]이 아마도 그것일 것이다.[22)]

• 마한이란 기자의 41세 손인 기준이 漢 惠帝 원년(서기전 194)에 위만을 피하여 바다를 건너 남쪽으로 금마저에 이르러 도읍을 정하고 국호를 마한이라 한 데서 비롯되었다.[23)]

• 중국의 사서를 보매 이른바 목지국이 곧 익산이 아닌가 한다. 마한은 본디 스스로 나라를 지니고 있었는데 기준이 특별히 와서 습격하여 탈취한 것이거늘 … 우리나라 지식인들이 매양 "기준이 남쪽으로 와서 비로소 그 나라[마한]를 열었다"라고 함은 그릇된 것이 아니겠는가.[24)]

이처럼 정통론의 논리가 강화되면서 마한의 역사적 위상은 점차 높아져 갔다. 당연히 익산[금마]에 대한 호명의 맥락도 달라져 갔다. 마한의 국가적 실체가 준왕의 남래 이전으로 소급되고, 백제가 마한을 토대로 성장한 것이 아니라 위만과 마찬가지로 마한에 대해 찬적의 행위를 한 것으로 폄훼되었다. 금마는 마한의 중심 공간이자 표상의 지위를 획득한 반면, 백제의 군읍으로서 역할은 거의 방기되어 갔다. 백제의 금마저 혹은 금마군에 대한 음미는 마한정통론이 강고해지기 이전 시기에 한정될 수밖에 없었다.

---

22) 韓鎭書, 『海東繹史續』 3 지리고 3 삼한, 마한.

23) 李圭景, 『五洲衍文長箋散稿』 經史篇 5 論史類 1, 論史.

24) 丁若鏞, 『與猶堂全書』 6 地理集 1 疆域考, 馬韓考.

3. 백제와 일통의 맥락

정통이란 일통의 배면이기도 하다. 안정복은 정통을 정의하면서, 신라의 경우는 문무왕 9년 이후로, 고려의 경우는 태조 19년 이후로 설정하였다. 문무왕 9년(669)은 나당연합군의 공격 앞에 고구려의 평양성이 함락되고 왕을 비롯한 지배 계급이 항복하거나 패멸된 이듬해이다. 문무왕은 그해 2월 21일 두 적국, 즉 백제와 고구려에 대한 평정의 완수를 공식 선언하고 대규모의 사면 복권 및 부채 탕감의 교서를 공포하였다. 그러므로 문무왕 9년은 일통을 이룬 신라 왕조의 첫 해인 것이다.

한편 고려 태조 19년(836)은 태조가 직접 지휘하여 一利川 전투에서 神劍의 후백제 군을 궤멸시킨 해이다. 이로써 한국사상 최대의 분권 시대는 막을 내리고 이른바 후삼국은 오직 고려 왕조 아래 통섭되었다. 신라의 경순왕은 이미 1년 전에 스스로 나라를 들어 고려에 투신해 왔기 때문이다.

그런데 만약 신라의 일통 논리를 원용해 본다면, 고려 왕조의 일통 원년은 태조 20년이어야 할 듯하다. 그러나 '정통' 자체가 이미 지극히 명분론적 대상에 불과하듯이, 정통론자들은 고구려의 패멸과 후백제의 종말이 동일한 가치 영역에 있다고 보지 않는다. 즉 신라의 고구려에 대한 것은 나라를 병합한 체례[并國之禮]였던 반면, 고려가 견훤(의 후백제)에 대해 취한 그것은 도적을 평정한 체례[平賊之禮]라는 것이다. 후백제는 신라 태내의 叛賊에 불과하므로, 그것은 왕조 국가의 병합이 아니라 반적의 토평에 해당한다는 것이다. 태조 19년이 곧바로 일통 첫 해가 되는 연유이다.

전삼국 가운데 백제는 신라에 병탄되었다. 후삼국 가운데 백제는 다시 고려에 병탄되었다. 따라서 전후의 백제의 멸망은 늘 일통을 위한 현실의 조건이었다. 그러나 명분론적 인식 가운데에서 백제의 멸망 자체는 마치 일통의 필수 전제가 아니었던 것처럼 왜곡을 강요당했던 것이다. 경험된 사건과 후대의 인식 사이에는 이처럼 메우기 어려운 격절이 가로놓여 있다.

고려 시대의 익산 인식에는 그러나, 상대적이나마 조선 시대에 비해 백제의 멸망과 일통의 완결 사이에 인과 관계가 긍정되었다. 그것은 현실의 경험 영역은 물론 명분의 영역에서도 고려되었다. 백제가 망할 즈음에 이미 고구려 평양의 강물이 핏빛이 되었던 것이 그 단서다. 다시 1년 후, 백제를 멸망시킨 주역이자 그리하여 일통의 단서를 열고 토대를 굳게 다진 무열왕의 죽음에 당해, 금마군의 대관사 우물물이 피로 변하고 그 일대 땅에 유혈이 낭자한 현상이 나타났다. 이 거듭된 변고의 인과성을 명료하게 헤아리기 쉽지 않지만, 적어도 백제의 멸망이 궁극적 일통에 앞서 고구려 멸망을 향한 매개였던 의미 맥락이야 새삼 이를 나위가 없다.

어쩌면 허울에 불과한 고구려 왕통을 하필 금마저에 안치하고, 조만간 해체 분산시켜 고구려인으로서의 집단성을 소멸케 한 것도, 금마군에 일통의 완결을 위한 어떤 형태의 매개적 의미를 기대하였던 때문일지 모른다. 그 경우 금마군은 백제사와 유리되어 독립적 의미를 지닐 위험도 없지는 않다. 실제로 부분적 국면에서는 백제 자체가 일통의 반려로서 정당하게 고려되지 못하는 사례가 이미 신라 당대에도 있었다. 고구려 盤龍寺 普德和尙이 完山 孤大山으로 옮겨 갔다는 『삼국사기』의 정보를 단서로 이 문제에 대해 생각해 본다.

『삼국사기』 고구려본기는 이 사건의 연대를 보장왕 9년(650)이라고 한다. 보덕의 명분은 나라에서 도교를 받들고 불교를 믿지 않는다는 것이었다. 그러나 얼마 뒤 고구려 사람들 사이에는 馬嶺 위에 神人이 나타나서 "너희 임금과 신하들이 사치스럽기 한이 없으니 패망할 날이 멀지 않았다"라고 하는 것을 보았다는 소문이 자자하였다.[25] 그러므로 보덕의 이탈은 고구려 패망의 전조였다. 1091년에 고대산 景福寺를 찾은 大覺國師도 보덕이 方丈을 날려 온 뒤 동명왕의 고국이 위태로워졌다고 썼다. 보덕의 이암이 곧 고구려 패멸의 발단이 되는 것이다. 보덕은 파국에 앞서 어지러운 나라를 떠났으니, 곧 '避地'한 것이다. 완산은 지금의 전주이므로, 의자왕 재위 10년 당시의 백제 땅이었다.

그런데 최치원은 이 사건이 乾封 2년(667) 3월의 일이라고 하였다. 고구려가 패망하기 1년 전이다. 문무왕과 李勣이 지휘하는 나당 연합군이 고구려 공멸을 목전에 두고 평양을 향해 냉정하게 조여들어 오는 상황이었다. 무엇보다 심중한 사실은, 이때는 이미 백제가 패망한 뒤라는 것이다. 보덕의 이탈이 단순한 '피난'과 다를 바 없게 되었다. 게다가 그가 향해 간 그곳은 신라의 땅이었다. 생각건대 이 사건은 자못 유명하였던 듯, 뒷날 김부식도 『보덕전』을 지은 바 있었고,[26] 대각국사 역시 보덕이 '백제의 고대산'으로 방장을 옮겼다고 하였다.[27] 반면에 최치원의 『보덕전』을 추종한 李奎報는 보덕이 선택한 곳이 '신라의 완산'이라고 한다.[28]

사건 연대의 차이는 멸망 시기 고구려의 존경받는 불교지도자가 선택한 대안 왕조가 백제인가 신라인가를 가름하고 만다. 이규보는 1199년 가

25) 『삼국사기』 22 고구려본기 10, 寶藏王 13년(654).
26) 『삼국유사』 흥법 寶藏奉老普德移庵, "文烈公著傳 行世."
27) 『大覺國師文集』 17, 「孤大山景福寺飛來方丈禮普德聖師影」.
28) 李奎報, 『東國李相國全集』 10 「是月八日游景福寺明日訪飛來方丈始謁普德聖人眞容板上有宗聆首座李內翰仁老所題詩堂頭老宿乞詩依韻書于末云」; 같은 책 23 「南行月日記」.

을부터 이듬해 말까지 全州牧에 부임해 있었다. 그는 1200년 10월 보덕의 방장이 있는 경복사를 찾아갔다.[29] 또 그는 금마군 일대도 유력했으니, 보덕과 안승에 관한 현지의 전승도 접하였을 것이다. 그러므로 이규보의 연대관은 단순한 선호나 취사의 문제만은 아닐지도 모른다. 그러나 무신정권 치하에서 삼국의 부흥을 표방한 분립 경향을 목도한 이규보는, 지방분권화 경향이 거세었던 쇠란기 신라의 최치원의 현실 인식과 역사 인식에 각별하게 공명하고 공감하였을 가능성이 매우 크다.[30]

고려의 지식인들은 최치원이 태조 왕건을 위해 견훤의 무례한 서신에 대한 답신을 작성하였다고 말한다. 또 고려 현종은 최치원이 "雞林은 누른 잎[黃葉]이요 鵠嶺은 푸른 솔[靑松]이라"는 맥락의 글을 태조에게 보내는 등 은밀히 태조의 창업을 도왔다 하여 그에게 관작과 시호를 추증하였다. 그 자신이 그러한 증언들을 수긍하건 안 하건, 최치원은 실제 신라의 지방관으로서 후백제의 군사력과 갈등하였다. 그리고 고려 왕조의 후백제에 대한 관점과 인식은 종종 전백제의 그것으로 전이되곤 하였다.

크게 보면, 조선 왕조의 경우 마한 정통의 맥락에서는 금마군의 위상이 부상하면서 오히려 백제사로부터 유리되어 갔던 것과는 달리, 삼한 일통의 맥락에서는 일통의 단위로서 백제 가운데 금마군은 그다지 거론될 기회나 필요가 없게 되었다. 이것은 양면적 의미를 지닌다. 그 하나는 완고한 명분이 과거의 경험된 사실을 덜 억압하게 되었다는 것이다. 그러나 다른 하나는 그 결과 익산 관련 역사 경험에 대한 설명들이 종종 시공간의

29) 김창현, 2013, 「문집의 遊歷 기록을 통해 본 고려후기 지역사회의 양상 — 이규보의 전주권역 遊歷 기록을 중심으로」 『韓國史學報』 52, 115쪽.

30) 이강래, 2007, 「고려와 조선전기의 백제 인식」 『百濟史 總論』, 충청남도역사문화연구원, 147~148쪽.

정합성을 일탈한다는 것이다.

사실 엄밀하게 말해 조선의 개국은 구체적 일통의 결과는 아니다. 물론 조선의 창국에도 타성적으로 '統三之業'의 명분을 부여한 양성지의 사례가 보여 주듯이,[31] 삼한은 이미 조선의 공간적 대명사이기도 하였다. 따라서 조선 역시 일통의 논리로부터 완전히 자유로웠던 것은 아니다. 다만 정통의 경우와는 달리 일통의 맥락에서는, 백제 혹은 익산과 관련하여 서로 다른 인식들이 교섭하고 공존할 수 있었다.

한 예로 권근은 백제의 계백에 대해, 출정에 앞서 처자를 죽였으니 심히 무도하며, 광패하고 잔인하기가 그와 같았으니 싸우기 전에 이미 패배한 것이라고 말하였다.[32] 그러나 최부는 반론한다.

> 장수가 된 이는 왕명을 받으면 그 집안을 잊고, 군사에 임해 서약을 하매 그 어버이를 잊거니와 … 권근이 계백을 논하되 첫째 무도하다 하고 둘째 광패하고 잔인하다고 하였으나 … 계백은 나라가 반드시 망할 줄을 알면서도 그 자신을 아끼지 않았는데 하물며 그 처자를 아끼겠으며, 그 처자를 아끼지 않았는데 더구나 君父를 배반하겠는가? 백제가 망할 때에 한 명의 충신이나 義士도 나라를 위하여 목숨을 바치는 사람이 없었는데, 유독 계백이 절의를 지켜 두 마음을 갖지 않았으니, 이것이 옛사람이 이른바 "나라가 망하면 함께 죽는다[國亡與亡]"라는 것이다.[33]

최부는 1488년 표류하여 중국에 상륙한 뒤 현지 관원에게 조선의 역대

31) 梁誠之, 『訥齋集』 1, 備邊十策; 같은 책 2 奏議, 便宜二十四事.

32) 『삼국사절요』 9 庚申年(660).

33) 崔溥, 『錦南先生集』 1, 東國通鑑論.

사정을 간추려 말하는 가운데에서도 고구려와 백제의 인물로 오직 을지문덕과 계백을 꼽았다.[34] 사실 조선에서는 고구려보다는 백제의 성충과 계백을 신라의 김유신과 金陽, 그리고 고려의 강감찬과 정몽주에 비겨 충신의 전범으로 여겼다. 백제는 비록 패망하였으나, 일통의 대상이자 조건으로서 그 정당한 위상이 부정되지는 않았다.

그와는 달리 금마군의 역사 경험은 왕조사의 줄기에 굳건히 귀속하지 못한 채 부유하였다. 고려의 충숙왕 16년(1329) 경, 금마군에 있는 '마한 무강왕'의 무덤으로 알려진 분묘가 도굴당한 사건이 발생하였다. 당시에도 무덤 안에 부장된 금붙이를 노린 행위로 거론되었다. 그런데 그보다 한 세대 전에 집필된 『삼국유사』 왕력에는 백제의 무왕을 일러 '武康'이라고도 한다고 하였다. 그러면서도 기이편 무왕조에서 서술자는 "백제에는 무강이라는 왕이 없다"라는 이유로 이른바 '古本'에 있던 '무강왕'을 백제 무왕으로 단정하였다. 이것이 곧 연구자들로 하여금 『삼국유사』 왕력 편자와 기이편 서술자 사이의 단층 혹은 괴리를 주목하게 만든 주요 단서이기도 하다.

무왕조 서술자가 무강왕을 무왕으로 단정한 근거가 의외로 면밀치 않아 보인다. 동시에 그만큼 당시 세속에서 이르는바, 무강왕이 무왕을 이른다는 데 폭넓은 공감이 형성되어 있었을 수도 있다. 그렇다 하더라도 금마군에 '마한 무강왕'의 릉이 있다는 세간의 인식을 『삼국유사』 서술자가 접하지 않았을 리 없다. 따라서 마한을 고구려 마읍산으로 매듭하려 한 그의 경직성이 '금마군의 마한 왕릉'이라는 속설에 대한 배려를 인색하게 만든 바탕이었을 가능성이 크다.

34) 崔溥, 『漂海錄』 1, 2월 初4일.

여하튼 이 문제에 대한 인식은 고려 당대부터 혼란을 빚고 있다.

> 금마군은 본래 마한국이다.[후조선 왕 기준이 위만의 난리를 피해 바다에 떠서 남쪽으로 가 韓地에 이르러 나라를 열고 국호를 마한이라고 하였다.] 백제 시조 온조왕이 병합한 후로 금마저라고 불렀다. … 미륵산에 석성이 있다.[세속에서 전하기를 기준이 처음 쌓았다 하며, 그 때문에 기준성이라고 부른다.] 또 후조선 무강왕과 그의 비의 릉이 있다.[세속에서는 末通大王陵이라고 하며, 일설에는 백제 무왕의 어릴 때 이름이 薯童이었다고 한다.] (『고려사』 57 지 11 지리 2)[35]

금마군의 저명한 릉에 후조선 무강왕과 백제 무왕이 중첩되었다. 고려 당대에 도굴되었다 한 마한 무강왕의 무덤이 곧 이것이겠다. '서동'이라는 이름은 소년 시절 마를 캐 생업으로 삼던 데서 연유한 것이니, '말통'과 상통하는 사정을 짐작하기가 어렵지 않다.[36] 그러나 여러 갈래의 전승이 충돌 없이 수습될 도리는 없다. 필시 '고본'을 저본으로 작성되었을 『삼국유사』 무왕조의 내용은, 池龍과 여인의 교통으로 태어난 서동이 신라 진평왕의 딸 善花와 혼인한 다음 막대한 황금과 師子寺 知命法師의 신통력에 힘입어 백제 왕위에 오르고 미륵사를 창건하였다는 것이다. 그러므로 무강왕을 후조선 왕 혹은 마한 왕으로 고려하는 순간, 그가 진평왕 대의 미륵사 창건 연기담에 개입할 여지는 전혀 없다.

이익과 같은 경우는 마한을 '창업'한 시조 준왕의 시호가 곧 '무강'이라

35) 『世宗實錄地理志』 全羅道 全州府 益山郡조에도 같은 내용이 있다.

36) 『신증동국여지승람』 33 益山郡 雙陵, "末通卽薯童之轉".

고 생각하였다. 그러므로 익산의 릉은 무강왕 부부의 릉이며, 백제 무왕을 이르는 '말통대왕'의 릉이라는 속설은 근거가 없다고 하였다.[37] 안정복 역시 韓의 왕이 된 준왕이 곧 무강왕이며, 그 당시 익산 五金寺峰 서쪽의 雙陵이 곧 무강왕과 왕비의 릉이라고 논증하였다. 아울러 선화부인과 함께 미륵사를 창건하였다 한 무강왕은 백제 무왕의 오류라고 하였다.[38]

그들은 일통의 주요 분자로서 백제를 수긍하면서도, 익산에 대해서는 의연히 일통보다는 정통의 단서요 표상으로 여겼던 때문이다. 특히 정통론의 관점에서 위만의 조선과 온조의 백제는 다를 바가 전혀 없다. 이들에게는 필시 마한의 '始終'이 익산에서 명료하게 해소되는 문제가 우선하였던 것이다.

몽치 상투는 동으로 십제는 남으로 와 [椎髻東渡十濟南]
위만의 옛날 간지 온조 또한 같았으니 [衛氏故智溫王同]
땅 빌리기 쉽더니 나라 빼앗기 쉬웠다 [借地非難奪國易]
…
동방의 정통이 영원할 것을 기약했으나 [東方正統期始終]
전철을 경계하지 않고 후회한들 미치랴 [前車不戒悔何及]
금마산 앞에서 왕업이 다하고 말았구나 [金馬山前王業窮][39]

익산의 역사 경험이요 그 물적 증거 가운데 주요한 두 인자인 무강왕릉과 미륵사를 아우르기 위해서, 이러한 가름은 불가피하였다. 만약 '고본'

37) 李瀷, 『星湖僿說』 20 經史門 虎康王 및 前代君臣祠.
38) 安鼎福, 『동사강목』 1 상 戊申年 및 부록 상 考異 武康王.
39) 李瀷, 『星湖全集』 7 海東樂府, 「借地歎」.

의 방식대로 마한의 왕으로 공인되어 있던 무강왕과 미륵사 창건을 분리하지 않으려다 보면, "기준의 남천은 한 나라 惠帝 정미년이고, 신라 진평왕이 즉위한 것은 陳나라 宣帝 大建 기해년(579)이니, 백공을 보내어 역사를 도왔다는 설은 몹시 허황되다"라는[40] 지적을 피할 도리가 없게 된다. 적어도 정통의 가치를 완전히 탈각하지 못한 조건에서는, 익산의 쌍릉은 후조선 무강왕과 왕비의 능이었다.

4. 기억과 설명의 파생

고대 익산에 대한 인식의 범주에는 몇 가지 갈래가 분별될 수 있다. 첫째, 사건 공간으로서 익산에 반영된 왕조의 역사는 후조선과 마한과 백제와 신라와 후백제에 걸쳐 전개되었다. 둘째, 정통론의 맥락에서 익산은 후조선과 마한의 중심 도읍이었다. 셋째, 정통론의 바탕을 이루는 일통의 논리에서 익산은 전삼국의 종결과 후삼국의 발단에서 각별하게 활용되고 호명되었다. 넷째, 정통의 관념과 명분에 의해 마한과 백제의 역사적 연속성이 왜곡되었듯이, 익산의 고대 유적들은 무강왕과 무왕 사이에서 갈등하거나 착종되었다.

특정 공간에서 전개된 사건에 대한 기록이 경험 당사자들의 기억과 설명을 반드시 옳게 반영하는 것은 아니다. 왜곡과 변형은 의도적으로, 때로는 의도하지 못한 채 다반사로 발생한다. 더구나 기록이란 하나의 중심 사건을 설명하기 위해 오히려 그에 기여하는 연관 사건들이 동원되는 구성물이기도 하다. 다시 말해 7세기의 대전란이 파국적 종결을 향해 치달아

40) 李肯翊, 『燃藜室記述』 별집 19 歷代典故, 삼한.

갈 때 평양의 강과 금마저에 핏물이 흐른 사건은, 결과로서의 일통을 경험한 후 비로소 환기된 연관 경험들임에 다름 아니다.

사건에 대한 기억이 분열되면서 새로운 설명의 파생도 거듭된다. 속성상 시공간의 정합성에 유의하는 역사 기록물이 아닌 경우, 설명이 범하고 있는 부조리와 자가당착조차 간과될 수 있다. 즉 조선 시대의 사서와 지리서들에서는 점차 무강왕과 무왕이 분별되어 갔지만, 문인들의 서정 가운데 익산의 표상들은 다시 뒤섞이고 만다. 예컨대 金宗直은 미륵사 석탑 앞에서 돌연 '금마의 무강왕'을 추억한다.

귀신과 백성 공력 아득히 다해 [鬼功民力竟茫茫]
용화산 만길 언덕 밀치고 솟아 [上軼龍華萬仞岡]
천 년 석재는 죄안을 이루나니 [千載石材成罪案]
가련하구나 금마국 무강왕이여 [可憐金馬武康王][41]

사실 무강왕과 무왕을 '분별'한다는 것이 어떤 역사적 객관을 회복하였다는 의미는 아니다. 오히려 『신증동국여지승람』에 소개된 세속의 전승, 즉 무강왕이 마한국을 세운 다음 선화부인과 함께 사자사 행차 도중 미륵의 현신을 인연으로 지명법사의 도움을 얻어 불전과 미륵상을 만들었으며 이때 신라 진평왕이 백공을 보내 도왔다는,[42] 그러므로 마한국 무강왕과 백제국 무왕의 시점이 뒤섞인 전승이야말로 '본래'의 설명일 것이다. 그것이 일찍이 『삼국유사』 찬자에 의해 백제 무왕의 이야기로 속단되었을 뿐

41) 金宗直, 『佔畢齋集』 21 詩, 「益山彌勒寺石浮屠」.

42) 『신증동국여지승람』 33 전라도 익산군, 佛宇.

이다. 속단은 무례했으나 미륵사 창사를 백제 무왕 대로 회복시켜 놓은 것은 지지할 만한 실증이었다.[43)]

다만 세상의 전승 및 그 전승을 반영한 '고본'의 행위 주체인 무강왕과 백제 무왕을 분별하거나 혹은 동일시하는 문제는 그와는 별개의 영역에 있다. 『삼국유사』로부터 200여 년 뒤까지도 이처럼 시인의 정서 속에서 무강왕은 여전히 미륵사와 온전히 별리되지 않았다. 물론 익산[금마]의 역사 공간에서 후조선[마한]과 백제를 회고하는 것이야 여느 시인의 서정인들 다를 바 없을 것이기도 하다.

김종직과 같은 때 활동하였던 徐居正 역시 익산에 들어서서, "백제의 텅 빈 유허에 늙은 나무 쓸쓸한데[濟國遺墟空老樹] 기준의 옛 궁터에 석양만 비껴 있네[箕君故殿幾斜陽]"라고 탄식한다. 그가 마주하였을 미륵사의 석탑도 외롭고 용화산 위 성벽도 메말랐으니, "백 년이 흐른다 한들 말없는 적요 가운데서 금마가 가여웠고[百年無語憐金馬] 발걸음 닿는 처처에서 마음이 아팠다[登臨無處不傷神]"라고 고백하는 것이었다.[44)]

그러나 익산의 역사 공간적 맥락이란, 거슬러 오르다보면 백제 너머 마한, 그리고 다시 후조선으로 닿게 마련이니, 그 장구함에서 독보적이었다. 하물며 그곳은 고대 유교의 王者요 동방 문명의 표상인 箕子의 유예가 응결된 곳이었다. 조선 중기의 문인 관료로서 익산으로 은퇴한 후 익산의 華巖書院에 배향된 蘇世讓의 생각이 그러하다. 그는 1557년에 쓴 글에서 "호남의 50여 읍 가운데 오직 우리 (익산)군만이 가장 오래되었으니 본래 마한의 무강왕이 도읍한 곳이라 궁터와 왕묘가 지금까지도 있다"라고 자

43) 신종원, 2011, 「사리봉안기를 통해 본 『삼국유사』 무왕조의 이해」 『익산 미륵사와 백제 — 서탑 사리봉안기 출현의 의의』, 일지사, 79쪽.

44) 徐居正, 『四佳集』 四佳詩集補遺 3 詩類, 「益山」.

부하였다.[45] 진주를 본관으로 하는 소씨는 스스로 箕氏에서 유래하였다고 여겼다. 준왕의 후예라 하는 행주 기씨, 청주 한씨, 평양 선우씨 등과 유사한 경우라 하겠다.

그런가 하면 보덕국 안승 집단의 안착과 해체도 익산이 지니는 하나의 역사적 매듭이었던 터라, 기억 가운데 고구려의 잔영이 스미어 깃들기도 하였다. 한 예로 고려 공민왕 대에 益山府院君으로 봉해졌던 李公遂는 익산 화암서원에 가장 먼저 배향되었는데, 이들 익산 이씨는 고구려 李文眞의 후손이라고들 말한다. 이문진은 고구려 영양왕 때 왕조의 역사 『新集』을 편찬한 이였다. 이로 미루어, 안승 집단을 위시한 고구려 유민들 가운데에는 금마저를 매개로 새로운 본향 의식을 형성하게 된 성씨들이 있었던 듯하다.[46]

최치원이 말하는 眞鑑禪師 慧昭의 경우도 그 가운데 하나로 여긴다.

> 선사의 法諱는 혜소요, 속성은 최씨이다. 그의 선조는 漢族으로 山東에서 벼슬하는 집안이었다. 수나라 군대가 요동을 정벌할 적에 고구려에서 많이 죽었는데, 그때 뜻을 굽혀 고구려의 백성이 된 사람들이 있었다. 그 뒤 聖唐의 시대에 와서 옛날 한사군의 지역이 판도로 들어올 적에, 지금의 전주 금마에 터를 잡고 살게 되었다.[47]

물론 신라 왕실조차 그 연원을 중국으로 설명하였던 최치원의 사유를

45) 蘇世讓, 『陽谷先生集』 14 記, 「益山東軒重新記」.

46) 林炳泰, 1967, 「新羅小京考」 『歷史學報』 35·36; 강경구, 1991, 「三國史記 高句麗本紀의 成立」 『古代의 三朝鮮과 樂浪』, 기린원.

47) 최치원, 이상현 옮김, 2009, 『고운집』, 한국고전번역원, 360쪽.

감안할 필요는 있다. 그러나 고구려 멸망 즈음 유민들의 이거와 보덕국의 추이를 배경으로 삼아 생각할 때, 진감선사 혜소의 사례는 충분한 설득력을 지닌다. 이처럼 준왕과 안승과 견훤 등 비교적 짧은 기간의 빈약한 사실 정보로 이루어진 대상들에 대한 설명은, 시간이 흐르면서 차츰 정돈되어 갔다. 반면, 익산의 역사적 경험에서 가장 큰 비중을 점하여 마땅한 백제 관련 기억은 부분적으로 의연히 난맥을 일소하지 못하였다. 예컨대 金正浩는 익산에 대해 이렇게 말한다.

- 본래 백제의 今麻只인데 무강왕 때 성을 쌓아 別都를 두고 금마저라고 불렀다. 당이 백제를 멸망시키고 마한도독부를 두었다.[48]

- 금마를 마한이라 하는 설명 역시 당이 마한도독부를 금마군에 둔 데에서 비롯한 것이다. 여러 책들을 살펴보매 금마는 백제가 부여로 남천한 뒤의 별도였다. 그런데 그곳에 있는 옛 성과 옛 절과 옛 무덤을 모두 기준의 것으로 전하는 것은, 대개 기준의 남천이 險瀆에서 시작하였으나 그 뒤의 연대와 國都를 명료히 말할 수 없는 탓이다.[49]

김정호에 의하면, 무강왕은 오직 백제 법왕의 아들인 무왕이며, 그를 기준이라 한 것은 잘못이라고 한다. 미륵사는 백제 무강왕과 선화부인이 창사한 것이고, 용화산 위의 옛 성도 백제 무강왕이 쌓은 것이며, 오금사의 쌍릉 또한 백제 무강왕과 왕비의 릉이라고 한다. 무강왕을 백제 무왕이라

48) 金正浩, 『大東地志』 11 八道地志 全羅道, 익산 연혁.
49) 金正浩, 『大東地志』 29 方輿總志 1, 箕子朝鮮.

고 단정한 것은 『삼국유사』 찬자의 판단과 다를 바 없다. 그러나 더 나가 그는 익산의 유적들에서 준왕의 자취를 부정하고, 마한 관련 전승은 백제 패망 이후 마한도독부에서 비롯한 것이라고 생각하였다. 그리고 금마는 사비 시대의 별도였다고 판단하였다. 요컨대 백제의 무왕을 후세에 잘못 '무강왕 기준'으로 일컬었다는 것이다.[50] 조선 초 지리서들에 보이는 '후조선 무강왕'의 행적들이 모두 백제 무왕의 것으로 환치되는 순간이다.

특히 금마 별도설은 뒷날 『관세음응험기』의 출현으로 비상한 전개를 보인 무왕의 익산 천도설과 맞물려 아연 주목을 받게 되었다. 백제 무광왕의 枳慕蜜地 천도와 백제 무강왕의 별도 今麻只 문제는, 자연히 백제 무왕의 '정치 행위'로 귀일하였다. 사실 김정호가 주목한 성지, 사지, 능묘들 자체가 이미 국도의 중요 요건이기도 하였다.[51] 견훤의 탄생 설화에 보이는 지렁이[蚯蚓]는 원형의 용이 왜곡 변용된 것이듯이,[52] 그것은 무왕의 부계 池龍의 경우와 함께 동일한 '人物交媾' 모티프의 파생물이다. 백제 무왕[무강왕, 무광왕]의 도읍도 마한국 왕 및 보덕국 왕의 도읍과 동렬에서 음미될 일이다.

다만 후대의 기억과 설명의 파생은 특히 시간의 제약에서 자유롭기 일쑤인지라, 백제 왕의 그것이 마한국 왕 도읍의 원형이 아니라고 단정할 만한 필연은 없다. 즉 이 문제와 연관한 최근의 궁리 가운데에서는 "백제 말에 있었을 마한의 역사 잇기라는 정황"을 감지하기도 한다.[53] 그와 함께

50) 金正浩, 『大東地志』 31 方輿總志 3 百濟, 別都.

51) 黃壽永, 1973, 「百濟帝釋寺址의 硏究」 『百濟硏究』 4.

52) 姜鳳龍, 2001, 「甄萱의 勢力基盤 擴大와 全州 定都」 『후백제 견훤정권과 전주』, 주류성, 95~96쪽.

53) 나경수, 2009, 「薯童說話와 百濟 武王의 彌勒寺」 『韓國史學報』 36, 414쪽.

"무왕 즉 무광왕(무강왕)은 마한 고지인 이 지역에서는 마한 왕이라고 관념되거나 말해졌을 가능성"도 가늠하고 있는 것이다.[54)]

실로 고대의 역사 공간으로서 익산은 『삼국지』에 보이는 '조선 왕' 준의 '한 왕'으로의 변전에서 시작하여, 백제의 금마산 '개국'이라는 견훤의 인식에 이르기까지에 걸쳐 있다. 그리고 그에 대한 고려와 조선 시대의 인식은 무강왕—무왕—무광왕의 짝이나 지모밀지—지마마지—금마지(저)의 짝과 다를 바 없이 축적적이지도 연속적이지도 않은 채 변용과 파생이 무성하였던 것이다.

54) 金基興, 2010, 「서동설화의 역사적 진실」『歷史學報』 205, 165쪽.

한국 고대 혼인의 사회사적 함의

1. 논의 범주와 전제
2. 고대 혼인의 속성
3. 혼인 규범의 양상
4. 사회 경제적 맥락

1. 논의 범주와 전제

혼인에 대한 근대 역사학계의 논의는 주로 고대 사회를 대상으로 이루어졌다. 여기에는 한국사를 세계사적 보편성 위에서 음미하고자 한 식민지시대 사회경제사학자들의 학적 배경이 있다. 즉 그들이 의거한 유물사관이란 초기 인류학자들의 진화주의적 관점을 토대로 한다. 예컨대 1930년대 백남운의 논의는 전적으로 Lewis Henry Morgan과 Friedrich Engels의 가족 형태론에 입각해 있다.[1)]

Morgan은 1870년대에 인류학이 독립적 학문으로 발돋움하기 시작할 무렵 친족 제도를 중심으로 문명사회로의 진화 단계를 설정하였다. 당시는 다윈에서 비롯한 진화론의 패러다임이 바야흐로 맹위를 떨치고 있을 때였다. Morgan에 따르면 인류의 가족 형태는 1. 혈연 가족(consanguine family) 2. 푸날루아 가족(punaluan family) 3. 對偶婚 가족(pairing family) 4. 가부장제 가족(patriarchal family) 5. 일부일처제 가족(monogamian family)으로 진화한다.[2] 그리고 이 도식은 이후 Engels에 의해 사회 진화론의 기본 틀로 발전하였다.[3] 물론 그 일원론적 발전 도식이란 '19세기 유럽 사회가 사회 진화의 정점'이라는 사고에[4] 바탕을 둔 것이며, 다시 그 바탕에로 귀일하는 것이다.

이러한 학적 맥락에서 Leslie A. White는 19세기 북미 Iroquois족의 친족에 대한 Morgan의 작업을 가리켜 '인류학의 공식적 기원'이라고 언급한 바 있다.[5] Elman R. Service가 증명하였듯이, 인류학의 첫 세기는 실로 원시 친족 관계 분류와 친족 관계 용어들이 무엇을 의미하는지에 대한 담론들과 논쟁들로 뒤덮였던 것이다.[6] 그러나 서구의 초기 연구자들을 매료시켰던 미개 사회의 혼인 규범과 친족 관계가 해당 사회의 일반 법률

1) 白南雲, 1933, 『朝鮮社會經濟史』, 改造社, 39~45쪽.

2) Lewis H. Morgan/최달중·정동호 공역, 1978, 『古代社會』(1877, *Ancient Society*), 玄岩社, 394~397쪽.

3) Friedrich Engels/김대웅 옮김, 1985, 『가족의 기원』(1892, *Der Ursprung der Familie, des Privateigentums und des Staats*), 아침.

4) 全京秀, 1988, 「신진화론과 국가형성론 — 인류학이론의 올바른 적용을 위하여」 『韓國史論』 19, 574쪽.

5) Leslie A. White, 1957, "How Morgan came to write System of Consanguinity and Affinity" *Papers of the Michigan Academy of Science, Arts, and Letters* 42.

6) Elman R. Service, 1985, *A Century of Controversy : Ethnological Issues from 1860 to 1960*, New York : Academic Press.

체계 혹은 구성원들의 사회적 행위 양식과 긴밀한 의미 관계에 있다는 것을 각성하는 데에는 어느 정도 시간의 경과가 필요했다고 평가되고 있다. 이러한 상황은 한국의 역사학계에서도 다르지 않다.

이 글은 한국 고대 혼인 관련 기록에 함축되어 있는 다기한 사회사적 논의의 가능성을 제안하려는 것이다. 다만 한국의 고대 사회에 들어서기 위한 기본 통로라 할 『삼국사기』와 같은 국내 문헌들은 12세기 이후 중세의 산물이라는 점에서 고대 사회의 생생한 숨결과 고대인의 정서를 온전하게 매개하는 데 — 그러므로 이 글의 의도에 기여하는 데 — 이미 적지 않은 결함이 있다는 지적은 타당하다. 그러나 기록자들은 의도하지 못한 채 혹은 일부 의도적으로 도처에 고대의 논리를 보전해 두었다. 정당한 문헌 비판자라면 사실을 왜곡한 기록에서조차 경험 실재의 단서를 발견한다. 역설적으로, 왜곡은 진실에 기반을 둔다. 따라서 중세적 외피를 벗기는 일은 어느 경우든 인식 주체의 몫일 뿐이다.

또한 3세기에 편찬된 중국의 『삼국지』에 담긴 동이 사회에 대한 민족지적 정보들은[7] 이 논의에 매우 유의한 기여를 할 수 있다. 동이전은 한국 고대의 주요 구성 분자인 부여, 고구려, 옥저, 예, 한을 비롯하여 동북만주의 읍루와 일본 열도의 왜의 당대 현실을 전하고 있다. 물론 중국 역사서의 四夷傳 역시 초기 인류학이 범하였던 자민족중심주의 혹은 진화주의적 계서화의 경향으로부터 자유롭지 못하다. 그것은 고대 유교적 제국주의의 발현이었던 것이다. 그러나 이질적 문화 특질에 대한 불철저한 견문에서 야기된 착종과 중화주의적 주변 인식에서 연유한 편견의 폐해는, 타자의 시선에 포착된 당대의 민족지적 정보 가치를 염두에 둘 때, 그다지 치명적

7) 金哲埈, 1973, 「魏志東夷傳에 나타난 韓國古代社會의 性格」 『大東文化硏究』 13, 147쪽.

인 것은 아니다.[8)]

같은 맥락에서 저개발 사회에 대한 사회인류학적 성과를 수용하는 데에도 주저할 이유가 없다. 현 단계 반성적 국면은 오히려 혼인 관행 혹은 규범이 가지는 해당 사회 일반 체계와의 연계망을 간과해 온 학적 타성에 모아져야 할지 모른다. 종래 한국사학계는 '국가 형성론' 분야에서 서구의 이론 모델을 가장 활발하게 적용해 왔는데, 그 이유는 그와 같은 고대적 보편성에 기인한 바가 컸다고 판단한다. 따라서 어느 다른 논제보다도 인류 사회의 현저한 공통 문화 요소라 할 수 있는 혼인 규범 논의의 동원 및 그와 관련된 저개발 사회에 대한 현지 조사 사례의 원용은 매우 유용한 방법론이 될 것이라고 믿는다.

한편 고대의 사회사적 논의가 종족이나 정치 단위체 별로 분절되어 전개되는 것은 바람직하지 않다. 고대 동아시아 사회사를 위한 1차 자료라고 할 수 있는 『삼국지』 동이전의 본래 서술 형태부터가 단위체별 '分傳'이 아니라 통문 구조의 종합 서술이었다.[9)] 다시 말해 "『삼국지』 동이전의 각 종족에 관한 서술은 그 자체가 각각 원래 독립된 분전은 아니며, 서로 연결된 서술이었다. 그래서 초출 기사는 상론하고 중출 기사는 생략하거나 '무엇과 비슷하다'는 식으로 간략화 하였다."[10)] 더 나아가 동이전뿐만 아니라 중국인들이 남긴 오환, 선비, 흉노, 숙신, 물길 등 고대 한국 사회와 인접했던 종족들의 당대 혼속 기록도 마땅히 주의해야 한다. 그들은 유

8) 이강래, 2005, 「『삼국지』 동이전과 한국고대사」 『全南史學』 25; 2020, 『한국 고대의 경험과 사유 방식』, 전남대학교출판문화원.

9) 全海宗, 1982, 『東夷傳의 文獻的 硏究 — 魏略·三國志·後漢書 東夷關係 記事의 檢討』, 一潮閣.

10) 盧泰敦, 1983, 「高句麗 초기의 娶嫂婚에 관한 一考察」 『金哲埈博士華甲紀念史學論叢』, 知識産業社, 110쪽.

사한 생태 조건과 사회 발전 수준에서 공명하는 문화 특질들을 폭넓게 함유하고 있다.

부여와 고구려의 혼속에 보이는 兄死妻嫂(levirate)의 관행은 이와 같은 전제를 지지하는 좋은 예증이 될 수 있다. 『삼국지』가 전하는 이 혼인 규범은 『삼국사기』에 고국천왕과 그의 아우인 산상왕이 提那部 출신 여성 于氏를 왕비로 공유한 데서 구체적 사례를 확보한다.[11] 흉노와 선비와 오환과 몽고 등 인접 사회에서도 동일한 관행이 확인된다. 또한 『일본서기』 역시 백제 개로왕과 그의 아우 昆支가 아내를 공유했던 정황을 전한다.[12]

이와는 반대 방향의 혼인, 즉 아내가 사망한 후 아내의 자매가 본래의 혼인 관계를 계승하는 자매역연혼(sororate) 역시 고구려 유리왕과 松讓王의 딸들 사이에서 확인된다.[13] 신라 헌안왕의 두 딸은 차례로 경문왕과 혼인하였다. 고려의 왕실 혼인에서도 한 남성과 친자매가 혼인 관계를 맺는 사례는 허다하였다. 죽은 처의 자매와 혼인하는 것을 금하는 논의는[14] 그 자체가 자매역연혼의 광범한 현실을 반증한다. 이것은 조선 시대에 들어서도 달라지지 않았다.[15]

levirate와 sororate를 막론하고, 이러한 혼인 관행은 모두 원래의 혼인으로 결성된 동맹 관계가 배우자의 일방이 사망함에도 불구하고 지속될 것을 보장한다. 2차혼의 당사자들인 동생과 처제가 누구인가는 본질에 있

11) 『삼국사기』 고구려본기 4, 山上王 즉위기.
12) 『일본서기』 14 雄略紀 5년 및 武烈紀 4년 조의 『百濟新撰』 인용 분주.
13) 辛東鎭, 1983, 「高句麗 初期의 婚姻體系 分析」, 건국대학교 석사학위논문, 36~38쪽.
14) 『고려사』 84 志 38 刑法 1 '奸非', 恭愍王 16년 5월, "監察司 請禁人妻死繼娶妻之姉妹及娶異姓再從姉妹".
15) 『增補文獻備考』 139 刑考 13 諸律類記 4 '絞不待時', "兄亡收嫂弟收第婦者".

어서 중요하지 않다. 최초의 배우자를 제공한 집단이 그 동맹 관계를 지속시키기 위해 자동적으로 대체 배우자를 제공해 준다는 점만이 중요하다.[16] 이들에게 혼인이란 집단 간의 동맹인바, 혼인 당사자만의 결합이 아닌 것이다.

물론 혼인의 완결은 대부분 자녀의 출생을 수반하거나 요구한다. 형제와 자매의 연혼은 이미 출생했거나 장차 출생될 자녀의 出系 귀속을 겨냥하는 것이다. 고구려의 이른바 서옥제 혼인에서는 아이를 낳아 성장한 연후에야 아내와 자녀가 부계의 친족 거주 공간으로 옮기면서 혼인 관계는 강고해진다. 다시 말해 서옥제에서 "자식이 태어나기 전까지는 두 남녀의 혼인은 잠정적인 성격의 결합인 것이다."[17] 많은 연구자들은 백제와 신라에서도 서옥제 혼속이 있었을 것이라고 추정한다.[18] 몽고의 경우에도 아내가 아이를 낳지 못할 경우 또 다른 부인을 맞이하는 것은 일반적 관행이었다.[19]

Kenya의 Taita인들의 혼인 관행은 이 본질을 정확하게 상징한다. 그들은 부계사회이며 가축을 신붓값(bride-wealth)으로 지불하여 여성의 출산 능력과 관련된 권리를 획득한다. 신붓값 마련과 노동 봉사의 이행, 그리고 그에 대한 향유는 양 친족 집단의 성원들이 공유하는 의무이며 권리이다. 지불되는 가축 가운데 'kifu'로 불리는 '아직 새끼를 낳지 않은 어린 암소'는 가장 중요한 위상에 있다. 어린 암소는 성숙한 후 암컷이든 수컷이든

16) Ernest L. Schusky & T. Patrick Culbert, 1978, *Introducing Culture*, Prentice-Hall, Inc.; 李文雄 譯, 1981, 『人類學槪論』, 一志社, 245쪽.

17) 盧泰敦, 1983, 앞의 논문, 88쪽.

18) 김선주, 2005, 「『삼국유사』 기이편을 통해 본 한국 고대 혼인」 『삼국유사 기이편의 연구』, 한국학중앙연구원, 192쪽.

19) 李光奎, 1967, 「蒙古族의 婚姻考」 『歷史敎育』 10, 407쪽.

송아지를 낳아야만 한다. 그 암소가 그 전에 죽게 되면 다른 어린 암소가 제공되어야 한다. 그렇지 않으면 혼납금의 지불은 여전히 완결되지 않는다.[20] 일견하여, 남성이 제공하는 '어린 암소'와 남성에게 제공되는 신부의 출산력은 반대 방향에서 정확하게 대응한다. 이 긴장되고도 섬세한 거래를 형성하는 사회 경제적 토대와 그로부터 파생되는 사회 규범 및 행동 양식은 서로 긴밀한 관계망 속에 얽혀 작동한다.

2. 고대 혼인의 속성

고대 사회의 혼인은 거의 전 사회를 망라하는 다중적 접점이다. 혼인은 남녀가 속한 크고 작은 리니지의 동맹을 매개하고, 당사자와 출생 자녀들의 특정 출계로의 편입을 초래한다. 또한 혼인은 재산과 지위의 상속을 가름하며, 혼인 재화(marriage payments)의 이동을 수반한다. 계급내혼과 씨족 외혼 등의 혼인 규범은 신분의 승강과 맞물려 있는가 하면, 혼인한 부부의 거처에 따라 부부와 자녀의 가족 내 위상과 친족 귀속 의식이 달라진다. 해당 사회의 생태 조건은 성별 분업과 노동 형태의 특징뿐 아니라 혼인 의례의 세부와 닿아 있다. 대체로 저개발 사회 노동의 기본적 분업 형태는 아래의 표와 같은 형태로 수렴된다.[21]

20) Grace Harris, 1972, "Taita Bridewealth Affinal Relationships", in Meyer Fortes, eds., *Cambridge Papers in Social Anthropology*, Cambridge University Press, p.61.

21) Adam Kuper, 1982, *Wives for cattle : Bridewealth and marriage in Southern Africa*, London : Routledge & Kegan Paul Ltd., p.13.

	male	female
culture	pastoralism	agriculture
nature	hunting	gathering

또한 서로 다른 생태 조건에서 필연적으로 야기되는 경제 전략의 차이는 각 사회 내, 그리고 그들 사회 간 남녀 관계의 차별적 특징을 규정할 수 있다. 남녀 간 성비의 불균형 정도와 정치권력의 성숙도도 혼인 관행의 형성 혹은 변화에 조응한다. 남녀의 혼인이 친족 집단의 결속을 낳듯이, 정치적 유력자들의 혼인은 자원과 권력의 통제에 직접 영향을 주며 정치 단위체 사이의 위계를 반영한다. 예컨대 고구려의 絕奴部[掾那部] 明臨氏, 백제의 북부 眞氏, 신라 중고기의 朴氏 등이 이른바 왕비족의 위상에서 왕조 권력을 분점하였던 정치 현상을 환기한다.

한편 혼인 규범은 해당 사회의 문화적 토대의 추이에 따라 변질을 경험한다. 변질은 경제적 측면과 제도적 측면과 관념적 측면 모두에서 발생할 수 있다.[22] 수렵과 어로의 비중이 적지 않았던 시기와 토지 경작의 생산성이 증대된 시기의 인간관계와 행위 양식은 같을 수 없다. 우선 혼인 재화를 구성하는 주요 품목에 변화가 나타날 것이며, 재화 수수의 의미 변화가 그에 수반할 것이다. 혼인 생활의 거처와 혼인 규범의 세부가 달라질지도 모른다. 이와 함께 여성에 대한, 그리고 혼인 절차에 대한 관념의 변화가 그 뒤를 따를 것이다.

특히 혼인에는 어떤 형태의 의례가 개입되기 마련이기 때문에, 한국의

22) 문화의 세 영역에 대해서는 에너지 소비의 관점에서 문화의 진화를 도식화한 Leslie A. White, 1973, *The Concept of Culture*; 李文雄 역, 1977, 『文化의 槪念』, 一志社, 116~130쪽.

경우 유교적 윤리관의 수용과 확산 정도에 따른 변화는 일찍이 그리고 빠르게 진행되었다. 예컨대 평양으로 중심지를 옮긴 이후 고구려에서는 농업 생산성이 증대되고 유교적 가족 윤리가 확산됨에 따라 종래의 형사처수혼과 신붓값 지불의 관행은 점차 사라지거나 위축되어 갔다. 특히 농업의 비중이 높아질수록 여성의 노동력 가치 또한 출산력 못지않게 인상적으로 증대되었을 것이다. 훨씬 후대의 산업화 과정에서도, 전통적인 농업노동과 소규모 가내 공업에 의존하던 데에서 대량의 산업 투자에 의존하는 데로 거대한 이행이 일어나는 가운데, 인구 번식력의 명백한 감퇴 현상을 발견할 수 있다.[23]

그럼에도 불구하고 고대 혼인의 규범적 원리들은 변화된 조건들 속에서도 그 본질의 속성을 유지하였다. 6세기 이후 고구려에서는 "남자 집에서 돼지(고기)와 술만 보낼 뿐 재물을 보내는 예는 없었으며, 여자 집에서 재물을 받는 일이 있으면 사람들이 모두 수치스럽게 여겨 딸을 계집종으로 팔았다고 한다"라고 하였다.[24] 그러나, 돼지는 정작 초기 고구려 사회에서 말과 함께 가장 잦게 등장하는 혼인 재화였다.

예컨대 주몽의 탄생을 말과 돼지가 도왔던 것은 저명한 예화이다. 산상왕이 주통촌 출신 여성을 만나 열망하던 아들을 얻게 된 것도 제례의 희생물로 준비된 돼지가 매개하였다. 부여에서는 신붓값으로 소와 말이 지불되었고, 같은 시기 만주의 여러 종족들 사이에서도 말과 돼지는 주요 혼납품목이었다. 즉 초기의 수렵적 경제 기반이 점차 토지 경작 중심으로 바뀌

23) Bobbi S. Low, 2000, "Sex, Wealth, and Fertility : Old Rules, New Environments", in Lee Cronk, Napoleon Chagnon, William Irons eds., *Adaptation and Human Behavior : An Anthropological Perspective*, Aldine De Gruyter, pp.325~328.

24) 『北史』 94 열전 82, 高麗; 『周書』 49 열전 41 異域 上, 高麗.

면서 고구려 사회의 혼납금에 대한 관념이 변해 갔을 뿐이다. 그러므로 돼지(고기)의 수수는 이른 시기 신붓값의 관행을 증언하는 역설이자 그 뿌리 깊은 문화적 저변인 것이다.

물론 혼인 재화와 관련된 '수치심'이란 신붓값의 본래적 속성의 심각한 실종을 의미할 수 있다. 다시 말해 신붓값의 본래적 속성은 "신부를 데려감으로써 생기는 피해에 대한 보상"이었지 구매를 위한 지불은 아니었다.[25] 신부 측이 혼인을 통해 상실하는 것은 여성의 출산력과 노동력이다. 특히 신붓값은 그녀와 출생한 자녀의 부계 리니지에로의 영구적 귀속을 합법화한다. 남아프리카 Bantu족의 "Cattle beget children"이라는 말은 이 점을 웅변한다.[26]

요컨대 신붓값 지불의 제1기능은 결혼의 합법화이지만, 더욱 중요한 법적 결과는 아이들의 편입이다. 그러므로 반투족의 지적은 "Bride-price is child price"[27]로 대체해도 무방하다. 그렇다면 고구려 후기 여성의 '수치심'은 여성의 노동력 가치를 비롯한 여타 영역의 비중이 출산력에 우선하게 된 현실의 결과일 가능성이 크다. 여성의 가치는 사회의 발전에 짝하여 생물학적 분업의 단순 범주를 넘어 다양한 방향으로 확장되었던 것이다.

그러나 그 수치심은 여전히 아무런 혼인 빙물도 받지 못하는 신부의 수치심에 비할 바는 아닐 것이다. 신붓값 관행을 지닌 사회의 여성들은, 비

25) Edward Westermarck, 1921, *The History of Human Marriage II*, London : Macmillan and Co., pp.392~396.

26) Adam Kuper, 1982, op. cit., p.3.

27) Thomas Hakansson, 1987, *Bridewealth, Woman and Land : Social Change among the Gusii of Kenya*, Sweden : Uppsala University, p.14.

록 산업화에 따른 노동 형태의 변화와 근대 서구적 가치의 수용과 확산에도 불구하고, 그들에게 더 높은 신붓값이 주어진다면 명백하게 그들 자신의 가치와 관련하여 긍지를 가지게 된다.[28] 그러한 사회에서는, 성인 여성들을 '진정한 여성(real woman)'으로 만드는 것이 바로 신붓값인 것이다.

혼인 초기에 남성이 여자 쪽 친족 집단의 주거 공간을 중심으로 생활하는 고대의 壻留婦家 혹은 男歸女家 혼속도 고려와 조선을 거쳐[29] 최근까지 그 흔적을 남기고 있다. 예치를 표방하고 『주자가례』를 강요한 조선에서도, 신랑이 신부를 자신의 집에 직접 이끌고 와서 혼례를 치르는 親迎의 제도는 신분의 상하를 막론하고 끈질긴 저항을 받아 제대로 관철되지 못하였다.[30] 비록 부부가 처가에서 지내는 기간은 줄곧 짧아져 왔고 그 방식도 사위가 일정 기간 처가를 방문하는 형태로 나타나기도 하지만,[31] 이것은 명백히 고구려 서옥제 혼속의 잔영이다. 오환과 선비의 혼인에서도 특정 기간을 처가에서 지낸 후 남편의 주거 공간으로 옮기는 관행이 있었다. 몽고족의 전신인 室韋의 경우, 신랑은 3년 동안 처가에서 노역하였다.[32]

---

28) Christraud M. Geary, 1986, *On Legal Change in Cameroon : Woman, marriage, and bridewealth*, African Studies Center : Boston University, pp.17~18.

29) 권순형, 2006, 『고려의 혼인제와 여성의 삶』, 혜안, 97~110쪽. 『太宗實錄』 27 太宗 14년 정월 乙卯, "吾東方典章文物 皆法中國 唯婚姻之禮 尙循舊俗 以陽從陰 男歸女家 生子及孫 長於外家 人不知本宗之重". 『世宗實錄』 48 世宗 12년 7일 庚午, "上曰 本國之俗 與中朝異 不行親迎之禮 故或乳養於外家 或長於妻家 思義甚篤".

30) 국사편찬위원회 편, 2005, 『혼인과 연애의 풍속도』, 두산동아, 137~141쪽.

31) 野村伸一, 2004, 「東シナ海周邊の女神信仰と女性生活史の視点―基層文化の基軸を求めて」『東アジアの女神信仰と女性生活』, 慶應義塾大學出版會, 31面.

32) 『구당서』 199下 열전 149下 北狄 室韋, "婚嫁之法 男先就女舍 三年役力 因得親迎其婦 役日已滿 女家分其財物 夫婦同車而載 鼓舞共歸".

• 그들의 풍속에 혼인을 할 때, 언약이 정해지면 여자 쪽 집에서는 큰 집 뒤에 작은 집을 지어 壻屋이라고 이른다. 사위가 저물녘에 여자 집 문 밖에 와서 스스로 이름을 말하고 무릎을 굽혀 절하면서 여자에게 나아가 잘 수 있기를 청하는데, 이 같은 것을 두 번 세 번 거듭하면 여자의 부모가 비로소 작은 집에서 머물 것을 허락한다. 곁에는 錢帛을 정돈해 둔다. 아들을 낳아 이윽고 장대해지기에 이르러서야 아내를 데리고 본가로 돌아간다. (『삼국지』 동이전, 고구려)

• 그들의 혼인은 모두 먼저 사통을 하는데, 여성을 약탈해 가서 반년이나 백일을 지낸 후 중매인을 통해 말·소·양 등 가축을 보내 혼빙의 예물로 삼는다. 사위는 처를 따라 돌아와 처가에 알현하는데, 존비의 구별 없이 아침에 일어나 모두 배례하되 그 부모에게는 스스로 절하지 않는다. 처가의 노복이 되어 2년을 일하면 처가에서는 이내 후하게 증여하여 딸을 보낸다. (『삼국지』 동이전, 오환선비)

일본의 경우도 헤이안 말기부터 신흥 무가 계층 사이에서 '신랑맞이'(婿入り婚) 대신 '신부맞이'(婦入り婚)의 풍습이 나타나지만, 일반 민중들은 '신랑맞이' 형의 혼인 의례를 오랫동안 지켜온 바 있다. 특히 일본 서남부 지방의 일시적 '訪妻婚'(visiting marriage)은 고구려 서옥제 혼인의 절차와 방불하다. 처가에서 사위의 침실로 배당하는 '部屋'(へや) 혹은 '妻屋'(つまや)은 곧 고구려의 '壻屋'에 대응한다. 또한 신부가 거처를 시가로 옮기는 것은, 대개 아이가 걸을 만하게 되었을 때라고 한다.[33] 이처럼 고대 동아시

33) 江守五夫, 1981, 「日本의 婚姻成立儀禮의 史的 變遷과 民俗」 『日本學』 1, 44~56쪽.

아 혼인의 사회사적 접점은 실로 광범한 시공간에 걸쳐 기능해 온 것이다.

3. 혼인 규범의 양상

고구려의 서옥제 혼인에 보이는 처가 체류의 요소는 일찍이 고대 혼속 논의의 주요 소재로서, 연구자들 사이에 우선 출계의 문제를 촉발하였다. 특히 인류 사회는 보편적으로 모가장제(matriarchy) 사회를 거쳐 부가장제 사회로 이행했다고 판단한 Engels의 가설은[34] 한동안 이 문제에 확고한 지침이 되었다. 그러나 원시 난혼을 전제로 한 이 가설은 실증적 차원에서 곧 설득력을 잃었다. 미개 사회의 '類別的 친족 호칭'의 의의는 집단 성원의 자격을 강조하는 데 있으며, 해당 사회에서 그 중요도는 결코 실질적 혈연 계보에 못지않은 것이다.

즉 아버지 세대의 모든 남자 친척들을 아버지라고 부르고, 어머니 세대의 모든 여자 친척들을 어머니라고 부르며, 자기 세대의 남자 친척을 형제, 여자 친척을 자매로 부르는 사람들도 그들의 생물학적 부모를 정확히 안다. 더구나 그러한 사회에서는, 아버지의 자매는 '여성'이라는 제한이 가해져 있음에도 불구하고 '아버지'라 불리고 있으며, 어머니의 형제는 '남성'이라는 제한이 있음에도 불구하고 '어머니'라고 불린다. 그것은 난혼의 결과, 즉 생물학적 어머니만이 분명한 가족 형태에서 비롯한 호칭이 아닌 것이다. 이에 John Beattie는 "원시 모권제는 역사적으로나 민족지적으로나 어떤 근거도 없다"라고 단언한다.[35]

34) Friedrich Engels, 1985, 앞의 책, 55~62쪽.

35) John Beattie, 1968, *Other Cultures : Aims Methods and Achievements in Social Anthropology*; 崔在錫 譯, 1978, 『社會人類學』, 一志社, 159·163쪽.

한국의 고대 사회에 대한 성과도 같은 경향을 반영하고 있다. 여러 지표에서 한국 고대 사회의 특질들은 모권제 혹은 모계제의 원리와 관련이 없음이 논증되었다. 한국의 고대는 기록이 소급할 수 있는 한 기본적으로 부계제 혹은 非單系的 부계사회였다.[36] 부여의 해부루는 아들을 구하여 산천에 제사하였다. 表訓이 경덕왕의 열망을 上帝에게 전하여 무리하게 아들을 구했던 것처럼,[37] 신라의 여왕들 역시 골품의 논리를 절대 전제로 하여 여자이기 전에 부왕의 딸로서 왕위를 계승한 데 불과하다. 요컨대 고구려 백제 신라 공히 왕위 계승, 친족 구조, 혼인 제도 등에서 부계의 원리를 일탈하지 않았다.

그러나 妻處婚의 관행은 출계의 귀속에 못지않게 중요한 사회적 의미를 파생한다. 무엇보다도 그것은 자녀의 처지에서 자신의 친족 귀속 의식을 어머니 쪽 집단에 기울게 한다. 출생한 아이들은 상당 기간 어머니 측 친족 집단과 생계를 같이 하는 동안 이미 그들과의 정서적 유대를 강화하였다. 아버지는 장기간의 수렵과 전쟁과 부역과 교역 등으로 자녀와 빈번히 유리될 수 있다. 만약 방처혼의 형태를 염두에 둔다면 아버지는 자녀에게 오직 '낯선' 방문자일 수도 있다. 그들은 물론 궁극적으로 아버지 쪽 친족 구성원에 편입되지만, 때때로 장기간에 걸친 '부계의 소외'는 어머니와 자녀 사이의 독특한 유대로 귀결되었다.

고구려의 시조 주몽의 건국을 예비하고 장차의 난관을 극복하게 한 연원은 어머니 柳花의 통찰력과 그녀의 부 河伯의 권능이었다. 유화는 준마

36) 崔在錫, 1969, 「韓國古代家族에 있어서의 母系 父系의 問題」『韓國社會學』 4, 72~73쪽. 金毅圭, 1979, 「新羅 母系制 社會說에 대한 檢討 — 新羅親族硏究(其一)」『韓國史硏究』 23, 41~45쪽.

37) 『삼국유사』 기이, 景德王忠談師表訓大德.

를 가려 혀에 바늘을 꽂아 여위게 함으로써 뒷날 그 말이 주몽의 차지가 되게 하였다. 그러므로 고구려 건국의 장도는 유화에게서 비롯한 것이다. 또한 부여의 추격 군과 맞닥뜨렸을 때, 주몽의 도강을 도운 자라와 물고기 등 수중 생물은 하백의 영역에 종속된 존재들이다. 반면에 유화와 사통한 解慕漱는 유화와 주몽의 난관을 외면하였고, 뒷날 그녀 모자를 거두어 보살폈던 금와왕의 친족들은 주몽을 핍박하였다.

주몽의 아들 유리 역시 어머니에 의해 양육되고 고무되어 부계를 계승하였다. 주몽이 처음 유리를 조우하여 '신성한 자질'을 검증하는 장면은 오히려 아버지와 아들 사이의 의혹과 긴장의 정서가 지배하였다. 또한 유리의 등장으로 왕위 계승권에서 배제된 비류와 온조 형제는 어머니 召西奴와 함께 주저하지 않고 주몽의 부계를 이탈하여 백제를 건국하였다. 고려 태조의 선조 作帝建 역시 부친을 찾아가던 도정을 자신의 정치적 지향을 위해 쉽게 포기하고 만다.[38] 이러한 예화들은 물론 비경험적인 설화의 일단이기 쉽다. 그러나 그 저변에 관통하는 전근대 한국 사회의 관념의 지향은 충분히 뚜렷하다.

『삼국지』 동이전에서 이른 바의 '同姓不婚'의 규범도 주의해야 한다. 이때의 '동성'이란 부계의 원리에 충실한 씨족의 개념이 아니라 생활 공간에 대한 배타적 점유권을 단위로 하는 각 지역 집단을 이른다.[39] 즉 "그 당시 한국에는 아직 성이란 것이 없었으나, 중국인들이 와서 토착사회의 일정한 집단 내에 있어서는 결혼하지 않는 현상을 보고, 그 일정한 집단을 동성이라고 부른 것"이라는 설명은 적실하다.[40] 동예인들은 산천을 경계로

38) 『고려사』 高麗世系.

39) 李光奎, 1976, 「同性同本不婚의 史的 考察」 『韓國文化人類學』 8, 2쪽.

40) 金哲埈, 1975, 『韓國古代國家發達史』, 한국일보사, 47쪽.

자원의 취득을 독점하는 공간 구획을 준수해야 했으며, 집단 사이에 이 권리가 침해당할 경우에는 우마 따위로 배상하지 않으면 안 되었다. 이것이 저명한 '責禍'의 맥락이다.

따라서 이들 지역 단위 집단들은 각각 일종의 外婚(exogamy) 단위일 것이다. 단군 전승을 비롯하여 신라의 3성 족단이나 고구려의 5부족 간 혼인의 사례를 족외혼 단위로서의 半族(moieties)으로 설명한 관점도 고려할 필요가 있다.[41] 외혼율에 따라 그들은 반드시 소속 단위 집단 밖에서 배우자를 구하게 하여, 혼인을 매개로 하는 광역의 동맹 관계 결성을 겨냥한다. 따라서 동예의 '동성불혼' 규범은 단위 집단 외부에서 배우자를 맞이함으로써 각 해당 집단 내부의 결속과 관련 집단 간의 동맹을 강화하여 관련 전체의 생존 가치를 증대시키기 위한 전략이었을 것이다. 요컨대 이 규범을 혈족을 단위로 하는 족외혼과 등치시키는 데 동의하지 않는다.

한국 고대 사회에 보편적 관행이었을 것으로 판단하는 형사처수의 혼속 자체가 이미 혈연에 기반을 둔 족외혼 규범을 위협한다. 형사처수혼이 용인되고 있던 동북아 종족들 사이에서는 대체로 아버지의 사거 후 '後母'와의 혼인 관계도 허용되었다. 부여와 고구려도 크게 다르지 않았을 것이다. 왕자 好童의 계모는 남편 대무신왕에게 호동이 그녀를 어머니가 아니라 '여성'으로 간주한다고 참소하였다. 그로 인해 무고한 호동은 자살하였다. 물론 이 사건은 먼저 왕위 계승과 관련한 정치적 맥락에서 음미해야 옳다.

그러나 왕비의 왜곡 역시 현실에 기반을 둔 하나의 단서라고 본다. 즉 후모와의 혼인 관계 여부에서 고구려는 "가능성과 금기가 동시에 공존하

41) 전장석, 1961, 「동성불혼(同姓不婚)에 관한 연구」 『문화유산』 1, 9~11쪽.

는 사회"였다는[42] 진단을 지지한다. 형수 혹은 후모와의 혼인은 최초의 혼인을 통해 결성된 두 친족 집단의 동맹 관계를 지속시킨다. 게다가 신라의 왕실 혼인 자료에서는 교차사촌(cross cousins)이든 평행사촌(parallel cousins)이든 거리낌 없이 서로 혼인하였다. 저명한 진흥왕의 아버지는 조카딸과 혼인하였고, 진흥왕의 아들 동륜은 고모와 혼인하였다.

광범한 형태의 고대 족내혼 관행은 뒷날 필연적으로 중국의 엄격한 부계 가족 윤리와 충돌하게 되었다. 고구려의 취수혼 관행도 3세기 이후 점차 소멸되어 갔을 것으로 판단한다. 특히 현저한 계급내혼 사회였던 신라의 김씨 왕실은 대중국 문건에서 본래 동성인 왕비의 성씨를 은폐하는 모습을 보였다. 예컨대 애장왕 대에 당에서는 원성왕의 비와 소성왕의 비를 각각 '申氏'와 '叔氏'로 지칭하여 책봉하였다. 그러나 양인은 모두 김씨로서, 그들의 아버지인 '金申述'과 '金叔明'의 이름자를 따 성씨로 삼은 것이다. 즉 신씨와 숙씨의 칭성은 신라 측에서 외교의 필요상 동성 간 족내혼의 양상이 당 측에 알려지는 것을 꺼린 의도에서 비롯한 것으로 본다.[43] 따라서 이것은 윤리적 금혼 규범과 현실적 근친혼 관행의 갈등을 회피하는 미봉책이요 소극적 대안이다.

그러나 이 문제를 해결하기 위해서는 근친의 혼인 대상 여성을 금혼 범주 밖으로 설정하는 것이 더욱 편리한 방식일 것이다. 고려의 왕실 혼인은 그 전형을 보여준다. 태조 왕건의 딸들은 경순왕 金傅에게 下嫁한 낙랑공

42) 정용숙, 1994, 「『三國史記』에 나타난 女性像 — 高句麗 好童記事를 중심으로」『釜大史學』 18, 366쪽.

43) 이강래, 1998, 『삼국사기 Ⅰ』, 한길사, 254쪽. 『동국통감』 10 애장왕 6년, "今(哀莊)王母亦同姓也 故以其父名叔明 因謂之叔氏 以告於唐耳 後四年(金)力奇入唐言 昭聖王母金神述之女爲申氏 妃爲叔氏 其諱同姓 而以父名爲姓也 尤明矣".

주를 제외하면 모두 이복 남매끼리 혼인하였다. 물론 이것은 건국 초기 취약한 왕실의 강고한 유대를 겨냥한 정치적 고려가 우선한 결과이다. 그러나 동시에 이 경우 공주들은 어머니 측, 즉 외가의 자손으로 간주되었다. 실제 공주 출신 后妃들은 母后의 성을 따랐다. 왕자의 경우에도 부왕의 母鄕에 따라 封君되었다.[44] 이 매력적 방안은 고대의 근친혼 관행을 포기하지 않는 한편, 역설적으로 조선 이후 확고해지는 부계 중심 동성불혼의 지향을 암시한다.

기본적으로 가부장제 사회였던 이상, 한국의 고대 사회에서 여성의 투기는 엄격히 규제되었다. 부여인들은 투기한 여성을 처단하되 시신의 매장조차 허용하지 않았다. 여성 측 친족들이 처참한 시신을 수습하여 원혼을 달래기 위해서는 혼인 관계의 성립 단계에 받은 신붓값을 반환해야 했다. 신붓값은 그녀가 바람직한 기예와 출산력과 아내로서의 품성을 구비했을 것을 전제로 한다. 그러나 투기하는 여성은 부여 사회가 동의한 '바람직한 부인'이 아니었던 것이다. 고구려 중천왕의 小后였던 관나부인 역시 투기로 인해 바다에 수장되고 말았다. 같은 시기 왜인들도 복수의 아내를 지니고 있었으며, 당연히 그녀들은 서로 투기하지 않을 것이 요구되었다.[45]

부여와 고구려 공히, 간통이 드러난 여성에게는 가혹한 처벌이 가해졌다. 그녀들은 살해되거나 종으로 전락했다. 백제도 다르지 않았다. 신라 비처왕의 宮主도 분수승과의 간통이 드러나 처단되었다. 그러나 이 엄혹한 형벌은 그녀가 이미 혼인 관계에 있고, 해당 사회의 혼인 규범을 그녀

44) 河炫綱, 1968, 「高麗前期의 王室結婚에 對하여」 『梨大史苑』 7, 7~14쪽.

45) 『三國志』 30 烏丸鮮卑東夷傳 倭, "其俗國大人皆四五婦 下戶或二三婦 婦人不淫不妒忌".

가 위반했음이 사회적으로 노출되었을 때 비로소 발생한다. 즉 동이 사회를 비롯하여 동아시아 제족의 혼전 여성들은 성적으로 분방하였다. 반면에 결혼한 여성의 성은 신붓값을 지불한 남성에게 귀속되었다. "부인들은 정숙하나 처녀들은 음란했다"라고[46] 한 중국 역사서의 평의에는 이 차이가 함축되어 있다. 결혼한 여인이 낳은 아이는 그 생물학적 아버지가 누구이든 신붓값을 지불한 남성의 사회적 자녀이기 때문이다.

4. 사회 경제적 맥락

여성의 간통에 대한 대응과 해소의 방식은 혼인의 사회 경제적 맥락의 일단을 인상적으로 표출한다. 물길·말갈족의 남편은 누군가에 의해 아내의 간통이 고지되면 즉시 아내를 죽이지만, 반드시 고지한 사람도 죽였다.[47] 당연히 대부분의 간통은 발설되지 않는다. 남성들은 사냥과 전쟁과 거래를 위해 자주 거처를 비우므로, 여성의 입장에서 본다면 안전한 혼외정사의 기회는 적지 않다. 심지어 신라 武珍州의 관리 安吉은 문무왕의 아우 車得公의 내방을 당하여 처첩들에게 그와의 동침을 강요와 다를 바 없는 방식으로 주선하였다.[48]

그러나 아내의 출산력은 신붓값의 수수를 통해 이미 남편에게 귀속되어 있다. 물론 혼납금의 질량에 따라 아이들과 여성의 부계 귀속 여부와 그

46) 『晋書』 97 열전 68 동이 肅愼, "婦貞而女淫".

47) 『北史』 94 열전 82 勿吉, "其妻外淫 人有告其夫 夫輒殺妻而後悔 必殺告者 由是姦淫事終不發". 『수서』 81 열전 46 東夷 靺鞨, "其俗淫而妬 其妻外淫 人有告其夫者 夫輒殺妻 殺而後悔 必殺告者 由是姦淫之事終不發揚".

48) 『삼국유사』 기이, 文虎王法敏.

정도는 매우 다양할 수 있다. 이와 관련하여 인도네시아 Timor의 Ema사회에서 행해지는 두 단계의 지불 방식을 참고할 수 있다. 'small price'는 이혼을 허용하며, 그 분리에서 남성과 여성의 상대적 의무에 상응하는 재산과 아이들의 분할을 허용한다. 그러나 더 값비싼 'large price'가 지불되면, 여성은 의례적으로 그녀의 조상들과 분리되며, 그녀의 리니지는 더 이상 그녀의 아이들에 관한 어떠한 권리도 지니지 않는다.[49)]

논리적으로 그리고 실제로, 남성은 여성의 전 남편과 그의 부계 리니지에게 그녀의 신붓값을 반환함으로써 그녀의 자녀 모두에 대한 권리를 획득하기도 한다. 반면에 카메룬의 Whe 사회에서 남편을 떠나 새로운 연인을 선택한 여성의 경우, 그녀의 새로운 남편은 그녀에게 성적 경제적 봉사를 요구할 수 있지만 그 결합에서 태어나는 아이들에 대한 권리는 여전히 전 남편에 속한다. 그는 그녀에게 이미 신붓값을 지불했던 것이다.[50)] 따라서 간통 자체보다는 정작 그것의 사회화가 문제이다. 즉 그것은 자녀의 합법적 귀속과 사회적 공인을 방해한다.

반면에 혼전 남녀의 교섭은 개방적이다. 미혼 여성의 출산은 치명적 결함이 되지 않는다. 오히려 그녀는 출산력을 증명하였다. 다만 그녀와 그의 자녀가 특정 리니지에 합법적으로 귀속되기 위해서는 그에 상응하는 혼납금의 수수를 수반하는 혼인 관계가 성립되어야 한다. 설사 아내를 위한 신붓값을 지불하지 않은 채 혼인 관계가 성립된 경우라 해도, 그의 자녀를 위해서는 재화를 지불해야만 할 수도 있다. 예컨대 Oregon의 Takelma

49) R. H. Barnes, 1980, "Marriage, Exchange and the Meaning of Corporations in Eastern Indonesia", in J. L. Comaroff eds., *The meaning of marriage payments*, London : Academic Press, pp.99~101.

50) Christraud M. Geary, op. cit., p.13.

인디언 사이에서는 "첫 아이가 태어난 뒤 추가 금액이 그녀 아버지에게 인디언 화폐로 채워진 사슴가죽 가방의 형태로 지불되었으며, 이 지불은 그 아이를 사는 것과 같은 것으로 간주되었다."[51)]

따라서 유화의 아버지 하백의 분노와 좌절은 해모수가 당대의 혼인 관행으로부터 일탈 혹은 이탈한 데에서 비롯한다.[52)] 중매인과 적절한 혼빙물의 수수를 결여한 채 유화와 사통한 해모수는 하백으로부터 유화의 출산력을 '훔친 것'이다. 즉 여성의 성은 그녀의 가족에 속해 있거나 그녀 가족의 ― 분리해낼 수 있는 ― 한 국면이기 때문에, 동의의 소재는 그들에게 귀속되어 있는 것이다.[53)] 여러 사료적 증거로 미루어, 범 예맥족의 혼인에서는 혼인 당사자가 아니라 부모의 의사가 절대적 요소였다.[54)] 더구나 天帝의 아들 해모수는 처음부터 지상의 여성 유화가 귀속할 수 있는 현실의 리니지가 될 수 없었다. 고구려인들은 그들의 위대한 시조의 신성성을 위해 천제의 영역과 하백의 영역을 시조의 출자 배경으로 선택하였으나, 일상의 토대는 의연히 현실 지상의 논리였기 때문이다.

즉 유화와 주몽은 귀속할 친족 집단을 상실한 것이다. 오히려 뒷날 부여의 금와왕에 의탁한 두 모자의 일상이 牧馬의 영역과 연결되어 나타나는 것은 어떤 형태의 혼인 재화 수수를 암시하는 것일지도 모른다. 금와왕은

51) Edward Westermarck, op. cit., p.391.

52) 李奎報, 『東國李相國集』 3 古律詩 東明王篇, "[河伯大怒 遣使告曰 汝是何人 留我女乎 王報云 我是天帝之子 今欲與河伯結婚 河伯又使告曰 汝若天帝之子 於我有求婚者 當使媒云云 今輒留我女 何其失禮 王慙之 將往見河伯] … 河伯乃謂王 婚姻是大事 媒贄有通法 胡奈得自恣 [河伯備禮迎之 坐定 謂曰 婚姻之道 天下之通規 何爲失禮 辱我門宗云云]". [ ]는 분주.

53) Holly Wardlow, 2006, *Wayward Woman : Sexuality and Agency in a New Guinea Society*, University of California Press, p.113.

54) 裵慶淑, 1981, 「韓國婚俗의 變遷에 관한 硏究 ― 三國時代와 高麗時代의 婚姻習俗을 중심으로」 『法史學硏究』 6, 92쪽.

주몽에게 말을 기르게 하였고, 이를 연유로 그들 모자는 준마를 가려 '소유'하였다. 주지하듯이 부여의 혼납금 품목은 우마였다. 이와 같은 맥락에서 보면, 유화가 죽었을 때 부여 왕실에서 그녀를 위한 장례를 성대히 치르고 神廟를 건립한 것은, 부여 왕의 은덕 이전에 권리이자 의무가 되고 만다. 추측컨대 주몽의 아내 예씨 부인과 아들 유리조차 부여 왕실의 리니지에 소속되어 있었던 것이다.

부여와 제반 문화 특질을 공유하였던 고구려에서는 혼납금으로서 錢帛이 수수되었다.[55] 역시 예맥족의 단위였던 옥저의 혼속에서도 남성은 여성 측에 신붓값을 지불해야 했다. 옥저에서는 어린 여성과 혼인을 약정한 남성 측에서 그녀를 보육한 다음 신붓값을 치르고 정식 혼인 관계를 시작한다. 양육하는 동안 그녀의 노동력은 남성 측 생업에 기여했을 것이지만, 새로운 신붓값은 필시 그녀의 출산력에 대한 보상일 것이다.

다만 옥저의 조혼 풍속은 여성 인구의 결핍과 무관하지 않다고 생각한다. 고대인들의 평균 수명은 인구의 '젊음'을 반영한다. 또한 그들은 대체로 신체 에너지를 동력원으로 하는 인습적 폭력 수단에 의존하여 현실의 갈등과 모순을 해결하는 방식에 익숙하다. 그로 인해 유아 단계에 이미 여성에 대한 광범한 차별은 발생한다. 그 결과 젊은 인구 안에서 남성은 언제나 여성보다 많다. 성비의 불균형은 필연적으로 혼인 대상 여성을 확보하기 위한 젊은 남성들의 경쟁을 야기한다.

결국 많은 미개사회에서는 옥저나 몽고와 같이 이른 시기에 어린 여성 혹은 아직 태어나지도 않은 여성과 혼약을 서두른다. 물론 어느 사회

55) 이강래, 2009, 「한국 고대 혼인에 보이는 財貨의 성격」 『韓國史研究』 147; 2020, 『한국 고대의 경험과 사유 방식』, 전남대학교출판문화원.

든 금혼의 범주 규범은 있다. 따라서 극단적인 호전성으로 저명한 남미의 Yanomamö족은 금혼의 범주에 있는 젊은 여성들의 혈연 관계 분류에 의도적인 오류를 저질러 생식 유용성(reproductive utility)을 증대시키기도 한다. 그들은 여성 친척들을 그릇되게 분류하여 더 많은 잠재적 아내들을 창출해 내는 것이다.[56] 고려 태조의 많은 공주들이 외조부의 성씨를 관칭한 것도 유사한 방식의 산물이었다.

그러나 비대칭적 남녀 인구의 문제는 단일 사회 내에 한정되지 않는다. 특히 동일한 종족 갈래와 문화적 토대를 지닌 예맥족의 사회 단위들은 갈등과 그 해소의 영역 또한 공유하게 된다. 예컨대 옥저인들은 그들을 집단 예속 하에 두고 식량 자원을 공납케 한 고구려에 자신들의 젊은 여성 또한 보내지 않으면 안 되었다. 옥저와 마찬가지로 고구려에 복속되어 있던 동예 사회에서도 공납물 가운데 그들의 여성이 포함되는 것을 막지 못하였다. 전쟁의 승리에는 '여성의 획득'이라는 부수적, 어쩌면 한결 더 근원적인 이익이 있었던 것이다.[57] 『삼국지』 동이전에 보이는 아래의 정보는 고구려와 옥저의 군사·경제적 관계를 웅변한다.

- 큰 산과 깊은 계곡이 많고 벌판과 소택이 없어, 산골짜기를 따라 살면서 계곡 물을 마신다. 좋은 밭이 없어 비록 힘써 농사를 지어도 (그것으로는) 입과 배를 채울 수조차 없었다. … 그 사람들은 성품이 흉급하였

56) Napoleon A. Chagnon, 2000, "Manipulating Kinship Rules : A Form of Male Yanomamö Reproductive Competition", in Lee Cronk, Napoleon Chagnon, William Irons eds., *Adaptation and Human Behavior : An Anthropological Perspective*, Aldine De Gruyter, pp.118~119.

57) Napoleon A. Chagnon, 1977, *Yanomamö, the fierce people*, Holt, Rinehart & Winston, p.123.

으며 노략질을 잘 하였다. … 그 나라의 大家들은 농사를 짓지 않으며, 앉아서 먹는 인구[坐食者]가 만여 명이나 되는데, 下戶들이 먼 곳에서 양식·물고기·소금을 져 날라 그들에게 공급한다. (고구려)

• 나라가 작은데다 큰 나라 사이에 끼어 핍박을 받다가 마침내 고구려에 신속되었다. … (고구려는) 大加로 하여금 그들의 조세를 통할 징수케 하여, 맥포·물고기·소금·바다 식물 따위를 천리 밖에서 져 나르게 했으며, 또 그곳의 미녀를 보내게 하여 婢妾으로 삼았으니, 그들을 대우하는 것이 마치 노복 다루듯 하였다. (옥저)

고대 동이 세계의 사회 내·사회 간 여성의 지위에는 고구려의 열악한 농업 생산력이라는 근원적 배경이 있다. 열악한 생업 조건과 저열한 생산성은 사회 구성원의 경제 토대를 압박한다. 그들은 토지 경작만으로는 "입과 배를 채울 수조차 없었다." 척박한 생태 조건은 그들에게 상대적으로 농업 생산성이 높은 주변 사회에 대한 약탈을 강요하였다. 이 경우 전쟁은 생산 활동의 일환이다. 자료의 한계와 후대인의 편견으로 상당한 굴절을 피하지 못한 『삼국사기』의 기록이지만, 고구려본기의 내용 가운데 18%를 상회하는 전쟁 기사가 헤아려지는 현상은 이 문제와 관련하여 하나의 지표로 삼을 만하다.[58)]

전쟁의 승리를 위해 그들은 훈련된 전사 집단을 상비하고 관리하였다. 위에 인용한 고구려의 '좌식자'는 생산 활동의 의무에서 자유로운 전사 집단일 것이다.[59)] 그러나 전사 집단의 유지는 또 다른 사회적 비용을 요구한

58) 申瀅植, 1981, 『三國史記 硏究』, 一潮閣, 113쪽.

다. 생산 활동에서 제외된 젊은 인구의 비대화는 식량 자원의 결핍을 더욱 가속화한다. 또한 우월한 전투력을 위해 전 사회적으로 상무정신이 한껏 고무되어야 한다.

고구려의 신부는 항상적 전쟁을 예비하고 있는 신랑의 명예로운 죽음에 대비하여 신혼 초에 壽衣부터 지어야 했다. 남성성에 대한 극단적 숭배는 여성에 대한 차별과 여성 인구의 저하를 초래한다. 더구나 정치적으로 유력한 남성들은 복수의 여성과 혼인 관계에 있게 마련이다. 성적 접촉이 허용되는 젊은 여성을 상실한 호전적 남성들의 공격성은 전쟁의 승리에 기여한다. 전쟁의 승리는 여성의 획득을 의미하나, 정작 여성의 결핍은 승리를 위해 치러야 할 값비싼 대가였던 것이다.

이처럼 고대의 혼인에는 생태 조건, 경제 전략, 인구 비율, 전투 역량, 행동 양식, 계층 분화, 사회 규범 등의 요소들이 누층적으로 교차하고 있다. 사회사 연구자가 주의할 부분은 그것들 사이에 작동하는 당대 사회 내의 정합 관계일 것이다.

---

59) 『三國志』 魏書 30 고구려전의 "坐食者萬餘口"에 대해 같은 책 吳書 20 賀邵傳에도 "後宮之中 坐食者萬餘人"이라 한 것이 있는데다가, 정작 『太平御覽』 인용 『魏略』에는 이 정보가 보이지 않는 점을 들어 『삼국지』 고구려전 찬자가 새로 첨가한 것이라고 생각한 전례가 있다. 曹佐鎬, 1973, 「魏志東夷傳의 史料的 價値」 『大東文化硏究』 13, 145~146쪽. 다만 賀邵傳의 경우는 그가 吳王 孫晧에 상소하는 가운데, "대저 백성이란 나라의 근본이요 먹는 것이 백성의 목숨이거늘 지금 나라에 일 년의 저장이 없고 집마다 한 달의 비축조차 없는데도 후궁 가운데에는 좌식자가 만여 명이나 됩니다"라고 한 대목에서 유래한 것이다. 그에 반해, 고구려전의 경우는 그 표현이 얼마간 상투성을 지닌다 해도, "그 나라의 大家들은 농사 짓지 않으며 좌식자가 만여 구인데 下戶들이 멀리에서 米糧과 魚鹽을 메고 와 그들에게 공급한다"라고 한 것이니, 이때 '좌식자'는 하나의 계층으로 나타나 있다. 게다가 부여에서도 적군을 당하여 諸加가 스스로 전투를 수행할 때 下戶들이 양곡과 음식을 메고 와 조달했다고 하므로, 이를 미루어 고구려의 '좌식자'를 전사 집단의 범주에서 이해하고자 한다.

이 글은 3세기에 편찬된 중국의 『삼국지』에서 고대 동북아시아 혼인 관련 정보를 취하고, 저개발사회에 대한 관찰 기록과 인류학적 설명들을 아울러, 한국 고대 혼인의 사회사적 함의를 점검한 것이다. 중심 대상은 고구려, 부여, 옥저, 예 등 고대 한국사의 구성단위들로 삼았다. 한국 고대의 혼인은 해당 사회의 생태 조건, 경제 전략, 인구 비율, 전투 역량, 행동 양식, 계층 분화, 사회 규범 등의 요소들이 누층적으로 교차하는 중심 결절이었다. 또한 이 여러 요소들 간의 유기적 맥락은 혼인이라는 노드를 경유하면서 비로소 그 타당성이 확정되었다. 이 점에서 고대의 혼인은 고대의 인간관과 세계관을 헤아리는 데 가장 유효한 분석 영역이라고 할 수 있다.

또한 이 글은 고대인들의 행위와 관념의 저층에 자리하고 있는 감성적 동인을 가늠하기 위한 예비 논의로 구상된 것이다. 혼인의 절차에 개입되는 재화의 수수에는 수치심과 긍지의 상반된 정서적 맥락이 작동하고 있다. 그것은 개인의 태도를 넘어 종종 집단의 안녕과 집단 간의 유대에 간여하였다. 어떤 종류의 물질적 결핍은 전혀 다른 국면의 갈등과 종속을 낳았으며, 기대되는 관계의 손상 또한 소외와 파국적 분노를 초래하였다. 따라서 고대인들의 축적된 경험의 결들이 모여 하나의 안정된 관념 혹은 제도를 형성한다고 할 때, 그것을 일탈한 사례는 역으로 고대인들의 감성을 가늠하는 통로나 단서가 된다는 점을 각성할 필요가 있다.

한국 고대사회 물의 문화적 맥락

1. 고대의 사유와 물
2. 물의 관리와 이용
3. 물의 상징과 의례
4. 치자의 권능과 물

1. 고대의 사유와 물

고대 삼국의 가장 중요한 통치 기반은 농업 생산력에 있다. 그것은 국가 형성의 지표를 헤아리는 논의에서 일찍부터 주목되어 온 지표였다. 예컨대 비트포겔은 '물에 대한 효과적인 관리를 위한 효과적인 조직의 필요'를 문명국가 발생의 근본 요소로 강조한다.[1] 물론 국가 형성 논의의 궤적에서 보면, 오펜하이머의 정복 이론에 대해 '정복'은 원인이기보다는 결과로 보

1) 高柄翊, 1969, 「'東洋的 專制主義'論」『아시아의 歷史像』, 서울大學校出版部.

아야 한다는 비판이 유의한 것과 마찬가지로, 대규모 관개 시설의 축조 또한 결과로서의 징표로 간주하는 경향이 우세한 듯하다.[2] 그러나 고대 국가의 시원이라 할 고조선의 신화적 서사에서 風伯·雲師·雨師가 특기되는 맥락은 마땅히 주목할 부분이다.

특히 농업 조건 가운데 인위적 조절과 개선이 가능한 영역은 '지상의 물'에 대한 관리와 이용일 것이다. 물은 풍요의 원천인 동시에 때로는 인간의 관리 능력 밖의 물은 빈번한 재해로 이어진다. 통제하지 못하는 큰물은 水害를 낳고, 농업 사회의 항상적 물 수요에 부응하지 못하는 경우 그것은 旱害를 의미한다. 이로 인해 물에 대한 관리와 이용은 고대 국가의 형성 과정과 발달의 제 부면마다 주요 과제로 설정되었다. 또한 그로부터 파생되는 물질적 대안과 기술적 개선에는 당대 사회 구성원들의 관념이 투영되게 마련이다. 그리고 그것은 각양의 관념과 의례로 귀결될 것이다.

실로 인류의 문명화 과정이란, 자연 현상에 대한 경험적 인식을 토대로 점진적으로 자연에 질서를 부여하고 인간 집단의 생존과 안전에 기여하는 방법을 구현해 온 궤적이라고 보고자 한다. 특히 전근대 동양 사회에서는 '하늘'이라는 인격 주체가 자연 운행의 주관자라는 관념에서 '하늘'의 목적과 의도를 파악하여 인간 사회의 조화를 달성하고자 하는 사유를 공유해 왔다. 예컨대 일찍이 漢代의 董仲舒는 天人感應說을 체계화하여 유교적 왕도정치의 근간을 세웠다. 역대의 왕조마다 새로이 冊曆을 제정 반포하는 것도 이른바 '하늘의 뜻'을 적확하게 헤아려 세속 정치를 바르게 하고자 한 지향의 산물이었던 것이다.

2) 이기동, 2007, 「韓國古代의 국가권력과 水利시설」 『한·중·일의 고대 수리시설 비교연구』, 계명대학교출판부.

한국 고대 사회 역시 그와 같은 유교적·보편적 자연관에 입각하여 정치와 의례를 시행하였다. 따라서 이 글은 위와 같은 생각을 토대로 하여 한국 고대사회의 물이 지니는 사회·경제적 측면과 관념·의례적 측면을 나누어 살피려 한다. 수리 시설의 축조와 관리에 주의하되 문헌 기록과 관련 유적을 염두에 둔다. 물질 자료에는 당대의 기술력과 함께 사회제도의 맥락이 스미어 있으며, 각별히 기록된 재해 관련 기록에는 미처 정형을 이루기 전의 각편들과 함께 자연과 인간 사이의 상징 맥락이 잠복되어 있다.

2. 물의 관리와 이용

1) 저수 시설의 축조

(1) 築堤 실태

삼국은 기원 전후한 시기 국가의 맹아를 형성한 직후부터 농업 생산성의 증대에 관심을 배려하였다. 『삼국사기』 기록을 위주로 관련 사실을 살펴보고자 한다.

우선 신라의 경우, 건국 시조인 혁거세거서간과 그의 비 閼英은 6部를 순무하면서 "농사와 양잠을 장려하고 토지의 이용을 면밀히 하도록 하였다" 한다. 기원 후 1세기 후반에 해당하는 파사이사금 역시 농사와 양잠을 권장하는 한편 이를 지방 관리의 주요 업무로 간주하여 "밭과 들을 크게 황폐케 한 이들을 감찰해 강등시키거나 해직하였다"라고 한다.[3] 이러한 조치는 "농사는 정치의 근본이요 먹는 것은 백성에게 하늘과 같은 것"

3) 『삼국사기』 신라본기 1, 婆娑尼師今 3년·11년.

이라는 인식의 정치적 발현이라고 하겠으며, 그에 따라 제방의 수리 보완과 전야의 개간을 적극 추진하였다.[4)]

고구려 역시 농업 생산력에 큰 관심을 보이고 있었는데, 무엇보다 수도의 조건으로 농업 생산성이 우선 고려되고 있었음이 인상적이다. 예컨대 고구려 건국의 토대였던 부여 관련 전승 가운데 동부여로의 천도를 "토양이 기름져서 오곡을 기르기에 적당하다"는 명분에 의지하고 있다거나, 고구려의 최초 도읍지인 졸본성의 선정 논리 역시 토양의 비옥함과 산수의 험준함을 들고 있다는 것을 주목한다.[5)] 이것은 경제적 조건과 군사 방어적 조건을 수도 선정의 주요 요소로 파악하고 있는 사례인데, 유리왕 22년(3)의 국내성 천도나 장수왕 15년(427)의 평양성 천도에도 동일한 고려가 있었던 것이다. 또한 고구려는 신라와 마찬가지로 지방의 각급 행정 단위에 권농관을 파견하여 농사와 양잠을 독려하였다.

백제의 건국 주체 세력도 정치의 중심지를 선정하는 데에 생산 조건을 고려하였다. 특히 백제는 잦은 권농 기록을 남겼는데, 온조왕 당대에 이미 신라의 혁거세거서간과 유사한 권농과 기우와 순무 행위를 빈번히 하였다.[6)] 이것은 백제 지배 세력이 지니고 있는 유이민 집단으로서의 취약성과 초기 백제의 대외 조건에서 비롯한 측면이 크다. 즉 온조왕 37년(19) "한수의 동북쪽 부락들에 흉년이 들어 고구려로 도망해 들어간 이들이 1천여 호나 되니, 패수와 대수 사이가 텅 비어 사는 사람이 없게 되었다." 이러한 현상은 농업 생산성 여하가 건국 초기 백제의 안정에 얼마나 긴밀하게 작용했던가를 여실히 보여준다. 따라서 백제 역시 건국 초기부터 권

4) 『삼국사기』 신라본기 1, 逸聖尼師今 11년.

5) 『삼국사기』 고구려본기 1, 동명성왕 즉위기.

6) 『삼국사기』 백제본기 1, 온조왕 14년·38년.

농책과 짝하여 제방의 수리 조치가 나타나고 있는 것이다.

제방을 수리한다는 것은 이미 여러 형태의 저수 및 방수의 시설이 있었음을 의미한다. 실제로 기원전 7~6세기 이전으로 편년되는 경남 울산 無去洞 玉峴 유적의[7] 논 유구를 비롯한 청동기 시대 수전 관련 유구가 여러 곳에서 확인된 바 있다. 특히 기원전 5세기경으로 편년되는 충남 논산시 연무읍 麻田里 논 유구에서는 물을 막아 놓았던 보 시설과 물웅덩이, 그리고 이를 논으로 흘려보내는 인공 수로가 함께 조사되었다. 즉 마전리의 논은 천수답이 아니라 상당한 수준의 수리 시설을 전제로 하는, 다시 말해 인공 급수가 가능한 乾田形 논임이 밝혀진 것이다.[8]

또한 중국 전국 시대 말의 문물 교섭과 한사군의 설치 등을 계기로 확산된 철제 농기구의 보급은 인공 용수로의 개설과 관리를 보다 용이하게 만들었다고 생각한다. 이와 관련하여 상주 恭儉池의 경우 현존 기록으로는 고려 명종 대를 상회하지 못하지만,[9] 당시에 이미 '舊址'가 언급되고 있었고, 삼한 시대에 축조된 것이라는 구전이 있음을 고려해 둔다.[10]

이와 같은 선행 경험과 수전 농업의 조건에서 국가적 관심 하에 제방의 축조가 이루어졌을 것으로 추정한다. 그러나 현존하는 문헌에 보이는 築堤 기록은 그다지 많지 않다. 금석문 자료를 포함하여 대표적인 사례들을 예거해 본다.

7) 경남대학교박물관·밀양대학교박물관, 1999, 『蔚山無去洞玉峴遺蹟』.

8) 고려대학교 매장문화연구소, 1999, 『論山麻田里遺蹟』.

9) 『고려사』 지 11 尙州牧; 『世宗實錄地理志』 尙州牧.

10) 박정화, 2007, 「상주 공검지의 축조과정과 그 성격」 『한·중·일의 고대 수리시설 비교연구』, 계명대학교출판부.

① 碧骨堤

- 訖解尼師今 21년(330)에 처음으로 碧骨池를 만드니, 그 둑의 둘레가 1천 8백 보였다. (『삼국사기』 신라본기 2)
- 乞解尼叱今 기축년(329)에 처음으로 碧骨堤를 축조했는데, 주위가 □만 7천 26보였고, □□가 166보였으며, 水田이 1만 4천 70□이다. (『삼국유사』 왕력)

『삼국사기』와 『삼국유사』의 기록은 '벽골지'와 '벽골제'의 명칭 차이와 함께 연대에서도 1년의 차이를 보이고 있지만, 동일한 사건을 기록한 것으로 생각한다. 다만 벽골제가 위치한 현재의 전북 김제시 부량면 일대는 삼국시대에 백제의 영유권 내였다. 그러므로 본래 백제의 축제 기사가 신라 편년 가운데 잘못 삽입되었을 가능성이 크다.

무엇보다도 『일본서기』 應神紀에 諸韓人들이 만들었다는 '韓人池'의 존재가 보인다.[11] 『古事記』에서도 이에 대응하는 사실을 쓰면서 '百濟池'라고 한 점을 주목한다.[12] 대체로 응신기와 이어지는 仁德紀에 농경 관련 토목 기사가 많이 보이는 경향은, 아마 백제계 도래인을 중심으로 한 다수 한인들의 기술적 기여를 반영한 것으로 판단한다. 응신 천황의 재위 시기를 4세기 말 이후로 보는 다수 의견을 고려한다면, 그 이전 시기에 해당하는 벽골제 축조 기록은 상당한 정황적 근거를 획득하는 셈이다.

1975년 발굴 조사 때 제방 밑바닥에서 채취한 탄화된 식물 시료로 얻은 방사성탄소 연대 측정 결과가 대체로 4세기 중엽 경으로 드러나, 국내

11) 『일본서기』 10, 應神天皇 7년 9월.
12) 『古事記』 中卷, 應神天皇.

외 문헌의 기록과 부응하고 있다.[13] 특히 현존하는 벽골제의 규모가 대략 3km 남짓인 점은 『삼국사기』의 정보에 근접하는 것이다.[14] 따라서 『삼국사기』와 『삼국유사』에 나타난 규모의 차이는 최초의 축제 단계 및 이후 증축 단계의 실상을 반영한 것일 수 있다.[15] 다만 동진강 상류에 해당하는 위치에 주목하여 이것이 방조제가 아닌가 하는 견해가 일부에서 제출되기도 했으나, 벽골제는 기본적으로 관개 제언이며 저수 기능과 방조 기능을 겸한 것으로 판단한 논의에 동의하고자 한다.[16]

이처럼 문헌 기록에 의할 경우 가장 이른 시기에 김제 지역에서 괄목할 만한 축제가 이루어진 것은, 오늘날 이 지역의 수월한 농경 조건에 비추어 보아도 수긍할 만한 것이다. 또한 몽촌토성이나 석촌동 고분군 등지에서 출토된 3~4세기경의 쇠삽날과 쇠괭이 등 발달한 철제 농기구의 출토 예를 통해서도, 벽골제와 같은 진보적 수리 시설의 확충은 당시의 생업 조건에서 자연스러운 귀결이었을 것으로 생각한다.

---

13) 尹武炳, 1976, 「金堤 碧骨堤 發掘報告」 『百濟研究』 7.

14) 『禮記』 王制편에 "옛날에는 周尺 8척을 步로 하였는데 지금은 주척 6척 4寸을 보로 한다"라고 했으며, 『說文解字』에 "척은 10촌이다"라고 하였다. 주척 1척은 대개 19.5㎝ 내외에 해당한다. 한 대의 1척은 23㎝가 좀 넘었으며, 일본에서도 사용된 이른바 '고려척'은 대략 35㎝정도이다. 통일기 이후 신라에서는 29.7㎝에 해당하는 당척을 사용하였다. 백제는 3세기 말까지 중국 군현의 영향으로 23㎝자를 사용하다가 근초고왕 대 이후 25㎝ 기준 척을 그리고 사비시대 중기 이후 29㎝ 자를 사용했다 한다. 盧重國, 2005, 「백제의 度量衡과 그 運用 — 척도의 변화를 중심으로」 『韓國古代史研究』 40.

15) 『신증동국여지승람』 33 金堤郡 古跡조에는 永樂 13년(1415) 당시 重修된 벽골제는 길이가 60,843척이고 堤內周回가 77,406步이며 堤下의 蒙利面積이 약 9,840結이라고 하였다.

16) 성정용, 2007, 「金堤 碧骨堤의 性格과 築造時期 再論」 『한·중·일의 고대 수리시설 비교연구』, 계명대학교출판부, 91~94쪽.

② 矢堤

訥祇麻立干 13년(429)에 새로 矢堤를 쌓았는데, 둑의 둘레가 2,170보였다. (『삼국사기』 신라본기 3)

비록 백제에 비해 백 여 년 뒤에 해당하는 시기의 기록이지만, 麻田里 유적에서 이미 기원전 5세기경의 수리 시설이 구유된 乾田 유구가 확인된 것을 환기한다. 안동의 苧田里 유적에서도 청동기시대의 저수지와 수로가 조사되었다. 저전리의 수로 주변에서 출토되는 토기와 박씨에 대해서는 水邊祭祀 혹은 水路祭祀와의 관련성이 제기되기도 하였다.[17] 뒷날 고대 국가의 수변 제의를 환기할 때 자못 흥미로운 특질이라고 여긴다. 또한 기원전 1세기 후반 경에 해당하는 경남 창원 茶戶里 유적에서는 폭이 좁고 긴 철제 따비날과 송곳 모양의 철제 따비날이 주조된 바 있다.[18] 이로 미루어 볼 때 신라 지역에서의 수리 시설 축조는 문헌에 보이는 기록보다 이른 시기부터 비롯되었을 가능성이 크다.

특히 3~4세기 이후 U자형 삽(가래)날과 쇠스랑의 보급이 크게 늘어나면서 논농사와 밭농사 모두에 큰 변화가 일어났을 것이다. 이들 농기구는 흙을 파서 던지는 도구로 수로의 개착뿐만 아니라 저수지 축조 등의 토목 공사에 필수적인 도구라는 점을 주목한다. 이와 같은 철제 농경 토목구의 보급으로 인공 용수로의 개설과 관리가 용이해짐에 따라 입지 조건의 제약이 점차 극복되고 생산성이 높아졌을 것이며, 전체 논 면적 또한 증대되었을 것이다. 시제의 규모 역시, 기록으로만 본다면, 벽골제를 능가하는

17) 이한상, 2007, 「靑銅器時代의 灌漑施設과 安東 苧田里遺蹟」 『한·중·일의 고대 수리시설 비교연구』, 계명대학교출판부, 49쪽.

18) 李健茂 외, 1989, 「義昌茶戶里遺蹟發掘進展報告(1)」 『考古學誌』 1.

것이었다.

더구나 신라에서는 이미 3대 노례왕 때 보습[犂耜]을 만들었다고 한다.[19] 특히 지증왕 3년(502)에는 "주·군의 장관에게 일일이 명해 농사를 권장하게 하고, 처음으로 소를 이용해 논밭을 갈게 하였다"라고 한다. 물론 牛耕을 입증할 만한 고고학적 자료는 아직 없다. 그러나 『삼국지』 한전에는 진한 사람들이 축력을 활용할 줄 알았다고 하였다. 그러므로 지증왕 대의 기록은 이전부터 부분적으로 이루어지던 우경을 국가 정책 차원에서 널리 보급하며 기술 지도를 행한 것으로 보아도 좋을 것이다.

요컨대 3~4세기 이후 철제 농기구의 빠른 확산은 새로운 논밭의 개간을 촉진하고 이를 소유한 지배계급의 권력과 부의 집중화를 가속화시켰다. 또한 노동 효율의 증대를 토대로 작물과 농경지의 집약적 관리 및 관개 시설의 확충과 효과적인 관리를 가능케 함으로써 생산 효율을 크게 증대시켰을 것이다. 이와 같은 배경에서 矢堤와 같은 대규모 축제 사업이 국가적 차원에서 시행되었겠다.

③ 菁堤碑

청제비는 경북 영천군 琴湖面 道南洞에 있다. 1968년 12월 新羅三山學術調査團에 의해 발견되었다. 글자는 앞과 뒤 양면에 새겨졌다. 원래는 丙辰의 간지가 있는 비가 세워졌다가, 뒤에 貞元 14년(798)에 뒷면을 이용하여 다시 비문을 새겼다. 편의상 '丙辰銘'과 '貞元銘'으로 부르기도 한다. '청제비'라는 명칭은 뒷면의 내용에서 비롯한 것이다. 다만 마멸이 심해서 판독에 이견이 많아, 완벽하게 해석하기는 어려운 실정이다. '병진명'의

19) 『삼국유사』 기이, 第三弩禮王.

일부를 본다.

> 병진년 2월 8일 … 塢의 … 61得 鄧은 92得 澤廣은 32得 高는 8得 上은 3得이고, 이를 만든 사람은 7천 명이며 … 280方이다. 使人은 喙部 출신 …[20]

비 첫머리에 보이는 '병진'이라는 간지는 이 비의 연대를 추정할 수 있는 실마리가 된다. 사실 비의 외형으로 보아 대체로 통일 전쟁 이전의 것으로는 추정되나, 절대 연대를 결정하기는 쉽지 않다. 그러나 신라의 京位가 보이는 점, 특히 경위의 어미에 第가 붙는 古式 표기법이 사용되고 있는 점 등으로 미루어, 병진년을 신라 법흥왕 23년(536)으로 보는 것이 일반적이다.[21] 이와 관련하여 법흥왕 18년(531)에 "관련 부서에 명해 제방을 수리하였다"는 『삼국사기』 기록은 이 비의 연대를 설정하는 데 중요한 참고가 된다. 일부에서는 5세기까지 소급해 보려는 견해가 있으나, 경위의 존재로 미루어 법흥왕 이전으로 올라가기는 어려울 듯하다.

한편 이 비는 2행의 첫머리에 '塢'가 보이고 그 규모가 구체적으로 나열되어 있는 것으로 미루어, '塢'를 축조하고 세운 비임이 확실하다. 이 '塢'라는 것은 다음에 언급할 塢作碑에도 보이는 것으로, 모두 저수지임이 분명하다. 따라서 이 비는 당시 수리 시설의 축조를 위한 力役動員과 관련된 문제를 검토하는 데 적지 않은 참고가 된다. 특히 저수지의 규모를 나타내

20) 韓國古代社會研究所 편, 1992, 『譯註 韓國古代金石文 II』, 駕洛國史蹟開發研究院, 27쪽.

21) 李基白, 1969, 「永川 菁堤碑의 丙辰築堤記」 『考古美術』 106·107合; 1969, 『新羅政治社會史研究』, 一潮閣, 304쪽.

기 위해 사용된 '得'과 같은 길이 단위의 존재나,[22] 大舍第 小舍第 大烏第 小烏第 등의 관등 표기에 보이는 '第'에 대한 문제, '武' '斯' '徒'의 古字 사용례 등은 당시 금석문, 더 나아가 신라사에 대한 이해의 심화를 위해 적지 않은 시사점을 제공한다.

④ 塢作碑

오작비는 대구시 중구 大安洞에서 1946년에 발견된 것이다. 그러나 발견 지점이 곧 본래 비가 세워졌던 곳이라고는 보기 어렵다. 대체로 전체 9행 약 180자가 음각된 것으로 추정하지만, 마모로 인해 판독의 이견이 심하며, 완벽한 해석은 어렵다. 비면에 보이는 '戊戌年'에 근거하여 '무술오작비' 혹은 '대구 무술오작비' 등으로 부르기도 한다.

> 戊戌年 11월 朔 14일에 另冬里村의 … 塢作記之 이것을 만든 사람들은 都唯那인 寶藏 阿尺干, 都唯那 慧藏 阿尺干, 大工尺 仇利支村 출신 壹利力兮 貴干支 … 이 塢의 크기는 폭 20步 높이 5步 4尺 길이 50步이다. 이것을 만드는 데 동원된 수는 312명의 功夫이며 13일 만에 일을 다 마쳤다. 이 글을 작성한 사람은 壹利兮 一尺이다.[23]

비의 첫머리에 戊戌年이라는 간지가 보인다. 이것은 비록 연호는 아니지만 비가 건립된 연대 추정의 실마리가 된다. 비의 양식이나 서체 또는 인명 표기 방식 그리고 지방민에게 주어진 外位가 있는 점 등으로 미루어

22) 李宇泰, 1984, 「韓國古代의 尺度」『泰東古典研究』 1.

23) 韓國古代社會研究所 편, 1992, 앞의 책, 99쪽.

통일기 이전 신라의 비임은 분명하다. 또한 그 상한은 1행에 승려가 보이는 것에 주목할 때, 법흥왕 이전으로 소급하기는 어렵다. 따라서 무술년은 진지왕 3년(578) 혹은 선덕왕 7년(638) 둘 중 하나로 보는 것이 일반적이다. 단정하기는 어려우나 진흥왕순수비(560년대)나 南山新城碑(591년)와 여러 가지로 유사하므로, 진지왕 3년으로 보는 편이 좀더 타당할 듯하다.

비의 건립 목적이나 성격을 보여주는 실마리는 1행의 "塢作記之"에 있다. 즉 이 비는 菁堤碑에서도 확인된 바 있는 '塢'를 만들고 난 뒤에 세운 것이 분명하다. 다만 이 塢의 성격에 대해서 군사적 목적의 방어 시설로 보는 견해와 저수지로 보는 견해가 있으나, 당시 수리 시설을 확충하는 사업이 활발하게 추진되었던 사정을 감안하여 후자로 보는 것이 통설이다. 주목할 것은 이 塢의 축조에 지방민이 동원되었는데, 비슷한 시기의 남산신성비와는 달리 지방관이 보이지 않고 두 명의 승려가 책임자의 위상에 있다는 점이다.[24)]

이는 아마 불교적 사유가 크게 위력을 떨치던 신라 中古期의 특성, 그리고 물 관련 재해를 물리치는 데 종종 승려의 권위와 불력에 의존하고 있었던 당대의 사유 방식에서 비롯된 것이라고 생각한다.[25)] 아울러 일본의 경우 5~6세기경 U자형 삽날과 같은 철제 농기구와 함께 고대 한반도로부터 전해진 관개 기술의 도입으로 乾田 형태 논이 대거 개발되었다고 판단되

---

24) 『삼국사기』 40 잡지 직관 下 國統조에 "都唯那娘은 1명으로 阿尼였고, 大都唯那가 1명이었는데 진흥왕 때 처음 寶良法師로 이를 삼았으며, 진덕왕 원년(647)에 1명을 더하였다"라고 하였다.

25) 청제비에 보이는 '所內'에 주의하여 해당 지역을 '왕실 직할지'로 파악하는 한편, 유사한 논리에서 오작비에 보이는 책임자급의 승려의 존재에서 '寺領地'의 성격을 짐작하는 견해도 있다. 하일식, 2007, 「신라 왕실 직속지와 청제비·촌락문서 연구」 『한·중·일의 고대 수리시설 비교연구』, 계명대학교출판부, 49쪽.

고 있다. 따라서 청제비나 오작비는 해당 시기 신라의 수리 시설 축조 및 그 수준을 짐작하는 데 적실한 물적 지표가 된다고 할 수 있다.

(2) 시설 관리

築堤 등의 공역과 마찬가지로 주요 수리 시설에 대한 지속적 관리 역시 국가의 정책적 관심사였다. 예컨대 4세기에 시축되었다 한 벽골제에 대한 修築 기록을 들 수 있다. 즉 신라 하대인 원성왕 6년(790) "봄에 벽골제를 증축했는데 全州 등 일곱 주의 사람들을 징발해 공사를 일으켰다. 3월에 크게 가물었다. 5월에 곡식을 내서 한산주와 웅천주의 굶주린 주민들을 구휼하였다"라고 한다.[26] 당시 신라는 전국을 9州로 편제하고 있었다. 그런데 그 가운데 7주에서 인력이 동원되었다고 하니 실로 대규모의 역사였음을 알 수 있다.

특히 전주의 주민들이 이 공역을 주도했던 것은 벽골제가 전주 지역에 소재한 때문이었을 것이다. 3월에 큰 가뭄이 뒤따른 것을 보면 당시 사람들은 이미 파종기의 가뭄을 예견하고서 벽골제 증축을 서둘렀던 것으로 추측된다. 또한 춘궁기에 한산주와 웅천주가 국가적 구난 지역으로 관리되는 것을 보아 9주 가운데 이 두 주가 이미 전년의 흉년으로 크게 타격을 받았고, 그로 인해 벽골제 증축 사업을 위한 노동력 동원에서 免役되었을 것이라는 점을 짐작하기 어렵지 않다.

원성왕 대의 수축 기록을 시발로 하여 이후 벽골제는 여러 차례 훼손과 중수가 거듭되었던 것으로 보인다. 碧骨堤重修碑에 의하면 고려 현종(1009~1030) 때 한 차례 重修가 이루어졌다. 인종 21년(1143)에도 增修한

26) 『삼국사기』 신라본기 10.

바 있었으나 종내 폐기되어 식자들이 안타까워했다 한다. 이것은 아마 중수 3년 뒤인 인종 24년 2월 "경신일에 무당의 말을 믿고 內侍 奉說을 보내 김제군에서 새로 수축한 벽골지의 제방을 터놓게 했다"는 조처를 말한 것이겠다.[27] 그해 정월부터 인종은 병고에 시달리면서 거듭 무당의 조언을 따라 이와 유사한 조처를 내린 바 있거니와, 그러한 조처는 당시 풍미하던 도참적 사유의 한 형태였던 것이다. 중수비는 이어 비가 세워진 당시인 조선 태종 15년(1415)에 長生渠를 비롯한 5개 수문을 보수 또는 신설하는 등의 벽골제 복구 전말을 기록하고 있다.[28]

삼국시대에 축조된 각종 수리 시설들은 벽골제와 마찬가지로 보수와 증축을 거쳐 유지 관리되었을 것이다. 영천의 菁堤도 벽골제가 중수된 원성왕 대에 대규모로 수리되었다. 청제비의 뒷면에는 貞元 14년 즉 원성왕 14년에 시행된 이 수리 사업의 전말이 기록되어 있다. 따라서 이 부분을 일반적으로 영천 청제비의 '貞元銘'이라 하는데, 혹은 애초의 '丙辰銘菁堤碑'와 대비시켜 '貞元銘菁堤碑'라고도 부른다. 그 일부를 발췌하면 아래와 같다.

> 貞元 14년 戊寅 4월 13일에 菁堤를 수리하고 그를 기록한다. 못 둑이 상했다 하므로 所內使에게 살펴보게 하였다. 玖長은 35步 岸立弘至深은 6步 3尺 上排掘里는 12步였다. 이와 같은 것을 2월 12일에 시작하여 4월 13일 사이에 수치를 마쳤다. 모두 합해 斧尺이 136명 法功夫가 14,140명이며 …[29]

27) 『고려사』 세가 17, 인종 24년 2월.

28) 『신증동국여지승람』 33 金堤郡 古跡조 碧骨堤 인용 重修碑.

29) 韓國古代社會研究所 편, 1992, 앞의 책, 31쪽.

비면 첫머리에 신라 中古 시기의 비들과는 달리 중국 연호가 보여 그 절대 연대를 확실히 알 수 있다. 貞元은 당 德宗의 연호이다. 이 비는 법흥왕 23년(536)에 축조된 塢가 파손되었으므로 그를 修治하기 위해 力役을 동원한 내용과 보수된 塢의 규모를 나타내고 있다. '所內使'는 內省에서 파견한 관리일 것이며, '(上)排掘里'는 청제의 물을 배수하는 시설로 본다.[30) 즉 파손된 청제의 시설을 수리한 다음, 기존에 세워져 있었던 비를 활용하여 그 시말을 작성한 것이다. 이 수리 공역에 동원된 인력이 1만 4천여 명에 이르고 공역 기간으로 만 두 달이 소요된 것으로 보아, 상당한 규모의 토목 공사였음을 알 수 있다. 처음 청제가 축조될 당시 인원을 7천 명이라고 한 데 비해 보아도 두 배의 노동력이 투입된 것이다.

주의할 것은 동원된 인력 가운데 보이는 '斧尺'의 존재이다. 이는 필시 공역 과정에서 도끼를 이용하는 작업을 전담한 인력일 것이다. 고대 논농사 유구를 보면 洑를 축조하거나 수로 벽의 흙이 무너지는 것을 방지하기 위해 다량의 통나무가 사용된 것을 알 수 있는데, 이 과정에서 철제 도끼가 목재 공급의 효율성 증대를 크게 촉진했을 것으로 판단한다. 이 점에서도 철제 농기구의 광범한 확산이 가지는 농업 생산성 증대 효과를 확인할 수 있으며, 대규모 수리 사업의 주요 토대 가운데 하나가 철제 농기구의 보급이라는 점을 주의하게 되는 것이다.[31)]

문헌 기록에도 국가가 수리 시설의 보수 유지에 거의 정기적인 정책적 배려를 하고 있었던 사실이 드러난다. 신라 일성이사금은 재위 11년(144) 봄 2월에 州와 郡을 단위로 하여 제방의 수리와 전답의 개간을 독려하였

---

30) 전덕재, 2007, 「통일신라의 水田農法과 永川 菁堤」『한·중·일의 고대 수리시설 비교연구』, 계명대학교출판부, 153쪽.

31) 이현혜, 2002, 「한국 古代의 농업」『강좌 한국고대사』 6, 가락국사적개발연구원.

다. 법흥왕 역시 봄 3월에 담당 부서에 명령하여 제방을 수리케 하였으며, 병진년에 축조된 청제가 바로 이 조처와 부응하고 있다는 점을 앞에서 확인하였다. 헌안왕은 재위 3년(859), 봄철의 심각한 穀貴 현상을 수습한 직후 4월에 교서를 내려 제방을 튼실히 하고 농사에 주력할 것을 지시하였다. 모두 2월과 4월 사이 한 해 농사를 준비하는 시점에서 각지의 수리 시설에 대한 보수 관리에 만전을 기했던 것이다. 물론 이것은 순조로운 파종을 위한 준비이다. 그러나 그와 함께 해동 과정에서 취약해진 토축 수리 시설을 보강하는 공정의 성격을 지니는 것이기도 하다.

이와 같은 경향은 백제의 경우에서도 마찬가지로 확인된다. 다루왕은 재위 6년(33년) "2월에 나라 남쪽 지방의 주·군에 명령을 내려 처음으로 벼농사를 위한 논을 만들게 하였다." 물론 이것은 도작 농경의 시작을 의미하기보다는 국가 행정력이 개입한 계획적 개간 사업을 이르는 것으로 보아야 할 것이다. 유사한 사례로는, 고이왕이 9년(242) "봄 2월에 나라 사람들에게 명해 남쪽 택지에다가 벼농사 지을 논을 개간하게" 한 시책을 들 수 있다. 구수왕도 재위 9년(222) "봄 2월에 관련 부서에 명해 제방을 수리하게 하고, 3월에 명령을 내려 농사를 권장"하였다. 무령왕은 "봄 정월에 명령을 내려 제방을 튼튼히 완비하게 하고, 나라 안팎에서 하는 일 없이 놀고먹는 이들[內外游食者]을 내몰아 농사를 짓게 하였다."[32] 이처럼 백제의 통치자들도 정월과 2월에 집중하여 제방의 수리, 개간의 독려, 귀농의 조치 등을 시행하였다.

특히 백제와 신라에서 개간과 수리 시설 관리 시책이 빈번하게 보이는 것은 이 지역의 생태 조건이 벼농사에 유리한 때문이었을 것이다. 이미 중

32) 『삼국사기』 백제본기 4, 무령왕 10년(510).

국의 『삼국지』 편찬 단계에서도 유독 한과 옥저에 쌀 관련 풍속이 특기된 것은, 이들 지역이 가지고 있는 수월한 도작 조건에서 비롯한 귀결이라고 생각한다. 또한 그만큼 국가 재정의 확충과 통치 질서의 안정에 농업 생산성이 기여하는 바가 컸으며, 한 해 단위의 생산량을 결정하는 데 물 관리 및 관련 시설의 유지 강화가 절실했다는 반증이기도 하다. 이런 맥락에서 보면, 662년 당의 劉仁軌가 백제를 멸망시킨 다음 주둔군 사령관으로서 손상된 도로 개통과 교량 보수, 그리고 제방을 보수하고 저수지를 복구하여 농사와 양잠을 권장하는 일을 무엇보다 앞서 주력했던 것은[33] 국가 통치의 근간으로서의 농경과 물의 현실적 비중을 웅변하고 있는 셈이다.

아울러 신라의 통일기 이후에는 넓은 의미의 물 관리에 대한 과학적 이해도 성숙했을 것으로 본다. 즉 경덕왕 때에 天文博士와 漏刻博士를 두었다 한다.[34] 그 가운데 司天博士라고도 한 천문박사는 당시 생업 경제의 주요 전략일 수밖에 없는 농경 관련 기후를 판단하는 데 유념했을 것이다. 삼국에는 모두 이른바 '日官'이라는 존재가 보이는데, 이는 고대 중국에서 曆數와 干支를 관장하는 천문의 관리를 말한다. 그러나 우리 고대사회의 일관은 占星과 占卜을 담당한 이른바 '기후샤먼(weather shaman)'의 성격을 보이고 있다. 이들이 통일기 이후 천문박사로 발전했을 것이다.

누각박사의 임무 역시 측우의 원리를 전제로 하는 것이다. 게다가 물을 이용한 시계는 이미 이보다 앞서 성덕왕 17년(718)에 만들어진 바 있다. 따라서 천문박사와 누각박사의 신설은 경덕왕 즉위 초기에 빈번하게 발생한 혹심한 재해들, 즉 곡물의 생장을 저해하는 농사철의 가뭄, 곡물의 파

33) 『삼국사기』 백제본기 6, 의자왕 20년조에 附記된 龍朔 2년(662).

34) 『삼국사기』 신라본기 9, 경덕왕 8년(749).

종을 위한 저수를 위협하는 겨울철의 가뭄, 그에 따른 흉년과 전염병의 창궐 등을 경험한 위에, 물 관련 자연 재해에 대한 예측과 관리 및 救難을 용이하게 하기 위한 목적에서 이루어진 것으로 판단한다.

2) 수리 시책의 양상

(1) 水害 실태와 대책

고대 삼국의 築堤 및 수리 시설의 확충 노력에도 불구하고, 물 관련 재난은 용이하게 통제될 수 없었다. 단군의 고조선 개국 설화에서 신으로 여겨지고 있는 풍백, 우사, 운사 등이야말로 곧 폭풍과 홍수 등의 농경을 위협하는 자연 재해에 대한 고대인들의 경험과 사유를 반영하고 있는 것이다. 그 가운데서도 가뭄과 홍수의 재난은 가장 직접적으로 삶의 공간과 생활 물자를 유린하는 재해로서 각별한 관심으로 기록되었다.

이를 염두에 두고, 『삼국사기』에 보이는 삼국의 水害와 旱害를 정리하면 다음과 같다.[35)]

	신라	고구려	백제	합계
수해	30	6	6	42
한해	65	12	31	108
합계	95	18	37	150

신라는 7세기에 소멸된 고구려와 백제에 비해 기록 자체가 많았던 데

35) 申瀅植, 1981, 『三國史記硏究』, 一潮閣, 187쪽의 〈표22〉를 간략하게 한 것이다.

다가, 당대의 기록이 상대적으로 충실히 전승된 측면도 감안해야겠다. 한편 비슷한 기간 병존했던 왕조들이지만 백제의 관련 기록이 고구려에 비해 월등 많은 이유는 백제의 기본 경제 전략이 훨씬 더 농경 의존적이었음에 반해, 고구려는 수렵적 경제 활동 비중도 적지 않았던 데 기인한다. 또한 삼국 공히 홍수로 인한 피해보다 가뭄 피해가 두 배 이상 기록되어 있는 것도 하나의 특징이라고 하겠다. 그 이유는 아마 농작물의 생육과 수확에 미치는 영향으로는 아무래도 홍수보다 가뭄이 더 직접적이었기 때문인 듯하다.

수해의 몇 가지 실태와 그에 대한 국가, 특히 최고 통치자인 왕의 대처 방식을 중심으로 구체적 사례를 점검해 본다.

먼저 홍수는 가뭄과 함께 예측 불가능한 재이로서 끊임없이 경계해야 할 문제로 간주되었다. 즉 파사이사금 3년 정월, 왕은 "지금 창고가 비어 있고 병장기는 무디어졌으니 만일 홍수나 가뭄이 들거나 변경에 사건이라도 생긴다면 어떻게 막아내겠는가? 마땅히 담당 관부로 하여금 농사와 양잠을 권장케 하고 군사를 조련해 뜻밖의 사태에 대비케 할 일이다"라고 말한다. 그러나 정작 홍수의 피해는 늘 백성의 기근과 전염병의 창궐로 이어지곤 하였다. 왕은 그 때마다 우선 비축 곡물을 풀어 기민을 구휼하지 않으면 안 되었다. 아울러 이재민들에게는 한 해의 조세를 면제해 주는 특별 시책을 펴는 경우도 드물지 않았다.

혹은 천변재이를 위정자에 대한 이른바 '하늘의 뜻'이 표출된 것으로 받아들이는 天人感應觀에 따라,[36] 왕은 억울한 이들의 원한을 풀어 준다는 의미에서 극악한 경우를 제외한 죄수들의 사면 조치를 빈번하게 시행하기

36) 李熙德, 1999, 『韓國古代 自然觀과 王道政治』, 혜안.

도 하였다. '異'는 군주의 실정에 대한 하늘의 경고이며, '災'는 이변에 반응하여 각성하지 못하는 군주에 대한 징계인 까닭이다.

하늘의 의지는 군주를 매개로 발현된다. 따라서 천손 의식을 공유하고 있던 삼국의 왕들에게는 자연히 수해와 한발 등을 예견하는 능력이 기대되기도 하였다. 예컨대 신라 벌휴이사금은 바람과 구름을 점쳐 홍수나 가뭄 및 그 해의 풍흉을 미리 알았으므로 당대인들이 성인으로 여겼다 한다.[37] 또한 왕들은 수해 지역에 관리를 파견하여 민심을 수습하거나, 직접 순무하는 모습을 보이기도 하였다. 만약 이재민들이 토지에서 유리되어 소극적 避役을 넘어 적극적 유민 집단이 될 경우 발생할 수도 있는 체제 불안 요인을 사전에 진무하고자 하는 정치적 고려가 있었던 것이다.

홍수로 인한 피해는 우선적으로 농작물과 민가의 침수로 나타났다. 그러나 왕성의 구조물들이나 관청 건축물들도 예외가 아니었다. 특히 수십 군데의 산이 무너지는 대규모 산사태가 자주 발생하였다. 산간 지대에서는 "산골짜기 물이 갑자기 들이닥쳐 집 50여 채를 떠내려 보냈다"[38]는 식의 재난이 빈발하였다. 왕성 인근 인구 밀집 지대의 경우 "나라 서쪽에 홍수가 나서 민가 3만 3백 60채가 떠내려가거나 물에 잠겼으며, 죽은 사람도 2백여 명이나 되었다"[39]라고 할 정도의 치명적 피해를 입기도 하였다. 흘해이사금 41년(350) 4월, "큰비가 열흘이나 내려 평지에 물이 3~4척이나 고이고, 관청과 민가 건물이 물에 잠기고 떠내려갔으며, 산이 열세 군데나 무너졌다"라고 한 기록에서는 집중 호우로 인해 수도의 배수 시설 기능이 무력해진 정황을 엿보게 된다. 다만 통일기 이후에는 그와 같은 대규모 홍

37) 『삼국사기』 신라본기 2, 伐休尼師今 즉위년(184).

38) 『삼국사기』 신라본기 3, 訥祇麻立干 22년 4월.

39) 『삼국사기』 신라본기 4, 진평왕 11년 7월.

수 피해가 상당히 줄어드는 것을 보아, 築堤 등의 수리 시설 확충이 활발해지면서 일부 수방 효과를 거둔 듯하다.

고구려와 백제에서도 홍수의 실태와 피해 상, 그리고 그에 대한 국가의 구휼 및 위무 양태는 신라와 유사하였다. 다만 백제의 경우, 수도가 한강이나 웅진강[금강]과 같은 큰 하천을 끼고 있는 탓에, 수도 자체가 수해에 피해를 입는 일이 더욱 잦았던 것 같다. 예를 들어 2세기 초의 기루왕 40년(116) "6월에 큰비가 열흘 동안이나 내려, 한강의 물이 불어나서 백성들의 가옥이 물에 떠내려가고 무너졌다. 가을 7월에 관련 부서에 명해 수해를 입은 농지를 복구하게 하였다."

5세기 말의 동성왕 13년(491)에도 "여름 6월에 熊川의 물이 불어서 왕도의 2백여 가옥이 물에 떠내려가거나 잠겼다. 가을 7월에 백성들이 굶주려서 신라로 도망해 들어간 이가 6백여 가나 되었다." 동성왕 대는 한성을 상실하고 급히 남천한 지 얼마 지나지 않은 시점이라 국가의 대민 장악력에 취약함이 노출되기도 했겠으나, 수도의 수해로 600여 세대가 신라로 투신한 것은 왕조 측에서 볼 때 심각한 위기를 의미한다. 무령왕 21년(521)에도 홍수로 인해 900여 호가 신라로 이탈해 갔다.

(2) 旱害 실태와 대책

가뭄은 고대인들에게 홍수보다 더욱 절박한 피해를 입히는 재난이었다. 대체로 가뭄은 홍수보다 광역에 걸친 현상이었고, 전 계절에 미쳐 다양한 피해를 파생시켰다. 가뭄의 결과 이재민들은 직접적으로 흉년과 기근에 봉착했지만, 더 나아가 사회적으로 전염병과 범죄가 이어지기도 하였다. 홍수 기록에 비해 가뭄 피해 기록이 월등 충실하게 남게 된 연유도 그 피해의 파장이 광범했던 때문일 것이다. 종종 극한적 가뭄은 농사에 장애가 될 뿐 아니라, 생활용수와 식수원까지 위협하곤 하였다.

신라는 이른 시기부터 가뭄으로 인한 기근에 대해서는 일단 비축 곡물을 방출하여 기민들을 구휼하였다. 이와 함께 전국적으로 죄수들에 대한 대규모 사면을 단행하는 방식도 홍수에 대한 대응 양상과 유사하였다. 아울러 始祖廟와 명산에 제사를 지내 강우를 기원하는 모습도 보인다. 미추이사금 7년(268), "봄과 여름에 비가 내리지 않았다. 여러 신하들을 남당에 모아 왕이 친히 정사와 형벌의 잘잘못을 물어 듣고, 또 다섯 사람을 보내 돌아다니면서 백성들의 고충과 우환을 위문케 하였다." 가뭄 시책이 왕의 매우 중요한 정치 행위였음을 잘 보여주는 사례이다. 작물 생육기의 가뭄은 흉년을 초래한다. 흉년은 기근에 내몰려 유랑하는 인구를 증폭시켰다. 이들은 도적의 무리가 되거나 전염병에 희생되었으며, 혹은 생존을 위해 자녀를 매매하는 등 사회적 안정과 기강을 해치는 결과를 낳았던 것이다.

天人相關의 관념에서 가뭄은 왕에 대한 하늘의 譴責이라고 할 때, 왕 자신의 근신이 요청되기도 하였다. 예컨대 진평왕 7년(585) "봄 3월에 가뭄이 들자 왕이 正殿에 자리하지 않고 평상시보다 음식의 가짓수를 줄였으며, 南堂에 나가 친히 죄수들을 다시 조사해 주었다." 소지마립간 역시 가뭄에 당하여 "왕이 스스로를 죄책하고 평상시보다 음식의 가짓수를 줄였"으며, "여러 관료들에게 명해 수령이 될 만한 재주를 가진 이들을 각각 한 사람씩 천거하게" 하여 지배 계층 일반의 허물을 경계하였다.[40]

혜공왕 역시 재위 5년(769) 5월, 가뭄을 만나 백관들로 하여금 각기 알고 있는 인사를 천거하게 하였다. 선덕왕은 즉위 원년(632) 10월 "사신을 보내 나라 안의 홀아비, 과부, 고아, 자식 없는 늙은이와 제힘으로 살 수

40) 『삼국사기』 신라본기 3, 炤知麻立干 14년(492)·19년 7월.

없는 이들을 위문하고 구휼하였다." 성덕왕이 재위 4년(705) 8월 "늙은이들에게 술과 음식을 내려주었다"는 조치도 모두 가뭄으로 피해를 입은 후 민심의 수습을 위한 왕조 측 대안의 하나였다.

특히 성덕왕 대에는 가뭄과 홍수의 피해가 빈발하였다. 『삼국유사』는 성덕왕 5년의 기민 구휼의 양상을 다음과 같이 전하고 있다.

> 神龍 2년 병오(706), 그해에 벼가 익지 않아 백성들의 기근이 심하였다. 정미년 정월 1일부터 7월 30일까지 백성들에게 곡식을 지급하여 구제했는데, 한 사람 당 하루에 세 되를 기준으로 하여 사업을 마치고 계산해보니 30만 500석이었다. (『삼국유사』 기이, 성덕왕)

과연 7개월 동안 기민의 양곡을 온전히 국가가 부담했는지, 그리고 실제 지급 대상 인구가 얼마였는지를 헤아리는 것은 쉽지 않다. 그러나 고구려의 수취 정도를 전하는 중국 측 기록을 보면, 일반 양민의 人稅는 布 5匹과 穀 5石, 3등급으로 나눈 租稅의 경우 상등호가 1石이었다.[41] 또한 하대 원성왕 대에도 왕도의 주민들이 가뭄으로 인해 기근에 시달리자 두 달 사이에 각각 벼 3만 3천 2백 40석과 3만 3천석을 풀어서 나누어 구휼하였다고 한다.[42] 원성왕 대의 사례와 비교해서도 성덕왕 대의 구휼 규모는 거의 전국에 걸쳤던 것 같다. 이와 같이 혹심한 재해를 경험하면서 천문박사와 누각박사 등 기후 관련 전문가들의 비중이 높아지고, 각종 수리 공역이 추진되었던 것이다.

41) 『隋書』 81 열전 46, 高麗.

42) 『삼국사기』 신라본기 10, 원성왕 2년(786) 9월·10월.

만약 국가의 적절한 시책이 결여될 경우, 이재민들의 참상은 극에 달할 수밖에 없었다. 한 예로 경덕왕 14년(755)의 봄철 곡귀로 기근에 몰린 웅천주의 向德이라는 이가 자기 살을 베어 아버지에게 먹인 일이 발생하였다. 이에 대해 왕은 향덕을 효의 실천 행위로 표창하였으나, 곧바로 죄수의 사면과 함께 늙은이, 병자, 홀아비, 과부, 고아, 자식 없는 늙은이들을 찾아 위문하고 곡식을 내려주는 조처를 단행한 바 있다. 사실 향덕의 예화는 효의 덕목이라기보다는 극한적 기아선상에 내몰린 민중의 참혹한 실상에 다름 아닐 것이다. 그와 같은 처지의 백성들은 부모와 자녀를 유기하거나 매매하는 일까지 감수하지 않을 수 없었던 것이다.

고구려에 대해서도 신라와 대동소이한 가뭄의 실태와 왕의 대책들이 기록으로 남아 있다. 예컨대 태조대왕은 재해로 인한 흉작을 당하여 "관련 부서에 명해 어질고 선량하며 효성스럽고 온순한 이들을 천거하게 하고 홀아비, 과부, 고아, 자식 없는 늙은이 및 늙어 스스로 살아갈 수 없는 이들을 찾아 물어 옷가지와 먹을 것을 지급토록" 하였다.[43] 심지어 봉상왕 9년(300) 고구려에서는 가뭄 때문에 백성들이 "굶주리자 서로 잡아먹었다"라고 하였으니, 농업 생태 조건에서 상대적으로 불리한 고구려의 재해 양상은 더욱 참혹했던 것 같다. 또한 가뭄을 만나 왕이 음식의 가짓수를 줄이고 죄수들을 사면하는가 하면 산천에 기도하는 등 근신하는 모습도 신라와 다르지 않았다. 혹은 왕실의 위엄을 표상하는 궁실의 조성 공역이 가뭄을 이유로 중단되는 일도 확인된다.

특히 고구려는 초기부터 열악한 농업 생산력을 주변에 대한 약탈 전쟁과 경제적 공납 지배 등으로 보완하는 전략을 취한 탓에, 자연 재해 못지

43) 『삼국사기』 고구려본기 3, 태조대왕 66년(118).

않게 전쟁으로 인한 생업의 파탄이 잦았고 심대하였다. 게다가 산성을 거점으로 한 방어전의 경우, 평지의 생산 일정은 철저히 유린되기 마련이었다. 7세기 당의 동방 정책이 논의되는 가운데 보이는 당 측의 전략이 이를 잘 보여주고 있다. 즉 647년 당의 신료들은 태종에게 고구려 공략의 지침을 간추려 이렇게 말하였다.

> 고구려는 산을 의지해 성을 만들기 때문에 그 성들을 쉽사리 함락시킬 수 없습니다. 그러나 지난번 황제께서 친히 치셨을 때 그 나라 사람들은 농사를 지을 수가 없었고, 우리가 제압한 성들에서는 그 곡식을 수탈당했으며, 가뭄의 재앙이 뒤따르게 되니 백성들은 태반이 먹을 것에 쪼들리고 있습니다. 이제 만약 자주 소규모 군사를 보내 번갈아 저들의 강토를 소란케 해 저들로 하여금 분주한 명령에 피로케 하고 보습을 풀어 놓고 보루에 들어가게 한다면, 몇 년 사이에 천리의 땅이 쓸쓸하게 될 것이니, 민심은 저절로 떠나고 압록 북쪽은 싸우지 않고도 빼앗을 수 있을 것입니다. (『삼국사기』 고구려본기 10, 보장왕 6년)

백제 역시 허다한 가뭄의 재해, 이로 인한 기근과 전염병과 도적의 창궐이 기록되어 있다. 백제의 왕들은 비축 곡물을 풀어 지급하고, 민심을 위무하며, 죄수들을 사면하고, 납세를 면제해 주었다. 橫岳을 비롯한 산천과 東明廟에 제사하여 강우를 기원하는 등 신라 및 고구려와 유사한 대책들을 시행하였다. 또한 백제에서도 가뭄과 흉작이 극심하여 백성들이 서로 살해해 인육을 먹었다고 한다. 김제의 벽골제가 축조되던 시기의 사건이다. 비류왕 28년(331) "봄과 여름에 크게 가물어서 풀과 나무가 마르고 강물조차 고갈되었는데, 가을 7월이 되어서야 비가 내렸다. 이해에 흉년이

들어 사람들이 서로 잡아먹었다"는 것이다.

가뭄으로 인해 자녀를 매매하는 기민들의 존재야 신라와 다를 바 없었지만, 유독 백제에서는 기민들의 국외 이탈 기록이 현저하기도 했다. 온조왕 때 이미 가뭄으로 인해 초기 국가의 기틀이 흔들리는 대규모 유망민이 발생한 바 있다. 즉 온조왕 37년(19)의 가뭄 피해를 당했을 때는 "한수의 동북쪽 부락들에 흉년이 들어 고구려로 도망해 들어간 이들이 1천여 호나 되니, 패수와 대수 사이가 텅 비어 사는 사람이 없었다"라고 할 정도였다. 이에 왕은 이듬해 봄부터 행정력을 총동원하여 농사와 누에치기를 독려하는 한편 시급하지 않은 일로 농사철 백성들의 노동력을 동원하는 일체의 일들을 금지시키는 등 수습에 진력하였다. 또한 기근에 내몰려 자녀들을 매매하는 현상에 대해서는 국고를 풀어 매매된 자녀들의 몸값을 代贖해서 회복시켜 준 사례도 보인다.[44]

비유왕 21년(447)에도 가뭄의 결과 신라로 유망해 들어간 이재민들이 발생하였다. 동성왕 21년(500)에는 "여름에 크게 가물어 백성들이 굶주려서 서로 잡아먹고 도적들이 많이 일어나므로 신료들이 창고를 풀어 진휼해 구제하기를 청했으나 왕이 듣지 않자, 漢山 지역 사람으로 고구려에 도망해 들어간 이들이 무려 2천 명이었다." 동성왕을 이은 무령왕이 제방의 보수와 대대적인 유망민들의 귀농책을 단행한 것은 그와 같은 국가적 위기를 극복하고자 함이었다. 무왕 때에는 사비성의 중수 공사가 가뭄으로 인해 중단된 바 있다. 마침내 왕조의 균열이 전 분야에 걸쳐 노정되던 시기인 의자왕 17년(657) 가뭄의 피해는 "아무 것도 거둘 작물이 없는 땅이 되고 말았다"는 평가를 낳기에 이르고 있었다.

44) 『삼국사기』 백제본기 2, 근구수왕 8년(382).

3. 물의 상징과 의례

1) 상징 체계의 파생

(1) 신화·설화 속의 물

삼국이 토지의 농업 생산력에 크게 의존하는 경제 전략을 공유하고 있는 이상, 각국의 건국 신화와 당대의 설화 가운데서는 물의 모티프와 상징성이 흔히 발견된다. 고구려의 건국 영웅 주몽의 탄생부터 이미 물의 신성성이 체현된 사례가 된다. 주몽은 5세기 고구려인들의 인식 속에 "天帝之子 河伯之孫"으로 각인되었다.[45] 여기 보이는 河伯은 지상에서 가장 힘센 존재 즉 (黃)河를 주재하는 신을 이른다. 농업 경제에 기반을 둔 고대 동북아 주민들에게는 항상적으로 작황을 결정하는 하천의 범람과 빈발하는 가뭄 등 각종 수해 및 한해의 경험이 공유되고 있었다. 그 위력은 여러 형태로 신화 및 설화 속에 스며들게 마련이다.

새로운 정치 실험을 위해 부여를 탈출한 주몽의 노정에서도 물의 위력과 신성성이 개입하고 있다. 즉 추격 군을 피해 서둘러 남하하는 주몽 일행 앞에 거대한 강이 가로막았다. 그러나 이 위난을 극복하게 된 것도 역시 수중 생물들의 도움에서 비롯하였다. 물고기와 자라 혹은 갈대 등 수중 서식 생물들이 다리를 만들어 무사히 도강에 성공했다는 것인데, 그러한 신이를 가능케 한 원천이 곧 하백이었던 것이다.

물은 이처럼 장애이면서 생명의 원천이었고, 재해를 주는 한편 삶의 구체적 조건이기도 하였다. 주몽이 처음 도읍한 졸본성을 휘감아 도는 비류

45) 廣開土王碑文과 牟頭婁墓誌.

수 위에 채소 잎이 떠내려 오는 것을 보고 "그 상류에 사람이 살고 있는 줄을" 각성하여 최초의 영토적 성과를 거둔 대목도 인상적이다. 물은 고대인들에게 삶의 젖줄 자체였던 것이다.

따라서 물을 통제할 수 있는 능력이란 곧 지배자의 신성한 권능이기도 하였다. 예컨대 고구려 동명왕을 기린 장엄한 서사시에는 건국기의 고구려가 주변을 병합하는 과정을 읊는 가운데 동명왕에 의해 유발된, 그러므로 그에 의해 통제되고 있는 홍수의 위력이 적절하게 묘사되고 있다. 즉 동명왕이 흰 사슴의 호소를 매개로 天帝로 하여금 이레 동안 비를 내려 비류국이 물에 잠기게 만들었다는 것이다.[46] 필시 홍수와 범람의 위력 앞에 무력할 수밖에 없었던 고대인들의 반복된 경험이 이러한 설화 모티프로 형상화되었을 것이다. 특히 고구려에서는 매년 10월 국중대회를 열고 이른바 隧神을 맞이해 압록강에서 제사했다 한다.[47] 이는 곧 水神에 대한 치제의 관념과 의례가 정식 국가 제례로 정착했음을 말해 주는 것이다.

동명 신앙을 공유하고 있던 백제의 지배 계층도 역시 가뭄에 당해 東明廟에 치제하였다. 신라의 왕들은 그들의 始祖廟에 강우를 기구하였다. 삼국의 지배 계층들은 한결같이 그들의 건국 시조에게 물을 통제하는 권능을 의미 부여하거나 기대했던 것이다.

신라의 건국 시조 혁거세가 알을 깨고 나온 직후 6부의 촌장들이 그를 東泉에서 목욕시키자, 몸에서 광채가 나고 새와 짐승이 따라 춤추며 천지가 진동하고 해와 달이 청명해지므로, 그로 인하여 그를 혁거세왕이라 부르게 되었다 한다.[48] 이 또한 건국 시조와 물의 권능을 연계한 설화인 셈이

46) 李奎報, 『東國李相國全集』 3 古律詩, 「東明王篇」.

47) 『三國志』 30 魏書 동이전, 고구려.

48) 『삼국유사』 기이, 新羅始祖赫居世王.

다. 동천은 아마 동쪽 방위에 있는 샘물일 것이다. 고구려 역시 동쪽의 물, 즉 당시 수도였던 국내성 동쪽을 흐르는 압록강에서 수신제를 지냈다.

혁거세와 함께 후대 신라인들에게 '二聖'으로 일컬어진 그의 비 閼英 역시 태어났을 때 입술이 닭의 부리와 같았으므로 月城의 北川에 가서 목욕시키니 부리가 떨어졌다 하고, 그 때문에 그 내를 撥川이라 한다고 하였다. 마치 주몽의 어머니 柳花가 優渤水에서 건져진 후 늘어진 입술을 잘라 낸 다음에 비로소 말을 하게 되었다는 설화와 방불한 것이다. 혁거세의 비 알영이 물의 신성성을 구현한 인물인 것처럼, 남해차차웅의 비 雲帝夫人 역시 뒷날 雲帝聖母로 추앙되었는데, 가뭄에 당하여 성모에게 기구하면 응험함이 있었다고 한다.[49]

한편 삼국이 불교라는 고등 신앙 체계를 수용하면서 재래의 천손 이데올로기로 분식된 왕실의 권능은 그 위력이 퇴색되기에 이른다. 반면에 부처의 힘이 물을 제압하는 설화가 양산되었다. 불교를 힘써 권장한 군주로 저명한 백제 법왕은, "크게 가물자 漆岳寺에 가서 비를 빌었다" 한다.[50] 이제 수해와 한해의 통제는 왕 자신의 신성성이 아니라 불력의 위력에 의존한다는 사유가 넓게 확산되었던 것이다.

『삼국유사』에 전하는 하나의 사례를 들어 본다.

> 경덕왕 天寶 12년 계사년(753) 여름에 크게 가물어 大賢을 내전으로 불러들여 金光經을 강설하고 단비를 빌었다. 하루는 재를 지내는데 바리를 벌여 놓고 오랜 동안 정수를 올리는 일이 지체되자 감독하는 관리가 힐난

49) 『삼국유사』 기이, 第二南解王.
50) 『삼국사기』 백제본기 5, 법왕 2년(600).

했더니 공양하는 이가 말하기를 "궁궐 우물이 말라 멀리서 물을 길어 오느라 이리 늦게 된 것입니다"라고 하였다. 대현이 말하기를 "왜 일찍 말하지 않았는가?" 하더니, 낮에 강경할 때 묵묵히 향로를 받들고 있는데 잠깐 사이에 우물물이 솟구쳐 7장이나 되어 절의 幢과 나란히 되었다. … 다음해 갑오년 여름에 왕이 또 대덕 法海를 황룡사에 초청해 華嚴經을 강경케 하고 친히 나서서 行香하다가 조용히 말하기를 "지난 여름 대현 법사께서 금광경을 강경하실 때 우물물이 7장이나 솟구쳤습니다. 이 분의 법도는 어떠한 것인가요?" 하니, 법해가 말하기를 "지극히 작은 일을 가지고 무슨 칭송할 만한 것이겠습니까? 곧바로 창해를 기울여 東岳을 잠기게 하고 수도를 떠내려가게 하는 일도 어렵지 않습니다"라고 하였다. 왕이 믿지 못하고 장난하는 말일 뿐이라고 여겼다. 한낮에 강경할 때 향로를 잡고 잠잠히 있자니 잠시 후 궁궐에서 갑자기 곡성이 나고 궁궐 관리가 달려와 보고하기를 "동쪽 못이 이미 넘쳐 내전 50여 칸이 물에 떠내려갔습니다"라고 하였다. 왕이 망연자실해하자 법해가 웃으며 말하기를 "동해가 기울어지려고 수맥이 먼저 불어난 것일 뿐입니다"라고 하였다. 왕이 자기도 모르는 사이에 일어나 배례하였다. 다음날 感恩寺에서 아뢰기를 "어제 午時에 바닷물이 넘쳐 불당의 계단 앞까지 찼다가 저녁 때에야 물러갔습니다"라고 하니, 왕은 더욱 그를 믿고 공경하였다. (『삼국유사』 의해, 賢瑜珈海華嚴)

『삼국사기』에도 사건의 배경이 된 경덕왕 12년을 전후하여 심각한 가뭄이 신라를 엄습한 기록들이 있다. 유가종의 대덕 대현의 불력은 가뭄으로 고갈된 우물에서 물이 솟구치게 할 정도였다 한다. 이듬해 화엄종의 대덕 법해는 아예 동해의 해수를 제어하는 능력을 발휘했다 한다. 비록 문맥의 본의는 화엄종의 위력을 강조한 것이나, 시대적 배경이 극심한 가뭄이 거듭되던 때이고, 또 불교 고승의 위력이 우물과 연못과 바다 등 일련의 물에 대한 통어 능력으로 발현되고 있다는 점을 주목하게 된다. 즉 이 설화에는 가뭄이라는 일상적 재해에 대해 불교적 사유가 위력을 발휘하던 당시 사람들의 대응 방식 혹은 사유 형태가 반영되어 있는 것이다.

이와 같이 불력으로 물을 통어한다는 인식은 대외 전쟁의 맥락에서도 활용되었다. 예컨대 7세기 통일 전쟁이 진전되면서 당 측의 신라 공격이 노골화된 시점에 발생한 설화를 주목한다. 당에서는 수군을 동원하여 바다로 공격을 시도하였는데, 明朗法師가 文豆婁秘法을 써서 풍랑을 일으켜 적선들을 모두 침몰시켰다는 것이다.[51] 명랑법사는 용궁에서 그 비법을 배워 왔다고 하니, 승려가 바다를 통제할 수 있는 힘을 발휘했다는 점에서 법해의 사례와 동일한 논리의 설화인 셈이다.

(2) 용 신앙

명랑법사의 바다 통제 능력이 용궁에서 비롯했다는 설화가 암시하는 것은 일차적으로 용과 물의 관련성일 것이다. 또한 주몽의 부로 관념된 解慕漱가 다섯 마리 용이 끄는 수레를 타고 강림한다거나, 주몽 자신은 황룡을 타고 승천했다는 신화, 그리고 박혁거세의 비 알영이 용의 갈빗대에서 탄생했다는 따위는 용과 최고 통치자의 관련성을 상징한다. 요컨대 용을 매개로 통치자와 물은 의미 관계를 지니게 되는 것이다. 여기에 고대의 생업 조건으로서 농경의 절대성을 감안한다면, 용 신앙은 고대 삼국의 생태와 뗄 수 없는 기저를 형성하고 있었던 셈이다.

51) 『삼국유사』 기이, 文虎王法敏.

용과 강우의 상관관계를 의미하는 사례들은 고대의 기록에 허다하였다. 용의 출현은 곧 강우의 예조이다. 혁거세거서간 60년(기원전 8), "가을 9월에 두 마리의 용이 금성의 우물에 나타나더니 심하게 우레가 치고 비가 쏟아졌으며, 성의 남문에 벼락이 쳤다." 유리이사금 33년(56), "여름 4월에 용이 금성의 우물에 나타났는데, 조금 있다가 서북쪽에서 폭우가 몰려왔다." 용은 금성의 우물, 鄒羅井, 楊山의 우물 등 주로 우물에서 등장하거나 궁궐의 동쪽 연못에서 빈출하였다. 이처럼 용이 강우의 예조로 간주되었기 때문에, 진평왕은 가뭄에 용을 그려서 비를 빌었던 것이다.[52)]

이러한 관념은 통일기 신라에서 나라의 보물로 간주되었던 萬波息笛에 적실하게 반영되어 있다. 즉 감은사는 신문왕이 부왕인 문무왕을 위해 창건한 절이었는데, 문무왕은 죽어 동해의 용이 되었기 때문에 감은사 금당 계단 아래에 동쪽으로 구멍을 내 용이 된 문무왕이 교통하게 했다는 것이다. 왕은 곧 용이라는 인식이다. 게다가 신문왕은 동해의 한 섬에 가서 용이 바치는 玉帶를 얻었는데, 옥대의 마디 하나를 떼어 시냇물에 넣으니 곧 용이 되어 하늘로 올라가고 그 땅은 못이 되었다 한다. 용과 물이 일체의 속성을 지니고 있다는 관념의 소산이다. 마지막으로 용의 헌의를 받아 제작한 만파식적의 경우 이를 불면 곧 전란이 종식되고 질병이 치유되었으며, 가뭄에는 비가 내리고 장마에는 쾌청해지고, 바람이 멎고 파도가 잦아들었다 한다.[53)] 최고의 호국 신물은 이렇듯 용에 의해 출현하였고, 그 호국의 맥락 가운데에는 순조로운 강우 즉 한해와 수해를 이긴다는 영험이 자리하고 있었던 것이다.

52) 『삼국사기』 신라본기 4, 진평왕 50년(628).

53) 『삼국유사』 기이, 萬波息笛.

그러나 용 신앙 역시 불교 이념이 최고의 권위를 장악하던 신라 中古 시기에 들어오면서 불력과 습합되거나, 불교의 위력에 밀려나는 현상이 빚어지기도 하였다. 예컨대 황룡사 창건의 연기 설화를 보면, 진흥왕이 "관련 부서에 명해 월성 동쪽에 새 궁궐을 짓게 했는데 황룡이 그 터에서 나타났으므로, 의아하게 여겨 궁궐을 고쳐 절을 만들고, 이름을 皇龍寺라 하였다" 한다.[54] 심지어 용이 정작 재해의 원흉으로 설정되기조차 한다. 『삼국유사』에 인용된 『고기』의 인용문에는 이렇게 말하였다.

> 옛날 하늘에서 알이 바닷가로 내려와 사람이 되어 나라를 다스렸으니, 곧 首露王이다. 이때 그 영토 안에 玉池가 있었는데, 그 못 안에 毒龍이 살고 있었다. 萬魚山에 다섯 羅刹女가 있어 그 독룡과 서로 오가며 사귀었다. 그러므로 때때로 雷雨를 내려 4년 동안 오곡이 결실을 맺지 못했다. 왕은 呪術로 이 일을 금하려 해도 할 수 없으므로 머리를 숙이고 부처를 청하여 설법했더니 그제야 나찰녀가 五戒를 받았는데, 그 후로는 災害가 없었다. (『삼국유사』 탑상, 魚山佛影)

이러한 설화는 『觀佛三昧經』(7권)의 불교 설화를 윤색한 것인데, 이처럼 용의 해독은 오직 부처의 힘에 의해서만 극복된다는 형태의 전이를 보게 된다. 그러면서도 용이 고대인들의 사유 가운데 왕 자체를 상징하는 맥락은 의연히 지속되었다. 미추이사금 원년(262)에 궁궐 동쪽 못에서 나타난 용은 최초 김씨 왕의 즉위를 긍정하는 예조였다. 소지마립간 22년(500)에는 금성의 우물에 용이 나타난 데 이어 왕이 죽었으니, 이 경우의 용은

54) 『삼국사기』 신라본기 4, 진흥왕 14년(553) 2월.

정 반대의 의미에서 왕의 운명을 예고한 것이다. 경덕왕 23년(764) 3월에도 용이 楊山 아래 나타나 조금 있다가 날아가 버리더니, 이듬해 왕의 죽음이 이어졌다. 경문왕도 그 말년(875)에 "용이 왕궁의 우물에 나타나 조금 있다가 구름과 안개가 사방에서 모여 들자 날아가" 버린 직후 홍거하였다.

고구려에서도 건국 설화에 등장하는 용은 물론, 고분의 벽화에서도 神人을 업고 하늘을 나는 초기의 황룡에서부터 사신도의 한 영역을 감당하고 있는 후기의 청룡에 이르기까지 강인한 용 신앙의 흐름을 확인할 수 있다. 다만 고구려의 용은 신라와 달리 우물과 연못이 아니라 산악을 배경으로 출현한다. 예컨대 건국 시조인 주몽이 거둔 최초의 대외 성과라고 할 수 있는 송양국의 병탄 직후 鶻嶺에 모습을 드러낸 황룡은 아마 신성한 새 왕조의 장도를 축원하는 상징이었을 것이지만,[55] 물과의 관련이 명료하지 않다. 주몽은 또한 하늘에서 보낸 황룡을 타고 승천하였다 하였고, 그 때문에 그의 장지가 龍山이었다고 한다. 아울러 고구려에서는 이처럼 건국 시조와 관련하여 용이 등장할 뿐, 이후 왕의 권능을 표상하는 사례로서도 용 관련 문자 정보는 보이지 않는다.

백제의 경우는 신라의 사례에 어느 정도 부합하는 양상이었다. 즉 고이왕 5년(238), "왕궁의 문기둥에 벼락이 치더니 그 문에서 황룡이 나와 날아갔다." 비류왕 13년(316) 봄에도 가뭄이 들었는데, 얼마 후 "왕도의 우물물이 넘치더니, 흑룡이 그 속에서 나타났다." 모두 가뭄과 용의 상관관계가 감지되는 관찰 경험인 것이다. 그러나 백제의 경우에서는 유독 용의 출현이 왕의 죽음 등 흉조를 예비하는 형태로 등장하는 사례가 많았다. 그리고

55) 『삼국사기』 고구려본기 1, 시조동명성왕 3년(기원전 35).

그 때의 용은 반드시 흑룡이었다.

예를 들어 기루왕 21년(97)에 두 마리의 용이 한강에 나타났는데, 용이 왕을 상징한다고 할 때 두 마리가 함께 출현한 현상은 예사롭지 않다. 마치 신라 혁거세거서간이 승하하기 몇 달 전에 "두 마리의 용이 금성의 우물에 나타나더니 심하게 우레가 치고 비가 쏟아졌으며, 성의 남문에 벼락이 쳤"던 사실을 방불케 하는 것이다. 게다가 문주왕은 당시의 도읍이었던 웅진에 흑룡이 출현하고 나서 죽었다. 비유왕 역시 "흑룡이 한강에 나타났다가, 잠시 후 구름과 안개가 어두컴컴하게 끼더니 날아가 버렸는데, (곧) 왕이 죽었다."[56] 따라서 흑룡의 출현은 왕의 신변에 미칠 위난을 예고하는 것이었다.

결국 백제의 멸망도 용의 몰락으로 상징되었다. 즉 백제 왕도를 휘감아 흐르는 泗沘河가에 龍巖이라는 바위가 있는데, 당의 선봉장 소정방이 그 바위 위에 앉아 용을 낚았고 그로 인해 바위 위에는 용이 꿇어앉은 자취가 있다 하였다.[57] 그러나 이 설화의 본의는 "소정방이 백제를 공격할 때 강에 임하여 건너려 하는데 홀연히 비바람이 크게 일어나므로 백마를 미끼로 용 한 마리를 낚아 올리니 잠깐 사이에 날이 개어 드디어 군사가 강을 건너 공격하였다"[58]라고 한 데 있다. 이 용의 운명은 백제의 그것을 대변하는 것이었다.

요컨대 용 신앙은 삼국 공히 순조로운 기후 조건 특히 강우와 관련하여 기능하였으며, 성공적인 생업과 왕조의 안녕 사이의 의미 관계로 인해, 용은 다시 왕을 상징하거나 호국의 역할이 기대되는 존재로 간주되었다. 다

56) 『삼국사기』 백제본기 3, 毗有王 29년(455).

57) 『삼국유사』 기이, 南扶餘前百濟.

58) 『신증동국여지승람』 18 부여군 고적, 釣龍臺.

만 용 신앙 역시 불교가 전성을 누리던 시기에 와서는 부처의 권능에 종속되거나 오히려 부처의 가호에 의해 극복되고 마는 흉물로 전락되기도 했던 것이다. 이러한 관념의 전복 현상은 강우와 晴雨를 기원하는 당대인의 의례 가운데에서도 여러 형태로 흔적을 남기고 있었다.

(3) 우물·강·바다의 상징성

백제의 멸망이 호국룡의 종말에서 비롯되었다면, 그 용의 종말이란 다시 용이 서려 있는 물의 異狀을 전제로 한 것이었다. 백제의 멸망이 목전에 닥쳐 있던 시기의 현상을 적시한 대목을 살펴 이 점을 구체화해 본다.

> 의자왕 20년(660) 봄 2월에 왕도의 우물물이 핏빛이 되고, 서쪽 바닷가에 작은 고기들이 물 밖으로 나와 죽었는데 백성들이 다 먹을 수가 없을 지경이었으며, 사비하의 물도 핏빛처럼 붉었다. 여름 4월에 두꺼비 수만 마리가 나무 위에 모여들었다. 왕도의 시정 사람들이 까닭도 없이 누가 잡으러 오기나 하는 것처럼 놀라 달음질하여 나동그라져 죽은 이가 백여 명이었고, 재물을 잃어버린 것은 이루 셀 수조차 없었다. 5월에 느닷없이 비바람이 몰아쳐서 天王과 道讓 두 절의 탑에 벼락을 치더니, 또다시 白石寺 강당에도 벼락을 쳤으며, 용과 같은 검은 구름이 동쪽과 서쪽 허공 가운데서 서로 부딪쳐 싸웠다. (『삼국사기』 백제본기 6)

대 파국의 예조는 왕도의 우물에서 시작하였다. 우물물이 핏빛으로 변한 것이다. 핏빛 물은 왕도를 위호하고 있는 사비하로 이어졌다. 사비하가 흘러 들어가는 서해 바다 역시 어류가 살 수 없는 물이 되고 말았다. 이미 1년 전에도 사비하에서 길이가 3장이나 되는 큰 물고기가 나와 죽는가 하면, 키가 18척이나 되는 여인의 시체가 生草津에 떠올라 오는 변괴가 발생한 터였다. 이에 왕도의 주민들은 집단 공황 상태에 빠졌고, 정체를 확인할 수 없는 공포에 쫓겨 무력하게 자멸하기도 했다. 퇴락하는 왕조의 운명을 예고하듯 불탑과 금당에 벼락이 내리치는 가운데, 종종 백제 왕을 상징하던 검은 용의 형상이 허공에서 쟁투를 벌이고 있다. 우물에서 발단하여 흑룡의 고단한 相撲으로 귀결되는 일련의 흉조는 왕조의 파멸을 예고하는 것들이었다. 우물과 강과 바다로 이어지는 생태 조건의 순차적 오염과 이상 현상에서 망국이 비롯되었다는 전형적 인과 의식을 발견하는 것이다.

우물과 강과 바다 등 각양의 물에 나타난 이상 현상이 망국의 예조였다면, 그것들은 역설적인 의미에서 창국과 보국의 긴요한 요소였을 것이다. 백제의 온조왕이 定都를 위해 모색하던 과정에서 창국의 보좌진이 말하는 도읍의 조건이 이를 웅변하고 있다. 위례성을 수도로 정해야 하는 당위를 열거하는 그들의 논리는, 그곳이 "북으로 漢水를 두르고, 동으로는 높은 산악에 의거하고 있으며, 남쪽으로 기름진 들이 바라다 보이고, 서로는 큰 바다로 막혀 있으니, 그 천연의 요충과 토지의 이로움은 얻기 어려운 형세"라는 것이었다.[59] 그들은 강과 바다가 지니는 경제적 측면과 군사 방어의 유리함을 주목한 것이다.

고구려와 漢의 전쟁에서도 생활용수의 안정적 확보가 전쟁의 승패에 얼마나 긴요한 요소였는지가 핍진하게 묘사되어 있다.

大武神王 11년(28) 가을 7월에 漢의 遼東太守가 군사를 거느리고 쳐들어

59) 『삼국사기』 백제본기 1, 온조왕 즉위기(기원전 18).

왔다. … 왕은 힘이 다하고 군사는 피로해졌으므로 乙豆智에게 이르기를 "형세가 더는 지킬 수 없으니 어떻게 해야겠는가?" 물었다. 을두지가 말하기를 "한나라 사람들은 우리가 암석지대에 있어 물이 나오는 샘이 없을 것이라 생각하고, 이 때문에 오래도록 에워싸서 우리들이 곤란해지기를 기다리는 것입니다. 그러니 연못 속의 잉어를 잡아 물풀로 싸고 여기에 맛 좋은 술 약간을 곁들여 가져다가 한의 군사들을 호궤하는 것이 좋겠습니다"라고 하였다. 왕이 을두지의 말을 따라 편지를 보내 말하기를 "과인이 우매한 탓에 상국에 죄를 지어 장군으로 하여금 백만 군사를 이끌고 우리 땅에서 비바람을 무릅쓰고 다니게 하였다. 장군의 후의를 거들어 줄 게 없어 그저 보잘것없는 물건이나마 장군 휘하에 보내 드린다"라고 하였다. 이에 한의 장수는 성 안에 물이 있으니 별안간에 함락시킬 수는 없겠다고 생각하여 … 드디어 군사를 이끌어 돌아갔다. (『삼국사기』 고구려본기 2)

이처럼 현실의 삶과 국가 운영의 토대에 물의 중요성이 절대적이었던 고대의 조건에서, 우물과 강과 바다의 상징성이 삼국 사이에 널리 공유되어 있었던 것은 당연한 현상이었다. 즉 물은 고대인의 생존에 직결되는 요소였다. 따라서 그에 부여된 상징에는 마땅히 신성성이 바탕을 이룬다.

신라의 시조는 蘿井 옆의 숲 사이에서 알의 형태로 출현하였다. 그는 필시 나정이라는 우물을 매개로 생명을 얻었다고 보겠다. 그의 비 역시 閼英의 우물 혹은 娥利英井에 나타난 용에게서 태어났다. 건국 시조 부부의 탄생이 우물과 관련되어 설명되는 것은 부단히 새 물로 채워지는 우물의 생명력에서 발단한 상상력의 소산이다. 그 때문에 고대 동북아에서는 이른바 女人國의 관념이 가능했다고 생각한다. 여인국에는 神井이 있어서, 여

자들이 그 우물을 들여다보기만 해도 아이를 낳을 수 있다고 한다.[60]

석씨 왕계의 시조로 추숭된 탈해의 경우에도, 물의 신성성과 그러한 물의 신성성을 장악하고 있는 탈해의 권능을 강조하는 설화가 전하고 있다.

> 어느 날 吐解(脫解를 이름 — 필자)가 東岳에 올라갔다가, 돌아오는 길에 하인을 시켜 물을 구해 오라 했다. 하인이 물을 떠 가지고 오다가 길에서 먼저 마시고 탈해에게 드리려 했다. 그러나 물그릇이 입에 붙어서 떨어지지 않았다. 탈해가 이로 인해 꾸짖으니 하인이 "이후에는 가까운 곳이든지 먼 곳이든지 감히 먼저 물을 마시지 않겠습니다"라고 맹세하였다. 그제야 물그릇이 입에서 떨어졌다. 이후 하인은 탈해를 두려워하여 감히 속이지 못했다. 지금 동악 가운데 우물 하나가 있으며 세간에서 遙乃井이라 하는데, 이것이 그 우물이다. (『삼국유사』 기이, 第四脫解王)

유사한 논리에서 우물에 생기는 변고는 왕과 국가에 불길한 예조로 해석되었다. 물론 우물이 제 기능을 상실하는 이유는 현실적으로 극한적인 가뭄에서 비롯한다. 우물과 샘이 마르는 지경의 가뭄이란 백성의 생업은 물론 그에 기반을 둔 통치 권력의 위기를 의미한다. 우물의 변고가 범상치 않은 흉조로 기록된 이유가 여기에 있는 것이다. 혹은 우물물이 비정상적으로 넘치는 것은 지하의 수맥에 격심한 변화가 발생한 때문이고, 그러한 변화는 지각의 불안정에 기인한다. 그러므로 그 자체가 지진이나 화산 활동과 같은 재난의 전조이기도 했다.

한 예로 기림이사금 7년(304) 가을에는 "8월에 지진이 있어 샘물이 치솟

60) 『후한서』 85 동이열전 75, 東沃沮.

았고, 9월에 다시 수도에 지진이 있어 민가를 무너뜨렸으며 이 때문에 죽은 사람도 있었다"라고 보고되었다. 자비마립간 14년(471)에는 "수도에서 땅이 갈라졌는데 너비와 길이가 2장이나 되었고 탁한 물이 솟구쳐 나왔다"라고 한 다음, 그해에 전염병이 크게 돌았다고 했다. 생활용수의 오염과 그로 인한 수인성 전염병의 인과 관계를 짐작하게 된다.

그러나 고대인들은 이와 같은 자연 현상을 당대 정치 현상과 연계하여 수용하곤 하였다. 예컨대 실성이사금 15년(416)에 있었던 토함산의 붕괴와 우물물이 3장이나 치솟은 현상은, 문득 이어지는 왕의 죽음을 안내한 조짐으로 해석되었다. 고대의 기록 자체가 범상한 자연 현상조차도 그와 같은 의미 맥락으로 독해된 결과일 것이다. 그러므로 남아 있는 물 관련 기록은 한결같이 어떤 형태의 정치 현상을 암시하거나 그 귀결로 자리하는 것이다. 즉 진평왕 53년(631)에 흰 무지개가 궁궐 우물물을 머금고 토성이 달을 범하더니, 그 이듬해 왕이 죽었다. 이 경우 토성의 이상 현상은 최초의 여왕인 선덕왕의 등장을 암시하는 것인 반면,[61] 진평왕 자신의 죽음은 우물물의 이변이 예고한 것이었다. 태종 무열왕의 죽음을 기록하면서 "大官寺의 우물물이 피가 되고, 金馬郡에서는 땅에서 피가 흘러 너비가 5보나 되더니, 왕이 죽었다"[62]라고 한 것도 그 전형적인 사고의 결과이다.

다만 우물물이 솟구치는 현상에 대한 해석은 그 역동성과 관련하여 전혀 반대로 긍정되기도 하였다. 예컨대 백제 온조왕 대에 왕궁의 우물물이

61) 『사기』 天官書에 토성은 5방 중 중앙에 속하므로 "덕을 관장하며, 왕후의 星象이다"라고 했으며, "마땅히 머무르지 않아야 하는 데에 머물거나, 이미 지났는데 다시 역행해 되돌아와 머물면, 그 나라는 영토를 얻거나 그렇지 않으면 婦女를 얻는다"라고 하였으므로, 선덕왕의 계위를 암시하는 것으로 해석될 수 있다.

62) 『삼국사기』 신라본기 5, 태종무열왕 8년(661) 6월.

넘치자, 기후샤먼으로 생각되는 日者의 해석이 "우물물이 갑작스레 넘치는 것은 대왕께서 우쩍 융성하실 조짐"이라고 하여 주변에 대한 군사적 행보의 속도를 더해간 일이 있다.[63] 그러나 백제에서도 극심한 가뭄의 경우 왕도의 우물이 고갈되는 현상이 특기되었다. 더구나 신라와 마찬가지로 우물은 종종 용이 출현하는 곳이었다.

강물과 바닷물 역시 농업용수와 교통의 수단인 한편 어로의 현장이었던 데서 고대인의 생업에 직접 관계되는 요소였으므로, 각종 상징성이 부여되었다. 다만 범람으로 하천이 넘치거나 한발로 수위가 현저하게 낮아지는 등의 이변은 기후의 변동에서 야기되는 것이었던 반면, 간혹 물빛이 핏빛으로 변했다는 기록들이 보여 흥미롭다.

효성왕 2년(738) 여름에 所夫里郡의 강물이 핏빛으로 변하였다. 보장왕 28년(660) 7월에도 평양의 강물이 3일 동안이나 핏빛이었다고 한다. 아달라이사금 8년(161) 7월에 바다고기가 많이 물 밖으로 나와서 죽었다 하였고, 선덕왕 8년(639) 7월에는 동해의 물이 붉어지고 뜨거워져서 물고기들이 죽었다고 한다. 애장왕 5년(804) 7월에도 웅천주 蘇大縣 釜浦의 물이 핏빛으로 변하였다. 경덕왕 대에도 고성 지방의 해변에 헤아릴 수 없이 많은 물고기가 스스로 죽어 나타나 흉년에 시달리던 사람들이 죽음을 면할 수 있었다고 하였다.[64]

강과 바다에서 발생한 물빛의 이변은 그 발생 시기가 모두 7월에 집중하였고, 물고기들의 폐사가 동반되는 것으로 보아 赤潮의 발생을 기록했을 가능성이 크다. 신덕왕 4년(915)에 "槧浦의 물과 동해의 물이 서로 부

63) 『삼국사기』 백제본기 1, 온조왕 25년(7) 2월.

64) 『삼국유사』 의해, 關東楓岳鉢淵藪石記.

뒤쳐서 물결의 높이가 20장 가량이나 치솟았는데 3일 만에야 잠잠해졌다" 라고 한 보고도, 일본열도 방면의 지각 변동에서 야기된 해일의 피해일 것이다.

그렇지만 그와 같은 현상이 특기되었던 것은 그들에 부여된 의미 혹은 상징성 때문이었다고 보아야 한다. 필시 보장왕 대 대동강의 물빛은 고구려 당대인의 사유 속에서 백제의 멸망에 뒤이어 당의 주공 방향이 고구려를 향하던 당시 정세와 유기적으로 연결되어 있었을 것이다. 특히 효소왕 8년(699)의 적조 현상은 아마 외적의 침습을 예고하는 것으로 받아들여졌던 것 같다. 즉 그해 7월에 동해의 물이 핏빛이 되었다가, 5일 만에 예전처럼 돌아왔는데, 다시 9월에 동해의 물결이 맞부딪쳐서 그 소리가 왕도까지 들렸으며, 무기고 안에서 북과 뿔피리가 저절로 소리를 내 울어댔다고 한다. 효소왕은 부왕 신문왕 때 동해의 용이 된 문무왕의 비호를 인연으로 출현한 옥대와 만파식적의 신성성을 간파한 장본인이었다. 또한 북과 피리가 저절로 울었다는 모티프는 우리 고대 설화에서 종종 외적의 침습을 알리는 장치로 간주되었던 것을 환기한다.

그러므로 동해 물빛의 변고와 만파식적 등의 自鳴 현상은 전통적으로 동해에서 출몰하는 왜구로부터 숱한 약탈을 경험한 고대 신라인들의 관념 속에서 자연스럽게 왜적의 습격을 예고하는 것으로 받아들여졌을 것이다. 신라인들의 의식 가운데 왜인이란 "출현의 맥락이 예측불가능하며 주거지가 불명료한 바다 건너 이질적 불청객"이었다.[65] 심지어 신라인들은 "여름에 큰바람이 동쪽에서 불어와 나무를 꺾고 기와를 날리더니, 저물녘이 되

65) 이강래, 2004, 「『삼국사기』의 왜 인식 — 신라사의 경험을 토대로」 『韓國思想史學』 22; 2011, 『삼국사기 인식론』, 일지사.

어서야 그쳤다. 수도의 주민들 사이에 왜병이 크게 몰려온다는 헛소문이 나돌아서 사람들이 다투어 산골짜기로 도망해 숨었다"[66]라고 할 정도로, 동해 방향의 기후 격변을 곧 왜적의 습격으로 속단할 지경이었던 것이다.

2) 기우 의례와 관념

(1) 물 관련 제례

일상생활에 긴요한 물의 순조로운 공급과 통제를 염원하는 제례는 일찍부터 그 흔적을 남기고 있다. 무엇보다도 물은 농업과 관련되어 인식되었고, 그 때문에 국가의 주요 정치 및 의례 행위 가운데서도 물에 적지 않은 비중이 부여되었다.

우선 삼국은 모두 社稷에 제사를 지냈다. 社는 토지의 신이요, 稷은 오곡의 신이다. 사와 직이 합쳐져서 일정한 지역 공동체의 상징이 되었다. 따라서 사직은 뒤에 나라를 의미하는 대명사로 쓰였다. 또한 "사직을 나라에서 제사하는 것은 땅의 은혜에 감사를 베푸는 것이다"라고 하였다[67] 이처럼 농업에 기반을 둔 경제 체계에서 사직에 대한 제사는 공통의 제례 의식이었던 것이다. 隧神[水神]에 대한 제례가 이루어졌던 고구려의 東盟祭는 계절적으로 보아 한 해의 농사를 마무리하면서 다음해의 풍년을 기원하는 추수감사제의 성격을 지니고 있다. 같은 시기 濊의 舞天, 부여의 迎鼓, 삼한의 十月祭 등이 여기에 비견될 수 있다.

이러한 전통은 통일기 이후 신라의 祀典 체계에서도 八䄍에 제사하는

66) 『삼국사기』 신라본기 1, 祇磨尼師今 11년(122).

67) 『禮記』 禮運篇.

형태로 지속되었다.[68] 八褡의 여덟 神體 가운데 보이는 坊은 논물을 막아 가두는 둑의 신이고, 水庸은 논물을 끌어들이고 빼내는 도랑의 신이다. 이들 신에게 제사하여 물이 새거나 넘치지 않게 함으로써 곡식의 순조로운 생장을 축원하였던 것이다. 그밖에도 先農·中農·後農祭 등에서도 순조로운 강우와 쾌청을 기원하였으며, 입춘 뒤에는 風伯에게, 입하 뒤에는 雨師에게, 입추 뒤에는 靈星에 제사를 드렸다.[69]

삼국은 또한 명산과 대천에 제사를 지냈다. 그 가운데 신라에서 행해진 물과 관련된 제례 대상을 제사지에서 간추려 보면 아래와 같다.[70]

- 四海 동쪽의 阿等邊[斤烏兄邊이라고도 한다. 退火郡]
  남쪽의 兄邊[居柒山郡]
  서쪽의 未陵邊[屎山郡]
  북쪽의 非禮山[悉直郡]
- 四瀆 동쪽의 吐只河[槧浦라고도 한다. 退火郡]
  남쪽의 黃山河[歃良州]
  서쪽의 熊川河[熊川州]
  북쪽의 漢山河[漢山州]

68) '褡'는 '蜡'와 같은 것으로, 한 해를 마무리하는 12월에 만물의 신령을 합제하여 감사하고, 명년의 복을 비는 제사를 말한다. 臘祭라고도 한다. 주대에 천자가 친히 제사하는 경우를 大蜡라고 했는데, 그 가운데 중요한 여덟 신령을 들어 '八褡'라고 한 것이다. 『禮記』 禮運 및 郊特牲.

69) 영성은 농사를 맡고 있는 天田星으로서, 한 고조 8년에 처음으로 辰日에 동남방에서 제사하여 풍년을 기원했다 하며, 혹은 后稷을 가리킨다고도 한다. 『風俗通』 祀典. 한편 풍백·우사·영성에 대한 신라의 제례는 『唐令拾遺』에 보이는 일정과 일치하므로, 당의 祀典을 모델로 하였다고 생각한다.

70) 『삼국사기』 32 잡지 1, 제사. 인용문의 [ ]는 분주.

• 四川上祭는 첫째 犬首, 둘째 文熱林, 셋째 青淵, 넷째 樸樹에서 지낸다. 文熱林에서는 日月祭를 지내고, 靈廟寺 남쪽에서는 五星祭를 지내며, 惠樹에서는 祈雨祭를 지낸다. 四大道祭는 동쪽의 古里, 남쪽의 簷并樹, 서쪽의 渚樹, 북쪽의 活併岐에서 지낸다. 壓丘祭와 辟氣祭도 지낸다. 위에 든 것들은 혹은 별도의 제정을 거치거나, 혹은 수재와 한재로 말미암아 시행되는 것들이다.

4해는 신라에서 中祀의 대상인 사방의 바다를 제사지내던 곳이다. 동해에 제사하는 아등변은 현재 경북 포항시 동쪽 해안가로서 지금의 日月洞이 아닐까 생각된다. 남해에 제사하는 형변은 분주에 보이는 거칠산군이 있던 지금의 부산시 동래구 일대로 판단된다. 미릉변은 서해에 대한 제사지인데, 분주의 시산군은 지금의 군산시 임피면에 해당한다. 북해에 대한 제사처로 나오는 실직군은 지금의 삼척이다.

4독은 中祀의 대상이 되는 4개의 큰 하천을 말한다. 토지하 즉 참포는 東瀆인데, 신덕왕 때 동해의 물과 부딪쳐 파도가 높이 일었다고 보고된 곳으로, 지금의 포항시 흥해읍 일대를 흐르는 曲江川으로 비정된다. 남쪽의 황산하는 양산시를 흐르는 낙동강 하류를 가리키는 명칭이었다. 웅천하는 충남 공주 일대의 강으로 지금의 금강이며, 한산하는 북한강을 이른다.

사천상제는 모두 신라의 왕도 부근 네 물가에서 지낸 것인데, 자연 재해를 타개하기 위한 제사였던 듯하다. 더구나 말미에 사천상제 이하 제사들은 "수재와 한재로 말미암아 시행되는 것들"이라고 하였다. 어느 경우든 역시 물 관련 제례의 비중을 짐작하기 어렵지 않다.

고구려에서는 특히 주몽과 그의 어머니인 하백의 딸을 신으로 받드는 신당이 설치되어 있었다. 이와 관련된 중국 측 기록을 보면, "고구려는 항상 10월에 하늘에 제사를 지내며 … 神廟는 두 군데가 있는데, 하나는 夫餘神이라 하여 나무를 깎아 부인의 형상을 만들어 두고, 다른 하나는 高登神이라 하는데 이가 시조인 부여신의 아들이라 한다. 이들에는 모두 관아를 두고 사람을 파견해 수호하는데, 대개 河伯의 딸과 주몽을 말하는 것이다"라고 하였다.[71] 그러므로 부여신은 건국 시조의 어머니이다. 「동명왕편」에는 그녀가 비둘기를 시켜 아들에게 보리 종자를 전해 주었다 한다. 그에 따라 부여신에게서 농작물의 증산과 토지의 비옥을 상징하는 '地母神'의 성격을 읽게 된다. 그런데 그녀가 그와 같은 神母의 권위를 가지게 된 것은 명백히 河伯의 딸인 데서 연유한 것이었다. 즉 水神과 地神과 農業神의 중층 혹은 누층의 관념 양태를 발견한다.

백제도 사직단을 세우고 영성에 제사하며 정기적으로 동명묘를 배알하는 등, 고구려와 유사한 제사 체계를 유지하고 있었다. 또한 가뭄에 당하여 산천과 횡악 등 산악에 제사하였다는 기록들은, 신라와도 유사한 형태의 물 관련 제례가 시행되고 있었음을 알려주는 것이다. 특히 백제는 매년 네 계절의 가운데 달에 왕이 하늘과 五帝의 신에 제사를 지낸다고 하였다. 다만 5제의 실체에 대해서는 다섯의 天帝, 혹은 人帝라는 설이 있는데, 아무래도 중국 신화 상의 三皇五帝라기보다는 자연신적 개념인 五方天帝를 가리키는 것으로 보는 것이 옳겠다. 즉 5제는 동방 蒼帝, 남방 赤帝, 중앙 黃帝, 서방 白帝, 북방 黑帝를 말한다. 이는 5방·5행 사상에서 기인한 것으로 각각 청룡, 주작, 기린, 백호, 현무로 상징된다.

이상과 같은 고대인들의 제례 절차에는 일종의 국가적 축제 행사가 수

71) 「北史」 94 高句麗傳.

반되었다. 부여와 예의 제천 행사에서는 연일 음주가무가 이어졌다. 삼한에서도 5월 파종 후와 10월 수확 후에 비슷한 축제가 열렸다고 한다. 거문고의 달인으로 알려진 신라의 玉寶高가 작곡한 음곡인 春朝曲과 秋夕曲은 계절적으로 서로 상응하는 것으로, 아마 삼한 시대 이래의 파종 및 추수와 관련한 계절제에서 연주되었을 것이다.

(2) 기우의 맥락

고대국가의 왕들이 가뭄에 당하여 억울한 죄수들을 대거 사면하고, 왕정의 혜택을 입지 못한 기민들을 특별히 위문하며, 왕 자신의 음식 가짓수를 평소보다 줄이는 등의 행위는 그 자체가 강우를 희구하는 정책적 실천이었으므로, 기우 의식의 한 변형이라고 할 수 있을 것이다. 예컨대 원성왕 11년(795) "여름 4월에 가뭄이 들자 왕이 친히 죄수들을 다시 심사해 주었더니, 6월이 되어 비가 내렸다"라고 한다. 흥덕왕 7년(832)에도 "봄과 여름에 가물더니 땅에 남아난 곡식이 없었다. 왕이 正殿에 나가 앉지 않고 평상시보다 음식의 가짓수를 줄였으며, 중앙과 지방의 감옥수들을 사면했더니, 가을 7월이 되어서 비가 내렸다" 한다. 여기에는 왕의 그와 같은 근신이 강우를 이끌었다는 의식이 담겨 있는 것이다. 이를 염두에 두고 좀 더 구체적으로 기우의 의식이 실제 강우로 실현되었다는 관념의 예들을 거론해 본다.

첨해이사금 7년(253), "5월부터 7월까지 비가 오지 않아 시조묘와 명산에 빌고 제사를 지냈더니 곧 비가 내렸다" 한다. 주지하듯이 신라에서는 三山과 五岳 이하의 '名山大川'을 각각의 비중에 따라 대·중·소로 나누어 제사를 지냈다. 그러므로 신라의 왕들은 한해로 시달리는 왕조를 위호해 줄 것으로 기대되는 시조의 묘당과 현실의 국토를 방호해 주는 명산에 기우를 간구해서 효험을 본 것이다.[72] 헌덕왕 9년(817)에도 "여름 5월에 비가 내리지 않아 산천에 두루 기도했더니, 가을 7월이 되어서 비가 내렸다." 명산과 대천에의 제사가 번번이 기우의 맥락에서 이루어졌음을 짐작하게 한다.

龍도 가뭄을 해결해 주는 능력을 지닌 영물로 간주되어 자주 기우와 관련해 등장하고 있다. 신라 진평왕 50년(628) 여름에 큰 가뭄을 입자 조정에서는 용의 형상을 그려서 기우 의식을 행하였다. 이 해의 가뭄에 대해서는 열전에서도 "봄과 여름에 크게 기근이 들어 사람들이 자식을 팔아먹을 지경이었다"라고 한 바 있다.[73]

한편 통일기 신라에서 물 관련 재해가 가장 빈번했던 성덕왕 때의 예를 보면, 왕 재위 14년(715) 6월에 "크게 가물어 왕이 河西州 龍鳴嶽의 거사 理曉를 불러다 林泉寺 못 가에서 비를 빌게 했더니, 곧 비가 내려 열흘 동안이나 계속되었다" 한다. 하서주는 지금의 강릉 지역이며, 임천사는 경주 일원에 있었던 것으로 추정되는 절이다. 거사로 표현된 이효는 승려였던 것 같은데, 그가 용명악에 있었다는 점을 주목해보면, 그의 기우 능력이란 아마 용과 관련된 것이었다고 생각된다. 이효의 놀라운 능력은 그 이듬해에도 발휘되었다. 즉 성덕왕 15년 "여름 6월에 가물어 다시 거사 이효를 불러 기도하게 했더니 곧 비가 내렸다."

이처럼 불교에 의해 용이 통제되는 양상의 기우는 후삼국 시기 雲門寺의 寶壤스님과 관련된 설화로도 전해지고 있다. 그에 따르면, 보양이 중국 유학을 마치고 귀국하던 중 서해의 용을 만나 그 아들 璃目을 데리고 왔다

72) 李基白, 1974, 「新羅 五岳의 成立과 그 意義」『新羅政治社會史研究』, 一潮閣; 1972, 『震檀學報』 33.

73) 『삼국사기』 열전 8, 劍君.

한다. 그런데 이목은 용의 아들인지라 역시 비를 내리게 하는 능력을 지니고 있었다는 논리이다. 즉 "이목이 늘 절 옆의 작은 연못에 있으면서 은밀히 佛法의 교화를 도왔는데, 어느 해 갑자기 혹심한 가뭄이 들어 밭의 채소가 말라비틀어지므로 보양께서 이목을 시켜 비를 내리게 했더니 (비가 내려) 그 지방 모두가 흡족하였다"는 것이다.[74] 백제에서도 불력을 빌어 강우를 기원한 사례가 있다. 예컨대 호불 군주로 저명한 법왕 2년(600)에 나라에 큰 가뭄이 들자 왕이 직접 漆岳寺에 가서 비를 빌었다.

따라서 불교의 권능은 기우의 대척점에 선 祈晴의 경우에서도 영험함을 발휘한다고 믿어졌던 것 같다. 眞表律師 가르침을 이은 心地 스님의 경우, 큰 눈이 내리는 도중 지성으로 예불을 드리자 그의 사방 열자 범위에는 눈이 휘날리면서도 내려앉지는 않았다.[75] 또 몇 달씩이나 우물 속에서 살았다는 7세기의 승려 惠空도 큰비가 내리는데도 불구하고 옷이 젖지 않았고 발에는 진흙이 묻지 않았다고 한다.[76] 이러한 전승들은 자연 법칙을 초극해 있는 고승들의 예화들이니, 결국 불교의 법력이 기우와 청우 모두에 권능을 발휘한다는 관념의 소산이라고 하겠다.

신라에서 이루어졌던 기우의 여러 양상은 고구려와 백제에서도 확인된다. 고구려 문자명왕은 크게 가물자 직접 남쪽으로 순행하여 바다에 望祭를 지내고 돌아왔다 한다.[77] 이즈음 고구려를 방문한 魏의 李敖가 남긴 기록에는 고구려의 강역이 남쪽으로 小海에 이른다고 하였다.[78] 이 소해는

74) 『삼국유사』 의해, 寶壤梨木.

75) 『삼국유사』 의해, 心地繼祖.

76) 『삼국유사』 의해, 二惠同塵.

77) 『삼국사기』 고구려본기 7, 문자명왕 4년(495).

78) 『魏書』 100 高句麗傳.

경기만 일대의 만입해 들어온 해역을 이르는 것이며, 望祭란 산천 따위를 멀리 바라보면서 지내는 제사를 말한다. 마치 신라 미추이사금 3년(264) 봄 2월에 왕이 동쪽으로 행차하여 바다에 제사를 지내고, 3월에도 다시 黃山에 가서 나이 많은 이와 가난하여 제힘으로 살 수 없는 이들을 위문하고 구휼하는 등 일련의 기우 의식을 행했던 사실을 방불케 한다. 그렇다면 고구려 역시 산천과 바다에 지내는 제례 행위에 기우의 의식이 있었다고 보아도 좋을 것이다. 평원왕 5년(563)에도 "여름에 크게 가물자 왕이 평상시보다 음식의 가짓수를 줄이고 산천에 기도하였다."

백제 역시 구수왕 14년(227) 여름에 "크게 가물어서 왕이 동명묘에 가 빌었더니 곧 비가 내렸다." 아신왕 11년(402)에도 "여름에 크게 가물어 벼의 모가 말라 타들어 갔는데, 왕이 친히 횡악에서 제사를 지내자 곧 비가 내렸다"라고 기록하였다.

이처럼 다양한 양상의 기우 의식에는 특정 인간이나 수단을 빌어 강우를 실현할 수 있다는 관념이 바탕에 자리해 있다. 따라서 동명왕이 비류국을 홍수를 조장해 병탄하였듯이, 전쟁 과정의 강우가 유사한 논리로 해석되기도 했다. 661년 고구려와 말갈의 연합군이 신라 북한산성을 공격할 때의 일이다. 북한산의 성주 冬陁川은 주민 2천 8백 명을 거느리고 20여 일을 항전하다가 식량과 전투력이 다하자 하늘에 간구하였다. 과연 "느닷없이 큰 별이 적의 진영에 떨어지고 또 우레와 비가 벼락같이 쏟아지는지라, 적들은 의아해하고 두려워하며 포위를 풀고 돌아갔다."[79] 기록대로라면, 신라의 동타천과 고구려 군대는 모두 인간의 호소 혹은 능력이 강우 등의 기상 현상에 영향을 미칠 수 있다고 생각했던 것 같다.

79) 『삼국사기』 신라본기 4, 태종무열왕 8년(661) 5월.

4. 치자의 권능과 물

삼국의 왕들은 종종 용으로 비유되었다. 그러므로 우물 등에서 문득 출현하는 황룡, 흑룡 등은 왕의 신상에 중대한 변화를 예고하는 조짐으로 해석되었다. 또한 용은 물에 서려 있거나 물을 따라 승천하는 등 물 혹은 강우를 상징하고 있다. 이러한 인과 관계를 통해 왕은 곧 물에 대한 독특한 권능을 지니고 있거나 지녀야 하는 존재로 간주되었던 것이다.

따라서 가뭄에 당하여 그 책임은 우선 왕에게 돌아가게 된다. 왕은 자신의 정사가 왜곡되지 않았는지 반성하였다. 죄수를 사면하고 소외된 이들을 구휼하며 더 나은 관리를 드러내기 위해 겸허하게 천거를 요청하거나 스스로의 안락을 절제하기도 했다. 승려를 초치하며, 직접 부처에 치성을 올렸다. 또 시조신과 명산대천과 바다에 치제하였다.

그러한 논리에 따라 순조로운 강우와 기후는 역으로 왕의 선정을 증명하는 것으로 고대인들에게 받아들여졌다. 한 예로 신라의 벌휴이사금과 내해이사금은 조손 관계에 있는데, 두 임금의 교체 과정에는 가뭄과 단비의 희비가 엇갈리고 있다. 즉 벌휴이사금 말년(196) 정월부터 가뭄이 들었고 4월에는 궁성의 여기저기에 벼락이 내리치더니, 그달에 왕이 죽었다. 그래서 같은 달에 내해이사금이 왕위를 이었다. 이 사건을 기록한 이는 "이해 정월부터 4월까지 비가 오지 않다가 왕이 즉위하는 날 큰비가 내리므로, 백성들이 즐거워 경축하였다"라고 하였다. 내해이사금의 즉위는 지극히 바람직한 것으로 인식되었을 것이며, 그 예증이 곧 가뭄 끝에 내린 단비였던 것이다.

그러나 새 왕에 대한 하늘의 축복으로 읽힌 단비의 길조가 있었다 해도, 그것은 왕의 통치 여하에 따라 얼마든지 전변될 수 있는 것이었다. 말년에 가뭄과 심상치 않은 천변에 시달리다가 홍거한 벌휴이사금 역시 즉위 초에는 농업에 필요한 기후 조건에 대한 예지 능력으로 칭송된 왕이었다. 즉 벌휴이사금은 "바람과 구름을 점쳐 홍수나 가뭄 및 그 해의 풍흉을 미리 알았고, 또 사람의 정직한 것과 마음이 바르지 않은 것을 알아맞히니 사람들이 성인이라고 하였다." 바람과 구름과 강우는 곧 풍백, 운사, 우사가 관장하는 영역이다. 이 경우 왕은 天候의 예언자 곧 샤만의 성격을 띠는 존재가 된다.[80)]

왕이 이들 농사 조건을 예지할 수 있었다면 그는 가장 이상적인 군주의 자질을 갖춘 것이다. 그에 화답하듯이 백성들은 嘉禾를 바쳐 왕의 위엄을 다시 증명하였다.[81)] 가화란 嘉穀이라고도 하는데, 한 줄기에 여러 개의 이삭이 달린 큰 벼를 말한다.[82)] 이처럼 명백한 祥瑞에도 불구하고 말년에 극심한 가뭄을 극복하지 못하고 왕이 죽었으니, 당대인의 사유 체계에서는 왕의 실정이 빚은 결과일 수밖에 없는 것이었다.

이 때문에 왕들은 각종 수리 시설의 축조와 보수, 농사와 양잠의 권장, 감농관의 파견과 부단한 개간 사업, 풍작을 기원하는 제례와 기우·기청 의례의 거행 등에 깊은 관심을 보이지 않을 수 없었다. 눌지마립간이 백성들에게 牛車 쓰는 방법을 가르치고,[83)] 지증마립간이 牛耕을 시행케 하는 등 농업 생산성을 향상시키기 위한 농기구와 농사기술을 보급하는 데 노력한 이유도 여기에 있는 것이다.

80) 井上秀雄, 1978, 『古代朝鮮史序說 — 王者と宗教』, 寧樂社.

81) 『삼국사기』 신라본기 2, 벌휴이사금 3년(186).

82) 『東觀漢記』에는 光武帝가 태어났을 때 한 줄기에 아홉 개의 이삭이 달린 嘉禾가 있었기 때문에 이름을 '秀'라고 했다 한다.

83) 『삼국사기』 신라본기 3, 눌지마립간 22년(438).

한편 폭우와 같은 경우는 오히려 농경을 해치는 것이듯이, 이는 통치자에 대한 경고와 통치권의 부정을 의미하는 사례로 간주되었다. 그러므로 잦은 홍수의 피해가 발생할 때마다 왕들은 가뭄에 대처하기 위한 거의 모든 정책 대안들을 반복 동원하였다. 이 점과 관련하여, 신라 하대 원성왕의 즉위를 전후한 폭우는 어떤 경우보다도 더욱 선명한 정치적 상징으로 해석되었다.

> 宣德王이 죽었을 때 아들이 없었으므로 여러 신하들이 후사를 의논해 왕의 族子 周元을 왕으로 세우고자 하였다. 주원의 집은 수도의 북쪽 20리 되는 곳에 있었는데, 때마침 큰비가 내려 閼川의 물이 불어나서 주원이 건너오지 못하였다. 어떤 이가 말하기를 "임금의 크나큰 지위에 나아가는 것은 본디 사람이 도모할 수 없는 것이니, 오늘 폭우가 쏟아지는 것은 아마도 하늘이 주원을 왕으로 세우려 하지 않기 때문이 아닐까 한다. 지금의 상대등 敬信은 전왕의 아우이고 평소에 덕망이 높아 임금의 체모를 가지고 있다"라고 하였다. 이에 여러 사람들의 의견이 순식간에 일치해 경신을 옹립해 왕위를 잇게 하였다. 이윽고 비가 그치니 나라 사람들이 모두 만세를 불렀다. (『삼국사기』 신라본기 10, 원성왕 즉위년)

이것은 물론 무열계 김주원과 내물계 김경신의 왕위 계승을 둘러싼 갈등과 경쟁을 배경으로 한다. 그러나 그들의 정치적 정당성 여하가 폭우와 청명이라는 자연 현상으로 다르게 표출되었다는 데 주목할 필요가 있다. 김주원의 즉위를 방해한 것은 폭우였다. 김경신이 즉위하자 비가 그치고 맑게 개었다. 당시 사람들은 이러한 변화를 '하늘의 뜻'으로 읽고자 하였다. 그러나 원성왕은 재위 기간 동안 신라의 어느 왕보다도 많은 재해를 경험한다. 우박, 가뭄, 충해, 여름의 서리, 폭풍, 역질, 홍수, 산사태 등이 거의 매년 신라를 덮쳤다. 그렇다면 '하늘의 뜻'이란 원성왕 측 정략의 소산일 것이다.

물과 관련된 이상 현상에 대한 의미 부여가 이처럼 현실 정치의 필요에 따라 지극히 유동적이라는 사실은 그 이전 김경신의 꿈에 대한 해석에서도 표출된 바 있다. 즉 김경신이 우물에 들어가는 꿈을 꾸었고, 이에 대해 점을 치는 자는 '옥에 갇힐 징조'라고 한 반면, 또 다른 이는 '궁궐로 들어갈 길조'라고 한 것이다.[84] 그러므로 우물, 강, 바다, 홍수, 가뭄 등에 대한 당대인의 상징 부여가 특정한 방식에서 공유되는 기준에 입각하지 않는 것은 물론이다. 다만, 비록 서로 상반되거나 충돌하는 상징이라 해도, 그것이 당시 통치자의 득실과 긴밀히 연계되어 있다고 본 고대인들의 사유체계에 주목할 당위는 적지 않은 것이다.

특히 고대 농경 사회에서 물이 가지는 절대적 비중으로 인해 왕들은 부단한 시책과 의례를 마련하여 물과 왕권의 순조로운 조응을 표방하고자 하였다. 신라에서는 왕궁 공간에 안압지와 같은 연못을 조성하였다.[85] 백제에서도 진사왕과 무왕이 궁궐 부근에 연못을 만들었다.[86] 이러한 공역에는 단순한 宮苑의 조성을 넘어 왕을 용으로 비견하는 위에 그 수반 요소로서의 못을 인위적으로 구비하려는 의도가 담겨 있다.

그러나 그와 같이 수리 공역의 토대가 된 관념이라 할지라도, 현실의 수해와 한해 등 물 관련 재해가 던지는 통치자에 대한 譴責의 상징성에 저항

84) 『삼국유사』 기이, 원성대왕.

85) 『삼국사기』 신라본기 7, 문무왕 14년; 신라본기 10, 경덕왕 19년 : 李奎報의 『東國李相國集』 5 古律詩, 「次韻吳東閣世文呈誥院諸學士三百韻詩」.

86) 『삼국사기』 백제본기 3, 辰斯王 7년; 백제본기 5, 무왕 37년.

하지는 못한다.

예컨대 백제의 동성왕은 500년에 궁 안에 못을 파고 그 옆에 臨流閣을 세웠다. 그러한 공역이란 전년도에 백제를 휩쓴 가뭄과 기근과 전염병 및 그로 인한 2천 명의 고구려 망명 등 재해에 대한 대응의 한 방식이었다. 그러나 정작 그와 같은 대안은 실패하였다. 반면에 신료들은 국고를 풀어 기민을 구휼할 것과 무리한 토목 공사를 중단할 것을 주장했다. 그러한 대안은 재해에 대한 보편적 합의에 충실한 것이었다. 그럼에도 불구하고 동성왕은 강고한 의지로 공사를 마무리했을 뿐 아니라, 계속되는 가뭄에도 불구하고 완공된 임류각에서 연회를 즐겨 백성의 질고에 공명하지 못했다. 결국 동성왕은 이듬해 봄과 여름까지 계속된 가뭄 끝에 피살되고 말았다. 기록의 문맥은 동성왕의 학정과 그로 인한 백성의 피해에 맞추어진 것이지만, 거기에 관류하는 논리는 물 관련 재해와 통치자의 자질 사이에 있다고 확신한 상관관계인 것이다.

강우나 가뭄 따위가 통치자의 선악에 직접 감응한다는 이 고대적 보편 논리는 저명한 888년 옥사 사건의 주인공 王巨仁을 통해 극명하게 증명되었다. 왕거인은 신라 진성여왕의 실정을 탄핵한 벽보의 작성자라는 혐의를 받아 투옥되었다. 그는 자신의 억울함을 이렇게 토로하였다.

> 于公이 통곡하자 3년이나 가물었고, 鄒衍이 비통함을 머금으니 5월에 서리가 내렸도다. 지금 나의 깊은 시름 돌아보매 옛 일과 같은데, 하늘은 말없이 맑게 개어 푸르기만 할 뿐인가. (『삼국사기』 신라본기 10, 진성왕 2년).

그러자 그 날 저녁 갑자기 구름과 안개가 덮이고 벼락이 내리치면서 우박이 쏟아졌다. 진성여왕은 두려운 나머지 왕거인을 방면하고 말았다.

왕거인이 자신의 처지를 가탁해 지목한 우공은 漢나라 東海郡 郯縣 사람인데, 현의 獄史와 군의 決曹로서 재판을 잘 처리하는 것으로 이름이 높았다. 한때 동해군에서 과부가 된 孝婦가 시어머니를 죽였다는 누명을 쓰고 체포되었는데, 우공이 그 무고함을 주장했으나 태수를 설득할 길이 없자 법안을 가슴에 품고 크게 울고 사직했으며, 효부는 처형되고 말았다. 이후 동해군에는 3년 동안 가뭄이 들어 황폐해졌는데, 신임 태수가 부임해 우공의 말을 따라 효부의 무덤에 제사를 지내 원통한 것을 해명해 주니, 갑자기 큰비가 내렸다고 한다.[87]

추연은 전국시대의 음양오행가로 齊의 臨淄 사람이었다. 燕의 昭王이 碣石宮을 쌓고 그를 스승으로 받들었는데, 소왕이 죽자 惠王이 참소를 믿어 옥에 가두었다. 이에 추연이 하늘을 우러러 곡을 하자 그에 감응해 5월에 서리가 내렸다고 한다.[88]

인정을 펴지 못하는 통치자는 조화로운 강우와 절기에 순응하는 서리와 눈 따위를 누리지 못한다는 예증이다. 즉 고대의 생업과 왕정의 토대에서 자연 법칙, 특히 물 관련 자연 현상은 일상의 삶은 물론 최고 통치 권력의 정당성을 가늠하는 척도로 간주되었던 것이다.

지금까지의 논의를 정리하여 글을 맺는다.

이 글은 먼저 삼국이 기원 전후한 시기 국가의 맹아를 형성한 직후부터 농업 생산성의 증대에 관심을 배려하였음을 『삼국사기』 기록을 위주로 추적·검증하였다. 특히 대표적 築堤 사례로 碧骨堤 혹은 碧骨池, 矢堤, 菁

87) 『漢書』 71 于定國傳.

88) 『太平御覽』 天部 14, 霜.

堤, 塢作碑의 경우를 천착하면서 당대의 국가적 맥락과 물질적 토대 및 규모 등을 규명하였다.

또한 築堤 등의 공역과 마찬가지로 주요 수리 시설에 대한 지속적 관리 역시 국가의 정책적 관심사였다. 벽골제와 청제에 대한 유지 수리의 내용을 『삼국사기』를 비롯한 각종 사서 및 지리서, 그리고 금석문 기록을 토대로 정리하였다. 백제와 신라에서 개간과 수리 시설 관리 시책이 빈번하게 보이는 것은 이 지역의 생태 조건이 벼농사에 유리한 때문이었을 것이다. 아울러 제도와 기술의 측면에서, 신라의 통일기 이후에는 넓은 의미의 물 관리에 대한 과학적 이해가 일층 성숙했음을 논증하였다.

수리 시책에 대해서는 水害와 旱害로 나누어 국가별 실태와 대책을 정리하였다. 사실 단군의 고조선 개국 설화에서 신으로 간주되고 있는 풍백, 우사, 운사 등이야말로 곧 폭풍과 홍수 등의 농경을 위협하는 자연 재해에 대한 고대인들의 경험과 사유를 반영하고 있는 것이다. 그 가운데서도 가뭄과 홍수의 재난은 가장 직접적으로 삶의 공간과 생활 물자를 유린하는 재해로서 각별한 관심으로 기록되었다. 따라서 수해의 유형별 실태와 그에 대한 국가, 특히 최고 통치자인 왕의 대처 방식을 중심으로 구체적 사례를 점검하였다.

가뭄은 고대인들에게 홍수보다 더욱 절박한 피해를 입히는 재난이었다. 대체로 가뭄은 홍수보다 광역에 걸친 현상이었고, 전 계절에 미쳐 다양한 피해를 파생시켰다. 가뭄의 결과 이재민들은 직접적으로 흉년과 기근에 봉착했다. 더 나아가 전 사회적으로 전염병과 범죄가 이어지기도 하였다. 홍수 기록에 비해 가뭄 피해 기록이 월등 충실하게 남게 된 연유도 그 피해의 파장이 광범했던 때문일 것이다. 종종 극한적 가뭄은 농사에 장애가 될 뿐 아니라, 생활용수와 식수원까지 위협하곤 하였다. 이에 대한 삼국의 대책 역시 유사한 형태로 공유되어 있었다.

한편 고대 왕조들이 토지의 농업 생산력에 크게 의존하는 경제 전략을 공유하고 있는 이상, 각 국의 건국 신화와 당대의 설화 가운데에서는 물의 모티프와 상징성이 흔히 발견된다. 따라서 물을 통제할 수 있는 능력이란 곧 지배자의 신성한 권능이기도 하였다. 그러나 삼국이 불교라는 고등 신앙 체계를 수용하면서 재래의 천손 관념으로 분식된 왕실의 권능은 그 위력이 퇴색되기에 이른다. 반면에 부처의 힘이 물을 제압하는 설화가 양산되었다.

또한 용 신앙은 물론, 우물과 강과 바다의 상징성이 삼국에 널리 공유되어 있었던 것은, 현실의 삶과 국가 운영의 토대에 물의 중요성이 절대적이었던 고대의 조건에서 볼 때 당연한 현상이었다. 게다가 물은 농업과 관련되어 인식되었다. 그 때문에 국가의 주요 정치 및 의례 행위 가운데서도 농업을 매개로 하여 물에 적지 않은 비중이 부여되었다. 그리고 그러한 제례 절차에는 일종의 국가적 축제 행사가 수반되었다.

통치자의 권능이 물의 효율적 관리와 직결되었던 탓에, 왕들은 각종 수리 시설의 축조와 보수, 농사와 양잠의 권장, 감농관의 파견과 부단한 개간 사업, 풍작을 기원하는 제례와 기우·기청 의례의 거행 등에 깊은 관심을 보이지 않을 수 없었다. 예컨대 인정을 펴지 못하는 통치자는 조화로운 강우와 절기에 순응하는 서리와 눈 따위를 누리지 못한다는 사유가 광범하게 지속되었다. 즉 고대의 생업과 왕정의 토대에서 자연 법칙, 특히 물 관련 자연 현상은 일상의 삶은 물론 최고 통치 권력의 정당성을 가늠하는 척도로 여겨졌던 것이다.

2편

문헌 자료의 형성과 성격

1장 • 『삼국유사』 '후백제견훤'조의 자료 분석

2장 • 『삼국유사』 기이편의 자료 수용 방식

3장 • 『삼국유사』의 사서적 성격

4장 • 『삼국유사』 편찬의 유기성 문제

『삼국유사』 '후백제견훤'조의 자료 분석

1. 문제의 소재
2. 자료의 계통과 범위
3. 「三國史本傳」과 「古記」
4. 찬자의 인식과 의도

1. 문제의 소재

『삼국유사』의 후백제견훤조는 기이편의 마지막 항목이다. 고조선에서 출발하여 편찬 당시의 고려 왕조 성립 이전까지의 왕조 정치사적 시공간을 설정하는 데 있어 후백제는 마지막 대상으로 취급된 셈이다. 마땅히 견훤에 대응하여 언급되어야 할 궁예는 그의 후고구려가 고려 태조에게로 승습된 까닭에 서술에서 배제되었다. 후삼국의 나머지 하나였던 신라에 대해서는 그 마지막 설명을 김부대왕조에 할애하였다. 그런데 김부대왕조와 후백제견훤조 사이에는 남부여전백제조와 무왕조가 자리하고 있다. 그러므로 후백제견훤조는 고려 이전 왕조 단위 서술의 마지막인 동시에 백제사의 최후이기도 하다.

여기서는 이 후백제견훤조의 내용과 관련하여 잠복되어 있는 몇 가지 문제를 검토하고자 한다. 이를 위해서는 후백제견훤조를 구성하고 있는 주요 자료에 대한 논의를 출발점으로 삼는 것이 옳다.

자료의 측면에서 우선 지적해야 할 사항은 본조의 인용 전거로 맨 앞에 제시한 「三國史本傳」이 구체적으로 지시하는 바가 무엇이냐 하는 문제일 것이다. 「삼국사본전」은 일단 「삼국사」의 '본전', 즉 「삼국사」에 들어 있는 '견훤전'인 데에는 이견이 있을 수 없다. 따라서 논의는 이 「삼국사」가 무엇인가로 좁혀지겠다. 주지하듯이 후백제견훤조의 「삼국사」를 포함하여 『삼국유사』에 인용된 「삼국사」의 실체에 대한 이해는 크게 두 가지로 나뉘어 있다. 하나는 이를 『삼국사기』로 보는 것이고, 다른 하나는 이가 곧 이른바 「구삼국사」를 가리킨다고 파악하는 견해이다.

『삼국유사』에 인용된 「삼국사」의 실체를 추정하는 데에는 『삼국사기』와의 비교 작업을 회피할 수 없다. 모든 연구자들은 그 경우 두 책의 해당 내용이 서로 얼마나 다른가, 혹은 같은가 하는 데에 관심을 기울인다. 후백제견훤조의 「삼국사본전」을 「구삼국사」 견훤전으로 보는 연구자들 역시 예외가 아니다. 즉 후백제견훤조의 내용 가운데 『삼국사기』 견훤전과 다르거나 혹은 『삼국사기』 견훤전에 보이지 않는 내용을 그들은 주목하는 것이다.

그렇지만 『삼국사기』의 내용으로 해당 대목에 대한 설명이 용이하지 않을 때마다, 그 이유를 문득 「구삼국사」를 인용한 때문이라고 속단하는 논법은 옳지 않다. 더구나 이는 어떤 사료의 전거를 현실적으로 검증할 수 없는 「구삼국사」에 전가하는 태도의 부당함에 그치지 않는다. 후백제견훤조에 보이는 「삼국사」의 실체에 대한 상반된 이해는, 그에 따라 논의 범위를 비상하게 확대시킬 여지가 있기 때문이다.

예컨대 본조의 앞부분에 보이는 "光啓中 據沙弗城[今尙州] 自稱將軍有四子 皆知名於世 萱號傑出 多知略"이라는 구절은 『삼국사기』 견훤전에서 확인할 수 없거니와, 그러므로 후백제견훤조에 인용된 「삼국사」는 「구삼국사」이며, 또한 '본전'은 '견훤전'일 것이므로 「구삼국사」에도 열전이 있었던 것이고, 그렇다면 결국 「구삼국사」 역시 기전체 사서였다고 추정하게 될 것이다.[1] 이렇게 되면 圓光西學조에 직접 「삼국사열전」의 이름으로 인용된 부분이야 마땅히 「구삼국사」의 열전 외에 다른 것일 수 없다.[2] 나아가, 또한 그렇다면 『삼국유사』에 '신라본기'나 '고려본기' 등으로 인용하고 있는 기사 내용도 「구삼국사」의 내용일 수 있겠다고 보게 된다.[3]

그러나 『삼국유사』의 내용 가운데 「삼국사」를 들어 인용된 특정 정보의 원전을 추구함에 있어, 『삼국사기』 외에는 적절한 비교 자료가 없는 조건에서, 완벽한 同文만을 기준으로 삼는 것은 많은 문제를 야기할 수 있다고 생각한다. 특히 사소한 표현의 변개나 가감을 확인하여 문득 그 출전을 「구삼국사」로 단정하는 것은 필요 이상의 혼란을 수반하는 것이다. 그동안 사료 계통을 따지는 논의에서 동일한 사실이 서로 다른 논거로 활용되는 사례는 드물지 않았다. 후백제견훤조의 「삼국사본전」의 경우도 『삼국사기』의 견훤전과 비교하면서 확인하게 되는 차이점들을 다함께 인지하면서도, 연구자들은 서로 다른 판단을 해왔다.[4]

---

1) 三品彰英, 1979, 『三國遺事考證』 中, 塙書房, 261쪽.

2) 김석형, 1981, 「구『삼국사』와 『삼국사기』」 『력사과학』 4, 57쪽 : 田中俊明, 1977, 「『三國史記』撰進と『舊三國史』」 『朝鮮學報』 83, 20쪽.

3) 洪潤植, 1987, 「三國遺事에 있어 舊三國史의 諸問題」 『韓國思想史學』 1, 93쪽.

4) 예컨대 坂元義種은 이를 『삼국사기』 견훤전으로 판단한다. 1978, 「『三國史記』分注の檢討 — 『三國遺事』と中國史書を中心として」 『古代東アジア史論集』 上, 吉川弘文館, 262쪽.

『삼국유사』 후백제견훤조의 자료 계통에 대해 가장 치밀한 논의를 한 신호철 역시 본조의 “『삼국사』 본전은 『삼국사기』 견훤전을 가리키는 것이 분명하며”, “그러나 『삼국사』 본전의 인용 사료 중에는 견훤전에 보이지 않는 구체적인 내용이 있는 것으로 보아, 견훤전의 모본이 되었던 원사료를 일연이 직접 인용한 것”이라고 결론하였다. 그는 또 “『삼국사기』 견훤전의 기본 자료가 된 것은 견훤에 대한 독립된 기록이 아니라, 『구삼국사』라든가 『태조실록』 등과 같은 나말·여초의 종합적인 기록으로부터 견훤과 관련된 기사만을 뽑아 찬한 것”이라고 보았다. 그에 따르면 『삼국사기』 견훤전을 구성하기 위해 확보된 원전에 「구삼국사」의 정보가 취합되었을 가능성은 있으나 「구삼국사」 자체가 『삼국사기』 견훤전의 원전은 아니며, 『삼국유사』의 「삼국사본전」이 「구삼국사」를 가리키는 것은 명백히 아니라고 할 수 있겠다.[5)]

이러한 성과를 공유하면서, 이제 여기서는 논의를 다음 사항에 한정하기로 한다. 우선 후백제견훤조에 드러난 인용 자료들의 계통과 범위를 다시 점검하겠다. 일반적으로는, 인용 자료의 범위가 비교적 잘 드러난다는 점을 『삼국유사』의 서술 방식 특징 가운데 하나로 들고 있거니와, 후백제견훤조의 경우에는 이에 동의할 수 없다. 따라서 특정 자료의 정보가 인용 자료의 지시 없이 분산되어 있을 가능성을 적극적으로 고려하여 최대한 인용 범위의 혼선을 바로잡고자 한다.

다음으로는 「삼국사본전」의 실체를 논증하기 위한 검증의 사례들을 다시 제시할 필요가 있다. 이를 통하여 「삼국사본전」과 그 밖의 자료들의 성

5) 申虎澈, 1985, 「後百濟 甄萱 硏究(Ⅰ) — 甄萱 關係 文獻의 豫備的 檢討」 『百濟論叢』 1, 186·202쪽.

격을 준별하는 데 유효한 단서를 확보할 수 있기 때문이다. 특히 이미 「삼국사본전」을 『삼국사기』 견훤전이라고 판단한 필자로서는[6] 『삼국유사』 후백제견훤조의 의의를 「삼국사본전」의 내용과 다른 정보의 존재에서 구하고자 하는 것이다. 이는 후백제견훤조를 설정한 찬자의 의도에 대한 논의일 수도 있으며, 그러한 의도는 관련 자료를 대하는 그의 인식이나 태도와도 무관하지 않다고 본다.

2. 자료의 계통과 범위

본조의 자료 계통을 논의하기 위하여 외양으로 드러난 인용 자료를 서술 순서에 따라 분석 정리하면 다음과 같다.

①	②	③	④	⑤	⑥	⑦
三國史本傳云	李碑家記云	又古記云	初萱生孺褓時	李磾家記云	至淸泰二年	史論日

표에 드러난 것처럼 본조의 주요 전거로는 「삼국사본전」, 「고기」, 「이비(제)가기」를 들 수 있다. 이 가운데 ⑦항의 '사론'은 『삼국사기』 견훤전의 말미에 붙인 김부식의 사론에서 몇 가지 표현을 생략한 것에 불과하다. 『삼국사기』에서 이 사론은 열전 10에 입전된 두 인물, 즉 후고구려의 궁예와 후백제의 견훤 모두에 해당하는 평론이거니와, 『삼국유사』 찬자는 오직 후백제 견훤만을 다룬 본조에 이를 전재하였다.

한편 위에 지시한 세 가지의 주요 자료의 인용 범위가 명료하게 구분되

6) 李康來, 1996, 「三國遺事의 舊三國史論」 『三國史記 典據論』, 民族社.

는 것은 아니다. 이 문제와 관련하여 몇 가지 서술 상의 특징을 고려할 필요가 있다.

우선 주의할 것은 『삼국유사』 찬자는 특정 자료 명을 열거하여 서술하는 가운데 종종 자신의 소회를 삽입하고 있다는 점이다. 물론 서술 당시 현재의 지명을 비정하거나, 본문 서술 근거와 다른 정보를 전하는 별도 전거를 지시할 경우, 대체로 분주의 형태로 서술하였으므로 이를 준별해내기가 어렵지 않다. 그러나 인용 대상 자료에서 확보한 정보를 토대로 용이하게 추산, 혹은 유추할 수 있는 내용을 별다른 지시 사항 없이 본문 가운데 첨입하는 사례 또한 드물지 않다. 이때 잘못된 추산과 그로 인한 오류가 저질러질 수도 있다.

또한 문헌적 근거를 제시하지 않은 채 일부 내용을 덧붙이는 경우를 생각해볼 수 있거니와, 그 가운데는 실제로 지극히 단순한 傳聞들이 포함되어 있을 가능성도 배제할 수 없다. 그렇다면 같은 내용을 담은 선행 자료를 확보하지 못하는 한, 그 출전을 단정하려는 것은 끝내 무모한 시도가 되고 말 것이다.

본고가 더욱 주목하고자 하는 것은, 본조의 찬자가 실제로 인용 자료의 범위를 엄격히 구분하여 서술하지 않았다는 것이다. 이 문제는 「삼국사본전」, 「고기」, 「이비(제)가기」 모두 예외일 수 없다. 그러나 그 성격은 다소 구별할 필요가 있다. 즉 「삼국사본전」은 본조 전체의 서두에 지시되면서 가장 근본 전거로 이용되었으므로, 이 경우 인용 범위의 모호함이란 그 가운데 이질적 근거의 정보가 스며들어 있다는 말이 되겠다. 반면에 「고기」와 「이비(제)가기」의 경우 이들 자료에서 인용한 서술 범위가 불명료하다는 것은, 이들의 정보가 외양으로 판단할 수 있는 인용 대목을 벗어나 있다는 말이므로, 그 구체적 단서는 「삼국사본전」의 영역으로 간주된 내용에서 찾아야 할 것이다.

요컨대 「고기」와 「이비(제)가기」의 내용 가운데 일부는 「삼국사본전」 인용 부분에 혼효되어 있다고 본다. 물론 이러한 단정은 일견 안이하다. 나아가 이러한 안이함이란 「삼국사본전」의 내용 가운데 『삼국사기』 견훤전과 다른 정보를 전하는 대목을 「고기」나 「이비(제)가기」의 그것으로 미루어 버리려는 편의주의와 관련이 있지 않은가 하는 혐의마저 받을 여지가 있다. 그렇게 되면 『삼국사기』와 다른 내용이 있다 하여 문득 「구삼국사」에서 온 것이라고 단정하는 편의주의와도 다를 바가 없다.

그러나 본고의 논점은 「삼국사본전」 자체의 자료 계통을 어떻게 볼 것인가에 있다. 다시 말하여 「삼국사본전」을 『삼국사기』 견훤전이라고 보는 연구자들에게는 일부 확인할 수 없는 이질적 정보의 원천을 「구삼국사」로 불리는 자료를 포함하여 다양한 당대 자료에서 추정할 여지가 있는 반면, 「삼국사본전」을 「구삼국사」의 견훤전이라고 보는 연구자들에게는 지적한 '일탈 정보'들만을 지시하여 「구삼국사」에서 유래한 것이라고 주장할 수는 없다는 것이다. 짐작하는 바와 같이, 논자에 따라서는 「삼국사본전」이 「구삼국사」 견훤전이라고 주장하는 동시에, 그 증거로는 『삼국사기』 견훤전과 비교하여 지극히 미세한 차이를 보이고 있는 바로 그 '일탈 정보'를 제시한다.

이러한 논의 태도는 두 가지 점에서 매우 실망스러운 것이다. 먼저, 제시된 차이가 해당 대목의 전체 서술 가운데 차지하는 비중이 너무 작고 또한 본질 외적인 것들에 불과하다. 다시 말하여 그 경우 이른바 「구삼국사」와 『삼국사기』 사이에 내용상 의미 있는 차이점은 없다. 둘째, 그러므로 그 미세한 차이는 『삼국유사』 찬자가 『삼국사기』를 배제한 채 「구삼국사」를 채택하여 인용해야 할 만한 까닭이 되지 못한다. 반면에 「고기」나 「이비(제)가기」 등 보조 자료의 인용은 「삼국사」가 『삼국사기』이든 「구삼국사」이든 의미 있는 것이며, 명료하지 않은 그 인용 범위를 추정할 필요가 있다고 판단한다.

이제 순서에 따라 ①항과 ②항 및 ③항을 대상으로 논의를 시작한다. ①항의 내용은 아래와 같다.

- 三國史本傳云 ㉠ 甄萱 尙州加恩縣人也 ㉡ 咸通八年丁亥生 本姓李 後以甄爲氏 夫阿慈个 以農自活 光啓中據沙弗城[今尙州] 自稱將軍 ㉢ 有四子 皆知名於世 萱號傑出 多智略 (후백제견훤조)
- 甄萱 尙州加恩縣人也 ⓑ 本姓李 後以甄爲氏 父阿慈介 以農自活 後起家爲將軍 (견훤전)

㉠과 ⓐ는 일치한다. ㉡과 ⓑ는 서로 다르고, ㉢은 『삼국사기』에 없다. 견훤의 출생 년을 명기한 대목은 그가 죽었을 때의 나이를 지시한 것과 짝을 같이 하여 파악할 사항이다.

- 甄萱憂懣發疽 數日卒於黃山佛舍 九月八日也 壽七十 (후백제견훤조)
- 甄萱憂懣發疽 數日卒於黃山佛舍 (견훤전)

咸通 8년은 867년이다. 견훤은 天福 원년, 즉 936년 9월 신검군이 一利川 전투에서 궤멸 당한 얼마 뒤 죽었다. 그러나 그가 죽은 날을 9월 8일로 파악할 수 있었던 근거는 『삼국사기』에 있지 않다. 그의 나이가 70세였다는 것도 마찬가지이다. 그런데 견훤의 출생 년을 알면 죽었을 때 나이가 계산될 수 있고, 반대로 그의 죽었을 때 나이를 알면 출생 년을 역산해낼 수 있다. 그러므로 위에 인용한 두 대목 가운데 하나의 정보만 확보해도 다른 하나의 서술은 가능해진다. 이와 관련하여 ㉡에 나오는 출생 정보는 ②항의 「이비(제)가기」에 근거한 것이겠다고 생각한 견해를 환기하게 된다.[7]

한편 견훤이 죽은 날짜를 9월 8일로 지시한 내용을 다시 음미할 필요가 있다. 일리천을 격하여 포진했던 왕건과 신검 군이 격돌한 날은 甲午일이었다. 그런데 9월의 갑오일은 『三正綜覽』에 따라 서력으로 추산할 때 8일이 된다. 만약 이 일자 정보가 「삼국사본전」에서 나온 것이라면 찬자가 인용한 「삼국사본전」은 매우 심각한 모순을 가지고 있는 셈이다. 그러나 이 정보는 다음 몇 가지 이유에서 「삼국사본전」의 것이 아니라 「고기」 등의 내용이라고 보고자 한다.

우선 이 일자 정보가 찬자 자신의 첨입 기사일 가능성에 대해 정리해 두어야 한다. 이미 말한 바와 같이 『삼국유사』 찬자는 중국 연호나 간지의 적용을 위시하여 번번이 스스로의 추산을 첨입하고 있기 때문이다. 그러나 본조의 경우 이를 찬자의 오산에 따른 결과로 보기는 어려울 것 같다. 찬자는 9월 갑오일의 전투 및 승리한 왕건의 조처까지 마무리된 뒤, 깊은 상실감으로 급작스레 병을 얻은 견훤이 며칠 만에 죽었다는 것을 서술하였다. 따라서 그의 죽은 일자를 8일로 기록하게 된 데에는 이 대목을 서술할 때 근거한 자료에 이미 그와 같이 기록되어 있었기 때문일 것이다.

그런데 「삼국사본전」의 「삼국사」가 지시하는 실체가 『삼국사기』이든 「구삼국사」이든, 적어도 갑오일의 일리천 전투 상황이 「삼국사본전」을 근거로 한 것이라면, 견훤의 죽은 날짜를 포함한 이 돌발적인 정보는 「삼국사본전」의 것은 아니겠다. 견훤에 관해 정리된 하나의 자료에서 이들 내용이 인용되었다고 한다면, 이와 같이 명백한 오류란 납득하기 어려운 것이다.

---

7) 三品彰英, 앞의 책, 261~262쪽.

물론 「삼국사본전」을 잠시 「구삼국사」 견훤전으로 가정할 경우, 『삼국유사』 찬자가 복수의 자료를 토대로 본조를 구성할 때 저지를 수 있는 오류였다면, 「삼국사본전」 찬자 역시 같은 오류를 빚을 수 있다고 생각할 수 있겠다. 그러나 「삼국사본전」 자체의 구성 근거 자료의 현황을 추정하지 못하는 반면, 『삼국유사』의 본조는 「삼국사본전」과 함께 「고기」와 「이비(제)가기」가 주요 서술 재료였다는 것은 누구에게나 드러난 사실일 뿐이다. 그러므로 이 경우는 위에 제안해 둔 것처럼, 「고기」나 「이비(제)가기」와 같은 자료의 정보가 「삼국사본전」 인용 부분으로 스며들어간 사례로 보는 것이 온당하다.

다음에, 구체적 일자를 지시한 형태에 주목할 때, 이 정보의 출처로는 「이비(제)가기」보다는 「고기」 측에 더 많은 가능성을 두게 된다. 본조에는 ②항과 ⑤항 두 군데에 걸쳐 인용 범위를 용이하게 제한할 수 있는 형태로 「이비(제)가기」가 언급되어 있다. 하나는 각각 견훤의 선대 세계 및 견훤의 형제자매에 관한 내용이고, 남은 하나는 견훤의 아홉 남매에 관한 내용이다. 여하한 연대 표기나 나이 따위가 포함되어 있지 않은 이 자료와는 달리, ③항의 「고기」 인용 부분은 '견훤'으로 자칭하게 된 시점의 나이(年十五)와 함께 그의 立都(景福 元年), 네 아들의 권력 쟁투와 그 자신의 망명(淸泰 元年), 一善郡 전투의 패배로 인한 후백제 멸망(天福 元年) 등이 하나하나 연대를 들어가며 서술되어 있다.

이러한 생각을 토대로 할 때, 견훤의 사망 일자와 당시의 나이가 지시된 정보는 「고기」 자료에 근거한 것이로되, 「고기」 인용 범위를 일일이 명기하지 않은 까닭에 외양으로 보아 「삼국사본전」의 인용 내용으로 간주될 수 있었을 따름이라고 판단한다. 마찬가지로 ㉡항에 보이는 '咸通' 연간 견훤의 출생 연도에 관한 정보도 「고기」에서 유래했거나, 「고기」의 사망시 나이를 근거로 역산한 것으로 보려 한다. '光啓' 등 연대가 드러난 내용 역시 「고기」에서 유래한 정보일 가능성을 배제하지 못한다.

여기에 더해 ㉢항 또한 「삼국사본전」을 출처로 삼기에는 난점이 있다. 물론 ㉡항과 ㉢항을 연결하여 음미할 때 '네 아들'이란 견훤의 형제일 수밖에 없겠다. 그러나 이는 오히려 "견훤의 네 아들인 神劍·良劍·龍劍·金剛을 잘못 기록한 것"이겠다는 지적이 있듯이,[8] 찬자 자신의 誤認에서 비롯했을 수 있다고 본다. 요컨대 이러한 논의에서는 우선, 「고기」와 같은 자료에서 인용한 내용의 범위를 명료하게 지목하기 어렵다는 점을 환기해 두고자 한다.

한편 ①항과 ②항 및 ③항은 모두 견훤의 출자 혹은 가계에 관한 정보를 다루고 있다. 즉 이 부분의 「이비가기」와 「고기」는 견훤의 출신에 대해 서로 다른 정보를 가진 자료로서 나란히 소개된 것이다. 물론 이 대목의 「삼국사본전」 역시 견훤의 출신 관련 내용을 담고 있지만 그 내용은 또한 「고기」 등의 정보와는 다른 것이었다. 이제 이러한 정황을 ⑤항의 「이제가기」를 전후한 부분에 적용해본다. ⑤항을 전후한 부분의 서술 구조는 다음과 같다.

㉠ 淸泰 元年 甲午(934) 萱聞太祖屯運州 …

㉡ 丙申년(936) 정월에 견훤이 아들들에게 말하기를 "내가 신라 말에 후백제를 세운 뒤 여러 해가 지나 오늘날에 이르러 군대는 北軍의 배가 되나 오히려 불리하니 아마도 하늘이 고려를 돕는 듯하다. 어찌 北王에게 귀순하여 생명을 보전하지 않을 수 있겠느냐"라고 하였다. 그의

8) 申虎澈, 1987, 「後百濟의 支配勢力에 대한 分析 — 특히 後百濟의 멸망과 관련하여」 『斗溪李丙燾博士九旬紀念韓國史學論叢』, 知識産業社, 138쪽.

아들 神劍, 龍劍, 良劍 등 세 사람이 모두 응하지 않았다.

ⓒ 李磾家記云 萱有九子 長曰神劍 …

ⓓ 萱多妻妾 有子十餘人 …

ⓔ 至淸泰二年 乙未(935) 春 三月 …

위에 제시한 것처럼 ⑤항 「이제가기」를 전후한 부분은 ㉠ 淸泰 원년(934) 운주 전투, ㉡ 병신년(936) 정월 견훤과 세 아들 간의 대화, ㉢ 신검을 포함한 견훤의 아홉 자녀를 소개한 「이제가기」, ㉣ 넷째 아들 金剛에게 왕위를 전하고자 하는 견훤과 그에 저항하는 신검 등 세 아들의 동태, 그리고 마침내 ㉤ 淸泰 2년(935) 신검이 견훤을 금산사에 유폐하고 금강을 살해한 후 스스로 대왕을 일컬은 사건 순으로 서술되어 있다. 그렇다면 갑오년(934)과 을미년(935) 기사 사이에 병신년(936) 내용이 기록되는 것은 일단 시간의 서차에서부터 문제가 있다.

㉡항에 보이는 부자 갈등은 적어도 을미년 3월 이전 시점이어야 가능할 것이다. 견훤은 유폐된 바로 그해 얼마 후 금산사를 탈출, 왕건에게 귀부하였다. 이렇게 보면 오히려 ㉡항의 내용은 견훤이 고려에 입조한 후 태조로부터 尙父의 대우를 받게 되는 사실과 연관지어 고려할 때, 고려 측의 교화적 입장을 대변하는 편향성을 강하게 가진다고 생각한다. 그러므로 앞뒤의 문맥과는 구분되는 계통의 사료로 이해하고자 한다.

㉠은 물론 ㉣과 ㉤의 내용 등은 『삼국사기』 견훤전에서 확인할 수 있다. ㉡은 『삼국사기』에 없다. ㉢은 「이제가기」 인용문이다. 외양으로는 ㉢을 제외한 전후가 모두 「삼국사본전」 인용문이어야 한다. 그러므로 ㉡의 내용이 없는 『삼국사기』 견훤전은 「삼국사본전」일 수 없게 된다. 그러나 이제 논의한 것처럼 ㉡은 앞뒤의 흐름으로 보아 「삼국사본전」과는 다른 계

통의 자료에서 인용한 것이 틀림없다.

이 경우 ㉢의 「이제가기」와 ㉣의 「삼국사본전」이 모두 견훤의 자녀들에 관한 정보이고, 그들에 관한 논의가 여기 자리한 것은 왕위 계승을 둘러싼 갈등 때문이었음을 주목해야겠다. 이와 함께 본조의 서두에서 견훤의 출자나 가계에 대한 서술을 할 때, 「삼국사본전」과 「고기」 및 「이비가기」가 나란히 언급되었던 점을 환기한다. 그렇다면 「삼국사본전」, 「이제가기」 등과 동일한 관심 영역을 공유하면서, 다른 계통의 자료에서 인용되었을 것으로 추정되는 ㉡항은 「고기」의 기록이겠다고 판단한다.

한편 『삼국사기』 견훤전에는 견훤의 금산사 유폐 사건(㉤) 다음에 신검의 敎書가 인용되었다. 반면에 후백제견훤조에서는 그를 생략하는 대신 신검의 구체적인 거사 장면과 견훤의 유폐 과정이 다시 상세하게 제시되었다. 그리고 "可憐完山兒 失父涕漣洒"라고 한 동요를 소개하였다. 이 부분은 크게 보아 동일한 사건을 알려 주되, 건조한 ㉤에 비추어 자못 뛰어난 현장감을 전해 주고 있다. 따라서 찬자는 『삼국사기』 견훤전을 근거로 ㉤을 서술하면서, 동요를 포함하여 그와는 다른 계통의 자료를 나란히 제시한 것이겠다. 그렇다면 이 또한 ㉡과 함께 「고기」에서 유래했을 것으로 판단한다.

3. 「三國史本傳」과 「古記」

위에 논의한 바와 같이 『삼국유사』 후백제견훤조는 「삼국사본전」을 주요 전거로 삼으면서 「이비(제)가기」와 「고기」가 보조 전거로 이용되었다. 다만 이들 자료의 인용 범위가 명료하게 분별되지 않은데다가 종종 보조 전거의 정보가 「삼국사본전」에 의거한 서술 영역에 스며있기도 하였다. 따라서 「삼국사본전」이 지시하는 실체가 『삼국사기』 견훤전인가 아닌가의 여부를 판단하고자 할 때 이러한 점을 세심하게 고려하지 않으면 안 된다.

한편, 앞에 살펴본 두 사례는 「삼국사본전」, 「이비(제)가기」, 「고기」 등이 같은 서술 대상에 대하여 서로 다른 내용을 가지고 있을 경우, 자료 간의 대비를 의도하여 나란히 인용된 경우였다. 그러나 그와 같이 세 가지 주요 자료 모두를 혹은 그 가운데 둘을 지시하여 서술한 경우가 아닐 때는, 『삼국사기』 견훤전에서 확인할 수 없는 「삼국사본전」의 정보를 「고기」 등의 보조 전거 자료에서 나온 것이라고 추정할 만한 근거를 확보하기란 매우 어려운 일이다.

㉠ 天成 二年(927) 丁亥 九月 萱攻取近品城[今山陽縣]燒之 …

㉡ 四十二年 庚寅(930) 견훤이 古昌郡[지금의 安東이다]을 치려고 군사를 크게 일으켜 石山에 영채를 마련하자, 태조는 백 보를 떨어져 군의 북쪽 甁山에 영채를 마련하였다. 여러 차례 싸웠는데 견훤 군이 패하였으며, (태조가) 侍郎 金渥을 사로잡았다. 다음 날 견훤은 사졸을 수습하여 順城을 습격해 깨뜨렸다. 城主 元逢은 막아내지 못하고 성을 버린 채 밤에 달아나 버렸다. 태조가 크게 노하여 下枝縣[지금의 豐山縣인데, 元逢이 본래 順城 사람이었기 때문이다.]으로 격하시켰다.

㉢ 新羅君臣以衰季 難以復興 …

㉣ 二年(928) 正月 太祖答曰 …

㉠ 天成 2년 근품성 공격에서 시작한 견훤의 공세는 高鬱府 공취로 이어지고, 마침내 경애왕이 피살되는 포석정에서의 비극을 낳았다. 태조의 구원병 5천마저 公山 전투에서 무너졌다. 『삼국사기』 견훤전에는 ㉠의 내용에 이어 契丹과의 외교 기사가 있고, ㉢ 기사, 즉 고려 태조에게 의지하

려는 신라 조정의 분위기와 견훤이 태조에게 보낸 서신이 소개되어 있다. ㉣에 보이는 태조의 답신은 『삼국사기』 견훤전에 따르면 天成 3년에 있었던 것이 옳으므로, '二年'은 '三年'의 잘못이겠다. 그러므로 인용한 ㉡의 정보만이 『삼국사기』 견훤전과 대응할 여지가 없다. 외양으로만 보면 이 또한 「삼국사본전」 인용문이 되고, 그러므로 「삼국사본전」이 『삼국사기』 견훤전을 의미하지 않는 증거로 간주될 수 있다. 그러나 다음 몇 가지 이유에서 ㉡은 「삼국사본전」일 수 없다.

우선 ㉠, ㉢, ㉣ 모두 「삼국사본전」을 출처로 하고 있다 할 때, ㉡의 사건 연대 경인년은 이 사건이 앞뒤에 서술된 내용의 흐름 속에 순조롭게 끼어 들 수 없게 한다. 물론 사건의 내용으로만 본다면 특별히 전후 문맥의 흐름을 방해하지 않는다. 생각건대 아마 본조의 찬자는 「삼국사본전」을 좇아 서술하는 가운데, 그와는 별개의 자료로부터 사건 발생 년 '庚寅'에 주의하지 않은 채 ㉡ 대목을 인용했던 듯하다.

더구나 사건 연대를 '四十二年'과 같은 형태로 쓰는 방식은, 일관하여 중국의 연호를 사용한 「삼국사본전」의 서술 형태와 매우 다른 것이다. '四十二年'은 '견훤 치세 42년'을 가리키는 것임에 틀림없다.[9] 비록 사건의 내용이 전후 문맥상 잘 어울린다 하나, 이처럼 연대 기재 방식의 현저한 차이점은 이 대목을 「삼국사본전」에서 인용한 것으로 볼 수 없게 한다.

나아가 ㉡은 「이비(제)가기」와 같은 본조의 주요 보조 전거에서 나온 내용으로 보기도 어렵다. 「이비가기」 혹은 「이제가기」에 대해서는 견훤 가의 왕통을 체계화한 宗族記로 파악하기도 한다.[10] 그런가 하면 『삼국사기』

9) 申虎澈, 1985, 앞의 논문, 188쪽.

10) 史在東, 1978, 「「甄萱傳」의 形成에 대하여」 『語文論志』 3, 79쪽.

내용에 부회하여 꾸며진 것으로서 신빙성을 갖지 못한다는 견해도 있다.[11) 여하튼 ㉡과 같이 구체적 전투 기사인데다가 고려 측 관점이 강하게 노출된 정보가 「이비(제)가기」에 담겨 있었을 리 없다.

한편 본조에 인용된 「고기」 역시 일견 중국 측 연호를 사용하고 있다는 점을 주목한다면, ㉡의 출처로 간주되기 어렵다고 생각한다. 또 경인년(930)이 견훤의 치세 42년이라면, 견훤의 치세 원년은 889년(기유)이겠다. 그런데 「고기」에는 "(견훤은) 景福 원년 임자년(892)이 되자 왕을 일컫고 완산군에 도읍을 세워 43년간 다스렸다"라고 하였다. 이 점에서도 「고기」는 일단 ㉡의 출전이 될 수 없다.

그런데 ㉡의 정보에 충실할 때, 견훤의 치세 원년이 기유년(889)이 된다는 점은 주목할 만한 가치가 있다. 후백제견훤조에는 기유년이 직접 언급되어 있다.

- 唐昭宗景福元年 是新羅眞聖王在位六年 … 遂襲武珎州自王 猶不敢公然稱王 … 行全州刺史兼御史中丞上柱國漢南國開國公 <u>龍化元年己酉也 一云景福元年壬子</u> (『삼국유사』 인용 「삼국사본전」)

- 唐昭宗景福元年 是新羅眞聖王在位六年 … 遂襲武珎州自王 猶不敢公然稱王 … 行全州刺史兼御史中丞上柱國漢南郡開國公 <u>食邑二千戶</u> (『삼국사기』 견훤전)

11) 金庠基, 1974, 「甄萱의 家鄕에 對하여」 『東方史論叢』, 서울대출판부, 197~198쪽; 1966, 『가람 李秉岐博士頌壽紀念論文集』.

두 인용문을 비교해보면 「삼국사본전」 인용문에 『삼국사기』의 '食邑二千戶'가 빠진 대신 "龍化 원년 기유이다. 景福 원년 임자라고도 한다"라는 구절이 덧붙여졌다. '龍化'는 '龍紀'의 오기이다. 龍紀 원년 기유는 889년이다. 찬자는 이 사건의 발생 년을 다르게 제시한 둘 이상의 자료를 보았던 것이다. 그렇다면, ㉡항의 정보는 龍紀 원년을 견훤의 치세 원년으로 한 자료에서 나온 것이므로, 그것이 곧 견훤이 무진주를 공략한 시기를 龍化(紀) 원년으로 설정한 자료일 가능성이 매우 높다고 생각한다.

그러나 찬자가 무진주 습격 사건을 서술함에 있어서 '龍化(紀) 원년'의 연대관을 가진 자료를 직접 인용한 것은 아니다. 이미 서두에서 "唐 昭宗 景福 원년은 곧 신라 진성왕 재위 6년"이라 하여 사건 연대를 명시하고 있으므로, 말미에 "龍化 원년 기유이다. 景福 원년 임자라고도 한다"라고 한 부분은 「삼국사본전」의 정보가 아니다.

물론 龍紀 원년 기유년이 견훤의 성장 과정에서 의미 있는 또 다른 사건과 관련된 연대일 가능성을 전적으로 배제하지는 못한다.[12] 그러나 문맥에 주의할 때 찬자는 이 연대를 무진주 습격과 연계하여 지적한 것으로 보아야겠다.[13] 다시 말하여 찬자는 「삼국사본전」을 따라 경복 원년의 사건을 서술하였으되, 동일한 사건을 龍紀 원년의 일로 파악한 자료 또한 확보하고 있었으며, 이 자료가 곧 ㉡의 출전이었던 듯하다.

요컨대 ㉡항의 정보는 「삼국사본전」 즉 『삼국사기』 견훤전, 「고기」, 「이비(제)가기」 등 드러난 전거 외의 자료에서 인용한 것으로 판단한다. 그

12) 한 예로 강봉룡은 "견훤은 889년에 반심을 품고 서울의 서남주현들을 공략, 5천여 명의 무리를 결집하여 강주를 근거로 하여 독립세력임을 선언했을 가능성이 크다"라고 하였다. 2001, 「甄萱의 勢力基盤 擴大와 全州 定都」 『후백제 견훤정권과 전주』, 주류성, 37쪽.

13) 申虎澈, 1991, 「後百濟와 관련된 여러 異說들의 종합적 검토」 『國史館論叢』 29, 151~153쪽.

것이 이른바 「구삼국사」일 수 있다. 그러나 간과해서는 안 될 것은 「삼국사본전」은 여전히 『삼국사기』 견훤전이라는 것이다. 만약 ⓛ항의 정보가 「구삼국사」에서 온 것이라면, 그것은 『삼국사기』는 물론 그와는 매우 다른 정보를 전해 주는 「고기」와도 상충하는 내용이었다고 해야겠다.

한편 인용한 바와 같이 ⓛ의 내용은 경인년의 古昌郡 瓶山 전투 및 順(州)城 성주 元逢의 패퇴를 고려적 관점에 충실하게 서술한 것이다. 『고려사』의 서술에서도 이 사건들은 역시 경인년(930) 정월의 일들이었다.[14] 그런데 『삼국사기』 견훤전에는 이 사건들이 天成 4년(929) 7월에 일어난 일로 되어 있다. 즉 1년의 오차를 확인하게 된다. 반면에 『삼국사기』 신라본기에는 고창군 전투는 여타 자료와 마찬가지로 930년, 즉 경순왕 4년 정월조에 기록되어 있지만, 順州의 元逢 관련 사건은 경순왕 3년(929) 7월의 일로 되어 있다. 크게 보아 ⓛ항은 『삼국사기』 견훤전과는 계통을 완전히 달리 하면서, 『고려사』 및 『삼국사기』 신라본기 일부 정보와 출전을 공유하고 있다 하겠다.

『삼국사기』 견훤전과 신라본기가 서로 다른 출전을 토대로 하였다는 것은 시사하는 바가 범상치 않다. 이 문제를 위하여 후백제견훤조의 「삼국사본전」과 「고기」의 내용을 비교해본다.

> 옛날에 부자 하나가 光州 北村에 살았는데 한 딸이 있어 용모가 단정하였다. (그녀가) 아버지에게 아뢰기를 "매일 자줏빛 옷을 입은 한 남자가 침실에 와서 (저와) 관계하곤 합니다"라고 하였다. 아버지는 "너는 긴 실을 바늘에 꿰어 그 (남자)의 옷에 꽂아 두어라" 하여 그 말 대로 하였다.

14) 『고려사』 1 세가 태조 1, 庚寅 13년 봄 정월 丁卯.

날이 밝아 실이 간 곳을 찾아보니 북쪽 담장 아래 큰 지렁이 허리에 바늘이 꽂혀 있었다. 그 뒤 임신하여 사내아이를 낳으니 나이 15세에 스스로 견훤이라 일컬었다. (견훤은) 景福 원년(892)에 왕을 칭하고 完山郡에 도읍을 세워 43년을 다스리다가 淸泰 원년(934)에 그의 세 아들이 반역하므로 (고려의) 태조에게 투항하였다. (견훤의) 아들 金剛이 즉위하였으나 天福 원년(936)에 一善郡에서 고려와 會戰하여 (후)백제 군이 패하고 그 나라가 망하였다.

「고기」가 전하는 '蚯蚓交婚說話'는 문면 그대로라면 견훤의 부모에 관련된 것이지만, 사실상 견훤 자신의 혼인 설화였을 것으로 보기도 한다.[15] 이를 염두에 두고 「고기」의 내용과 본조의 주요 서술을 이루고 있는 「삼국사본전」과를 비교하면 다음과 같다.

	내 용	고 기	삼국사본전	삼국사기·고려사
1	견훤의 父	紫衣男(蚯蚓)	阿慈介	삼국사본전과 같음
2	견훤의 출생지	光州 北村	尙州 加恩縣	상 동
3	稱王한 해	景福 원년(892)	光化 3년(900)	상 동
4	三子叛逆, 甄萱投降	淸泰 원년(934)	淸泰 2년(935)	상 동
5	繼位한 아들	金剛	神劍	상 동
6	멸망한 해	天福 원년(936)	天福 원년(936)	상 동

이로써 보면 후백제의 멸망 연대를 제외한 「고기」의 주요 부분이 모두

15) 申虎澈, 1987, 앞의 논문, 137~138쪽. 李純根도 같은 맥락에서 왕건의 先系說話와 비교한 바 있다. 李純根, 1989, 「羅末麗初 地方勢力의 構成形態에 관한 一研究」 『韓國史研究』 67, 46쪽.

「삼국사본전」과 다르며, 반면에 당연한 결과일 것이지만, 「삼국사본전」과 대동소이한 『삼국사기』 견훤전이나 『고려사』와도 일치하지 않는다.

「고기」의 내용은 견훤 및 후백제의 시말이 지극히 간략하나마 포괄적으로 체계화되어 있으면서도, 주로는 역시 '蚯蚓交婚'이라는 신이한 출생담에 본의가 있는 것이다. 따라서 구체적 사실에 있어서는 「고기」 측의 내용을 받아들이기 어렵다는 것이 일반적인 생각이다. 여하튼 후백제견훤조의 「고기」 내용 역시 영웅의 지극히 신이한 출생과 일생에 대한 「고기」 자료의 독특한 관심도를 가늠할 수 있다는 점에서, 『삼국유사』에 보이는 여타의 「고기」들과 상통하고 있다.

위 표에서 특히 견훤이 왕을 일컬은 연도(3) 및 세 아들의 반역으로 고려 태조에게 투항한 연대(4)의 차이를 주목하고자 한다. 먼저 「고기」는 "경복 원년(892)에 왕을 칭하고 완산군에 도읍을 세웠다"라고 하였다. 그런데 이러한 정보는 신라본기 진성왕 6년에 "완산의 적당 견훤이 완산주에 웅거해 스스로 후백제를 일컬으니, 무주 동남쪽의 군현들이 항복해 붙었다"라고 한 기사에 대응한다. 즉 신라본기의 정보는 『삼국사기』 견훤전이나 「삼국사본전」과는 공유할 사항이 없는 대신, 『삼국유사』에 인용된 「고기」와 일치한다.

또한 「고기」는 견훤이 "43년을 다스리다가 청태 원년(934)에 그의 세 아들이 반역하므로 (고려의) 태조에게 투항하였다"라고 하였다. 그러나 『삼국사기』 견훤전 말미에는 "견훤은 당 경복 원년에 일어나 후진 천복 원년에 이르기까지 모두 45년 만에 멸망하였다"라고 하였다. 『삼국유사』의 후백제견훤조 역시 동일한 방식으로 종결하고 있다. 물론 이 문맥에서 견훤은 후백제의 대명사로 쓰인 것이므로, 그의 치세 자체가 45년이었던 것은 아니다. 견훤은 을미년(935) 3월에 유폐되었으므로, 경복 원년을 치세 원년으로 한다면 을미년은 44년째가 된다. 어쨌든 「고기」는 명백히 『삼국사기』 견훤전이나 『삼국유사』의 「삼국사본전」의 출전과는 계통을 달리한다.

한편 『삼국사기』 연표에는 견훤 치세 45년째인 병신년(936)에 "견훤의 아들 신검이 아비를 가두고 왕위를 빼앗아 스스로 장군을 일컬으니, 견훤은 錦城으로 달아나 태조에게 투항하다"라고 하였다. 이것은 앞에서 병신년에 견훤과 세 아들 사이의 갈등을 기록한 대목을 환기시켜준다. 이미 말한 바와 같이 병신년과 관련한 이 기록은 「고기」에서 유래하였을 것으로 추정되거니와, 『삼국사기』 연표에서도 동일한 정보를 담고 있는 출전의 존재를 짐작할 수 있는 것이다. 이처럼 『삼국유사』의 「고기」는 『삼국사기』 견훤전과는 다른 반면, 신라본기 혹은 연표와 종종 합치하는 정보를 가지고 있다. 이러한 정황은 『삼국사기』 김유신전 및 그와 관련된 신라본기의 자료 계통 문제에 보이는 맥락과 매우 방불한 것이다.

김유신전 찬자는 대야성 전투의 시말을 기록하면서 신라본기와의 차이를 지적하는 가운데 "모두 「고기」에 전하는 것들이므로 둘 다 기록해둔다"라고 하였다. 즉 신라본기가 근거한 자료나, 그와는 다른 열전의 자료를 모두 「고기」로 지칭하였다. 마찬가지로 견훤전과 신라본기에 보이는 관련 기록의 원전은 서로 달랐다고 생각하는 동시에, 김유신전 찬자의 표현 방식에 따른다면, 신라본기 측의 원전 역시 「고기」로 지칭될 수 있겠다고 생각한다. 아울러 『삼국사기』 견훤전은 김유신전과 유사하게 어느 정도 정리된 자료에 토대를 두고 작성되었을 것으로 추측한다.

4. 찬자의 인식과 의도

이제 「삼국사본전」을 『삼국사기』 견훤전으로 확정하는 데 어려움이 없겠으나, 여기에 현저한 몇 가지 검증을 더하고자 한다. 『삼국사기』 견훤전을 「삼국사본전」의 이름으로 인용하여 본조를 서술한 찬자는 그 과정에서 많은 표현의 변개와 내용의 절삭을 더하였다. 반대로 『삼국사기』 견훤전에는 없는 字句가 『삼국유사』에서 첨입된 예들 또한 없지 않다. 그리고 그 중 많은 경우가 干支를 밝혀 기입한 것이었다. 물론 이렇게 적용된 간지가 모두 옳은 것은 아니다. 더구나 그것들은 사실 『삼국사기』 견훤전의 정보에 근거한 첨입이었다.

일례로 928년에 고려 태조는 전년에 견훤이 보낸 국서에 답하고 있는데, 그 내용 중에 925년(乙酉)의 사단을 언급한 대목이 있다. 이것을 『삼국사기』 견훤전에는 '及至酉年'으로 지목하여 서술하였다. 반면에 「삼국사본전」에서는 '及至癸酉年'이라고 하였다. 추측컨대 을유년을 가리키는 '酉年'을 계유년으로 잘못 파악한 것이겠다. 그러므로 이 차이가 「삼국사본전」과 『삼국사기』 견훤전의 자료 계통 차이를 의미하지는 않는다. 이것은 '天成二年', '清泰二年', '天福元年'만으로 표기된 『삼국사기』 견훤전의 내용에 '丁亥', '乙未', '丙申' 등의 간지를 첨입한 예들과 다를 바 없다.

또 다른 예로, 936년 고려 태조는 일선군 전투의 선발대로 太子 武와 장군 (朴)述希에게 군사를 거느리고 天安府를 향해 나아가도록 하였다. 이 사건은 『삼국사기』 견훤전과 「삼국사본전」에서 함께 확인된다. 그러나 후백제 견훤조의 찬자는 「삼국사본전」을 인용하면서 오독을 하고, 다시 불필요한 첨자를 하였으며, 그리고 그로 말미암아 이해불능의 서술을 하고 말았다.

- 先遣太子武將軍述希 領步騎一萬 趣天安府 (『삼국사기』 견훤전)
- 先遣太子及武將軍述希 領步騎十萬 趣天安府 (『삼국유사』 후백제견훤)
- 先遣正胤武將軍述希 領步騎一萬 趣天安府 (『고려사』 2 세가, 태조 19년 6월)

인용문을 편견 없이 보면, 『삼국유사』 측의 오인임을 누구라도 부정하지 못한다. 즉 「삼국사본전」의 이름으로 『삼국사기』 견훤전을 인용하면서 마치 '太子'와 '武將軍述希'처럼 되어 버리는 불필요한 첨자(及)를 하였으며, 또 1만을 10만으로 기술하고 있다. 이러한 상위점은 『고려사』를 또 다른 하나의 기준으로 삼아 비교해 볼 때 명백히 인용 상의 오류인 것이다. 즉 그 오류의 원인은 '전거 자료의 차이'가 아니라 '인용의 불철저함'이었다. 말하자면 이것은 「삼국사본전」이 『삼국사기』 견훤전일 수밖에 없는 정황 증거라고 하겠다.

문맥을 충분히 고려하지 않은 절삭 과정 역시 잘못된 첨입 못지않게 유력한 판단 지표가 된다. 즉 『삼국사기』 견훤전에는 貞明 4년(918)에 왕건의 즉위 사실이 나오고, 정명 6년(920) 견훤의 대야성 공함 사실, 이어 同光 2년(924) 견훤의 아들 須彌强의 조물성 공격 사실, 그리고 다음에 '동광'이라는 후당의 연호를 생략한 채 '三年冬十月'로 시작되는 조물성 전투가 서술되고 있다. 그런데 『삼국유사』에서는 정명 4년을 기술한 다음에, 정명 6년과 동광 2년의 내용을 생략한 채 '三年冬十月'로 시작하는 조물성 전투 내용이 뒤따르고 있다. 결국 이 때문에 '정명'에서 '동광'으로 연호가 바뀐 사실을 알 수 없도록 되어 있다.[16] 이것은 곧 『삼국유사』의 이른바 「삼국사본전」이 『삼국사기』 견훤전이라는 사실을 적시하는 동시에, 그 인용 과정이 철저하지 못했다는 것을 보여 주는 좋은 예가 된다.

그렇다면 후백제견훤조 찬자가 이처럼 「삼국사본전」의 이름으로 『삼국사기』 견훤전을 벗어나지 않는 내용을 반복 서술한 의도를 점검할 필요가 있다. 『삼국유사』 찬자는 『삼국사기』를 '삼국의 本史'라 하고, 그에 대한

16) 申虎澈, 1985, 앞의 논문, 188쪽 참조.

'遺事'를 자처하였다.[17] 따라서 상당한 중복 서술을 감수하면서 견훤 정권을 재론한 데에는 그만한 까닭이 있을 것이다. 이에 대한 논의는 「삼국사본전」 즉 『삼국사기』 견훤전을 벗어난 일부 정보의 의미에서 출발하고자 한다.

앞에서 동의한 것처럼, 「삼국사본전」의 정보는 때로 동일한 서술 대상을 다룬 「고기」 및 「이비(제)가기」의 내용과 나란히 제시되었다. 특히 「고기」는 견훤의 출생과 후백제의 주요 시말에서 「삼국사본전」과 매우 다른 인식을 지니고 있다. 또한 「고기」의 내용은 종종 『삼국사기』 견훤전과는 합치할 수 없는 반면, 신라본기와 공명하는 대목을 지니고 있었다.

따라서 『삼국사기』 견훤전을 숙지하고 있던 찬자가 다시 후백제견훤조를 서술한 것은 기왕의 견훤전과는 다른 내용, 즉 「고기」를 비롯한 다른 계통의 정보를 소개하기 위한 것이었을 가능성이 크다고 생각한다. 찬자는 『삼국사기』 견훤전의 내용만으로는 후백제, 특히 견훤에 대한 균형 있는 이해에 이르지 못한다고 여겼을지도 모르겠다. 요컨대 서술 분량의 다과와는 별도로 후백제견훤조를 서술하는 찬자에게 「고기」의 내용이 차지하는 비중은 매우 컸을 것으로 판단한다.

다시 말하거니와 후백제견훤조의 「고기」는 이른바 '蚯蚓交婚'이라는 견훤의 신이한 출생담에 본의가 있다. 서대석은 「고기」의 견훤 탄생 설화는 『삼국유사』 무왕조와 함께 건국신화적 요건을 갖춘 '夜來者神話'라고 하였다. 또한 이 '야래자신화'는 온조 등의 건국 주체 집단의 동명신화가 '天父—地母型'이었던 것과는 달리 '水父—地母型'으로서 마한의 신화였을

17) 李康來, 1998, 「本史와 遺事」 『월운스님古稀紀念佛教學論叢』, 東國譯經院; 2007, 『삼국사기 형성론』, 신서원.

가능성에 주목하였다.[18] 그러므로 견훤에게 있어 무왕설화는 백제의 전통성 계승을 겨냥하면서 자신의 출생을 신성화할 수 있는 신화적 장치로서 하나의 모델이었을 수도 있겠다.[19]

여기서 무왕조의 자료 계통에 다시 주의해 보려 한다. 무왕조의 내용은 무왕이 池龍의 아들로 태어났으며, 어릴 때 이름은 薯童이었는데 신라 善花公主와 혼인한 다음 왕이 되었고, 부부가 함께 彌勒三尊의 출현을 경험한 것을 계기로 彌勒寺를 창건하였다는 것이다. 그런데 여기에는 여하한 인용 전거도 제시되어 있지 않다. 다만 찬자는 무왕조의 내용 가운데 두 가지 사실에 대해 스스로 의문을 제기하였다.

- 무왕이 세웠다 한 미륵사에 대하여 : 國史에는 '王興寺'라고 하였다.
- 무왕의 출생에 대하여 : 三國史에는 이 분을 '法王의 아들'이라고 했는데, 이 전승에서는 '과부의 아들'이라 하니 자세하게 알 수 없다.

이 두 분주의 근거로 지시한 「국사」나 「삼국사」는 『삼국사기』를 가리킨다.[20] 그러므로 무왕조의 본문 서술에 동원된 주 재료는 『삼국사기』 자체는 아니며, 더 나아가 『삼국사기』가 근거한 자료와는 다른 계통이었던 것이다. 또한 백제 무왕의 생애와 현저한 업적을 일관되고도 완결된 형태로 제시한 무왕조의 내용은, 단일한 출전에서 인용되었음에 틀림없다. 이 원전을 추정하는 데에 『삼국유사』의 法王禁殺조는 유력한 지표를 제공한다.

18) 徐大錫, 1985, 「百濟神話 硏究」『百濟論叢』 1, 35~51쪽.

19) 徐海淑, 2000, 「甄萱說話의 傳承樣相과 歷史認識」『후백제 견훤정권과 전주』, 135쪽.

20) 『삼국사기』 27 백제본기 5 무왕 즉위년, "武王諱璋 法王之子 風儀英偉 志氣豪傑 法王卽位翌年薨 子嗣位". 무왕 35년 2월, "王興寺成".

법왕금살조는 법왕의 즉위와 禁殺의 조처 및 王興寺 창건의 착수, 그리고 그가 죽은 후 아들 무왕이 공사를 계승하여 창사를 완성하였는데 그 절의 이름 또한 미륵사였다는 것 등을 내용으로 하고 있다. 이어 마지막에 찬자는 다시 몇 가지 의문을 표하였다.

> (이상은) 「고기」에 실린 바와는 약간 다르다. 무왕은 곧 가난한 어머니가 池龍과 관계하여 낳은 이로, 어릴 때 이름은 薯蕷였다. 왕위에 오른 후 시호를 무왕이라 하였으며, 애초부터 (무왕이) 왕비와 함께 (미륵사)를 창건하였던 것이다.

찬자의 지적대로 법왕금살조의 내용은 「고기」의 정보와 다르다. 찬자가 제기한 주요 의문 사항은 첫째 무왕의 출생에 얽힌 池龍說話, 둘째 무왕의 어릴 때 이름, 셋째 미륵사 창건 주체에 대한 것이다. 이를 염두에 두고 법왕금살조 본문의 무왕 관련 주요 내용을 간추리자면, 무왕은 법왕의 아들로서 이름은 宣이었으며, 왕흥사 곧 미륵사 창건의 발단은 법왕에서 비롯되어 무왕 대에 완성되었다는 것이다.[21)]

그런데 왕흥사와 관련한 사항은 『삼국사기』에 법왕 2년(600)조와 무왕 35년(634)조에 분재되어 있다.[22)] 다시 말하여 『삼국사기』에 따를 때 왕흥사는 법왕금살조의 서술처럼, 아버지가 터를 닦은 것을 아들이 이어받아 수십 년 만에 완성하였던 것이다. 따라서 법왕금살조의 본문 내용은 본질

21) "百濟第二十九主法王諱宣 或云孝順 … 明年庚申(600)度僧三十人 創王興寺於時都泗沘城 始立裁而升遐 武王繼統 父基子構 歷數紀而畢成 其寺亦名彌勒寺 …".

22) 『삼국사기』 27 백제본기 5 법왕 2년 정월, "創王興寺 度僧三十人"; 같은 책 무왕 35년 2월, "王興寺成".

적으로 『삼국사기』와 맥락을 같이 한다. 반면에 법왕금살조의 본문 내용과 합치할 수 없는 「고기」의 정보는 한결같이 무왕조의 내용과 부합한다.

- 무왕의 출생과 관련한 지룡설화 : 第三十武王名璋 母寡居 築室於京師南池邊 池龍交通而生
- 무왕의 어릴 때 이름 : 小名薯童 器量難測 常堀薯蕷 賣爲活業 國人因以爲名
- 미륵사 창건의 주체 : 一日王與夫人 欲幸師子寺 至龍華山下大池邊 彌勒三尊出現池中 留駕致敬 夫人謂王曰 須創大伽藍於此地 固所願也 王許之 … 以神力一夜頹山塡池爲平地 乃法王像彌勒三會 殿塔廊廡 各三所創之 額曰彌勒寺 (이상 무왕조)

결국 법왕금살조에서 「고기」를 들어 분주 형태로 제기하였던 의문 사항의 근거는 무왕조의 내용이었다. 따라서 무왕조의 서술은 법왕금살조에서 의문 제기의 전거 자료인 「고기」에 입각한 자료, 아마 「고기」 그 자체였다고 판단한다. 요컨대 무왕조는 「고기」를 주 자료로 채택하여 본문을 서술하고, 법왕금살조에서는 『삼국사기』를 주 자료로 채택하여 본문을 서술하는 한편, 본문 서술에 채택하지 않은 일방의 자료는 각각의 분주에서 의문 제기의 근거가 되고 있는 것이다.[23]

무왕조 자체가 「고기」를 출전으로 하고 있다는 것은 그 의미가 간단치

23) 법왕금살조의 본문 구성이 『삼국사기』에 의거하였다는 것은 의문의 여지가 없다. 즉 앞 주 법왕 2년 조의 기사는 물론이려니와, 법왕금살조의 "法王諱宣 或云孝順 … (卽位年) 冬 下詔禁殺生 放民家養鷹鸇之類 焚漁獵之具 一切禁止"는 『삼국사기』 법왕 즉위년 조에 "法王諱宣(或云孝順) … 冬十二月 下令禁殺生 收民家所養鷹鷂放之 漁獵之具焚之"라고 하여 일치한다.

않다. 「고기」에 따르면 무왕은 홀로 된 여인과 池龍의 교통에서 출생하였다. 그리고 미천한 신분으로서 신라의 여론을 조작하여 선화공주와 혼인하였으며,[24] 마침내 황금산의 발굴로 인심을 얻어 왕위에까지 올랐다. 이는 매우 비현실적인 것이다. 황금을 신라에 보낸 知命法師의 신통력이나 미륵사 창건 연기 설화 역시 일상에서는 불가능한 초경험적인 사건이었다.

그러나 또한 여기에는 『삼국유사』에 인용되어 있는 「고기」의 일반적 경향, 즉 한 영웅의 신이한 출생 및 비현실적 체험과 초자연적 능력이라는 특징적 요소가 고루 갖추어져 있다. 특히 후백제견훤조에 인용된 「고기」의 내용에서도 池龍[蚯蚓]과의 교통이 주요한 설화 모티프였다는 점을 다시 환기하지 않을 수 없다.[25] 즉 서동은 견훤과 마찬가지로 비정상적으로 태어난 미천한 영웅이었다.[26] 또 앞에서 후백제견훤조의 '동요'를 「고기」의 내용으로 추정하였거니와, 이제 무왕조의 이른바 '서동요'가 이에 대응하는 것이라고 할 수 있겠다. 요컨대 찬자는 후백제견훤조를 서술하면서 「삼국사본전」, 즉 『삼국사기』 견훤전과는 다른 내용의 정보를 전하는 「고기」를 크게 의식하였으며, 마찬가지로 『삼국사기』에 충실한 법왕금살조에 대응하는 「고기」의 정보는 무왕조를 따로 세움으로써 강조한 것이었다고 생각한다.

찬자가 이처럼 「고기」의 내용을 소개하려는 의도에서 후백제견훤조와 무왕조를 서술했다고 이해할 때, 이들과 함께 나란히 자리한 南扶餘前百

24) 崔喆, 1980, 「衆論形成과 그 機能 — 三國遺事를 중심하여」 『三國遺事의 新硏究』, 신라문화선양회.

25) 史在東, 1974, 「「武康王傳說」의 硏究」 『百濟硏究』 5, 104~114쪽 : 조동일, 1987, 「삼국유사 설화와 구전설화의 관련 양상」 『三國遺事의 綜合的 檢討』, 432~433쪽.

26) 조동일, 1986, 「삼국시대 설화의 문학적 해석」 『傳統과 思想(Ⅰ)』, 208~210쪽.

濟조에서도 유사한 논의의 여지가 있겠다. 『삼국유사』 기이편은 단군의 조선에서 시작하여, 그 계통의 흐름에 유의하면서 왕조의 출몰과 변천을 서술하였거니와, 金傅大王까지로 전체 대상 시기가 다 아울러진 셈이다. 그러나 실제로는 김부대왕조 다음에 남부여전백제조, 무왕조, 후백제견훤조가 이어지고 비로소 기이편이 종결되었다. 이것은 서술의 시간적 순서로 보아도 자연스럽지 못하다. 그러므로 남부여전백제조 역시 무왕조나 후백제견훤조와 마찬가지로 「고기」라는 자료를 매개로 파악될 소지는 충분히 있겠다.

남부여전백제조의 주요 구성 자료는 아래와 같다.

① 三國史記	② 量田帳籍	③ 資福寺繡文	④ 百濟地理志	⑤ 史本記	⑥ 古典記	⑦ 又虎嵓寺 …

이 가운데 ①항은 물론 ④, ⑤, ⑥항은 모두 『삼국사기』를 가리킨다.[27] ②항과 ③항은 새로 참조한 자료들이며, 찬자는 그밖에도 지명의 고증을 포함하여 몇 가지 견문을 군데군데 첨입하면서 본조를 서술하였다. 따로 인용 전거를 밝히지 않은 ⑦항 역시 일견 찬자 자신의 견문처럼 보인다. 그러나 ⑦항의 내용은 다시 분해하여 살필 필요가 있다.

㉠ 又虎嵓寺有政事巖 …

㉡ 又泗沘河邊有一嵓 … 因名龍嵓

㉢ 又郡中有三山 …

27) 李康來, 1996, 「新羅 奈己郡考」 『新羅文化』 13; 2011, 『삼국사기 인식론』, 일지사.

㉣ 又泗沘岸又有一石 … 因名堗石

㉤ 又泗沘河兩岸 … 大王浦

㉥ 又始祖溫祚 …

㉦ 又多婁王 …

㉧ 又沙沸王[一作沙伊王] 仇首崩嗣位 而幼少不能政 卽廢而立古爾王 或云至樂初二年己未乃崩 古爾方立

위와 같이 ⑦항을 분해할 때, 서로 다른 두 가지 서술 영역이 눈에 띈다. 그 하나는 ㉠에서 ㉤까지의 내용으로 政事巖, 龍嵓, 三山, 堗石, 大王浦 등 사비성 주변의 자연물과 관련된 사항들이되, 주로 비합리적인 설명들이다. 예컨대 재상 후보들의 이름을 써서 정사암 위에 두면 저절로 낙점이 되었다거나, 소정방이 용암에서 용을 낚았다는 식이다. 삼산에는 神人들이 살면서 날아다녔고, 돌석은 저절로 데워졌다. ①부터 ⑥항까지의 서술과는 크게 다른 분위기의 내용들이다. 다른 하나의 영역은 ㉥부터 ㉧까지의 것으로서, 백제 시조로 간주된 온조를 포함하여 네 왕을 짧게 언급한 것이다. 그런데 이들 정보는 다음 두 가지 이유에서 단순히 찬자의 견문에서 비롯한 것으로는 볼 수 없다.

첫째, ㉧ 가운데 왕의 이름이나 왕위 교체년에 대한 서술에서 '一作'이라거나 '或云' 등은 복수 자료의 존재를 지시하는 표현인 동시에, 찬자가 그러한 문헌 자료를 인용하였다는 것을 암시한다. 아울러 『삼국사기』를 비롯하여 여타 자료들에 의하면 고이왕은 靑龍 2년(234) 갑인에 즉위하였다. 그러므로 구수왕의 죽음과 고이왕의 즉위를 기미년(239)의 일이라 한 것은 『삼국사기』는 물론 왕력과도 부합할 수 없다. 그렇다면 이 대목 역시 주요 서술 전거인 『삼국사기』를 염두에 두면서, 그와는 이질적인 정보

원인 「고기」 내용을 제시한 사례일 가능성을 배제할 수 없다. 이와 관련하여 「고기」로 불리는 자료들에 왕들의 졸년이나 즉위년, 그리고 諱에 관한 정보들이 많았으며, 그러면서도 잘못된 연대관을 가진 경우가 흔하였다는 검증을 염두에 둘 일이다.[28]

둘째, 정사암이나 돌석 등 사비성 주변 자연물들에 대한 비현실적 전승을 나열한 부분의 출전을 헤아릴 때, 특히 용암은 소정방과 관련한 이름이었다는 점을 고려하면, 자연스럽게 墮死岩 전승을 상기하게 된다. 태종춘추공조에는 「백제고기」를 인용하여 백제 멸망 당시 의자왕과 그의 후궁들의 죽음에 관한 내용을 아래와 같이 소개하였다.

> 「백제고기」에는 이렇게 말하였다. "부여성 북쪽 모퉁이에 큰 바위가 있는데 그 아래로는 강물이 흐른다. 전해오는 말로는 의자왕과 여러 후궁들이 죽음을 면치 못할 줄을 알고 서로들 이르기를 '남의 손에 죽느니 차라리 자결하리라' 하여 줄줄이 여기 와서 강에 몸을 던져 죽었으므로 사람들이 墮死岩이라고 한다는 것이다." 그러나 이것은 속설의 와전이다. 단지 궁인들만 떨어져 죽었던 것이요, 의자왕이 당나라에서 죽었던 것은 당나라 역사에 명백한 기록이 있다.

이렇게 보면 「백제고기」의 타사암은 남부여전백제조의 정사암이나 용암 등과 지극히 유사한 맥락에 있다는 것을 바로 발견할 수 있다. 다시 말해 남부여전백제조의 ⑦항은 어느 영역으로 보나 「고기」에서 인용한 서술이라고 판단한다. 따라서 남부여전백제조, 무왕조, 후백제견훤조는 백제

28) 李康來, 1996, 「古記論」 『三國史記 典據論』, 民族社.

및 그 계승 국가임을 천명한 후백제의 시말을 보여 주고 있되, 그 서술의 주요 근거가 된 『삼국사기』의 정보와 함께 「고기」의 내용을 병렬하여 제시했던 것이다. 즉 찬자는 스스로 인용한 정보의 다과와는 별개로, 「고기」의 고유한 내용에 깊은 관심을 기울였다고 본다.

남은 문제는 그러한 찬자가 타사암 전승을 남부여전백제조가 아니라 태종춘추공조에 배치한 이유이다. 이를 위해서는 『삼국사기』를 인용한 것이 명백한 사례 하나를 드는 것으로 충분하다. 김부대왕조에는 그 말미에 '史論曰'이라 하여, 『삼국사기』 신라본기가 종료된 뒤에 '論曰'이라 한 내용이 인용되어 있다. 그런데 두 책을 비교해보면, 김부식이 遣宋使 일행으로 송나라에 가서 佑神館에 들러 館伴學士 王黼와 대화한 사실이나, 王襄의 「祭東神聖母文」에 관한 소회를 진술한 부분이 『삼국유사』 측에는 빠져 있다. 그러나 바로 결락된 그 부분은 感通편의 仙桃聖母隨喜佛事조에 배치되었다. 찬자는 『삼국사기』 경순왕 말년 조의 사론을 인용하되, 이를 다시 주요 관련 항목별로 분재하였던 것이다.

그와 같은 자료 이용 방식에 따라, 왕조의 멸망과 의자왕의 죽음과 관련된 타사암 전승 역시 유사한 고려 속에서 태종춘추공조에 배치되었다고 생각한다. 문제가 된 후백제견훤조에서도 찬자는 「삼국사본전」의 이름으로 『삼국사기』 견훤전을 인용하면서 일부 생략한 부분을 『삼국유사』의 다른 항목에 기술해 넣었다. 즉 견훤이 완산주를 장악한 후 마한과 백제의 관계를 천명한 부분이 바로 그것으로, 이 대목은 마한조에 배치되었던 것이다.

지금까지의 논의를 간추려 본다. 「삼국사본전」을 인용한 형태로 시작된 『삼국유사』 후백제견훤조의 내용에 『삼국사기』 견훤전에 보이지 않는 정보가 있다는 것 자체는 새삼스러울 게 없다. 우선 드러난 별도의 자료 계통으로는 「고기」와 「이비(제)가기」가 있으며, 편찬 당시의 지명 고증이나 연대와 관련된 찬자의 첨입 및 보충 또한 적지 않다. 물론 찬자 자신의 견해나 단순한 추산이 아니라 특정의 자료에 근거한 서술 가운데에서도 『삼국사기』와 공유할 수 없는 정보가 들어 있다. 그러나 그것이 곧 「구삼국사」에서 인용되었다고 단정할 까닭은 없다. 더군다나 그러한 이질적 정보의 존재 자체는 「삼국사본전」을 「구삼국사」 견훤전으로 볼 수 있는 여하한 단서도 제공하지 않는 것이다. 「삼국사본전」은 『삼국사기』 견훤전이다.

「고기」에서 인용한 내용은 후백제견훤조의 여러 곳에 분산되어 있다. 우선 견훤의 사망 일자나 출생 년에 관한 정보가 「고기」에서 유래했을 것으로 가늠되었다. 또 병신년(936)에 있었다 하는 견훤과 네 아들 사이의 갈등 이야기, 그리고 신검의 견훤 유폐 과정과 그와 관련한 '동요' 등도 「고기」를 출전으로 삼았다고 판단한다. 이러한 추정은 후백제견훤조의 주요 자료인 「삼국사본전」과 보조 자료인 「이비(제)가기」 및 「고기」가 병렬 서술되는 방식을 주목하여 도달한 것이다.

이와는 달리 고창군 전투를 기술한 경인년의 경우는 실제 「고기」를 인용한 부분과 내용상 공명하는 바를 검증해냄으로써 「고기」와 유관한 정보였다고 판단하였다. 또한 「고기」를 밝혀 인용한 대목이나 구조 및 내용으로 추정해 낸 「고기」의 정보들은 한결같이 「삼국사본전」 즉 『삼국사기』 견훤전과 합치할 수 없는 것들이었다. 아울러 『삼국사기』 견훤전은 마치 김유신전과 같이 기왕에 어느 정도 정리된 형태의 기성 자료가 있어서 편찬 단계에 활용되었을 것으로 생각한다.

『삼국유사』 찬자가 『삼국사기』 견훤전에 절대적으로 의존하면서도 후백제견훤조를 서술한 것은 기왕의 견훤전과는 다른 내용, 즉 「고기」를 비롯한 다른 계통의 정보를 소개하기 위한 것이었을 가능성이 크다. 서술 분량의 다과와는 별도로 후백제견훤조를 서술하는 찬자에게 「고기」의 내용이 차지하는 비중은 매우 컸던 것이다. 찬자는 또한 기이편의 마지막에 남부여전백제조, 무왕조, 후백제견훤조를 나란히 배치하여 백제와 후백제의 시말을 보여 주되, 그 서술의 주요 근거가 된 『삼국사기』의 정보와 함께 「고기」의 정보에 특히 깊은 관심을 보였다. 물론 세 항목에서 확인된 「고기」의 내용은 『삼국유사』에 인용된 「고기」의 일반적 경향으로 지적되어온 것들, 즉 영웅의 신이한 출생이나 비현실적 체험 및 초자연적 능력이라는 특징적 요소를 벗어나지 않는 것들이었다.

끝으로 백제사와 그 연장이라 할 후백제의 시말이 일련의 「고기」 자료를 매개로 체계화될 수 있겠다는 가능성을 탐지한 것을, 본고가 거둔 또 하나의 의미 있는 성과로 유념해 두려 한다. 『삼국유사』에서 기이편이란 흥법편 이하 불교 신앙의 홍포와 신이한 이적에서 오는 감동의 공유를 위한 시공간적 배경 설정과도 같은 것이다. 따라서 고려 태조에게 귀부한 김부대왕조를 마지막으로 하여 이 시공간의 제한은 완결되는 것이고, 아울러 사실상 신라에서 고려로 이어지는 역사 계승은 마무리되는 것이다. 그런데 유독 백제 및 후백제의 시말이 재정리되고 있다는 것은, 찬자의 의도와 관련하여 깊이 살펴야 할 문제이겠다.

『삼국유사』 기이편의 자료 수용 방식

1. 기이편의 설정 의의
2. 자료의 인용 방식
3. 자료의 활용 방식
4. 기이편의 서술 맥락

1. 기이편의 설정 의의

『삼국유사』는 삼국의 '遺事'를 자처하였다. 이것은 '本史'로서의 『삼국사기』를 전제한 것이다.[1] 이처럼 '근본 역사'에 대한 '남은 일들'이라는 형태는 두 가지 영역의 논의를 예비한다. 그 하나는 '본사'에서 포괄하지 않은 것들에 대한 논의이다. 확실히 『삼국유사』는 『삼국사기』가 주의하지 않았

1) 金相鉉, 1978, 「『三國遺事』에 나타난 一然의 佛敎史觀」 『韓國史研究』 20 : 李康來, 1998, 「本史와 遺事」 『月雲스님古稀紀念佛敎學論叢』, 東國譯經院; 2007, 『삼국사기 형성론』, 신서원.

거나 의도적으로 배제했을 법한 내용들에 깊은 관심을 배려하고 있다. 그것은 일단 여러 가지 형태의 인용 자료에서 쉽게 수긍할 수 있다. 그러므로 이 문제는 『삼국유사』의 자료 환경을 지시하는 일차적 토대라고 할 수 있다.

다른 하나는 그러한 자료들 혹은 그곳에 담긴 내용들이 새삼 환기되어야 한다고 판단한 찬자의 관점에 대한 논의이다. 『삼국사기』가 기왕의 삼국 관련 자료들을 빠짐없이 망라하거나 혹은 동원된 자료들의 내용을 일체의 변형 없이 충실하게 아우르지 않았던 것과 다를 바 없이, 『삼국유사』 찬자 역시 '유사'의 내용을 이루는 재료들을 선택적으로 취사했을 것이다. 이 선택의 과정에 개입해 있는 찬자의 관점은 자료의 선택뿐만 아니라 선택된 자료의 활용 방식에까지 미쳤을 것이다.

한편 '유사'가 '본사'를 뚜렷이 의식한 데서 비롯한 산물이라는 데 폭넓은 공감이 형성되어 있다 하나, 두 책을 평면적으로 대비시켜 논의할 맥락을 발견하기는 쉽지 않다. 이것은 일견 삼국의 역사를 균형 있는 기전체 정사 형태로 정리한 『삼국사기』와는 달리, 사서나 고승전 류의 특정 형태에 구속되지 않은 분방한 『삼국유사』의 서술 방식에서 비롯하는 것처럼 보인다. 그러나 그보다는 차라리 평생을 정치 현장의 일선에서 왕조의 안정을 위해 대내외적 문제에 깊이 개입해 왔던 김부식과, 70여 년의 승려 생활 동안 각계각층의 불교 신앙의 감동과 이적을 접하고 이를 대중과 공유하고자 했던 一然의 차이점에 주목하는 편이 유효할 것이다.[2] 더구나 논리적으로 본다면 『삼국사기』조차 이미 『삼국유사』 찬자에게는 기존 삼

2) 일연의 삶의 궤적과 『삼국유사』의 자료 환경을 연계한 충실한 논의로는 鄭求福, 1987, 「三國遺事의 史學史的 考察」 『三國遺事의 綜合的 檢討』, 한국정신문화연구원. 역시 『삼국유사』의 사료적 성격 구명을 위해 편찬 당시의 사회·문화적 풍토와 일연의 생애 및 불교사상의 맥락에 주의할 것을 제안한 것으로는 김두진, 2002, 「一然의 生涯와 저술」 『全南史學』 19.

국 관련 자료의 주요한 하나에 불과할 뿐인 터에, 양자의 내용에 대한 직접 비교는 더 이상 적절치 않을지도 모른다.[3)]

그럼에도 불구하고 『삼국유사』 기이편은 여기에 의미 있는 단서를 제공한다. 기이편 찬자는 기이편의 설정 의의에 대해 이렇게 말한다.

> (敍曰) 대저 옛 성인들이 예악으로 나라를 일으키고[興邦] 인의로 가르침을 베풀었으니[設教] '怪力亂神'과 같은 것은 말하지 아니하였다. 그러나 제왕이 장차 일어날 때에는 符命에 응하여 圖籙을 받게 되니, 반드시 보통 사람과는 다름이 있는지라, 그러한 다음에 크나큰 변화를 타고 大器를 잡아 大業을 이루는 것이다. 그러므로 河水에서 그림이 나오고 洛水에서 글이 나와 성인이 일어났다. 무지개가 神母의 몸을 두르더니 伏羲가 탄생하였고, 용이 女登에게 감응하여 炎帝를 낳았으며, 皇娥가 窮桑의 들에서 놀 때 웬 神童이 스스로 白帝의 아들을 일컫더니 그녀와 교통하여 小昊를 낳았다. 簡狄은 알을 삼키고 契을 낳았고, 姜嫄은 발자국을 밟고 弃를 낳았다. 잉태한 지 14개 월 만에 堯를 낳았고, 용이 大澤에서 교접하여 沛公을 낳았다. 이후의 일을 어찌 다 기록하랴. 그러므로 삼국의 시조가 모두 神異한 데서 나왔다는 것이 무슨 괴이할 게 있으리오. 이 기이편을 이 책 첫머리에 싣는 뜻이 여기에 있다.

찬자는 기이편을 제편의 서두에 실어야 할 당위를 언급하였다. 물론 현행 정덕본 『삼국유사』에는 기전체 사서의 연표에 비추어 손색이 없는 왕

---

3) 崔柄憲, 1987, 「『三國遺事에 나타난 韓國古代佛教學史 認識 — 佛教教學과 宗派에 대한 認識問題를 중심으로」 『三國遺事의 綜合的 檢討』, 한국정신문화연구원, 185~186쪽.

력이 기이편의 앞에 배치되었다. 이 때문에 왕력의 작성 시점과 그것이 『삼국유사』에 편재된 과정에 대한 다기한 논의가 있어왔던 것도 주지의 사실이다.[4] 그러나 왕력을 둘러싼 큰 폭의 이견들에도 불구하고 왕력과 기이편 이하 제편의 정보 사이에는 적지 않은 정합 관계가 확인된다는 점은 깊이 유념해야 한다.[5] 마찬가지로 서술 주체에 대해서도 無極을 비롯하여 일연 이외의 필치가 확인되고 있지만, 그것들은 한결같이 『삼국유사』 전편에 걸쳐 귀일하고 있는 일연의 사유 방식과 의도에서 일탈해 있지 않다고 생각한다. 요컨대 기이편의 설정과 그것이 제편의 수위에 자리해야 할 당위는 『삼국유사』의 사학사적 위상과 직결되는바, 일연의 관점에 충실한 것으로 보고자 한다.

찬자는 '興邦'과 '設教'의 본질로서 예악과 인의를 중시한 당대 식자들의 논리를 숙지하고 있었다. 『삼국사기』 찬자가 『삼국사기』 편찬을 통해 "군후의 선악과 신하의 충사와 나라의 안위와 인민의 치란을 다 드러내어 후세에 권계로 드리울 것"을 기대하였던 전례가 바로 그와 같은 논리를 대변하는 것이겠다. 그러나 '괴력난신' 따위를 언급하지 않아야 한다는 인식의 전범이 중국에 있었던 것처럼,[6] 역으로 상고의 伏羲氏에서부터 한 고조에 이르는 제왕의 신이한 출생담 또한 중국사에서 읽어낸 논거가 되고 있다. 이러한 방식은 李奎報가 「동명왕편」 작시의 당위를 담아 "당의 현종 본기나 양귀비전 어디에도 方士들이 하늘에 오르고 땅으로 들어간 일이

---

4) 金相鉉, 1985, 「三國遺事 王曆篇 檢討 — 王曆 撰者에 대한 疑問」『東洋學』 15, 단국대학교 東洋學研究所; 姜仁求, 1987, 「新羅王陵의 再檢討(3) — 三國遺事의 記事를 中心으로」의 「附篇 : 新羅王陵에 關한 文獻資料 解析」『三國遺事의 綜合的 檢討』, 한국정신문화연구원, 402~403쪽; 李根直, 1998, 「『삼국유사』 왕력의 편찬 성격과 시기」『韓國史研究』 101.

5) 李基白, 1985, 「『三國遺事』 王曆篇의 檢討」『歷史學報』 107.

6) 『論語』 述而, "子不語怪力亂神".

없지만 오직 시인 白樂天만이 그 일들이 인멸될까 염려하여 노래를 지어 기록해 두었다"라고 말한 바와 유사하다. 다시 말해 기이편의 주조가 '괴력과 난신'이 아니라 '신이와 신성'임을 언명하는 이 말에는, 기이편의 내용에서 서로 상반되는 맥락의 독해 가능성이 잠복해 있음을 아울러 염두에 둔 것이다.

여하튼 찬자가 의도하고, 또 요구하는 독법은 '신이와 신성'의 자취였다. 그것은 『삼국사기』의 '경험과 합리'로 정돈된 폐쇄성을 벗어날 것을 요구하는 것이다.[7] 그러나 그것은 '경험과 합리'를 부정하는 '괴력난신'과는 명백히 다르다. '신이'는 '합리'와 融攝하는 무엇이어야 한다. 찬자는 '합리'를 위해 '신이'가 배제되는 것이 바람직하지 않은 것처럼, '신이'가 '합리'에 우선한다고 보지는 않았다. 그가 공감한 의종 대의 문인 白雲子의 말은 적절한 사례가 된다. 백운자는 五臺山 文殊寺의 석탑에 관한 영험한 이야기를 듣고, "나는 괴이한 것을 좋아하는 사람[好怪者]은 아니나 부처님의 威神을 보매 이적을 드러내어 만물을 이롭게 하는 것이 이처럼 빠르거늘, 佛子된 자로서 어찌 묵묵히 아무 말이 없을 수 있으랴!"라고 하였다.[8] '紀異'와 '好怪'는 이렇게 다른 것이다.

또 義湘은 허공에 떠서 탑돌이를 하였는데, 함께 한 무리에게 일러 "세상 사람들이 (우리의) 이 모습을 보면 반드시 괴이하게 여길 것이니 세상에 가르칠 만한 것은 아니다"라고 하였다.[9] 세속의 질서와 신앙의 이적이 갈등 없이 공존하되, 고유한 두 영역의 차이를 유연하게 인정하고 있다. 또한 법흥왕과 진흥왕 부처의 출가를 언급한 다음 일연은 말하기를 "二興 —

7) 李基白, 1973, 「三國遺事의 史學史的 意義」『震檀學報』 36.

8) 탑상, 五臺山文殊寺石塔記.

9) 의해, 義湘傳敎.

즉 법흥왕과 진흥왕 — 이 세속의 왕위를 버리고 출가한 것을 史家가 쓰지 않았으니, 세상을 경영하는 가르침[經世之訓]이 아닌 때문이다"라고 하였다.[10] 이것은 김부식이 이른바 『구삼국사』의 동명왕에 관한 신이한 사적을 간략하게 한 이유를 "국사는 세상을 바로잡는 책[矯世之書]이므로 지나치게 기이한 일을 후세에 보이는 것은 옳지 않다고 생각한 때문이었을 것"이라고 추측한 이규보의 생각과도 상통한다.

이와 같은 이해 위에서 『삼국사기』의 합리에 대한 『삼국유사』의 신이를 일러 '비판적 보완' 혹은 '보완적 비판'이라고 부르고자 한다. 물론 신이의 사유는 기이편에 한정하는 것일 수 없다. 오히려 『삼국유사』의 9개 편목 가운데 왕력과 기이편을 제외한 나머지는 모두 불교 문화사 및 불교 신앙의 이적과 감동을 다루고 있다는 점을 주의한다. 따라서 흥법편 이하 제편에서 합리를 뛰어 넘는 신이의 자취는 더욱 설득력을 얻고 있기도 한 것이다. 다만 『삼국유사』가 '삼국본사'에 대한 비판과 보완의 위상을 점한다는 데 동의한다면, 기이편이야말로 그러한 의미 맥락의 검증을 위해 가장 직접적으로 음미되어야 할 대상 부분이라고 해야 옳다.

주지하듯이 기이편은 고조선을 필두로 민족사의 주요 왕조 체계와 그에 주동적 역할을 한 영웅적 인물들을 중심으로 하여, 고려 왕조 성립 이전까지의 역사적 추이를 아우르고 있다. 그 때문에 논자에 따라서는 이 기이편을 기전체 사서의 본기에 비의하고 흥법편 이하의 고승 중심 불교 관계 제편을 지와 열전에 대응시켜 파악하기도 한다.[11] 이러한 체재의 면모는 『삼국유사』를 어느 정도 완정된 사서의 외양을 지닌 것으로 이해하는 데에도

10) 흥법, 原宗興法猒髑滅身, "二興捨位出家 史不書 非經世之訓也".

11) 高翊晋, 1982, 「『三國遺事』 撰述攷」 『韓國史研究』 38; 고운기, 2001, 「「洛山二大聖」조와 인식의 기반」 『일연과 삼국유사의 시대』, 도서출판 月印, 135쪽.

일조한다. 이러한 파악을 위해 13세기 중국에서 실제 정사체를 모방한 승전 류가 찬술되었던 정황을 고려할 수도 있다. 즉 송의 『釋門正統』과 『佛祖統紀』는 모두 天台宗의 역사서이나 본기, 세가, 열전, 지 등 정사체의 편목을 두고 있었던 것이다.[12)]

요컨대 기이편은 홍법편 이하 불교적 신이가 전개된 시간과 공간의 배경을 제시한 것으로 본다. 『삼국유사』의 본질은 궁극적으로 불교 신앙의 홍포요, 그를 위한 감동과 이적의 증거들에 있다고 생각하기 때문이다. 이러한 토대 위에서 이 글은 우선 『삼국유사』 기이편 작성에 동원된 자료의 현황을 추구하고자 한다. 그것들은 필시 『삼국사기』가 외면하거나 누락시킨 자료들이 중심 논의 대상이 될 것이되, 13세기 당시 고려 국내의 고유 자료와 중국 측 자료로 나누어 살피려 한다. 다음에 그들 자료를 인용·활용하는 찬자의 수용 방식을 점검해야 한다. 기이편이 고려 전대 왕조사에 대한 나름의 체계화를 겨냥한 것인 이상, 자료의 수용 방식은 찬자의 역사 인식, 그리고 예거된 자료에 대한 고유한 인식과 긴밀하게 접맥한다고 보아야 하기 때문이다. 아울러 그와 같이 자료를 중심으로 한 논의가 기여할 수 있는 또 다른 영역으로, 『삼국유사』 서술 상의 유기성과 후주의 가능성 등 편찬 과정을 둘러싼 몇 가지 논점들에 대한 단서의 확보를 탐색해 볼 것이다.

2. 자료의 인용 방식

1) 국내 자료

기이편의 첫머리를 점하고 있는 고조선조는 『삼국유사』 자체의 사학사

12) 金杜珍, 2000, 「三國遺事의 體制와 내용」 『韓國學論叢』 23, 11~12쪽.

적 위상을 웅변한다. 유례없는 이민족의 현실 유린 속에서 민족사의 유구성을 표상하는 단군의 고조선은 『삼국유사』의 세계를 삼국의 역사 공간 밖으로 확장하게 만든 원천이 되고 있다.

고조선조를 구성하는 주요 자료는 『魏書』와 『古記』이다. 단군의 창국을 소개한 두 자료는 『삼국유사』에서 처음 소개되었으나, 그 실체를 현존하는 자료 가운데서 확인할 길은 없다. 그 가운데서 『위서』의 경우는 魏收의 『위서』에 북송 이전의 古本·북송의 校勘本·남송의 翻刻本 등이 있었음을 헤아린 위에서, 김부식과 일연이 참조하였을 『위서』는 양자 모두 위수의 찬이지만, 하나는 북송 대의 '교감본'이고 또 다른 하나는 그 이전의 '고본'일 가능성을 진단하기에 이르렀다.[13]

그러나 중국 측 자료에 대한 대교적 차원에서 통칭된 『고기』의 경우는 본래의 실체와 전존 현황이 여전히 명료하지 않다. 기이편에는 고조선조를 필두로 하여 북부여조, 태종춘추공조, 후백제견훤조에 『고기』가 인용되었고, 그와 유사한 위상에 있는 『鄕古記』와 『古典記』가 각각 문호왕법민조와 남부여전백제조에 인용되었다. 또한 태종춘추공조에는 신라사를 담은 『고기』 외에도 『백제고기』가 언급된 바 있다. 말갈발해조에는 『신라고기』를 인용하기도 했다. 이러한 현황은 이른바 『고기』로 불린 자료가 단일하지 않았음을 지시하는 정황으로 간주해도 좋다.

한편 『고기』는 『삼국사기』에서도 모두 스물네 군데에서 인용되면서, 주로 중국 측 자료의 정보를 비판하는 논거로 활용되었다. 물론 『삼국사기』 찬자가 「진삼국사기표」에서 밝혔듯이 『고기』는 『삼국사기』 편찬의 주요 고유 자료에 대한 총칭으로 이해되기 때문에, 직접 『고기』라는 인용서를

13) 朴大在, 2001, 「『三國遺事』 古朝鮮條 인용 『魏書』論」 『韓國史硏究』 112, 19~23쪽.

드러내지 않은 채로도 많은 부분에서 서술의 재료로 활용되었다고 생각한다. 이 점은 『삼국유사』의 경우에서도 다르지 않다. 예컨대 무왕조는 법왕금살조(흥법)의 지적을 매개로 판단할 때 그 자체가 『고기』의 전승이었다. 또한 臺山五萬眞身조(탑상)에서는 뒤에 이어 나오는 「溟州五臺山寶叱徒太子傳記」를 수 차례 『고기』라 하여 비판적 대교가 이루어지고 있었다.[14)]

그와 같은 맥락에서, 아마 기이편의 萬波息笛조와 處容郎望海寺조는 『고기』로 이를만한 자료가 주요 서술 원천이었다고 생각한다. 우선 『삼국사기』 악지에는 『고기』를 인용하여 만파식적의 출현을 약술하였다. 이를 『삼국유사』 만파식적조와 비교해 보면 악지의 내용은 관련 원전 내용 가운데 몇 대목만이 초록되어 있는 데 불과하여 매우 현저한 축약인 것을 짐작할 수 있다. 물론 신라본기에서는 관련 내용을 찾을 수 없다. 여기에는 "괴이하여 믿을 수 없다"라고 고백한 찬자의 인식이 작용한 때문일 것이다.[15)]

또한 처용랑망해사조에는 개운포에 나간 헌강왕과 처용의 만남, 망해사의 창건, 여러 신령들의 현신 따위가 기록되어 있는데, 이와 관련하여 신라본기의 헌강왕 5년 기사를 주목할 필요가 있다.

> 헌강왕 5년 … 3월에 왕이 나라 동쪽의 주·군을 순행했는데, 어디에서 왔는지 알 수 없는 사람 넷이 왕 앞에 나와 노래하고 춤을 추었다. 그들의 형용이 해괴하고 옷차림도 괴이하여 당시 사람들은 산과 바다의 精靈들이라고 여겼다.[『고기』에는 '왕이 즉위한 원년의 일'이라고 한다.] (『삼국사

14) 이에 대해서는 李康來, 1996, 「三國遺事 引用 古記의 性格」『三國史記 典據論』, 民族社.

15) 『삼국사기』 32 樂志 三竹, "古記云 神女[文]王時 東海中忽有一小山 形如龜頭 其上有一竿竹 晝分爲二 夜合爲一 王使斫之作笛 名萬波息 雖有此說 怪不可信".

기』 신라본기 11. [ ]는 분주를 지시함. 이하 같음.)

이 기록은 필시 『삼국유사』 처용랑망해사조와 연관시켜 이해할 내용이다.[16] 처용랑망해사조에는 東海龍, 南山神, 北岳神, 地神의 순서로 獻舞, 現舞, 呈舞, 出舞한 사실이 年次는 밝히지 않은 채 모두 헌강왕 대의 일로 배열되어 있다. 그런데 신라본기 찬자는 이러한 사건이 『고기』에는 헌강왕 즉위 원년의 일로 기록되어 있다고 분주하였다. 그러면서도 신라본기 찬자는 『고기』의 연대관을 취하지 않았다. 다종의 자료 가운데 상충하는 연대를 고증할 경우, 거의 예외 없이 『고기』 측 정보를 절대 기준으로 삼았던 『삼국사기』의 일반적 경향에 비추어 의외의 현상이다.

그 이유에 대해 단언하기는 어렵지만, 사건 자체가 3월의 '나라 동쪽의 주·군을 순행'한 과정에서 말미암은 것이었다는 점을 주의할 필요가 있다. 즉 헌강왕은 7월 이후에야 즉위했으므로, 해당 사건을 왕의 즉위년 일로 파악한 『고기』는 『삼국사기』의 헌강왕 즉위년 조 기록과 부합할 수 없는 것이다. 유독 『고기』의 연대관을 취신하지 않은 것은 이러한 논리 과정을 경유한 결과였을지도 모른다.[17] 여하튼 만파식적조와 처용랑망해사조에는 그 전거로서의 『고기』를 명시하지 않았지만, 『삼국사기』 신라본기와 악지의 내용을 미루어 보아, 『고기』 계통의 자료를 취한 서술이었을 것으로 짐작하는 데 어려움이 없다.

아마 神武大王閻長弓巴조도 『고기』 류의 전거에서 인용한 내용일 것이다. 『삼국사기』의 장보고·정년전 말미에는 "이것은 新羅傳記와는 자못 다

16) 李佑成, 1969, 「三國遺事 所載 處容說話의 一分析」 『金載元博士回甲紀念論叢』, 乙酉文化社.

17) 李康來, 1996, 「三國史記와 古記」 『三國史記 典據論』, 民族社.

른데 杜牧이 지은 전기인 까닭에 둘 다 보존해둔다"라고 한 찬자의 분주가 있는데, 여기 이른바 '신라전기'를 유의한다. 즉 장보고정년전 자체는 분주자의 지적처럼 두목의 작품을[18] 전재한 것이며, 그 내용이 신라본기에 보이는 장보고와 정년에 대한 기록과는 자못 다르다. 따라서 지적된 '신라전기'는 아마 신라본기에 채록된 것이거나, 혹은 그것과 유사한 흐름을 가지고 있는 기이편의 신무대왕염장궁파조의 근거 자료를 이르는 것이라고 본다.

이처럼 기이편 찬자는 허다한 대목에서 『고기』를 드러내거나 드러내지 않은 채 서술에 활용했다고 생각한다. 또한 『삼국유사』에 인용된 내용들을 미루어 『고기』는 대체로 고조선 이하 각 왕조의 생멸에 현저한 역할을 수행한 영웅적 인물들, 그리고 그들과 관련된 비현실적 사건들에 높은 관심을 배려했다고 볼 수 있다. 이것은 『고기』 자료가 지닌 하나의 경향성이며, 바로 이 경향성이야말로 『삼국유사』 찬자가 『고기』를 인용한 주요 동기이기도 하다.

그러나 문제는 『고기』의 인용 방식, 특히 그 인용의 범위에 있다. 이는 『삼국유사』 전편에 걸쳐 허다하게 노출되는 문제인바, 인용문의 범위가 종종 혼란을 일으키고 있다는 것이다. 게다가 찬자는 인용문을 원문에 충실하게 인용하기보다는 곧잘 적절하게 윤색 가감하여 활용하고 있기 때문에 뜻밖의 오해를 빚을 여지 또한 없지 않다. 이제 고조선조 인용 『고기』와 관련하여 이 문제를 점검해본다.

우선 『고기』의 인용 문맥은 단군의 출생과 그의 교화, 그리고 箕子의 東來에 따라 아사달산신이 되는 데까지 미치고 있는 것처럼 보인다. 그에 이어 다음과 같은 서술로 고조선조는 마무리된다.

18) 『樊川文集』 6; 『欽定全唐文』 756, 張保皐鄭年傳.

唐裵矩傳云 高麗本孤竹國[今海州] 周以封箕子爲朝鮮 漢分置三郡 謂玄菟·樂浪·帶方[北帶方] 通典亦同此說[漢書則眞臨樂玄四郡 今云三郡 名又不同 何耶]

'당배구전'에 따르면, 고(구)려는 본래 고죽국이었는데 주나라가 기자를 봉하여 조선이라 하였고, 한나라가 세 개의 군을 두었던바 현도와 낙랑과 대방을 이른다고 하였다. 또한 『통전』에도 같은 설명이 있다고 하였다. 이와 함께 '대방'에 대해 '북대방'이라는 분주가 있고, 마지막에 다시 『한서』를 들어 한나라가 설치한 군의 이름과 숫자에 대한 의문을 분주로 부기하였다. 따라서 거론된 세 가지 자료를 중심으로 생각을 정리해 본다.

일단 '당배구전'을 '당나라 사람 배구의 전기'로 파악하는 데는 무리가 없을 것이다. 배구는 수와 당 왕조에서 복무하였다. 그러나 배구전을 포함하고 있는 『수서』와 『당서』 등 관련 전거들에는 '고죽국' '기자' '3군 설치' 따위 관련 내용이 확인되는 한편, 한결같이 한나라가 설치한 구체적 군명은 제시되지 않았다.[19]

한편 찬자는 『통전』에서도 '당배구전'과 같은 설명이 있다고 하면서, "『한서』에 의하면 진번·임둔·낙랑·현도의 네 개 군이라고 했는데, 지금 세 개 군이라 하고 (군의) 이름 또한 같지 않으니 어찌된 일인가?" 의아해 하였다. 그런데 정작 『통전』에는 4군의 이름이 『한서』와 동일한 순서로 기재되어 있다. 그러므로 분주자가 논거로 제시한 『한서』와 현존 『통전』의 내용에는 다른 점이 없다.

19) 『수서』 67 열전 32 裵矩, "(大業 3년) 矩因奏狀曰 高麗之地 本孤竹國也 周代以之封于箕子 漢世分爲三郡"; 『구당서』 63 열전 1

- 마침내 조선을 평정하여 眞番·臨屯·樂浪·玄菟의 四郡으로 삼았다. (『한서』 95 열전 65, 조선)
- 조선은 周나라가 殷나라의 太師를 봉한 나라인데 … 漢이 … 武帝 元封 3년에 … 마침내 조선을 眞蕃·臨屯·樂浪·玄菟의 四郡으로 삼았다. (『통전』 185 변방 1 동이 상, 조선)

정리하자면, 분주자가 제기한 의문의 요체는 왜 '3군'이며, 왜 이름이 다른가의 두 가지였다. 그러나 배구전에는 '3군'이라 한 것은 옳되 군명 부분은 없다. 또 『통전』에서는 '4군'은 물론 군명도 『한서』와 일치한다. 그렇다면 가능한 추정은 서술자와 서술 자료를 염두에 두어 몇 가지 갈래로 드러난다.

먼저 '당배구전'과 『통전』을 언급한 본문 작성자와 분주자가 동일인일 경우를 생각해 본다. 이 경우에는 거론된 전거를 정확하게 인용하지 않은 위에다가 다시 잘못된 인용 내용을 스스로 비판하는 형국이 될 것이다. 그러나 군의 수와 이름에 대한 의문을 제기하면서 그 논거로 『한서』 정보를 들어 숙고하는 분주자의 태도로 미루어, 그가 곧 본문 작성자라고 하기에는 지나치게 부자연스럽다. 다만 양보를 거듭하여 '당배구전'에 포함되지 않은 정보, 즉 '3군'을 일러 "현도·낙랑·대방을 이른다"라고 한 부분을 오직 본문 작성자가 추정한 그 자신의 견해로 보고, 그가 문득 그렇게 간주하게 된 논리 배경을 곧이어 인용한 『통전』 주군조의 문맥 가운데 선후로 설치되었다 한 '樂浪·元菟·帶方'을 염두에 둔 결과라고 가정해 볼 수는 있다. 다시 말해 분주자가 거론한 『통전』이 『한서』와 다를 바 없는 내용을 담고 있는 『통전』 변방조가 아니라 『통전』 주군조일 가능성을 생각해 보는 것이다.

낙랑은 본래 朝鮮國이었는데 漢의 무제 원봉 3년에 조선 사람이 그 왕을 베고 항복하였으므로 그로 인해 그 땅을 樂浪·元菟 등의 군으로 삼았으며, 뒤에 또 대방군을 두었으니 모두 遼水의 동쪽에 있다. (『통전』 180 州郡 10)

인용한 것처럼, 『통전』 주군조에는 조선의 멸망을 계기로 낙랑과 원도(현도) 두 군을 둔 사실에 이어, 딱히 시점을 명시하지 않은 채 뒷날 다시 대방군이 설치되었다는 사실을 언급하였다. 따라서 『통전』 주군조의 문의를 속단하여 그곳에서 거론된 '3군'을 배구의 발언 가운데 등장한 '3군'의 실체에 대응시켰을 가능성을 고려해보는 것이다. 물론 선뜻 수긍하기는 힘든 설명이나, 이러한 우호적 이해 방식은 "謂玄菟·樂浪·帶方" 부분이 '찬자의 부가'일 것이라고 보는 데서 비롯한다.[20] 그러나 역시 '당배구전'에 없는 정보를 찬자가 자의적으로 부기한 다음 바로 그 추정을 지목하여 '당배구전'이 『한서』와 다르다고 의문을 제기한다는 것은 여전히 설득력 있는 설명이 되지 못한다.

가능한 또 다른 추정은 '당배구전'과 『통전』을 언급한 본문 작성 주체와 『한서』를 들어 두 전거의 내용에 의문을 제기한 분주자를 구분해서 파악할 경우이다. 이 경우는 분주자의 의문 제기가 일단 자연스럽게 수긍될 수 있다. 이에 더하여 특히 '대방'에 대해서 다시 '北帶方'이라는 분주가 가해진 점을 주목해야 한다. '북대방'은 『삼국유사』에만 보이는 특이한 인식인데, 기이편에는 따로 북대방조가 배려되고 있기도 하다.[21]

20) 三品彰英, 1975, 『三國遺事考證 上』, 塙書房, 309쪽.

21) 이를 임진강 유역의 '대방 왕국'으로 이해하는 논지가 제출된 바 있으나, 동의하기 어렵다. 강경구, 1991, 「魏志 東夷傳에 관한 新考察」 『古代의 三朝鮮과 樂浪』, 기린원, 230~240쪽.

그렇다면 '북대방'이라는 분주는 『삼국유사』 기이편 찬자 자신의 것으로 보아도 무방할 것이다. 게다가 북대방조에서는 "弩禮王 4년(37)에 대방인이 낙랑인과 함께 신라에 투항해 왔다"라고 한 다음, "이들은 모두 前漢이 설치한 두 군의 이름인데, 그 뒤 참람하게 나라를 일컫다가 지금 투항해 온 것이다"라고 분주하였다. 그러므로 북대방조 분주자는 '북대방'이 명백히 전한 때 설치된 군이라는 인식을 가지고 있었던 것이다. 그 때문에 북대방조에 이어 南帶方조를 두고 "曹魏 때 처음 남대방군을 설치하였다"라고 하여, 공손씨 정권의 대방군 즉 남대방과 전한의 북대방을 명료히 구분했던 것이다.[22)]

그러므로 고조선조에 '북대방'이라는 분주를 가한 이는 기이편의 북대방조와 남대방조를 세워 서술한 찬자와 구분될 수 없다. 그가 '북대방'의 인식을 어디에서 획득한 것인지는 알 수 없지만, 그는 그러한 인식에 입각하여 '당배구전'의 '3군'을 일러 "謂玄菟·樂浪·帶方"이라고 한 대목에 '북대방'이라는 설명 분주를 붙였던 것이다. 따라서 그 자신이 다시 그 '대방'의 유무를 들어 『한서』와 다르다고 의문을 제기한 당사자일 수는 없게 된다. 다시 말해 '북대방'의 분주를 작성한 이와 『한서』를 논거 삼아 군의 수와 명칭에 의문을 제기한 분주를 작성한 이는 동일한 인식 주체로 보기 어려운 정황인 것이다. 바로 이러한 정황에서 이른바 '후주'의 가능성을 감지한다.[23)]

22) 남대방조의 분주에 "後漢建安中 以馬韓南荒地爲帶方郡 倭韓遂屬 是也"라고 한 것은 『삼국지』 한전의 "建安中 公孫康 分屯有縣以南荒地 爲帶方郡 … 是後倭韓遂屬帶方"에 근거한 것이다.

23) 河廷龍은 고조선조의 '阿斯達'에 대한 분주 '白岳宮'을 비롯하여 모두 일곱 군데에서 『삼국유사』의 후주 문제를 본격적으로 거론하였다. 河廷龍, 2002, 「『三國遺事』의 編纂과 刊行에 대한 硏究」, 고려대학교 박사학위논문. 개별 분주에 대한 그의 논증에는 미처 찬반을 보류하나, 후주의 존재 가능성을 주의한 데에는 공감한다.

그러나 이와 같은 논리 맥락에 따라 『삼국유사』 가운데 '후주'가 들어 있을 가능성을 인정하는 것과는 별개로, 지금 문제가 된 고조선조의 분주를 과연 후주로 볼 수 있을 것인가는 조금 더 깊은 숙고가 필요하다. 즉 고조선조의 기본 전거인 『고기』의 자료 실체가 명료하지 않기 때문에 고려하지 않으면 안 되는 제3의 경우를 상정해 볼 수 있다.

분주자는 『한서』를 의문 제기의 논거로 삼았다. 『한서』에서 분주자가 주목한 정보는 한의 '4군'이며, 그 '군명'이었다. 앞에 인용한 바와 같이 그것은 『한서』 조선전의 정보일 것이다. 그런데 고조선조에 이어 서술된 항목인 魏滿朝鮮조는 바로 그 『한서』 조선전 인용으로 구성되었다. 찬자가 인용한 『한서』 조선전은 현행 『한서』와 일치한다.[24] 종종의 표현 변개와 절삭이 가해졌으나,[25] 대체로 顔師古와 李奇의 주해까지 큰 차이 없이 수용되었다. 인용 범위는 바로 한이 설치한 4군의 명칭 부분까지 포괄하고 있다.

따라서 이처럼 『한서』 조선전을 충실하게 활용한 찬자라면, 고조선조 말미에서 한의 '4군'을 들어 '당배구전' 및 『통전』에 연루된 정보에 의문을 제기할 만하였다. 다시 말해 고조선조의 분주자가 위만조선조 서술자와 동일 주체였다고 할 때, 그는 '당배구전'과 『통전』에 연루된 '3군' 및 그 군명에 동의할 수 없는 것이며, 무엇보다도 『한서』의 정보와 상충하는 '당배구전'과 『통전』을 본문 서술에 인용할 까닭이 없는 것이다. 따라서 '당배구전'과 『통전』 관련 본문 서술이 고조선조 찬자의 직접 인용이 아닐지도 모른다. 이러한 문제의식이 바로 『고기』의 인용 범위에 대한 논의의 필요

24) 『한서』 95 열전 65 朝鮮.

25) 이에 대한 축자적 대조의 성과는 金都鍊, 1982, 「『三國遺事』 國譯上의 諸問題 — 몇 事例를 中心으로」 『韓國史硏究』 38, 韓國史硏究會, 114~116쪽.

를 지지하는 것이다.

만약 고조선조 인용 『고기』가 이미 '당배구전'과 『통전』을 언급한 자료였다면, 그것은 『고기』의 형성 시점과 관련하여 중요한 단서를 제공한다. 杜佑 찬 『통전』은 당 大曆 원년(766)에 편찬을 개시하여 貞元 17년(801)에 완성되었다. 게다가 後唐 開運 2년(945)에 편찬된 『구당서』 혹은 송 嘉祐 5년(1060)에 편찬된 『신당서』를 고려한다면, 고조선조 인용 『고기』의 편찬 시점은 더욱 후대로 내려오게 된다.

나아가 기이편의 마지막 항목인 駕洛國記조 표제에는 고려 문종 대 太康 연간(1075~)에 찬술된 것이라는 분주가 있거니와, 조선 초 지식인들은 이를 『駕洛國古記』라고 하였음을 주목한다.[26] 아울러 가락국기조의 마지막에 언급된 『開皇錄』은 이미 『가락국기』 찬술 시점에 인용된 것으로서, 『가락국기』 인용자가 새롭게 첨기한 자료가 아니라는 지적을 환기한다.[27] 다시 말해 『가락국기』는 이미 『개황록』을 포함하고 있는 자료였던 것이다. 이것은 고조선조 가운데 '당배구전'과 『통전』을 언급한 대목이 이미 주요 인용 자료인 『고기』에 포함되어 있었을 가능성과 관련하여 주의할 만한 사례이다.

요컨대 고조선조의 분주에서 읽어낸 의미 있는 논점은 후주의 가능성과 함께 『고기』 인용 범위의 난맥이었다. 『고기』의 인용 범위와 관련한 문제는 북부여조에서도 제기할 수 있다. 북부여조의 서술에 드러난 인용 자료

26) 『신증동국여지승람』 29 高靈縣 建置沿革, "按崔致遠釋利貞傳云 伽倻山神正見母主 乃爲天神夷毗訶之所感 生太伽倻王惱窒朱日 金官國王惱窒靑裔二人 則惱窒朱日爲伊珍阿豉王之別稱 靑裔爲首露王之別稱 然與駕洛國古記六卵之說 俱荒誕 不可信".

27) 李永植, 2002, 「『駕洛國記』의 史書的 檢討」 『강좌 한국고대사』 5, 가락국사적개발연구원, 184~186쪽.

는 오직 『고기』뿐이다. 『고기』에 의하면, 전한 宣帝 神爵 3년 임술 4월 8일에 解慕漱가 오룡거를 타고 紇升骨城에 내려와 북부여를 세웠으며, 그의 아들 解夫婁가 동부여로 도읍을 옮긴 다음 東明帝가 북부여를 이어 卒本州에 卒本扶餘 즉 고구려를 세웠다고 하였다.

『고기』의 실체를 추구함에 있어 주요한 단서는 연대와 인물의 계보와 지명 따위가 될 것이다. 우선 해모수가 강림했다고 한 신작 3년 임술은 기원전 58년에 해당한다. 「동명왕편」에 인용된 '本記'와 『제왕운기』에 인용된 '東明本紀' 혹은 '本紀'에도 같은 연대관이 적용되었다.[28] 『제왕운기』의 그것들은 「동명왕편」 작자가 인용한 '(東明)本記'를 이르는 것일 수도 있지만, 적어도 「동명왕편」의 '本記'는 필시 이규보가 지적한 이른바 『구삼국사』의 일부일 것이다. 따라서 연대에 관한 한 『고기』와 『구삼국사』가 대응하고 있는 편린으로 간주해도 좋겠다. 그러나 「동명왕편」 인용 '本記'는 해모수가 강림한 신작 3년 임술 4월로부터 꼭 1년 뒤인 신작 4년 계해 4월에 주몽이 태어났다고 하였다. 그리고 논리적으로 짐작하듯이, 주몽은 해모수와 河伯의 딸 柳花 사이에서 출생하였다고 한다. 이때 중요한 것은 해모수와 주몽의 등장은 시간적으로 해부루보다 뒤늦은 사건이었다는 데 있다. 즉 인물들 사이의 혈연 계보를 주의할 필요가 있다.

북부여조 인용 『고기』는 해모수가 해부루를 낳았다고 한다. 반면에 「동명왕편」, 『제왕운기』, 『삼국사기』 등은 한결같이 해모수와 유화 사이에서 주몽이 태어났다고 하였다. 『삼국유사』의 고구려조 인용 '國史高麗本記' 역시 『삼국사기』 고구려본기와 다를 바 없다. 해모수의 강림 시점에 대해

28) 『東國李相國集』 3 古律詩 「東明王篇」, "本記云 … 漢神雀三年壬戌歲 天帝遣太子 降於扶余王古都 號解慕漱"; 『帝王韻紀』下 「東國君王開國年代」, "本紀云 漢神雀三年壬戌 天帝遣太子解慕漱".

서는 모두 일치된 정보를 가지고 있었던 자료들 사이에서, 정작 해모수와 해부루의 관계에서는 북부여조 인용 『고기』만이 크게 일탈된 인식을 전하고 있는 셈이다. 즉 나머지 자료군은 모두 해부루가 해모수에 시간적으로 앞선 인물로 제시되어 있다. 이와 같은 정황을 음미할 때 추론 가능한 영역은, 『고기』로 불린 자료의 양태와 『고기』로 제시된 인용문의 범위가 될 것이다. 이 사항은 지명을 검토하여 접근해 볼 수 있다.

북부여조의 『고기』 인용 가운데에는 천제 즉 자칭 해모수라 하는 이가 흘승골성에 강림했다고 한 데 붙여 "(흘승골성은) 大遼의 醫州界에 있다"라고 분주한 대목이 있다. 이에 대해 '大遼'라는 표현으로 미루어 이 분주는 11세기 후반의 『고기』에 있던 原註일 가능성이 있다는 견해가 제출된 바 있다.[29] 만약 그렇다면 이 분주 역시 『고기』의 형성 시점과 관련하여 의미 있는 단서를 제공하는 것이지만, 과연 그것이 『고기』의 원주로 단정할 수 있는 것인가는 재고의 여지가 있다. 왜냐하면 이미 『삼국사기』 지리지에는 『고기』의 '졸본'과 『통전』의 '흘승골성'을 대비 고증하면서 이른바 '大遼의 醫州'를 언급하고 있었기 때문이다.

> 『통전』을 살펴보면 이르기를 "주몽이 전한 建昭 2년(기원전 37)에 북부여로부터 동남쪽으로 가서 普述水를 건너 흘승골성에 이르러 자리를 잡고 국호를 '句麗'라 하고 '高'를 성씨로 삼았다"라고 하였다.[30] 『고기』에는 이르기를 "주몽이 부여로부터 어려움을 피해 졸본에 이르렀다"라고 하였다. 그러므로 흘승골성과 졸본은 같은 곳인 듯하다. 『漢書志』에는 이르기

---

29) 三品彰英, 앞의 책 『三國遺事考證 上』, 375쪽.

30) 『통전』 186 邊防 2 東夷 下, 고구려.

를 "요동군은 洛陽에서 3천 6백 리 떨어져 있으며 여기에 속한 현으로 無慮縣이 있다"[31]라고 했으니, 『周禮』에 보이는 '北鎭 醫巫閭山'이 그것이요,[32] 大遼가 그 아래 醫州를 두었던 곳이다.[33] 또 "현도군은 낙양에서 동북으로 4천 리 떨어져 있으며 여기에 소속된 현은 세 개인데 高句麗縣이 그 가운데 하나다"[34]라고 하였다. 그러므로 이른바 주몽이 도읍했다는 흘승골성이나 졸본은 아마 한의 현도군 경내로서 大遼國의 東京 서쪽인 듯하니, 『漢志』에서 이른 '현도군의 속현 고구려현'이 바로 이것인가 한다. 옛날 大遼가 아직 멸망하지 않았을 때 요의 황제가 燕京에 있었는데 우리나라에서 입조하는 사신들이 동경을 지나 요수를 건너 하루나 이틀 만에 의주에 이르러 燕京·薊州로 향했으므로 그러한 줄을 알겠다. (『삼국사기』 잡지 6 지리 4)

『삼국사기』 지리지 찬자는 『통전』과 『고기』에 보이는 흘승골성과 졸본을 동일 지점으로 고증하면서 '대요의 의주'를 언급하였다. 따라서 『삼국유사』의 『삼국사기』에 대한 참작의 정도를 고려한다면, 흘승골성에 대한 북부여조의 분주는 『삼국사기』 지리지에서 유래한 것일 가능성이 크다고 보아야 한다. 특히 유의할 것은, 북부여조 찬자는 '흘성골성'과 '졸본(주)'

31) 『후한서』 23 郡國志 5 幽州.

32) 『周禮』 33 夏官 職方氏에 "동북쪽을 幽州라 하는데, 그 진산을 醫無閭라고 한다"라고 하였다.

33) 『遼史』 37 지리지 1 閭州조에 '醫巫閭山'이 보인다. 한편 金代에 편찬된 皇統 8년(1148) 蕭永祺의 것과, 泰和 7년(1207) 陳大任의 것, 그리고 원 至正 4년(1344)에 脫脫 등이 찬한 『요사』 등은 모두 『삼국사기』가 찬진된 이후의 것들이다. 따라서 현전하는 『요사』에 의하면 의무려산이 閭州에 속해 있지만, 애초 『삼국사기』 편찬 당시의 지식대로 '무려'는 '의무려'·'의무려산'에서 유래했을 것이다.

34) 『한서』 28 지리지 8下; 『후한서』 23 郡國志 5 幽州.

를 일견 서로 별개의 지명인 것처럼 서술하고 있다는 점이다. 즉 찬자는, 흘승골성은 해모수의 북부여 도읍지로, 그리고 졸본은 주몽의 졸본부여 혹은 고구려 도읍지로 설정하였다. 이러한 분위기는 실제 고구려조에서 『法苑珠林』을 인용하여[35] 寧稾離王의 侍婢에게서 태어난 이가 부여 왕이 된 내력을 소개한 끝에 부기한 분주에서도 여실히 확인된다.

> [곧 東明帝가 졸본부여의 왕이 된 것을 이른 것이다. 이 졸본부여는 역시 북부여의 別都였으므로 부여 왕이라고 한 것이다. …] (기이, 고구려)

이처럼 고구려조 찬자는 졸본을 북부여의 '別都'로 이해하였다. 북부여조 말미에 졸본부여의 성립을 지시하여 '見下'라고 분주한 것은 바로 이 고구려조를 염두에 둔 조치이다. 역으로 말하자면 고구려조의 분주를 통해 북부여조 서술의 맥락에서 북부여의 도읍지인 흘승골성과 고구려의 도읍지인 졸본이 준별되고 있었음을 확인할 수 있는 것이다. 그러나 『삼국사기』의 내용 가운데 '졸본', 혹은 졸본을 포함한 '卒本城'·'卒本州'·'卒本川' 등을 담고 있는 자료는 모두 『고기』 계통이었다. 무엇보다 위에 인용한 지리지의 고증이 그 두드러진 사례일 것이다. 또한 고구려본기에서는 '졸본천'에 대해 "『위서』에서는 흘승골성에 이르렀다고 한다"[36]라는 분주가 있다. 그러므로 지리지 찬자의 고증은 고구려본기 분주자의 그것과 같은 맥락에 있다. 다시 말해 '졸본' 관련 자료는 국내의 고유 전승이었으며, 적어도 '흘승골성'으로 서술된 중국 계통의 자료와는 일정하게 구별되는 것이었다.

35) 道世, 『法苑珠林』 21 歸信篇 述意部.

36) 『魏書』 100 열전 88 高句麗.

더구나 고구려본기에 실린 주몽의 건국 내용 말미에는 주몽이 졸본부여왕의 사위로서 왕위를 계승했다 하는 이설의 분주가 있는데, 그 내용은 백제본기에서 '始祖 溫祚說' 가운데 반영되어 있다. 즉 고구려본기의 '一云'이 전하는 분주의 이설은 백제본기의 시조 온조설 계통 자료와 동궤에 있다. 그런데 이 시조 온조설은 『삼국사기』 제사지의 정보를 통해 볼 때 『海東古記』의 전존 계통이었다. 따라서 고구려본기는 「동명왕편」과 비교하여 일반적으로 이해되는 것처럼 이른바 『구삼국사』 고구려본기가 주요 저본 자료이면서도[37] 그밖에 『해동고기』 계통 자료와 대교되었다고 할 수 있다. 오직 『고기』가 그 명칭을 전해 주는 지명 '졸본'이 「동명왕편」에서 확인되지 않는 이유는 여기에 있는 것이다.[38]

사실 『삼국사기』 고구려본기와 「동명왕편」 사이에는 주몽의 졸년에 대해서도 어긋난 정보가 확인되고 있다. 『삼국사기』, 「동명왕편」, 『제왕운기』 등에서 해모수의 강림 연대가 일치하는 것과는 사뭇 다른 현상이다. 즉 『삼국사기』 고구려본기에 의하면 주몽은 재위 19년째인 기원전 19년 4월에 유리의 방문을 받았고, 같은 해 9월 40세의 나이로 승하하였다. 이러한 사실은 『제왕운기』에도 "(주몽)은 재위 19년 9월에 승천하였다"라고 표현되어 있다. 그러나 「동명왕편」에는 "(類利)는 전한 鴻嘉 4년 4월에 고구려로 달아나 劒片 한쪽을 (증거로) 왕이 되었다"라고 하였다. 그러므로 홍가 4년(B.C.17)에 주몽은 생존해 있었던 것이다.[39] 이러한 모순에 대해 가

37) 卓奉心, 1984, 「『東明王篇』에 나타난 李奎報의 歷史意識」 『韓國史研究』 44.

38) 田中俊明도 高句麗本紀의 '卒本川', '靺鞨部落', '多勿都', '北沃沮' 등 고유명사는 「東明王篇」이나 지리지의 三國有名未詳地分에 보이지 않는다는 것을 지적하고 있다. 田中俊明, 1977, 「『三國史記』撰進と『舊三國史』」 『朝鮮學報』 83, 13~14쪽.

39) 다만 이에 앞서 이미 "在位十九年升天不下莅"라 하였으므로 재위 기간에 있어서는 『삼국사기』와 일치한다.

볍게 '구삼국사의 오류'로[40] 판단하는 것도 하나의 설명 방식이 될 수는 있다. 그러나 그러한 설명은 적어도 『삼국사기』의 주몽 관련 기사가 이른바 『구삼국사』 동명왕본기에 의거했다는 일반적 이해를 인정할 때, 얼른 수긍하기 어려운 것이다. 결국 『삼국사기』의 주몽 관련 서술 내용에는 『구삼국사』 이외의 자료가 참조되었다고 해야 온당할 것이다.

이처럼 지명과 주요 연대를 통해, 『삼국사기』 동명왕본기 서술의 저본 자료는 단일한 것이 아니었으며, 특히 『고기』 계통의 인식이 개재해 있다는 것을 분명히 하게 된다. 따라서 유사한 논리에서, 북부여조 인용 『고기』의 내용 가운데 인물들의 계보와 지명이 여타 관련 자료와 차이를 드러내는 것은, 『고기』를 표제로 하였으나 실제로는 여타 자료의 정보가 혼입해 들어간 때문이 아닐까 하는 혐의를 제기하게 한다. 『고기』만을 인용서로 제시한 북부여조 내용은 인물의 계보에서 여타 관련 자료와 합치할 수 없는 인식을 담고 있었고, 지명에서도 『해동고기』를 비롯한 『고기』 류 정보와의 단층이 확연하였다. 그러면서도 해모수의 강림 연대에 있어서는 다른 자료군과 일치한다는 것은, 북부여조 서술에는 『고기』 이외의 정보가 개입했을 가능성이 매우 높다고 판단할 수 있는 근거가 된다.

요컨대 『고기』는 기이편이 의도한바 단군 이래 고려의 재통합이 이루어지기 이전 역사의 왕조사 흐름과 그 전개에 주동적 역할을 했던 영웅적 인물들에 대한 관심을 충족하는 데 주요 자료 원천으로 수용되었다. 그러면서도 『고기』의 인용 맥락은 적잖이 불철저했음을 유념하고자 한다. 특히 고조선조 분주의 분석에서 발견한 『고기』의 인용 범위 문제는 '후주'의 존재 가능성 타진과 함께 기이편 편찬 과정을 이해하는 데 유효한 지표의 하

40) 末松保和, 1966, 「舊三國史と三國史記」 『青丘史草』 第二, 笠井出版社, 5쪽.

나로 삼아도 좋다고 생각한다.

2) 중국 자료

기이편에서 언급된 국외 자료는 주로 중국 측의 경·자·사류와 일부 일본 측 자료가 확인된다. 그러나 앞에서 살펴본 고조선조의 『통전』과 '당배구전' 논의 사례처럼 불철저한 인용, 혹은 기존의 다른 자료에 이미 인용되어 있던 것을 비판적 대교 없이 다시 재인용한 경우도 없지 않았던 것 같다. 『통전』의 사례를 들어 이 문제를 다시 점검해본다.

고조선조 이후 七十二國조에[41] 『통전』은 다시 인용되었다. 72국조는 두 종류의 중국 역사서와 그에 대한 찬자의 분주로 구성된다.

① 通典云 朝鮮之遺民 分爲七十餘國 皆地方百里

② 後漢書云 西漢以朝鮮舊地 初置爲四郡 後置二府 法令漸煩 分爲七十八國 各萬戶

③ [馬韓在西 有五十四小邑 皆稱國 辰韓在東 有十二小邑稱國 卞韓在南 有十二小邑 各稱國] (이상 기이, 72국조 전문)

현행 『통전』에서는 인용된 내용(①)을 확인할 수 없다. 『통전』의 이름으로 지시된 정보는 조선의 유민이 70여 국으로 나뉘었으며, 그 국들의 규모는 100리였다는 것이다. 굳이 『통전』에서 유사한 이해의 편린을 수습하자면, 변방조 序略에 조선이 한 무제에 의해 멸망한 사실을 기록한 데 이어, "三韓之地 … 朝鮮之東南 百濟新羅 魏晉以後 分三韓地"라 한 대

41) '七十二'의 '二'는 '八'의 오각일 가능성이 높다.

목과, 다시 마한조에 삼한의 78국을 언급한 후 "百濟是其一國"이라 한 대목을 주목하고자 한다. 만약 이러한 『통전』의 정보를 『삼국사기』 신라본기에 이른바 '朝鮮遺民'이 6촌을 형성했다는 기술과[42] 역시 백제본기에 이른바 온조 집단이 마한에게서 할양 받은 100리의 땅에서 비롯되었다는 기술에[43] 연계시킨다면, 찬자가 서술한 바와 유사한 이해에 이를 수 있을 것이다.

다시 말해 『통전』 변방조의 내용은 조선의 동남부 지역에 해당하는 삼한이 종국적으로 백제와 신라에 의해 분점되었다는 것인데, 『삼국사기』 신라본기의 경우 조선의 유민이 내려와 형성한 정치체의 사례를 보여 주는 것이며 백제본기의 경우 70여 국들의 규모를 보여 주는 사례이므로, 이 양자를 편의적으로 조합한다면 위에 제시한 『통전』 인용문과 같은 서술이 가능할 것이다. 이러한 추정은, 기이편 찬자가 국내 자료와 마찬가지로 국외 자료를 인용함에 있어서도 특정 원전의 형태에 충실하기보다는 사건의 맥락에 따라 통합적으로 서술하거나 혹은 편의적인 첨입도 주저하지 않았다는 것을 의미한다.

『후한서』 인용 대목(②)도 다르지 않다. 찬자가 서술한 내용은 조선에 처음 4군이 설치되었다가 뒤에 2府가 설치되었으며 법령이 점차 번잡해졌다는 것, 그리고 78국으로 나뉘었는데 각 만여 호의 인구 규모였다는 것이다. 역시 현행 『후한서』에서 일치하는 문장은 찾을 수 없다. 특히 '2부' 설치는 관련 기사조차 확인할 길이 없다. 다만 본조의 주요 사항은 표제의 72국 혹은 본문의 78국에 있으므로, 4군과 2부를 언급한 부분은 78국을

42) 『삼국사기』 신라본기 1, 시조 즉위년.

43) 『삼국사기』 백제본기 1, 시조 24년.

설명하기 위한 도입 전제에 불과하다고 보아 바로 앞에 자리한 二府조와 연계하여 논의할 필요가 있다. 사실 '2부' 관련 내용을 제외한다면, 이 부분은 『후한서』 濊傳을 지극히 간략하게 언급한 것일 수는 있다. 마찬가지로 78국과 만여 호의 정보도 아마 『후한서』 한전을 염두에 두고 거칠게 축약한 것이라고 짐작하고자 한다.

따라서 『후한서』 인용문에 붙인 삼한의 국가 수 관련 분주(③)는 찬자의 별다른 견해라기보다는, 『후한서』 한전의 관련 정보를 부기한 데 불과하다. 辰韓조에서 『후한서』를 인용하여 본문을 구성하면서 "各萬戶 稱國"이라 한 대목은[44] 필시 72국조의 본문 및 분주의 정보를 아우른 것이 분명할 것인 데서도 방증이 될 것이다. 다만 이를 굳이 분주 형태로 제시한 까닭은 명료하지 않다. 일단 찬자의 면밀하지 못한 편찬 태도에서 비롯한 것이라고 생각해 둔다.

남은 문제는 2부 관련 인식이다. 이를 위해 二府조를 제시해 본다. 2부조 역시 『전한서』와 그에 대한 분주로 구성된다.

① 前漢書 昭帝始元五年己亥 置二外府 謂朝鮮舊地平那及玄菟郡等 爲平州都督府 臨屯樂浪等兩郡之地 置東部都尉府

② [私曰 朝鮮傳則眞番玄菟臨屯樂浪等四 今有平那無眞番 蓋一地二名也] (이상 기이, 2부조 전문)

우선 『전한서』 즉 『한서』의 인용문(①) 범위는 일견하여 "昭帝始元五年

44) 『삼국유사』 기이 辰韓, "後漢書云 辰韓耆老自言 秦之亡人來適韓國 而馬韓割東界地以與之相呼爲徒 有似秦語 故或名之爲秦韓 有十二小國 各萬戶 稱國".

己亥 置二外府"를 넘어설 수 없다. 따라서 '謂' 이하 설명은 『전한서』 인용자의 해설이 된다. 해설은 '2부'에 대한 것인데, 평나와 현도군 등이 평주도독부가 되었으며 임둔과 낙랑 등 두 군이 동부도위부가 되었다고 한다. 이것은 마치 고조선조에서 '당배구전'을 들어 '3군'을 언급한 다음, "謂玄菟·樂浪·帶方"라고 부기한 사례와 방불한 것이다.

그런데 이에 대해 분주한 '私'는 그와 같은 해설에 흔연히 동의하지는 않는다(②). 그는, 본래 '조선전'에 보이는 4군 가운데 진번이 보이지 않는 대신 평나가 등장하는 해설로 미루어, 평나와 진번은 동일 지역에 대한 다른 이름일 것이라고 추정하였다. 결국 고조선조의 해당 대목에 대한 추론과 유사한 과정을 경유하여, 2부조에서 『전한서』를 인용하고 그에 대한 해설을 가한 본문 작성자는 그 해설에 대해 다시 합리적 이해를 시도한 분주자와는 구별되어야 할 것이다. 특히 분주자는 '조선전'을 인용하여 4군의 존재를 숙지하고 있던 이였다. 그렇다면 2부조의 분주자는 고조선조에서 의문을 제기한 분주자와 동일인일 가능성마저 있다.

『전한서』의 인용 범위 내 정보로 간주된 부분도 현행 『전한서』에서 같은 문장을 찾을 수는 없다. 우선 '昭帝 始元 5년 己亥'를 지표 삼아 보자면, 『후한서』 濊傳에 보이는 기록 즉 그해에 임둔과 진번을 낙랑과 현도에 합하게 했다 한 정보를 주의하게 된다.[45] 아울러 『한서』 지리지에서 昭明縣에 대해 '南部都尉治'라 하고 不而縣에 대해 '東部都尉治'라 한 기록을 유의한다.[46] 이렇게 보면, 2부조의 『전한서』 인용자는 소제의 2군 폐지와 낙랑군 내 2부의 존재를 연계하여 편의 기술한 것을 짐작할 수 있다.

45) 『후한서』 85 동이열전 75 濊, "昭帝始元五年 罷臨屯眞番 以并樂浪玄菟". 이 기록은 『통전』에서도 반복되었다. 『통전』 185 邊防 1 동이 上 朝鮮, "昭帝時 罷臨屯眞蕃 以并樂浪玄菟".

46) 『한서』 28下 지리 8下, 樂浪郡.

이를 해설하는 가운데 평나와 현도군이 평주도독부가 되었다고 한 부분은 『신증동국여지승람』에 반복되었으므로,[47] 이것은 『동국여지승람』 찬자의 『삼국유사』 인용이거나 고려시대에 일반적으로 유통되던 견해였을 가능성이 크다. 즉 2부에 대해 해설을 가한 이는 동부도위와 함께 남부도위를 염두에 두었음 직하되, 고려 당시의 평산을 남부도위에 해당하는 것으로 인지했던 듯하다.[48] 그리고 그러한 설명에 대해 분주의 '私'는 마지못해 평나와 진번이 같은 실체이어야 한다는 점을 환기해 둘 뿐이었다. 요컨대 2부조에서도 중국 역사서의 인용문이 편의적으로 첨삭되었음과 함께 본문 작성자와 분주 작성자 사이의 간극을 확인할 수 있는 것이다.

말갈발해조에도 『통전』이 인용되었다. 기이편 찬자는 『통전』을 인용서로 제시하여 발해 건국자 '祚榮'을 粟末靺鞨의 추장으로 파악하였다. 그러나 정작 두우의 『통전』에서는 그와 같은 내용을 확인할 수 없는 반면, 『통전』의 이름으로 서술된 내용 대부분은 『신당서』에 가장 크게 의존한 것으로 판단한다.[49] 이처럼 『통전』을 언급한 내용들은 한결같이 현행 『통전』에서 그 실재를 확인할 수 없거니와, 『전한서』와 『후한서』를 표제로 인용한 내용도 유사한 형편에 있는 것을 보면, 기이편 찬자의 자료 인용 방식이 자못 불철저했음을 짐작할 수 있겠다.

기이편 가운데 『통전』이 인용된 마지막 사례는 남부여전백제조에 있다. 이 경우에는 현행 『통전』과 완연히 일치한다. 그러나 남부여전백제조의 『통전』 인용은 '百濟地理志曰' 형태로 『후한서』 『북사』 『통전』 『구당서』 『신당서』 순서로 일련의 중국 사서들을 언급한 가운데 위치하고 있는바,

47) 『신증동국여지승람』 41 平山都護府 建置沿革.

48) 三品彰英, 앞의 책 『三國遺事考證 上』, 338~339쪽.

49) 『신당서』 219 열전 144 北狄, 渤海.

실제 이 모든 자료들의 순서와 인용 내용은 모두 『삼국사기』 지리지의 전재에 불과하다. 그러므로 기이편 찬자가 직접 『통전』을 인용한 것이 아닌 점에서, 『통전』 등 중국 자료 인용의 불철저함을 진단하는 데 장애 사례가 되는 것은 아니다. 아래 도시한 바와 같이 『통전』을 포함한 중국 사서들을 총괄하는 '백제지리지'는 곧 『삼국사기』 지리지의 백제 관련 지리 총론부를 의미할 뿐이다.

三國史記 地理志	百濟地理 總論部	後漢書云	北史云	通典云	舊唐書云	新唐書云
三國遺事 南扶餘前百濟	百濟地理志曰	後漢書曰	北史云	通典云	舊唐書云	新唐書云

이처럼 기이편 찬자가 자료 인용 방식에서 『삼국사기』 서술을 활용하는 사례는 드물지 않다. 이 문제를 다시 卞韓百濟조 서술자가 중국 사서를 인용하는 방식에서 확인해본다.

① 新羅始祖赫居世卽位十九年壬午 卞韓人以國來降

② 新舊唐書云 卞韓苗裔在樂浪之地

③ 後漢書云 卞韓在南 馬韓在西 辰韓在東 … (이상 기이, 변한백제조 전반부)

우선 신라 시조 대의 변한 내항 기사(①)는 『삼국사기』에서 동일한 문면으로 확인이 된다.[50] 『후한서』 인용 대목(③)은 『후한서』의 특정 대목이 아니며, 앞에 살펴본 72국조 분주에서 『후한서』 한전을 거칠게 축약 제시한 바와 동일한 형태임을 발견한다. 그런데 『신·구당서』로 합칭하여 인용

50) 『삼국사기』 신라본기 1 시조혁거세거서간 19년, "春正月 卞韓以國來降".

한 내용(②)은 필시 남부여전백제조의 경우처럼 『삼국사기』 지리지의 서술을 재인용한 것에 불과하다고 생각한다. 『구당서』와 『신당서』의 해당 내용을[51] 위에 인용한 방식처럼 통합 언급한 것은 오직 『삼국사기』의 전례밖에 없기 때문이다.

新舊唐書皆云 卞韓苗裔在樂浪之地 (『삼국사기』 34 잡지 3 지리 1)

변한백제조의 ②항 즉 '新舊唐書云'의 서술은 『삼국사기』의 '新舊唐書皆云'의 서술과 완벽하게 일치한다. 이처럼 기이편에서 『구당서』를 드러내 언급한 사례인 남부여전백제조와 변한백제조의 그것이 모두 『삼국사기』의 재인용에 불과한 것이라면, 기이편 찬자가 실제 『구당서』를 직접 참조했는지조차 확신하기 어렵게 된다.

이제 『신당서』의 경우로 주의를 돌려본다. 『삼국유사』에서 『신당서』를 드러낸 인용처는 낙랑국조, 변한백제조, 남부여전백제조 등 모두 세 군데이다. 그 가운데 변한백제조와 남부여전백제조는 『삼국사기』의 『신당서』 인용 대목을 활용한 것이라는 점은 이미 말한 바와 같다. 그러나 낙랑국조에 인용된 『신당서』 역시 그 수용 맥락이 명료하지 않다.

新唐書注云 平壤城 古漢之樂浪郡也 (기이, 낙랑국)

우선 현행 『신당서』에서 '注'의 형태로 위의 인용 내용을 서술한 대목을

51) 『구당서』 199上 열전 149 신라, "新羅國本弁韓之苗裔也 其國在漢時樂浪之地". 『신당서』 220 동이열전 145 신라, "新羅弁韓苗裔也 居漢樂浪地".

찾기가 용이하지 않다. 반면에 평양성과 낙랑군의 관계를 언급한 대목은 『구당서』와 『신당서』 열전에서 공히 확인이 되는 한편,[52] 『삼국사기』에서는 『당서』의 표제로 『신당서』의 해당 내용을 인용한 바 있다.

> 唐書云 平壤城漢樂浪郡也 隨山屈繚爲郛 南涯浿水 … 唐書云 平壤城亦謂長安 (『삼국사기』 잡지 6 지리 4 고구려)

이렇게 보면 기이편 낙랑국조의 『신당서』 인용문은 『구당서』와 『신당서』 고려전의 내용을 적의하게 인용한 것으로도 볼 수 없는 것은 아니나, 『삼국사기』 지리지의 인용 형태에 보다 근접해 있기도 하다. 그렇다면 『신당서』 역시 『구당서』와 다를 바 없이 『삼국사기』의 수용방식을 답습한 것일지도 모르겠다.

물론 그와 같은 단정에 앞서, 『삼국사기』 지리지의 『당서』가 『신당서』를 이르는 것은 위 인용문을 통해 파악할 수 있는 것이듯이, 『삼국유사』에서도 오직 '唐書' 혹은 '唐史'의 형태로 지시된 인용처가 적지 않으므로 그에 대한 점검이 수반되어야 한다. 우선 이미 살펴본 변한백제조에는 『삼국사기』 지리지를 재인용한 『신·구당서』 정보를 설명하면서 '당서'라는 형태로 언급한 예가 있거니와, 이것은 논지상 앞에 제시된 『신·구당서』를 가리키는 것에 불과하다. 이를 제외하면 '당사'와 '당서'의 인용은 태종춘추공조와 문호왕법민조에 제한되어 있다.

52) 『구당서』 199上 열전 149 동이 고려, "其國都於平壤城 卽漢樂浪郡之故地". 『신당서』 220 열전 145 동이 고려, "其君居平壤城 亦謂長安城 漢樂浪郡也 … 隨山屈繚爲郛 南涯浿水".

① 蘇定方 … 13만의 군사를 거느리고 와서 (백제를) 치게 하였다.[鄕記에는 군대 규모를 13만 2711명에 배 1900척이라고 했는데 唐史는 상세히 언급하지 않았다] …

② 七年壬戌 … 謚曰莊[已上唐史文]

③ 新羅別記에 이르기를 … [위 唐史의 글을 보면 소정방이 의자왕과 태자 隆 등을 당경에 보냈다고 했는데, 여기서는 부여 왕 융을 만났다고 했으니, 당 황제가 용서해 보내서 웅진도독으로 삼은 것을 알 수 있다. …]

④ 百濟古記에 이르기를 … 의자왕이 당에서 죽은 것은 唐史에 명백한 기록이 있다.

⑤ 또 新羅古傳에 이르기를 … [唐史를 살펴보면 그(소정방)가 죽은 까닭을 말하지 않고 다만 '죽었다'고만 썼으니 무슨 까닭일까? … 이로써 鄕傳이 근거 없음을 알겠다. …] (이상 기이, 태종춘추공)

⑥ 당나라 장수 李勣이 高臧王을 사로잡아 본국으로 돌아갔다.[… 唐書高記를 살펴보면 現慶 5년 庚申에 소정방 등이 백제를 치고, 그 후 12월에 … 또 이듬해 辛酉 정월에 … 8월 甲戌에 … 乾封 원년 丙寅 6월에 … 9월에 … 12월 己酉에 … 總章 원년 戊辰 9월 癸巳에 … 12월 丁巳에 황제에게 포로를 바쳤다. 上元 원년 甲戌 2월에는 劉仁軌를 雞林道摠管으로 삼아 신라를 치게 했다. …] (기이, 문호왕법민)

①항은 당 고종 顯慶 5년(660) 소정방 등이 이끄는 당 군의 백제 침공 규모에 대한 분주 가운데 '당사'가 언급된 경우이다. 분주자는 "鄕記에는 군대 규모를 13만 2711명에 배 1900척이라고 했는데 唐史는 상세히 언급하지 않았다"라고 하였다. 즉 '향기'와 '당사'가 비교되었다. 그런데 소정방 군대의 규모에 대하여 『삼국사기』에는 13만으로 표현된 반면, 『신·구당

서』 고종본기와 백제전 및 소정방전에는 과연 군대 규모에 대한 언급이 없다.[53] 그러므로 '향기'는 고려 국내 고유 자료를 가리키며, 『삼국사기』는 '향기'의 정보를 수용한 것이다. 다만 이 경우의 '당사'는 『구당서』와 『신당서』의 어느 하나에 한정할 수 없다.

물론 백제의 멸망 과정을 다룬 본문의 구성 자체는 대부분 『삼국사기』 백제본기와 일치하고 있다. 그러나 부분적으로 중국 측 사서, 즉 필시 '당서'와의 비교를 통해 백제본기의 문면을 변형시키고 있기도 하다. 예컨대 백제본기에는 의자왕과 그의 태자가 사비성에서 탈출하는 대목에 대해 "遂與太子孝走北鄙"라고 했는데, 기이편 찬자는 이를 "遂與太子隆走北鄙"로 바꾸는 한편, '隆'에 대해 "或作孝誤也"라고 분주를 더하였던 것이다. 실제 『삼국사기』 신라본기와 김인문전 등 '향기'로 불릴만한 고유 자료에 충실한 서술에는 의자왕과 행동을 같이한 태자를 '孝'라 한 반면, 『구당서』와 『신당서』의 소정방전이나 백제전, 그리고 『자치통감』[54] 등에는 모두 '隆'으로 기록하였다.

②항은 龍朔 2년(662) 소정방의 평양성 공격 및 그의 죽음에 관한 것인데, 그 연대를 표기함에 있어 顯慶의 연호에 따라 '7년'으로 표기하였다. 해당 대목은 '七年壬戌' 부분이 '未幾'로 기재된 점만 제외하면, 『신당서』 소정방전과 완연 일치한다.[55] 따라서 "이상은 '당사'의 글이다"라고 한 ②항의 '당사'는 『신당서』로 보아도 무방하며, 그렇다면 ①항의 '당사' 역시

53) 『삼국사기』 신라본기 5 태종무열왕 7년(660) 3월, "… 水陸十三萬 …"; 같은 책 백제본기 6 의자왕 20년(660) 6월, "… 統兵十三萬 …"; 같은 책 42 金庾信(中) 太宗大王七年庚申夏六月, "… 領兵十三萬 …"; 『신·구당서』의 高宗本紀·百濟國傳·蘇定方傳 참조.

54) 『자치통감』 200 唐紀 16 고종 上之下, 顯慶 5年.

55) 『신당서』 111 열전 36, 蘇定方.

『신당서』를 지시한 것이었을 가능성이 높다. 더구나 『구당서』 신라전에는 개략적이나마 당 군의 군세를 '水陸十萬'이라고 하였으므로, 침공 규모를 언급하지 않았다고 지적한 '당사'는 일단 『구당서』일 수는 없기도 한 것이다.[56]

③항은 『新羅別記』를 인용한 다음 그에 대한 비교의 맥락에서 '당사'를 들어 분주를 붙인 대목이다. 『신라별기』는 문무왕 즉위 5년 을축(665) 8월에 문무왕이 웅진도독 부여융과 회맹한 사실 및 그 맹문을 담고 있다. 『신라별기』의 주요 내용은 『삼국사기』 신라본기 문무왕 5년 8월조에서도 확인이 되며, 그것은 『구당서』 백제전 등 중국 자료와 유사한 문맥을 유지하고 있다.[57] 그러나 물론 '당사'와 비교·고증의 대상이 되고 있는 『신라별기』는 신라 고유의 자료로 보아야 한다.

이와 관련하여 기이편의 善德王知幾三事조를 포함하여 皇龍寺丈六조(탑상)와 信忠掛冠조(피은)에서도 『별기』가 인용되는 점을 주목한다. 특히 선덕왕지기삼사조의 『별기』는 『신라별기』를 이해하는 데 유효한 지침을 제공한다.

> 別記에 이르기를 "이 왕 대에 돌을 다듬어 瞻星臺를 쌓았다" 한다. (기이, 선덕왕지기삼사)

인용문은 선덕왕의 세 가지 '知幾'에 관한 서술을 마무리한 후 부기된 것이었다. 첨성대에 관한 『별기』의 내용은 『신증동국여지승람』과 『세종실

56) 『구당서』 199上 신라전; 『자치통감』 200 唐紀 고종, 顯慶 5년 조 역시 이 기록을 수용하였다.
57) 『구당서』 199上 열전 149 동이 백제국, 麟德 2년 8월조; 『唐大詔令集』(臺北, 鼎文書局, 1972) 129 蕃夷 盟文 「扶餘與新羅盟文」 참조.

록지리지』에 한결 자세하다. 특히 『세종실록지리지』에는 당 태종 정관 7년(633, 선덕왕 2년)이라는 구체적 연대관을 보여 주고 있다.[58] 따라서 비록 첨성대 축조 내용이 『삼국사기』에서 확인되지는 않지만, 이를 전하고 있는 『별기』는 신라 측의 고유한 자료를 가리키는 것으로 보아야 하며, 그것은 결국 『(신라)별기』라고 판단한다. 황룡사장육조와 신충괘관조의 『별기』 역시 신라 측의 고유한 전승을 담고 있는 것이되, 『삼국사기』에는 채택되지 않은 내용이었다. 이처럼 『(신라)별기』가 전하는 내용은 하나같이 『삼국사기』에는 인입되지 않은 것들로서, '신라 측의' 혹은 '신라에 관한' 특정의 정리된 자료 존재를 지시하는 것이다.

이와 같은 『신라별기』의 회맹 사실에 대해, 분주자는 회맹의 한 주체인 부여융을 염두에 두고서 추론을 가하였다. 즉 그는 "위 '당사'의 글[上唐史之文]을 보면 소정방이 의자왕과 태자 융 등을 당경에 보냈다고 했는데, 여기서는 부여 왕 융을 만났다고 했으니, 당 황제가 용서해 보내서 웅진도독으로 삼은 것을 알 수 있다"라고 하였다. 의자왕과 융 등의 압송이야 『신당서』와 『구당서』에 모두 나타나는 것이므로, 이 자체로서 '당사'를 확정하기는 어렵다.

그러나 분주자가 말한 '上唐史之文'이란 『신라별기』에 앞서 언급된 내용, 구체적으로는 '已上唐史文'이라 한 ②항의 인용문 가운데 있는 내용을 가리키는 것이어야 한다. 그런데 정작 ②항의 분주가 지시하는 '당사'의 범위 가운데 의자왕 등의 압송이 얼마나 적실하게 수용되었던 것인지

58) 『신증동국여지승람』 21 경주부 古蹟, "(瞻星臺)在府東南三里 善德女主時 鍊石築臺 上方下圓 高十九尺 通其中 人由中上下以候天文"; 『세종실록지리지』 慶州府, "(瞻星臺)在府城南隅 唐太宗貞觀七年癸巳 新羅善德女主所築 累石爲之 上方下圓 高十九尺五寸 上周圍二十一尺六寸 下周圍三十五尺七寸 通其中 人由中而上".

는 재고의 여지가 있다.

- 定方以王義慈及太子隆·王子泰·王子演 及大臣將士八十八人 百姓一萬二千八百七人 送京師 (기이, 태종춘추공)
- 定方以王義慈及太子孝·王子泰·隆·演 及大臣將士八十八人 百姓一萬二千八百七人 送京師 (『삼국사기』 백제본기 6, 의자왕 20년)
- 定方 … 虜義慈及太子隆 小王孝演 僞將五十八人等 送於京師 (『구당서』 백제전)
- 定方執義慈 隆及小王孝演 酋長五十八人 送京師 (『신당서』 백제전)

이렇게 보면, 태종춘추공조에 기록된 의자왕 및 융 등의 압송 내용은 '당사'가 아니라 단연 『삼국사기』의 그것을 기본으로 삼고 있다. 다만 앞에서 언급한 바와 같이 백제본기의 태자 '孝'는 '隆'의 잘못이라는 판단을 적용하였을 뿐이다. 그러므로 ③항에서 이른바 '위의 唐史之文'은 ②항의 '已上唐史文'을 염두에 둔 것이지만, 정작 ②항의 '당사'는 『신당서』 소정방전에 근거한 것일 뿐이며, 의자왕 등의 압송 내용은 전적으로 『삼국사기』 백제본기에 근거한 것이었다. 즉 ③항의 분주자는 '당사'의 범위를 오독한 것이라고 해야 옳다. 물론 『삼국사기』 백제본기를 기본으로 하면서도 '隆'의 지위와 같이 미세한 변용이 그야말로 '당사'를 근거로 이루어졌지만, 그리고 의자왕과 융 등의 압송 자체 역시 각종 '당사'에서 확인되는 바이지만, 적어도 문맥에 따라 천착할 때 ③항에서 이른 '上唐史之文'은 분주자의 속단에서 비롯한 것이었다고 할 수밖에 없겠다.

④항은 『백제고기』를 인용하여 의자왕과 후궁들이 墮死岩에 몸을 던져 죽었다는 전승을 소개한 다음, "이는 와전일 뿐이며 궁인들만 떨어져 죽은

것이고 의자왕이 당에서 죽은 것은 '당사'에 명백한 기록이 있다"라고 한 대목이다. 의자왕의 죽음에 대한 찬자의 지적은 일단 옳다.[59] 그러나 『삼국사기』가 중국 측 기록을 비판하는 기능을 항용 『고기』에 기대했던 것과는 반대로, 『삼국유사』 찬자에게 있어서는 오히려 『백제고기』의 오류를 지적하는 근거가 중국 측 자료였다는 데 주목할 필요가 있다. 사실 의자왕의 사망과 관련한 『백제고기』는 그 현저한 오류로 보아 백제 멸망 당대의 정보는 아닐 것이다. 여하튼 이 대목의 '당사' 역시 『구당서』 혹은 『신당서』 등 어느 하나로 특정할 수 없는 한편, 태종춘추공조 본문에서 언급한 의자왕의 죽음은 정작 『삼국사기』 백제본기 문면을 계승한 부분에 들어 있다.

⑤항은 ④항과 유사한 구조로서 『新羅古傳』을 인용하여 고구려와 백제를 토벌한 소정방이 신라조차 치려 하자 이를 감지한 김유신이 그들을 모두 죽였으며 尙州 지경의 唐橋가 관련 유적이라는 전승을 소개한 다음, '당사'를 보면 소정방의 죽음을 기록하면서 그 이유는 밝히지 않았다는 것을 환기시킨 대목이다. 역시 찬자의 지적은 옳으나, 이 경우의 '당사'가 어떤 자료를 이르는지 특정할 수 없기는 마찬가지이다. 주의할 것은 분주의 논증 가운데 『신라고전』을 '鄕傳'으로 약칭하고 있다는 점이다. 이에 대해서는 뒤에 상술한다.

문호왕법민조 분주에 인용한 ⑥항의 '唐書高記'는 660년의 백제 공격과 고구려 공격, 661년·666년·668년의 고구려 공격, 674년의 신라 공격 등을 순차적으로 언급하였다. 이와 같은 내용은 오직 『신당서』 고종본기를 충실하게 적출한 것이다.[60] 따라서 기이편에서 '당사' 혹은 '당서'로 언

59) 『구당서』 199上 동이 백제국; 『신당서』 220 동이 백제, 顯慶 5년(660) 참조.

60) 『신당서』 3 본기 3 高宗.

급한 자료는 적어도 『구당서』만을 가리킨 용례가 전혀 없으며, 『신당서』 혹은 이것을 활용한 『삼국사기』 정보들에 국한되었다. 『신당서』의 경우는 말갈발해조에서 『통전』을 들어 반영된 사례가 있었던 것처럼, 상대적으로 충실하게 참조되었던 것 같다. 이것은 마치 『삼국사기』 찬자가 중국의 정사 가운데서는 『신당서』를 가장 중시했던 맥락과 비교할 수 있는 사례이다.

전체적으로 보아 중국 사서에 대한 편의적 수용은 『전한서』와 『후한서』의 용법에서도 크게 다르지 않았다. 위만조선조의 경우 '前漢朝鮮傳'의 인용 방식은 앞에서 말한 바와 같이 『전한서』 조선전을 비교적 충실하게 적출한 것이었다. 그러나 2부조의 『전한서』는 역시 충실한 인용이 될 수 없었다. 오히려 『전한서』 인용 대목에 대해 의문을 제기한 분주자 '私'가 근거한 '조선전'이야말로 『전한서』 조선전일 것인바, 본문 작성자와 분주자의 간극을 확인할 뿐이었다. 遼東城育王塔조(탑상)에는 '西漢與三國地理志'를 들어 "遼東城在鴨綠之外 屬漢幽州"라고 했거니와, 이것은 각각 『전한서』 지리지와 『삼국사기』 지리지를 가리키는 것으로서 양서의 정보를 적의하게 절충한 인용이었다.[61] 역시 서술의 편의를 위해 원문을 탄력적으로 변용 절충한 것이다.

『후한서』는 72국조와 변한백제조 및 진한조에 인용서로 제시되었다. 72국조의 『후한서』 인용문은 현행 『후한서』에서 일치하는 문장을 찾을 수 없는 한편, 관련 정보는 크게 보아 『후한서』의 예전과 한전에서 취득한 것이라고 평가할 수 있을 정도에 지나지 않는다. 변한백제조의 『후한서』 인

61) 『한서』 28 지리지 8下1, "遼東郡 秦置 屬幽州"; 『삼국사기』 37 지리 4 고구려, 鴨淥水以北未降十一城 참조. '三國地理志'의 실체에 대해 『三國志』를 염두에 두고 파악하는 경우도 있으나 동의하지 않는다. 姜仁求 외, 2003, 『譯註 三國遺事 Ⅲ』, 以會文化社, 112쪽.

용 대목도 현행 『후한서』의 특정 문장이라기보다는 72국조의 사례처럼 『후한서』 한전을 거칠게 축약 제시한 정도로 이해하는 것이 최선의 방안일 것이다. 진한조에서는 비교적 충실하게 『후한서』 한전의 해당 대목이 인용된 것으로 평가할 수 있지만, 역시 말미의 "各萬戶 稱國" 부분은 72국조 서술 주체의 면밀하지 못한 태도와 마찬가지로 서술자의 편의적 해석을 경유한 부기로 판단한다.

고조선조에서도 언급된 『위서』의 경우는 마한조에 '魏志'의 형태로, 말갈발해조에 '後魏書'의 형태로 인용된 바 있다. 그러나 마한조의 '위지' 인용 내용은 마한의 개국에 비중을 두고 있는 점을 주목할 때, 『삼국지』 한전보다는 오히려 『후한서』 한전의 서술에 근접하고 있다.

- 魏志에 이르기를 "魏滿이 조선을 치자 (조선의) 왕 準은 궁인과 측근들을 거느리고 바다를 건너 남쪽으로 韓地에 이르러 나라를 열고 마한이라고 하였다" 한다. (기이, 마한)
- (準이) 燕에서 유망해 온 衛滿에게 공격받아 (나라를) 빼앗기자 그의 측근과 궁인들을 거느리고 달아나 바다로 들어가 韓地에 자리 잡고서 스스로 韓王이라 하였다. (『삼국지』 동이전, 한)
- 조선 왕 準이 衛滿에게 격파되자 곧 그 남은 무리 수천 명을 거느리고 달아나 바다로 들어가 마한을 쳐서 깨뜨리고 스스로 서서 韓王이 되었다. (『후한서』 동이전, 한)

『삼국지』 위서를 '위지'로 약칭하였으되, 거기에는 『후한서』의 관련 내용이 절제 없이 이입되어 자료 인용의 불철저성을 다시 확인하게 되는 것이다. 한편 말갈발해조에는 "後魏書에는 靺鞨을 勿吉이라고 썼다" 하였다. '後'의 관칭이 마한조의 '위지'를 겨냥한 것인지 분명치는 않지만, 그 경우 북위의 정사인 현행 『위서』 勿吉傳에는 "(물길은) 옛 肅愼國이다"라고 했을 뿐 이를 말갈과 연계한 서술은 없다. 더구나 '말갈' 자체는 『北齊書』에 처음 등장하는 명칭이며, 『수서』에서야 비로소 입전되었으므로, 『위서』에서 말갈을 언급할 수는 없다. 결국 『수서』 말갈전에 "(말갈은) 옛 肅愼氏이다"라고 하였으니,[62] 숙신을 매개로 말갈은 물길과 동일한 위상에 있기는 하나, 기이편 찬자의 『위서』 인용 방식은 매우 자의적 서술이라고 하지 않을 수 없다.

3. 자료의 활용 방식

1) 보완 기능

국내 고유 자료와 중국 자료를 막론하고 기이편의 자료 인용 방식은, 대부분 원전의 서술을 충실하게 답습하지 않았다는 점에서는 철저하지 못한 것이었다. 그러나 이처럼 난삽하고도 빈번한 자료 인용에는 찬자의 특정한 의도가 잠복되어 있다고 보고자 한다.[63] 즉 거론된 원전의 내용은 찬자의 인용 의도에 따라 기이편의 내부 맥락에서 다른 의미를 획득할 수도 있다고 생각하는 것이다. 환기하건대 왕조 중심의 기이편을 관류하는 신이든, 흥법편 이하 신앙의 홍포를 겨냥한 이적이든, 그를 증언하는 자료들은 찬자에 의해 동의와 비판의 양면에서 점검된 것들이다.

62) 『수서』 81 열전 46 東夷, 靺鞨.

63) 분주의 경우 자료에 대한 '긍정적 판단', '판단의 보류', '부정적 판단'의 세 가지 방식으로 파악한 전례가 있다. 蘇在英, 1974, 「三國遺事에 비친 一然의 說話意識 — 註·議·讚을 中心으로」 『崇田語文學』 3, 서울, 숭전대학교.

특히 '본사'에 대한 '유사'의 맥락에서 보면 기이편의 내용들은 우선 '본사'가 포괄하지 않은 사항들이었다. 고조선, 위만조선, 삼한, 동·북부여, 낙랑과 대방, 가야와 발해 등은 애초에 『삼국사기』의 서술 대상 자체가 아니었다. 절대 다수를 점하는 신라사 관련 항목과 고구려 및 백제 관련 항목의 내용 역시 『삼국사기』가 중심으로 삼은 내용과는 다른 정보를 제시하는 데 본의가 있었다.[64] 이 점을 주목할 때 기이편의 내용은 일단 '본사'에 대한 보완의 위상을 지닌다. 그 때문에 『삼국사기』의 서술 대상이 아닌 단위들을 서술하면서 동원된 자료들은 대부분 『삼국사기』가 배제한 것들이었던 것이다.

무엇보다도 『고기』로 불린 자료들의 내용이야말로 그 전형적 사례라고 하겠다. 고조선의 단군 전승을 필두로, 북부여의 해모수 전승이 『고기』의 독특한 인식이었다는 것을 앞에서 살펴본 바 있다. 말갈발해조 분주에 인용된 『신라고기』 또한 "고구려의 옛 장수 대조영이 남은 군사를 거두어 태백산 남쪽에 발해를 세웠다"는 것으로, 『삼국사기』나 중국 측 사서의 인식과 다소 차별된 정보를 담고 있었다. 태종춘추공조에 인용된 『고기』 및 『백제고기』도 다르지 않다.

우선 태종춘추공조의 인용 자료는 『신라별기』 『고기』 『백제고기』 『신라고전』의 순서로 배열되어 있는 점을 주목한다. 이로써 보면 『백제고기』는 『고기』에 이어 등장하면서 『고기』와는 별도의 자료로 취급되었다. 『백제고기』의 내용은 앞에서 살펴본 것처럼 의자왕과 후궁들의 죽음을 담은 타사암 전승이었다. 이에 앞서 인용된 『고기』의 내용은 소정방의 평양성 공함 작전 때 김유신이 군량미를 조달하는 과정에서 두 사람 사이에 오간 암

64) 金煐泰, 1974, 「三國遺事의 體裁와 그 性格」 『東國大論文集』 13, 서울, 동국대학교.

호 문건을 소재로 하고 있었다. 이런 맥락에 주의한다면 이 『고기』는 『백제고기』에 대응하는 『신라고기』로 이해해도 무방할 것이다. 『신라별기』와 『신라고전』 역시 『(신라)고기』와 구별되고 있거니와, 그 내용은 앞에서 살핀 것처럼 각각 문무왕과 부여융의 회맹 및 소정방 군대를 김유신이 몰살시켰다고 한 唐橋의 전승을 담고 있는 것이었다. 결국 태종춘추공조의 『고기』 류 자료는 한결같이 『삼국사기』에 충분히 포섭되지 않은 정보로 구성되어 있어, '본사'에 대한 보완의 역할에 충실한 것이었다.

한편 태종춘추공조에는 소정방의 백제 침공 당시 군사의 규모를 고증하는 대목에서 '鄉記'와 '唐史'를 비교한 바 있었거니와, 이 '향기'는 크게 보아 『고기』 혹은 『신라고기』로 간주할 수 있겠다. 실제 문호왕법민조에 보이는 『鄉古記』는 그러한 이해를 지지한다. 즉 태종춘추공조에서 찬자는 '향기'를 들어 당 측의 군사 규모를 제시하면서 '당사'에 관련 기록이 없다는 점을 환기하였는데, 문호왕법민조에서도 찬자는 역시 서두에 고구려의 멸망 사실을 약술한 데 이어 '唐書高記' 즉 『신당서』 고종본기와 『향고기』를 비교하는 분주를 더했던 것이다.

> [… 唐書高記를 살펴보면 … 鄉古記에는 당이 陸路將軍 孔恭과 水路將軍 有相을 보내 신라의 김유신 등과 함께 (고구려를) 쳤다고 했는데 여기서는 仁問과 欽純 등만 말하고 庾信은 없으니 자세히 알 수 없다.] (기이, 문호왕법민)

분주의 주요 사항은, 『향고기』의 내용과는 달리 고구려 공격 작전에 가담한 신라 측 장군 가운데 김유신의 존재가 『신당서』 고종본기에 없다는 점이었다. 즉 분주 대상 본문에 나타난 總章 무진년(668) 고구려 공격에는 新羅王, 仁問, 欽純, 唐兵이 거론되고 있는 한편 김유신은 없다. 『향고기』

의 수로장군 有相은 『삼국사기』에 근거하여 劉仁軌로 판단한다.[65] 그러나 육로장군 孔恭은 그 실체를 다른 사적에서 대교할 수 없는 한편, 실제 육군을 지휘한 당의 장수는 英(國)公 李勣이었다.[66] 또한 실제 김유신이 고구려 평양성 진공 작전에 참여하지 않았던 것은 비교적 분명하다.[67] 여하튼 문호왕법민조의 『향고기』는 같은 분주 내에 '唐書高(宗本)記'와 병렬 인용된 것이므로, 『신당서』에 대한 '우리의' 『고기』라는 측면이 강조된 표현이었다. 따라서 『향고기』는 『고기』 류의 하나로 간주할 수 있으며, 『향기』로 약칭되기도 했을 것인데, 기실 그것은 내용상 『신라고기』에 다름 아닌 것이다. 이것은 앞에 지적하였듯이, 태종춘추공조에서 『신라고전』을 『향전』으로 약칭한 방식과 여일한 것이다.

이처럼 이른바 『고기』 류는 우선 중국 측 자료에 대한 '우리 측의 고유한' 자료의 위상을 지니면서도 '본사'로서의 『삼국사기』에 포괄되지 않은 정보를 담고 있었다. 기이편 찬자는 바로 그 점에 주의하여 '본사'에 대한 보완의 기능에 충실한 형태로 『고기』를 활용하였다. 또한 기이편의 서술에는 구체적 인용서 이름을 드러내지 않은 채로 『고기』 류의 폭넓은 활용이 이루어졌을 것으로 본다. 예컨대 앞에서 만파식적조와 처용랑망해사조의 서술이 실제 『고기』를 토대로 하였을 것이라는 추정을 한 바 있듯이, 기이편의 대종을 차지하는 신라사의 내용은 『삼국사기』의 인식을 벗어나거나 보완하는 정보들로 구성되어 있기 때문이다.

65) 『삼국사기』 신라본기 6 문무왕 8년, "六月十二日 遼東道安撫副大使遼東行軍副大摠管兼熊津道安撫大使行軍摠管右相檢校太子左中護上柱國樂城縣開國男劉仁軌 奉皇帝勅旨 與宿衛沙湌金三光 到黨項津 …".

66) 三品彰英, 1979, 『三國遺事考證 中』, 東京, 塙書房, 28~29쪽.

67) 『삼국사기』 신라본기 6 문무왕 8년 6월 29일, "諸道摠管發行 王以庾信病風留京 仁問等遇英公進軍於嬰留山".

한편 기이편에는 『국사』 혹은 『삼국사』, 그리고 '연표'와 '사론'과 '本紀(記)' 따위가 여러 차례 인용되고 있다. 이들의 실체에 대해서는 의견의 완전한 합치를 보지 못하고 있으나, 대체로 최남선의 추정과 같이[68] 『삼국사기』에서 일치하는 관련 내용을 확인하는 데 어려움은 없다.[69] 그렇다면 『삼국사기』를 '본사'로 수긍한 위에 그에 대한 '유사'를 겨냥한 기이편 찬자의 논리에 비추어, 새삼 『삼국사기』 정보를 다시 활용한 데에는 단순한 정보 제공 이외의 의도가 있었다고 생각해야 옳겠다. 예컨대 착종된 정보들을 토대로 논증을 가하고자 한 사례들을 주목할 수 있다. 마한조의 구조를 통해 이 문제를 구체화해본다.

① 견훤이 태조에게 올린 글에는 "옛날에 마한이 먼저 일어났고, 赫(居)世가 발흥하자 이에 백제가 金馬山에서 나라를 세웠다"라고 하였다.

② 최치원은 "마한은 고구려요 진한은 신라다"라고 하였다.

③ [本紀에 의하면 신라가 먼저 甲子에 일어나고 고구려가 그 뒤 甲申에 일어났다고 했는데, (최치원이) 이렇게 말한 것은 (조선)왕 準을 두고 말한 것일 뿐이니 이로써 東明이 일어나 이미 마한을 아우른 데 연유한 것임을 알 수 있다. 그러므로 고구려를 일러 마한이라고 한 것이며, 오늘날 간혹 金馬山을 가지고서 마한이 백제가 되었다고 하는 이들은 대개 잘못된 낭설이다. …] (이상 기이, 마한)

마한조 찬자는 먼저 견훤이 태조에게 보낸 편지를 인용하여 마한과 백

68) 崔南善, 1946, 「三國遺事 解題」 『新訂 三國遺事』, 民衆書館, (4판, 1971), 18쪽.

69) 李康來, 1996, 「三國遺事의 舊三國史論」 『三國史記 典據論』, 民族社; 1990, 「『三國遺事』에 있어서의 「舊三國史」論에 대한 批判的 檢討」 『東方學志』 66.

제의 역사적 연계성 및 마한 중심 삼한 인식을 제시하였다(①). 이어 마한과 고구려의 연계를 지시한 최치원의 견해를 소개하였다(②). 이 상충하는 마한 관련 인식에 대해 분주의 '본기'(③)는 판단의 근거로 작용하였다. 그에 따르면 신라가 갑자년에 먼저 일어난 다음 고구려가 갑신년에 일어났다. 따라서 마한을 백제에 연결시킨 견훤의 주장은 잘못이라고 판단하게 된다. 이렇게 보면 마한조 분주자가 '본기'를 인용한 의도는 서술 서차상 앞에 인용한 '甄萱上太祖書'에 마한이 먼저 일어났으며 그것이 백제로 연계되었다는 견훤의 인식을 비판하기 위함이었다. 결과적으로 최치원의 견해에 동의하는 셈이다.

이 경우 '본기'는 『삼국사기』 신라본기와 고구려본기로 판단해도 무방하다.[70] 단, 이를 『삼국유사』에서 일반적으로 『삼국사기』를 지칭하는 『삼국사』 혹은 『국사』 등으로 지목하지 않은 까닭은 '본기'에 의해 판정의 대상이 된 두 가지 상충하는 정보가 모두 『삼국사기』에서 획득되었기 때문일 것이다. 즉 견훤의 견해는 『삼국사기』(50)의 견훤전에서, 그리고 최치원의 견해는 『삼국사기』(46) 최치원전에 인용된 「上太師侍中狀」 혹은 지리지(1)의 신라 강역 총론부에서 확인할 수 있다. 말하자면 『삼국사기』의 열전이나 지리지 등에 보이는 견훤과 최치원의 상충하는 견해를 판정하는 논거로 고구려와 신라의 본기 정보가 동원되었던 것이다.

물론 분주자의 판정은 곡진하지 않다. 그러나 마한과 백제의 연계를 부정하고 마한과 고구려의 연계를 지지하는 분주자의 관점은 변한백제조에서 같은 인용 구조로 반복되고 있다. 즉 마한조에서 최치원의 삼한관 소개는 마한과 고구려, 그리고 진한과 신라에 한정한 반면, 변한과 백제의 그

70) 李基白, 1984, 「三國遺事 紀異篇의 考察」 『新羅文化』 1, 동국대학교 新羅文化研究所.

것은 변한백제조에 배려하고 있었다.

① 致遠은 "卞韓은 백제다"라고 하였다.

② 本記를 살펴보면, 溫祚가 일어난 것은 鴻嘉 4년 甲辰이니 곧 赫居世나 東明의 시대보다 40여 년 뒤이며 …

③ 마땅히 古賢의 설명을 옳다고 해야 할 것이다. (이상 기이, 변한백제)

역시 최치원의 견해(①)는 『삼국사기』에서 획득한 것이겠고, 이 때문에 마한조에서 제외한 『삼국사기』의 백제 건국 관련 정보는 오직 '本記'로만 지칭되었다(②). '본기' 인용 의도는 백제가 고구려나 신라보다 뒤늦게 발흥했다는 점을 분명히 하기 위함이었다. 이것은 필시 마한조에서 비판의 대상이 되었던 견훤의 백제 인식을 주로 염두에 둔 것이다. 따라서 마한조와 변한백제조를 통해 삼한 관련 최치원의 견해에 대한 지지는 완결되었다(③). 또한 두 항목에서 최치원의 견해를 보강하는 논거는 공히 '本紀(記)'였다. 이때 '本紀'와 '本記'의 표기 차이는 무시해도 좋다.[71]

물론 『삼국사기』 백제본기에 온조의 건국 시기를 홍가 3년(癸卯)이라 한 점을 주목하여, 홍가 4년 갑진의 정보를 담은 변한백제조의 '本記'가 『삼국사기』의 본기가 아니라거나 심지어 『구삼국사』의 백제본기일 것이라는 주장이[72] 없지 않으나, 동의하지 않는다. 우선 왕력이 백제의 건국을 계묘년으로 기술하였다. 또 남부여전백제조 인용 『古典記』는 『삼국사기』 지리

71) 이강래, 1997, 「『三國史記』 原典論과 관련한 '本記'와 '本紀'의 문제」 『全南史學』 11; 2007, 『삼국사기 형성론』, 신서원.

72) 강인숙, 1985, 「구『삼국사』의 본기와 지」 『력사과학』 4, 23쪽; 洪潤植, 1987, 「三國遺事에 있어 舊三國史의 諸問題」 『韓國思想史學』 1, 96쪽.

지가 인용한 『고전기』를 재인용한 것에 불과한데도, 『삼국사기』의 "前漢鴻嘉三年癸卯" 대목을[73] "前漢鴻佳三年癸酉"로 오인하였음을 주의해야 한다. 동일한 『고전기』를 인용하면서 '癸卯'와 '癸酉'의 차이를 보이고 있거니와, 鴻嘉(佳) 3년은 癸卯가 옳으므로 남부여전백제조 찬자의 부정확한 인용임에 틀림없다.[74] 이것은 마치 경애왕조(기이)에서 왕의 즉위년을 '同光 2년 甲辰'이라 하였으나, 왕력과 『삼국사기』 등 관련 기록이 모두 일치하는 동광 2년(924)은 '甲申'의 간지에 해당하므로 찬자의 단순 오기였던 것과 같은 사례일 뿐이다.

따라서 변한백제조의 '本記' 인용 건국년 역시 찬자의 오기일 것이다. 추측컨대 마한조에서 신라와 고구려의 건국년을 '갑자'와 '갑신'으로 제시한 터에, 변한백제조에서 백제 건국년을 혁거세와 동명의 경우보다 40여 년 뒤라고 한 것은 신라본기 시조 40년 조에 "百濟始祖溫祚立"이라 한 점을 유념한 것이며, 고구려가 신라보다 20년 뒤인 것처럼 백제는 신라보다 40년 뒤이므로 문득 '갑진'년으로 속단한 것에 불과할 것이다. 따라서 이 점은 오히려 마한조와 변한백제조 찬자가 삼한을 겨냥하여 논리적 정합관계에 유념한 증거로 보아야 할 것이다. 나아가 이와 같은 기이편 내 항목 간 긴밀한 유기성은 기이편 서술자 혹은 기이편 서술 작업의 일관성을 의미하는 지표로 간주되어도 좋다고 생각한다.

특정 사안에 대한 논증을 위하여 『삼국사기』 정보가 동원되는 경우는 중국 측 자료를 보완하는 맥락에서도 이루어졌다. 낙랑국조를 다시 본다.

---

73) 『삼국사기』 37 지리 4 백제 총론부, "鴻嘉三年癸卯 (溫祚)自卒本扶餘 至慰禮城 立都稱王".

74) 이강래, 1996, 「新羅 '奈己郡'考」『新羅文化』 13; 2011, 『삼국사기 인식론』, 일지사.

① 前漢 때 처음으로 낙랑군을 두었는데, 應邵는 (이를) "옛 조선국이다"라고 하였고,

② 『신당서』의 注에는 "평양성은 옛날 한의 낙랑군이다"라고 하였다.

③ 『국사』에는 "혁거세 30년에 낙랑인들이 와서 투항하였다" 하고, 또 "제3대 弩禮王 4년에 高(句)麗 제3대 無恤王이 낙랑을 쳐서 멸망시키자 그 나라 사람들이 대방[北帶方이다]과 함께 신라에 투항하였다" 했으며, 또 "무휼왕 27년에 광무제가 (군사를) 보내 낙랑을 치게 해서 그 땅을 취해 군현으로 삼으니, 薩水 이남이 漢에 속하게 되었다"라고 하였다.[위 여러 글들에 의거하건대, 낙랑이 곧 평양성이었음이 마땅하다. …] (이상 기이, 낙랑국)

응소의 견해(①)는 『한서』 지리지 낙랑군조에서 주석 형태로 확인된다.[75] 『신당서』 '注'의 형태로 인용한 대목(②)은 『신당서』 고려전이거나 『삼국사기』 지리지의 『당서』 인용문일 가능성이 크다고 추정되었다. 아마 『한서』 지리지에 있는 응소의 주를 인용한 뒤의 서술 분위기에서 문득 숙고 없이 '注'라고 부연한 듯하다. 이어 찬자는 『국사』 즉 『삼국사기』 신라본기와 고구려본기의 낙랑 관련 기사를 적출 제시한 다음, 낙랑이 곧 평양성이었다고 판단하였다(③). 그러므로 『국사』는 『한서』와 『신당서』 등 중국 측 사서 정보를 보강하기 위한 목적에서 예거된 것이다. '본사'에 결여된 사항에 '유사'의 주안점을 두었으되, 중국 측 정보의 검증을 위해 '본사'가 활용되기도 한 것이다.

한편 인용 형태로만 판단한다면 낙랑국조의 ②항에서 '新唐書注云'이

75) 『한서』 28 지리지 8下 樂浪郡조의 분주, "應劭曰 故朝鮮國也".

라 한 경우는 인용서에 본래 있었던 주, 즉 이른바 '原註'라고 보는 게 순리일 것이다. 그러나 『삼국유사』에 보이는 본문 형태의 '注' 가운데에는 낙랑국조의 예처럼 본래 주의 형태가 아닐 수도 있고, 간혹 찬자가 분주를 의도하였으면서 미처 분주 형태로 기술하지 못한 채 판각된 부분도 없지 않다. 몇 가지 사례를 들어 검증해본다.

① 나라의 제도에 매번 外州의 吏 한 사람을 올려 서울의 여러 관청에서 임직케 하였는데, 注 今之其人也 安吉이 마침 상경하여 임직할 차례가 되어 서울에 이르자 … (기이, 문호왕법민)

② 왕이 하루는 皇龍寺 注 或本云 華嚴寺又金剛寺 蓋以寺名經名 混之也 승려 智海를 궐내로 들도록 청하여 … (기이, 원성대왕)

③ 『삼국사기』를 살펴보면 백제 聖王 16년 戊午 봄에 도읍을 泗沘로 옮기고 국호를 南扶餘라고 하였다. 注曰 其地名所夫里 泗沘 今之古省津也 所夫里者 扶餘之別號也 已上注 (기이, 남부여전백제)

문호왕법민조의 '注'(①)는 본문 찬자의 분주, 즉 自註일 수 있다. 그러나 문무왕의 서제라 하는 車得公 관련 전승을 담은 원전에 이미 주의 형태로 "今之其人也"라는 분주가 있었고, 기이편 찬자가 이를 인용하되 미처 원전에서처럼 '注'의 형태로 환치하지 못한 때문일 수도 있다. 그렇다면 이것은 原註라고 해야 한다. 혹은 본문 작성자의 탈고 이후 누군가에 의해 독자의 편의를 위해 이러한 설명 분주가 가해졌을 수도 있으며, 이 경우는 이른바 後註에 해당한다. 원성대왕조에 본문 형태로 기록된 '注'(②)의 경우도 마찬가지이다. 즉 注로 지시된 밑줄 친 부분을 배제하고도 전후의 문맥이 자연스럽게 이어지는 것을 주의할 일이다.

전백제남부여조의 ‘注’(③)는 다소 다르다. 이 경우 서두에 인용 자료로 『삼국사기』를 적기했으므로, 일견 이어지는 ‘注曰’ 이하 내용 역시 『삼국사기』의 분주로 파악하게 된다. 그러나 『삼국사기』 백제본기의 사비 천도 기사에는 ‘泗沘’에 대해 “一名所夫里”의 분주가 있을 뿐이다. 따라서 ‘注曰’ 이하 ‘已上注’까지의 기술이 모두 『삼국사기』의 분주일 수는 없다. 물론 바로 이 점을 들어 남부여전백제조의 『삼국사기』가 현행 정덕본 『삼국사기』일 수 없다고 보는 견해가 있으나 동의할 수 없다. 인용 자료로 제시된 『삼국사기』가 예컨대 『구삼국사』와 같은 일실된 삼국 관련 사료라 해도, 거기에 “其地名所夫里”와 같은 분주가 있었다고 보기는 어렵다. 그와 같은 필치는 남부여전백제조 찬자의 필치일 수밖에 없으며, 이 점에서 『삼국사기』의 분주를 활용한 찬자의 자주일 뿐이다. 다시 말해 적어도 이것은 원주일 수는 없다.

더구나 “泗沘 今之古省津也”의 판단은, 고려시대에 古省津의 용례가 없는 한편 『삼국사기』 신라본기 문무왕 12년 조에 ‘백제 古省城’ 공격 기사가 보이는 것으로 보아, 아마 사비성 일대의 ‘古省津’[76]을 염두에 둔 기이편 찬자의 그것일 것이다. 끝으로 “所夫里者 扶餘之別號也”라고 한 대목도 『삼국사기』 지리지(3) 熊州조에 “扶餘郡은 본래 백제의 소부리군이다”라 한 데 이어 소부리군에 대해 다시 “一云泗沘”라고 분주한 내용을 토대로 기술한 듯하다. 결국 『삼국사기』에는 ‘사비’와 ‘소부리’가 번갈아 본문과 분주 정보로 언급이 되었거니와, 남부여전백제조 찬자는 이들 『삼국사기』 정보를 적의하게 수용하여 분주로 기재할 의도를 표출했던 것이다. 그러므로 ‘已上注’라 한 의미는 실제 인용된 분주의 범위가 아니라 서술자가

76) 『신증동국여지승람』 18 扶餘郡 山川.

의도한 분주의 범위를 지시한 데 지나지 않는다.

또한 명백히 인용 자료의 분주를 수용한 경우에도 실제 그 인용의 범위와 인용한 분주의 내용에는 심한 가감이 수반되었다. 비록 흥법편의 사례이지만, 분주의 출처가 명확한 阿道基羅조를 예로 들어 본다. 아도기라조 찬자는 '新羅本記' 즉 『삼국사기』 신라본기(4)의 불교 전래 시말을 인용하면서 말미에 있는 분주도 함께 언급하였는데, 그 변용의 폭이 자못 크다.

- (법흥왕 15년) 佛法이 유행하기 시작하였다. … 다시는 불교 행사에 관한 일을 헐뜯지 못하였다.[이것은 金大問의 『鷄林雜傳』 기록에 의거해 썼다. 韓奈麻 金用行이 지은 「我道和尙碑」의 기록과는 현저히 다르다.] (『삼국사기』 신라본기 4)

- 신라본기 제4권에 이르기를 … 왕왕 믿고 받드는 이들이 있었다.[注가 있어 말하기를(有注云), "本碑 및 여러 傳記가 현저히 다르다" 했고, 또 高僧傳에는 "西竺사람이다" 했으며, 혹은 "吳나라로부터 왔다"라고도 한다.] (흥법, 아도기라)

신라본기의 분주는 김대문의 『계림잡전』과 김용행의 「아도화상비」를 대비한 것이다. 이를 아도기라조 찬자는 '諸傳記'와 '本碑'로 약칭하여 본래의 문장을 크게 축약하였다. 또한 자칫 '有注云' 이하의 출처를 모두 신라본기로 속단할 우려가 없지 않은바, 인용 범위의 확대를 경계할 일이다. '고승전'을 인용한 내용은 각훈의 『해동고승전』에서 유래한 것이다. 따라서 본문 형태의 '주' 표기 대목은 찬자의 판단 분주거나 관련 정보를 편의대로 절삭한 설명 분주에 해당하는 것들이되, 그 내용만을 근거로 해서는 원전을 추적하기 힘들 정도로 변용되었다. 이처럼 분주 및 분주에 해당하는 서술들의 경우에도 관련 자료 인용의 혼란 정도는 본문 작성의 경우와 크게 다르지 않았다.

이러한 이해를 염두에 둘 때, 인용 자료의 명칭에 대해서도 일단의 협의를 두지 않을 수 없다. 이를 위해 최치원의 견해를 인용한 경우들을 점검해본다. 이미 말한 바와 같이 기이편 찬자는 최치원의 삼한—삼국 대응 견해를 마한조와 변한백제조에 분재하였다. 그리고 그것은 『삼국사기』 최치원전에 인용된 「上太師侍中狀」 혹은 지리지의 신라 강역 총론부에서 확인할 수 있는 내용이었다. 이것은 마치 第二南解王조에서 『삼국사기』의 사론을 인용하면서 그 가운데 '羅末名儒崔致遠作帝王年代曆' 대목을 재인용한 것과 동일한 사례이다. 물론 이러한 정황만으로 기이편 찬자가 오직 『삼국사기』의 최치원 인용 대목을 재인용한 것이라고 단정해도 좋은 것은 아닐지도 모른다. 이 점을 숙고하기 위해 말갈발해조를 생각해본다.

말갈발해조에는 『신라고기』를 인용하여 대조영의 출자 및 발해 건국 사실을 언급한 대목이 있다. 그런데 이 또한 최치원의 「상태사시중장」에서 상당한 대응 관계가 확인되는 내용이다.

① 『통전』에는 이르기를 "발해는 본래 粟末靺鞨이었는데 그 추장 祚榮이 나라를 세움에 이르러 …"

② 『삼국사』에는 이르기를 "儀鳳 3년 (당) 高宗 戊寅에 高麗의 남은 자손들이 끼리끼리 모여서 북쪽으로 太伯山 아래에 의거하여 국호를 발해라고 하더니 …"

③ 『신라고기』에는 이르기를 "高麗의 옛 장수 祚榮은 성이 대씨인데 남은 병사들을 모아 大伯山 남쪽에 나라를 세워 국호를 발해라고 했다" 한다.

④ 위의 여러 글들을 살펴보면, 발해는 곧 말갈의 별종이다. … (이상 기이, 말갈발해)

⑤「上太師侍中狀」에 이르기를 "… 儀鳳 3년(678)에 와서 그 백성들을 河南과 隴右에 옮겼는데, 고구려의 남은 자손들이 끼리끼리 모여서 북쪽으로 太白山 아래에 의거하여 국호를 발해라고 하더니 …" (『삼국사기』 열전 6, 최치원)

『통전』 인용문(①)은 이미 말한 바와 같이 실제 『신당서』에 근접한 것이다. 『삼국사』 인용문(②)은 최치원전에 인용된 「상태사시중장」 내용(⑤)을 부실하게 재인용한 것이다. 의봉 3년은 기이편 찬자의 첨기처럼 고종 무인년(678)이 옳으나, 애초에 이 해는 고구려 유민의 이거 조치와 관련한 연대일 뿐 발해 건국 연대는 아니었다. 그런데 기이편 찬자는 『삼국사기』의 「상태사시중장」을 편의적으로 절취한 것이었다. 이 점에서도 말갈발해조의 『삼국사』가 『삼국사기』를 가리키는 것을 확인할 수 있다. 『삼국사』에 이어 『신라고기』가 다시 인용되었는데(③) 이 또한 「상태사시중장」의 내용과 대동소이한 것이었다. 두 인용문을 비교해보면 『신라고기』에 대조영의 이름을 적시한 것이 다를 뿐이다. 그런데 대조영은 최치원의 「謝不許北國居上表」에도 발해 건국주로 언급된 바 있다. 사실 최치원이 고구려와 발해의 역사적 연계를 언급한 글들에서는 한결같이 고구려를 '句麗'라고 표기하였으므로, 『삼국사기』에 '高句麗'라 한 것은 최치원의 표기를 변개한 것으로 보아야겠다. 마찬가지로 『삼국유사』 찬자는 고구려를 거의 대부분 '高麗'라고 한 점을 고려해야 한다.

말하자면 말갈발해조 찬자가 『신라고기』로 이른 자료가 어쩌면 최치원의 또 다른 저작물일 가능성을 외면하지 않고자 한다. 발해와 고구려의 독특한 역사적 계승 관계를 언급한 최치원의 저작들은 위 두 종의 글 이외에도 「新羅王與唐江西高大夫湘狀」과 「與禮部裵尙書瓚狀」 등이 더 있으며, 현전하지 않는 다른 글들도 고려할 필요가 있겠다. 이러한 이해는 臺山五萬眞身조에 인용된 『고기』 및 그 약칭인 『記』가 「溟州五臺山寶叱徒太子傳記」를 이른다는 사실에서 설득력을 얻는다.

또한 『삼국사기』 악지에는 『고기』, 『羅古記』, 『신라고기』 등이 인용되었는데, 잡지의 신라 관련 기술에서 『고기』 류가 인용된 것은 오직 악지밖에 없다는 점에서 기왕에 작성된 신라 음악 관련 자료의 존재를 인정하기 어렵지 않다고 판단되었다. 그렇다면 『삼국사기』 편찬 당시에 유통되었던 김대문의 『樂本』을 환기하지 않을 수 없다. 특히 악지에는 김대문 활동 당대인 신문왕 대의 음악 관계 자료가 현저히 풍부하다는 점을 주목한다. 따라서 악지의 상당 부분 서술이 『악본』에 의존하였을 가능성에 주의하는 것은 매우 온건한 추론이다.[77] 만약 『삼국사기』 찬자들이 김대문의 『악본』을 『신라고기』 등으로 언급했다면, 유사한 논리에서 기이편 찬자 역시 최치원의 특정 저작을 『신라고기』로 불렀을 수 있겠다.

문제는 마한조와 변한백제조에서 최치원을 드러내 여타 자료들과 비교한 것과는 달리 말갈발해조에서는 『신라고기』로 지칭하여 인식 주체를 밝히지 않은 이유일 것이다. 사실 엄밀히 말하자면 『삼국사』 역시 마한조와 변한백제조에 비추어 볼 때 '최치원'을 드러내 언급할 만한 것이었다. 속단하기에는 이르나, 일단 삼한과 삼국의 연계에 대한 서술에서는 찬자 스스로 "마땅히 古賢의 설명을 옳다고 해야 할 것이다"라고 판정한 것을 주목한다.

한편 말갈발해조에서는 대조영이 속말말갈의 추장이라는 중국 측 자료

77) 李基白, 1978, 「金大問과 그의 史學」 『歷史學報』 77, 7~8쪽.

(①)와, 특별히 건국자에 대한 언급은 없는 채로나마 "고(구)려의 남은 자손들이 끼리끼리 모여서 북쪽으로 태백산 아래에 의거하여 국호를 발해라고 하였다"라고 한 『삼국사』(②)를 대비한 후, 제3의 자료인 『신라고기』를 제시하였다(③). 이러한 문맥의 전개에 따를 때 『신라고기』는 일견 상반된 두 견해 사이의 판단 기준이 될 것으로 기대하게 된다. 그러나 찬자는 뜻밖에도 "발해는 곧 말갈의 별종이다"라고 결론하였다(④). 그러므로 찬자의 서술 구도 속에서 『삼국사』와 『신라고기』는 『통전』의 견해에 반하는 정보원으로서 동질적이었던 것이다. 짐작하였듯이 『삼국사』와 『신라고기』의 발해 인식은 모두 최치원에서 유래했다고 한다면, 기이편 찬자는 중국측 자료가 옳은 것으로 경도된 정리를 하면서 이른바 '古賢'의 설명을 부정해야 하는 부담을 저어했을지 모르겠다.

진한조에 인용된 최치원의 견해는 역시 진한 인들이 중국 秦의 유망민이라는 『후한서』 인식을 효과적으로 보완하거나 강화할 의도에서 인용되었다.

① 『후한서』에는 "진한의 늙은이들이 스스로 말하기를 '秦의 亡人들이 韓國에 오자 마한이 동쪽 경계의 땅을 베어 그들에게 주었다'고 한다. 서로 부를 때는 徒라고 하는데 (이와 같은 용어는) 秦나라 말과 비슷함이 있으므로 혹자는 (辰韓을) 秦韓이라고 이름한다"라고 하였으며 …

② 또 최치원은 "신한은 본래 燕人들이 피난해 왔기 때문에 涿水의 이름을 취해 (자신들이) 살고 있는 邑里를 '沙涿', '漸涿' 등으로 불렀다"라고 하였다. (이상 기이, 진한)

『후한서』 한전의 내용은 秦人들의 진한 유입과 그 실증으로서 어휘의 특징을 들고 있다. 최치원의 견해 역시 燕人들의 유입과 그 실증으로서 어휘의 특징을 언급한 것이다. 실제 최치원은 신라와 중국 사이의 언어의 동질성을 강조하려는 의도를 빈번히 노출하고 있었다.[78] 최치원은 周·秦 교체기에 파생된 중국 유이민을 진한인과 연계한 『삼국지』 혹은 『후한서』 동이전의 기록을 근거로 "辰韓은 秦韓을 잘못 쓴 것"이라 단정하였다.[79] 그리고 그 때문에 신라는 "秦韓이라 부르고 道는 孔·孟을 흠모한다"라고 하였다.[80] 구체적으로, 신문왕 대의 圓測을 일러 "燕國의 왕손으로서 … 秦役을 피해 들어 온 유민의 어진 자손"이라고 하였다.[81] 진한조에 인용된 燕人과 그 언어 특징은 바로 이러한 의식의 연장에 있는 것이다. 이처럼 마한, 변한, 진한의 주요 서술 맥락은 최치원의 견해를 중심으로 삼은 것이었다. 그런 만큼 최치원을 표출해 인용하였고, '옛 현인'의 권위를 수긍하였다. 이와 함께 놓치지 말아야 할 것은, 이들 항목에 인용된 최치원의 견해는 동일 사항에 대한 중국 자료 정보와 부합한다는 사실이다. 반면에 말갈발해조에서처럼 중국의 사서와 상충할 경우에는 최치원의 견해는 부정되었으며, 최치원을 드러내는 것을 회피했다는 데 주의해야 한다.

요컨대 기이편의 서술 대상 항목들은 대부분 '본사'가 수용하지 않은 것들로 구성되었다. 이 점에서 이미 기이편의 인용 자료들은 '본사'를 보완

78) 趙仁成, 1994,「崔致遠 撰述 碑銘의 註釋에 대한 一考」『加羅文化』 11, 경남대학교 加羅文化研究所, 10~12쪽.

79) 崔致遠,「謝賜詔書兩函表」『崔文昌侯全集』(成均館大學校 大東文化硏究院, 1972), 51쪽, "昔者周秦質代 燕趙多虞 佳人猶合浦珠移去 壯士若延津劒化來 胥興邑落 助守藩隅 是以 辰韓誤秦韓之名 樂浪擬澮浪之字".

80) 崔致遠,「奏請宿衛學生還蕃狀」 위의 책, 61쪽, "伏以當蕃 地號秦韓 道欽鄒魯".

81) 崔英成, 1999,『譯註 崔致遠全集 2』, 아세아문화사, 246·248쪽, "馮鄕士族 燕國王孫 … 故其來也 是避秦之賢胤 其去也 爲輔漢之慈靈"(「故飜經證義大德圓測和尙諱日文」).

하기 위한 목적에 부응하는 것들로 선택된 것이다. 따라서 '본사'의 내용이 중복되는 경우들에는 반드시 '본사'와는 부합하지 않는 인식을 전하고 있는 자료가 소개되고 있다. 즉 '본사'의 정보는 국내의 『고기』나 중국의 자료를 염두에 두어 보완 혹은 비교를 통한 논증의 맥락에서 활용되었다. 유의할 점은 본문과 분주 공히 인용 과정상 혼란이 빈발했으며, 인용서의 오류도 적지 않았다는 것이다. 특히 최치원을 매개로 상론한바, 중국 측 자료에 대한 신뢰의 정도가 상당하다는 점을 유의해 둔다. 이것은 일견 최치원에 대한 기이편 찬자의 존중이 최치원의 중국 편향적 가치체계를 결과적으로 답습하게 만든 때문일 수도 있다. 이 문제를 위해 비판적 기능을 기대하면서 인용된 자료들의 활용 사례를 살펴볼 필요가 있다.

2) 비판 기능

보완은 그 자체 이미 우호적 비판을 의미한다. 본질적으로 '합리'에 대한 '신이'의 대안부터가 『삼국유사』가 겨냥한 『삼국사기』에 대한 비판적 보완일 것이다. 물론 외형상 거론된 자료들 사이에서 단정을 보류한 경우는 특정 자료에 대한 비판적 활용 방식을 간취하기가 용이하지 않다.

예컨대 찬자는 무왕조 서술을 맺으면서 "『삼국사』에는 이 이(무왕)를 法王의 아들이라고 했는데, 여기서는 홀로 된 여인의 아들이라고 하니 자세히 알 수 없다"라고 하였다. 무왕조의 주요 내용은 과부와 池龍의 교통에서 뒷날 무왕이 되는 薯童이 태어났고, 그는 미천한 신분으로서 신라의 여론을 조작하여 선화공주와 혼인하였으며,[82] 마침내 황금산의 발굴로 인심

82) 崔喆, 1980, 「衆論形成과 그 機能 — 三國遺事를 중심하여」 『三國遺事의 新研究』, 新羅文化宣揚會.

을 얻어 왕위에까지 오른 뒤 미륵사를 창건했다는 것이다. 이 비현실적 내용을 담은 무왕조의 근거 자료는 일단 찬자가 환기시킨 것처럼 『삼국사』와 다른 것이되, 문면에는 그 구체적 실체가 드러나 있지 않다. 그러나 법왕금살조를 통해 무왕조 자체가 『고기』의 내용임을 알게 된다. 법왕금살조 찬자는 법왕의 즉위와 왕흥사의 창건 및 무왕의 즉위와 왕흥사 곧 미륵사의 완성 등에 관한 서술을 마무리한 다음 이렇게 말한다.

> 『고기』에 실린 바와는 조금 다르다. (『고기』에 의하면) 무왕은 가난한 여자가 池龍과 통교하여 태어났는데 어릴 때 이름은 薯蕷였고 즉위 후에 시호를 무왕이라고 하였으며, (미륵사는) 처음부터 (왕과) 왕비가 창건했다고 한다. (흥법, 법왕금살)

법왕금살조 구성 근거 자료 내용은 세 가지 사항에서 『고기』와 다르다고 하였다. 첫째는 무왕의 출생에 얽힌 池龍說話, 둘째 무왕의 어릴 때 이름, 그리고 셋째 창사 주체가 그것이다. 그런데 이 세 가지 사항은 바로 무왕조의 주요 내용이다. 또한 법왕금살조의 내용은 『삼국사기』를 근간으로 서술되었다. 따라서 무왕조 찬자는 『고기』를 주요 서술 근거로 하되, 『삼국사』 즉 『삼국사기』와 다르다는 점을 지적해 둔 것이고, 법왕금살조 찬자는 반대로 『삼국사기』를 주요 서술 근거로 삼되, 『고기』와 다른 점들을 지적해 둔 것이었다. 그렇다면 『삼국유사』 찬자는 기이편과 흥법편에서 서로 다른 두 정보원을 편향되지 않게 보존한 것으로 비쳐질 수도 있다.

그러나 단정에 앞서 흥법편의 구조를 유의할 필요가 있다. 신라의 경우 신라본기의 해당 대목을 각각 서두에 인용한 아도기라조와 原宗興法猒髑滅身조를 선후로 배치한 것처럼, 백제의 경우 역시 난타벽제조와 법왕금살조가 그에 대응하는 것으로 이해할 수 있는 한편, 굳이 법왕금살조와 충돌하는 무왕조를 기이편에 설정한 것은 아무래도 그 '신이'의 소개에 본의가 있었다고 생각한다. 즉 기이편 찬자는 『고기』의 내용이 '본사'로 간주된 『삼국사기』의 인식을 배반한다 하더라도, 池龍과의 교통 전승을 수록하고 싶었던 것이다. 후백제견훤조에 인용된 『고기』의 내용에서도 蚯蚓과의 교통이 주요한 설화 모티프였다.[83] 그 때문에 매우 짧은 『고기』의 전승을 소개하기 위해 『삼국사기』 견훤전과 대동소이한 '三國史本傳'의 장황한 내용이 나란히 수록되었던 것이다.

결국 무왕조의 분주자가 "자세히 알 수 없다"라고 한 보류의 태도는, 『고기』의 서술 내용을 『삼국사기』의 그것과 균등하게 취급한 때문은 아니라고 해야 옳다. 『고기』의 사유는 그것대로 보존되어야 할 당위가 있는 한편, 그 구체적 내용을 역사적 실제로 받아들인 것은 아니었던 것이다. 다시 말하거니와 『삼국유사』 찬자의 '신이'에의 존중이 곧 '합리'의 부정을 의미하지 않는다는 점을 유념해야 한다.[84] 오히려 기이편 찬자는 『고기』의 세부 내용에 대해서는 경험적 합리를 기준으로 삼아 비판적이기도 했다. 그러한 태도는 연대 관련 논의에서 특히 두드러졌다.

우선 고조선조에 인용된 『고기』는 단군이 '唐高卽位五十年庚寅'에 평양성에 도읍했다고 한다. 이에 대해 찬자는 "唐堯 즉위 원년은 戊辰年이므로 50년은 丁巳年이지 庚寅年이 아니다. 사실이 아닌지 의심스럽다"라고

83) 史在東, 1974, 「「武康王傳說」의 硏究」 『百濟硏究』 5, 충남대학교 百濟硏究所, 104~114쪽 : 조동일, 1987, 「삼국유사 설화와 구전설화의 관련 양상」 『三國遺事의 綜合的 檢討』, 韓國精神文化硏究院, 432~433쪽.

84) 金相鉉, 앞의 논문 「『三國遺事』에 나타난 一然의 佛敎史觀」 : 李基白, 2000, 「『三國遺事』 興法篇의 趣旨」 『震檀學報』 89, 5~6쪽.

하였다. 본문의 '唐高'를 받아 분주에서 '唐堯'라 한 것은 분주 작성자와 『고기』 작성자의 피휘에 대한 수용 태도가 다름을 보여준다. 대체로 『삼국유사』 찬자 자신의 서술 부분에는 피휘의 개자법을 준용하지 않았으므로,[85] 이 분주는 『고기』 인용자의 것이다. 또한 찬자의 지적처럼 원년이 무진년이라면 그 50년은 정사년이어야 옳다. 경인년은 즉위 23년이 된다. 반면에 만약 경인년이 요 즉위 50년이 되기 위해서는 그 원년은 辛丑年이어야 한다.

물론 요의 즉위년에도 이설은 있다. 예를 들어 『사기』 集解에는 "堯以甲申歲生 甲辰卽帝位"라 하였고,[86] 그것은 『동국통감』에 수용되고 있다.[87] 그러나 요의 즉위년이 갑진이든 무진이든 간에 고조선조에서 인용한 『고기』의 연대 인식과는 부합되지 않는다. 요컨대 찬자는 『고기』를 인용하면서도 『고기』의 정확성에 회의하였다. 즉 실제 어떤 연대관이 옳은가 와는 무관한 문제이지만, 인용자 스스로 『고기』의 연대관을 불신했다는 점을 주목해야 한다.[88]

인용자가 스스로 인용 자료의 신뢰성을 회의한다는 것은, 두말할 필요도 없이 역설적으로 해당 인용 자료의 '實體'를 증명한다. 따라서 『위서』나 『고기』의 '實在'를 의심하여 단군신화 자체를 찬자의 창작으로 단정하

85) 鄭求福, 1994, 「高麗朝의 避諱法에 관한 연구」 『李基白先生古稀紀念 韓國史學論叢 上 ― 古代篇·高麗時代篇』, 一潮閣, 672~673쪽 ; 李根直, 1997, 「『三國遺事』의 避諱例 硏究」 『三國遺事 校勘硏究』, 신서원, 517쪽.

86) 『史記』 1 五帝本紀 1.

87) 『東國通鑑』 外紀 檀君朝鮮, "古記云 檀君與堯竝立於戊辰 歷虞夏至商武丁八年乙未入阿斯達山爲神 享壽千四十八年 此說可疑 今按堯之立在上元甲子甲辰之歲 而檀君之立在後二十五年戊辰 則曰與堯竝立者 非也".

88) 李基白, 1987, 「『三國遺事』 記錄의 信憑性 問題」 『아시아문화』 2, 한림대학교 아시아문화연구소, 101쪽.

는 것은[89] 온당한 시각이 아니다. 비록 서술의 주요 근거 자료가 명시되지 않은 항목에서도 주요 서술 내용에 대한 신뢰가 수반되지 않은 경우는 마찬가지로 근거 자료의 실체를 반증한다고 보아도 좋다. 일본의 자료를 언급한 기이편의 두 항목을 예로 들어 본다.

- 제8대 阿達羅王 즉위 4년 丁酉에 동해 가의 延烏郎이 … 왕이 되었다.[日本帝記를 보면 앞과 뒤에 신라인으로 왕이 된 이가 없으니, 이는 곧 邊邑의 小王이요 眞王은 아닐 것이다.] (기이, 연오랑세오녀)

- 貞元 2년 丙寅 10월 11일에 일본 왕 文慶이[日本帝紀를 보면 제55대 임금인 文德王이 이 사람이 아닌가 한다. 그밖에 文慶이란 (왕은) 없다. 어떤 책에서는 이 왕의 태자라고 한다.] 군사를 일으켜 신라를 치려다가 신라에 萬波息笛이 있다는 말을 듣고 군사를 물렸다. (기이, 원성대왕)

우선 연오랑세오녀조 본문 구성 자료는 연오랑이 아달라왕 4년(157)에 신라를 떠나 일본에 가서 왕이 되었다고 한다. 이에 대해 분주자는 '일본제기'에 신라인이 일본의 왕이 된 일이 없다는 점을 들어 변방 고을의 작은 왕 정도로 이해하면서 眞王은 아니라고 판단하였다. 역시 원성대왕조에서도 본문의 근거 자료에는 정원 2년(786)에 일본 왕 문경의 신라 침공 계획이 언급되었던 것 같은데, 분주자는 '일본제기'에 문경이란 왕은 없으므로 55대 문덕(천황, 850~858))이 아닐까 짐작하였다. 두 군데의 분주는 '일본제기'를 근거로 신라인으로서 일본의 왕이 된 일이 없다는 점과, 문

89) 今西龍, 1910, 「檀君の說話に就て」 『歷史地理臨時增刊朝鮮號』, 東京 日本歷史地理學會.

경이라는 일본 왕이 없다는 점을 환기한 것이다. 즉 본문 서술 근거 자료의 정보를 수긍하지 못하고 있다.

일단 거론된 '日本帝記'와 '日本帝紀'는 아마 동일한 자료를 가리킨 것으로 생각한다. 또한 이 자료는 고유한 자료 명이라기보다 그야말로 일본의 천황 계보 관련 자료에 대한 통칭일지도 모른다.[90] 비록 『일본서기』와 『고사기』의 재료로 수용된 『帝記』 혹은 『帝王本紀』 따위가 있지만,[91] 두 곳에 언급된 '일본제기'를 서로 다른 자료로 보기 힘든 이상, 거기에는 적어도 8세기 후반 혹은 9세기 중반까지의 천황 계보가 수용된 것이어야 할 것이다. 왜냐하면 분주자는 문덕을 55대 천황으로 설정한 자료에 근거하였는데, 이러한 산정은 『일본서기』가 인정하지 않은 大友皇子 즉 弘文天皇을 39대로 인정한 결과이기 때문이다.[92]

여하튼 분주자는 본문 서술 근거 자료 정보를 수긍하지 않았다. 일본과의 갈등을 주조로 한 기이편의 두 설화가 어디에서 유래한 것인지 단정하기는 어렵다. 다만 연오랑세오녀조 분주의 견해에 근접한 내용이 『신라수이전』에서도 발견이 되므로,[93] 신라인들의 전승 가운데 유사한 맥락의 설화는 있었다고 해야 옳다.[94] 더구나 사건 연대를 아달라왕 4년으로 설정

90) 고운기, 2001, 「一然의 日本觀」 『일연과 삼국유사의 시대』, 도서출판 月印, 48~49쪽.

91) 『일본서기』 19 欽明天皇 2년 3월조 분주; 같은 책 29 天武天皇 10년 2월조; 『類聚國史』 147 文部 下 國史.

92) 天智天皇의 아들 大友皇子 즉 弘文天皇이 天智의 同母弟인 大海人皇子 즉 天武天皇에 의해 축출된 과정은 이른바 '壬申亂'의 형태로 『일본서기』 28 天武天皇 上 원년 조에 기록되었다. 따라서 『일본서기』 편찬의 발단이 천무천황대에 있었던만큼 『일본서기』에 홍문천황이 인정될 수 없었던 한편, 적어도 천무천황의 직계 계승이 끝나고 천지천황계가 다시 천황위를 차지하게 되는 光仁 혹은 桓武天皇 이후에야 홍문이 제계에 산입되었을 것이다. 坂本太郎/박인호·임상선 역, 1991, 『일본사학사』, 첨성대, 36쪽 참조.

93) 『大東野乘』 1 筆苑雜記(徐居正).

94) 金乾坤, 1988, 「「新羅殊異傳」의 作者와 著作背景」 『정신문화연구』 34, 정신문화연구원.

한 것은 신라 최초의 대 왜 관계의 경험을 죽령과 계립령의 개통과 연계하여 아달라이사금 대에 기록한 왕력의 서술과 정합 관계에 있기도 한 것이다.[95] 그러나 분주자는 본문 내용을 수긍하지 않았다. 게다가 그는 780년대 원성왕 시기 사건에다 문득 850년대 인물을 비의하는 무성의함을 보이기도 하였다. 만약 분주 작성자가 본문 작성자와 동일인이라면, 그는 오직 두 사건의 신이한 설화성에 주목했을 뿐인 증거이며, 고조선조의 분주자처럼 스스로 인용한 재래의 전승을 일본 측 자료를 근거로 비판한 셈이다.

특히 여러 군데에서 중국사에 대한 찬자의 지식이 『고기』 정보를 회의하는 근거로 동원되었다는 것은 국내 고유 자료와 중국 자료 사이의 상충을 처리하는 방식에서 일종의 편향성을 감지하게 한다. 찬자는 태종춘추공조에서도 『고기』의 연대관에 대해 중국사의 정보를 근거로 그 오류를 단정하였다. 즉 『고기』는 평양 교외에 주둔해 있던 당 군 측에 김유신 등이 군량미를 조달하는 시말을 서술하면서 그 연대를 總章 元年 戊辰(668)이라고 하였다. 이에 대해 찬자는 "만약 총장 무진년이라면 李勣의 일일 것인데, 아래 글 — 즉 『고기』의 인용문 — 에 소정방이라고 한 것은 잘못이다. 만약 소정방이라면 연호는 마땅히 龍朔으로 (그) 2년 임술(662)에 평양에 와 포위했을 때의 일일 것이다"라고 한다. 물론 이 비판은 『당서』를 기준으로 볼 때 정확하다. 또 실제 인용된 『고기』의 내용은 『삼국사기』 신라본기 문무왕 2년(662)조에서 확인된다. 김유신전(중)에도 문무왕 원년 겨울부터 다음 해에 걸쳐 그 전모가 자세히 실려 있다. 다만 김유신과 元曉가 조우하는 대목만은 오직 기이편에 인용된 『고기』의 고유한 정보

95) 木下禮仁, 1993, 「『三國史記』にみえる倭關係記事」 『日本書紀と古代朝鮮』, 東京, 塙書房, 351쪽.

였다.

… 이때 당나라 장수 소정방이 종이에 난새[鸞]와 송아지[犢]를 그려 보냈다. 신라 사람들은 그 뜻을 알지 못하여 사람을 보내서 元曉法師에게 물었다. 원효는 해석해 말하기를 "속히 군사를 돌이키십시오. 송아지와 난새를 그린 것은 두 물건이 끊어지는 것을 뜻한 것입니다"라고 하였다. 이에 김유신은 군사를 돌려 … (기이, 태종춘추공)

무왕조와 고조선조에서처럼, 찬자가 『고기』의 세부 사항을 불신하면서도 충실히 소개한 이유는 이 신이한 설화를 주목한 때문이었다. 물론 김유신과 원효가 실제 만났을 법하지는 않다. 아마 그것은 의상과 원효가 입당을 위하여 구 백제령의 항구로 가던 일정과 관련해 부회된 설화가 아닌가 한다.[96] 여하튼 7세기의 전쟁을 주도한 신라와 당 군의 두 영웅과 그들 사이의 의사소통을 매개한 원효를 주역으로 구성한 『고기』는 매우 신이한 설화적 내용을 담고 있었다. 찬자는 바로 이 신이한 설화를 주목했기 때문에 연대의 오류를 지적하면서까지 굳이 『고기』를 인용했던 것이다.

달리 말하자면, 『고기』 역시 바로 그 신이한 설화의 전승에 무게를 둔 기록물일 것이다. 즉 『고기』는 이 사건을 총장 원년의 일로 기록하였다. 찬자의 지적처럼 총장 원년이라면 이적의 일이다. 그런데 실제 667년 평양성 공격군에 대한 군량 조달을 둘러싸고 이적과 郭待封 사이에 '離合詩'

96) 元曉와 義湘의 최초 입당은 650년에 시도되었다가 실패하였고, 661년에 재차 시도하여 의상만 입당하고 원효는 포기하였다. 『삼국유사』 前後所將舍利조와 義湘傳敎조; 『宋高僧傳』 4 唐新羅國義湘傳 참조.

가 왕래했다.[97] 이합시란 글자의 획을 분해하여 시를 써서, 그것을 합하면 본래의 한 글자가 되는 잡체시의 일종이다. 즉 군사 기밀을 유지하기 위해 파자의 방식을 쓴 암호시를 말하는 것이니, 김유신과 원효의 고사와 방불하다. 따라서 두 사건의 유사함에서 『고기』 작성자의 연대관에 혼선이 야기되었을 가능성도 없지 않다. 이처럼 『고기』의 연대 오류는 인용자가 조금만 주의를 배려한다면 그 착종의 원인을 용이하게 적발할 수 있는 문제였다. 그러나 찬자는 이러한 우호적 탐색을 전혀 고려하지 않고 단호하게 『고기』의 오류를 지적하는 데 그치고 만다.

더구나 이러한 단호함은 또 다른 오류의 배경이 되기도 하였다. 즉 총장 무진년과 용삭 임술년의 논증은 이어지는 『신라고전』 비판에 영향을 주었다. 『신라고전』은 소정방이 백제와 고구려를 토벌한 후 신라마저 치려 하자 김유신이 당 군을 독약으로 몰살했다고 한다. 이에 대해 찬자는 "만약 임술년의 고구려 공격 때 신라인들이 소정방 군대를 죽였다면 뒷날 총장 무진년에 어떻게 고구려 공멸에 군대를 요청하는 일이 있었겠는가" 자문하면서, 『신라고전』 즉 『향전』은 근거가 없다고 비판하였다.[98] 찬자가 거론한 임술년은 당 고종 龍朔 2년(662)이다.

그러나 『신라고전』에 임술년이라는 시점은 제시된 바 없다. 오히려 『신라고전』에 의하면 당 군의 독살 사건은 "소정방이 이미 고구려와 백제를

97) 『삼국사기』 고구려본기 10 보장왕 26년, "… 郭待封以水軍 自別道趣平壤 勣遣別將馮師本載糧仗以資之 師本船破失期 待封軍中飢窘 欲作書與勣 恐爲他所得 知其虛實 乃作離合詩以與勣 勣怒曰 軍事方急 何以詩爲 必斬之 行軍管記通事舍人元萬頃 爲釋其義 勣乃更遣糧仗赴之".

98) "按唐史 不言其所以死 但書云卒何耶 爲復諱之耶 鄕諺之無據耶 若壬戌年高麗之役 羅人殺定方之師 則後總章戊辰何有請兵滅高麗之事 以此知鄕傳無據 但戊辰滅麗之後 有不臣之事 擅有其地而已 非至殺蘇李二公也"

토벌한 후 다시 신라를 치려고 머물러" 있었던 데 연유하여 일어난 것이었으므로, 결코 662년(임술)의 일로 볼 수 없다. 즉 사건의 사실 여부와 관계없이,[99] 분주자의 판단은 잘못되었다. 추측컨대 이 성급한 고증은 『고기』를 인용하여 소정방군에 대한 김유신의 군량 수송 사건을 서술하면서 그 연대가 '總章元年戊辰'이 아니라 '龍朔二年壬戌'이었다는 논증을 가한 사정과 관련하여 착오를 일으킨 결과일 것이다. 즉 찬자는 『고기』와 『신라고전』 모두가 소정방과 김유신간의 문제였기 때문에 잘못된 연대를 속단하여 오류를 범한 것이었다.

이처럼 기이편에서 확인되는 연대 혹은 편년의 허다한 오류는 인용 자료의 문제에 국한되지 않는다. 서술자 자신이 범한 오류가 적지 않은 것이다. 가장 현저한 예를 들어본다.

- 제52대 孝恭王 때인 光化 15년 壬申[실제로는 朱梁의 乾化 2년이다.]에 奉聖寺 外門의 동쪽과 서쪽 21간에 까치가 집을 지었다. 또 神德王 즉위 4년 乙亥[古本에는 天祐 12년이라고 했으나 마땅히 貞明 원년이라고 해야 한다.]에 靈廟寺 안 행랑에 까치 집이 34개, 까마귀 집이 40개나 되었다. (기이, 효공왕)

- 제54대 景明王代인 貞明 5년 戊寅에 四天王寺 벽화 속의 개가 짖어댔으며 … 7년 庚辰 2월에는 皇龍寺의 탑 그림자가 今毛 舍知의 집 뜰 가운데 한 달이나 뒤집혀 비쳤다. (기이, 경명왕)

99) 이 사건의 개연성에 대한 온건한 수긍론으로는 李道學, 1994, 「唐橋 '蘇定方被殺說'의 역사적 의의」 『芝邨金甲周教授華甲紀念史學論叢』, 芝邨金甲周教授華甲紀念史學論叢刊行委員會.

우선 효공왕조의 연대 관련 분주 둘을 생각해본다. 하나는 '광화 15년 임신'에 대해 "실제로는 주량의 건화 2년이다"라고 한 것이다. 아닌 게 아니라 당 昭宗의 연호 광화는 898년부터 901년까지 쓰인 데 그쳤으므로, 효공왕 대의 임신년(912)이라면 후량 태조 건화 2년이어야 한다. 그러므로 본문의 연호관은 새로운 연호로 바뀐 정황이 반영되지 않은 것이다. 그런데 이러한 서술 및 분주가 개입하게 된 과정에 대해서는 두 가지 가능성으로 음미해 볼 수 있다. 먼저 본문 서술이 미지의 원 자료를 인용했다고 할 때, 원전에 있는 연호 연대를 그대로 옮긴 다음 인용자 스스로 분주를 통해 그 오류를 지적했을 가능성이다. 다른 하나는 본문 작성자의 무비판적 연대관에 대해 누군가 그 오류를 지적해 둔 것일 가능성, 즉 이른바 후주일 가능성이다. 만약 첫째 가능성에 동의하여 본문 작성자가 연호 적용의 오류를 인지했을 것으로 본다면, 본문 서술 시점에서 옳은 연대 표기를 하지 않고 굳이 번다하게 분주를 가할 까닭이 별로 없다는 점을 설명하기 어렵다.

둘째 분주는 '신덕왕 즉위 4년 을해'에 대해 "고본에는 천우 12년이라고 했으나 마땅히 정명 원년이라고 해야 한다"는 것이었다. 역시 연호 천우는 904년부터 907년까지 쓰였으므로, 그 12년째가 되는 을해년(915)은 末帝 정명 원년에 해당한다. 그런데 분주자는 잘못된 연호 표기가 '고본'에 있었다고 하였다. 그렇다면 신덕왕 대의 까치 집[鵲巢] 관련 기록 자체가 '고본'에서 유래했음을 알 수 있다. 따라서 효공왕 대의 작소 기록 역시 동일한 '고본'을 출처로 했을 것이다. 여하튼 분주자는 광화, 천우, 건화, 정명 등의 연호 변천을 숙고하고 있었던 셈이다.

그러나 이어지는 경명왕조에는 '정명 5년 무인'과 '정명 7년 경진'의 잘못된 간지 적용이 반복되었다. 정명 원년이 을해년임을 숙지한 효공왕조의 분주자가 곧이어 서술하는 경명왕조에서 정명 5년 즉 기묘년을 무인년이라 하고, 그 7년 신사년을 경진년이라 한 것은 납득하기 힘들다. 결국 효공왕조의 분주자를 본문 작성자와 등치시키기 힘든 정황이거니와, 그렇다면 연대 적용의 오류는 단순히 인용 자료만의 문제가 아닌 것이다.

특히 문제가 된 '고본'의 실체를 주의하고자 한다. 이미 살핀 바와 같이 『삼국유사』에 인용된 『고기』에는 실제로 허다한 연대 상의 오류가 있었다. 또 『고기』 인용자는 연대를 위시로 한 구체적 내용의 객관성에 신뢰를 갖지 못하면서도 그 신이한 설화를 소개하고자 하였다. 또한 『고기』의 연대관과 구체적 정보들은 빈번히 중국 자료를 근거로 비판되었다. 따라서 유사한 자료 비판의 맥락에 비추어 '고본' 역시 『고기』의 일종으로 볼 여지가 있다. 이 가능성은, 항목 자체가 『고기』 내용에서 유래했을 것이라고 판단되었던 무왕조에서 다시 지지를 얻는다.

무왕조의 항목 표제 '무왕'에 대해 찬자는 "고본에는 武康이라 했으나 잘못이다. 백제에는 무강이 없다"라고 분주로 말하였다. 따라서 비록 '고본'이 정덕본 『삼국유사』 이전의 고판본일 가능성을 완전히 배제하지 못한다 하더라도,[100] 여하튼 '무왕'의 표제로 구성된 현행 『삼국유사』 이전 자료 즉 '고본'에는 '무왕'이 아니라 '무강왕'으로 기록되었을 것이다. 그러한 형태의 '고본'이 실재했을 것임은 왕력에도 백제 무왕에 대해 "혹은 武康이라고도 한다"라고 한 데서 수긍할 수 있다. 요컨대 무왕조 내용이 법왕금살조와의 비교를 통해 『고기』 정보였다는 데 동의한다면, 아마 『고기』는 '고본'으로도 지칭되었던 것이다.

100) '古本'을 無極의 초간본으로 보는 견해로는 高橋亨, 1955, 「三國遺事の註及檀君傳說の發展」『朝鮮學報』 7, 67쪽 참조. 이에 대한 반론은 金相鉉, 1982, 「『三國遺事』의 刊行과 流通」『韓國史硏究』 38; 2003, 「三國遺事의 書誌的 考察」『譯註 三國遺事 V』, 以會文化社.

실제 기이편에 보이는 '고본' 인용 내용은 대부분 연대를 포함한 세부 사항에서 인용자의 비판적 대교 대상이 될 만하였다. 또한 그 주요 내용 역시 『고기』와 마찬가지로 비현실적 설화성이 농후한 것들이었다. 몇 가지 사례를 통해 이 점을 확인해본다.

① 前漢 地節 원년 壬子[고본에는 建虎 원년이라 하거나 또는 建元 3년이라고 했는데 모두 잘못이다.] 3월 朔에 6부의 조상들이 각각 자제들을 거느리고 … (기이, 신라시조혁거세왕)

② 南解王 때에[고본에서 壬寅年에 왔다고 한 것은 잘못이다. 가까운 (임인년)이라면 弩禮王 즉위 초보다 뒤가 되니 (노례왕과) 다투어 양보하는 일이 없을 것이고, 이전의 (임인년)이라면 혁거세 때가 되므로, 임인년이 아님을 알 수 있다.] 駕洛國의 바다 가운데 웬 배가 와서 정박했는데 그 나라 首露王이 臣民들과 함께 북을 울리면서 맞이해 … (기이, 제4탈해왕)

③ 제25대 舍輪王의 시호는 眞智大王인데 … 大建 8년 丙申에 즉위하여[고본에는 11년 己亥라고 했는데 잘못이다.] 나라를 다스린 지 4년 만에 정치가 문란해지고 심히 음란하매 國人이 폐위시켰다. (기이, 도화녀비형랑)

④ 白石이 말하기를 "저는 본래 高麗人입니다.[고본에는 百濟라고 했는데 잘못이다. 楸南은 곧 高麗의 卜士이며, 또 음양에 역행한 일 역시 寶藏王의 일이다.] 우리나라의 여러 신하들은 '신라의 庾信은 바로 우리나라의 점치던 卜士 楸南이다'라고들 합니다.[고본에는 春南이라고 했는데 잘못

이다.] 우리나라 국경에 역류하는 물이 있었는데 …" (기이, 김유신)

⑤ 庾信이 阿海에게 (옷을) 꿰매 드리라고 하자 아해가 말하기를 "어찌 사소한 일로 가벼이 귀공자를 가까이 하겠습니까?" 하며 사양했다.[고본에는 병 때문에 나가지 못했다 한다.] 그리하여 阿之에게 시키자 … (기이, 태종춘추공)

①항은 신라의 전신인 6부 시조들이 혁거세를 맞이하는 대목의 서두이다. 본문에 제시된 '前漢地節元年壬子'는 기원전 69년이다. 이에 대해 분주자는 "고본에는 建虎[武] 원년(25, 후한 광무제)이라 하거나 또는 建元 3년(기원전 138년, 전한 무제)이라고 했는데, 모두 잘못이다"라고 하였다. 아닌 게 아니라 고본의 정보는 모두 신라사의 맥락에서 어긋나 있다. 한편 『삼국사기』에는 혁거세가 五鳳 원년 갑자(기원전 57)에 13세의 나이로 즉위했다 하였다. 이것은 기원전 69년에 혁거세가 등장했다고 한 기이편의 내용에 부합한다. 그러나 기이편에서는 혁거세와 알영이 같은 해에 탄생한 것으로 기록한 반면, 『삼국사기』에 의하면 알영은 혁거세 5년에야 출현하므로 서로 근거한 자료가 달랐음이 분명하다. 따라서 신라시조혁거세조의 의의는 『삼국사기』와 다른 정보를 전하는 자료의 소개에 있었던 것이며, 그것은 아마 무왕조를 미루어 분주에 언급한 '고본'이었다고 본다.

②항의 분주는 남해왕 치세 당시 탈해의 등장을 기록하는 가운데 '고본'의 연대를 비판한 것이다. 그에 의하면 '고본'에는 (탈해가) "임인년에 왔다"라고 했는데, 그것은 잘못이라고 한다. 그는 이어 "가까운 (임인년)이라면 노례왕 즉위 초보다 뒤가 되니 (노례왕과) 다투어 양보하는 일이 없을

것이고, 이전의 (임인년)이라면 혁거세 때가 되므로, 임인년이 아님을 알 수 있다"라고 한다. 즉 그는 바로 앞에 서술한 제3노례왕조에 노례와 탈해가 서로 왕위를 양보한 사실을 염두에 두고 있는 것이다. 찬자의 비판처럼 노례왕과 양위를 다투는 탈해가 노례왕 즉위 후에 처음 등장할 수는 없다. 제4탈해왕조에 탈해의 즉위를 광무제 中元 2년 정사(57)로 서술하고 있는 이상, 혁거세 대의 임인년(기원전 19년)을 탈해 등장 시기로 설정할 수도 없는 일이다. 따라서 기이편 찬자는 '고본'의 탈해 등장 설화를 수용하되, 그 연대 임인년을 적기할 수는 없었던 것이다. 즉 탈해는 적어도 노례왕 즉위 전에 등장해야 한다.

그러나 본문의 서술처럼 그냥 '남해왕 때'라고 하여 관련 사건의 서차가 차질 없이 정돈되는 것은 아니다. 즉 탈해를 태운 배가 처음 수로왕의 가락국에 출현했다 했으므로, 탈해가 신라에 등장한 연대는 수로가 탄강한 연대보다 뒤늦어야 하는데, 기이편과 왕력에는 수로의 탄강년을 임인년 즉 42년으로 설정한 바 있다. 이것은 남해왕의 치세가 끝나는 때로부터 20년 뒤가 된다. 따라서 제4탈해왕조는 그 자체 연대 모순을 범하고 있는 것이다. 추측컨대 본래의 자료에는 임인년이 오직 수로왕과 관련하여 언급되었던 것을, 이를 인용한 기이편 찬자가 탈해의 등장 연대로 속단하여 정곡을 벗어난 비판을 했을지도 모르겠다. 그렇다면 이 역시 '고본' 등의 의거 자료 문제가 아니라 찬자의 오독에서 야기된 문제가 되는 것이다.

이러한 추측은 ③항에서 더욱 설득력을 얻는다. 즉 진지왕의 즉위년을 大建 8년 병신년으로 서술하면서 '고본'에는 대건 11년 기해라고 했다 하여 그 오류를 지적했다. 그러나 도화녀비형랑조의 본맥은 진지왕이 재위 4년 만에, 즉 대건 11년 기해년에 폐위된 데 있었으므로, '고본' 인용자는 폐위 사건 발생년을 진지왕 즉위년으로 속단한 듯하다. 기이편 찬자는 '고본'의 설화성을 주목하였으되, 그 연대관에 대해 크게 회의했으며, 때로는 그와 같은 선입견으로 '고본'의 본의를 오독하기까지 한 것이다.

④항은 김유신이 세 호국여신을 만나 고구려 첩자 白石의 정체를 알아차리고, 그로부터 고구려의 楸南이 김유신으로 환생하여 고구려를 멸망시킬 것이라는 전생담을 듣게 되는 대목이다. 여기에는 두 차례 '고본'의 오류가 지적되었다. 김유신조 찬자는 아마 '고본'에 의거하여 현실의 시공간을 크게 일탈한 김유신과 추남의 관계를 서술하였을 것이다. 찬자는 우선 '고본'에서 백석의 국적을 '백제'라 한 것은 잘못이라 하였다. 그 이유는, 추남은 고구려 사람이며 그가 이른바 왕비의 '逆行陰陽' 역시 보장왕 때의 일이기 때문이라 한다. 물론 추남의 존재 및 '역행음양'의 사실은 분주에 이어지는 뒷부분 서술에 있다. 그러나 김유신조에 의하면, 김유신이 태어난 해인 진평왕 17년 을묘(595)나 그가 백석을 만난 해인 임신년(612)은 모두 고구려 영양왕 때에 해당한다. 따라서 이 고증은 잘못되었다. 또한 찬자는 '추남'을 '고본'에서 '春南'이라고 한 것도 잘못이라고 한다. 이때 백제와 고구려, 그리고 춘남과 추남의 차이는 주의할 만하다. 즉 동일한 사화에 대해 주요 맥락이 상반된 전승이 있었음을 지시하는 대목이다.

그렇다면 이 대목을 '金庾信行錄'에서 유래한 것으로 보는 일부의 견해는 일단 재고할 필요가 있다. 즉 『삼국사기』에 가장 자료 양이 풍부한 김유신전 역시 『고기』로도 불린 그의 '行錄'을 크게 절삭한 것인데, 그 절삭된 부분이 바로 『삼국유사』의 김유신조나 駕洛國記조 등에 반영되었을 것이라는 견해를 환기한다.[101] 『삼국사기』 김유신전 찬자는 金長淸의 '행록'

101) 李基白, 앞의 논문 「三國遺事 紀異篇의 考察」 ; 李永植, 앞의 논문 「「駕洛國記」의 史書的 檢討」, 193쪽.

에 “자못 만들어 넣은 말[釀辭]이 많으므로 그런 부분은 깎아 버리고 적어 둘 만한 내용을 취해 김유신전을 만들었다”라고 하였다. 이때 ‘만들어 넣은 말’이란 아마 비합리적인 내용 혹은 역사적 본맥에서 일탈한 내용 따위가 될 것이다. 이를 염두에 둘 때, 물론 김유신조의 내용은 ‘고본’ 즉 넓은 의미에서 『고기』의 일반적 경향성에 부합하는 특징을 갖추었다고 할 수 있다. 그러나 『삼국사기』 김유신전의 전거와 기이편 김유신조의 그것을 동일한 것으로 보기는 어렵다. 무엇보다도 김유신의 출생을 복수의 화신 추남의 환생으로 그린 것부터 김유신의 후손인 김장청이 수긍할 수 있는 설정이 아니다.

한편 기이편 찬자가 ‘고본’의 백제를 부정하고 고구려로 단정한 근거가 무엇이었는지는 분명치 않다. 다만 그가 보장왕 때의 일로 속단한 것은 왕비가 음양을 역행하고 그 표징으로 물이 역류했다는 사건을 왕조 멸망의 예조로 여긴 때문일 것이다. 그렇다면 오히려 의자왕 말년에 발생한 일련의 부정적 예조들, 즉 왕도의 우물물과 사비하가 핏빛이 되고 강물이 왕흥사로 역류해 밀어닥친 일, 그리고 같은 해에 이른바 ‘君大夫人妖女’의 弄權이 특기된 점을 주목할 일이다.[102] 게다가 백제의 멸망을 암시한 글귀를 옳게 해석한 占巫가 무고하게 죽임을 당하기도 하였다. 따라서 추남 혹은 춘남의 고사는 ‘고본’의 문면처럼 오히려 백제의 실상에 핍진한 것이다. 그렇다면 혹시 寶藏奉老普德移庵조(흥법)에 인용된 『고려고기』의 내용, 즉 수 양제와 고구려 영양왕 사이의 전투에서 수의 羊皿이 환생하여 고구려를 멸망시키겠다고 맹세하며 죽었다는 설화가 김유신조 찬자의 판단에 혼선을 빚었을 가능성도 있다.

102) 『삼국사기』 백제본기 6 의자왕 20년 2월·6월조 : 『일본서기』 齊明紀 6년.

여하튼 구체적인 국명과 중심 인물의 이름이 다른 것을 보면, 김유신조의 내용에 근접한 복수의 관련 전승 자료가 있었다고 보아야겠다. 그러면서도 김유신조의 근거 자료는 그 자체로서 완결된 형태로 기이편에 전재된 것은 아니다. 김유신조에 이어지는 태종춘추공조 서부에는 김유신의 누이와 김춘추의 극적인 결연담이 실렸는데, 이 대목은 필시 김유신조 의거 자료를 분재한 것이라고 생각되기 때문이다. 여기에는 김유신의 누이 이름이 그 예증이 된다.

즉 寶姬와 文姬의 아명인 阿海와 阿之는 오직 김유신조에 소개되었는데, 태종춘추공조에는 이에 대한 별도의 설명 없이 두 종류의 이름들이 혼용되었다. 그러므로 김유신 관련 동일 자료에서 김유신조와 태종춘추공조의 일부 서술이 비롯되었다고 보아야 옳다. 아울러 원효를 매개로 한 김유신과 소정방 사이의 암호 문건 전승이 『고기』에서 유래한 것을 살폈던 것처럼, 문제가 되고 있는 김유신조와 태종춘추공조의 '고본'은 결국 동일한 『고기』에 다름 아니라고 생각한다. 다만 ⑤항, 즉 아해가 김유신의 지시에 부응하지 못한 원인을 "고본에는 병 때문에 나가지 못했다고 하였다"라고 한 대목을 미루어, 역시 찬자는 줄거리에 출입이 있는 복수의 『고기』 류를 비교하면서 서술했던 것이다.

요컨대 '기이'란 '신이한 사화에 대한 기록'이되, 그것은 본사를 염두에 둔 '본기와 다른 내용'이기도 하였다. 비현실적 신이의 궤적으로 고대사를 체계화한 기이편의 설정 자체가 경험적 합리의 세계에 대한 비판이며 보완이었다. 특히 다양한 형태의 『고기』 류가 그러한 목적에 부응하는 형태로 적절히 활용되었다. 다만 찬자는 『고기』 류의 신이한 전승을 소개하는데 본의가 있었을 뿐, 연대를 포함한 구체적 세부 내용에 대해서는 일정한 거리를 두거나, 『삼국사기』 혹은 『당서』와 같은 중국 측 자료를 기준으로 삼아 비판적 지적을 거듭하였다. 이러한 경향은 기이편에 한정되지 않고, 『삼국유사』 전편에 걸쳐 관철되었을 것으로 확신한다. 특정 자료가 복수의 서술 대상 항목들 사이에 나뉘어 기재되는 현상은 『삼국유사』 전체 서술 과정의 긴밀한 유기성을 반증하는 것이라고 보기 때문이다.

4. 기이편의 서술 맥락

태종춘추공조에 기록된 김유신 관련 내용은 『고기』 혹은 '고본'으로 불린 자료를 출처로 하였으며, 그것은 김유신조의 의거 자료와 동질적인 것으로 판단하였다. 그 때문에 앞서 서술한 김유신조의 특정 내용들이 태종춘추공조 서술의 전제가 되고 있었다. 다시 말해 김유신조에 대한 이해 위에서 태종춘추공조 내용은 순조로운 파악이 가능해진다. 이것은 서술 대상 항목 간의 유기적 조응 관계를 의미한다.

특히 기이편은 단군의 조선을 시발로 하여 고려 왕조 이전까지의 주요 전대사를 아우르고 있기 때문에 항목별 유기성이 더욱 요구되기도 하였다. 다만 논의 과정에서 '후주'의 존재에 대한 일단의 혐의를 배제할 수 없었던 것도 유념해야 할 것이다. 즉 항목 간의 유기성이란 항목별 찬자의 일체성, 혹은 적어도 서술자 사이의 의식 공유를 지지하는 토대가 되는 반면, 후주의 존재란 서술 시점이 다른 복수의 서술자를 지시하는 단서가 되는 것이다. 다시 말해 주의할 만한 유기적 서술의 증거들 가운데에는 오히려 항목 간의 공유 내용이나 공유 자료 원을 논거로 삼은 후주의 성격에서 말미암은 경우가 포함되어 있을 가능성도 고려해야 한다는 것이다.

우선 기이편에서 확인할 수 있는 유기적 서술의 지표들을 점검해본다.

북부여조에는 東明이 북부여를 이어 졸본부여를 세웠는데 이가 곧 고구려의 시조라고 하면서, "아래를 보라[見下]"라는 분주로 마무리를 하였다. 이것은 기이편 체재상 뒤에 설정된 고구려조를 지시한 것이다. 실제 고구려조 서부는 "고구려는 곧 졸본부여다"는 말로 북부여조의 말미와 호응한다. 그러므로 북부여조의 "見下"란 고구려조라는 후속 기사를 안내하고 있는 것이다.

역으로 남부여전백제조 표제에는 "북부여는 이미 위에 나왔다"라고 하여 앞선 항목 북부여조를 환기시키고 있다.[103] 즉 '남부여'에 대한 '북부여'를 염두에 둔 안내이자, '전백제'라는 題名 자체가 뒤에 이어지는 후백제 견훤조를 의식한 것이기도 하였다. 다시 말해 '전백제'는 오직 '후백제'를 염두에 둔 분식일 뿐, 실제로는 '남부여' 자체가 곧 '백제'인 것이다. 그 때문에 찬자는 변한백제조의 표제 가운데 '백제'에 대해서 "남부여라고도 하니 즉 사비성이다"라고 분주하여 남부여전백제조를 안내하였다.

역시 태종춘추공조에서는 午忌日에 대해 "위의 射琴匣 사건에서 나왔던 것인바 최치원의 설이다"라고 하여, 앞에 서술한 사금갑조를 지시하였다. 혜공왕조에서는 잦은 흉조와 내란을 소개한 뒤 "表訓이 나라가 위태로워질 것이라 한 말이 이것이다"라고 하였는데, 이것은 바로 앞의 景德王忠談師表訓大德조에서 무리하게 아들을 요구하는 경덕왕에게 "그러나 아들이 되면 나라가 위태로울 것이다"라는 天帝의 경고를 표훈이 왕에게 전한 대목을 가리킨다.

이와 같은 상호 고려의 사례는 기이편 내의 유관 조목들 사이뿐만 아니

103) 일부 연구자들은 '北扶餘'를 '南扶餘前百濟'와 동렬의 표제 일부로 파악하여 '已見上' 부분을 오직 '北扶餘'에 대한 분주적 첨기로 본다. 姜仁求 외, 앞의 책 『譯註 三國遺事 II』, 175쪽. 그러나 본 항목에는 북부여에 대한 특정 서술은 없는 한편 성왕의 천도와 남부여라는 새로운 국호의 천명에서 서술이 발단되고 있다. 따라서 "北扶餘已見上" 자체를 '남부여전백제'에 대한 설명 분주적 위상으로 이해해야 옳다.

라, 편목을 넘나들면서 이루어졌다. 즉 기이편의 선덕왕지기삼사조에서는 "선덕왕이 靈廟寺를 창건한 것은 良志師傳에 갖추어 실었다"라고 하여 의해편의 良志使錫조로 미루었다. 반대로 탑상편의 生義寺石彌勒조 분주에서 "忠談師가 매 해 3월 3일과 9월 9일에 차를 달여 공양한 것이 바로 이 부처님이다"라고 한 것은 기이편의 경덕왕충담사표훈대덕조에 보이는 충담사와 南山 三花嶺 彌勒世尊의 사화와 서로 조응한다. 또한 기이편의 만파식적조에서는 夫禮郎이 생환해 온 사건을 계기로 萬萬波波息笛으로 이름을 고친 사실과 관련하여 "그의 傳에 상세히 보인다" 하였고, 탑상편의 栢栗寺조에는 두 차례에 걸쳐 "琴笛의 일은 別傳에 갖추어 실었다", "상세한 것은 別傳에 보인다"라고 하였다. 실제로 부례랑과 만파식적의 관련 기사는 백률사조에서 비로소 드러나며, 만파식적 자체에 대한 정보는 만파식적조에 자세하다. 이처럼 『삼국유사』 자체의 서로 다른 조목들에서 상호 정보를 고려하거나 지시한다는 것은, 전체 서술이 긴밀한 유기적 관련 속에서 진행되었다고 짐작할 수 있는 근거가 된다.

나아가 이러한 유기성은 기이편 구성을 위한 찬자의 의도적 고려의 측면에만 국한하여 이해할 일이 아니다. 그보다 더욱 유념할 것은 자료를 매개로 한 유기성의 확인일 것이다. 즉 앞에서 김유신 관련 『고기』 계통 전거가 김유신조와 태종춘추공조에 분재되었던 정황을 살폈거니와, 최치원의 삼한관 언급이 마한조, 변한백제조, 진한조에 분재된 사실도 동일한 사례였다. 그렇다면 역으로 항목 간 서술 내용의 유기성을 토대 삼아, 공유된 자료 원의 실체를 추정할 수도 있을 것이다. 제2남해왕조와 제3노례왕조를 그 실례로 생각한다.

제2남해왕조에서는 남해왕이 재위 21년째인 地皇 4년 갑신년에 죽었다고 하였다. 지황 4년은 계미년(23)이므로 갑신의 간지와 일치하지 않는다.

그런데 이어지는 제3노례왕조에서는 劉聖公 更始 원년 계미(23)에 노례왕이 즉위했다고 하였다. 더구나 찬자는 노례왕 즉위년에 대해 "연표에는 갑신년(24)에 즉위했다고 하였다"라고 지적해 두기까지 했다. 앞뒤로 연속해 있는 제2남해왕조와 제3노례왕조가 서로 다른 찬자 혹은 별개의 전거에 의한 것이 아닌 이상, 오류는 제2남해왕조의 간지 '갑신'에 있을 것이다. 물론 제3노례왕조 분주의 지적처럼 두 왕의 교체년을 갑신년으로 기록한 자료들의 존재가 간지 적용의 혼선을 야기한 배경이었겠다. 분주에 제시한 '연표'는 『삼국사기』 연표를 이르는 것으로 생각되나, 그밖에 『삼국사기』 신라본기와 『삼국유사』 왕력 기록에서도 두 왕은 갑신년에 사거하거나 즉위하였다. 그렇다면 '연표'로 대변되고 있는 『삼국사기』 정보와 상충하는 연대관을 담고 있는 본문 서술 전거 자료의 실체가 문제일 것이다. 기이편의 지향에 비추어 볼 때, 그것은 여러 차례 다짐한 것처럼 넓은 의미의 『고기』였다고 판단한다.

朴弩禮尼叱今[儒禮王으로도 쓴다.] (기이, 제3노례왕)

분주에 따르면 노례왕은 미지의 별개 자료에서 '儒禮王'으로 기록되었다. 그런데 『삼국사기』 신라본기 분주자는 "『고기』에는 제3대 왕과 제14대 왕 두 왕의 이름이 같아 儒理 혹은 儒禮라고 하였다"라고 지적해 두었다.[104] 따라서 제3노례왕조 서술자는 이 『고기』를 고려했던 것이다. 더구나 未鄒王竹葉軍조에서는 14대 유례이사금을 '儒理王'이라고 하였다. 이 역시 『고기』를 근거로 한 서술임을 알 수 있다. 역시 伊西國조에서 노례왕 14년에

104) 『삼국사기』 신라본기 2, 儒禮尼師今 즉위년 분주.

이서국이 금성을 공격했다 한 기사는 『삼국사기』 신라본기에 의할 때 유례 이사금 14년 조에서 확인되는바, 노례와 유례의 혼용에서 빚어진 결과일 것이다.

이처럼 4대 왕과 14대 왕의 왕명으로 '유리'와 '유례'를 공유하는 『고기』를 매개로 판단할 때, 기이편 찬자는 미추왕죽엽군조와 제3노례왕조 내용을 『고기』 자료에서 획득한 것으로 볼 수 있다. 제2남해왕조 역시 지황 4년 즉 '계미년'을 매개로 삼아 생각하면, 『고기』를 자료 원으로 삼았음을 짐작하게 된다. 그렇다면 제3노례왕조에 이어지는 제4탈해왕조에서 탈해왕의 죽음을 建初 4년 己卯(79)라 하여 『삼국사기』 연표와 왕력의 庚辰(80)보다 1년 이르게 설정한 것 또한, 그 전거가 제2남해왕조 및 제3노례왕조와 동일한 『고기』에서 유래했기 때문이라고 생각할 수 있겠다. 더구나 제4탈해왕조는 앞에서 검토한 바와 같이 '고본'이 그 전거로 지시되어 있기도 하였다. 자료의 공유와 서술의 유기성은 서로가 필연적 조건이며 결과였던 것이다.

다른 시각에서 보면, 오류 발생의 인과성 역시 서술의 유기성을 반증한다. 예컨대 말갈발해조의 옥저 관련 서술은 자료 인용 과정의 오류가 또 다른 오류 산출의 원인이 된 예이다.

> 살펴보건대 東明帝가 왕위에 오른 지 10년에 北沃沮를 멸망시켰고, 온조왕 42년에 南沃沮의 20여 가가 투항해 왔으며, 신라 또한 혁거세 52년에 東沃沮가 와서 좋은 말을 바쳤으니, 동옥저도 있었던 것이다. (기이, 말갈발해)

우선 『삼국사기』 고구려본기 동명성왕 10년 조와 신라본기 혁거세거서간 53년 조에서 위 인용문에 언급된 북옥저와 동옥저 관련 내용들이 그대로 확인되는 점을 주목한다. 한편 남옥저 관련 기사는 백제본기 온조왕 43년 조에 기록되어 있다.[105] 만약 찬자가 옥저 관련 정보를 『삼국사기』에서 일괄 적출했다면, 온조왕 '42년'은 '43년'의 오기라고 보아야 할 것이다. 혹은 현행 정덕본 『삼국유사』의 '二'는 '三'의 오각일 수도 있겠다. 그러나 그러한 가능성들을 배제하지 못하면서도, 이 1년의 연대 차이는 달리 숙고될 여지가 있다.

즉 찬자가 해당 사건을 실제 온조왕 42년으로 인식했다면, 그의 사유 가운데 온조왕의 즉위년 자체 역시 『삼국사기』보다 1년 늦게 설정되었어야 한다. 그 예증이 아마 변한백제조에서 "온조가 일어난 것은 鴻嘉 4년 갑진의 일이다"라고 한 서술일 것이다. 물론 변한백제조의 연대관은 신라의 '갑자'와 고구려의 '갑신'에서 문득 20년 터울의 '갑진'으로 속단한 것이라고 생각되었으나, 결과적으로 말갈발해조와의 조응은 또한 기이편 내 항목 간 서술의 긴밀한 유기성을 지지한다.[106]

이와 같이 기이편을 관통하는 유기성이란 찬자의 서술 방식과 자료의 수용 방식 모두에서 확인되는 동시에, 자료 자체의 동질성에서 비롯된 측면도 있었음을 확인할 수 있다. 반면에 몇 대목에서 짐작된 후주적 필치에서는 또한, 서술 주체와 서술 시점의 중층성을 간취하게 된다. 즉 한이 설치한 군의 숫자와 이름에 대해 의문을 제기한 고조선조의 분주는 위만조선조나 북대방조 등의 내용과 유기적 맥락에 있었다. 그러면서도 이 분주

105) 『삼국사기』 백제본기 1 온조왕 43년, "冬十月 南沃沮仇頗解等二十餘家 至斧壤納款 王納之 安置漢山之西".

106) 이러한 추론은 1512년 간 정덕본의 필획을 근거로 한 것이므로, 선행 파른본의 필획에 따른다면 수긍하기 어렵다. 이에 대해서는 이 책의 서론 가운데 『삼국유사』 '정보' 비판에서 논의하였음.

는, 『고기』의 인용 범위 문제와 맞물려, 단정하기는 어렵지만 미세하게나마 후주일 가능성 또한 타진되었다. 유사한 논리로 2부조에서 『전한서』를 인용하고 그에 대한 해설을 가한 본문 작성자는, 그 해설에 대해 다시 합리적 이해를 시도한 분주자와 구별되어야 할 것으로 생각되었다. 이러한 혐의는 주로 본문과 분주의 관점이 일치하지 않는 데서 확보되는 것들이었다.

五伽耶조도 유사한 사례이다. 우선 오가야조의 내용은 크게 둘로 나뉜다. 찬자는 먼저 阿羅伽耶, 古寧伽耶, 大伽耶, 星山伽耶, 小伽耶의 다섯 국명을 제시하였다. 그리고 이어 『本朝史略』을 인용하여 金官, 古寧, 非火, 阿羅, 星山 등을 열거하였다. 서술 구조상 두 가지 형태의 '오가야' 파악을 병렬적으로 소개한 것이다. 그런데 정작 '오가야'의 제명에 붙인 분주는 '駕洛記贊'을 근거로 하여 수로왕의 금관가야는 오가야에 산입되지 않아야 옳다는 점을 분명히 한 다. 그에 이어, "그런데 『본조사략』에는 금관가야를 아울러 헤아리는데다가 함부로 창녕까지 (포함해) 기록했으니 잘못이다"라고 하였다. 분주자가 거론한 '가락기'는 기이편의 마지막에 인용한 자료 『가락국기』임에 틀림없다.[107] 이 또한 기이편의 특정 항목 서술 과정에서 다른 항목을 고려한 것으로서 서술 체재의 유기성에 일조하는 예이다.

그러나 문제는 다섯 가야를 헤아리는 두 가지 전승을 소개한 본문의 서술 관점과, 그 두 전승 가운데 하나인 『본조사략』 정보를 잘못된 것으로 단정하고 있는 분주의 관점 차이에 있다. 서술 형식에서도, 상이한 오가야 전승을 소개한 다음에 하나의 전승에 대한 서술자의 비판 논증이 더해

107) 李永植, 앞의 논문 「「駕洛國記」의 史書的 檢討」, 165~166쪽.

지는 방식이 일반적 구조일 터이나, 그와는 사뭇 다른 배치로 이루어져 있다. 따라서 '오가야'의 표제에 붙여 『본조사략』을 비판한 분주의 작성자는 『본조사략』을 인용한 본문 작성자가 아닐 수도 있는 것이다.

그렇다고 하여 후주의 가능성이 반드시 서술의 유기성을 손상시키는 것으로 간주할 필요는 없다. 본문과 배치되는 분주의 관점이나 허다한 편년의 오류 및 모순조차도 결국은 『삼국유사』 내부 맥락에서 그 원인이 찾아지는 것들이었기 때문이다. 혹은 동원된 이질적 자료들 사이의 혼선이 적지 않았기 때문인 경우도 있다. 예컨대 고구려조에는 '國史高麗本記'에 의거하여 해모수와 河伯의 딸 유화 사이에서 주몽이 출생했다는 대목을 서술하는 가운데, 『壇君記』를 인용한 분주가 있다. 『단군기』에 의하면 단군과 하백의 딸 사이에서 夫婁가 태어났다는 것이다. 이어 분주자는 '국사고려본기'와 『단군기』의 상이한 정보 앞에서, "부루와 주몽은 異母兄弟다"라고 논증하였다.

그러나 본문이든 분주든 각각 부루와 주몽의 부로 설정된 단군과 해모수가 동일인물로 간주될 만한 단서는 없다. 오히려 그와는 반대로 '河伯之女'를 둘러싼 단군과 해모수의 양인을 구분해 본다면, 그것은 '異父兄弟'로 간주되어야 옳다.[108] 본문에서 획득할 수 없는 판단 근거라는 점에서, 일견 이 분주 작성자도 본문 서술자와 미세한 단층을 보인다고 할 수 있다. 더구나 본 분주는 미처 주몽의 출생을 언급하기 전, 즉 해모수와 유화의 사통 대목에 자리하고 있는 점에서도 본문과 분주의 일체성을 일탈해 있기도 하다.

그러한 한편 기이편 체재의 유기적 서술 양태를 염두에 두고서, 고구려

108) 金庠基, 1974, 「國史上에 나타난 建國說話의 檢討」『東方史論叢』, 서울대출판부, 9쪽.

조에 앞서 편록된 북부여조의 정보를 환기하고자 한다. 북부여조는 후술하게 될 고구려조를 지시하여 말미에 '見下'라고 분주하였듯이 두 항목은 긴밀한 선후 맥락에 있는데, 북부여조 인용 『고기』 정보에 의하면 해모수와 해부루는 부자 관계에 있었다. 이 『고기』와 '국사고려본기'를 아우르면 부루와 주몽은 해모수를 부로 하는 형제가 된다. 더 나아가 왕력에는 주몽을 '단군의 아들'이라 하였다. 따라서 다시 왕력과 『단군기』를 아우르면 부루와 주몽은 단군을 부로 하는 형제가 된다. 마찬가지로 『고기』와 왕력과 '국사고려본기'와 『단군기』를 모두 아우르면, 부루와 주몽 형제의 부로 설정된 해모수와 단군은 동일 인물이 된다. 이처럼 고구려조의 분주자가 고려한 자료는 고구려조에 거론된 '국사고려본기'와 『단군기』에 한정되지 않았던 것이며, 그는 기이편을 중심으로 한 『삼국유사』 내부의 유기적 서술 맥락에 충실한 토대를 두고 있었던 것이다.[109]

요컨대 기이편 찬자는 확보된 자료들의 정보를, 설정된 항목의 맥락에 따라 적절히 분배하였다. 동일 자료 원의 분배와 항목 간 유기적 연계에 주의한 찬자의 고려가 성공적으로 접합된 것이다. 더구나 무엇보다도 기이편의 전체 항목 구성 자체가 이미 역사 전개의 유기적 연관을 고려하고 있었다. 즉 기이편의 설정 의의에서 볼 때 단군의 고조선조 이후 가락국기조까지는 결국 고려 왕조의 성립으로 귀일한다. 이처럼 『삼국유사』의 세계는, 고려 이전의 전대사 영역에 국한한다는 점에서 본질적으로 『삼국사

109) 따라서 기이편을 포함한 제편의 유기적 서술 관계를 인정하면서도 왕력에 대해서만은 찬술 주체가 달랐다고 보는 견해(金相鉉, 앞의 논문 「三國遺事 王曆篇 檢討 — 王曆 撰者에 대한 疑問」)를 유념하면서도, 왕력과 제편의 괴리 사항에 앞서 의미 있는 공유점들을 주목할 필요가 있다고 생각한다.

기』와 다르지 않다. 다만 고조선 이후 정치체들의 부침은 단일 시계열에 배치할 수 없으므로, 항목 배치의 순서는 역사적 연계성을 중심으로 삼았다고 판단한다.[110]

예컨대 마한이 변한이나 진한은 물론 낙랑, 대방, 부여, 고구려 등보다 크게 앞서 배치된 것은 準王의 남천과 마한의 성립을 연계 이해한 때문이었다. 따라서 역사적 연계성이란 주민 구성 혹은 종족 계통의 문제였다.[111] 진한과 일련의 신라사 관련 항목에 앞서 고구려와 변한백제조가 서술된 것도 같은 논리이다. 건국 연대로는 마땅히 신라가 앞서야 하나, 고구려는 북·동부여에서 분기해 온 세력의 정치체였고, 마찬가지로 백제는 고구려에서 분기한 왕조였다. 즉 종족적 연계와 정치체의 계기성에 유의한 배치 결과이다. 그러므로 말갈발해조가 낙랑과 대방 뒤에 이어진 것도 발해의 건국 주체를 말갈족으로 보고, 다시 말갈의 실체를 물길 및 숙신과 동일시한 데에 연유한다. 말갈발해조에 옥저의 문제가 정리된 것도 이 항목의 서술 의도가 발해사 자체보다는 그 종족적 연원이라 할 수 있는 말갈을 중심에 두었음을 반증한다. 이 때문에 고구려와 발해의 독특한 역사적 연계성에 주의하지 못하고 말았던 것이다.

한편 고구려조 이하의 서술은 왕조별 서술의 질량과는 상관없이 삼국의 역사 전개를 중심으로 구성된 셈이다. 이미 말한 바와 같이 찬자는 단군의 조선조차 부여를 매개로 하여 고구려로 연계되는 맥락에 관심을 보였다. 그러므로 기이편의 서술 체재는 여전히 삼국 중심이라고 해야 옳다.

110) 鄭求福, 앞의 논문 「三國遺事의 史學史的 考察」, 14쪽.

111) 이와 관련하여 국가계승의식상의 '지역성과 혈연성'을 지적한 것으로는 崔相天, 1985, 「『三國遺事』에 나타난 國家繼承意識의 검토」 『韓國傳統文化研究』 1, 효성여대 韓國傳統文化研究所.

신라사의 종결이 고려에 귀부해 온 金傅大王조에서 이루어지는 것은 역사적 실상과 부합하는 것이지만, 기이편 찬자의 서술 맥락에서도 마땅한 구조라고 해야겠다.

김부대왕조에 이어 전·후백제 관련 항목들이 배치된 것은 백제사에 대한 배려이되, 역시 후백제의 견훤이 고려 태조에게 귀부한 것으로 마무리가 되었다. 기이편의 마지막 항목은 가락국기조거니와, 이 또한 고려 왕조의 전대사를 구성하는 주요 분자로서 가야의 위상을 염두에 둔 배려이다.[112] 다만 고구려는 후고려를 거쳐 일통의 주역인 고려로 승습되었다고 판단했기 때문에, 찬자는 고구려 왕조의 종결 기록을 기이편 내부에 정돈하지 않았을 것이다.

결국 기이편은 『삼국유사』 찬자가 겨냥한 불교 신앙의 홍포와 그를 위한 감동과 이적의 공유가 전개되었던 역사적 시·공간을 규정하는 것이었으되, 그 전개 과정은 현실 왕조인 고려의 '일통'에 귀일하도록 서술되었던 것이다.

112) 따라서 駕洛國記조를 일연 이후에 추가된 것으로 파악하는 견해(李基白, 앞의 논문 「三國遺事 紀異篇의 考察」)에 동의하지 않는다.

『삼국유사』의 사서적 성격

1. 本史와 遺事
2. 자료의 수용
3. 활용의 맥락
4. 편찬의 주체
5. 사서적 위상

1. 本史와 遺事

한국고대사의 복원을 위하여 『삼국유사』가 기여할 수 있는 포괄 폭은 얼른 제한하기 힘들 정도로 다양하면서도 광범위하다. 기왕에 『삼국유사』를 매개로 거둔 논의의 집적은 그 가운데 극히 일부에 지나지 않을 것이라고 보아도 무방하다. 그러나 『삼국유사』에 함유된 이 유효한 원천이 애초부터 『삼국유사』가 겨냥한 본질 자체로 간주되어도 좋은 것은 아니라고 본다. 다만 『삼국유사』는 탈고 당시의 지향 여하와는 상관없이 삼국시대의 시공간에 들어서기 위한 주요 통로로 연구자들에 의해 거듭 검증되어 온 셈이다.

그러한 맥락과 관련하여 유의할 사항은 『삼국유사』의 체재에서부터 내재해 있다. 우선 서두의 왕력은 전적으로 기전체 사서의 연표 역할에 손색이 없다. 일연에 의해 제편의 서두에 자리해야 할 당위가 명시된 기이편은 고조선을 필두로 민족사의 주요 왕조 체계와 그에 주동적 역할을 한 영웅적 인물들을 중심으로 하여 고려 왕조 성립 이전까지의 추이를 아우르고 있다. 논자에 따라서는 이 기이편을 본기에 비의하고 흥법편 이하의 고승 중심 불교 관계 제편을 지와 열전에 대응시켜 파악하기도 하거니와,[1] 이러한 체재의 면모는 『삼국유사』를 어느 정도 완정된 사서의 외양을 지닌 것으로 이해하는 데 일조한다. 혹은 13세기 중국에서 실제 정사체를 모방한 승전 류가 찬술되었던 정황을 고려할 수도 있다.[2]

그러나 근본적으로는 『삼국유사』가 자처한 '유사'의 논리 관계를 주목해야 한다. 정약용은 "遺事란 逸事이니, 史家의 기록이 아니라 그 가운데 遺逸하여 글로 드러나지 않은 것을 이른다"라고 하였다.[3] 여기에 "遺事라 함은 正史에 遺漏된 瑣雜한 事實을 意味하는 者"라 한 최남선의 지적을 염두에 둔다면,[4] '유사'의 제명은 곧 '정사'로서의 『삼국사기』를 전제하는 것이다. 비록 그는 "만일 本史와 遺事의 양자 가운데 어느 하나밖에 지니지 못할 경우가 있다고 한다면" 마땅히 『삼국유사』를 선택하겠다고 말할

1) 高翊晋, 1986, 「『三國遺事』 撰述攷」 『三國遺事硏究論選集(1)』, 白山資料院, 363쪽; 1982, 『韓國史硏究』 38 : 고운기, 2001, 「「洛山二大聖」조와 인식의 기반」 『일연과 삼국유사의 시대』, 도서출판 月印, 135쪽.

2) 金杜珍, 2000, 「三國遺事의 體制와 내용」 『韓國學論叢』 23, 11~12쪽.

3) 丁若鏞, 『與猶堂全書』 24 「雅言覺非」.

4) 崔南善, 1971(4판), 「三國遺事 解題」 『新訂 三國遺事』, 民衆書館, 1쪽.

정도로 무비의 경탄을 『삼국유사』에 보내고 있으나,[5] 그 서슴없는 선택의 서상에서도 『삼국사기』는 '본사'로 지칭되었다는 점을 간과할 수 없다. 따라서 일부 연구자들 사이에서는 『삼국사기』가 『삼국유사』에 의해 극복 대상이 되는 것처럼 이해하는 경향이 발견되고 있지만, 『삼국유사』는 『삼국사기』를 전제할 때 비로소 그 위상이 용이하게 드러난다는 점을 유념해야 한다.

이러한 인식은 두 가지 상이한 관점을 허용한다. 하나는 『삼국유사』를 기전체 관찬서인 『삼국사기』와 동질적 토대 위에서 평면 비교할 수 없다는 것이다. 다른 하나는 '유사'가 '본사'를 전제한 이상, 양자는 또한 인식 대상으로서의 삼국을 공유하고 있다는 것이다. 일견 배반되는 것처럼 비쳐지는 두 관점은 아마 『삼국유사』의 내용을 통해서도 논의될 수 있겠다고 본다. 이를 위해 "『삼국유사』는 『삼국사기』가 합리적인 사실들을 주로 다루고 있는 데 대해서 비합리적인 사실들을 주로 다루고 있다"라는 지적을 환기한다.[6] 이 경우 외양으로만 본다면 『삼국유사』는 『삼국사기』에 대한 '반발'이라고 할 수 있을지도 모르겠다. 나아가 그 '반발'은 곧 찬자의 찬술 동기 혹은 찬술 의도로 파악될 소지 또한 없지 않다.

그러나 『삼국유사』가 겨냥한 '의도'를 기존 정사에 대한 '반발'로만 설명하는 것은 지나치게 소극적이며 피상적이라고 생각한다. 우선 『삼국유사』의 9개 편목 가운데 왕력과 기이편을 제외한 나머지는 모두 불교 문화사 및 불교 신앙의 이적과 감동을 다루고 있다. 그러므로 생각하기에 따라서는 서두의 왕력과 기이편은 그러한 불교적 '神異'가 전개된 시간과 공간

5) 崔南善, 위의 책, 10쪽.

6) 李基白, 1973, 「三國遺事의 史學史的 意義」『震檀學報』 36.

의 배경을 제시한 것으로 볼 수 있다. 본질은 불교 신앙의 홍포요, 그를 위한 감동과 이적의 증거들에 있기 때문이다.

물론 기이편 역시 다양한 신이의 자취를 담고 있다. 일연은 기이편의 서두에서 이렇게 말한다.

> 대저 옛 성인들이 예악으로 나라를 일으키고 인의로 가르침을 베풀었으니 '怪力亂神'과 같은 것은 말하지 아니하였다.[7] 그러나 제왕이 장차 일어날 때에는 符命에 응하여 圖籙을 받게 되니, 반드시 보통 사람과는 다름이 있는지라, 그러한 다음에 크나큰 변화를 타고 大器를 잡아 대업을 이루는 것이다. 그러므로 河水에서 그림이 나오고 洛水에서 글이 나와 성인이 일어났다. 무지개가 神母의 몸을 두르더니 伏羲가 탄생하였고, 용이 女登에게 감응하여 炎帝를 낳았으며, 皇娥가 窮桑의 들에서 놀 때 웬 神童이 스스로 白帝의 아들을 일컫더니 그녀와 교통하여 小昊를 낳았다. 簡狄은 알을 삼키고 契을 낳았고, 姜嫄은 발자국을 밟고 弃를 낳았다. 잉태한 지 14개월 만에 堯를 낳았고, 용이 大澤에서 교접하여 沛公을 낳았다. 이후의 일을 어찌 다 기록하랴. 그러므로 삼국의 시조가 모두 神異한 데서 나왔다는 것이 무슨 괴이할 게 있으리오. 이 기이편을 이 책 첫머리에 싣는 뜻이 여기에 있다.[8]

7) 『論語』 述而.

8) 남동신은 마지막 문장 부분을 "이것이 '신이를 기록함[紀異]'으로 모든 편[諸篇]에 나아가는 바이니, 뜻이 여기에 있도다"라고 이해하여, 이 과를 '기이'라고 명명하게 된 취지를 밝힌 글로 본다. 2019, 「삼국유사(三國遺事)의 성립사 연구 — 기이(紀異)를 중심으로」 『韓國思想史學』 61, 211~214쪽.

그는 '괴력난신'을 언급하지 않아야 한다는 식자들의 논리를 숙지하고 있었다. 그러면서도 거리낌 없이 '괴력난신'의 기록에서 출발하고 있다. 사실 '신이'란 '괴력난신'에 대한 긍정적 자각을 통해 도달한 동의어일 뿐이다. 다시 말해 『삼국유사』의 비현실적 설화들은 찬자 스스로가 지시한 바와 같이 유교적 세계관에 충실한 이들이 극구 절제해 온 '괴력난신'의 사례가 아니라, 오히려 그 논리에 대한 적극적이고도 공세적인 대응에서 가능해진 '신이'의 증거였다고 하겠다.

이와 같은 '신이'의 천명은 왕명에 따라 『삼국사기』를 찬진해 올리면서 밝힌 김부식의 언급과 좋은 대조를 이룬다. 김부식은 왕의 명령을 빌려 말하기를, 『삼국사기』 편찬을 통해 "군후의 선악과 신하의 충사와 나라의 안위와 인민의 치란을 다 드러내어 후세에 권계로 드리울 것"을 기대하였다. 이것은 평생을 정치 현장의 일선에서 왕조의 안정을 위해 대내외적 문제에 깊이 개입해 왔던 김부식과, 70여 년의 승려 생활 동안 각계각층의 불교 신앙의 감동과 이적을 접하고 이를 대중과 공유하고자 했던 일연의 차이에서 유래된 귀결점일 것이다.[9]

물론 『삼국유사』 전편의 찬자를 오직 일연에 국한하여 이해해도 좋은가 하는 의혹은 이에 대한 의미 있는 문제 제기가 될지도 모른다.[10] 그러나 적어도 『삼국유사』가 표방한 신이의 근간은 실제 일연의 삼국 인식과 공명

9) 일연의 삶의 궤적과 『삼국유사』의 자료 환경을 연계한 충실한 논의로는 鄭求福, 1987, 「三國遺事의 史學史的 考察」 『三國遺事의 綜合的 檢討』, 한국정신문화연구원.

10) 초간 시기 및 찬자에 대한 논의는 金相鉉, 1982, 「『三國遺事』의 刊行과 流通」 『韓國史研究』 38 : 柳鐸一, 1983, 「三國遺事의 文獻變化 樣相과 變因 ㅡ 그 病理學的 分析」 『三國遺事研究 上』, 嶺南大學校 出版部 : 蔡尙植, 1986, 「至元 15년(1278) 仁興寺刊 歷代年表와 三國遺事」 『高麗史의 諸問題』, 三英社 : 河廷龍, 2002, 「『三國遺事』의 編纂과 刊行에 대한 研究」, 고려대학교 박사학위논문.

하는 것이었다고 보고자 한다.

그러므로 『삼국유사』 찬자의 '의도'가 『삼국사기』에 대한 '보완'의 맥락이었는가 '비판'의 맥락이었는가의 분별 자체는 그다지 중요하지 않다.[11] '보완'조차도 이미 '비판'의 한 형태인 점에서 일견 상이한 관점은 서로 용해될 수 있다고 본다. 사실 '괴력난신'과 '신이'는 결국은 수용자의 자각 여하에 따라 귀결될 사항이겠다.

「東明王篇」 역시 바로 이러한 자각과 개안에서 비롯한 산물이었다.

> 세상에서는 東明王의 神異한 일이 많이들 이야기되고 있어서, 비록 어리석은 남녀조차도 자못 그 일을 말할 수 있을 정도이다. 나는 언젠가 그 이야기를 듣고 웃으며 "先師 仲尼께서는 괴력난신을 말씀하지 않으셨거니와, 이야말로 황당하고 기궤한 일인지라 우리들이 말할 바가 못 된다"라고 말한 적이 있다. … 계축년 4월에 『舊三國史』를 얻어 東明王本紀를 보니 그 신이한 자취는 세상에서 얘기되는 정도보다 더하였다. 그러나 역시 처음에는 믿을 수 없어 鬼幻스럽게 여겼는데, 다시 여러번 耽味하여 차츰 그 근원을 밟아가 보니 이는 '幻'이 아니라 '聖'이요 '鬼'가 아니라 '神'이었다. 하물며 國史는 直筆하는 책이니 어찌 함부로 전한 것이겠는가!

이처럼 동명왕의 사적이 '괴력난신'에서 '신이'로 변하기 위해서는 단지 李奎報 자신의 자각이 요구될 뿐이었다. '鬼幻'과 '神聖'의 차이는 객관적으로 검증될 사항이 아닌 것이다. 또한 이규보의 '자각'이 마침내 '황당하

11) 이러한 논의는 진단학회의 제1회 고전 심포지움(1973) 토론석상에서 잘 대비되어 토로되었다. 震檀學會 編, 1980, 『韓國古典심포지움』 제1집, 一潮閣, 24~34쪽.

고 기궤한 이야기'들을 사실로 받아들이게 된 것을 의미하지는 않는 것처럼, 『삼국유사』 찬자 역시 스스로 천명한 '신이'를 역사적 사실로 수용한 것은 아니었다.[12] 따라서 '신이'의 비경험적 요소가 『삼국유사』의 '역사적 진실'을 재단하는 기준으로 간주되는 것은 바람직하지 않다.[13] 찬자에게 중요한 것은 무엇보다도 불교의 홍포요 종교적 감동이었다. 아울러 그가 겨냥한 '불교적 감동'이 현실적으로 어떤 의미 맥락으로 기능할 것인가 하는 문제는, 『삼국사기』에 대한 『삼국유사』의 인식 혹은 양서의 차별적 위상과는 별개의 논의 사항이라고 해야겠다.

물론 개인의 자각과 각성은 그가 처한 시대 환경을 벗어나 형성될 수 없다. 일연의 시대는 기나긴 외세와의 전쟁과 왜곡된 정치 질서로 왕조 말기의 여러 증상이 노정되고 있었다. '신이'에의 각성은 이 변화된 현실의 토대와 그에 추동되어 변질된 세계관을 반영한다고 보아야 옳다. 그것은 '본사'가 표방한 '합리'의 세계의 한계를 초극하고자 하는 하나의 사상적 대안이었다. 다시 말해 13세기 말 고려 사회는 또 한 차례 새로운 질서의 정립을 모색하고 있었던 것이다.[14]

다만 그것은 유교적 대안의 무력함을 경험한 이후의 시도였고, 전례 없는 외세의 압박 앞에 현실 물리력의 한계를 절감한 위에서의 요청이었다. 그 절박함이야말로 식자들이 '신이'의 사유를 정면으로 직시하게 만든 조건이었던 셈이다. 따라서 이 경우 '신이'의 포양이란 중국을 비롯한 이민족에 대한 문화적 대결의식의 소산이요 민족적 저항의식의 발로라고 할

12) 金相鉉, 1978, 「『三國遺事』에 나타난 一然의 佛教史觀」 『韓國史研究』 20.

13) 李基白, 1987, 「『三國遺事』 記錄의 信憑性 問題」 『아시아문화』 2, 102쪽.

14) 고운기, 2001, 「일연과 삼국유사의 시대」 『일연과 삼국유사의 시대』, 도서출판 月印.

만하다.[15)]

한편 '본사'에 대한 '유사'로서의 위상에 동의하는 이해는, 독자의 사관이 어떠한 것인가 하는 문제와도 구별되어야 옳다. 예컨대 크게 보아 조선 시대 지식인들의 『삼국사기』관은 삼국의 역사에 대한 근본 사서로서의 비중을 인정하는 것과는 달리 그다지 우호적이지 않았다. 그렇다고 하여 『삼국유사』를 그 대안으로 삼을 리도 만무하였다. 오히려 『삼국사기』를 삼국에 관한 '본사'로, 그리고 『삼국유사』를 『삼국사기』를 전제한 '유사'로 파악하는 시각은 두 책을 공유하던 전통 시대 지식인들에게 아무 이견이 없었던 것이다. 1512년에 두 책을 광범하게 보각한 후 발문을 작성한 李繼福의 인식이 그 한 예증이 된다. 이계복 등은 두 책을 삼국의 '본사'와 '유사'로 지칭하고, 각각 '천하의 치란과 흥망' 및 '온갖 신이한 사적'에 관한 근본 문헌으로 이해했던 것이다.[16)]

『삼국유사』는 『삼국사기』를, 온전히 『삼국사기』로 혹은 허다한 대목에서 『국사』나 『삼국사』 등으로 불러 인용하였다.[17)] 대개 인용의 맥락은 『삼국사기』와는 다른 정보를 담은 자료와의 대교에 있다. 대교의 결과 도출되는 판단 및 평가는 직접적인 형태로, 간혹 문맥 가운데 스미어 있는 모습으로 확인되고 있다. 전체적으로 보아 이 대교의 결과는 『삼국사기』에 크

15) 金泰永, 1986, 「三國遺事에 보이는 一然의 歷史認識에 대하여」 『三國遺事研究論選集(1)』, 白山資料院, 192~193쪽; 1974, 『慶熙史學』 5.

16) "우리 동방 삼국의 '本史'와 '遺事' 두 책은 다른 곳에서 간행된 적이 없고 단지 本府[慶州]에만 있었는데, 세월이 오래 되매 낡고 닳아 없어져 한 줄 가운데 알아볼 수 있는 것이 겨우 너댓 자 밖에 되지 않았다. 내가 생각하건대 선비가 이 세상에 태어나 여러 역사책을 두루 보아 천하의 治亂과 興亡, 그리고 온갖 神異한 사적에 대해서조차 오히려 식견을 넓히고자 하거늘, 하물며 이 나라에 살면서 이 나라 사적을 몰라서야 되겠는가!"

17) 李康來, 1996, 「三國遺事의 舊三國史論」 『三國史記 典據論』, 民族社; 1990, 「『三國遺事』에 있어서의 「舊三國史」論에 대한 批判的 檢討」 『東方學志』 66.

게 신뢰를 부여하는 형태로 나타난다. 무엇보다도 『삼국사기』는 『삼국유사』 찬자에게 있어 삼국의 근본 사서였던 때문이다.

예컨대 阿道基羅조(흥법)는 '新羅本記'와 '阿道本碑'의 정보를 소개하고, 이어 두 자료의 차이점에 대한 서술자의 고증으로 구성된다. '신라본기'를 인용한 내용은 訥祗王 때 墨胡子가 고구려에서 신라로 왔으며, 그는 양 나라에서 신라에 보낸 香의 효험을 알려 주어 왕녀의 병을 고쳤다는 것, 그리고 다시 毗處王 때 아도가 신라에 왔다는 사실 등을 담고 있다. 찬자의 논증은 이러하다.

> 이로써 보건대 本記와 本碑의 두 가지 설이 서로 어긋나 같지 않은 것이 이와 같다. 한번 시험 삼아 이에 대해 논하자면, 梁과 唐의 두 僧傳 및 三國本史에는 모두 고구려·백제 두 나라 불교의 시작이 晉 말엽 太元 연간이라고 했으니 二道法師가 小獸林王 갑술년에 고구려에 온 것은 분명하다. … 눌지왕과 소수림왕의 시대가 서로 연접해 있으므로 阿道가 고구려를 떠나 신라에 이른 때는 마땅히 눌지왕의 치세였을 것이다.

'本記'와 '本碑', 즉 '신라본기'와 '아도본비'의 차이를 환기시킨 다음, 논증을 위해 양·당의 고승전과 함께 '三國本史'를 참조하였다. 논증에 거론된 자료들에는 모두 고구려와 백제의 불교 수용이 晉 말엽 太元 연간(376~396)으로 제시되었다고 하였다. 나아가 아도가 소수림왕 때 고구려에 온 사실을 기준 삼아, 그가 다시 눌지왕 때 신라에 왔을 것으로 판단하였다.[18)]

18) 인용문 가운데 '二道'를 順道와 阿道로 보는 견해와 阿道의 誤字로 보는 견해가 있다. 여기서는 후자를 따른다. 辛鍾遠, 1992, 「新羅 佛敎傳來의 諸樣相」 『新羅初期佛敎史硏究』, 民族社, 145쪽.

그러므로 이는 '본기'와 '본비'의 상충하는 정보 가운데 '삼국본사'를 근거로 '본기'의 신빙성을 확인한 작업이 되었다. 그런데 『삼국사기』 고구려본기 소수림왕 2년(372)조에는 秦에서 승려 順道가 왔다 하였고, 이어 4년(갑술)조에는 "僧阿道來"라 하였으며, 이듬해에 절을 지어 두 승려를 주석시킨 사실을 들어 '海東佛法의 시초'로 평가하였다. 또 백제본기 枕流王 즉위년(384)조에서는 晉에서 摩羅難陀가 백제에 들어온 것을 백제에서 불교가 비롯된 사건으로 간주하였다.

이렇게 볼 때 '삼국본사'는 『삼국사기』이며, 무엇보다도 신라 불교의 시초를 논증하는 이 과정에서 『삼국사기』가 가장 의미 있는 전거로 활용되었다는 점을 유념해야 한다. 아울러 이 논증은 『삼국유사』가 아우르는 두 축, 곧 역사와 신앙이라는 별도 영역에 대한 수용 방식을 잘 보여 주고 있다고 생각한다. 즉 논증자는 신앙의 이적에 대한 존중과는 별개로, 역사적 사실에서의 고증은 보편적이거나 합리적 기준에 충실했던 것이다.[19)]

한편 위의 사례는 중국의 승전 류와 『삼국사기』가 신라의 금석문 내용을 비판하는 근거로 동일한 역할을 하고 있거니와, 『삼국사기』가 그들 중국의 승전 자료와 배반하는 정보를 전하고 있을 때에도 '본사'로서의 존중은 여일하였다. 통일기 중대에 현저한 위상을 점하고 있던 자장의 귀국 연대에 대한 정보들을 예로 들어 본다. 臺山五萬眞身조(탑상)에서 찬자는 이렇게 판단한다.

> 山中古傳을 살펴보면 이 산을 眞聖이 머물러 계시는 곳이라고 이름하게 된 것은 慈藏法師로부터 비롯된 것이라고 하였다. 처음 법사는 중국 五

19) 李基白, 2000, 「『三國遺事』 興法篇의 趣旨」 『震檀學報』 89, 5~6쪽.

臺山의 文殊眞身을 뵙고자 하여 善德王 때인 貞觀 10년 丙申[唐僧傳에는 '12년'이라고 했는데, 여기서는 '三國本史'를 따른다.]에 당나라에 들어갔다. ([ ]는 찬자의 註. 이하 같음.)

본조의 주요 전거는 서두에 밝힌 '山中古傳'이다. 여기에다 '唐僧傳'과 '三國本史'가 비교 자료로 참조되었다. '산중고전'은 자장법사의 입당 연대를 정관 10년(636)으로 기록하였다. 그런데 '唐僧傳' 곧 『續高僧傳』에는 같은 사실이 정관 12년으로 기록되어 있다.[20] 한편 『삼국사기』에는 신라본기 善德王 5년(636)조에 "慈藏法師 入唐求法"이라고 하였다. 따라서 '삼국본사'는 『삼국사기』를 가리킨다는 데 동의하지 못할 이유가 없다. 주지하듯이 『속고승전』은 자장에 관한 현존 자료 가운데 가장 풍부한 정보를 담고 있다. 더구나 자장이 신라로 돌아온 연대는 『속고승전』이나 『삼국사기』가 모두 정관 17년, 즉 선덕왕 12년(643)으로 일치하고 있다. 따라서 그의 입당 연대에 관해서만 차이가 노정되어 있을 뿐이다. 그러나 본조의 논증에서는 '삼국본사', 곧 『삼국사기』의 단편적 정보를 기준으로 삼아 『속고승전』의 연대를 부정하였다. 이러한 판단에 이르는 특별한 논거는 없다.

특히 이 문제와 관련하여 생각할 때, 景文王 12년(872)에 조성한 「皇龍寺九層木塔刹柱本記」에도 "(자장은) 선덕대왕 즉위 7년, 즉 대당 정관 12년이요 우리나라 仁平 5년 무술년에 우리 사신 神通을 따라서 당에 들어갔다"라고 한 내용을 환기하게 된다. 『삼국유사』 찬자 역시 이 자료를 언급하였다. 즉 皇龍寺九層塔조(탑상)에서 탑을 설명하는 가운데 "刹柱記에는 '鐵盤 이상의 높이는 42尺, 이하는 183척이다'라고 하였다"라고 한 지

20) 『續高僧傳』 24 釋慈藏, "以貞觀十二年 將領門人僧實等十有餘人 東辭至京".

적이 그것이다.[21] 그는 이처럼 『속고승전』과 일치하는 연대관을 가지고 있는 신라의 자료를 숙지하고 있었던 것이다. 그런데도 '삼국본사'의 연대를 따랐다.[22] 그렇다면 『삼국유사』 찬자는 결국 오직 '삼국본사'라는 지칭을 통해 『삼국사기』가 가지는 '삼국 관련 근본 사서'로서의 위상을 무엇보다도 먼저 염두에 두고 있었던 것이라고 생각한다.[23]

2. 자료의 수용

자료의 측면에서 『삼국유사』의 성격을 탐색하게 되면, 무엇보다도 지금은 일실된 자료 명들에 유의하지 않을 수 없다. 사실 민족사의 시원을 여는 단군에 대한 인식이 분명치 않은 『삼국사기』에 비해 민족사의 서부에 단군의 '고조선'을 세운 데에서 『삼국유사』의 특장을 찾는 것은 널리 공유된 태도라고 생각한다. 고조선조의 주요 자료는 『魏書』와 『古記』이다. 단군을 언급한 두 자료는 공히 현전하지 않는다.

그 가운데서도 『위서』의 경우는 魏收의 『위서』에 북송 이전의 古本·북송의 校勘本·남송의 翻刻本 등이 있었음을 논증하면서, 김부식과 일연이 참조하였을 『위서』는 양자 모두 魏收의 撰이지만, 하나는 북송대의 '교감

21) 「皇龍寺九層木塔刹柱本記」에는 "鐵盤已上 高七步 已下高三十步三尺"이라고 하였다. '七步'는 1步 = 6尺에 따른 추독. 韓國古代社會研究所 編, 1992, 『譯註 韓國古代金石文 Ⅲ』, 駕洛國史蹟開發研究院, 368쪽 : 黃壽永, 1986, 「三國遺事와 佛教美術」 『三國遺事研究論選集(1)』, 白山資料院, 530쪽; 1980, 『三國遺事의 新研究』, 新羅文化宣場會.

22) 慈藏定律조와 皇龍寺九層塔조에서도 자장의 입당 연도에 대해 역시 모두 『삼국사기』와 같은 연대관을 취하였다.

23) 이상의 논의는 주로 李康來, 1998, 「本史와 遺事」 『월운스님古稀記念 佛教學論叢』, 東國譯經院; 2007, 『삼국사기 형성론』, 신서원.

본'이고 또 다른 하나는 그 이전의 '고본'일 가능성을 진단하게 되었다.[24) 그러나 중국 측 자료에 대한 대교 차원에서 통칭된 『고기』의 경우는 본래의 실체와 전존 현황이 여전히 명료하지 않다.

고조선조(기이)에는 『고기』를 인용하여 단군의 평양성 도읍을 서술하면서 그 연대에 대한 의문을 제기하였다. 즉 찬자는 "唐高[堯]卽位五十年庚寅"에 대하여 "唐高 즉위 원년은 戊辰年이므로 50년은 丁巳年이지 庚寅年이 아니다. 사실이 아닌지 의심스럽다"라고 하였다.[25) 물론 찬자의 지적처럼 원년이 무진년이라면 그 50년은 정사년이어야 옳다. 경인년은 즉위 23년이 된다. 또 만약 경인년이 요 즉위 50년이 되기 위해서는 그 원년은 辛丑年이어야 한다.

한편 같은 고조선조에 『위서』를 인용한 부분에서는 "與高同時"라 하였고, 『제왕운기』에는 "竝與帝高興戊辰"(前朝鮮紀)이라 하면서 '本紀'를 인용하고 있다. 『세종실록지리지』에는 『단군고기』를 인용하여 "檀君與唐堯同日而立"(平壤府)라고 하였다. 그러므로 고조선조 인용 『고기』의 단군 즉위 연대관은 『위서』, '(단군)本紀, 『단군고기』 등의 인식과는 다른 것이다.[26)

24) 朴大在, 2001, 「『三國遺事』 古朝鮮條 인용 『魏書』論」 『韓國史硏究』 112, 19~23쪽.

25) 董作賓의 연대고증 표에 의할 경우 唐堯 원년은 기원전 2333년이 된다. 柳承國, 1987, 「檀君朝鮮의 年代考證에 관한 연구」 『季刊京鄕』 여름, 63쪽.

26) 『帝王韻紀』 하 前朝鮮記에 인용된 '本紀'는 '檀君本紀'로 부를 수 있는데 그 인용문 가운데 "(檀君)理一千三十八年 入阿斯達山爲神 不死故也"라 한 1038년이나, 혹은 본문 가운데 "享國一千二十八"이라 한 1028년은 1048년의 오기라고 생각한다. 方善柱, 1988, 「檀君紀年의 考察」 『檀君神話論集』, 새문사, 170~171쪽; 1987, 『아시아문화』 2. 또한 『세종실록지리지』가 인용한 '檀君古記'가 『제왕운기』 저본과 동일 계통일 것이라는 점은 "享國一千三十八年"을 그대로 답습한 데서도 확인된다. 반면에 權擥의 『應制詩註』(命題十首)는 『古記』를 인용하여 그 계통이 『삼국유사』에 닿아 있다고 보나, 역시 "享年一千四十八年"이나 "厥後一百六十四年己卯箕子來封"과 같은 서술은 『제왕운기』와 무관하지 않다. 따라서 『응제시주』의 서술에는 『삼국유사』 외에 다른 자료가 참작되었다고 보는 것이 옳다. 金廷鶴, 1954, 「檀君說話와 토오테미즘」 『歷史學報』 7, 279쪽 : 韓永愚, 1981, 『朝鮮前期 史學史硏究』, 서울대출판부, 54~56쪽 참조.

물론 요의 즉위년에도 이설은 있다. 예를 들어 『사기』(1 帝王本紀 1) 集解에는 "堯以甲申歲生 甲辰即帝位"라 하였고, 그것은 『동국통감』에 수용되었다.[27] 그러나 요의 즉위년이 갑진이든 무진이든, 고조선조에서 인용한 『고기』의 연대관과는 부합되지 않는다. 여하튼 찬자는 『고기』를 인용하면서도 『고기』의 정확성에 회의하였다. 즉 실제 어떤 연대관이 옳은가와는 무관한 문제이지만, 인용자 스스로 『고기』의 연대관을 불신하였다는 점을 주목해야 한다.

이러한 정황은 두말할 필요도 없이 역설적으로 『고기』의 '實體'를 증명한다. 따라서 『위서』나 『고기』의 '實在'를 의심하여 단군신화 자체를 일연의 창작으로 단정하는 것은[28] 온당한 시각이 아니다. 그러나 이른바 『고기』로 지시된 자료에 대한 『삼국유사』의 수용 태도는 『고기』가 전하는 내용의 논의 폭과는 다른 차원에서 점검될 필요가 있다고 생각한다.

『고기』로 불리는 자료의 층위는 실로 다양하기 그지없다. 예컨대 최남선은 『삼국유사』의 인용서 가운데 '고기' 항목을 들어 「고기」, 「古傳」, 「古典記」, 「고려고기」, 「신라고기」, 「新羅古傳」, 「鄕記」, 「鄕傳」, 「鄕中古傳」, 「諸家傳記」, 「李磾家記」를 제시한 바 있다.[29] 이러한 선택은 구체적인 고유의 자료명이 아닌 동시에 사찰과 무관한 것이면서 우리의 고유한 자료로 판단되는 것들을 추린 결과로 생각된다.

대체로 유사한 기준에서 末松保和는 '古記'·'古本'의 항목에서 「신라

27) 『東國通鑑』 外紀 檀君朝鮮, "古記云 檀君與堯竝立於戊辰 歷虞夏至商武丁八年乙未入阿斯達山爲神 享壽千四十八年 此說可疑 今按堯之立在上元甲子甲辰之歲 而檀君之立在後二十五年戊辰 則曰與堯竝立者 非也".

28) 今西龍, 1910, 「檀君の說話に就て」 『歷史地理臨時增刊朝鮮號』, 日本歷史地理學會.

29) 崔南善, 1971, 앞의 책, 15쪽.

고기」, 「新羅古傳」, 「古本殊異傳」, 「新羅異傳」, 「新羅別記」, 「本國本記」, 「백제고기」, 「古鄕傳」, 「古典記」, 「古記」, 「鄕古記」, 「鄕記」, 「鄕傳」, 「記」, 「諺傳記」, 「古傳」, 「別傳」, 「別記」, 「別本」, 「古本」, 「一本」, 「或本」 등을 들고 있다.[30]

양인의 정리는 반드시 일치하는 것은 아니지만, 또한 그것이 어떤 정확도 여부에 관련된 것도 아니다. 이처럼 『고기』를 '옛 기록'이라는 넓은 의미에서 파악할 때, 그 범위의 탄력성은 얼마든지 서로 다를 수 있을 것이다. 다만 여기서는 『고기』로 지칭되는 자료에 대한 찬자의 인식과 그 수용 태도를 추구하는 데 중점을 두고 대강의 경향을 파악하기로 한다.

우선 『삼국사기』의 『고기』 수용 방식을 일별하기로 한다. 김부식은 중국 측 사서의 우리 삼국에 관한 기록에 대응하는 위치를 『고기』에 부여하였다. 물론 이때 『고기』는 단일한 특정 자료를 지칭하는 것은 아니었으며, 여러 층위의 자료에 대한 총칭으로 이해해야 마땅하였다. 또한 『고기』는 『삼국사기』의 본문 구성 자료로서, 그리고 『고기』 이외의 본문 구성 전거 자료에 대한 이설 및 중국 사서에 대한 비판적 기준으로 채택·인용되었다. 이때 『삼국사기』 찬자는 자료 간 이설에 대해 예외 없이 『고기』에 경도되고 있다.

특히 중국 사서에 대한 『고기』 측 기록에의 신뢰는 찬자에게 절대적 서술 기준이 되어 주었다.[31] 반면에 앞에서 말한 바와 같이 『삼국유사』 찬자는 단군의 즉위 연대와 관련하여 『고기』의 기록이 "사실이 아닌지 의심스럽다"라고 회의하였다. 이 뜻밖의 대목은 발해의 종족 주체를 언급하는 가

30) 末松保和, 1966, 「三國遺事の經籍關係記事」 『靑丘史草』 第二, 笠井出版印刷社, 58~59쪽; 1932, 「高麗文獻小錄(二)三國遺事」 『靑丘學叢』 8.

31) 개별 논증은 李康來, 1996, 앞의 책 가운데 「三國史記와 古記」.

운데서 가장 적나라하게 재현되었다.

찬자는 말갈발해(기이)조에서 우선 발해 건국자 祚榮에 대해 속말말갈의 추장이라는 중국 측의 자료와,[32] 특별히 건국자에 대한 언급은 없는 채로나마 "고(구)려의 잔얼이 모여 태백산 아래에 의거하여 발해를 세웠다"라고 한 우리의 고유 자료 『삼국사』 곧 『삼국사기』를 대비한 후, 제3의 자료인 『신라고기』를 제시하였다. 따라서 『신라고기』는 상반된 두 견해 사이의 한 판단 기준이 될 것으로 기대하게 된다. 과연 『신라고기』는 "高麗舊將祚榮姓大氏 聚殘兵立國於太伯山南 國號渤海"라고 하였다.

그러나 찬자는 결국 "발해는 말갈의 별종이다"라고 결론한다. 즉 찬자는 『신라고기』의 정보를 긍정하지 않았다. 그는 말갈에 대해 "一作 勿吉"이라는 분주를 가하기까지도 하였으므로 발해에 대한 그의 종족 인식이란 『신라고기』와 공유할 부분이 없다. 이 점은 『고기』에 대한 인용자의 인식 태도와 관련하여 주목할 사항이다. 특히 『삼국사기』의 경우 매양 중국 측 자료를 비판하는 근거로서 『고기』가 제시되었다는 것을 생각할 때 사뭇 의외의 현상이기도 한 것이다.

이처럼 오히려 중국 측 자료를 근거로 『고기』의 인식을 부정하는 것은 『백제고기』를 인용한 대목에서도 여일하게 드러난다. 태종춘추공조(기이)에는 『백제고기』를 인용하여 멸망 즈음 백제의 扶餘城 북쪽 墮死岩에 얽힌 설화가 소개되었다. 의자왕과 그의 후궁들이 적군의 손에 유린당하느니 차라리 자결하고자 하여 이곳에서 몸을 날려 죽었다는 것이다. 그러나 찬자는 "이것은 俚諺의 와전으로 궁인들이 떨어져 죽었을 뿐 의자왕이 당

32) 『통전』의 이름으로 제시된 중국 측 견해는 정작 『신당서』 219 열전 144 北狄 渤海조에 근사하다.

나라에서 죽은 것은 唐史에 明文이 있다"라고 논증하였다. 물론 의자왕의 죽음에 대한 논증의 지적은 옳다.[33] 그러나 요컨대 『삼국사기』가 중국 측 기록을 비판하는 기능을 『고기』에 기대했던 것과는 반대로, 『삼국유사』에서는 오히려 『백제고기』의 오류를 지적하는 근거가 중국 측 자료였다는 데 주목하지 않을 수 없는 것이다.

보장봉로보덕이암조(흥법)에서는 『삼국사기』를 근거로 『고기』를 비판하기도 하였다. 본조의 경우 『고려고기』와 『국사』 곧 『삼국사기』는 세 군데에서 비교되었다. 첫째, 수나라 양제가 大業 8년과 10년의 거듭된 고구려 침공에 실패했을 때 양제의 右相 羊皿이 고구려의 대신으로 환생하였는데, 그가 곧 고구려 武陽王 때의 蓋金이었다는 『고려고기』 내용에 대해, 찬자는 "『국사』에는 榮留王의 이름을 建武라 하고 혹은 建成이라고도 한다 했는데 여기서는 武陽이라고 하니 상세히 알 수 없다"라고 하였다.

둘째, 『고려고기』에는 환생한 개금이 도교를 진흥하였고 당나라의 태종이 도사 8인을 보내주었다고 하였으나, "『국사』에는 武德 8년 乙酉에 사신을 당나라에 들여보내 불교와 도교를 구했더니 당 황제가 이를 허락했다 한다. 그런데 이(『고려고기』)에 의거한다면, 羊皿은 甲戌年에 죽은 이후 이곳에 환생하여 나이 겨우 10여 세였을 텐데 총애 받는 재상으로 왕을 설득하여 (당에) 사신을 보내 (도교와 도사)를 청한 셈이니, 그 연·월은 반드시 한 쪽에 잘못이 있을 것이다. 이제 둘 다 남겨둔다"라고 하였다.

셋째, 도사들의 폐단과 개금의 폭정 및 고구려의 패망 사실을 상호 연계하여 파악한 『고려고기』 내용에 대해, "『국사』와 약간 다르므로 함께 기록해둔다"라고 하였다.

33) 『구당서』 199上 동이 백제국 : 『신당서』 220 동이 백제, 顯慶 5년(660).

『고려고기』를 인용하는 가운데 대교의 자료로 언급된 『국사』는 모두 『삼국사기』를 가리킨다.[34] 찬자는 전반적으로 『고려고기』의 인식에 회의적이었다. 이것은 『삼국사기』에 대한 존중의 일면이기도 하다. 그렇다면 『삼국사기』를 삼국의 '본사'로 존중한 터에, 『삼국사기』 정보와 상충하는 『고기』 내용이 부정되는 것은 새삼스러울 게 없을 수도 있다. 다만 『삼국사기』의 경우 각종 『고기』는 『삼국사기』를 풍부하게 만드는 주요 환경 요인으로 활용되었음에 반해, 『삼국유사』의 경우에는 『고기』에 우호적이었던 『삼국사기』와 그 『삼국사기』에 채용되지 않은 『고기』의 다른 내용이 서로 대립적인 비교 대상이 되고 있는 것이다.

더구나 둘째 항의 경우 武德 8년(영류왕 8년, 625)조의 『삼국사기』 해당 내용을 들어 『고려고기』를 비판한 것은 정곡에서 빗나간 것이다. 논자는 羊皿이 갑술년(614)에 죽었으므로 무덕 8년 당시에는 10여 세에 불과한데 어떻게 도교의 수용을 주도했겠느냐 하여 『고려고기』의 내용을 비판하였다. 그러나 『고려고기』에는 개금의 주청에 당하여 "(당) 태종이 敍[叔]達 등 도사 8인을 보냈다"라고 하였으므로, 실제 이 대목은 『삼국사기』 보장왕 2년(643) 기사에 부합하는 사건인 것이다.[35] 따라서 『국사』를 존중하여 『고려고기』에 비판적이었던 맥락은 인정되나, 『국사』 곧 『삼국사기』의 해당 내용에 대한 대교가 철저하지 못했던 셈이다.

이 명백히 성급한 편향의 발단은 물론 단순히 연대관의 합리 유무에 한

34) 『삼국사기』 20 고구려본기 8 嬰留王 즉위년(618), "諱建武(一云成)"; 같은 왕 8년(625), "王遣人入唐求學佛老敎法 帝許之".

35) 『삼국사기』 21 고구려본기 9 보장왕 2년, "三月 蘇文告王曰 三敎譬如鼎足 闕一不可 今儒釋竝興 而道敎未盛 非所謂備天下之道術者也 伏請遣使於唐 求道敎以訓國人 大王深然之 奉表陳請 太宗遣道士叔達等八人 兼賜老子道德經 王喜 取僧寺館之".

정하지는 않을 것이라고 믿는다. 그러므로 이에 대해서는 또 다른 맥락에서 깊은 음미가 필요하다. 그러나 여하튼 『고기』의 연대관은 신뢰를 받지 못하였다. 『고기』의 정보를 우호적으로, 혹은 적어도 세심히 이해하려 들면 미세한 오류와 오기를 충분히 헤아릴 수 있음에도 불구하고, 찬자의 논증은 매우 가혹하게 전개되었다. 그러다 보니 정작 논증자 자신의 오류와 오인이 종종 개입되는 현상마저 발생하게 되었다. 南白月二聖努肹夫得怛怛朴朴조(탑상)는 그 한 예이다.

본조는 주로 「白月山兩聖成道記」에 의거한 것이다. 二聖으로 불리게 되는 努肹夫得과 怛怛朴朴이 신라 仇史郡의 백월산에 들어가 수도하던 중, 景龍 3년 기유(709) 성덕왕 8년 4월 8일에 관음보살의 현신을 인연으로 成道하게 되었다 한다. 이를 인연으로 경덕왕은 天寶 14년 을미(755)에 白月山南寺를 창건케 하였으며, 廣德 2년 갑진(764) 7월 15일에 절이 완성되었다 한다. 찬자는 이 두 군데의 연대에 대해 이렇게 말하였다.

우선 창사 연대에 대해서는 "『고기』에는 天鑑 24년 을미(515) 법흥왕 즉위년이라 하였으니, 선후의 뒤바뀜이 어찌 이리 심한가!"라 하였고, 완성 시기 역시 "『고기』에는 大曆 원년(766)이라 했으나 역시 잘못이다"라고 하였다. '을미'를 기준으로 삼아 볼 때 『고기』 인용문의 천감 '24년'은 '14년'의 오기일 것이다. 그렇다면 『고기』의 연대는 4주갑의 도착이 이루어진 것이다. 아닌 게 아니라 선후의 뒤바뀜이 심하며, 『고기』를 비판한 논증자의 지적은 옳다. 『고기』가 담고 있는 연대관은 잘못이었다. 『삼국사기』를 기준으로 했을 때 天寶 14년 을미는 경덕왕 즉위 14년(755)이 옳다. 아울러 완공 시기에 대해서도 찬자는 『고기』의 연대를 불신하였다. 요컨대 이 두 항목의 연대에 대해 그 진위를 가를 수 있는 객관적 기준은 없지만, 『삼국유사』 찬자는 『고기』의 연대관에 전혀 의미를 두지 않았다.

그러나 『고기』에 白月山南寺가 완공된 연대를 大曆 원년(혜공왕 2년)으로 설정하고 있었다는 데 주목하면, 『고기』 작성자가 二聖의 成道 사실을 들었다는 왕을 법흥왕으로 하여 서술한 것은 이미 자체 내에서부터 불합리를 노정하고 있다 할 것이다. 이 점을 음미할 때 『고기』 작성자가 실제 二聖의 成道년을 법흥왕 때로 간주하였다기보다는, '天寶'에서 쉽게 연상될 수 있는 梁 武帝의 연호 '天鑑'으로 誤記한 것에 불과하다고 생각한다. 쉽게 감지할 수 있는 이 실수에 대해 『삼국유사』 찬자의 비판은 지나치게 단호하다. 이 강경함의 저부에는 『고기』의 연대관에 대한 근원적인 불신이 자리하고 있는 듯하다.

다시 臺山五萬眞身조(탑상)의 단정적인, 그러나 혼란된 논증을 본다.

> 『고기』에는 大和 원년 무신(648) 8월 초에 왕이 산중에 숨었다고 했는데, 아마 이 글은 크게 잘못인 것 같다. 살펴보건대 孝照는 (孝)昭라고도 쓰며, 天授 3년 임진(692)에 즉위하였으니 그 때 나이 16세였고, 長安 2년 壬寅(702)에 崩御할 때 나이는 26세였다. 성덕왕은 바로 이 해에 즉위하였는데 나이 22세였다. 만약 (『고기』의 말처럼) 대화 원년 무신이라고 한다면 孝照王이 즉위한 甲辰(壬辰의 誤 — 필자)보다 무려 45년 앞서 곧 태종·문무왕의 치세가 된다. 이로써 이 (『고기』의) 글이 잘못임을 알거니와, 따라서 취하지 않는다.

인용한 대목은 자장법사가 당나라로부터 귀국했을 때 淨神大王의 太子 寶川과 孝明이 河西村(溟州 — 찬자의 주)에 왔다가 오대산으로 은둔한 사실에 대한 분주이다. 『고기』의 내용은 大和 원년 무신(648) 8월 초에 왕이 산중으로 숨었다는 것이었으므로, 만약 대화 원년을 적극적으로 고려

한다면 그 왕은 『삼국사기』에 따라 진덕여왕이어야 한다.[36] 신라본기의 경우 대화 원년의 간지는 무신이 아니라 정미가 옳다. 그러나 『삼국사기』 연표에 의하면 진덕왕 2년, 즉 무신년에 "改元太和"라고 하였다. 따라서 『고기』의 연대관은 『삼국사기』 신라본기와는 1년의 오차가 있는 반면, 연표와 일치하고 있다.

그런데 찬자의 문제 제기 내용 가운데는 대화 원년의 간지 '戊申'에 대한 것은 포함되어 있지 않다. 이것은 찬자가 대화 원년을 무신년으로 이해하고 있었음을 의미한다. 그러나 이 고증은 정확성을 가지지 못한다. 우선 이미 지적한 대로 대화 무신년은 태종·문무왕 대가 아니라 진덕여왕 대였으며, 孝照(昭)의 즉위 시 나이 역시 『삼국사기』에 따르면 6세로 확인된다.[37] 어쨌든 『고기』의 견해는 찬자에 의해 불신되었다.

한편 『山中古傳』에 의거한 臺山五萬眞身조('眞身'조로 약칭)에 이르는 『고기』는 바로 이어 서술된 溟州五臺山寶叱徒太子傳記조('傳記'조로 약칭) 자체를 의미하는 것이었다.[38] 그것은 '진신'조에 『고기』 혹은 그 약칭인 『기』의 형태로 인용된 내용이 바로 '전기'조의 서술과 일치하는 데 근거한다. 그런데 찬자는 '진신'조의 사료 가치를 '전기'조보다 현저히 우월하게 파악하였다. 그는 淨神大王을 神文王으로, 그리고 孝明을 孝昭王으로 파악하고 여기에 여하한 의문도 가지지 않았기 때문에, 오직 『국사』 즉 『삼국사기』에 보이는 신문왕과 효소왕의 관련 정보에 입각하여 『고기』의 정

36) 『삼국사기』 5 신라본기 5 진덕왕 즉위년 조에 의하면, 선덕여왕은 재위 16년(647) 1월 8일에 毗曇 등의 반란 중에 죽었고, 진덕왕은 같은 해 7월에 "改元太和"라고 하였다.

37) 『삼국사기』 8 신라본기 8 神文王 7년(687) "元子生".

38) 辛鍾遠, 1987, 「新羅五臺山史蹟과 聖德王의 即位背景」 『崔永禧先生華甲紀念韓國史學論叢』, 探求堂, 96쪽.

보를 부인하였다.

즉 그는, 『고기』에 孝明이 왕위에 20여 년 있었다고 했는데, 이것은 죽었을 때 나이 26세의 와전이며 실제 재위 기간은 (『삼국사기』에 따라) 10년이었다고 단정하였다. 더구나 신문왕이 그의 아우와 왕위를 다툰 일은 『국사』에 보이지 않는다 하여 선뜻 수긍하지 않았다. 따라서 이미 본조의 서두에서 『당고승전』이 전하는 자장의 귀국 연대에 대해 '삼국본사'를 들어 부정했던 찬자의 확고한 판단 기준을 다시 확인하게 된다.

실제 『삼국유사』에 보이는 『고기』는 적지 않은 오류를 담고 있기도 하였다. 태종춘추공조에는 『고기』를 인용하여 總章 원년 무진(668)에 평양 교외에 주둔해 있던 당 군 측에 김유신 등이 군량미를 조달하는 사건의 시말을 서술하였다. 찬자는 이 연대에 대해 "만약 총장 무진이라면 李勣의 일일 터이니 아래 글 — 즉 『고기』의 내용 — 에 蘇定方이라고 한 것은 잘못이다. 또 만약 定方(의 일)이라면 연호는 마땅히 龍朔 2년 임술(662)로서 평양을 포위해 왔을 때의 일일 것이다"라고 하였다. 『삼국사기』와 『당서』를 기준으로 볼 때 이 지적은 정확하다. 해당 사건은 『삼국사기』 신라본기 문무왕 2년(662)조에서 확인되며, 김유신전(중)에도 문무왕 원년 겨울부터 다음 해에 걸쳐 그 전모가 자세히 실려 있다. 결국 『고기』의 연대관은 인용자에 의해 불신되었거니와, 실제로 『고기』는 연대 상의 명백한 오류를 가지고 있었던 것이다.

이처럼 『삼국유사』의 『고기』 인용자는 『고기』의 연대관에 대하여 회의하고 있다. 『고기』의 내용을 역사의 史實로 받아들였느냐, 아니면 설화로 이해했느냐의 문제를 떠나, 『고기』의 연대에 대한 인용자의 편향된 판단은 『고기』를 포함한 다양한 인용 자료들에 대한 인식 문제와 관련하여 의미 있는 기준이 될 수 있는 것이다. 다시 말해 『고기』를 위시로 한 우리 측 고유 자료를 많이 이용했다는 외양적 현상만을 들어 이른바 '민족자주의식'을 거론하는 것은[39] 동의하기 힘든 측면이 있다고 본다.

3. 활용의 맥락

연대를 비롯한 『고기』의 정보에 대해 한결같이 회의하는 『삼국유사』 찬자가 곳곳에서 『고기』를 들어 저술의 내용을 갖추는 것은 일견 자기모순일 수 있다. 그렇다면 연대를 위시로 한 객관성에 신뢰를 갖지 못한 채 『고기』를 인용하는 데에는 또 다른 세심한 의도가 개입되어 있었던 때문일 가능성이 높다. 특히 『고기』를 부정하는 데에는 거의 전부 『삼국사기』나 중국의 사서 및 고승전 류를 비롯하여 다양한 계통의 전거 따위가 근거로 활용되었다. 따라서 상대적으로 신뢰할 만하다고 판단된 다른 자료의 존재에도 불구하고 『고기』를 인용한 데에는 『고기』만의 고유 정보에 비중을 둔 것이라고 짐작해도 무방할 듯하다. 예컨대 위에 언급한 태종춘추공조의 『고기』 내용은 이러하다.

> … 이때 당나라 장수 蘇定方이 종이에 난새[鸞]와 송아지[犢]를 그려 보냈다. 신라 사람들은 그 뜻을 알지 못하여 사람을 보내서 元曉法師에게 물었다. 원효는 해석해 말하기를 "속히 군사를 돌이키십시요. 송아지와 난새를 그린 것은 두 물건이 끊어지는 것을 뜻한 것입니다"라고 하였다. 이에 金庾信은 군사를 돌려 …

39) 李載浩, 1986, 「三國遺事에 나타난 民族自主意識 — 特히 그 體裁와 義例에 對하여」 『三國遺事研究論選集(1)』, 白山資料院, 505쪽; 1983, 『三國遺事研究 上』, 嶺南大學校出版部.

7세기 전쟁을 주도한 신라와 당의 兩雄과 그들 사이의 의사소통을 매개한 원효를 주역으로 구성한 『고기』는 매우 신이한 설화적 내용을 담고 있다. 찬자는 바로 이 신이적·설화적 측면을 주목했기 때문에 본 사건의 서술에 있어 더욱 상세한 『삼국사기』에 의거하지 않고, 그리고 그 연대 상의 오류를 지적하면서까지 굳이 『고기』를 들어 구성했던 것이다. 사실 이 경우 『고기』의 오류 역시 인용자가 조금만 주의를 배려했다면 그 착종의 원인을 용이하게 적발할 수 있었다. 논증 가운데 "총장 원년이라면 李勣의 일이다"라고 한 것처럼, 실제 이적과 관련된 군량 조달을 둘러싼 '離合詩'가 평양성 공격 중 왕래했던 것이다.[40] 따라서 소정방과 이적이 개입된 두 사건의 유사한 특징으로 인해 『고기』의 인식에 혼선이 야기되었을 것이다. 그러나 찬자는 이러한 우호적 탐색을 전혀 고려하지 않고 단호하게 『고기』의 오류를 지적하는 데 그치고 만다.

한편 이를 다른 측면에서 보면, 신라의 역사에서 김유신이란 고조선의 단군이나 고구려의 동명왕에 비견될 만큼 신이한 영웅담의 주인공이었다는 점을 주의하게 된다. 그것은 또한 연개소문, 의자왕, 대조영이 가지는 고구려·백제·발해사 상의 위상과도 같은 것이다. 따라서 『고기』는 각 왕조의 생멸에 현저한 역할을 수행한 영웅들에 높은 관심을 배려했다고 볼 수 있다. 이것은 『고기』 자료가 지닌 하나의 경향성이며, 바로 이 경향성이야말로 『삼국유사』 찬자가 『고기』를 인용한 주요 동기이기도 하다.[41]

40) 『삼국사기』 22 고구려본기 10 寶藏王 26년, "… 郭待封以水軍 自別道趣平壤 勣遣別將馮師本 載糧仗以資之 師本船破失期 待封軍中飢窘 欲作書與勣 恐爲他所得 知其虛實 乃作離合詩以與勣 勣怒曰 軍事方急 何以詩爲 必斬之 行軍管記通事舍人元萬頃 爲釋其義 勣乃更遣糧仗赴之".

41) 李康來, 1992, 「三國遺事 引用 古記의 性格」『季刊書誌學報』 7; 1996, 『三國史記 典據論』, 民族社.

후백제의 흥망과 견훤의 출생담을 전하는 『고기』의 인용 의도도 여기에서 벗어나지 않는다. 후백제견훤조(기이)는 '三國史本傳', 즉 『삼국사기』 견훤전 및 그에 붙인 사론의 일부를 주요 재료로 서술하되, 『고기』와 『李碑(磾)家記』를 추가 인용하였다. 절대의 분량을 점하는 『삼국사기』 내용을 반복 서술하면서도 '유사'를 자처한 찬자가 본조를 구성한 것은 우선 고려왕조의 성립 이전까지의 전대사 체계 완정을 위한 의도를 고려해야겠으나, 이와 함께 『고기』의 내용 즉 『삼국사기』 견훤전을 벗어난 정보의 의미에 주의해야 할 것 같다.

본조의 『고기』는 이른바 '蚯蚓交婚'이라는 견훤의 신이한 출생담에 본의가 있다. 따라서 견훤의 부, 견훤의 출생지, 견훤의 칭왕 연대, 세 아들의 반역과 그로 인한 투항 연대, 견훤의 계위자 등 후백제의 주요 시말에 대한 『고기』 정보와 '삼국사본전' 즉 『삼국사기』와의 심각한 괴리에는 주의를 배려하지 않았다. 지극히 신이한 영웅의 일생에 대한 『고기』의 독특한 관심도와 함께, 바로 그 점을 인용자는 주목했다는 것을 가늠할 수 있겠다.

만약 이처럼 후백제견훤조를 『고기』 자료의 수용에 본의를 둔 것이라고 한다면, 후백제 혹은 그것이 계승과 복국을 표방한 백제에 대한 찬자의 고유한 인식 역시 여기에 어떤 형태로든 개입되었을 수 있겠다고 생각한다. 즉 후백제와 상응하는 남부여전백제조(기이) 역시 유사한 혐의 아래 살펴질 필요가 있는 것이다. 주지하듯이 『삼국유사』 기이편은 단군의 조선에서 시작하여, 그 계통의 흐름에 유의하면서 왕조의 출몰과 변천을 서술하였거니와, 金傅大王조까지로 전체 대상 시기가 다 아울러지는 셈이다. 그러나 실제로는 김부대왕조 다음에 남부여전백제조, 무왕조, 후백제견훤조가 이어지고, 다시 『駕洛國記』를 소개하면서 비로소 기이편이 종결되었다. 이것은 서술의 시간적 순서로 보아도 자연스럽지 못하다. 더구나 무왕조는 법왕금살조(흥법)의 지적을 매개로 판단할 때, 그 자체가 『고기』의 전승이었다.

『고기』에 의거한 무왕조에 따르면, 무왕은 홀로 된 여인과 池龍의 교통에서 출생하였고, 미천한 신분으로서 신라의 여론을 조작하여 선화공주와 혼인하였다.[42] 그리고 마침내 황금산의 발굴로 인심을 얻어 왕위에까지 올랐다. 이는 매우 비현실적인 것이다. 황금을 신라에 보낸 知命法師의 신통력이나 미륵사 창건 연기담은 비록 『삼국유사』 찬자 단계에서 접속된 것으로 보이나,[43] 역시 일상에서는 불가능한 초경험적인 사건이었다. 여기에는 『삼국유사』에 인용되어 있는 『고기』의 일반적 경향, 즉 한 영웅의 신이한 출생 및 비현실적 체험과 초자연적 능력이라는 특징적 요소가 고루 갖추어져 있다. 그 경우 사건의 비현실성이란 곧 주인공의 비범성에 비례하는 것이다.[44]

특히 후백제견훤조에 인용된 『고기』의 내용에서도 池龍[蚯蚓]과의 교통이 주요한 설화 모티프였다는 점을 다시 환기하지 않을 수 없다.[45] 요컨대 찬자는 후백제견훤조를 서술하면서 '삼국사본전', 즉 『삼국사기』 견훤전과는 다른 내용의 정보를 전하는 『고기』를 크게 의식하였듯이, 마찬가지로 『삼국사기』에 충실한 법왕금살조에 대응하는 『고기』의 정보는 무왕조를 따로 세움으로써 강조한 것이었다. 그렇다면 기이편의 구조상 남부여전백제조 역시 무왕조나 후백제견훤조와 마찬가지로 『고기』라는 자료를

42) 崔喆, 1980, 「衆論形成과 그 機能 — 三國遺事를 중심하여」 『三國遺事의 新硏究』, 新羅文化宣揚會.

43) 曺喜雄, 1986, 「三國遺事 佛敎說話의 形成過程」 『韓國文學史의 爭點』, 集文堂, 204~205쪽.

44) 현승환, 2000, 「서동설화와 무왕의 등극」 『說話와 歷史』, 集文堂, 239쪽.

45) 史在東, 1974, 「「武康王傳說」의 硏究」 『百濟硏究』 5, 104~114쪽 : 조동일, 1987, 「삼국유사 설화와 구전설화의 관련 양상」 『三國遺事의 綜合的 檢討』, 韓國精神文化硏究院, 432~433쪽.

매개로 파악될 소지는 충분하다.

남부여전백제조 또한 『삼국사기』가 주요 서술 재료였다. 말미에 『삼국사기』 지리지 인용 『古典記』를 전재한 다음, 총 7개의 단편 정보가 각각 '又'로 시작하는 형태로 소개되었다. 政事巖, 龍嵓, 三山, 堗石, 大王浦 등 사비성 주변의 자연물과 관련된 사항들이되, 주로 비합리적인 설명들이다. 예컨대 재상 후보들의 이름을 써서 정사암 위에 두면 저절로 낙점이 되었다거나, 소정방이 용암에서 용을 낚았다는 식이다. 삼산에는 神人들이 살면서 날아다녔고, 돌석은 저절로 데워졌다. 또한 백제 시조로 간주된 온조를 비롯하여 多婁王, 沙沸王, 古爾王 등 네 왕을 짧게 언급하였다.

그런데 이 대목은 『고기』의 인용으로 판단한다. 우선 고이왕은 모든 자료에서 靑龍 2년(234) 갑인에 즉위하였다. 따라서 여기에 기미(239)라 한 것은 『삼국사기』는 물론 왕력과도 부합할 수 없다. 『고기』로 불리는 자료들에 왕들의 졸년이나 즉위년, 그리고 諱에 관한 정보들이 많았으며, 그러면서도 잘못된 연대관을 가진 경우가 흔하였다는 검증을 염두에 둘 일이다.

다음, 정사암이나 돌석 등 사비성 주변 자연물들에 대한 비현실적 전승을 나열한 부분의 출전을 헤아릴 때, 특히 龍岩이 소정방과 관련한 전승에서 비롯한 이름이었다는 점을 고려하면, 자연스럽게 백제 멸망 시기의 墮死岩 전승을 상기하게 된다. 앞에 살핀 바와 같이 태종춘추공조에는 『백제고기』를 인용하여 백제 멸망 당시 의자왕과 그의 후궁들의 죽음에 관한 타사암 전승이 소개되었고, 그 사실성은 인용자에 의해 부정되었다. 두 전승을 비교한다.

- 『백제고기』에는 "부여성 북쪽 모퉁이에 큰 바위가 있는데 그 아래로 강물이 흐른다. 전해오는 말로는 의자왕과 여러 후궁들이 죽음을 면치 못

할 줄을 알고 서로들 이르기를 '남의 손에 죽느니 차라리 자결하리라' 하여 줄줄이 여기 와서 강에 몸을 던져 죽었으므로 사람들이 墮死岩이라고 한다는 것이다"라고 하였다. (기이, 태종춘추공)

- 또 (말하기를) "泗沘河가에 한 바위가 있는데 소정방이 일찍이 이 위에 앉아 魚龍을 낚아 냈기 때문에 바위 위에 용이 꿇어앉은 흔적이 있는지라 그로 인해 龍岩이라고 하였다" 한다. (기이, 남부여전백제)

이렇게 보면 墮死岩과 龍岩은 완연 유사한 맥락에 있다. 서술의 구조에서도 용암 등의 '又'로 시작되는 정보는 『古典記』에 뒤이어 나오는바, 이 『고전기』는 『고기』의 일물로 판단되므로,[46] 문제의 정보들이 『고기』에서 비롯한 것임을 수긍하기 어렵지 않다. 따라서 남부여전백제조, 무왕조, 후백제견훤조는 나란히 백제 및 그 계승 국가를 천명한 후백제의 시말을 보여 주고 있되, 그 서술의 주요 근거가 된 『삼국사기』 정보와 함께 『고기』의 내용을 병렬 제시했던 것이다. 즉 찬자는 스스로 인용한 정보의 다과와는 별개로 『고기』의 고유한 내용에 깊은 관심을 기울였다고 본다.[47]

아울러 이때 무왕이 池龍의 아들이며, 견훤은 지렁이의 아들로 설정되어 있다는 것에 주의하고자 한다. 비록 이들의 출생담은 건국 신화적 요건을 갖춘 '夜來者神話'로 파악되고, 이 '야래자신화'는 온조 등의 건국 주체 집단의 동명신화가 '天父—地母型'이었던 것과는 달리 '水父—地母型'으로서 마한의 신화였을 가능성에 주목하기도 하나,[48] 기실 모두 정상적인

46) 李康來, 1996, 「新羅 '奈己郡'考」『新羅文化』 13, 14~16쪽; 2011, 『삼국사기 인식론』, 일지사.

47) 李康來, 2001, 「『三國遺事』 '後百濟甄萱'條의 再檢討」『후백제 견훤정권과 전주』, 주류성, 281~283쪽; 이 책의 2편 1장에 고쳐서 수록.

48) 徐大錫, 1985, 「百濟神話 硏究」『百濟論叢』 1, 35~51쪽.

혼인 관계에서 일탈한바, 적어도 신성한 이적이라고는 할 수 없다.[49] 용암 전승 또한 소정방의 이 행위가 백제의 멸망을 예비하는 조건으로 이해된 것처럼,[50] 부정적 預兆일 뿐이었다.

요컨대 김부대왕조를 끝으로 마무리되어 마땅한 기이편의 내적 구조 밖에 위치한 전·후백제 역사의 세 조목은 『고기』의 편린 자체에 찬자의 강조점이 있되, 그것은 백제에 대해 우호적이지 못하였다. 이에 버금하는 고구려사의 전말이 전혀 배려되지 않은 것도 유념할 사항이다. 따라서 이러한 정황이 혹시 신라중심적 사유가 현저했던 찬자의[51] 백제에 대한 편견을 노출한 것일 수도 있다고 생각하게 된다. 그렇다면 다시 한 번 세심하게 주의해야 할 편향은 『고기』의 인식 뿐 아니라, 오히려 그에 앞서 『고기』의 일탈된 정보를 굳이 배려한 인용자의 의도일 것이다.

『고기』의 일반적 경향에서 볼 때, 그리고 흥법편 이하 불교적 이적과 그 감동적 추체험을 통한 신앙의 홍포야말로 『삼국유사』의 본맥이라고 할 때, 신라의 불교 초전을 다룬 阿道基羅조(흥법)에 『고기』가 출현하는 것은 당연한 귀결이다. 阿道는 법흥왕과 함께 신라 불교사에 있어서 영웅이다. 찬자는 我道가 신라 續林에 있는 毛祿의 집으로 은신하는 대목에서 '天地震驚' 했다는 『고기』 내용을 인용하였다. 천지가 진동하는 신비한 현상은 『고기』의 신이적 경향성과 맥락을 같이 하고 있다. 이 신비한 체험은 『해동고승

49) 따라서 「고기」가 말하는 정보를 이해함에 있어 무왕이 아닌 무령왕의 탄생담이라거나 견훤의 탄생담이 아니라 그의 혼인 설화이리라는 수정안들은 일견 이들 출생담에서 반드시 '역사적 실체'를 추구하고자 하는 태도의 귀결이겠으나, 적어도 「고기」나 그를 인용한 찬자의 본의를 떠나 있는 것이다. 그와 같은 논의의 예로는 각각 김화경, 2000, 「견훤 탄생담 연구」『說話와 歷史』, 集文堂, 391~392쪽 : 申虎澈, 1987, 「後百濟의 支配勢力에 대한 分析 — 특히 後百濟의 멸망과 관련하여」『斗溪李丙燾博士九旬紀念韓國史學論叢』, 知識産業社, 137~138쪽.

50) 『신증동국여지승람』 18 扶餘縣 古跡, 釣龍臺.

51) 崔相天, 1985, 「『三國遺事』에 나타난 國家繼承意識의 검토」『韓國傳統文化硏究』 창간호.

전』 釋阿道조에서도 역시 『고기』를 인용하여 서술되고 있다. 다만 『해동고승전』의 『고기』는 이 사건의 발생 연대를 大通 원년(527), 즉 법흥왕 14년이라 하였다. 그러나 『삼국유사』 찬자는 여러 전승들을 비교한 다음, "阿道가 고구려를 떠나 신라에 도착한 것은 마땅히 訥祗王의 때"로 결론하였다.

기왕에 『해동고승전』 인용 『고기』의 내용은 아도의 신라행을 법흥왕 14년, 즉 신라의 불교 공인년으로 들어 서술하고 있는 데서, 법흥왕이나 아도를 성인시 하려는 편견이 개입되어 있다고 지적되어 왔다.[52] 『삼국유사』 찬자가 위에 지적한 신이의 일단을 놓치지 않고 언급하면서도 『고기』의 연대관을 철저히 배제한 것은 그와 같은 '편견'에 동의하지 않았던 때문이겠다. 즉 찬자는 『삼국사기』 신라본기와 「我道本碑」 혹은 朴仁亮의 『殊異傳』, 그리고 高得相의 詠史詩, 梁·唐의 『高僧傳』을 광범위하게 참고하여 상세한 고증을 가하고 있으면서도, 『고기』의 견해는 깊이 고려하지 않았던 것이다.

고구려와 백제의 불교 초전에 관한 대목에서도 『삼국유사』 찬자는 『고기』 정보를 부정하였다. 즉 順道肇麗조(흥법)에서 찬자는 '高麗本記', 곧 『삼국사기』 고구려본기를 인용하여 고구려에의 불교 전래를 논한 뒤, '僧傳'의 오류를 지적하였다. 그런데 일연이 부정한 肖門寺와 興國寺, 伊弗蘭寺와 興福寺의 관계는 『해동고승전』에 인용된 『고기』의 견해였다.[53] 또

52) 辛鍾遠, 1992, 「新羅 佛敎傳來의 諸樣相」 『新羅初期佛敎史硏究』, 民族社.

53) 양자를 비교하면 다음과 같다. "創肖門寺 以置順道 又創伊弗蘭寺 以置阿道 此高麗佛法之始 僧傳作二道來自魏云者 誤矣 實自前秦而來 又云肖門寺今興國 伊弗蘭寺今興福者 亦誤"(『삼국유사』 順道肇麗). "始創省門寺 以置順道 記云 以省門爲寺 今興國寺是也 … 又創伊弗蘭寺以置阿道 古記云興福寺是也"(『海東高僧傳』 釋順道). 다만 『海東高僧傳』의 '記云' 부분은 奎章閣本과 李能和의 『朝鮮佛敎通史』에 인용된 것 외에는 大正新修大藏經本, 淺見本, 崔南善本에 모두 '記'라고만 되어 있으나, 문장의 전후 관계에서 伊弗蘭寺를 興福寺로 판단한 근거가 『고기』였으므로, 省門寺를 興國寺로 판단한 근거 자료도 역시 『고기』로 보는 것이 자연스럽다.

한 찬자는 백제 불교를 다룬 難陁闢濟조(흥법)에서도 15대 枕流王에 대해 "僧傳云十四誤"라 하여 『해동고승전』 마라난타조의 『고기』 정보를 부정하고 있다. 그러므로 『삼국유사』는 삼국의 불교 시초에 대해 각각 '高麗本記'·'百濟本記'·'新羅本記'를 서두에 제시하여 서술하는 한편, 『해동고승전』이 채택한 『고기』의 정보를 한결같이 비판한 셈이다. 물론 『삼국유사』 찬자는 覺訓이 범한 극히 사소한 誤引도 간과하지 않는 등[54] 『해동고승전』 자체에 대해 비판적이기도 했지만,[55] 『고기』 일반에 대한 회의적 태도는 주의할 만한 것이다.

魚山佛影조(탑상)에 인용된 『고기』도 중심 내용은 萬魚山의 羅刹女를 교화하는 불교적 설화이지만, 여기에는 '呵囉國 首露王'이 개입되어 있으므로 여타 『고기』와 마찬가지로 우리 상고사의 주요한 왕조사 관계 영웅담의 범주에 포함시킬 여지가 없지 않다. 그러한 한편 찬자는 만어산의 본래 이름이었다 한 阿耶斯山에 대해 "마땅히 摩耶斯라고 해야 한다"라고 단정한다. 그의 논거는 梵語 '摩耶斯'를 번역하면 '魚'가 된다는 것이다. 그러나 수로왕과 불교의 교호란 후대의 윤색 결과로 보아야 할 것이며, 본디 이 이야기가 萬魚寺 창건 연기담의 성격을 지니고 있는데다가, 그 위치로 보아 만어산의 옛 이름이라 한 阿耶斯山에서 『일본서기』에 신라와 安羅의 접경지에 보이는 '阿羅波斯山'이 연상되기도 하는 터에,[56] 굳이 이처

54) 예컨대 『해동고승전』 法雲조의 연대기 정보는 명백히 『삼국사기』 신라본기에 의거한 것인데, 그 가운데 興輪寺의 낙성 시기를 '七年'이라 하였다. 이는 신라본기에 따를 때 '五年'의 誤引일 뿐이지만, 『삼국유사』 찬자는 『국사』 곧 『삼국사기』를 논거로 하여 굳이 "僧傳云七年誤"(흥법, 原宗興法猒髑滅身)라는 지적을 빠뜨리지 않았다.

55) 崔柄憲, 1987, 「三國遺事에 나타난 韓國古代佛教學史 認識 — 佛教教學과 宗派에 대한 認識問題를 중심으로」 『三國遺事의 綜合的 檢討』, 한국정신문화연구원, 186~187쪽.

56) 李永植, 2002, 「「駕洛國記」의 史書的 檢討」 『강좌 한국고대사』 5, 가락국사적개발연구원, 182쪽.

럼 단호하게 내린 판정이 과연 적실한 것인지 자신하기 어렵다.

이와 같이 많은 경우 찬자는 『고기』의 시공이 된 배경과 자신의 그것 사이에 개재한 격절을 충분히 살피지 않은 듯하다. 『고기』의 비현실성과 불합리함 그리고 숱한 모순과 오류들이야 그 나름대로 규명되어야 할 적소들이거니와, 찬자는 오히려 바로 그 초경험적 사유를 주목하여 인용하거나 강조하면서도, 고증의 맥락에서는 거의 틀림없이 그 사실성을 회의한다. 대부분 『고기』의 신빙성 여하는 '본사' 곧 『삼국사기』가 판단 기준이 되었다. 따라서 만약 『삼국사기』가 기존의 자료들의 오류와 모순을 간과하여 반복하였거나 잘못된 비판과 선택을 담고 있다면, 그를 기준으로 삼은 『삼국유사』 찬자의 판단 또한 착종을 범하고 말 것이다. 한 예로 위에 살펴본 대산오만진신조를 다시 본다.

찬자는 오직 『국사』에 보이지 않는다거나 『국사』와 다르다는 이유로 『고기』 곧 '보질도태자전기'를 거듭 비판하였다. 이와 관련하여 기왕의 논자에 따라서는 孝明을 성덕왕으로 파악하고, 그와 전왕 효소왕을 이복형제로 보아, 본조의 淨神大王 부자 관련 설화에서 중대 초 왕위계승을 포함한 정치적 추이를 읽어내려 시도하기도 했다.[57] 반면, 이와는 달리 두 태자의 이야기는 현실성이 없는 설화인 반면 오대산이 문수보살의 聖地로 믿어지게 된 시기는 신라 말이나 고려 초였다고 보거나,[58] 혹은 金周元 세력의 강릉 지역 퇴거와 관련하여 하대의 왕위 쟁란이 투영된 전승으로 보기도 하였다.[59] 이러한 현 단계 연구 현황을 고려할 때 간과할 수 없는 사

57) 辛鍾遠, 1987, 앞의 논문 「新羅五臺山事蹟과 聖德王의 卽位背景」.

58) 李基白, 1996, 「浮石寺와 太伯山」 『韓國古代政治社會史研究』, 一潮閣, 249쪽; 1987, 『三佛金元龍敎授停年退任紀念論叢 II』.

59) 金福順, 1990, 「新羅 下代 華嚴宗의 系派」 『新羅華嚴宗研究』, 民族社, 118쪽.

항 가운데 하나는 孝明을 孝昭王으로 파악한 『삼국유사』 찬자의 논리일 것이다.

이를 위해 일단 고려 광종의 이름 '昭'를 같은 뜻의 글자 '明'으로 代字避諱한 사례를 염두에 두어도 좋겠다. 정구복은 광종 16년(965)에 세워진 「鳳巖寺靜進大師圓悟塔碑」에 "南岳雙磎 慧明禪師"[60]의 '明'이 '昭'의 代字임을 주목하였다.[61] 그러나 논자도 지적하였듯이 정작 誠庵本 『삼국사기』에도 '昭'는 피휘되지 않았고, 오직 신라본기 8권의 내부 목차에 효소왕을 孝明王으로 썼을 뿐이었다. 이러한 정황은 『삼국유사』에서도 다르지 않아 '昭'를 피휘한 예를 찾을 수 없다. 그 이유가 무엇이든지간에[62] 『삼국유사』 찬자가 효명과 효소를 동일시한 논거였을 피휘 문제는 그다지 적실하지 않은 것이라고 생각한다.

우선 본조의 '孝明'은 寶叱徒의 아우로서 역시 이름에 불과하므로 '孝昭'라는 시호와 동일시할 수 없다. 더구나 효소왕은 성덕왕 5년(706)에 작성된 「皇福寺金銅舍利函記」에 孝照大王으로 표기되었다.[63] 이와 관련하여 閔哀王이 하사했다 한 眞鑑禪師의 법휘는 중요한 단서를 제공한다.

降使賜號爲慧昭 昭字避聖祖廟諱 易之也 (「雙谿寺眞鑑禪師大空塔碑」)[64]

60) 한국사연구회 편, 1996, 『譯註 羅末麗初金石文(上)』, 혜안, 262쪽.

61) 鄭求福, 1994, 「高麗朝의 避諱法에 관한 연구」 『李基白先生古稀紀念 韓國史學論叢 上 ─ 古代篇·高麗時代篇』, 一潮閣, 660쪽.

62) 정구복은 이야말로 『삼국사기』나 『삼국유사』의 저본이 된 『삼국사』 곧 이른바 『구삼국사』가 광종 대에 편찬된 것을 알려 주는 유력한 증거의 사례로 보았다. 위의 논문, 673~674쪽.

63) 「皇福寺金銅舍利函記」, 앞의 책 『譯註 韓國古代金石文 Ⅲ』, 347쪽.

64) 趙東元 編, 1982, 『韓國金石文大系 4』, 圓光大學校出版局, 40·243쪽.

최영성은 '聖祖'를 효소왕으로 보고, 민애왕이 본래 하사한 법호는 慧照였는데 이가 孝照大王의 묘호에 저촉되므로 慧昭로 고쳤던 것이라고 이해하였다. 그러므로 "『삼국사기』 등에서 '孝照王'을 '孝昭王'이라 한 것이 잘못"이라고 지적한다.[65] 반면에 목판본 『孤雲先生文集』에는 "降使賜號爲慧照"라 하여 '昭'를 '照'로 바꾸고 "昭字避聖祖廟諱 易之也"에 주석을 가하되, "묘휘란 곧 昭聖大王(을 이르는 것)이니, 이름은 俊邕이다"라고 하였다.[66] 이 경우는 본래의 법호 慧昭가 소성대왕의 묘호에 저촉되므로 慧照로 고쳤던 것이라고 이해하는 방식이다.[67]

단연 문제는 '聖祖'의 실체이겠다. 작자 최치원은 원성왕을 '聖祖大王'으로 지칭한 바 있으나,[68] 논의의 대상 字들이 원성왕의 묘휘와 관련된 것은 아니다. 한편 법호를 하사한 민애왕은 忠恭의 아들이거니와 소성왕과 충공은 형제로서 원성왕의 손자였으니, 법호 하사의 주체를 주목할 경우 효소왕보다는 소성왕이 지근의 위치에 있다고 볼 수 있다. 그러나 문맥에 충실하면, 애초에 법호를 정할 때 선대왕의 묘호에 저촉된다는 점을 간과한 것이 분명하므로 반드시 민애왕과의 친연 여하로 판단할 문제는 아니다. 더구나 최치원은 「鳳巖寺智證大師寂照塔碑」에서는 동일 인물을 다시 '雙溪照'라 하여 '慧照'의 표기를 사용한 바 있다.[69]

결국 '照'와 '昭' 가운데 어느 것이 본래 진감선사의 법호에 적용된 글자인지 단정하는 것은 난망한 한편, 두 글자가 서로 피휘의 代字로 간주

65) 崔英成, 1987, 『註解 四山碑銘』, 亞細亞文化社, 16·115~116쪽.

66) 「眞監和尙碑銘 幷序」 『崔文昌侯全集』(成均館大學校 大東文化硏究院, 1972), 131~132쪽.

67) 李根直은 이에 동의하여 "昭聖王의 諡號인 昭에 대한 敬避"의 사례로 파악하였다. 1997, 「『三國遺事』의 避諱例 硏究」 『三國遺事 校勘硏究』, 신서원, 511쪽.

68) 「崇福寺碑」, 앞의 책 『譯註 韓國古代金石文 Ⅲ』, 262쪽.

69) 趙東元 編, 1982, 『韓國金石文大系 3』, 圓光大學校出版局, 46·351쪽.

되는 논의를 확인하는 데는 이견이 없겠다. 다만 효소왕의 시호에 국한해 본다면, 「皇福寺金銅舍利函記」의 예를 미루어 성덕왕 당대 본래의 시호가 '孝照'였던 것을, '照'의 피휘대자로 '昭'가 사용되었다고 이해해도 무방하다. 그렇다면 『삼국사기』와 『삼국유사』에 일관하여 孝昭王이라 한 것은 그저 통용자의 사용은 아닌 동시에 기록자의 '잘못'도 아니며, 신라시대 시점의 원전 자료에서 '照'를 피하여 '昭'의 代字를 취한 결과일지 모른다.

주지하듯이 '照'는 당 則天武后의 이름자이다. 이른바 武周字는 中宗 즉위(705) 이후 공식적으로는 폐지되었으나, 신라의 경우 상당히 후대까지도 각종 전사 과정에서 이를 반영하였다.[70] 특히 효소왕의 부왕인 신문왕 말년에는 당 측에서 무열왕의 묘호가 당의 太宗文皇帝의 묘호를 저촉한다 하여 개칭할 것을 요구한 일이 있었다.[71] 효소왕의 사왕인 성덕왕 역시 당 玄宗의 즉위를 당하여 그를 피휘하기 위해 본명 隆基를 興光으로 고친 바 있다.[72] 효소왕의 이름 理洪의 '理'를 피하여 左右理方府를 左右議方府로 개명한 것도 그와 같은 경험의 토대에서 초래된 일이라고 본다.[73]

아울러 중대 초 신라는 중국의 문헌과 가치 체계의 수용에 적극적이었으므로, 피휘의 관념이 숙지되어 있던 때였다. 특히 석가탑의 『無垢淨光經』 제작지를 둘러싼 논의는 측천의 무주자 적용 문제가 기준이 되고 있거니와,[74] 이의 간행 연대가 706~751년으로 추정되고 있음을 고려할 필요

70) 金聖洙, 2000, 『「無垢淨光大陁羅尼經」의 硏究』, 淸州古印刷博物館, 219~226쪽.

71) 『삼국사기』 8 신라본기 8, 神文王 12년(692).

72) 『구당서』 199上 열전 149 동이, 신라국 ; 『삼국사기』 8 신라본기 8, 聖德王 즉위기.

73) 『삼국사기』 8 신라본기 8, 孝昭王 즉위기.

74) 沈隅俊, 2002, 『「無垢淨光大陀羅尼經」의 傳入與否攷 — 敦煌石室·北京圖書館藏本을 中心으로』, 三希出版社.

가 있다.[75] 따라서 『삼국사기』 등에 보이는 '효소왕'은 측천의 '照'를 피휘한 표기일 가능성에 무게를 두고자 한다.

다만 태종의 묘호 개칭 요구를 완곡하게 거절했던 것처럼, 중대 초의 신라는 자국 왕의 시호에 있어 자존적 입장을 견지했을 것인바, 당시의 금석문에 '孝照'가 적용된 맥락은 여기에 있을 것이다.[76] 그러나 대당 관계를 염두에 두지 않을 수 없는 대외적 문건이나 공식적 기록물에는 '孝昭'가 적용되었겠다. 그러던 것이 고려 광종 이후에는 광종의 이름자 '昭'를 의식하여 간혹 다시 '明'으로 대자되기도 했을 것이니, 『삼국사기』 권8의 내부 목차에 보이는 효명왕의 표기는 바로 그러한 실례였다고 생각한다.

요컨대 본래의 孝照가 孝昭로 바뀐 다음 고려 광종 이후 다시 孝明으로 개필된 것이다. 마찬가지로 진감선사 慧照는 慧昭로 개호되었다가, 광종 이후 慧明으로 기록된 것이다. 『보질도태자전기』나 그에 관한 또 다른 전승인 『山中古傳』의 孝明을 효소 혹은 효조로 속단한 찬자의 논증은 그러한 맥락에서 이루어진 것이겠다.

이러한 사례 검토는 『삼국유사』에 수용된 자료 가운데 찬자가 '유사'로 간주한 정보들의 형성 배경과 변용의 맥락, 그리고 수용 단계의 인식 형태 등과 관련하여 깊은 숙고가 필요함을 확인시켜 준다. 왕조 중심의 기이편을 관류하는 신이든, 흥법편 이하 신앙의 홍포를 겨냥한 이적이든, 그를 증언하거나 지지하는 자료들은 찬자에 의해 수용과 비판의 양면에서 점검된 것들이다. 따라서 『삼국유사』가 매개하는 삼국 시대를 독해하는 데에

75) 金聖洙, 2000, 앞의 책, 266~268쪽.

76) 원성왕의 모 昭文太后 역시 당대의 금석문에는 照文皇太后라고 하였다. 『삼국사기』 신라본기 19, 원성왕 즉위기와 『삼국유사』 王曆 : 「葛項寺石塔記」, 앞의 책 『譯註 韓國古代金石文 Ⅲ』, 277쪽.

는 『삼국유사』가 형성된 시기와 『삼국유사』가 수용한 자료가 형성된 시기라는 두 가지 시점을 고려할 필요가 있는 것이다.

4. 편찬의 주체

여느 저작물과 마찬가지로, 『삼국유사』의 사서로서의 위상을 가늠하는 논의가 서술 주체와 유리되어 전개될 수는 없다. 『삼국유사』의 경우 이 문제는 초각 시기의 불명료함, 왕력과 제편의 괴리된 정보들, 체재의 부정합성, 無極의 후기, 후주의 가능성, 시대를 일탈한 지명 정보, 피휘 적용의 난맥 등을 둘러싸고 다기한 이견을 보이고 있다. 이들 잠복된 논의는 여전히 미시적 개별 검토를 요구하는 것이다. 그러나 그러한 논의의 파장이 일연의 사유가 『삼국유사』 전편을 지배하고 있다는 일반적 이해를 심각하게 훼절할 만한 비중을 지니는 것은 아니다. 더구나 『삼국유사』의 일부 내용을 일연과 무관한 첨입으로 보는 기왕의 논거들은 많은 부분 설득력이 매우 취약하다고 생각한다.

한 예로 『駕洛國記』·『溟州五臺山寶叱徒太子傳記』·『五臺山文殊寺石塔記』 등 자료 명 자체가 제목을 이루는 조목들을 일연 이후의 추가로 보는 시각이 있거니와,[77] 확신하기 어렵다. 우선 『가락국기』의 경우 金官城婆娑石塔조(탑상) 서술자가 이를 고려·언급하고 있다. 즉 서술자는 수로왕의 妃 許皇后가 도래할 때 婆娑石塔을 가져왔으나 당시에는 아직 創寺·奉法하는 일이 없었다고 한 뒤에, "그러므로 本記에는 절을 세운 기록이 없다.

77) 李基白, 1984, 「三國遺事 紀異篇의 考察」 『新羅文化』 1; 1987, 「三國遺事의 篇目構成」 『佛敎와 諸科學』, 東國大出版部.

8대 銍知王 2년 壬辰에 이르러 그 곳에 절을 두고 또 王后寺를 세워 지금에 이르기까지 복을 빌고 있다. 겸하여 남쪽의 倭를 진압하였으니 本國本記에 자세히 보인다"라고 하였다. 다시 말해 '본기'에는 허황후 도래 시 창사 기록이 없다는 것, 그리고 질지왕 대에 이르러 왕후사 등의 절을 지었다는 사실이 '본국본기'에 보인다는 것이다.

그런데 동조에 "金官國은 또한 駕洛國이라고도 한다"라고 하였으므로, '본국본기'의 '본국'은 금관국, 혹은 가락국이 될 것이다. 또한 『가락국기』에는 '본국본기'의 내용에 대응하는 대목이 확인된다.[78] 따라서 '본기'나 '본국본기'를 『가락국기』로 이해하는 데 어려움이 없으며, 이것은 금관성파사석탑조의 서술자가 가락국기조의 내용을 고려했던 증거이므로, 가락국기조만을 일연과 무관한 것으로 분리시킬 수는 없다. 더구나 五伽耶조(기이)의 분주자도 『가락국기』를 고려하고 있다.

이처럼 『삼국유사』 자체 내 서로 다른 조목에서 상호 정보를 고려하거나 지시한다는 것은 전체의 서술 과정이 얼마간 유기적 관계하에 진행되었다고 짐작할 수 있는 근거가 된다. 예컨대 북부여조(기이)에서는 이어지는 고구려의 창국을 염두에 두고 "見下"라고 분주하여 후속 기사를 안내하였다. 역으로 남부여전백제조에서는 "北扶餘 已見上"이라 하여 앞선 조목을 환기시켰거니와, '前百濟'의 題名 자체가 이어지는 후백제견훤조를 의식한 것이었다. 역시 태종춘추공조에서는 午忌日에 대해 "見上射琴匣事 乃崔致遠之說"라고 하여 앞에 서술한 射琴匣조(기이)를 지시하였다. 혜공왕조(기이)에서는 잦은 흉조와 내란을 소개한 뒤 "表訓之言國殆是也"라

78) 기이, 駕洛國記, "元君八代孫金銍王 克勤爲政 … 以元嘉二十九年壬辰 於元君與皇后合婚之地 創寺 額曰王后寺".

고 하였는데, 이것은 바로 앞의 景德王忠談師表訓大德조에서 무리하게 아들을 요구하는 경덕왕에게 "然爲男則國殆矣"라는 天帝의 경고를 표훈이 전한 대목을 가리킨다.

이러한 상호 고려의 사례는 기이편 내의 유관 조목들 사이뿐만 아니라, 편목을 넘나들면서 이루어졌다. 기이의 善德王知幾三事조에서는 "善德之創靈廟寺 具載良志師傳"이라 하여 義解의 良志使錫조로 미루었다. 탑상의 금관성파사석탑조에서 기이의 가락국기조를 분주로 활용하였음은 이미 말하였지만, 문제가 된 銍至王 2년 임진(452)에 대해 "在阿道訥祇王之世 法興王之前"이라 하여 흥법의 아도기라조에서 시론한 자신의 논증을 적용하고 있기도 한다. 탑상의 靈妙寺丈六조 분주에서 곡식 23,700석에 달하는 장육상의 改金 비용에 대해 "良志傳 作像之初成之費"라고 했는데, 실제 의해의 양지사석조에는 이를 '初成之費'라 한 다음 "或○○[云改]金時祖[租]"([ ]의 내용은 필자의 추기)라고 분주를 더하였다.

탑상의 生義寺石彌勒조 분주에서 "忠談師每歲重三重九 烹茶獻供者 是此尊也"라 한 것은 기이의 景德王忠談師表訓大德조에 보이는 충담사와 南山 三花嶺 彌勒世尊의 史話와 서로 조응한다. 기이의 萬波息笛조에서는 夫禮郎이 생환해 온 사건을 계기로 萬萬波波息笛으로 이름을 고친 사실과 관련하여 "祥見彼傳"이라고 하였고, 탑상 栢栗寺조에는 두 차례 "琴笛事具載別傳", "祥見別傳"이라고 하였다. 실제로 부례랑과 만파식적의 관련 기사는 백률사조에서 비로소 드러나며, 만파식적 자체에 대한 정보는 만파식적조에 자세하다.

특히 神呪의 明朗神印조에는 당 고종이 薛邦을 시켜 신라를 공격케 했을 때 명랑법사가 비법을 써서 격퇴시킨 일에 대해 "事在文武王傳中"이라고 하였다. 이것은 기이의 文虎王法敏조를 의미한다. 따라서 독립 조목 자체가 '傳'으로 지칭된 사례가 된다. 그런가 하면 避隱의 信忠掛冠조에서는 『삼국사기』를 오인하여 경덕왕 대의 신충과 斷俗寺 창건을 서술한 다음, "按三和尙傳 有信忠奉聖寺 與此相混"라고 하였는데, 이것은 신주의 惠通降龍조에 나오는 신문왕과 신충봉성사를 가리키는 것이다.[79] 결국 '삼화상전'이란 혜통항룡조를 포함하여 密本摧邪조와 明朗神印조를 포괄하는 神呪篇 자체를 이른다.

이러한 '傳'의 용례를 미루어 탑상 皇龍寺九層塔조에 자장과 문수보살과의 만남에 대해 "祥見本傳"이라 한 '本傳'은 문맥과 내용의 비교를 통해 의해의 자장정률조를 가리킨 것으로 보는 데 어려움이 없다. 실제 자장정률조에는 그에 대응하여 같은 대목에 "已出皇龍塔篇"이라고 하였다. 이것은 신주편 자체를 '삼화상전'이라고 한 것과는 달리 독립 조목을 '篇'이라고 지칭한 예이다. 탑상 高麗靈塔寺조에서 普德에 대해 "祥見下本傳"이라 한 '本傳'도 아마 흥법편의 寶藏奉老普德移庵조 자체를 가리키는 것일 수 있다.[80]

이상 몇 가지 현저한 사례의 점검을 통해 『삼국유사』의 각 편목 서술 주체는 전편에 걸친 상호 고려와 비교 혹은 조응을 염두에 두고 있었다는 데 동의할 수 있겠다. 만약 각 편목별로 서술 주체가 달랐다거나 정보의 수록 시기가 달랐다면, 그와 같은 유기적 정합성은 기대하기 어려웠을 것이라고 본다. 이것은 『삼국사기』에서 각 본기별로 여타 본기를, 혹은 열전과 본기에서 서로의 정보를 지시하거나 고려한 것과 유사한 측면이다.[81]

물론 『삼국사기』의 경우 여러 명의 參考가 동원되어 집필 실무에 당하

79) 李基白, 1974, 「景德王과 斷俗寺·怨歌」 『新羅政治社會史硏究』, 一潮閣; 1962, 『韓國思想』 5.
80) 만약 그렇다면 서술 서차상 "祥見下本傳"의 '下'는 '上'의 오기일 것이지만, 확정하기 어렵다.
81) 李康來, 1996, 앞의 책 가운데 「三國史記 本紀間 共有記事의 檢討」.

였으며, 실제 편목에 따라 다른 필치를 확인할 수 있다는 점을 감안한다면, 『삼국유사』에서 드러난 정황도 반드시 단일 서술 주체를 입증하는 적극적 조건은 아닐지도 모른다. 그러나 왕명에 입각하여 현직 관료 군을 동원하고 어느 정도 정제된 편찬의 범례적 장치를 마련한 위에 편찬된 『삼국사기』와 동질의 조건에서 이 문제를 평가하는 것은 정당하지 못하다고 생각한다. 오히려 『삼국유사』에 허다한 정보의 착종과 모순은 유교적 지식관료 집단의 수사 경험 토대를 충분히 공유하지 못한 찬자의 오인과 고유한 편찬 의도에서 비롯한 것이라고 보고자 한다.

무엇보다도 『삼국사기』가 『삼국유사』에 인용된 『고기』 등 주요 신이 관련 자료에 대한 이해와 판단의 근거가 되고 있다는 특징이 전편에 걸쳐 여일하다는 점을 주목할 필요가 있다. 앞에 검토한 대산오만진신조에서는 뒤에 이어 나오는 『명주오대산보질도태자전기』를 수 차례 『고기』라 하여 비판적 대교를 한 바 있었다. 이 또한 흥법의 법왕금살조에서 기이의 무왕조 자체를 『고기』로 불러 인용 비교한 것과 함께 상호 고려 기사의 예가 된다. 여기에서 『고기』는 모두 『국사』 혹은 『삼국사』와 다른 점이 특기되었으며, 찬자는 그 사료 가치를 회의하였다.

또한 명주오대산보질도태자전기조에서는 문수보살이 매일 36가지 형태로 현신하는 것에 대해, "三十六形見臺山五萬眞身傳"이라고 하여 그 구체적 형상을 대산오만진신조에 미루었다. 여기서도 대산오만진신조를 '진신전'이라 함을 미루어 여타 '某傳'이라 지칭한 방식을 이해하는 데 기여한다. 따라서 서로 쌍을 이루는 이들 조목의 기록자를 별개 주체로 판단한다는 것은 무리일 것이다.

설사 부분적으로 복수의 서술자를 상정한다 해도, 그들은 자료에 대한 이해를 공유하였고 그러한 공유를 통해 자료에 대한 수용 및 활용 방식과,

나아가 『삼국유사』가 지향하는 세계에 부합하였다고 생각한다. 예컨대 無極은 전후소장사리조에서 "按此錄義湘傳云 永徽初(650) 入唐謁智儼 然據浮石本碑 … 至龍朔元年辛酉(661)入唐"으로 시작하는 내용을 부기하였다. 그는 의상의 입당 연대에 대해 '此錄義湘傳'과 '浮石本碑'의 차이에 주목한 것이다. 문제는 '此錄'으로 지목된 '義湘傳'이 『삼국유사』 내부의 그것인지의 여부이다. 일견 문맥으로 보면 '此錄義湘傳'이란 무극에 앞서 찬자가 서술한 본조의 주문 가운데 의상과 지엄의 만남을 다룬 대목으로 보인다. 그러나 그 가운데에는 정작 의상의 입당 연대가 들어 있지 않다. 관련 정보는 義相傳敎조(의해)에 보인다.

의상전교조에 따르면 의상은 29세에 皇福寺에서 승려가 된 후 원효와 함께 요동을 경유한 입당을 시도하다가 좌절하였고, 영휘 초년에 비로소 성공했다 한다. 찬자는 이 전말에 대해 "事在崔侯本傳及曉師行狀等"이라고 밝혀 두었다. 의상전교조의 말미에도 역시 "餘如崔侯所撰本傳"이라고 하였다. 그렇다면 무극이 말한 '義湘傳'이란 최치원의 그것, 곧 『新編諸宗敎藏總錄』에 보이는 『浮石尊者傳』[82]일 가능성이 높아 보인다. 그러나 『해동고승전』에는 최치원의 '義相傳'을 인용하여 "의상은 진평왕 建福 42년(625)에 태어났으니, 바로 이 해에 東方의 聖人 安弘法師께서 西國의 세 三藏 및 중국의 스님 두 분과 함께 당으로부터 돌아오셨다"라고 하였다. 그렇다면 의상전교조가 의거했다 한 '崔侯本傳'과 『해동고승전』이 인용한 최치원의 '義相傳' 내용은 일치하지 않는다. 물론 현존하는 두 자료의 오기일 수도, 혹은 최치원의 저술을 잘못 인용했을 수도 있겠다.

그러나 무극이 이른 바의 '義湘傳'이 오직 의상전교조 자체를 가리키며,

82) 金福順, 1990, 「崔致遠의 佛敎關係著述의 檢討」 『新羅華嚴宗硏究』, 民族社, 169쪽.

그러므로 '此錄'이란 '여기 기록되어 있는'의 의미로 보아 이미 살핀 바와 같이 『삼국유사』 내 다른 조목이나 편목을 '傳'의 형태로 언급한 방식일 가능성에 주의하고자 한다. 나아가 무극의 사례를 미루어 또 다른 미지의 서술자가 있었다 해도 그것은 일연의 사유 방식과 의도에 충실한 것이었겠다고 본다.

이 문제와 관련하여 적지 않은 의혹을 받고 있는 왕력만 해도 그 개별 정보의 일탈 정도가 『삼국유사』의 전대사 이해 및 체계에 의미 있는 균열을 던지는 것은 아니라고 본다. 사료 비판에 따라서는 오히려 왕력과 제편은 보완적일 수 있으며, 이 보완적 기능에 주의할 때 의미 있는 복원의 단서를 발견할 수도 있다고 생각한다.[83] 물론 왕력과 기이편 이하의 괴리는 심중하여, 적어도 동일한 찬성 주체에 의한 것이라고 보기 어렵다.[84] 그러나 인명을 비롯한 사소한 표기의 차이점 문제는 제편들 사이에, 혹은 단일 조목 내부에 개입되어 있는 정보들 간의 모순 사례를 감안한다면 그다지 치명적인 요소가 되지 않는다. 특히 각 왕의 즉위년 및 치세 기간의 상이함이란 여러 논자의 지적처럼 踰月稱元法과 踰年稱元法의 적용에 따라 발생한 것에 불과하다. 가장 현저한 괴리를 보이는 선덕왕을 예로 들어본다.

왕력에는 선덕왕이 "仁平 갑오년(634)에 즉위하여 치세는 14년간"이라고 하였다. 그러나 선덕왕지기삼사조(기이)에서는 선덕왕이 貞觀 6년 임진(632)에 즉위하여 16년간 나라를 다스렸다고 하였다. 황룡사구층탑조(탑상)에서도 선덕왕 5년을 정관 10년 병신년(636)이라고 하였다. 따라서 이

83) 李基白, 1985, 「『三國遺事』 王曆篇의 檢討」 『歷史學報』 107.

84) 金相鉉, 1985, 「三國遺事 王曆篇 檢討 — 王曆 撰者에 대한 疑問」 『東洋學』 15 : 姜仁求, 1987, 「新羅王陵의 再檢討(3) — 三國遺事의 記事를 中心으로」의 「附篇 : 新羅王陵에 關한 文獻資料 解析」 『三國遺事의 綜合的 檢討』, 한국정신문화연구원, 402~403쪽.

를 속단하면 선덕왕의 즉위년에 대해 왕력이 기이편이나 탑상편보다 2년 늦게 설정되었고, 그 때문에 재위 연수 역시 2년 짧은 것으로 이해하게 된다. 그러나 이것은 의거 자료의 차이가 아니라 왕력 찬자의 오해 혹은 기재의 오류에 불과하다. 이미 말한 바와 같이 왕력의 치세년 계산법은 유년칭원법에 충실하다. 따라서 유월칭원법으로 재위년을 기산한 『삼국사기』와 비교하여 왕력의 치세년은 1년씩 줄어들게 된다.

그런데 왕력은 선덕왕의 다음 왕인 진덕왕의 즉위년에 대해서는 정미년(647)이라고 하였으므로 『삼국사기』의 정보와 일치한다. 따라서 왕력의 기재 방식에 따라 선덕왕의 즉위년이 갑오 즉 634년이라면 그의 치세 기간은 13년이라야 옳다. 이와 관련하여 선덕왕의 즉위년을 기록하면서 仁平이라는 연호를 적기한 부분이 주목된다. 이러한 표기 방식은 왕력 전체에서 유일하거니와, 아마 왕력 기재 당사자는 인평으로 개원한 갑오년을 원년으로, 이어 마찬가지로 진덕왕이 大和로 개원한 무신년(648)을 진덕왕의 즉위년으로 속단한 나머지 선덕왕의 치세 기간을 14년으로 산정한 것이다.

사실 진덕왕의 개원 연대에도 논의 사항이 남아 있다. 왕력에서는 진덕왕이 정미년(647)에 즉위하여 이듬해인 무신년에 개원했다고 하였다. 이와는 달리 『삼국사기』에 따르면 즉위 원년 즉 정미년에 개원했다고 하였다. 그러나 『삼국사기』 김유신전(상)에는 大和 원년 무신년을 들어 김춘추와 당 태종의 만남을 기록했는데, 이는 신라본기에 따르면 진덕왕 2년의 일이었다. 또 김유신전(중)에는 대화 2년에 백제의 殷相이 이끄는 공격군과 전투한 기록이 있는데, 역시 신라본기에는 진덕왕 3년(649), 즉 신라본기 대로 한다면 대화 3년 조에서 같은 사실이 확인된다. 그러므로 신라본기와 김유신전은 대화로 개원한 연대에서 1년의 오차를 보이는 셈이다. 이 상이한 연대 정보에 하나의 기준을 제시하는 것이 『삼국유사』이다. 즉 서로 다른 자료에 의거한 대산오만진신조와 명주오대산보질도태자전기조에는 모두 대화 원년을 무신년이라 하였다. 이미 말한 바와 같이 『삼국사기』의 연표 또한 선덕왕 2년 즉 무신년에 개원했다고 하였다.

이러한 정황은 몇 가지 사실을 각성하게 한다. 우선 왕력의 치세년 계산은 비록 유년칭원 방식으로 이루어졌으나 각 왕의 즉위년과 교체년은 제편과 부합하는 동시에 『삼국사기』의 본기·열전·연표의 정보와 '기본적'으로는 일치한다는 것이다. 또한 문제는 오직 신라본기의 진덕왕 개원 연대에 소재할 가능성이 크다는 것이다.

그밖에 왕력의 즉위년이 『삼국사기』 본기나 연표와 다르게 나타난 경우로는, 신라 憲安王의 즉위를 858년이라 하여 다른 자료들보다 1년 늦게 설정한 것과, 백제 聖王의 즉위를 여타 자료보다 10년 이르게 설정한 것을 들 수 있다. 우선 헌안왕의 즉위년 오차는 마땅한 설명을 발견할 수 없다. 일단 단순 오인의 가능성을 배제하지 않고자 하나, 혹시 왕력 찬자가 의거한 자료 가운데에는 실제 즉위년을 『삼국사기』보다 1년 늦게 설정했을지도 모르겠다. 사실 『삼국사기』 등의 왕대력은 삼국시대 당시의 그것과 1년의 오차를 보이는 사례가 적지 않은 점을 유념해야겠다. 모든 문헌 기록에 514년에 즉위한 것으로 기재된 법흥왕을 예로 들어본다.

9세기 초 헌덕왕 대에 조성된 것으로 추정되는 「栢栗寺石幢記」에는 "法興王卽位大同十五'乙未年'來 達今於唐永泰二年丙午 二百五十三"이라 하였다.[85] 梁의 연호 大同은 535년부터 12년간 쓰였고, 법흥왕은 대동 6년(540)에 죽었다. 永泰 2년 병오는 766년이다. 그런데 법흥왕과 관련된 '을

85) 趙東元 編, 1982, 앞의 책 『韓國金石文大系 3』, 13쪽. 釋文은 李基白 編, 1987, 『韓國上代古文書資料集成』, 一志社, 35~36쪽의 「元和帖」 및 37~38쪽의 「異次頓殉教碑」.

미년'이라면 515년, 즉 문헌 기록들에 의할 경우 법흥왕이 즉위한 2년째가 되는 해이다. 실제 766년은 515년으로부터 따지면 253년이 아니라 252년째 해가 된다.[86)]

그런데 『삼국유사』 아도기라조에 인용된 「我道本碑」에는 "法興大王 以蕭梁天監十三年甲午登位 乃興釋氏 距味鄒王癸未之歲 二百五十二年"이라고 했다. 미추왕 계미년은 263년이며, 이때는 「아도본비」에 따르면 아도가 고구려로부터 신라 왕성에 도착한 해였다. 한편 天監 13년 갑오는 514년이다. 이 해는 263년으로부터 252년째 해가 된다. 3천여 달 뒤에 신라에 聖王이 출현하여 불법을 일으키리라는 아도의 어머니 高道寧의 예언이 증험된 것이다.[87)]

猒髑 즉 이차돈의 순교를 추모하기 위한 '石幢記'에서도 252년 만에 그의 혼령이 현신했다고 한다. 신라 불교의 '三聖'으로 꼽히는[88)] 세 사람은 이처럼 252년을 터울로 추념되었다. 따라서 '석당기' 찬자는 법흥왕의 즉위년을 '을미년', 곧 『삼국사기』 등 후대 문헌 기록들보다 1년 늦게 설정한 것으로 이해해도 좋겠다. 또한 앞에서 살펴본 南白月二聖努肹夫得怛怛朴朴조 인용 『고기』에도 법흥왕의 즉위년을 '을미년'이라고 했던 점을 새삼 환기하게 된다.

사실 삼국 당대의 기록물이 『삼국사기』의 방식과 같이 시종일관 유월칭

---

86) 따라서 釋文의 253년은 252년의 오독이거나, 석당기 자체의 오각일 가능성을 고려해본다.

87) 문경현은 아도를 매개로 중첩되고 있는 미추왕과 법흥왕을 주목하여 미추왕은 법흥왕의 투영으로서 조작·加上된 존재라 하였고, 김창호는 「아도본비」의 작성 시기를 고려 12세기 초로 보았다. 文暻鉉, 1983, 「三國遺史所載 未鄒王攷」 『三國遺事硏究 上』, 嶺南大學校出版部 : 김창호, 2001, 「『三國遺事』에 실린 我道本碑의 작성 시기」 『慶州史學』 20, 12쪽. 그러나 아도와 법흥왕의 불교 관련 위상은 9세기 초 신라인들의 당대 인식으로 확인되는 바이므로 동의하지 않는다.

88) 흥법, 原宗興法猒髑滅身.

원법에 입각했는지 여부를 단정하기는 용이하지 않다. 또한 『삼국사기』가 포괄하고 있는 1,000여 년의 관련 사적이 해당 시기 동안 일관된 칭원법을 유지했다고 볼 근거도 없다. 다만 김부식은 『삼국사기』의 최초 사론에서 이 문제를 정리하였다. 그에 따르면 "인군이 즉위함에 해를 넘겨서 원년을 칭하는 것은 그 법이 『春秋』에 자세하니 이것은 선왕의 고치지 못할 전례다"라고 천명한다. 그러나 곧이어 『尙書』 「伊訓」편에 "成湯이 죽으매 太甲 원년"이라 한 대목을 지적하고, 「正義」에는 이것을 설명하여 "성탕이 죽으니 그 해가 곧 태갑 원년"이라 하였다는 견해를 소개한다.[89] 「정의」의 말 대로 하면 태갑의 칭원은 춘추의 법에 어긋난 예가 된다. 이 때문에 『맹자』에서도 이 문제를 다루었고,[90] 다시 『맹자』의 견해에 대한 趙岐와 程子의 훈고가 이어졌다.[91] 심지어 『삼국사기』가 편찬되었던 송 대에도 합의점을 찾지 못한 채 논의가 진행되고 있었다.[92] 김부식은 그러한 정황을 염두에 두고 『삼국사기』 전편에 즉위년칭원, 즉 유월칭원법을 원칙으로 채택하기 위한 논리적 당위에 유의하여 사론을 배치하였다.[93]

89) 『尙書』 伊訓, "成湯旣沒 太甲元年 伊尹作伊訓·肆命·徂后 … 正義曰 成湯旣沒 其歲卽太甲元年 … 正義曰 太甲太丁子 世本文也 此序以太甲元年 繼湯沒之下 明是太丁未立而卒 太甲以孫繼祖 故湯沒而太甲代立卽 以其年稱爲元年也".

90) 『孟子』 萬章章句 上, "伊尹相湯以王於天下 湯崩 太丁未立 外丙二年 仲壬四年 太甲顚覆湯之典刑 伊尹放之於桐三年 太甲悔過 自怨自艾 於桐處仁遷義三年 以聽伊尹之訓已也 復歸于亳".

91) 『孟子』 萬章章句 上, "趙氏曰太丁湯之太子 未立而死 外丙立二年 仲壬立四年 皆太丁弟也 太甲太丁子也" 및 "程子曰 古人謂歲爲年 湯崩時 外丙方二歲 仲壬方四歲 惟太甲差長 故立之也 二說未知孰是".

92) 劉恕, 『資治通鑑外紀』 2 夏商紀, "(太甲)元年己巳 尙書伊訓 成湯旣沒 太甲元年 孔傳云 湯沒而太甲立 孟軻司馬遷云 湯崩外丙仲壬皆卽位 乃及太甲 與書不同 劉歆班固皇甫謐皆違經從軻遷 未詳其旨".

93) 李康來, 1996, 「三國史記 史論의 基礎的 檢討」 『三國史記 典據論』, 民族社, 333~335쪽.

결국 김부식은 『삼국사기』 전편에 걸쳐 즉위년칭원법을 적용할 것을 밝히는 동시에, 있을 수도 있는 '非禮' 시비에 대비해 두었던 것이다. 신라의 고유 왕칭을 적용하기 위한 사론에서도 그 맥락은 같다. 그는 최치원의 『帝王年代曆』이 모두 '某王'의 형태를 취하여 麻立干 등의 신라 고유 왕칭을 변용시킨 점을 완곡하게 비판하였고, 그를 통해 신라의 고유 왕칭을 적용하여 『삼국사기』를 편찬하는 당위를 제시하였다.[94]

따라서 이러한 부류의 사론은 일종의 범례적 위상에 있다. 찬자는 혹시 제기될 수도 있는 편사의 원칙에 대한 시비를 예단하고 그에 대해 적의한 명분 제시를 염두에 두었던 것이다. 말하자면 신라 왕칭의 경우, 당대 지식 독서층 가운데 일부가 그들이 향유하고 있는 최치원 류의 역사물을 들어 『삼국사기』에 신라 고유의 왕칭을 드러낸 데 대해 이견을 제기할 수도 있었을 것인바, 찬자는 그러한 가능성에 대해 미리 대응해 두었다고 생각한다. 그렇다면 즉위년칭원법의 원칙을 천명하게 된 배경에는 역시 기왕의 기록물 가운데 포함되어 있는 유년칭원법에 입각한 정보들 때문이었을지도 모른다.

한편 즉위년칭원법을 취할 경우, 前王의 최종 치세년과 嗣王의 즉위년은 일치하게 되며, 해가 바뀌는 시점에서 왕위가 교체될 때는 유월칭원 자체가 유년칭원과 같은 결과로 나타나게 된다. 『삼국유사』 왕력에서도 12월에 죽은 沾解尼師今, 儒禮尼師今, 元聖王, 長壽王 등의 치세 기간이 『삼국사기』의 재위 기간과 같은 이유는 여기에 있을 것이다. 그런데 이러한 배려에 주의하지 못한 경우가 武寧王의 즉위기 기사이다. 즉 전왕인 東城王이 재위 23년(501) 12월에 피살되었는데, 사왕인 무령왕 원년(501)에 정

94) 『삼국사기』 4 신라본기 4, 智證麻立干 즉위년.

월조 기사가 나오는 것이다. 이 때문에 무령왕 원년에서 3년에 걸친 대고구려 관계 기사가 고구려본기와 어긋나는 착종을 보이고 말았다. 그러나 무령왕은, 『일본서기』의 관련 정보를 포함하여,[95] 실제 502년에 즉위한 것으로 판단된다.[96] 즉 백제본기의 무령왕 즉위 정보는 "사실이 원칙 적용의 희생이 된 것"이다.[97] 따라서 이를 단서로 삼아 기년법이 서로 다른 원전의 존재를 추지해내려는 시도가 있었고,[98] 나아가 백제본기의 원전들 가운데는 유년칭원법에 따른 백제 왕력을 담고 있는 자료가 있었다는 주장이 제출되기도 하였다.[99]

요컨대 『삼국사기』의 서술 과정에서 유월칭원법의 준수로 말미암아 일부 원전의 '사실'이 변용되었을 가능성이 크다고 본다. 이와 관련하여 陵山里寺址의 舍利龕 명문에 "百濟昌王十三季太歲在丁亥"라고 한 연대관은 백제본기가 정해년을 威德王 14년으로 삼은 것과 1년의 차이가 발생하는 것을 환기하게 된다.[100] 광개토왕비문과 고구려본기의 즉위년 차이를 비롯하여 고구려의 연호들을 검토한 결과, 당대에는 유년칭원법이 적용되었을 것이라는 추정도 여기에 일조한다.[101]

특히 『삼국사기』의 편목 간 연대 차이들이 대부분 1년으로 나타난다는 것은 유념할 사항이다. 예컨대 직관지(상) 東市典조와 신라본기, 지리지(1)

95) 『일본서기』 16, 武烈天皇 4년 하4월.

96) 鏡山猛, 1937, 「日本書紀に現れたる百濟王曆に就いて」 『史淵』 15, 94~99쪽.

97) 小田省吾, 1920, 「三國史記の稱元法竝に高麗以前稱元法の研究(上)」 『東洋學報』 10-1, 73쪽.

98) 深津行德, 1992, 「『三國史記』編纂作業の一齣 — 武寧王紀·文咨明王紀を手がかりとして」 (黛弘道 編)『古代國家の歷史と傳承』, 吉川弘文館.

99) 高寬敏, 1996, 「百濟本紀の國內原典」 『『三國史記』の原典的研究』, 雄山閣; 1993, 「『三國史記』百濟本紀の國內原典」 『大阪經濟法科大學アジア研究所年報』 5.

100) 국립광주박물관, 1996, 『백제금동향로와 사리감』.

101) 정운용, 1998, 「金石文에 보이는 高句麗의 年號」 『韓國史學報』 5, 57~68쪽.

尙州조와 신라본기 및 연표, 지리지(3) 熊州 扶餘郡조와 신라본기, 제사지 고구려의 祀禮 기사와 고구려본기 등은, 모두 1년의 차이를 보이고 있는 사례들이다. 따라서 『삼국유사』 왕력의 치세년 계산법이나 헌안왕의 즉위년에 보이는 1년의 오차를 음미하는 데 찬자의 인식이나 오기의 가능성과 함께 저본 자료의 문제에 주의할 여지가 있다. 물론 이것이 곧 왕력 찬술자를 제편의 찬술자와 동일시하자는 제안은 아니다. 왕력과 제편의 불일치보다는 그 정합 관계에 주의하자는 것이며, 제편 찬술자가 기왕의 왕력을 『삼국유사』 체재에 포함시켰다 할지라도, 서로간의 정합성에 유념했을 것이라고 보고자 하는 것이다.

왕력에서 백제의 성왕 즉위년이 여타 기록물보다 10년 이르게 설정된 것도 무심히 넘기지 않아야 한다. 왕력에는 성왕이 계사년(513)에 즉위하여 치세는 31년이라고 하였다. 『삼국사기』 백제본기와 연표 등에 따르면 그는 계묘년(523)에 즉위하여 554년에 전사하였다. 성왕과 위덕왕의 교체는 왕력에도 554년의 일로 기록되었다. 이 경우 왕력의 치세년 계산법에 따르자면 성왕의 치세 기간은 41년이어야 옳다. 따라서 치세 기간을 31년이라 한 것은 마땅히 즉위년으로 제시한 '癸巳'가 '癸卯'의 오기임을 알 수 있게 한다. 마치 왕력이 고구려 영양왕의 즉위년(590)과 영류왕으로의 교체년(618)을 『삼국사기』와 같이 하면서도 오직 영양왕의 치세 기간만을 38년이라 하여 실제보다 10년 많게 한 착오와도 유사하다.

이처럼 치세 기간의 산정에서 발생하는 왕력의 오류는 허다하며, 『삼국유사』의 다른 오산의 사례들을 미루어 그 오류의 맥락을 짐작하기에 어렵지 않다. 그러나 성왕의 경우처럼 즉위년 간지의 오기는 치세년 오산과는 얼마간 사정이 다르다. 게다가 남부여전백제조에는 『삼국사기』를 인용하여 "按三國史記 百濟聖王二十六年戊午春 移都於泗沘 國號南扶餘"라고 하였다. 이것은 백제본기 성왕 16년 조 "春 移都於泗沘 國號南扶餘"를 근거로 하되, '26년 무오'를 추기한 것이다. 그런데 무오년(538)은 성왕 16년이다. 이를 26년이라 한 것은 성왕의 즉위년을 계사년으로 삼을 경우에라야 들어맞는다. 물론 해당 대목이 『삼국사기』를 지시하여 인용한 것이 분명한 이상 '26'년은 '16'년의 誤引이지만, 그리고 성왕이 백제의 26대 왕인 까닭에 혼선이 빚어졌을 가능성을 배제할 수 없지만, 혹시 왕력의 성왕 즉위년 정보가 남부여전백제조 서술자의 사유에 개입한 때문에 발생한 오인이 아닌지 숙고할 일이다.

요컨대 『삼국유사』의 편목들 사이에는 찬술자의 상호 고려와 지시가 풍부하게 검증되며, 그것은 전체 내용을 일관된 유기적 관련 속에서 수용하는 데 기여하고 있다. 가락국기조처럼 기존의 자료를 전재할 경우 찬술자의 직접 필치와 차별성을 보이는 적소가 발생하는 것은 당연한 것이듯이,[102] 왕력에 포함된 제편과의 괴리 또한 같은 방식으로 이해해도 지나치지 않다고 생각한다. 더구나 『가락국기』와 왕력의 관련 정보 사이에서 확인되는 차이도 삼국의 경우와 크게 다르지 않으므로, 연구자에 따라서는 두 기록의 '王代曆'은 "동일 계통의 사료에 의해 작성된 것"이라는 평가를 내리기도 하는 것이다.[103] 즉 찬술자와 찬술 시기가 『삼국유사』 자체의 그것과 현저히 격절되어 있는 『가락국기』지만 그것이 단군 이래 전대 왕조사의 체계화에 적실하게 기여하고 있듯이, 왕력은 '본사'를 전제한 '유사'의 체재적 완정 조건에 의미 있는 일부로 간주되었다고 보고자 한다.

102) 李永植, 2002, 앞의 논문, 197~203쪽.

103) 洪淳昶, 1983, 「金官國의 世系에 대하여」 『三國遺事研究 上』, 嶺南大學校出版部, 33쪽.

5. 사서적 위상

거듭 말하거니와 '유사'는 '본사'를 전제로 한다. 『삼국유사』에서 『삼국사기』는 여타 정보들의 신뢰성 여하를 준별하는 데 가장 권위 있는 기준으로 활용되었다. 그러나 동시에 '유사'의 세계는 '본사'의 범주를 벗어나 있다. '본사'에의 존중은 사료 판단의 준거 차원에서 적실했던 것이요, 그럼에도 불구하고 '유사'가 존재하는 당위는 일차적으로 '본사'가 결여한 사료 수용의 필요 차원에서 비롯한 것이다. 물론 결여된 모든 전승이 수록의 대상일 수는 없다. 찬자의 의도에 기여하는 자료들이 선택되었을 것이다.[104] 그리고 그 선택의 기준이야말로 『삼국유사』의 사서적 위상을 자리매김하는 요체라고 본다.

여하튼 『삼국유사』에서 『삼국사기』가 포괄하고 있는 정보를 반복할 이유는 원칙적으로 없다. 일부 활용된 중복 내용은 『고기』 등 관련되는 신자료를 수용·활용하는 데 필요한 부분에 한정하고 있다. 혹은 다종의 정보물들을 판단하기 위한 대교의 근거로 언급되기도 하였다. 그러므로 한국고대사 복원을 위한 자료로서의 『삼국유사』란 『삼국사기』를 보완하는 위상에 있다. 이에 동의한다면, 『삼국유사』의 지엽적 정보를 근거로 한국고대사의 중심 맥락을 큰 폭으로 훼절하는 것은 옳지 않다는 데에도 이견이 없을 줄로 안다.

뿐만 아니라 그러한 편린만으로 『삼국유사』의 사서적 위상을 단정하는 것도 신중하게 절제해야 한다고 본다. 『삼국유사』에 들어 있는 간지 적용

104) 조동일, 1983, 「삼국유사 불교설화와 숭고하고 비속한 삶」 『三國遺事研究 上』, 嶺南大學校出版部, 138쪽.

의 오류, 불철저한 인용, 문맥을 일탈한 자의적 첨삭, 각종 표기의 혼란 따위는 일일이 예거할 수 없을 정도이다.[105] 의거 자료의 원형에 대한 정치한 비판적 검토가 결여된 경우와 함께, 해당 대목 찬술 당시의 편의적 재단 및 후대 판각 과정의 병리적 현상 등이 모두 고려되어야 한다. 더구나 이러한 문제점들은 『삼국사기』도 비켜가지 못한 것들이다.

즉 왕력이 신라의 고유한 칭왕 명칭을 사용하고 있는 반면 기이편의 세부 제목은 '某王'의 형태로 일관한다 하나, 왕력에서도 관련 내용을 서술할 때는 '某王' 형태를 취하였다. 반면에 기이편 이하에서도 본문의 서술에는 제목과 달리 고유 칭왕 용어를 사용하고 있음을 유의해야 한다. 『삼국사기』의 각 왕대기 서두에서 고유 왕칭을 적용한 다음, 곧이어 즉위기나 편년 기사에서는 다시 '某王'의 표기가 반복되는 것과 다를 바 없다.

마찬가지로 왕력과 후백제견훤조에 보이는 지명 '鐵原'이 919년 개명되기 이전의 '鐵圓'이 아니라 1310년 이후의 지명이라는 데 착안한 논증[106]에도 재고의 여지가 있다. 일단 '圓'과 '原'은 同音異字로 쓰였을 가능성을 배제하기 어렵다는 지적에 주목한다.[107] 후백제견훤조의 경우도 '三國史本傳'의 이름으로 『삼국사기』 견훤전을 인용하면서 그 가운데 '鐵圓'을 '鐵原'으로 바꾼 것에 불과하다. 그것은 불철저한 인용과 편의적 표기의 결과였다.

비록 '삼국사본전'이 가리키는 실체가 『삼국사기』 견훤전이 아니라 그보다 앞서 있었던 이른바 『구삼국사』의 열전 부분이라는 주장이 없지 않

105) 한 예로 金都鍊은 『한서』를 인용한 衛滿朝鮮(기이)조에서 11군데의 오류를 적발하고 있다. 金都鍊, 1982, 「『三國遺事』 國譯上의 諸問題 ― 몇 事例를 中心으로」 『韓國史研究』 38.

106) 李根直, 1998, 「『삼국유사』 왕력의 편찬 성격과 시기」 『韓國史研究』 101.

107) 金相鉉, 2003, 「三國遺事論」 『강좌 한국고대사 1』, 가락국사적개발연구원, 246쪽.

으나,[108] 어느 경우에 입각해 보아도 유독 '鐵圓'만을 1310년 이후의 시점에서 당대 지명인 '鐵原'으로 바꾼 것이라고 이해하기에는 주저됨이 적지 않다. 논자는 "일연의 원고본을 1310년 이후에 등재본으로 전사하는 과정에서 改字가 이루어졌을 가능성과 원고본 자체가 일연과 무관하게 1310년 이후에 완성되었을 가능성을 제기"하는 실로 섬세한 추정을 하고 있으나,[109] 오히려 후백제견훤조의 숱한 誤引을 미루어 일연 당시의 단순한 오기로 보고 싶다.

비근한 예로 長興 3년(932) 9월 견훤의 수군은 고려 경내 '禮成江' 인근을 공략하였는데, 후백제견훤조 서술자는 『삼국사기』의 이 대목을 인용하면서 '禮城江'이라고 표기하였다. 이때 공략 대상이 된 지역 가운데 보이는 '貞州'는 '眞州'로 오기하였다. 또 天成 3년(928)에 고려 태조가 견훤에 보낸 답서 가운데 "破淸川之時 直心等四五輩授首"라고 한 대목을 『삼국유사』는 '(天成) 2년'으로 誤引한데다가, '淸川'을 '淸川縣'이라 하고 여기에 "尙州領內縣名"이라고 분주를 더하였다. 물론 신라의 尙州 三年郡 領縣 가운데 淸川縣이 있다.[110] 그러나 『고려사』에 의하면 태조가 언급한 '淸川'은 淸州의 잘못이며, 『삼국사절요』에도 靑州로 바로잡아져 있다.[111] 그와 마찬가지로 궁예전에 따를 때 태조가 회고한 이 전투는 光化 3년(900)에 거둔 靑州 방면 성과이겠는데, 찬자는 분주로 "혹은 靑川이라고 한다" 하였으므로, 신라본기 효공왕 4년 조의 菁州 병합에 대응하는 것이

108) 三品彰英, 1979, 『三國遺事考證』 中, 塙書房 : 김석형, 1981, 「구『삼국사』와 『삼국사기』」 『력사과학』 4 : 田中俊明, 1977, 「『三國史記』撰進と『舊三國史』」 『朝鮮學報』 83 : 洪潤植, 1987, 「三國遺事에 있어 舊三國史의 諸問題」 『韓國思想史學』 1.

109) 李根直, 1998, 앞의 논문, 32쪽.

110) 『삼국사기』 34 지리 1, 尙州 三年郡.

111) 『고려사』 世家 1, 태조 11년 : 『삼국사절요』 14, 경순왕 2년.

다.[112] 이러한 예는 오직 지명의 경우에 국한한 것이며, 『삼국사기』 견훤전을 전사하는 과정의 오류는 이루 예거하기 어려울 정도이다.

여하튼 『삼국유사』는 『삼국사기』가 포괄하지 못한 정보의 제시에 유의하였을 뿐, 그와 같은 오기와 사소한 변개에 일일이 세심한 숙고를 동반하지는 않았던 것이다. 후백제견훤조는 『李碑(禪)家記』와 『고기』 등의 신 자료, 특히 견훤과 후백제의 추이에 대해 『삼국사기』 견훤전의 정보와 부합할 수 없는 『고기』의 내용을 소개하는 데 본의가 있는 것이었다. 『삼국사기』에 가장 자료 양이 풍부한 김유신전 역시 『고기』로 불린 그의 '行錄'을 크게 절삭한 것인데, 그 절삭된 부분이 바로 『삼국유사』의 김유신조나 가락국기조 등에 반영되었을 것이라고 짐작하는 견해를 환기한다.[113] 이때 『삼국유사』의 김유신 설화는 그 서술 목적이 『삼국사기』의 열전과는 달랐으며, "지배이념의 구현보다는 그 인물의 신이한 행각이라든가 세상에 알려지지 않은 일화를 중요시한 것이다"라는 지적은[114] 적실한 이해이겠다.

과연 이처럼 『삼국사기』의 겨냥점과 『삼국유사』의 그것이 다르다고 하는 사실은 '유사'의 자처가 단순한 겸양이 아니라 '본사'가 외면한 인식과 가치에 대한 각성에 무게를 두어 마땅할 대목이다. 즉 『삼국유사』 찬자는 "유교적 이념에 입각한 역사 서술로는 한계가 있음을 말하려" 했던 것이다.[115] 따라서 이 각성이란 앞에서 말한 '괴력난신'의 '신이지사'로의 전환

112) 『삼국사기』 12 신라본기 12, 효공왕 4년 : 鄭淸柱, 1996, 『新羅末高麗初 豪族研究』, 一潮閣, 81쪽.

113) 李基白, 1986, 「三國遺事 紀異篇의 考察」 『三國遺事研究論選集(1)』, 白山資料院, 124쪽; 1984 『新羅文化』 1 : 李永植, 2002, 앞의 논문, 193쪽.

114) 權純烈, 1993, 「三國遺事 所載의 金庾信 說話 研究」 『(朝鮮大)人文科學研究』 15, 91쪽.

115) 丁天求, 1996, 「三國遺事 글쓰기 방식의 특성 연구 — 殊異伝·三國史記·海東高僧傳과의 비교를 통해」, 서울대학교 석사학위논문, 129쪽.

에서 비롯한다고 볼 일이다.

그러나 '신이'는 끝내 '합리'의 보족일 뿐, 그것을 전면 부정하는 무엇은 아니다.[116) 『삼국사기』 찬자는 신라사를 마무리하는 총평에서 박, 석, 김 등 上代 三姓 시조의 탄생담을 일러 "괴이하여 믿을 수 없지만 세속에서 서로 전해 와 사실처럼 되고 말았다"라고 하였다. 백제사를 마무리하면서도 신라 왕성 김씨의 유래담을 믿을 수 없다고 하면서, 그러나 "내가 역사를 수찬함에 있어 그 전한 바가 오래인지라 그 말을 깎아 없애지 못했다"라고 고백하였다. 樂志에서는 『고기』를 인용하여 신문왕 대의 만파식적 유래를 소개하면서도, "비록 이와 같은 말이 있기는 하나 괴이쩍어 믿을 수 없다"는 말을 숨기지 못하였다.

따라서 만약 그와 같은 신이담을 믿지 못하겠다는 태도에 주목하면, 그는 그야말로 경직된 유교적 경험주의자로 비쳐질 수 있다. 반면에 스스로 믿기 어려운 전승을 결국 버리지 않은 점에 무게를 두게 되면, 전대사 정리를 위한 절제된 수사가의 모습을 발견할 수도 있다. 아마 이 두 가지 측면은 각각 진실의 반면일 것이다.

신이의 세계를 직접 천명한 일연의 『삼국유사』에도 白雲子의 말을 빌려 "나는 괴이한 것을 좋아하는 사람은 아니나 부처님의 威神을 보매 이적을 드러내어 만물을 이롭게 하는 것이 이처럼 빠르거늘 佛子된 자로서 어찌 묵묵히 아무 말이 없을 수 있으랴!"라고 하였다.[117) '紀異'와 '好怪'는 이렇게 다른 것이다. 義湘은 허공에 떠서 탑돌이를 하였는데, 함께한 무리에게 일러 "세상 사람들이 (우리의) 이 모습을 보면 반드시 괴이하게 여

116) 『삼국사기』와 「동명왕편」의 관계도 다르지 않다. 卓奉心, 1984, 「『東明王篇』에 나타난 李奎報의 歷史意識」 『韓國史硏究』 44, 102~104쪽.

117) 탑상, 五臺山文殊寺石塔記.

길 것이니 세상에 가르칠 만한 것은 아니다"라고 하였다.[118] 세속의 질서와 신앙의 이적이 갈등 없이 공존하되 고유한 두 영역의 차이를 인정하고 있다.

또한 법흥왕과 진흥왕 부처의 출가를 언급한 다음 일연은 말하기를 "二興 — 즉 법흥왕과 진흥왕 — 이 세속의 왕위를 버리고 출가한 것을 사가가 쓰지 않았으니, 세상을 경영하는 가르침[經世之訓]이 아닌 때문이다"라고 하였다.[119] 이것은 김부식이 이른바 『구삼국사』의 동명왕에 관한 신이의 사적을 간략하게 한 이유를 "國史는 세상을 바로잡는 책[矯世之書]이므로 지나치게 기이한 일을 후세에 보이는 것은 옳지 않다고 생각한 때문이었을 것"이라고 추측한 이규보의 생각과도 상통한다.

따라서 일연은 이미 기이편의 서두에서 전제한 것처럼 "대저 옛 성인들이 예악으로 나라를 일으키고 인의로 가르침을 베풀었"음을 부정하지 않은 것이다. 그러므로 크게 본다면, 김부식이 고구려의 멸망을 평하여 통치의 요체는 '인화'와 '애민'에 있다고 한 『맹자』의 말을 빌려 쓰고,[120] 다시 백제의 멸망에 당하여 통치자는 '親仁善隣' 즉 대내적으로는 어진 자와 가까이 하고 대외적으로는 인접국과 화친하는 것을 나라의 보배로 여겨야

118) 의해, 義湘傳敎.

119) 흥법, 原宗興法猒髑滅身, "二興捨位出家 史不書 非經世之訓也". 이 대목에 대해 이기동은 "史記가 이 점을 기록하지 않은 것은 '經世의 訓'이 아니라고 비판"했다고 이해하였고, 신종원은 "역사에 기록되지 않은 것은 세상을 다스리는 옳은 가르침이 아니다"라고 해석하였다. 본고의 취지와 다르다. 李基東, 1987, 「三國遺事에 의한 新羅史硏究와 敍述」 『三國遺事의 綜合的 檢討』, 한국정신문화연구원, 117쪽 : 辛鍾遠, 1992, 「6세기 新羅佛敎의 南朝的 性格」 『新羅初期佛敎史硏究』, 民族社, 200쪽.

120) 『孟子』 公孫丑章 下, "孟子曰 天時不如地利 地利不如人和" : 『左傳』 哀公 元年, "吳之入楚也 … 逢滑當公而進曰 臣聞 國之興也以福 其亡也以禍 今吳未有福 楚未有禍 楚未可棄 吳未可從 … 臣聞 國之興也 視民如傷 是其福也 其亡也 以民爲土芥 是其禍也".

한다는 『左傳』을[121] 인용한 사유에 공명한다고 하겠다.

그러나 한편 『삼국사기』가 선덕왕의 두 가지 '知幾'의 사례, 즉 牡丹圖와 玉門池 관련 설화를 들어 여왕의 왕권 강화에 기여한 맥락을 보존한 반면, 『삼국유사』는 『삼국사기』가 침묵한 또 하나의 '知幾', 곧 여왕이 자신의 '死期'와 '葬地'를 예견했다는 지극히 불교적 우주관으로 각색된 설화에 역점을 두어 '知幾三事'를 구성하였다.[122] 바로 이 복합적 변용이 『삼국유사』의 사서적 위상을 지시한다고 본다.

또한 『삼국사기』의 효녀 知恩 이야기와 대강을 공유하면서도, 결국 집을 희사하여 兩尊寺로 만든 종결부를 새로 더하여, 孫順이 자기 집을 弘孝寺로 삼은 맥락에 견주었다.[123] 무엇보다도 眞定師와 大城의 불교적 효행에 무게를 두어 효선편을 구성한 것은 유교적 효에 대한 불교적 효의 본질을 말하고자 함이었다.[124] 요컨대 신이의 세계에 대한 『삼국유사』의 겨냥이 곧 『삼국사기』의 본질에 대한 부정과 반발은 아니나, 크게 보아 우호적 비판이요 비판적 보완이었던 것이다.

다시 신라 왕조의 와해에 대한 두 책의 강조점을 비교하여 이러한 이해를 확인해 본다. 『삼국사기』는 신라 멸망론을 경순왕이 아니라 景明王 대에 배치하였다. 현실에서 신라의 멸망은 곧 고려로의 승계를 의미한다. 그러므로 신라사의 총평에 해당하는 경순왕에 대한 사론에는 왕조 멸망에 대한 비판보다는 고려에의 귀순에 대한 포찬이 주조를 이룬다. 이 논리는

121) 『左傳』 隱公 6년 5월, "鄭伯侵陳大獲 往歲 鄭伯請成于陳 陳侯不許 五父諫曰 親仁善隣 國之寶也 君其許鄭".

122) 강재철, 2000, 「善德王知幾三事條 說話의 歷史的 理解」 『說話와 歷史』, 集文堂, 259~260쪽.

123) 효선, 孫順埋兒 및 貧女養母.

124) 金相鉉, 2000, 「三國遺事 孝善篇 檢討」 『東洋學』 30, 174쪽 : 김대현, 2000, 「『搜神記』와 『三國遺事』의 孝行談에 대한 비교 고찰」 『아시아문화』 15, 239~240쪽.

『삼국유사』에도 그대로 수용되었다.[125)]

한편 고려 태조는 경명왕 대에 신라 사신 金律에게 신라의 三寶 즉 황룡사의 丈六尊像과 九層塔 그리고 진평왕의 玉帶에 대한 관심을 표명한 바 있었다.[126)] 사실 태조에게는 신라의 온축된 왕조 권위를 승습하고자 하는 열망이 있었다. 특히 구층탑에 대한 관심은 각별하였고, 그 때문에 태조는 황룡사구층탑이 가지는 신라사의 성쇠 혹은 '一統三韓'과의 인과 관계에 주목하였다. 태조가 개경과 서경에 각각 구층탑과 칠층탑을 세워 일통삼한의 여망을 상징하고자 시도했던 실례는 그 좋은 방증이 된다.[127)]

그러나 김부식에게 있어서 그러한 신비적 인과성은 용납될 수 없었다. 신라의 삼보란 인위적 사치에서 나온 것이었을 뿐, 국가를 위해 하필 그것이 아니면 안 될 까닭이 없다고 하였다. 나아가 백제사의 멸망을 목도하고 '親仁善隣'을 나라의 보배라 하였듯이, 그는 같은 맥락에서 토지·인민·政事를 나라의 보배로 천명한다. 이는 초현실적 신비주의를 배격하는 논리로서 철저한 유교적 세계 인식이다. 태조의 각별한 관심에도 불구하고 그가 이렇듯 가차 없이 폄하할 수 있었던 것은 신비주의에로 일탈된 당시의 일부 정치 세력을 향한 단호한 경고가 절박했기 때문이었다.[128)]

반면에 삼보가 차지하는 신라사에서의 절대적 위상은 『삼국유사』에 여

125) 기이, 金傅大王.

126) 『삼국사기』 신라본기 12 景明王 5년 정월, "金律告王曰 臣往年奉使高麗 麗王問臣曰 聞新羅有三寶 所謂丈六尊像九層塔并聖帶也 像塔猶存 不知聖帶今猶在耶 臣不能答 王聞之問群臣曰 聖帶是何寶物耶 無能知者 時有皇龍寺僧年過九十者曰 予嘗聞之 寶帶是眞平大王所服也 歷代傳之 藏在南庫 王遂令開庫 不能得見 乃以別日齋祭然後見之 其帶粧以金玉甚長 非常人所可束也…".

127) 『고려사』 92 열전 5 崔凝, "太祖謂(崔)凝曰 昔新羅造九層塔 遂成一統之業 今欲開京建七層塔 西京建九層塔 冀借玄功 除群醜 合三韓爲一家 卿爲我作發願疏 (崔)凝遂製進".

128) 李康來, 1996, 「三國史記 史論과 金富軾」 『三國史記 典據論』, 民族社.

과 없이 드러나 있다. 우선 천사옥대조(기이)는 진평왕 대를 대변하는 상징으로 서술되었다. 이 옥대는 上帝가 天使를 시켜 직접 진평왕에게 전해준 보물이었다. 한편 황룡사장륙조(탑상)에 따르면 진흥왕은 西竺 阿育王이 실패한 장육존상 조성을 이루었다. 아육왕은 물론 南閻浮提의 16개 大國과 500개 中國과 1,000개 小國과 80,000개 聚落을 거치면서, 한결같이 실패한 일이 신라에서 이루어진 것이다. 그 연유를 문수보살은 전불시대의 인연 때문이라고 하였다. 이어지는 황룡사구층탑조에서도 선덕왕 대의 자장 앞에 현신한 문수보살과 神人의 말로 신라의 佛緣은 다시 확인되고, 마침내 九韓의 來貢을 희구하여 구층탑이 건조되었다.

찬자는 천사옥대조와 황룡사구층탑조에서 이 삼보의 위력으로 인해 고려의 왕이 신라 침범 계획을 포기했다고 반복하였다. 그리고 이어 말한다.

- 周나라에 九鼎이 있기 때문에 楚나라 사람들이 감히 북쪽을 엿보지 못했으니, 이와 같은 부류인 것이다. (『삼국유사』 탑상, 황룡사구층탑)

- 옛날에 明堂에 앉아 傳國의 璽를 잡고 九鼎을 벌려 놓는 것이 마치 帝王들의 盛事인 듯하나, 韓公(愈)은 논하여 "하늘과 백성의 마음이 귀일하고 태평의 기틀이 일어나는 것은 결코 三器(明堂, 國璽, 九鼎)로 할 수 있는 일이 아니다"[129]라고 하였으니, 三器를 세워 높음을 삼는 것은 과장하는 이의 말일 것이다. 하물며 이 신라의 三寶란 역시 인위적 사치

129) 韓愈, 「三器論」 『韓昌黎集』(河洛圖書出版社, 1975), "或曰 天子坐於明堂 執傳國璽 列九鼎 使萬方之來者 惕然知天下之人意有所歸 而太平之階具矣 後王者或闕何如 對曰 異乎吾所聞 歸天人之心 興太平之基 是非三器之能繫也 … 歸天人之心 興太平之階 決非三器之所能也".

에서 나온 것이었을 뿐이니 국가를 위하여 하필 이것이 아니면 안 될 것이겠는가. (『삼국사기』 12 신라본기 12, 경명왕 5년)

신라 삼보에 대한 양인의 인식 차이가 선명하다. 놓치지 않아야 할 것은 이 인식의 차이가 김부식과 일연이라는 개별 지식인의 세계관 혹은 사관의 차이로만 제한될 일이 아니라는 점이다. 『삼국사기』가 고려 전기 사회가 도달한 번영의 극점, 곧 쇠락의 조짐이 여러 형태로 발단되던 시기의 현실 대안의 한 형태를 띠고 있었던 것처럼,[130] 『삼국유사』 역시 13세기 말 이민족의 침압에 왕조사의 전개가 왜곡되고 있었던 당대 현실에 대한 체험과 각성을 토대로 하고 있었던 때문이다.[131] 이와 관련하여 元聖大王조(기이)에 일본 왕이 신라에 만파식적이 있다는 말을 듣고 침공 계획을 포기했다고 한 서술을 상기하거니와, 이는 고려 왕 및 구층탑의 사례와 전혀 다르지 않다. 즉 여기에서 고려와 원의 일본 원정이라는 당대의 사건을 배경으로 한 찬자의 일본관을 읽어낼 수 있다는 시각은[132] 충분히 타당하다.

일연은 황룡사구층탑을 통해 九韓이 來貢해 올 것이라는 신라인들의 염원을 주목하였다. "탑을 세운 뒤 천지가 비로소 태평해지고 삼한이 하나가 되었으니[三韓爲一] 어찌 탑의 영험한 음조가 아니겠는가!"라고 하였다. 이처럼 구층탑과 일통삼한의 인과 관계를 수긍하였으며, 나아가 "어찌 九韓만이 복종할 것이랴!"라고 거듭 찬탄하였다. 덧붙여 『(海東名賢安弘撰)東都成立記』를 인용하여 구한의 실체를 일일이 예거하였다. 이것은 마

130) 이강래, 2001, 「『삼국사기』의 성격」 『정신문화연구』 82; 2007, 『삼국사기 형성론』, 신서원.

131) 李楠永, 1986, 「三國遺事와 僧一然과의 關係考察」 『三國遺事硏究論選集(1)』, 白山資料院, 167~169쪽; 1973, 『哲學論究』 2.

132) 고운기, 2001, 앞의 책, 64~68쪽.

한조의 『海東(名賢)安弘(撰東都成立)記』의 내용과 조응한다.[133] 안홍은 황룡사구층탑의 건조 이념을 제공한 실제 당사자로 파악되고 있다.[134] 그리고 최치원은 그를 일러 '東方聖人'으로 추숭하였다.

이러한 추숭은 황룡사구층탑의 중수 등 상대의 가치 체계가 활발히 회복되는 신라 하대의 사조를 토대로 하고 있다. 즉 현실의 '角立三韓'을[135] 상대적 가치 체계의 회복과 재현을 통해 극복해보려는 하대 지식인의 사유를 반영하는 것이다. 이 광범한 사유에서 고려 태조는 신라 삼보, 그 가운데서도 황룡사구층탑에 대한 각별한 관심을 표명하였고, 과연 태조의 새로운 '일통삼한'은 실현되었다. 그러므로 고려의 창업은 시공을 뛰어넘어 신라 상대 말 '일통삼한'의 지향을 유효하게 계승한 것이다. 태조의 '克定三韓'과 '齊成一統'은 누구도 의심할 여지가 없다.[136] 『삼국사기』는 실로 태조의 이 '協和三韓'이[137] 아직 유효한 시대의 산물이었다. 따라서 황룡사구층탑을 포함한 삼보의 위력과 왕조의 존망을 연계시키는 신비적 사유가

133) 황룡사구층탑에 대한 '讚'이 마무리된 후 이어지는 『동도성립기』 인용문 이하를 일연의 작문이 아니고 후에 누군가가 첨가한 것으로 보는 의혹이 있다. 張忠植, 2001, 「『三國遺事 塔像篇 體裁의 檢討」 『東岳美術史學』 1, 18~19쪽. 그러나 첫째 九韓을 설명하기 위해 安弘의 저작을 인용하는 맥락이 마한조(기이)와 같고, 둘째 兵火로 탑 등이 소실된 것으로 마무리하는 방식 또한 바로 앞의 皇龍寺丈六조와 동일하며, 셋째 대교의 자료로 『국사』를 드는 방식과 실제 그 내용이 『삼국사기』와 일치한다는 점 등을 고려하여 흔연히 동의하기 어렵다. 다만 여러 가지를 양보하여 일연의 탈고 후 추기라 해도 지적한 여러 필치와 작성 태도가 일연의 그것에 잘 부합한다는 점만은 유념할 만하다고 생각한다.

134) 辛鍾遠, 1992, 「安弘과 新羅佛國土說」 『新羅初期佛敎史硏究』, 民族社, 244~247쪽.

135) 「興法寺眞空大師塔碑」(940), 앞의 책 『譯註 羅末麗初金石文(上)』, 88쪽, "三韓角立 未知彼此之僞眞".

136) 崔彦撝, 「地藏禪院朗圓大師悟眞塔碑」(940), 위의 책, 75쪽, "今上聖文世出 神武天資 三駈而克定三韓 一擧而齊成一統".

137) 金廷彦, 「玉龍寺洞眞大師寶雲塔碑」(958), 앞의 책 『譯註 羅末麗初金石文(上)』, 232쪽, "淸泰三年丙申秋 我太祖神聖大王 … 協和三韓 奄有四郡 加復輯寧君子國 瞻仰梵王家".

주목되어야 할 현실적 필요 또한 없다.

역으로 『삼국유사』에서 삼보 하나하나에 깊은 관심을 표명하고, 특히 일통과 구층탑의 논리적 인과관계를 강조하는 것은 그와 같은 사유의 복권이다.[138] 저상된 현실과 실천 가능한 타개책 모색에 무력한 시기, 비현실적 대안은 뜻밖에 널리 확산될 소지가 크다. 사실 『삼국사기』를 낳은 12세기 중엽에도 그러한 사유는 고려 사회 일각에 미만해 있었다. 주지하듯이 묘청은 서경으로 천도할 경우 "천하를 아우를 수 있으니 金國이 예물을 들고 와 항복할 것이며 36국이 모두 복종해 올 것이다"라고 하였다.[139] 이것은 숙종 초 金謂磾의 南京遷都論에서 제기한 논리의 연장에 있다. 그는 『道詵記』에 근거하여 中京, 南京, 西京을 巡住하면 36국이 조회하여 올 것이라고 주장하였다.[140] 황룡사구층탑의 건조에서 九韓의 來伏을 희구한 신라인들의 여망이 36국의 조공으로 바뀌었을 뿐, 그 본질은 다를 바 없다.

『삼국유사』가 신라의 멸망 관련 징후를 일단 경명왕 대에서 발견한 것은 『삼국사기』의 시각과 다르지 않다. 그러나 『삼국사기』와는 달리 삼보의 위상 저락과 불교적 권위의 위기가 주목된다. 우선 경명왕은 매사냥을 즐겨했다.[141] 백제의 법왕이 살생을 금지하고 민가의 鷹鸇을 방생케 한 조치와는 판이하다. 또 四天王寺 벽화 가운데 개가 짖어대거나 뛰쳐나오고 五方神의 활시위가 모두 끊어지는가 하면, 황룡사구층탑의 그림자가

138) 晋永美, 1990, 「「皇龍寺九層塔」 창건설화의 구조와 의미 — 一然의 『三國遺事』 편찬의식과 관련하여」 『成大文學』 27, 133~139쪽.

139) 『고려사』 127 열전 40, 妙靑.

140) 『고려사절요』 6, 숙종 원년 8월 : 『고려사』 122 열전 35, 金謂磾.

141) 감통, 仙桃聖母隨喜佛事.

한 달이나 뒤집힌 채 비쳤다.[142] 대표적인 호국 사찰들에서 발생한 변괴의 조짐이 불길하다. 사실 경명왕은 물론 지배계급 일반은 진평왕 옥대의 존재조차 망각하고 있었다. 각지의 분권화는 가속화되고 있었으며, 신라 조정은 말갈의 침구를 막아준 고려에게 감사할 뿐인 무력한 상태였다. 말갈과 왜를 포함하여 九韓을 아우르고자 한 기개는 어디에서도 발견할 수 없다.

그런데 일연 당대 고려의 현실, 즉 황룡사구층탑과 장육상이 이민족에게 유린되고 소실된 13세기 말의 상황과 신라 하대의 그것은 매우 유사하였다. 『삼국유사』가 종종 최치원에 대한 관심과 인용을 드러낸 것은[143] 아마 그러한 시대적 상황의 공감대에서 발로된 것이라고 보아야겠다. 최치원을 비롯한 신라 하대 지식인들이 그러했던 것처럼, 일연 역시 자신의 시대를 末法時代로 인식했을 것이다.[144]

그러나 김부식과 일연이 처한 시대 현실의 차이가 신이에 대한 수용 태도의 차이를 유발했던 것과는 달리, 최치원과 일연의 시대 현실에 대한 공감 이면에는 오히려 각인이 처한 왕조 즉 신라와 고려라는 질서의 차이가 개입되고 만다. 예컨대 최치원은 普德에 관한 전기를 저술한 바 있는데, 그에 의하면 고구려의 보덕이 完山 지역으로 이거한 때가 乾封 2년 3월 3일, 즉 667년이라고 하였다. 반면에 『삼국사기』에는 寶臧王 9년, 즉 650년의 일이라고 하였다. 김부식 또한 보덕의 전기를 지은 바 있다. 義天은 보

142) 기이, 景明王.

143) 이에 대해서는 金福順, 2002, 「『삼국유사』에 보이는 儒教史觀」『한국 고대불교사 연구』, 民族社; 1998, 『月雲스님 古稀記念 佛教學論叢』, 東國譯經院.

144) 金相鉉, 1986, 「『三國遺事』에 나타난 一然의 佛教史觀」『三國遺事硏究論選集(1)』, 白山資料院, 261~262쪽; 1978, 『韓國史研究』 20.

덕의 移庵을 650년의 일로 수용하였다.[145] 이와는 달리 이규보는 최치원의 견해에 적극 부합하였다.[146] 일연은 보장봉로보덕이암조에서 최치원과 김부식의 보덕전, 그리고 대각국사 의천의 언급을 다 인지하거나 인용하면서 결국은 『삼국사기』 고구려본기 내용을 위주로 삼았다. 이는 물론 '본사'의 존중에서 비롯한 결과로 보아야겠다.

문제는 최치원과 김부식, 양인의 저술에서 나타나는 연대의 차이는 단순한 선택과 오류의 문제로 돌릴 수 없으며, 나아가 연대로만 본다면 일연은 뜻밖에도 김부식의 연대관에 경도되었다는 데 있다. 우선 650년과 667년의 차이는 보덕이 연개소문의 도교 진흥책에 좌절하여 이암의 대상으로 선택한 곳이 백제의 영역이냐 통일기 신라의 치하냐를 가름한다는 데 주의해야 한다. 최치원은 보덕이 신라를 선택한 것이라고 본 것이다. 이것은 신라 중심 일통삼한의 당위요 마땅한 귀결을 의미하고 있다.

특히 보덕은 神人의 도움으로 8면의 7층 석탑과 그로 인한 靈塔寺를 건조한 주체였다.[147] 이것은 慈藏이 중국 大和池가에서 만난 神人의 도움으로 황룡사구층탑의 건조를 발의하게 된 사정과 방불하다.[148] 이렇게 보면 보덕 역시 상대 신라의 가치 체계에 부합하는 신이의 주인공이었던 것이다. 그러므로 최치원의 『보덕전』 저술은 황룡사구층탑과 일통의 의미 관계가 크게 고양되던 하대 지식인의 사유를 대변한 것이겠다.

물론 최치원과 김부식의 연대관 가운데 어느 정보가 진실인지 판단할

145) 『大覺國師文集』 17 「孤大山景福寺飛來方丈禮普德聖師影」.

146) 『東國李相國集』 23 記, 「南行月日記」; 같은 책 10 古律詩, 「是月八日游景福寺明日訪飛來方丈始謁普德聖人眞容板上有宗聆首座李内翰仁老所題詩堂頭老宿乞詩依韻書于末云」.

147) 탑상, 高麗靈塔寺.

148) 탑상, 皇龍寺九層塔.

수 있는 근거는 확보하기 어렵다. 그러나 아마 김부식에게는 이암의 대상지가 어느 왕조에 속하는가가 큰 문제는 아니었을 것이라고 본다. 더구나 그가 새삼스럽게 신라 중심의 일통론을 부정해야 할 이유는 없다. 이규보가 전적으로 최치원의 이해에 의존한 것도 신라적 권위를 염두에 둔 것은 아니었을 것이다. 마침내 일연 역시 연대 차이에는 깊이 주목하지 않았다. 그는 오직 불교에 대한 부당한 박해가 결국 왕조 멸망을 재촉했다는 점을 놓치지 않을 뿐이다. 예컨대 羊皿이 盖金으로 환생한 설화의 상징성은 도교에 의한 불교의 위축이라는 별개의 인과 관계에 밀려나고 만다.

『삼국유사』에 담긴 많은 설화들이 찬자의 불교적 세계관에 충실한 형태로 굴절된 것이었듯이,[149] 실로 "불교를 믿고 이를 진흥시키면 국가가 융성하고, 불교를 억압하면 국가가 멸망한다는 생각이 이 흥법편 전체를 흐르는 근본정신"이었다.[150] 본조에 인용된 『고려고기』에 대한 비판의 맥락도 여기에 일조한다. 앞에서 『고기』 류의 정보에 대한 찬자의 불신 경향을 확인하는 가운데 『고려고기』에 대한 비판적 고증이 잘못되었음을 지적하였거니와, 그 성급한 판단은 아마 연대관의 차이를 주목하여 『고려고기』의 이설을 소개한 때문이 아니라, 그 내용에 주목한 때문이라고 보아야 한다. 즉 고구려는 도교의 수용으로 망했던 것이다.[151]

이 글은 『삼국유사』의 사서적 성격을 정돈하고자 한 것이다. 논의의 영역은 크게 다섯 가지에 걸쳐 있다.

149) 李鳳麟, 1983, 「三國遺事의 象徵性 硏究」『三國遺事硏究 上』, 嶺南大學校出版部.

150) 李基白, 2000, 앞의 논문 「『三國遺事』 興法篇의 趣旨」, 3쪽.

151) 金相鉉, 1986, 앞의 논문 「『三國遺事』에 나타난 一然의 佛敎史觀」, 245쪽.

첫째, 『삼국유사』가 『삼국사기』를 삼국의 본사로 뚜렷이 의식, 전제한 저술이라는 점을 논증하였다. 『삼국유사』 찬자의 인식 가운데 『삼국사기』는 삼국 관련 근본 역사서였던 것이다. 둘째, 『삼국유사』가 인용한 자료 『고기』에 대한 검토에 집중하였다. 『삼국유사』 찬자는 『고기』의 설화적 정보에는 유의하였으되, 그 구체적 연대 등 사실성 자체에 대해서는 회의적이었다. 셋째, 『고기』를 비롯하여 『삼국유사』가 새롭게 활용한 자료들의 맥락을 살폈다. 그것들은 本史 『삼국사기』의 보완과 비판, 그리고 불교 신앙의 홍포와 그를 위한 감동과 이적의 증거들로 선택되었다. 넷째, 『삼국유사』 편찬의 주체를, 널리 공감하고 있는 것처럼 선사 일연으로 이해하였으며, 일부 있을 수 있는 보조자들 역시 그의 사유에 동의했음을 검증하였다. 다섯째, 『삼국유사』의 사서적 위상을 편찬 당대 고려 지식인들의 현실인식과 관련하여 설명하였다. 다시 말해 『삼국유사』는 끝내 시대의 산물이었다는 것이다.

시대의 주요 환경은 일단 두 가지 측면에서 겨냥되어야 한다. 하나는 왕조로서의 고려요, 다른 하나는 현실 모순이 극대화한 쇠란기의 13세기이다. 또한 『삼국유사』는 철저히 신앙의 감동과 신이의 세계로 채워져 있다. 이 세계를 매개하는 데에도 두 가지 요소가 교차하고 있음을 감지한다. 하나는 불교 신앙의 홍포에 대한 찬자의 열망이요, 다른 하나는 유교적 합리주의에 충실한 대안 마련이 더 이상 난망하다고 하는 각성이다.

'본사' 『삼국사기』는 고려 왕조의 전대사 인식의 준거로서 존중되었으나, 그것은 미처 150여 년 뒤의 현실에 착근한 지식인이 재발견한 제반 신이의 의미에까지 세심한 배려를 기하지는 못하였다. 오직 12세기 중엽 점증하는 왕조 위기에 대한 하나의 정치적 대안일 뿐이었다. 그러나 현실의 굴욕과 패배로 얼룩진 13세기 후반 고려 사회에서는 관념 속의 승리라는 신비적 사유가 강요되고 있었다.[152] 이 점에서 『삼국유사』가 변질된 쇠란의 왕조 말기에 발견한 불교적 세계관과 '신이'의 세계는, 그 자체가 또 하나의 대안이었던 것이다.

152) 李東夏, 1986, 「『三國遺事』 所載의 佛教說話에 대한 一考察」 『三國遺事研究論選集(1)』, 白山資料院, 447쪽; 1983, 『姜漢永古稀記念論文集』.

『삼국유사』 편찬의 유기성 문제

1. 검토의 시각
2. 지시와 호응
3. 분재의 맥락
4. 논증의 기준
5. 오류의 적용

1. 검토의 시각

『삼국유사』는 13세기 고려의 현실에서 비롯한 사유의 한 형태이다. 그것은 『삼국사기』와 마찬가지로 삼국을 매개하는 유력한 통로이기도 하다. 따라서 『삼국유사』는 우리 고대사 연구를 위한 1차 텍스트라 할 수 있으며, 그와 같은 각성을 하게 된 근대 이후 연구자들은 고대사 논의 가운데 『삼국유사』의 정보를 다양한 방법으로 활용해 왔다.

그러나 과거의 모든 기록물은 그것이 작성되던 당시의 현재적 관점에 충실한 것이므로, 필연적으로 서술 대상의 현실은 서술 당시의 맥락에 따라 선택적 의미를 지니기 십상이라고 해야 옳을 것이다. 다시 말해 특정 자료의 형성 과정에 대한 면밀한 분석적 이해가 수반되지 않을 경우, 해당 자료의 활용 방식은 지극히 제한적일 수밖에 없다. 최근 집중된 『삼국사기』의 형성론적 연구는 그러한 문제의식이 낳은 흐름이라고 할 만하다. 반면에 『삼국유사』에 대한 사료학적 검토는 미처 충분한 축적에 이르지 못하고 있다.

특히 『삼국유사』 편찬이 오직 一然만의 필적으로 이루어진 것으로 볼 수 없다는 의혹이 일찍이 제기된 이래, 그 회의의 강도는 증폭 일로에 있기도 하다. 무엇보다도 『삼국유사』의 수편으로 자리한 왕력이 기이편 이하 諸篇의 필치와 상충하는 바가 적지 않다는 데 일차적인 논점이 비롯하였다. 게다가 왕력을 기전체 사서의 연표에 비의할 때 제편 이하는 본격적인 내용편에 해당하는데, 제편의 각 편목 사이에서도 정보의 상충과 필치의 다중성이 적지 않다는 사실을 간과할 수 없는 실정이다. 그 결과 『삼국유사』는 일연과 무관하게 집단 편찬되었을 것이라는 극단적인 추정마저 제기되고 있다.

따라서 이 글은 『삼국유사』의 형성론적 연구를 위한 기초적 논의 영역이라 할 편찬 과정에 대한 문제를 숙고하려 한다. 현행 텍스트의 원전이라 할 1512년 간 정덕본 『삼국유사』를 둘러싼 기왕의 편찬 관련 논의는 몇 가지 형태로 구분할 수 있다. 첫째, 편찬에 개입한 인물들의 문제로 일연과 그의 제자 無極, 그리고 이름을 알 수 없는 다수의 필치들에 대한 논의이다. 둘째, 광범한 분주들 가운데 일연 사후 혹은 重刊 이후에 더해졌을지도 모르는 後註의 존재에 대한 논의이다. 셋째, 왕력과 제편 사이, 그리고 제편들 내부의 관계에서 상충하는 정보와 인식에 대한 논의이다.

그러나 일연의 제자 무극의 가필은 이미 여러 차례 실증적 논증이 거듭되어 온 것으로서 그 진위 자체가 새삼 문제될 까닭은 없다. 반면에 특정하기 어려운 가필자의 존재 여부는 사실상 후주의 적출 혹은 인정의 문제와 중첩된다고 할 것이다. 『삼국유사』의 수많은 분주 가운데 과연 어떤 것들을 모두가 동의할 수 있는 후주로 판정할 수 있을 것인가 하는 문제는 얼른 결론을 기대하기 어렵다. 그 동안 제기된 후주의 후보들 가운데에는 논리적 반론을 일소하지 못한 경우들이 적지 않다. 그렇다고 하여 모든 분주가 찬자의 自註 혹은 인용 원전에 이미 분주 형태로 있었던 原註라고 하기에는 주저되는 일면이 있음을 부정하기도 힘들다.

하나의 사례를 들어 이 문제의 복잡성을 공유해 본다.

• 제52대 효공왕 光化 15년 壬申[실제로는 朱梁의 乾化 2년이다.]에 奉聖寺 外門의 동쪽과 서쪽 21간에 까치가 집을 지었다. 또 神德王 즉위 4년 乙亥[古本에는 天祐 12년이라고 했으나 마땅히 貞明 원년이라고 해야 한다.]에 靈廟寺 안 행랑에 까치집이 34개, 까마귀 집이 40개나 되었다. (기이, 孝恭王)

• 제54대 경명왕 貞明 5년 戊寅에 四天王寺 벽화 속의 개가 짖어 댔으며 … 7년 庚辰 2월에는 皇龍寺의 탑 그림자가 今毛 舍知의 집 뜰 가운데 한 달이나 뒤집혀 비쳤다. (기이, 景明王)

효공왕조 서술자는 '광화 15년 임신'에 대해 "실제로는 주량의 건화 2년이다"라고 한다. 이 지적은 옳다. 당 昭宗의 연호 광화는 898년부터 901년까지 쓰인 데 그쳤으므로, 효공왕 대의 임신년(912)이라면 후량 태조 건화 2년이어야 한다.

이러한 본문 정보와 분주의 개입 과정에 대해서는 두 가지의 설명 가능성이 있다. 먼저 본문 서술이 미지의 원 자료를 인용했다고 할 때, 원전에 있는 연호와 연대를 그대로 옮긴 다음 인용자 스스로 분주를 통해 그 오류를 지적했을 가능성이다. 다른 하나는 본문 작성자의 무비판적 연대관에 대해 누군가가 그 오류를 지적해 둔 것일 가능성, 즉 이른바 후주일 가능성이다. 만약 첫째 가능성에 동의하여 본문 작성자가 연호 적용의 오류를 인지했을 것으로 본다면, 본문 서술 시점에서 옳은 연대 표기를 하지 않고 굳이 번다하게 분주를 가할 까닭이 없다는 점을 설명하기 어렵다.

둘째 분주는 '신덕왕 즉위 4년 을해'에 대해 "고본에는 천우 12년이라고 했으나 마땅히 정명 원년이라고 해야 한다"는 것이었다. 역시 연호 천우는 904년부터 907년까지 쓰였으므로, 그 12년째가 되는 을해년(915)은 末帝 정명 원년에 해당한다. 분주자는 잘못된 연호 표기가 '고본'에 있었다고 하였다. 그렇다면 신덕왕 대의 까치 집[鵲巢] 관련 기록 자체와 효공왕 대의 작소 기록 역시 동일한 '고본'을 출처로 했을 가능성이 높다. 이처럼 분주자는 광화, 천우, 건화, 정명 등의 연호 변천을 숙고하고 있었다.

그런데 이어지는 경명왕조에는 '정명 5년 무인'과 '정명 7년 경진'의 잘못된 간지 적용이 반복되었다. 정명 원년이 을해년임을 숙지한 효공왕조의 분주자가 곧이어 서술하는 경명왕조에서 정명 5년 즉 기묘년을 무인년이라 하고, 그 7년 신사년을 경진년이라 한 것은 납득하기 힘들다. 다시 말해 효공왕조의 분주자를 경명왕조 본문 작성자와 등치시키기 힘든 정황이다.[1] 결국 앞에 제기한 둘째 가능성, 즉 후주의 가능성에 기댄다 해도 경명왕조의 오류에 침묵하고 있는 현상은 더욱 설명할 단서가 없게 된다.

1) 이상의 전제적 논의는 이강래, 2005, 「『삼국유사』 기이편의 자료 수용 방식」 『삼국유사 기이편의 연구』, 한국학중앙연구원, 75~77쪽. 이 책의 2편 2장에 수록.

그러나 『삼국유사』에는 본문과 분주 양 영역에 공히 수많은 당착과 오류가 빈발하고 있다는 점을 유념하고자 한다. 중국 문헌과 국내 문헌을 막론하고, 서술 전거가 분명한 경우에도 여하한 논리도 구유하지 않은 채 오인과 개서가 일어나기도 한다. 동일 항목 가운데 자리한 내부 모순이 의식되지 못하거나, 특정 사건에 대한 정면의 배반 정보들도 수록되어 있다. 그에 따라 하나의 미세한 혐의는 또 다른 혐의를 강화하고, 연구자들이 정보 파편들의 분절성을 더욱 주목하는 경향을 형성하게 된다. 따라서 왕력 이하 전편에 걸친 편찬 주체 혹은 주체들을 특정하려는 논의 방식은 조만간 우호적인 합의를 기대하기 난망할 것을 예감한다.

견지해야 할 점은 『삼국유사』 정보 편들의 일부 부정합성은 결코 『삼국사기』의 그것과 비교하여 특수한 사례가 아니라는 것이다. 『삼국사기』에도 후주의 존재 논란을 비롯하여 연대의 착종과 사건 정보의 상충이 지적되고 있다. 또한 인용 전거의 개서와 오인이 고르게 적발되고 있다. 그러므로 연구자들은 『삼국사기』 내부의 분명한 당착들이 제기하는 의혹들이 텍스트 내부 비판을 통해 수정되거나 수긍되는 것처럼, 『삼국유사』의 경우도 마땅히 동등한 방식으로 음미되어야 한다는 데 동의할 필요가 있다.

요컨대 이 글은 『삼국유사』 편찬의 유기성 여부에 대한 점검을 겨냥한다. 세부 논의는 넷으로 나눈다. 첫째는 지시와 호응의 영역이다. 즉 서술 대상이 되는 항목의 표제나 특정 내용에 대해 다른 항목이나 내용을 지시할 경우, 그 지시 내용이 실제 호응하는가를 판정하는 방식을 이른다. 둘째는 분재의 맥락을 살피는 논의 영역이다. 이를 위해 서술 토대 정보가 복수의 항목에 분재된 경우들을 적출하고, 또한 그 수용 방식과 변용의 맥락을 분석하는 방법을 취한다. 셋째는 논증의 기준을 점검하는 영역이다. 서술자의 논증은 그의 자료 취급과 취사의 태도를 반영하는 것이므로, 논증 방식 자체는 물론 자료에 대한 편향된 신뢰의 경향 및 판단의 일관성 따위를 주목하려 한다. 넷째는 오류의 적용을 비판적으로 평가하는 영역이다. 단순한 誤引과 오각이 아니라 찬자의 명백한 誤認과 오판이라면, 그것이 적용된 서술의 사례들이란 본 논의에 매우 유의한 단서를 제공할 것이라고 기대하기 때문이다.

물론 이 글은 『삼국유사』 편찬의 유기적 맥락에 대한 긍정적 이해를 모색한다. 그것은 일견 선입견이거나 부당한 편향으로 비쳐질 수 있다. 그러나 이 글은 적어도 본 문제에 대한 부정적 견해들을 염두에 둔 대답이 아니다. "하나의 조 전체나 관련 조들을 유기적으로 파악하려는 노력 즉 찬자의 해당 사료에 대한 선택과 배열 그리고 그 고충까지도 읽어내지 않으면 안될 것이다"[2]라는 평범한 지적에 동의할 뿐이다. 동시에 이 글은 현 단계 『삼국유사』 편찬 과정과 관련한 논점들을 다 아우르지 못한다. 편찬 주체의 문제와 후주 여부의 문제를 본격적인 논의에 포섭하지 못하고, 오직 서술된 정보들과 그에 대한 서술자의 취급 방식 및 일부 인식을 거론할 것이다. 그러므로 관련 논의의 완결을 기대하지 않는다. 다만 전편에 걸친 이 점검의 작업이 향후의 세밀한 논증적 발언들의 저변 토대가 될 것을 희망한다.

2. 지시와 호응

『삼국유사』에는 왕력을 제외할 경우, 모두 138개의 개별 항목이 있다. 그러므로 우선 왕력과 기이편 이하 제편 사이에서, 그리고 제편의 전체 내용 가운데에서 항목 간 서로 호응하는 대목들을 적출하여 편찬자의 서술

2) 辛鍾遠, 1988, 「三國遺事 〈郁面婢念佛西昇條〉 譯解」 『新羅文化』 5, 181쪽.

상 유기성 문제를 검토한다. 특히 『삼국유사』의 서술상 특징의 하나로 항목의 표제나 특정 내용의 서술 도중 관련 항목을 지시하는 경우가 있다는 점을 주목한다. 이처럼 외양으로 판단 가능한 지시의 경우는 물론, 직접 지시를 노출하지 않으면서도 추정 가능한 상호 지시의 방식을 검증하여, 체재 구성의 유기성 문제를 음미할 수 있다. 판단이 용이한 대표적 사례들을 거론해본다.

태종춘추공조(기이)에는 김유신과 김춘추가 함께 蹴鞠을 했던 '정월 上午 忌日'에 대해 "見上射琴匣事"라고 한 분주가 있다. 이것은 순서상 앞에 서술한 射琴匣조(기이)를 이른다. 그에 의하면 毗處王 대에 까마귀[烏]와 쥐[子]와 말[午]과 돼지[亥]와 관련한 연속적 계기의 귀결로서 內殿의 焚修僧과 宮主가 간통하던 현장을 적발하였다. 그러므로 매년 정월의 上亥·上子·上午日에는 모든 일을 조심하여 함부로 움직이지도 않았고, 15일을 烏忌日로 삼아 찰밥으로 제사지낸다 하였다. 그렇다면 태종춘추공조에 보이는 '上午 忌日'을 사금갑조의 '上午日'과 등치하여 지시한 분주는 마땅히 두 항목 사이의 유기적 서술 맥락을 지지한다.

사실 '見上'과 같은 지시어는 이미 항목 간 고려의 맥락을 충분히 웅변한다고 본다. 예컨대 남부여전백제조(기이)의 표제에는 "北扶餘 已見上"이라는 설명이 부수되었다. 이것은 "북부여는 이미 위에 나왔다"는 말로서, 앞선 항목 북부여조를 환기시키고 있다. 일부 연구자들은 그 가운데 '북부여'를 '남부여전백제'와 동렬의 표제 일부로 파악한다. 즉 '已見上' 부분을 오직 '북부여'에 대한 분주적 첨기로 보는 것이다.[3] 그러나 본 항목에는 북부여에 대한 특정 서술은 없는 한편 성왕의 천도와 '남부여'라는 새로운

3) 姜仁求 외, 2002, 『譯註 三國遺事 II』, 以會文化社, 175쪽.

국호의 천명에서 서술이 발단되고 있다. 따라서 "北扶餘已見上" 자체를 '남부여전백제'에 대한 설명 분주로 이해해야 옳다.

즉 이 대목은 '남부여'에 대한 '북부여'를 염두에 둔 안내이자, '전백제'라는 제명 자체가 뒤에 이어지는 후백제견훤조(기이)를 의식한 것이기도 하였다. 다시 말해 '전백제'는 오직 '후백제'를 염두에 둔 분식일 뿐, 실제로는 '남부여' 자체가 곧 '백제'인 것이다. 그 때문에 찬자는 변한백제조(기이)의 표제 가운데 '백제'에 대해서 "남부여라고도 하니 즉 사비성이다"라고 분주하여 남부여전백제조를 안내하였다.

같은 이유에서 '見下'의 사례도 함께 고려할 일이다. 북부여조(기이)는 『고기』를 인용하여 북부여와 동부여와 졸본부여의 성립을 순차적으로 언급한다. 특히 東明이 북부여를 이어 졸본부여를 세웠는데 이가 곧 고구려의 시조라고 하면서, "아래를 보라[見下]"라고 분주하였다. 그러므로 북부여조 서술자는 이어지는 고구려의 창국을 염두에 두고 "見下"라고 분주하여 후속 기사를 안내했던 것이다. 실제 고구려조(기이) 서부는 "고구려는 곧 졸본부여다"는 말로 북부여조의 말미와 호응한다.

高麗靈塔寺조(탑상)는 『승전』을 인용하여 普德의 영탑사 창건을 간결하게 소개하는 가운데, 보덕에 대한 "자세한 것은 아래의 본전을 보라[詳見下本傳]"라고 안내하였다. 그러므로 이 역시 '見下'의 사례라고 할 수 있다. 그러나 이 경우에는 북부여조와 남부여전백제조, 그리고 북부여조와 고구려조의 대비 쌍에서 확인되는 바와 같은 상응 항목이 본조의 후속 기사 가운데 보이지 않는다. 보덕을 중심에 둔 서술 항목은 오히려 그보다 앞에 자리한 흥법편의 寶藏奉老普德移庵조였다. 따라서 일견 '見下'가 '見上'의 오기일 가능성에 기대고자 하는 유혹을 받는다. 그러나 그에 앞서, 적어도 두 가지 측면을 먼저 음미해야 한다.

僧傳에 이르기를 "승려 普德의 자는 智法이며 前高麗의 龍岡縣 사람이다"라고 하였다. 詳見下本傳. (그는) 늘 평양성에 살았는데 …

인용한 바와 같이 고려영탑사조에 기재된 보덕의 사적 일부 혹은 전부는 '승전'을 인용한 것인데, 현전하는 승전 류에서 관련 내용을 발견할 수 없다. 그러나 '본전'은 필시 보덕의 사적을 담은 승전, 곧 '보덕전'을 이른다. 그러므로 서두의 '승전'이 '본전' 자체이거나 그것을 포괄하는 것으로 보아도 좋다. 실제 보장봉로보덕이암조에는 보덕전을 '본전'으로 부르고 있다. 그곳에 인용된 '본전'의 내용은 이규보가 언급한 최치원의 '보덕전'으로 판단한다. 김부식 또한 보덕의 전을 지었다 한다. 특히 인용문은 보덕을 '前高麗' 용강현 사람이라고 하였다. 고구려를 '전고려'라고 한 용법은 『삼국유사』 제편 가운데 이곳이 유일하다. '전고려'는 '후고려'를 전제로 한다. 서부의 '승전'은 그러므로 통일기 신라 혹은 고려시대의 필치로 작성된 것이다. 이렇듯 『삼국유사』 편찬 당시 적어도 두 종의 '보덕전'이 행세하고 있었다.

한편 고려영탑사조 서술자는 그것을 '본전'이라고 불렀다. 그런데 보덕에 대한 자세한 사적을 아래, 곧 서술 서차상 뒤에 나오는 '본전'에 미룬 지시문은, 분주가 아니라 본문 가운데 자리한다. 즉 승전을 인용하여 보덕의 영탑사 관련 사적을 서술하는 주체는 뒤에 보덕에 대한 비중 있는 — 아마 열반종과 관련한 사상적 논의가 근간을 이루는 — 항목을 설정해 두고 있었던 셈이다. 본 항목 뒤에 보덕을 다룬 별도 항목이 현행 『삼국유사』에 없다는 현황과는 별개의 문제로서, 본 대목을 쓰는 서술 시점에서 서술자는 보다 본격적인 보덕 관련 항목의 배치를 염두에 두었던 것이다. 그의 작의는 실현되지 못했으나, 그것은 『삼국유사』 내 복수의 항목을 유기적으로 고려하고 있는 서술자의 존재를 증언한다는 점에서 마땅히 주목할 일이다. 이러한 정황을 우호적으로 고려하면서, 다른 항목을 지시한 사례들을 더 들어본다.

善德王知幾三事조(기이)에는 선덕왕이 靈妙寺의 玉門池에 개구리들이 모여 울어대는 현상에서 富山의 女根谷에 백제의 복병이 있음을 통찰해낸 일이 기록되어 있다. 그에 이어 "영묘사는 선덕왕이 창건했는데 (그에 대한 일은) 양지사전에 갖추어 실려 있다[具載良志師傳]"라고 하였다. 또 靈妙寺丈六조(탑상)에는 "선덕왕이 (영묘사를) 창건하고 (장륙상을) 소성한 인연이 양지법사전에 갖추어 실려 있다[具載良志法師傳]"라고 하였다. 여기에 다시 덧붙여 경덕왕 23년에 장륙상을 改金했는데 租 23,700석이 소요되었다고 한 뒤, "양지전에는 장륙상을 처음 만들 때의 비용이라고 했다[良志傳作像之初成之費]"라고 분주하였다. 阿道基羅조(흥법)에서도 영묘사는 선덕왕 을미에 처음 개창했다 했고, 『삼국사기』 신라본기에도 역시 선덕왕 4년(635)에 "영묘사가 낙성되었다"라고 했으므로, 선덕왕의 영묘사 창건 기록은 우선 신뢰할 만하다.

그런데 영묘사 및 장륙상과 관련하여 기이편과 탑상편에서 언급된 '양지사전', '양지법사전', '양지전' 등은 의해편의 良志使錫조 자체를 가리킨다고 보고자 한다. 양지사석조에는 양지가 선덕왕 대에 활동했으며, 영묘사 장륙삼존상을 만들고 영묘사의 편액을 썼다는 것, 그리고 영묘사 장륙상을 만들 때 소조 작업을 위해 노동하던 사람들이 불렀다는 風謠가 소개되었다. 무엇보다도 영묘사장륙조의 '租 23,700석'에 상응하는 '穀 23,700석'을 '初成之費'라 한 다음 "或[云改]金時祖[租]"[4]라고 분주하였다. 이 경

4) [ ]의 내용은 필자의 추기.

우 분주의 '改金費'설은 영묘사장륙조의 내용을 이르는 것으로 보아도 좋다. 따라서 '양지사전'과 '양지법사전'과 '양지전'으로 지시한 실체는 양지사석조 자체일 수 있다.

이와 관련하여 "양지사석조가 승려들의 전기를 모아놓은 의해편에 들어있다는 점도 찬자가 이 조를 양지의 전기로서 의식하고 썼다는 하나의 이유가 된다"[5]라고 한 설득력 있는 지적도 환기한다. 물론 양지사석조의 내용은 매우 소략하여 그것이 곧 이른바 『양지(법사)전』의 온전한 면모를 반영하고 있지는 못하다. 그러나 적어도 '초성비'설과 '개금비'설의 호응은 탑상편의 영묘사장륙조와 의해편의 양지사석조의 서술이 서로 유기적 고려하에 이루어졌음을 증명한다.

溟州五臺山寶叱徒太子傳記조(탑상, 이하 '전기'조)에서는 문수보살이 매일 36가지 형태로 현신하는 것에 대해 "36가지 형상은 臺山五萬眞身傳에 보인다"라고 분주하여, 그 구체적 형상을 대산오만진신조(탑상, 이하 '진신'조)에 미루었다. '진신'조는 바로 직전에 배치되어 있다. 그곳에는 과연 매일 새벽 문수보살이 진여원에서 현신하는 36가지 형상이 일일이 적시되어 있다. 그러므로 이 역시 두 항목 사이의 유기적 호응의 사례로 간주할 만하다. 다만 孝明 등 신라의 왕자들이 오대산으로 갔다 한 사건의 연대에 대해 두 항목은 부합할 수 없는 서술을 담고 있다. '진신'조에 있는 분주의 일부를 들어 이 문제를 생각해 본다.

> 『고기』에는 大和 원년 무신(648) 8월 초에 왕이 산중에 숨었다고 했는데, 아마 이 글은 크게 잘못인 것 같다. 살펴보건대 孝照는 (孝)昭라고도 쓰

5) 신종원, 1992, 「三國遺事 〈良志使錫〉條 註釋」 『古文化』 40·41合, 82쪽.

며, 天授 3년 임진(692)에 즉위하였으니 그 때 나이 16세였고, 長安 2년 임인(702)에 崩御할 때 나이는 26세였다. 성덕왕은 바로 이 해에 즉위하였는데 나이 22세였다. 만약 (『고기』의 말처럼) 대화 원년 무신이라고 한다면 孝照王이 즉위한 甲辰(壬辰의 誤 — 필자)보다 무려 45년 앞서 곧 태종·문무왕의 치세가 된다. 이로써 이 (『고기』의) 글이 잘못임을 알거니와, 따라서 취하지 않는다.

『고기』의 정보는 대화 원년 무신(648) 8월 초에 왕이 산중으로 숨었다는 것이다. 『삼국유사』 왕력에서는 진덕왕이 정미년(647)에 즉위하여 이듬해인 무신년에 개원했다고 한다. 이와는 달리 『삼국사기』 신라본기에 따르면 즉위 원년 즉 정미년에 개원했다고 하였다.[6] 그러나 『삼국사기』 연표에 의하면 진덕왕 2년, 즉 무신년에 "改元太和"라고 하였다. 김유신전에도 대화 원년과 대화 2년의 기사가 있는바, 각각의 동일 내용이 신라본기에는 진덕왕 2년과 3년 조에 기록되었다. 따라서 『고기』의 연대관은 신라본기와는 1년의 오차가 있는 반면, 열전과 연표와 왕력과 일치하고 있다. 한편 분주의 문제 제기 내용 가운데는 대화 원년의 간지 '무신'에 대한 것은 포함되어 있지 않다. 이것은 그가 대화를 진덕왕의 연호로, 그 원년을 무신년으로 이해하고 있었음을 의미한다.[7]

여하튼 분주자는 『고기』의 연대를 잘못이라고 논증한다. 『고기』는 바로

6) 『삼국사기』 신라본기 5 진덕왕 즉위년 조에 의하면 선덕여왕은 재위 16년(647) 1월 8일에 毗曇 등의 반란 중에 죽었고, 진덕왕은 같은 해 7월에 "改元太和"하였다.

7) 김복순은 연호 '太(大)和'를 신라가 아니라 당 文宗의 연호로 가정해 볼 것을 제안한다. 金福順, 1990, 「新羅 下代 華嚴宗의 系派」 『新羅華嚴宗研究』, 民族社, 116쪽. 그에 대한 동의 여부와는 별개로, 적어도 분주 작성자는 이를 진덕왕의 연호로 단정하고 있다.

이어 서술된 '전기'조와 "같거나 적어도 동류"라고 판단된다.[8] 그것은 '진신'조에 『고기』 혹은 그 약칭인 『記』의 형태로 인용된 내용이 바로 '전기'조의 서술과 일치하는 데 근거한다.[9] 그럼에도 불구하고 '전기'조에는 대화 원년 8월 5일에 효명 형제가 오대산으로 들어갔다고 서술하였다. 앞에서 부정한 연대 정보가 이어지는 항목에서 비판 없이 서술된 것이다. 이러한 현황은 일견 두 항목 사이의 서술상 유기성을 회의하게 한다.

그에 따라 이들 항목이 일연의 편찬 이후에 추가되었으리라는 견해,[10] 혹은 신라의 왕위 계승 사료로서 기이편에 들어갈 만한 사료라는 평가가 이어졌다.[11] 여기에 더해, 두 항목의 서술과 편입은 선후의 시차가 있으며 "36가지 형상은 대산오만진신전에 보인다"라고 한 것은 이른바 후주라는 주장이 제기되었다.[12] 그에 반해 두 항목의 유기적 관계를 환기하면서 해당 항목들은 일연에 의해 작성되었다는 단호한 반론도 있다.[13] 실제 후주의 존재 여부를 명료하게 논증하는 것은 용이하지 않다.

그러나 '진신'조 분주에 보이는 『고기』 및 두 차례의 『기』 인용 내용은 '전기'조와 다르지 않다. '전기'조는 『五臺山月精寺事蹟』 중의 「五臺山聖跡并新羅淨神太子孝明太子傳記」를 참고한 서술로 추정된다. 특히 '진신'

8) 辛鍾遠, 1987, 「新羅五臺山史蹟과 聖德王의 卽位背景」 『崔永禧先生華甲紀念韓國史學論叢』, 探求堂, 96쪽.

9) 李康來, 1996, 「三國遺事 引用 古記의 性格」 『三國史記 典據論』, 民族社, 166~169쪽.

10) 李基白, 1984, 「三國遺事 紀異篇의 考察」 『新羅文化』 1; 1987, 「三國遺事의 篇目構成」 『佛敎와 諸科學』, 東國大學校出版部. 金杜珍, 2000, 「三國遺事의 體制와 내용」 『韓國學論叢』 23.

11) 辛鍾遠, 1987, 앞의 논문.

12) 河廷龍, 2001, 「『三國遺事』 諸條目間 關係考」 『韓國史學史學報』 4, 9~11쪽; 2005, 『삼국유사 사료비판』, 民族社, 205쪽.

13) 金相鉉, 1987, 「三國遺事의 書誌學的 考察」 『三國遺事의 綜合的 檢討』, 韓國精神文化研究院, 41쪽; 2007, 「『삼국유사』의 연구현황 — 편찬과 간행을 중심으로」 『일연과 삼국유사』, 일연학연구원, 77~78쪽.

조에 보이는 慈藏 관련 내용과 信義·有緣 관련 내용과 淨神·孝明 관련 내용은 각각 『삼국유사』의 慈藏定律조(의해)와 臺山月精寺五類聖衆조(탑상)와 '전기'조에 상응한다는 분석을 지지한다. 이들 연이은 세 항목을 모두 『산중고전』에 의거한 것으로 짐작한 견해도 함께 고려할 일이다.[14]

무엇보다도 대산오민진신조를 일러 '대산오만진신전'이라고 한 호칭 방식을 주목한다. 영묘사장륙조 서술자도 양지사석조를 일러 '양지전'이라고 하였다. 『삼국유사』 내의 다른 항목을 일러 '某傳'으로 지칭한 여러 사례들은 후주나 후인의 첨기 여부와는 별개로 매우 유의한 지침적 경향인 것이다. 더구나 그것은 승려의 전기적 항목에 한정하는 것도 아니다. 明朗神印조(신주) 서술자는 당 고종이 薛邦을 시켜 신라를 공격케 했을 때 명랑법사가 비법을 써서 격퇴시킨 일에 대해 "事在文武王傳中"이라고 분주하였다. 설방의 군사적 동태는 유학 중이었던 의상에 의해 신라에 알려졌던 터라 義湘傳敎조(의해)와 惠通降龍조(신주)에도 간단하게 언급되었으나, 더욱 상세한 전말은 분주의 지적처럼 기이편의 文虎王法敏조에 보인다. 대산오만진신전과 같이, 독립 항목 자체가 '전'으로 지칭된 사례다.[15]

한편 信忠掛冠조(피은) 서술자는 『삼국사기』를 오인하여 경덕왕 대의 신충과 斷俗寺 창건을 서술한 다음, "三和尙傳을 보면 信忠奉聖寺가 있는바 이것과 서로 혼동되고 있다"라고 분주하였다. 그리고 이어서 "그러나 계산해보면 신문왕 때는 경덕왕 때와 이미 백여 년이나 거리가 있다. 하물며 신문왕과 신충의 일은 지난 세상의 일이니 여기의 신충이 아닌 것이 명

14) 辛鍾遠, 1987, 앞의 논문, 97~99쪽. 金相鉉, 2003, 「三國遺事論」 『강좌 한국고대사』 1, 가락국사적개발연구원, 251쪽; 2007, 앞의 논문, 77쪽.

15) 하정룡은 별도의 원전으로서 '문무왕전'이 있었을 가능성을 배제할 수 없음을 들어 명랑신인조의 지시 대상을 문호왕법민조로 보는 이해를 회의한다. 河廷龍, 2001, 앞의 논문, 32~33쪽.

백하다"라고 논단하였다. 분주에 지적한 '신충봉성사' 관련 내용은 혜통항룡조에 보인다. 그에 의하면 신문왕과 신충은 이미 전생에 원혐이 맺어졌으며, 신문왕은 혜통의 제안을 따라 신충의 명복을 빌기 위해 '신충봉성사'를 세웠다 한다. 따라서 신충괘관조의 분주는 혜통항룡조를 염두에 둔 것이며,[16] 분주자가 이른 '삼화상전'이란 결국 혜통항룡조를 포함하여 密本摧邪조와 명랑신인조를 포괄하는 신주편 자체를 이른다. 신주편은 실로 밀본·혜통·명랑 등 세 명의 전기였거니와, '전'과 '편'이 혼용된 셈이다.

주의할 것은 신충괘관조의 서술자는 단속사를 창건한 경덕왕 대의 신충과 봉성사 창건을 매개한 신문왕 대의 신충이 둘 다 왕에 대한 원망을 지닌 인물로 설정되어 있음에도 불구하고 더 이상의 고증을 포기했다는 것이다. 그에게는 두 명의 다른 신충이 있을 뿐이다. 흥미롭게도 혜통항룡조에도 신충봉성사 관련 내용 말미에 "或本에는 이 일이 眞表傳 가운데 실려 있으나 잘못이다"라고 분주하였다. 혜통과 진표의 활동기가 경덕왕 대였던 데서 비롯한 이종의 전승이 있었던 것 같다. 다시 말해 기존 승전 류의 진표 관련 내용에는 신충 관련 전승이 있었을 법하다. 물론 '혹본'을 무극의 초간본과 구분되는 이본의 『삼국유사』라고 보는 이해에서는[17] 분주의 '진표전' 또한 眞表傳簡조(의해) 자체일 수 있겠다. 다만 이 분주에서 이른 '진표전'이 반드시 진표전간조를 이른다고 할 단서나 증거는 없다.

『삼국유사』에 있는 다른 항목을 '모전'으로 부르고, '전'은 다시 '편'으

16) 李基白, 1962, 「景德王과 斷俗寺·怨歌」 『韓國思想』 5. 혜통을 '王和尙'이라 했다는 혜통항룡조의 서술을 고려하여 "'王和尙'이 '三和尙'으로 잘못 적힌 것"이 아닌가 하는 생각도 있다. 신종원, 2010, 「『삼국유사』 信忠掛冠條의 몇 가지 문제」 『명예보다 求道를 택한 신라인 — 新羅文化祭學術論文集 31』, 57~58쪽.

17) 高橋亨, 1955, 「三國遺事の注及檀君傳說の發展」 『朝鮮學報』 7, 67~70쪽.

로도 지칭되었다는 점은 자장정률조의 분주를 이해하는 데 기여한다. 즉 자장이 당의 淸凉山 曼殊大聖 곧 문수보살에게서 받은 梵偈를 웬 異僧이 와서 해석해 주었다고 한 대목에서, 서술자는 "已出皇龍塔篇"이라고 하였다. 그런데 황룡사구층탑조(탑상)에는 자장과 문수보살의 만남에 대해 "祥見本傳"이라고 분주하였다. 이 '본전'은 문맥과 내용의 비교를 통해 자장정률조를 가리킨 것으로 보는 데 어려움이 없다. 즉 황룡사구층탑조를 일러 '황룡탑편'이라 한 것이며, 자장의 사적을 가장 자세하게 아우른 자장장률조를 일러 '본전'이라 한 것이다.

그러나 문수보살이 준 범게에 대한 자세한 설명은 정작 대산오만진신조에 보인다. 앞에서 '진신'조의 대응 항목 가운데 자장정률조를 거론한 것을 환기한다. 이와 관련하여 '진신'조에서 언급한 두 차례의 '別傳'이 지시하는 바도 음미할 대상이다. '진신'조에서는 태화지의 용이, 범게를 해석해 준 노승이 곧 문수보살임을 자장에게 알려 주면서 창사와 건탑을 부탁하였다고 한 다음, "具載別傳"이라고 하였다. 그리고 이어 문수보살의 지시에 따라 태백산 葛蟠處에 이르렀는데 "지금의 淨嵓寺가 이곳이다"라고 한 다음, "亦載別傳"이라고 분주하였다. 그 가운데 창사와 건탑 관련 시말은 단연 황룡사구층탑조에 상세하고, 문수보살이 이른 葛蟠地 관련 내용은 자장정률조에 자세하다. 그러므로 '진신'조에서 이른 두 '별전'은 일견 『삼국유사』 내의 각각 서로 다른 항목을 이른다고 할 수 있다.

반면에 두 가지 자장 관련 사적을 함께 아우르는 '별전'의 존재를 겨냥한다면, 그것은 『삼국유사』를 벗어나 있게 된다. 사실 황룡사장륙조에서도 소용된 황철 5만 7천 근과 황금 3만 푼에 대해, '별전'에서는 각각 40만 7천 근과 1천 양이라고 했다는 정보를 소개하였다. 그러나 그에 부응하는 항목은 『삼국유사』 항목 가운데서 확인할 수 없다. 栢栗寺조(탑상)에서 언급한 '별전'도 유사한 사례이다.

백률사조에는 효소왕 대에 국선 夫禮郎이 말갈적에게 잡혀간 데 이어 內庫의 玄琴과 神笛이 없어진 사건이 소개되는 가운데 "琴笛事具載別傳"이라고 하였다. 그리고 이어 부례랑 일행이 현금과 신적을 가지고 귀환한 사정을 기록하고, 신적을 '萬萬波波息笛'으로 개호했다 한 데 대해, "祥見別傳"이라고 분주하였다. 만파식적 자체에 대한 정보는 만파식적조(기이)에 그 유래가 자세하다. 더구나 만파식적조에서는 부례랑이 생환해 온 사건을 계기로 '만만파파식적'으로 이름을 고친 사실과 관련하여 "祥見彼傳"이라고 하였다. 따라서 온건하게 본다면 만파식적조에서 이른 '피전'은 관련 내용에 한할 경우 백률사조에 부응하며, 백률사조의 '별전' 내용 역시 만파식적조에 대응한다. 그러나 '피전'은 아마 부례랑의 인물 전기 류로 보이며, 만파식적의 개명에 대한 전말은 만파식적조보다 오히려 백률사조에 상세하다. 그러므로 현행 『삼국유사』 정보로 볼 때, 더욱 상세한 내용을 미루어 둔 '별전'이 만파식적조 자체라고 보기는 어렵다.

그러나 양편의 지시 대상이 서로를 이르는 것이 아니라 해도, 다시 말해 직접적 지시와 호응의 관계는 아니라 해도, 두 항목이 지시한바 '피전'과 '별전'은 동일한 실체일 가능성이 크다는 것은 유의할 사항이다. 그것은 곧 두 항목 서술자가 근거 자료를 공유했다고 할 수 있기 때문이다. 즉 토대 자료의 동일성 또한 서술 과정의 유기성 영역에 긍정적 지표의 하나로 간주해도 좋다.

더구나 '본전'의 경우는 '별전'과 구분하여 음미하고자 한다. 우선 황룡사구층탑조에서 자장과 문수보살의 만남에 대해 지시한 '본전'이 자장정률조 자체였다고 판단한 앞의 논의를 다시 환기한다. 자장정률조에서는 역방향으로 "이미 皇龍塔篇에서 나왔다"라고 하였으니, 그 상응의 맥락을 크게 의심할 이유는 없다. 무엇보다도 자장정률조에는 자장이 통도사를 창건하고 戒壇을 쌓은 일을 말하면서 "계단의 일은 이미 위에 나왔다[戒壇事已出上]"라고 분주하였다. 그것은 자장이 오대산에서 얻은 사리를 통도사 계단 등에 분치했다는 황룡사구층탑조의 내용을 가리킨다. 이 점을 염두에 두고 前後所將舍利조(탑상)의 '義湘傳'에 대해 생각해본다.

무극은 전후소장사리조를 마무리하는 찬시의 뒤에 자신의 의견을 피력하였다. 그는 "이 기록의 의상전[此錄義湘傳]을 보면 永徽 초년(650)에 (의상이) 당에 들어가 智儼을 알현했다고 하였지만, 浮石本碑에 의거해 보면 이러하다"라고 한 다음, 부석본비 내용을 인용한다. 부석본비에 따르면, 의상은 영휘 원년(650)에 원효와 함께 입당을 시도하다 실패하였고, 龍朔 원년(661)에 입당하여 지엄을 만났다고 한다. 무극은 다시 至元 21년(1284)의 國淸寺 참례 경험까지 서술한 끝에, '無極記'라고 밝혀 두었다. 요컨대 그는 무엇보다도 의상의 입당 연대에 관한 '此錄義湘傳'과 '부석본비'의 차이에 주목한 것이다.[18]

문제는 '此錄'으로 지목된 '의상전'이 『삼국유사』 내부의 그것인지의 여부이다. 문맥으로 보면 '此錄義湘傳'이란 무극에 앞서 본래의 전후소장사리조 찬자가 서술한 본조의 주문 가운데 의상과 지엄의 만남을 다룬 대목으로 보인다. 그러나 그 가운데에는 정작 의상의 입당 연대나 그 단서가 될 만한 정보가 들어 있지 않다. 관련 정보는 오히려 의상전교조에 보인다. 의상전교조에 따르면, 의상은 29세에 皇福寺에서 승려가 된 후 원효와 함께 요동을 경유한 입당을 시도하다가 좌절하였고, 영휘 초년에 비로소 성공

18) 의상의 활동 연대 정보에 대해서는 부석본비 측이 비교적 정확하다는 평가를 받고 있다. 金相鉉, 1993, 「三國遺事 元曉 關係 記錄의 檢討」 『新羅佛敎의 再照明 — 新羅文化祭學術發表會論文集 14』, 200쪽.

했다 한다. 첫 번째의 시도가 실패한 다음 재차 입당에서 지엄을 만난 줄거리는 부석본비와 공명하나, 입당 연대 자체는 '차록의상전'과 일치한다.

의상전교조 찬자는 의상과 원효의 입당 실패 전말에 대해 "事在崔侯本傳及曉師行狀等"이라고 밝혀 두었다. 의상전교조의 말미에도 역시 "餘如崔侯所撰本傳"이라고 하여 기록을 더하지 않았다. 그렇다면 무극이 말한 '義湘傳'이란 '崔侯' 곧 최치원의 그것,[19] 다시 말해 『新編諸宗教藏總錄』에 보이는 『浮石尊者傳』[20]일 가능성이 높아 보인다. 그러나 『해동고승전』에는 최치원의 '義相傳'을 인용하여 "의상은 진평왕 建福 42년(625)에 태어났으니, 바로 이 해에 동방의 성인 安弘法師께서 西國의 세 三藏 및 중국의 스님 두 분과 함께 당으로부터 돌아오셨다"라고 하였다. 그렇다면 의상전교조가 의거했다 한 '崔侯本傳'과 『해동고승전』이 인용한 최치원의 '義相傳' 내용은 의상의 나이와 입당 연대에서 크게 어긋난다. 물론 현존하는 두 자료의 오기일 수도, 혹은 최치원의 저술 정보를 잘못 인용했을 수도 있겠다.

그러나 무극이 이른 바의 '義湘傳'이 오직 의상전교조 자체를 가리킨다고 볼 수도 있다. 그 경우 '此錄'이란 '이 기록물에 있는', 즉 '이 책에 수록되어 있는'의 의미로 독해한다. 이것은 이미 살핀 바와 같이 『삼국유사』 내 다른 항목이나 편목을 '傳'의 형태로 언급한 방식일 가능성에 주의하는 것이다. 더구나 본 대목은 무극의 첨기 부분이므로, 의상전교조를 포함한 『삼국유사』의 전편 체재가 마무리된 이후 시점에서 서술되었다. 그가 기존 체재와 내용을 토대로 이미 수록되어 있는 의상전교조를, 부석본비와

19) 성균관대학교 대동문화연구원, 1972, 「解題」 『崔文昌侯全集』, 성균관대학교 출판부, 4쪽.

20) 金福順, 1990, 앞의 책, 169쪽.

비판적으로 비교하기 위해 '이 책에 (수록되어) 있는 의상전'으로 지칭하는 것은 자연스러운 필법일 것이다.

완연 똑같은 방식의 언급이 關東楓岳鉢淵藪石記(의해)에 있다. 특히 항목의 표제에 대한 분주와 본문 서술을 마무리하면서 첨기한 내용의 호응을 주목한다.

- 이 기록[此記]은 곧 寺主인 瑩岑이 지은 것인데 承安 4년 기미(1199)에 비석을 세웠다.

- 이 기록에 실린 眞表의 사적[此錄所載眞表事跡]은 鉢淵의 비석 기록과 서로 다른 부분이 있으므로 瑩岑이 기록한 바를 간추려 실으니 뒷날 현명한 이는 마땅히 참고할 일이다. 無極記.

인용한 첫째 글은 항목의 표제 관동풍악발연수석기에 부기한 분주이다. 둘째 인용문은 영잠의 비문 내용을 별도 항목으로 설정한 이가 무극임을 알려 주는 동시에, 전후소장사리조와 의상전교조의 차이를 논의한 그의 방식과 부기의 동기가 방불하게 재현되고 있음이 드러난다. 그런데 첫째 인용문 가운데 '此記'는 영잠이 지은 비석의 내용을 이르는 반면, 둘째 인용문에 보이는 '此錄'은 '진표의 사적'을 담고 있는 기록물을 의미한다. 물론 '차기'로 지칭된 비석의 내용 역시 진표의 사적이다. 또한 본조는 진표전간조에 바로 이어 자리한다. 그러므로 무극이 이른 '진표의 사적'이란 진표전간조에 있는 내용을 지시한다는[21] 데는 일찍부터 광범한 동의가 있어 왔다.

21) 高橋亨, 1955, 앞의 논문, 65쪽.

이처럼 연이은 두 항목은 서술 시점을 선후로 하여 모두 진표의 사적을 담고 있으나, 주요 내용이 다르다. 따라서 '차록'의 용례는 전후소장사리조와 관동풍악발연수석기조 양편에서 같은 것이었다. 요컨대 무극은 발연사의 이른바 「진표비문」을 진표전간조와 "대비시켜 판단하도록 첨기한 것"이었으며, 결국 "일연의 편찬 의도를 계승해 편집한" 것이었다.[22]

勝詮髑髏조(의해)의 경우 또한 매우 직접적 증거로 읽힌다. 승전은 입당하여 賢首에게서 수학하고 귀국하는 길에 현수가 보내는 서신과 저술을 의상에게 전하였다. 의상은 현수의 글을 열람하고 수십 일 동안 탐구하여 문하의 제자들에게 주고 널리 강연했다 한다. 서술자는 이처럼 비교적 간략한 추이의 소개 말미에 "(이) 이야기는 (의)상전에 있다[語在湘傳]"라고 말을 맺었다. 과연 의상전교조에는 현수가 귀국하는 승전 편에 의상에게 자신이 지은 「搜玄疏」를 보낸 사실 및 서신의 전문이 실려 있다. 그러므로 적확한 반증이 없는 한 승전촉루조의 '(의)상전'을 의상전교조 자체로 보는 데 주저할 이유가 없다.

이와 같은 맥락을 수긍한다면, 비록 무극 이외에 또 다른 미지의 추기자가 있었다 해도 — 물론 그것은 증명하기가 매우 어렵지만 — 그 방식과 내용이란 본래의 편찬자 혹은 일연의 사유 방식과 의도에 충실한 것이었겠다고 헤아린다. 그러나 무극이 "스승의 저술에 보완하기조차 송구한 나머지 자신이 추가하였다고 명시하였다"[23] 할 때, 드러나지 않은 추기자란 일연에 대해 무례한 자라 — 특히 일연의 문도라면 더욱 그러하다 — 그 가상의 존재를 인정하기도 용이한 것은 아니다.

22) 정병삼, 2007, 「신라불교사상사와 『삼국유사』 의해편」 『일연과 삼국유사』, 일연학연구원, 130쪽.

23) 許興植, 2005, 「三國遺事 撰述의 時期와 場所」 『三國遺事研究』 창간호, 190쪽.

『삼국유사』에 보이는 '차록'의 동질적 용례와 마찬가지로, '차기' 역시 일관되게 현재 서술 대상 항목이거나 서술에 직접 동원된 근거 자료를 이른다. 고구려조와 대산오만진신조에 보이는 '此記'는 그 대표적 실례일 것이나, 이들에 대한 논의는 장을 달리 하여 살펴보기로 한다.

3. 분재의 맥락

빈번한 지시와 호응의 용례들은 편찬 과정의 유기적 일면을 지지하는 정황이지만, 그것이 곧 서술자의 의도와 등치되는 것은 아니다. 그와 같은 서술 방식은 일차적으로 같은 내용을 중복하여 서술하는 비효율을 제어하기 위한 대안이다. 『삼국사기』에도 기전체의 특성상 본기와 열전 혹은 지 따위에서 과다한 중복 기사를 피하기 위해 다른 편목의 해당 대목을 지시하는 사례가 종종 보인다. 그 때문에 번다한 중복 서술을 피하기 힘든 기전체를 대신하여 편년체 역사서의 효용성을 주목한 편사의 논리가 한때 설득력을 얻기도 하였던 것이다.

그러나 『삼국유사』에는 하나의 사건이나 개인의 행적이 여러 항목에 걸쳐 언급되는 경우가 더욱 많아졌다. 그 경우 다른 항목의 관련 내용을 지시하여 중복 서술을 피하려는 고려는 당연한 귀결일 것이다. 혹은 복수의 항목에 산재한 관련 정보들의 소재를 적시하여 독자의 이해에 기여할 것을 기대할 수도 있다. 이러한 것들은 "『삼국유사』의 내용상 특징"이기도 하며, "여러 항목 사이의 전후 관계를 염두에 두고 기술"한 반증이기도 하다.[24)]

24) 金相鉉, 1987, 앞의 논문, 28쪽; 1993, 앞의 논문 「三國遺事 元曉 關係 記錄의 檢討」, 213쪽; 1993, 「三國遺事의 歷史方法論的 考察」 『東洋學』 23, 10~11쪽.

어떤 맥락에서든 그와 같은 고려와 방식은 편찬 과정의, 그리고 서술 기법의 유기성을 지지한다.

물론 『삼국유사』는 중복 내용을 일소하지 못하였다. '진신'조와 '전기'조는 그 대표적 사례일 것이다.[25] 그러나 그 경우에도 부분적으로 중복을 피하기 위한 지시문이 개입되어 있으며, 완연한 동문의 내용은 아니었다. 天賜玉帶조(기이)와 황룡사구층탑조에도 정확히 중복된 서술이 있다. 두 곳에는 모두 고려 태조가 신라의 삼보로 인해 신라 공격 계획을 중지했다고 하였다. 표현의 사소한 차이가 있지만,[26] 양처의 서술 토대는 다르지 않은 것이며, 서술자 역시 동일한 사람으로 판단한다. 그렇다면 이 중복 서술 역시 역설적 의미에서 『삼국유사』 항목 간 서술의 유기적 측면을 지지한다. 양 항목의 서술 대상이 이미 삼보로 포괄되는 것들이기도 하지만, 근거한 전승의 형태와 그에 대한 수용 및 인식이 동질적이기 때문이다. 그러므로 서로 다른 항목의 서술이 근거 자료를 공유하는 경우를 주목할 필요가 있다.

여기에 가장 근사한 사례는 마한조(기이)에 인용된 '海東安弘記'와 황룡사구층탑조에 인용된 '海東名賢安弘撰東都成立記'일 것이다.

- 海東安弘記云 九韓者 一日本 二中華 三吳越 四乇羅 五鷹遊 六靺鞨 七丹國 八女眞 九穢貊 (기이, 마한)

25) 金相鉉, 위의 논문 「三國遺事의 歷史方法論的 考察」, 19쪽.

26) "後高麗王將謀伐羅 乃曰 新羅有三寶不可犯 何謂也 皇龍寺丈六尊像一 其寺九層塔二 眞平王天賜玉帶三也 乃止其謀"(천사옥대). "後高麗王將謀伐羅 乃曰 新羅有三寶 不可犯也 何謂也 皇龍丈六 并九層塔 與眞平王賜玉帶 遂寢其謀"(황룡사구층탑).

• 海東名賢安弘撰東都成立記云 新羅第二十七代 女王爲主 雖有道無威 九韓侵勞 若龍宮南皇龍寺建九層塔 則鄰國之災可鎭 第一層日本 第二層中華 第三層吳越 第四層托羅 第五層鷹遊 第六層靺鞨 第七層丹國 第八層女狄 第九層穢貊 (탑상, 황룡사구층탑)

「해동안홍기」는 「해동(명현)안홍(찬동도성립)기」일 것이다. 두 인용문은 "동일 사료의 명칭에 대해서 다른 표기를 하고 있으며, 그 인용 방식에 있어서도 차이를 보이고 있다."[27] 그러나 두 인용문의 서술 토대가 '동일 사료'인 이상, 그 지시어의 차이가 서로 다른 서술자의 존재를 증명한다고 보는 것은 지나치다. 『삼국유사』는 『삼국사기』를 『국사』, 『삼국사』, 『삼국사기』, 『본사』 등으로 거론하였다. 각각의 인용 방식 차이 역시 인용하는 맥락에 따라 적의한 변용의 결과일 뿐이다. 「동도성립기」의 경우, 마한조에서는 오직 '九韓'의 지시 용례를 예거하기 위한 인용이었으며,[28] 황룡사구층탑조에서는 구층탑의 건립과 9한 진무의 논리적 상관성을 예증하기 위한 인용이었다.

또한 황룡사구층탑조의 「동도성립기」 인용 대목은 서술자의 찬시 다음에 나오는바, "讚曰 다음에는 다시 해동명현 안홍찬 동도성립기와 國史 및 寺中古記를 인용하였는데, 그 기술이 본문과 판이"하므로 "일연 이후 누구에 의하여 첨가된 것이 아닐까" 의심하기도 한다.[29] 역시 얼른 동조하기

27) 河廷龍, 2008, 「『日本帝紀』와 『日本帝記』를 통해서 본 『三國遺事』의 사료비판 — 延烏郎細烏女條와 元聖大王條의 後註를 중심으로 한 原典論」 『新羅史學報』 12, 283쪽.

28) 그러한 이유에서도 마한조의 후반부 내용, 즉 四夷·九夷·九韓·穢貊은 별도의 항목이라는 지적에 동의한다. 三品彰英, 1975, 『三國遺事考證』 上, 塙書房, 332쪽.

29) 張忠植, 2001, 「『三國遺事 塔像篇 體裁의 檢討」 『東岳美術史學』 1, 18~19쪽.

어렵다. 찬시가 비록 본 항목의 중간에 자리하지만, 화자는 이미 후술할 구층탑과 9한 진무의 상관 논리를 염두에 두고 있다. 찬시의 화자는 "탑을 세운 뒤 천지가 비로소 태평해지고 삼한이 하나가 되었으니 어찌 탑의 영험한 음조가 아니겠는가!" 하여 구층탑과 일통삼한의 인과 관계를 수긍하였다. 나아가 "어찌 9한만이 복종할 것이랴!"라고 거듭 찬탄하였다. 그는 황룡사구층탑을 통해 9한이 來貢해 올 것이라는 신라인들의 염원을 주목했던 것이다.

더구나 『국사』와 「사중고기」를 동원하여 병화로 탑 등이 소실된 것으로 마무리하는 방식 또한 바로 앞의 황룡사장륙조와 동일하다. 여기에 더하여 대교의 자료로 『국사』를 드는 방식과 실제 그 내용이 『삼국사기』와 일치한다는 점 등도 주의해야 한다. 설령 모든 정황적 방증을 양보하여 최초 서술자의 탈고 후 추기라 해도, 드러난 필치와 작성의 태도는 일연의 그것에 부합한다는 점만은 간과하지 않아야 한다.[30)]

앞에서 검토한 승전촉루조와 의상전교조의 관계도 동일한 범주의 서술 근거를 분재한 경우에 해당한다. 두 항목에는 모두 의상과 함께 지엄에게서 수학한 현수가 승전의 귀국 편에 의상에게 보낸 글이 인용되었다. 같은 인물들의 같은 사건이지만, 의상전교조에는 현수의 서신을, 승전촉루조에는 승전이 지니고 가는 서목들을 중심으로 현수와 의상 사이에 주고받는 예물을 언급한 '別幅'을 인용하였다. 복수의 관련 항목 간 내용적 측면에서의 유기성이라고 이해한다.

연이어 수록된 景德王忠談師表訓大德조(기이)와 혜공왕조도 같은 범주

30) 李康來, 2005, 「『삼국유사』의 사서적 성격」 『韓國古代史硏究』 40, 342쪽; 이 책의 2편 3장에 수록.

에 드는 사례이다. 경덕왕은 표훈을 매개로 나라가 위태로워질 것이라는 上帝의 경고에도 불구하고 상제에게 딸 대신 아들을 간구하였다. 그 결과 태어난 아들이 혜공왕이라 한다. 과연 혜공왕조는 천변지이와 정쟁과 병란의 빈발 내용으로 채워졌다. 서술자는 잦은 흉조와 내란을 소개한 뒤, 말미에 "표훈이 나라가 위태로워질 것이라 한 말이 이것이다[表訓之言國殆是也]"라고 하였다. 이 지적은 바로 앞의 경덕왕충담사표훈대덕조에서 무리하게 아들을 요구하는 경덕왕에게 "그러나 아들이 되면 나라가 위태로울 것이다[然爲男則國殆矣]"라는 天帝의 경고를 표훈이 왕에게 전한 대목을 가리킨다. 그러므로 선후한 두 항목은 내용적으로 긴밀한 논리적 대응관계에 있다.

이들의 내용적 유기성은 生義寺石彌勒조(탑상)로 연장된다. 경덕왕충담사표훈대덕조에 의하면 고승 충담은 매년 3월 3일과 9월 9일에 남산 三花嶺의 미륵세존에게 차를 달여 공양한다 하였다. 그런데 생의사석미륵조에 의하면 선덕왕 때 승려 생의가 삼화령에 미륵상을 옮겨 안치했다고 한다. 서술자는 그 말미에 "충담사가 매 해 3월 3일과 9월 9일에 차를 달여 공양한 것이 바로 이 부처님이다"라고 분주하였다. 두 항목 간 유기적 서술을 웅변하며, 나아가 그와 같은 맥락 위에서 비로소 두 항목은 역사적 연속성을 획득한다.

인용 자료의 분재를 가장 인상적으로 보여 주는 사례는 金傅大王조(기이)와 仙桃聖母隨喜佛事조(감통)의 관계일 것이다. 두 항목에는 각각 '史論曰'과 '國史史臣曰'의 형태로 『삼국사기』 신라본기 경순왕 말년 조의 사론을 인용한 대목이 있다. 그 내용을 비교해 보면, 김부대왕조에는 신라본기의 사론 가운데 선도산성모가 낳은 아들이 해동의 시조가 되었다는 전승을 소개한 대목을 제외한 전부가 인용되었다. 여기에서 제외된 대목은 다시 선도성모수희불사조에 그대로 전재되었다. 즉 두 항목의 인용문을 합하면 신라본기의 사론이 온전하게 재현된다.

더구나 신라시조혁거세왕조(기이)에서도 혁거세가 西述聖母의 소생이라는 전승을 거론하면서, "중국인이 선도성모를 찬(하는 글)에 '어진 이를 잉태하여 나라를 창건하시다[娠賢肇邦]'라는 말이 있는 것이 이것이다"라고 하였다. 이 지적은 신라본기의 사론, 그리고 선도성모수희불사조에 인용된 사론을 염두에 둔 것이다. 즉 신라본기의 사론에는 송의 사신 王襄이 지은 「祭東神聖母文」 가운데 '娠賢肇邦'의 구절이 있었다고 한다. 이렇듯 서술 근거 자료에서 『삼국유사』의 세 항목은 공명하고 있다.

『삼국사기』 사론을 인용하면서 그것을 지시한 용어로 '史臣'과 '史論'이 전혀 다르지 않게 쓰였다는 점을 잠시 주목한다. 이것은 第二南解王조(기이)와 原宗興法猒髑滅身조(흥법)에 보이는 '사론'과 '사신'을 거론한 대목을 판단하는 데 기여한다. 남해왕조 서술자는 '사론'의 이름으로 『삼국사기』 신라본기 지증마립간 원년 조의 신라 고유 왕칭을 망라하여 언급한 사론을 충실하게 인용하였다. 그리고 이어 "신라인들은 무릇 추봉된 이를 갈문왕이라고 불렀는데 자세히 알 수 없다"라고 덧붙였다. 주의하지 않으면 마치 마지막 갈문왕 관련 언급 역시 '사론'의 내용에 포함되는 것으로 속단하기 쉽다. 이 문제를 논의하기 위해 해당 대목을 병기해 본다.

- 史論曰 … 羅人 凡追封者 稱葛文王 未詳 (제2남해왕, 본문)
- 羅人 凡追封王者 皆稱葛文王 其實史臣亦云未詳 (원종흥법염촉멸신, 분주)
- 新羅 追封王 皆稱葛文王 其義未詳 (『삼국사기』 일성이사금 15년, 분주)

'사론'과 '사신'이 지시하는 것은 『삼국사기』의 영역에 있다. 그러나 그 구체적 자료 연원은 위에 제시한 바와 같이 신라본기 일성이사금 15년 조 분주에 있다. 만약 기이편과 흥법편의 해당 서술자가 다르다면, 그들은 각각 신라본기의 분주를 근거로 삼은 것이겠다. 그러나 이 글이 유념하는바, 항목 간 편찬 과정의 유기적 맥락을 수긍한다면, 이들 두 항목의 관계는 각별한 음미의 대상이 될 수 있다.

우선 남해왕조 서술자는 인용한 사론이 신라의 고유 왕칭에 대한 것인지라, 유사 범주에 있는 갈문왕 관련 정보를 포함시켰으되 신라본기 분주를 변용하여 덧붙였을 것이다. 원종흥법편 서술자는 「髑香墳禮佛結社文」을 인용하여 염촉의 가계를 쓰는 가운데, 그의 선조라 한 習寶葛文王을 언급하면서 본 분주를 붙였다. 그런데 그 필의는 신라본기보다는 남해왕조의 서술에 근접한다. 특히 신라본기 분주 작성자를 거론하여 '사신'이라 했다고 보기에는 그 지칭 방식이 자연스럽지 않으며, 『삼국유사』에 그와 유사한 용례가 없다. 오히려 남해왕조의 해당 대목을 '사론'의 범위에 넣어 속단한 결과일 가능성이 크다. 즉 원종흥법조 서술자는 남해왕조를 고려한 것이다. 설사 두 항목의 해당 대목 서술이 각각 신라본기를 전거로 삼은 것이라 해도, 그 역시 자료의 공유라는 측면에서 주의할 만하다.

가락국기조(기이)와 金官城婆娑石塔조(탑상)의 관계도 다르지 않다. 사실 가락국기조는 기이편의 마지막에 수록되었고, 자료 명 자체가 항목의 제목이 되고 있는 외양에서부터 일연 이후에 추가된 것이겠다는 생각이 일찍부터 제기되었다.[31] 그러나 금관성파사석탑조 서술자는 가락국기조를 고려하고 또 언급한다. 즉 서술자는 수로왕의 妃 허황후가 도래할 때 파사

31) 李基白, 1984, 앞의 논문, 21쪽; 1987, 앞의 논문 「三國遺事의 篇目構成」.

석탑을 가져왔으나 그 당시에는 아직 창사·봉법하는 일이 없었다고 한 다음 이렇게 말한다.

> 그러므로 本記에는 절을 세운 기록이 없다. 8대 銍知王 2년 임진에 이르러 그 곳에 절을 두고 또 王后寺를 세워 지금에 이르기까지 복을 빌고 있다. 겸하여 남쪽의 倭를 진압하였다. 本國本記에 자세히 보인다. … 金官國은 또한 駕洛國이라고도 한다. 本記에 갖추어 실려 있다.

'본기'에는 허황후 도래 시 창사 기록이 없다 하였다. 그리고 질지왕 대에 이르러 왕후사 등의 절을 지었다는 사실이 '본국본기'에 보인다 하였다. 또한 금관국을 가락국이라고도 한다 했으므로 '본국본기'의 '본국'은 금관국, 혹은 가락국이 될 것이다. 그런데 가락국기조에는 '본국본기'의 내용에 대응하는 대목이 확인된다. 질지왕이 재위 2년에 왕후사를 세운 사실은 『가락국기』의 전반부와, 후반부의 '銘' 가운데 각각 보인다. 역시 허황후 도래 당시 창사의 기록이 없는 점도 지적한 대로이다. 따라서 '본기'와 '본국본기'를, 가락국기조 자체를 이루고 있는 『가락국기』로 보는데 어려움이 없다.[32)]

물론 "왜를 진압했다"는 정보는 『가락국기』에 없다. 그러나 가락국기조의 내용은 찬자가 서두에 밝힌 바와 같이 문종 대 금관지주사로 있던 문인의 작품인 『가락국기』를 "간추려 실은[略而載之]" 것이다. 더구나 서술자는 파사석탑조 서술을 마무리하면서 허황후가 아유타국에서 싣고 왔다고

---

32) 李永植, 2002, 「「駕洛國記」의 史書的 檢討」 『강좌 한국고대사』 5, 가락국사적개발연구원, 165~166쪽.

하는 파사석탑에 연유하여 "어찌 황옥만을 도와 이 언덕에 왔으랴, 천년토록 南倭의 怒鯨 막고자 함이리"라고 찬하였다. 그러므로 그가 참조한 『가락국기』에는 필시 鎭倭의 인식이 담겨 있었을 것이다.

간과하지 않아야 할 것은, 가락국기조에는 『삼국유사』 내 다른 항목을 염두에 둔 서술자의 평의가 들어 있다는 점이다. 탈해 관련 대목이 그 하나이다. 즉 琓夏國 含達婆王의 부인이 낳은 알에서 태어난 탈해가 수로왕과 왕위를 다투다가 굴복하고 신라로 달아났다 한다. 서술자는 이를 소개한 다음 "이 기사에 실린 바는 신라(측의 정보)와 많이 다르다[事記所載多異與新羅]"라고 하였다. 신라 측의 탈해 전승으로는 우선 『삼국사기』 신라본기에 보이는 탈해 관련 정보를 들어야 한다. 신라본기에는 탈해를 多婆那國 출신이라 하였고, 알의 상태로 금관국에 이르렀다가 금관국 사람들에게 건져지지 않은 채 다시 진한 즉 혁거세왕 치하 신라의 阿珍浦에 다다랐다고 하였다. 물론 가락국기조의 내용과 다르다.

한편 『삼국유사』 第四脫解王조(기이)에는 탈해가 龍城國 혹은 琓夏國 含達婆王의 부인이 낳은 알에서 태어났으며, 수로왕 측에서 탈해가 탄 배를 북을 두드리며 맞이해 머물게 하려 했으나 계림 즉 남해왕 치하의 신라로 달아났다고 하였다. 역시 가락국기조 내용과는 다르다. 그러나 가락국기조 서술자가 의도한 '신라 측의 정보'가 『삼국사기』 내용이었다면, 『삼국유사』의 필법으로 미루어 『국사』나 『삼국사』 혹은 '(신라)본기' 형태로 지시했을 것이다. 반면에 탈해의 출신 정보 및 그와 수로의 긴장 혹은 갈등의 맥락을 주의할 경우, 오히려 제2남해왕조의 내용을 염두에 두고 일렀을 가능성은 매우 크다고 생각한다.

다른 항목이나 전승을 직접 지시하지 않으면서도 내용의 공유를 전제로 한 서술의 증거도 있다. 서술 순서상 선후로 이어지는 기이편의 김유신조와 태종춘추공조에서 그 인상적 일면을 검증해 본다.

태종춘추공조는 김유신의 두 누이 寶姬와 文姬 사이에 꿈이 거래되고, 그로 인해 김춘추와 문희의 극적인 결연이 비롯되었다는, 이른바 '溺夢賣買說話' 혹은 '夢中捨溺說話'[33]로 시작한다. 그런데 김춘추의 찢긴 옷끈을 꿰매기 위해 등장하는 여성들의 이름이 '阿海'와 '阿之'로 나타난다. 독자가 두 이름을 문희 및 보희와 대응시키도록 드러내 안내하는 단서가 없다. 그러나 김유신조를 읽고 이어 태종춘추공조를 읽는 독자는 두 이름의 쌍을 이해하는 데 어려움이 없다. 즉 김유신조 서부에 "큰 누이는 보희인데 어린 시절 이름은 아해이고, 작은 누이는 문희인데 어린 시절 이름은 아지이다"라고 설명해 두었던 것이다.

이로써 추측컨대 태종춘추공조 서부의 이 혼인담은 필시 김유신조가 의거한 자료가 항목을 달리하여 분재된 것이라고 생각한다. 실제 태종춘추공조는 문제의 대목 다음에 비로소 김춘추의 즉위 사정이 나오고, 백제 공멸의 추이가 이어진다. 이처럼 김유신과 관련된 동일 자료 원에서 김유신조와 태종춘추공조의 일부 서술이 비롯되었다고 한다면, 그 대상으로 金長淸이 지은 김유신의 『行錄』을 거론할 만하다. 따라서 味鄒王竹葉軍조(기이)의 김유신 관련 전승 또한 김유신조 등과 자료를 공유한 대목으로 여긴다. 『행록』을 간추렸다 한 『삼국사기』 김유신전과 미추왕죽엽군조에는 공히 혜공왕 대 大曆 14년 기미 4월에 김유신의 혼령이 당대 신라 조정의 처사에 항의한 사실과, 그에 따라 조정에서 김유신이 세운 鷲仙寺에 밭 30결을 내려 명복을 빌게 했다는 전말이 완연하게 일치하여 실려 있기 때

33) 金庠基, 1955, 「國史上에 나타난 開國傳說의 演變에 대하여」 『白樂濬博士還甲紀念國學論叢』, 337쪽; 1974, 「國史上에 나타난 建國說話의 檢討」 『東方史論叢』, 서울대출판부, 18쪽.

문이다.

우호적으로 확장하여 생각하면, 동일 정보 편들이 중복 기재된 산재 현상은 여러 군데에 보인다. 김유신을 "三十三天之一人"이라 한 태종춘추공조와 "三十三天之一子"라 한 만파식적조의 언급은 모두 신문왕 대의 사건을 배경으로 한다. 또 南月山조(탑상) 분주에 "金愷元은 곧 태종춘추의 여섯째 아들 개원 각간이니 바로 문희의 소생이다"라고 하였는데, 이것은 태종춘추공조에서 문희의 소생을 나열하는 가운데 여섯째로 나오는 '각간 개원'을 고려하여 지시한 것임에 틀림없다. 아울러 문희의 여섯 아들을 나열한 뒤 庶子의 하나로 언급한 '車得令公'은 오직 바로 이어지는 문호왕법민조 서술에서 문무왕의 庶弟 '車得令公'으로 나타날 뿐이라는 점을 함께 유념해 둔다. 진한조(기이)에서 "12 소국이 있는데 각각 만 호이며 나라를 일컬었다"라고 한 서술은 七十二國조(기이)의 본문과 분주에서 발췌한 것에 불과하다. 이들 사례는 한결같이 동질적 자료의 공유 정황을 가리키는 증거가 된다.

서술된 정보의 맥락을 통해 자료의 분재 혹은 공유를 가늠하는 관점은, 지시와 호응의 관계에 있는 항목들의 세부 정보 검토를 통해서도 그 유효함이 보강된다. 예컨대 북부여조는 동명이 북부여를 이어 졸본부여를 세웠는데 이가 곧 고구려의 시조라고 하면서, "아래를 보라[見下]"라는 분주로 마무리하였다. 이것은 이미 말한 바와 같이 체재상 뒤에 설정된 고구려조를 지시한 것이다. 주의할 사항은, 북부여조 찬자는 '흘성골성'과 '졸본(주)'를 일견 서로 별개의 지명인 것처럼 서술하고 있다는 점이다. 즉 찬자는 흘승골성은 해모수의 북부여 도읍지로, 그리고 졸본은 주몽의 졸본부여 혹은 고구려 도읍지로 설정하였다. 이것은 흘승골성과 졸본을 같은 곳으로 파악한 『삼국사기』와 크게 다르다. 그런데 그와 같은 구분 의식은 고구려조에서 『法苑珠琳』을 인용하여[34] 寧稾離王의 侍婢에게서 태어난 이가 부여왕이 된 내력을 소개한 끝에 부기한 분주에서 보다 명료하게 드러난다. 그에 따르면 졸본(부여)는 '북부여의 別都'라 하였다. 요컨대 흘승골성과 졸본성을 구분하는 공통된 인식은 북부여조와 고구려조 서술의 유기적 관계를 내용의 측면에서 예증한다.

무왕조(기이)와 법왕금살조(흥법) 역시 동일한 서술 대상에 대한 서로 다른 전승을 기록하되, 서술자는 각 항목을 서술하면서 전승의 충돌을 의식하고 있다. 각각의 본문 작성을 마무리한 다음 제기한 분주의 논의를 비교해 본다.

- 『삼국사』에는 이 이(무왕)를 법왕의 아들이라고 했는데, 여기서는[此傳] 홀로 된 여인의 아들이라고 하니 자세히 알 수 없다. (기이, 무왕)

- 『고기』에 실린 바와는 조금 다르다. (『고기』에 의하면) 무왕은 가난한 여자가 池龍과 통교하여 태어났는데 어릴 때 이름은 薯蕷였고 즉위 후에 시호를 무왕이라고 하였으며, (미륵사는) 처음부터 (왕과) 왕비가 창건했다고 한다. (흥법, 법왕금살)

무왕조의 근거 자료는 일단 찬자가 환기시킨 것처럼 『삼국사』와 다른 것이되, 문면에는 그 구체적 실체가 드러나 있지 않다. 반면에 법왕금살조 구성 근거 자료 내용은 세 가지 사항에서 『고기』와 다르다고 하였다. 첫째는 무왕의 출생에 얽힌 지룡설화, 둘째 무왕의 어릴 때 이름, 그리고 셋째 창사

34) 道世, 『法苑珠琳』 21 歸信篇 述意部.

주체가 그것이다. 그리고 이 세 가지 사항은 바로 무왕조의 주요 내용이다. 그런데 법왕금살조의 본문 내용은 『삼국사기』를 근간으로 서술되었다. 따라서 무왕조 찬자는 『고기』를 주요 서술 근거로 하되, 『삼국사』 즉 『삼국사기』와 다르다는 점을 지적해 둔 것이고, 법왕금살조 찬자는 반대로 『삼국사기』를 주요 서술 근거로 삼되, 『고기』와 다른 점들을 지적해 둔 것이었다.

연구자들 사이에서는 무왕조의 분주에 보이는 '此傳'에 착안하여 본 분주의 작성자와 본문 작성자를 구분해야 한다고 보기도 한다.[35] 혹은 이 표현을 통해 서술자가 "대본으로 삼았던 것은 전으로서 그것은 가칭 '무강전' 또는 '무왕전'이라는 전문학의 일종이었을 것"이라고 짐작하기도 한다.[36] 어느 경우이든 '차전'을 무왕조의 내용 자체로 보는 데 큰 이견은 없다. '차전'을 매개로 후인의 필치를 헤아리는 발상은 洛山二大聖觀音正趣調信조(탑상)에 '議曰'이라 하여 "'此傳'을 읽고 나서 책을 덮고 반추하여 음미하니 하필 조신 스님의 꿈만이 그러할 것인가? 오늘날에도 모두들 인간 세상이 즐거운 줄만 알아 기뻐하며 애쓰고 있으니 오직 깨닫지 못한 때문일 뿐이다"라고 한 대목에서도 비롯한다. 반면에 이 의혹의 대상이 된 대목들의 진술자는 일연일 뿐이라는 반론도 있다.[37]

후주 여부에 대한 판정은 용이하지 않다. 다만 설사 특정 분주가 본문 작성자의 진술이 아닌 경우가 있다 하더라도, 그것은 의연히 본문 내용과 긴밀한 의미 관계에 있는 것들이라는 점에서 본 논의의 유기적 편찬 과정을 직접 저해하지 않는다. 또한 이미 살핀 바와 같이 특정 항목을 가리

35) 高橋亨, 1955, 앞의 논문, 72쪽. 河廷龍, 2002, 「『三國遺事』의 編纂과 刊行에 대한 硏究」, 고려대학교 박사학위논문, 124~125쪽.

36) 나경수, 2009, 「薯童說話와 百濟 武王의 彌勒寺」 『韓國史學報』 36, 400쪽.

37) 金相鉉, 1987, 앞의 논문, 50쪽; 2007, 앞의 논문, 76쪽.

켜 '傳'이라는 용어로 지칭한 사례들이 있었으므로, 지금 거론된 항목들의 '차전' 역시 관련 항목 자체로 여길 만한 토대는 충분하다. 그러나 '차전'의 '傳'을 반드시 해당 항목 전체로 볼 필요는 없다. 예컨대 낙산이대성조의 '차전'은 오직 조신의 꿈 이야기에 한정한다. 그것은 해당 항목에 함께 수록된 관음과 정취보살 관련 전승과는 "독립적 작품으로 인정될 만큼 전 양식으로 구조적 완결성을 구비"한 것이다.[38] 무왕조 역시 세 개의 이야기가 합해진 것이다.[39]

특히 阿道基羅조(흥법)에는 신라에의 불교 전래에 관한 정보를 '新羅本記'와 '我道本碑'를 들어 인용한 다음, 신라 불교 전래의 사안을 고구려와 백제의 그것과 연계하여 검토하는 서술자의 논증이 있는데, 그 가운데 보이는 '차전'과 '양전'의 용례를 아울러 음미할 필요가 있다. 논증자는 우선 "양과 당의 두 승전 및 삼국본사에는 모두 고구려·백제 두 나라 불교의 시작이 晉 말엽 太元 연간이라고 했으니 阿道法師가[40] 소수림왕 갑술년에 고구려에 온 것은 분명하므로 '此傳'은 틀리지 않았다"라고 한다. 앞서 서술한 順道肇麗조를 염두에 둔 지적이긴 하나, 이 경우 '차전'은 소수림왕 대 아도의 도래 관련 전승을 이른다. 더 나가 논증자는 아도가 신라에 온 일을 기록한 신라본기의 비처왕 대 설과 아도본비의 미추왕 대 설을 설득력 있게 비판한 끝에 "兩傳失之"라고 하였다. '양전'은 그러므로 신라본기와 아도본비가 전

38) 박진태·정호완·이동근·김복순·이강옥·조수동, 2002, 『삼국유사의 종합적 연구』, 박이정, 395쪽.

39) 신종원, 2009, 「미륵사석탑사리기를 통해 본 『삼국유사』 무왕조의 이해」 『미륵사 사리장엄 연구의 쟁점과 전망』, 한국학중앙연구원 동아시아역사연구소. 金基興, 2010, 「서동설화의 역사적 진실」 『歷史學報』 205.

40) 원문의 '二道'는 '阿道'의 誤字로 본다. 辛鍾遠, 1992, 「新羅 佛敎傳來의 諸樣相」 『新羅初期佛敎史硏究』, 民族社, 145쪽.

하는 아도의 신라 도래 관련 전승을 이른다. 요컨대 무왕조에서 '차전'을 들어 분주한 이가 반드시 본문 작성자가 아니어야 할 까닭이 없다.

무왕조의 정보 가운데 편찬의 유기성 영역과 관련하여 주의할 사항은 표제에 붙인 분주이다. 분주자는 "고본에는 武康이라 했으나 잘못이다. 백제에는 무강이 없다"라고 한다. 우선 '고본'의 실체가 문제이다. 비록 '고본'이 정덕본 『삼국유사』 이전의 고판본일 가능성을 완전히 배제하지 못한다 하더라도,[41] 여하튼 '무왕'의 표제로 구성된 현행 『삼국유사』 이전 자료 즉 '고본'에는 '무왕'이 아니라 '무강왕'으로 기록되었을 것이다. 그러한 형태의 자료가 실재했을 것임은 왕력에도 백제 무왕에 대해 "혹은 武康이라고도 한다"라고 한 데서 수긍할 수 있다. 동시에 이것은 왕력 찬자와 제편 찬자의 괴리에 대한 하나의 단서가 되기도 한다.

왕력의 편찬 및 수록의 맥락에 대한 의혹은 연구자들 사이에 광범하게 공유되어 있다.[42] 그러나 왕력과 제편의 괴리 정도는 제편 내부의 그것보다 각별하게 더한 것은 아니다. 너무나 당연한 현상이지만, 왕력의 정보편들이 제편의 서술에서 빠짐 없이 수용될 필요 또한 없다.

차라리 '고본'의 정보에 대한 서술자의 일관된 부정적 판정을 주목하고자 한다. 그는 신라시조혁거세왕조, 제4탈해왕조, 桃花女鼻荊郎조, 효공왕조(이상 기이)에서 '고본'의 연대 정보를 부정하였다. 역시 김유신조에서는 '고본'의 관련 국명과 인명을 부정하였다. 태종춘추공조와 孫順埋兒조

41) '古本'을 無極의 초간본으로 보는 견해로는 高橋亨, 1955, 앞의 논문 67쪽. 이에 대한 반론은 金相鉉, 1982, 「『三國遺事』의 刊行과 流通」 『韓國史硏究』 38; 2003, 「三國遺事의 書誌的 考察」 『譯註 三國遺事 Ⅴ』, 以會文化社.

42) 이에 대한 논의의 궤적은 金相鉉, 1985, 「三國遺事 王曆篇 檢討 — 王曆 撰者에 대한 疑問」 『東洋學』 15 : 李根直, 1998, 「『삼국유사』 왕력의 편찬 성격과 시기」 『韓國史硏究』 101 참조.

(효선)에서도 본문 서술에서 배제한 '고본'의 정보를 언급하였다. 낙산이 대성조에서는 梵日의 전승을 의상과 원효의 그것보다 앞에 서술한 '고본'의 내용 서차를 비판하여 현행 본문처럼 바로잡는다 하였다. 요컨대 모든 항목에서 '고본'의 원형은 오류의 판정을 받거나 비판되어 결과적으로 본문에 채택되지 않았다. 그런데 '고본'을 비판한 의견은 모두 분주의 형태로 기록되었다. 따라서 본문 서술 과정에 나타난 '고본'에 대한 비판과 배제의 일관된 태도를 미루어, 관련 분주들은 동일인이 작성한 것으로 판단하는 동시에 관련 본문 작성자와 구분되지 않는다고 생각한다.

4. 논증의 기준

앞에서 아도의 신라 도래에 관한 신라본기와 아도본비의 정보를 부정한 아도기라조 찬자의 언급을 확인하였다. 그는 "눌지왕과 소수림왕의 시대가 서로 연접해 있으므로 아도가 고구려를 떠나 신라에 이른 때는 마땅히 눌지왕의 치세였을 것이다"라고 논증하였다. 이 논증의 결과는 다시 탑상편 서술에 적용된다. 금관성파사석탑조 서술자가 가락국기조를 분주로 활용하였음은 이미 말하였다. 그는 문제가 된 질지왕 2년 임진(452)의 왕후사에 대해 "아도와 눌지왕의 시대요 법흥왕 이전이다"라고 한다. 아도기라조에서 시론한 자신의 논증을 적용하고 있는 것이다.[43] 다른 항목의 정보 혹은 다른 항목에서 적용한 논증의 기준이 별개 항목을 서술하는 데서 공유되었으므로, 이 역시 편찬 과정의 유기적 일면으로 주목해도 좋다.

금관성파사석탑조의 서술자가 고려한 가락국기조의 내용은 오가야조

43) 辛鍾遠, 1993, 「三國遺事 <阿道基羅>條 譯註」『宋甲鎬敎授停年退任記念論文集』, 569쪽.

(기이)의 분주자도 자료 비판적 논증의 기준으로 삼았다. 오가야조의 내용은 크게 둘로 나뉜다. 찬자는 먼저 阿羅伽耶, 古寧伽耶, 大伽耶, 星山伽耶, 小伽耶의 다섯 국명을 제시하였다. 그리고 이어 『本朝史略』을 인용하여 金官, 古寧, 非火, 阿羅, 星山 등을 열거하였다. 서술 구조상 두 가지 형태의 '오가야' 파악을 병렬적으로 소개한 것이다. 한편 '오가야'의 제명에 붙인 분주는 '駕洛記贊'을 근거로 하여 수로왕의 금관가야는 오가야에 산입되지 않아야 옳다는 점을 분명히 한다. 이어서 "그런데 『본조사략』에는 금관가야를 아울러 헤아리고 함부로 창녕까지 (포함해) 기록했으니 잘못이다"라고 말한다. 분주자가 거론한 '가락기'는 『가락국기』임에 틀림없다.[44] 이 또한 기이편의 특정 항목 서술 과정에서 다른 항목을 고려한 논증으로서, 서술 체재의 유기성에 일조하는 예이다.

물론 이 경우에서도 다섯 가야를 헤아리는 두 가지 전승을 소개한 본문의 서술 관점과, 그 두 전승 가운데 하나인 『본조사략』 정보를 잘못된 것으로 단정하고 있는 분주의 관점 차이는 주목되어야 한다. 서술 형식에서도, 상이한 오가야 전승을 소개한 다음에 하나의 전승에 대한 서술자의 비판 논증이 더해지는 방식이 일반적 구조일 터이나, 그와는 사뭇 다른 배치로 이루어져 있다. 따라서 '오가야'의 표제에 붙여 『본조사략』을 비판한 분주의 작성자는 『본조사략』을 인용한 본문 작성자가 아닐 수도 있는 것이다. 그러나 분주의 본질은 오가야조의 정보를 가락국기조에 비추어 판단해야 할 당위를 드러내는 것이었다. 더구나 분주자의 본의를 『본조사략』 정보에 대한 비판에 앞서 이 항목의 표제와 관련하여 "오가야라는 제

44) 분주의 '가락기'에 "垂一紫纓 下六圓卵 五歸各邑 一在玆城 則一爲首露王 餘五各爲五伽耶之主"라고 한 내용은 가락국기에 보이는 "始現故 諱首露 … 卽六伽耶之一也 餘五人各歸爲五伽耶主 … 下六圓卵 垂一紫纓 … 一在玆城" 부분과 대응한다.

목을 붙이게 된 이유를 설명한 것"[45]으로 보는 관점에 기운다면, 이 분주는 마땅히 본문 서술자가 작성한 것이 되기도 한다.

한편 삼한과 삼국의 대응론은 자료의 분재 결과 논증의 기준이 공유된 전형적 사례이다. 즉 삼한과 삼국의 대응 관계에 대한 최치원의 생각은 마한조와 변한백제조에 분재되었다. "崔致遠云 馬韓 麗也 辰韓 羅也"(마한)와 "致遠云 卞韓 百濟也"(변한백제)가 그것이다. 분재된 최치원의 견해는 『삼국사기』 최치원전에 인용된 「上太師侍中狀」과 지리지의 신라 강역 총론부에서 확인할 수 있다. 동일 자료의 분재 결과, 마한과 백제의 연계를 부정하고 마한과 고구려의 연계를 지지하는 분주자의 관점은 변한백제조에서 꼭 같은 인용 구조로 반복되고 있다. 마한조에서 최치원의 삼한관 소개는 마한과 고구려, 그리고 진한과 신라에 한정한 반면, 변한과 백제의 그것은 변한백제조에 배려하고 있었다. 그와 같은 항목별 배분은 다분히 의도적이다. 「상태사시중장」의 발해 건국 관련 내용이 靺鞨渤海조(기이)에 배치된 것도 서술 항목의 대상 내용에 따른 분재의 예다.

심지어 마한조에서 최치원의 생각을 배반하는 전승, 즉 "견훤이 태조에게 올린 글에는 '옛날에 마한이 먼저 일어났고, 赫(居)世가 발흥하자 이에 백제가 금마산에서 나라를 세웠다'고 하였다"라는 대목도 편찬의 유기적 맥락에 기여한다. 이 대목은 일단 『삼국사기』 견훤전을 그 자료 토대로 생각한다. 그런데 후백제견훤조 역시 '삼국사본전'의 이름을 들어 관련 대목을 인용하고 있다. 거론된 부분을 비교해 본다.

• (견훤)謂左右日 吾原三國之始 馬韓先起 後赫世勃興 故辰卞後之而興

45) 金相鉉, 1985, 앞의 논문.

於是 百濟開國金馬山 六百餘年 (『삼국사기』 견훤전)

- 甄萱上太祖書云 昔馬韓先起 後赫世勃興 於是 百濟開國於金馬山 (마한)
- (견훤)謂左右日 百濟開國 六百餘年 (후백제견훤)

『삼국사기』 견훤전을 비교적 충실하게 반복한 후백제견훤조에는 유독 마한이 먼저 일어나고 뒤에 혁거세가 발흥하였다는 점과 백제가 금마산에서 개국하였다는 내용이 생략되었다. 그런데 생략된 그 부분은 마한조에 따로 배치되고 있다. 편찬자의 의도적 배려를 엿본다. 물론 "辰卞後之而興" 부분은 마한조에서도 누락되지만, 그것은 "馬韓先起"에 따르는 당연한 귀결에 불과하다.[46] 또한 마한조에서 논증의 대상으로 설정한 것은 삼국의 개국년 선후의 문제와 금마산과 마한의 연계 문제였으므로, 백제 존속년 600년을 거론하지 않은 것도 논리적으로 하자가 없다.

여하튼 편찬자의 의도에 따라 두 항목을 연계하여 살필 때 진한—신라, 마한—고구려, 변한—백제의 대응 관계에 대한 논증은 비로소 완결성을 획득한다. 마찬가지로 삼국의 선후에 대한 논증 역시 두 항목에 분재되었다. 마한조에서는 "본기에 의하면[據本紀], 신라가 먼저 甲子에 일어나고 고구려가 그 뒤 甲申에 일어났다고 했다" 하고, 변한백제조에서는 "본기를 살펴보면[按本記], 온조가 일어난 것은 鴻嘉 4년 甲辰이니 곧 혁거세나 동명의 시대보다 40여 년 뒤이다"라고 하였다. 논증의 근거 자료가 동일하며, 두 항목의 논증을 아울렀을 때 삼국의 선후는 정돈된다. 게다가 마한조의 논증은 분주로 제시되었지만, 변한백제조의 그것은 본문에 진술되었다. 따라서 치밀한 반증이 없는 한, 본문과 분주 작성자는 동일인인 것이다.

46) 李康來, 1996, 「三國遺事의 舊三國史論」 『三國史記 典據論』, 民族社, 236쪽.

논증 과정과 동원된 논리는 편찬의 유기성을 지지하나, 변한백제조의 논증 내용 자체는 주밀하지 못하다. 온조의 개국년을 홍가 4년 갑진으로 한 점은 『삼국사기』 백제본기는 물론 왕력의 기재와도 다르다. 왕력과 제편의 괴리를 주목하는 관점에서는 이 또한 놓칠 수 없는 중요 단서가 된다. 그러나 이것은 변한백제조 서술자의 오기로 보아야 한다. 그는 이미 마한조에서 신라와 고구려의 건국년을 '갑자'와 '갑신'으로 제시하였다. 그러므로 변한백제조에서 백제 건국년을 혁거세와 동명의 경우보다 40여 년 뒤라고 한 것은 신라본기 시조 40년 조에 "百濟始祖溫祚立"이라 한 점을 유념한 것이었다. 고구려가 신라보다 20년 뒤인 것처럼 백제는 신라보다 40년 뒤이므로 문득 '갑진'년으로 속단한 것에 불과하다. 따라서 이 점은 역설적으로 마한조와 변한백제조 찬자가 삼한을 겨냥하여 논리적 정합 관계에 유념한 증거가 된다.[47]

북부여조와 고구려조에서도 동일 전거가 두 항목에 분주와 본문의 형태로 고려되면서 논증의 기준으로 활용되었다. 북부여조와 고구려조는 이미 지시와 호응의 전형으로, 그리고 자료의 공유 맥락에서도 검토되었지만, 논증을 위한 고려의 쌍이기도 하다. 즉 고구려조 서술자는 북부여조의 말미를 받아 "고구려는 졸본부여이다"라는 말로 본문을 시작하되, "혹은 지금의 和州 또는 成州 등이라고 하나 모두 잘못이다. 卒本州는 遼東界에 있다"라고 논증하였다. 이 논증의 근거는 북부여조에서 고구려의 전신인 북부여의 흘승골성을 일러 "大遼의 醫州界에 있다"라고 한 분주이다. 양처의 인식은 『삼국사기』에서 요동군을 들어 "大遼가 그 아래 醫州를 두었던 곳"이며 "흘승골성이나 졸본은 아마 한의 현도군 경내로서 大遼國의 東京

47) 이강래, 2005, 앞의 논문 「『삼국유사』 기이편의 자료 수용 방식」, 57~58쪽.

서쪽인 듯"하다는[48] 판정을 답습한 것이다. 즉 북부여조의 내용이 고구려조의 논증 기준이 되었다.

고구려조에는 찬자의 의미 있는 판단이 또 있다. 서술자는 '國史高麗本記'를 인용하여 해모수가 하백의 딸과 사통하여 주몽을 낳았다는 서술을 하는 가운데 이렇게 분주하였다.

> 『壇君記』에는 "단군이 西河 河伯의 딸과 가까이 하여 아들을 낳아 夫婁라고 이름했다" 하는데, 지금 이 기록을 살펴보면[按此記] 해모수가 하백의 딸과 사통한 뒤에 주몽을 낳았다고 한다. 『단군기』에 "아들을 낳아 부루라고 이름했다" 하니, 부루와 주몽은 어머니가 다른 형제이다.

분주자가 이른 '此記'는 본 항목의 본문 내용, 즉 서두에 언급한 '국사고려본기'를 가리킨다. 그는 '국사고려본기'와 『단군기』의 서로 다른 계보 앞에서 "부루와 주몽은 異母兄弟다"라고 논증하였다. '이모형제'라는 판단에는 같은 아버지가 전제되고 있는 듯하다. 그러나 고구려조의 내용 가운데에는 각각 부루와 주몽의 부로 설정된 단군과 해모수가 동일 인물로 간주될 만한 단서는 없다. 오히려 그와는 반대로 하백의 딸을 공통의 고리로 삼아 단군과 해모수의 양인을 구분해 본다면, 그것은 '異父兄弟'로 간주되어야 옳다.[49]

만약 '이모형제'의 판단이 '이부형제'의 오기가 아니라면, 그와 같은 판단의 근거는 고구려조 밖에서 구해야 할 것이다. 서술 대상 본문에서 획득

48) 『삼국사기』 잡지 6 지리 4, 고구려 총론부.
49) 金庠基, 1974, 앞의 논문 「國史上에 나타난 建國說話의 檢討」, 9쪽.

할 수 없는 판단 근거라는 점에서, 이 논증 분주의 작성자는 본문 서술자와 미세한 단층을 지닌다고 할 수 있다. 더구나 본 분주는 미처 주몽의 출생을 언급하기 전, 즉 유화가 금와왕에게 해모수와의 사통으로 인해 쫓겨난 연유를 말하는 대목에 자리하고 있는 점에서도 본문과 분주의 일체성을 일탈해 있기도 하다.

그렇다면 역시 『삼국유사』의 유기적 서술 방식에서 해명의 단서를 구할 필요가 있다. 이를 위해 고구려조에 앞서 편록된 북부여조의 정보를 환기한다. 이미 논의한 것처럼 북부여조 서술자는 후술하게 될 고구려조를 지시하여 말미에 '見下'라고 분주하였듯이, 두 항목은 긴밀한 선후 맥락에 있다. 그런데 북부여조 인용 『고기』 정보에 의하면 해모수와 해부루는 부자 관계에 있었다. 이 『고기』와 고구려조의 '국사고려본기'를 아우르면 부루와 주몽은 해모수를 아버지로 한 형제가 된다. 고구려조의 분주의 논리적 근거는 북부여조의 내용이었던 셈이다.

한 발 더 나가, 왕력에는 주몽을 '단군의 아들'이라 하였다. 따라서 다시 왕력과 『단군기』를 아우르면 부루와 주몽은 단군을 아버지로 한 형제가 된다. 마찬가지로 『고기』와 왕력과 '국사고려본기'와 『단군기』를 모두 아우르면, 부루와 주몽 형제의 부로 설정된 해모수와 단군은 동일 인물이 된다. 이처럼 고구려조의 분주자가 고려한 자료는 고구려조에 거론된 '국사고려본기'와 『단군기』에 한정되지 않았던 것이며, 그는 『삼국유사』 내부의 유기적 서술 맥락에 토대를 두고 있었다.

따라서 기이편을 포함한 제편의 유기적 서술 관계를 인정하면서도 왕력에 대해서만은 찬술 주체가 달랐다고 보는 견해[50]를 미처 전면 반대하지

50) 金相鉉, 1985, 앞의 논문.

는 않으나, 그리고 일연의 저술 당초에는 왕력이 편록되지 않았을 것이라는 의혹마저[51] 불식되지 않고 있지만, 왕력과 제편의 괴리 정보에 앞서 의미 있는 공유점들을 주목할 필요가 있다.[52] 더구나 만약 왕력을 수록한 주체를 일연으로 본다면,[53] 왕력의 특정 정보가 제편의 서술 과정에서 고려되는 것은 너무나 자연스러운 일일 것이다.

대산오만진신조와 가락국기조에서도 고구려조와 동일한 방식으로 '차기'를 들어 논증한 대목이 있다. 먼저 '진신'조는 山中古傳 내용으로 본문을 구성하는 가운데 淨神大王의 태자 寶川과 孝明의 형제에 대해 『국사』에는 그들에 대한 글이 없다는 점을 지적한다. 그에 이어 "이 기록의 아래(에 나오는) 글[此記下文]에서 神龍 원년에 터를 닦고 절을 세웠다고 했는데 …"라고 한 논증적 분주가 있다. 이 경우 '차기하문'은 분주가 자리한 본문 부분보다 뒤에 기술되고 있는 '산중고전'의 일부를 가리킨 것이다.[54] 고구려조의 '차기', 그리고 관동풍악발연수석기의 '차기' 용례와 같다.

한편 가락국기조에는 가락국의 존속 연대에 대한 찬자의 논변 가운데 '차기'가 언급되었다. 『가락국기』에 의거한 부분은 '銘' 가운데 仇衡王이 신라에 항복한 대목까지이다. 그에 따르면, 구형왕은 保定 2년 임오(562) 9월에 신라 진흥왕에 항복했다 한다. 그런데 『開皇錄』에는 그 일이 양 무제 中大通 4년 임자(532)에 있었다고 덧붙였다. 찬자는 두 자료의 상충 정

51) 濱田耕策, 2007, 「『삼국유사』의 북방사 — 고조선의 행방과 出典과의 관련을 중심으로」 『일연과 삼국유사』, 일연학연구원, 292쪽.

52) 이강래, 2005, 앞의 논문 「『삼국유사』 기이편의 자료 수용 방식」, 90~91쪽.

53) 김상현, 2007, 앞의 논문, 65쪽. 이효형, 2009, 「『歷代年表』와 『三國遺事』를 통해 본 一然의 발해 인식」 『동북아역사논총』 18, 199쪽.

54) '此記下文'의 "神龍元年開土立寺"는 뒤의 본문에 나오는 "以神龍元年乙巳三月初四日 始開創眞如院"을 말한다.

보를 주목한다. '議曰' 이하의 논증은 제3의 기준으로 '삼국사'를 동원한다. 즉 '삼국사'에 의하면 양 중대통 4년에 항복했으므로 수로왕 임인으로부터 구형왕 임자까지 490년 존속한 것인데, "만약 이 기록[此記]으로 생각하자면 나라를 바친 일이 魏 보정 2년 임오인즉 다시 30년을 더하여 총 520년이 된다. 이제 둘 다 적어 둔다"라고 하였다.

그러므로 일견 '차기'는 『개황록』에 대응한다. 다만 『개황록』은 이미 『가락국기』 찬술 시점에 인용된 것으로서, 『가락국기』 인용자가 새롭게 첨기한 자료가 아니라는 지적을 환기할 필요가 있다. 즉 "일연선사가 비교 고찰의 대상으로 삼았던 것은 「가락국기」와 「개황록」의 기술이 아니라, 「가락국기」와 『삼국사기』였"다는 것이다.[55] 그러나 어느 경우이든 논증의 맥락에서 편찬의 유기성을 확인하는 데는 기여한다. 즉 서술자는 『가락국기』를, 혹은 『개황록』 정보가 포함된 가락국기조 자체를 '차기'라고 한 것이다.

그러나 평자는 정작 단정을 보류하였다. 반면에 왕력에서는 중대통 4년으로 멸망 연도를 설정하였고, "수로왕 임인으로부터 임자까지 합하여 490년이다"라고 하였다. 가락국기 찬자가 '삼국사'를 들어 언급한 문면과 방불하다. 『삼국사기』 신라본기와 지리지 김해소경조에도 양 중대통 4년에 해당하는 때에 '仇亥王'이 법흥왕에게 항복한 기록이 있다. 다만 가락국기조에 보이는 '仇衡王'의 표기와 '490년'의 존속 연대 언급 방식은 오히려 왕력에 근사하다. 물론 '삼국사'가 『삼국사기』를 지시한다는 데 이견은 없다. 문제는 논증의 중심 사안이 가락국의 멸망 연도였다는 것이다. 그러므로 상충하는 두 정보를 판정하기 위한 기준으로 『삼국사기』 정보를

55) 李永植, 2002, 앞의 논문, 184~186쪽.

동원하면서도, 그에 따른 존속 기간 산정의 방식은 왕력의 필법과 일치한다는 점을 간과하지 않고자 할 뿐이다.

평면적으로 보면, 왕력 작성에 채택한 정보와는 달리 가락국기조 서술자가 일방의 판정을 보류한 것은 편찬의 유기성과는 미세한 어긋남으로 비쳐진다. 그러나 아도기라조의 '의왈' 부분에서도 서술자는 壘始를 아도, 묵호자, 난타 가운데 한 사람으로 가늠하면서도 명시적 판단을 보류하였다. 郁面婢念佛西昇조(감통)에 있는 '의왈'의 내용 역시 본 항목의 자료 근거가 된 '鄕傳'과 상대적으로 더 구체적 정보를 담은 '(發)徵本傳'의[56] 연대 차이를 논의하여 60여 년의 시차를 확인하면서도, 다만 "둘 다 기록하여 의문을 남겨 둔다" 했을 뿐 직접적 판정은 가하지 않았다. 圓光西學조(의해)의 '의왈'에서도 본문 구성 자료인 『속고승전』과 『고본수이전』의 차이를 거론하되, "감히 자세히 판정할 수 없으므로 둘 다 기록해둔다"라고 한 태도는 여타 사례들과 다르지 않다.

다만 그에 이어 『고본수이전』의 원광 관련 내용에 金陟明이 寶壤 관련 이야기를 잘못 덧붙였고 그것이 다시 『해동고승전』에 답습된 점을 비판한 대목은, 또 다른 의미에서 편찬 과정의 유기적 고려를 웅변한다. 즉 서술자는 『속고승전』과 『고본수이전』의 상충 내용에 대해 비록 "한쪽을 선택하지는 못하였지만",[57] 박인량의 『수이전』에 실린 원광 전승에 보양의 사적이 끼어 든 것에 대해 명료하게 그 오류를 지적한 것이다.[58] 사실 애초부터 중고 시기의 원광과 하대 말기의 보양을 "시간적으로 서로 접속시킨다

---

56) 辛鍾遠, 1988, 앞의 논문, 194~195쪽.

57) 최연식, 2007, 「高麗時代 僧傳의 서술 양상 검토 ─ 『殊異傳』 『海東高僧傳』 『三國遺事』의 阿道와 圓光전기 비교」 『韓國思想史學』 28, 181쪽.

58) 金乾坤, 1988, 「『新羅殊異傳』의 作者와 著作背景」 『정신문화연구』 34, 275~276쪽.

는 것은 불가능"한 일이다.[59] 여하튼 '의왈'에서 명시한 것처럼 서술자는 寶壤梨木조(의해)를 바로 이어 별개 항목으로 설정하였다. 더욱이 보양이목조에서도 후대 사람이 『新羅異傳』을 개작하면서 보양 관련 전승을 원광전에 잘못 넣은 점, 그리고 그 오류를 『해동승전』이 답습한 점을 다시 비판하였다. 이처럼 관련된 두 항목에서 동일한 취지로 편찬의 변이 보이는 점은 충분히 주목에 값하는 것이다.

가락국기조의 '차기'를 포함한 논증을 검토하는 도정이 '의왈' 일반으로 크게 번졌다. 요컨대 해당 대목은 가락국기조 찬자의 소회로 파악하는 한편, 그의 논의에서 편찬의 유기적 맥락을 우호적으로 감지한다. 그러므로 서술 대상 본문을 '차기'라고 이른 점을 들어 후주로 판단하는 이해 방식[60]에 대해 전면 동의하기는 이르다. 또한 왕력과 제편의 괴리에 대한 광범한 공감에도 불구하고, 과연 왕력의 정보가 제편의 그것을 정면으로 훼절하는 것인가에 대해서도 판단을 미루고자 한다. 고구려조에서 주몽의 출자와 관련하여 비판적 논증의 대상이 된 『단군기』가 왕력의 주몽 출자 정보의 출전과 다르지 않을 가능성은[61] 정녕 범상히 넘길 사안이 아닌 것이다. 마찬가지로 왕력에서 실성마립간을 일러 "왕은 곧 鵄述의 아버지이다"라고 한 내용은, 그 진위에 대한 검증과는 별개로, 奈勿王金堤上조(기이)의 치술신모에 대한 배경을 전제하지 않고서는 논의의 단서를 실종하고 말 것이다.

59) 金潤坤, 1983, 「麗代의 雲門寺와 密陽·淸道 地方」『三國遺事研究』 上, 嶺南大學校出版部, 57쪽.

60) 이부오, 2005, 「『삼국유사』 기이편에 나타난 고대 왕호 인식」『삼국유사 기이편의 연구』, 한국학중앙연구원, 147쪽.

61) 송호정, 2005, 「三國遺事에 보이는 一然의 古朝鮮 認識」『三國遺事研究』 창간호, 6쪽.

이와 관련하여 延烏郎細烏女조(기이)에 보이는 사건 관련 연대 '아달라왕 4년 정유(157)'를 따져 본다. 이해에 연오랑이 일본으로 가서 왕이 되었다 한다. 그리고 이에 대해 "日本帝記를 보면 앞과 뒤에 신라인으로 왕이 된 이가 없으니, 이는 곧 邊邑의 小王이요 眞王은 아닐 것이다"라는 분주가 있다. 우선 본문 서술의 근거 자료는 명료하지 않다. 다만 분주의 견해에 근접한 내용이 『신라수이전』에서도 보이므로,[62] 신라인들의 전승 가운데 유사한 맥락의 설화는 있었다고 해야 옳다.

그런데 왕력에는 비록 일부 글자가 결락되어 있기는 하지만, 아달라이질금 대에 왜국과의 특별한 관계를 언급한 듯한 내용이 보인다. 또한 '竹嶺'과 '雞立峴'을 추독할 수 있고, 이어 계립현을 '今彌勒大院東嶺'이라 하였다. 충주와 문경을 잇는 고대 교통로에 위치한 彌勒里寺址에서 발굴된 '大院寺'가 쓰인 銘文瓦는 왕력 정보의 이해에 기여한다.[63] 왕력의 이 문맥은 『삼국사기』 신라본기의 아달라이사금 3년과 5년 조에 각각 "開雞立嶺路", "開竹嶺 倭人來聘"이라고 한 기사와도 대응한다. 무엇보다도 기이편 찬자가 연오랑 전승의 연대를 서슴없이 '아달라왕 4년'으로 단정한 것은 크게 보아 왕력의 정보와 정합 관계에 있다는 점을 유념한다. 따라서 『삼국유사』에 "왜와의 통교를 아달라왕 대 2세기 후반 경에 설정하려 한 관념"이 작용했음을 헤아릴 만한 것이다.[64]

물론 연오랑세오녀조의 분주자는 본문 서술의 세부를 가감 없이 수긍하지는 않았다. 의혹의 근거는 『日本帝記』에 있다. 원성대왕조(기이)에도 유

62) 徐居正, 『筆苑雜記』 2.

63) 이강래, 2004, 「『삼국사기』의 왜 인식 — 신라사의 경험을 토대로」 『韓國思想史學』 22, 27~29쪽; 2011, 『삼국사기 인식론』, 일지사.

64) 木下禮仁, 1993, 「『三國遺事』にみえる倭關係記事」 『日本書紀と古代朝鮮』, 塙書房, 351쪽.

사한 대목이 있다. 원성왕 2년 즉 貞元 2년 병인 10월 11일에 일본 왕 文慶이 군사를 일으켜 신라를 치려다가 신라에 만파식적이 있다는 말을 듣고 군사를 물렸다 한다. 이에 대해 서술자는 "『日本帝紀』를 보면 제55대 임금인 文德王이 이 사람이 아닌가 한다. 그밖에 文慶이란 (왕은) 없다. 어떤 책에서는 이 왕의 태자라고 한다"라고 분주하였다. 양처의 '일본제기'는 일본의 천황 계보 관련 자료에 대한 통칭일 수도,[65] 혹은 하나의 특정 자료일 수도 있다. '記'와 '紀'의 표기 차이는 문제가 되지 않는다. 『삼국사기』의 각 본기를 지칭하여 '本記'와 '本紀'가 혼용된 것과 같을 뿐이다. 다만 그것은 적어도 8세기 후반 혹은 9세기 중반까지의 천황 계보가 수용된 것이어야 할 것이다. 왜냐하면 분주자는 문덕(850~858)을 '55대' 천황으로 설정한 자료에 근거하였는데, 이러한 산정은 『일본서기』가 인정하지 않은 大友皇子 즉 弘文天皇을 39대로 인정한 결과이기 때문이다.[66]

만약 연오랑세오녀조와 원성대왕조의 일본 관련 전승이 동일한 자료를 근거로 비판되었다고 한다면, 그 본문 전승의 토대 역시 어떤 접점을 공유하는 것일지도 모른다. 두 전승 모두 신이한 설화성을 강하게 지니면서도 뜻밖에 명료한 연대 정보를 가지고 기술된 점도 주의를 요한다. 또한 왕력과 기이편에 최초의 왜(일본) 관련 전승 연대가 아달라왕으로 일치하는 것처럼, 원성대왕조에도 왕력과 부합하는 특이 정보가 수록되었다. 즉 왕력의 원성왕조에는 "(왕의) 릉은 鵠寺에 있는데 지금의 崇福寺이며 최치원이 세운 비가 있다"라고 하였다. 원성대왕조에도 "왕의 릉은 吐含岳 西洞의 곡사[지금의 숭복사]에 있는데 최치원이 지은 비가 있다"라고 하였다. 이

65) 고운기, 2001, 「一然의 日本觀」 『일연과 삼국유사의 시대』, 도서출판 月印, 48~49쪽.

66) 坂本太郎(박인호·임상선 역), 1991, 『일본사학사』, 첨성대, 36쪽. 이 책의 2편 2장 「『삼국유사』 기이편의 자료 수용 방식」에서도 같은 논의를 하였다.

공교로운 일치는 왕력과 기이편이 동일 시공간에 대한 역사적 사실과 신이한 사실이라는 각면을 감당하여 "서로 보완 관계를 가진다"는[67] 지적을 환기시킨다.

외면할 수 없는 또 한 가지 문제는, 두 항목의 분주자는 본문 전승의 세부 정보에 대해 일본 측 자료를 근거로 비판했다는 점이다. 본문 작성자와 분주 작성자를 다르지 않다고 한다면, 이것은 확실히 어색한 국면이다. 이로 인해 본 분주들을 본문 작성자가 아닌 자의 작문, 즉 후주로 보기도 한다.[68] 그러나 분주자의 태도는 전승의 신이를 중시한 것이라, 오직 대교 자료로 검증 가능한 영역에 대해서만 회의한 것이었다.

가장 근사한 사례가 태종춘추공조에 있다. 찬자는 『백제고기』를 인용하여 墮死岩 설화를 소개하였다. 의자왕과 그의 후궁들이 적군의 손에 유린당하느니 차라리 자결하고자 하여 이곳에서 몸을 날려 죽었다는 것이다. 이어 찬자는 "이것은 俚諺의 와전으로 궁인들이 떨어져 죽었을 뿐 의자왕이 당나라에서 죽은 것은 唐史에 明文이 있다"라고 논증하였다. 의자왕의 죽음에 대한 논증의 지적은 옳다.[69] 그러므로 서술자 자신의 인용 내용에 스스로 의문을 제기하는 것에 특별한 혐의를 둘 필요는 없다. 그것은 찬자의 학구적이고 실증주의적인 태도를 증언하는 것일 뿐이다.[70]

논증의 기준을 살펴 편찬의 유기성을 진단할 수 있는 사례 하나를 더 본다. 자료의 분재 측면에서 한 차례 검토한 제4탈해왕조 서두에는 탈해의 등장 시기를 오직 '남해왕' 때로 설정하면서 아래와 같은 논증적 분주를

67) 李基白, 1985, 「『三國遺事』 王曆篇의 檢討」 『歷史學報』 107, 13쪽.

68) 河廷龍, 2008, 앞의 논문, 286쪽.

69) 『구당서』 199上 동이 백제국 : 『신당서』 220 동이 백제, 顯慶 5년(660).

70) 蘇在英, 1974, 「三國遺事에 비친 一然의 說話意識 — 註·議·讚을 中心으로」 『崇田語文學』 3.

덧붙였다.

> 남해왕 때 [古本에서 壬寅年에 왔다고 한 것은 잘못이다. 가까운 (임인년)이라면 弩禮王 즉위 초보다 뒤가 되니 다투어 양보하는 일이 없을 것이고, 이전의 (임인년)이라면 혁거세 때가 되므로, 임인년이 아님을 알 수 있다.] 가락국의 바다 가운데 웬 배가 와서 정박하였는데 …

분주자에 의하면, '고본'에는 탈해가 "임인년에 왔다"라고 했는데, 그것은 잘못이라고 한다. '고본' 정보의 부정은 무왕조의 그것과 동일하다. '고본'의 실체를 얼른 단정하기는 어려우나, 분주자가 부정한 대상 정보는 오직 '임인년'이었으므로, 그 시점으로 제시한 '남해왕 대'를 제외한 탈해의 등장 전승 자체는 '고본'도 공유했을 것으로 보아야 한다. 그런데 남해왕 치세 동안 임인년은 없다. 남해왕 치세(4~24) 기간을 전후한 임인년은 혁거세거서간 39년(기원전 19)과 유리이사금 19년(42)이 된다. 분주자가 '고본'의 임인년이 잘못된 정보라고 단정하는 논리는 두 가지이다. 하나는 유리이사금 즉 노례왕 즉위 뒤의 임인년은 이미 노례왕이 즉위한 후라는 것이다. 다른 하나는 그 60년 전 임인년은 혁거세 치세였다는 것이다. 그러나 이 논리만으로는 임인년의 부정을 위한 논증이 완결되지 않는다.

논증의 기준은 전후한 항목의 유기적 고려에서 마련된다. 노례왕 즉위 뒤라면 "다투어 양보하는 일이 없을 것"이라는 지적은 바로 앞에 서술한 제2남해왕조와 제3노례왕조에 서술한 내용, 즉 노례와 탈해가 서로 왕위를 양보한 사실을 염두에 둔 것이다. 그와는 달리 혁거세 대의 임인년이 안 될 이유는 단순치 않다. 오히려 『삼국사기』 신라본기는 탈해가 신라의 아진포구에 표착한 때가 바로 혁거세 재위 39년이라고 한다. 그렇다면 '고본'의 정보는 『삼국사기』의 기록과 일치하는 것이다.

『삼국유사』 찬자의 '철저한 實證癖'[71]에 비추어 볼 때, 분주의 논증 근거는 『삼국사기』가 아닐 것이다. 그런데 '고본'도 공유했을 정보 즉 탈해왕조 본문에서 '완하국' '화하국' '함달파왕' '적녀국' 등 탈해의 출자를 언급하는 가운데 보이는 고유명사들은 완연 왕력 정보와 일치한다. 또한 탈해의 장지 정보 '疏川丘(疏井丘)'와 유골로 소상을 만들어 '東岳'에 안치했다는 전승도 왕력과 탈해왕조가 조응한다. 이처럼 왕력과 기이편의 탈해왕 관련 서술에는 토대 자료가 공유되었다. 즉 이 사례 또한 분재의 맥락과 논증의 기준에서 편찬 과정의 유기성을 지지한다.

5. 오류의 적용

탈해왕조 찬자는 '고본'의 탈해 등장 설화를 수용하되, 그 연대 '임인년'을 부정하였다. 탈해는 적어도 노례왕 즉위 전에 등장해야 한다는 것은 당연한 논증이다. 그러나 본문의 서술처럼 그냥 '남해왕 때'라고 하여 관련 사건의 서차가 옳게 정돈되는 것은 아니다. 즉 탈해를 태운 배가 처음 수로왕의 가락국에 출현했다 했으므로, 탈해가 신라에 등장한 연대는 수로가 탄강한 연대보다 뒤늦어야 하는데, 왕력과 가락국기조에는 수로의 탄강년을 임인년 즉 42년으로 설정하였다. 이것은 남해왕의 치세가 끝나는 때로부터 20년 뒤가 된다. 따라서 탈해왕조의 서사는 이미 모순을 범하고 있는 것이다. 필시 '고본'을 포함하여 서술 근거 자료에 기록된 '임인년'이 공교롭게도 탈해의 표착과 수로의 탄강 연도에 다 관련되는 탓에 빚어진

71) 閔泳珪, 1969, 「三國遺事」 『韓國의 古典百選』 『新東亞』 1월호 附錄, 88쪽.

결과일 것이다. 요컨대 서술자의 오독 가능성에 주의한다.

서술 전거 자체의 오류, 혹은 전거를 인용한 서술자의 오독이 『삼국유사』 서술 과정에 어떤 형태의 유기적 현상으로 드러난다면, 그것은 본 논의에 또 하나의 유력한 지침이 될 수 있다. 탈해왕의 전승이 분재된 제2남해왕조와 제3노례왕조와 제4탈해왕조를 들어 하나의 발단을 추적해 본다. 우선 세 왕의 즉위년과 사거년 정보를 도시한다.

		기이	신라본기·연표	왕력
남해왕	즉위	元始 4년 甲子(4)	甲子	甲子, 治20
	사거	地皇 4년 甲申(24)	재위21, 甲申	
노례왕	즉위	更始 원년 癸未(23)	甲申	甲申, 治33
	사거		재위34, 丁巳	
탈해왕	즉위	中元 2년 丁巳(57)	丁巳	丁巳, 治23
	사거	建初 4년 己卯(79)	재위24, 庚辰(80)	

남해왕조에는 남해왕이 地皇 4년 갑신년에 죽었다고 하였다. 그러나 지황 4년은 계미년이다. 그런데 노례왕조에서는 更始 원년 계미에 노례왕이 즉위했다고 하였다. 지황 4년과 갱시 원년은 같은 해로서 모두 계미년이다. 더구나 찬자는 노례왕 즉위년에 대해 "연표에는 갑신년에 즉위했다고 하였다"라고 분주로 지적해 두기까지 했다. 앞뒤로 연속해 있는 남해왕조와 노례왕조가 서로 다른 찬자 혹은 별개의 전거에 의한 것이 아닌 이상, 오류는 남해왕조의 간지 '갑신'에 있을 것이며, 그것은 서술자의 인용 오류였다.

그가 간지 적용에 혼선을 빚은 데에는, 노례왕조 분주의 지적처럼 두 왕의 교체년을 갑신년으로 기록한 자료들의 존재가 그 배경이었겠다. 분주에 제시한 '연표'는 『삼국사기』 연표를 이르는 것으로 생각되나, 그밖에

『삼국사기』 신라본기와 『삼국유사』 왕력 기록에서도 두 왕은 갑신년에 사거하고 즉위하였다. 공교로운 것은 탈해왕조 역시 탈해왕의 죽음을 建初 4년 기묘라 하여 『삼국사기』 연표와 왕력의 경진보다 1년 이르게 설정하고 있다는 사실이다.

이처럼 기이편에 서술된 남해왕과 탈해왕의 사거년 관련 전거 자료는 여타 자료보다 1년 이르게 되었고, 노례왕의 즉위년도 1년 이르게 되었다. 이것은 서술 근거 자료의 오류였다. 세 왕의 서술 내용에는 탈해 관련 전승이 공유되어 있되, 그것은 『삼국사기』와는 다른 계통이었다. 요컨대 본래의 근거 자료 오류에 더하여 서술자의 간지 적용 오류가 중첩되었다. 유독 세 왕과 관련한 연대 정보에 유사한 오류가 반복된 것은 공유된 근거 자료의 한 특징으로 볼 만하다. 세 왕의 첫째가 되는 남해왕에 대해 "이 왕이 곧 三皇 가운데 첫째라고 한다"는 진술은 세 왕을 대상으로 삼은 모종의 자료 존재를 암시한다.

표에서 『삼국사기』의 재위년과 왕력의 치세년 사이에 1년의 차이가 나타나는 것은 그 산정 방식이 달랐던 때문이다. 전자는 즉위년칭원법에 입각하여 전·후왕의 교체년이 각 왕의 재위년에 산입되지만, 후자는 전왕의 사거년을 오직 후왕의 치세년으로만 산입한 결과이다. 이러한 파악은 삼국의 시조 치세년이 『삼국사기』의 재위년보다 1년씩 줄어 든 반면, 마지막 왕인 보장왕과 의자왕의 치세년은 재위년과 일치하는 데서도 증명된다. 『삼국유사』 제편의 경우도 왕력보다 치세 기간이 1년씩 늘어 기재된 경우가 대부분이지만, 대체로 왕들의 교체년은 왕력 및 『삼국사기』와 일치한다. 그에 반해 오직 거론된 세 왕의 경우만 그러한 경향을 일탈해 있다. 따라서 이 문제는 공유된 근거 자료의 영역에서 탐색할 부분이다.

그러나 만약 왕력의 치세년에서 줄어 있는 1년을 사거년이 아니라 즉위년을 뺀 결과로, 다시 말해 유년칭원법의 적용 결과로 이해한다면, 그에 따른 제편의 서술에서는 해당 왕의 재위 년차가 1년씩 밀리게 되는 현상을 낳을 것이다. 말갈발해조의 경우가 그 대표적 사례이다.

삼국사에 이르기를 … 성덕왕 32년 (즉) 玄宗 갑술년에 渤海靺鞨이 바다를 건너 당의 登州에 침입하니 현종이 그들을 쳤다.

이 대목은 발해가 당의 등주를 공격한 데 대해 당 측에서 신라 성덕왕에게 공동 군사 행동을 제안한 사건을 이른다. 같은 내용이 『삼국사기』 신라본기 성덕왕 32년에 당의 요구를 전한 金思蘭의 귀국과 관련하여 보인다. 최치원전에도 김사란 등을 포함한 공격의 추이가 언급되어 있다. 이에 부응하여 출격한 신라군이 폭설로 인해 소득 없이 철군했다 한 것도 두 곳에 모두 보인다. 그런데 성덕왕 32년은 계유년(733)에 해당한다. 현종의 갑술년(734)은 이보다 1년 늦다. 성덕왕 32년이 갑술년이기 위해서는 유년칭원법을 적용했어야 한다. 즉 왕력의 치세년 산정을 유년칭원법으로 파악할 경우, 그와 같은 재위년 서차가 된다.

정리하자면, 서술자는 '삼국사' 즉 『삼국사기』 성덕왕 32년 기록을 인용한 것이되, 그해를 갑술로 파악한 것은 유년칭원 방식에 따른 것이다. 다시 말해 '갑술'의 기재는 원전의 정보가 아니라 서술자의 추산이며, 그것은 왕력의 치세년을 오해한 데서 야기된 오류였다. 이 판단은 효성왕조(기이)에서 당이 北狄 즉 발해를 치기 위해 신라에 청병했다는 사실을 '開元 21년 계유(733)'라고 한 데서도 지지된다. 신라 왕의 재위년을 고려하지 않을 경우 같은 사건 기록에서 오류는 발생할 빌미가 없었던 것이다.

왕력의 치세년 정보에 대한 오해는 역방향에서도 일어날 수 있다. 즉 전왕의 사거년이 신왕의 즉위년으로만 산정되므로, 이를 잘못 독해할 경우 전왕의 사거년을 실제보다 1년 이르게 속단할 가능성이 발생한다. 전형적인 예가 早雪조(기이)이다.

> 제40대 애장왕 말년 무자(808) 8월 15일에 눈이 내렸다 … 제46대 문성왕 기미(839) 5월 19일에 큰 눈이 내렸다.

애장왕은 『삼국사기』의 관련 정보와 『삼국유사』 왕력에 모두 기축년(809) 7월에 사거했다 한다. 무자년은 애장왕의 말년이 아니라 그 1년 전이요, 왕력의 치세년 산정 방식에서 마지막 해가 된다. 따라서 조설조는 애장왕과 헌덕왕의 교체년인 기축년을 오직 헌덕왕의 치세년으로만 파악한 직접 증거가 된다. 이것이 곧 조설조 서술자가 왕력의 치세년을 오독한 결과라고 단정할 충분조건은 아니다. 그러나 조설조의 '말년' 인식은 왕력의 치세년 파악 방식 혹은 그와 같은 방식에서 작성된 연대 정보를 공유했을 때 빚어질 만한 현상인 것이다.

기미년의 대설 기록도 마찬가지이다. 기미년에 신무왕과 문성왕이 교체되었다. 신라본기와 김양전에는 신무왕이 7월 23일에 훙거했다 하고, 왕력에는 11월 23일에 붕어했다 한다. 어느 경우이든 대설이 내린 5월은 문성왕이 미처 즉위하기 이전이요, 신무왕의 치세 기간에 든다. 따라서 이 사건을 신왕인 문성왕을 들어 서술한 조설조는 전왕의 사거년을 후왕의 치세년으로 산입하는 왕력의 산정 방식과 일치한다.

彌勒仙花未尸郎眞慈師조(탑상)에도 같은 예가 있다. 서술자는 신라의 화랑에 대해 "국사에는 진지왕 大建 8년 庚申에 처음으로 화랑을 받들었다고 했다"라고 분주하였다. 대건 8년은 병신년(576)이므로 '경신'은 '병신'의 오기이다. 이 해는 진흥왕 37년 즉 홍거년이요, 진지왕의 즉위 원년이다. 화랑에 대한 전말은 『삼국사기』 진흥왕 37년 조에 기록되어 있다. 따라서 같은 사건을 지시하여 그 왕대를 말년의 진흥왕이 아니라 즉위년의 진지왕으로 삼은 것을 주의한다. 이 역시 왕력의 치세년 산정 방식의 원리와 공명하는 것이다.

사실 왕력의 치세년 산정은 지극히 기계적으로 이루어졌다. 그 때문에 왕력 내부의 당착도 적지 않다. 하물며 제편의 각 항목 서술에서 구체적인 인용 전거에 입각한 내용의 경우, 왕력과의 괴리는 흔하게 발생한다. 또한 왕력에 담긴 삼국 왕들의 즉위년 정보는 『삼국사기』 왕대력과 일치한다. 즉 왕력의 칭원법 자체는 『삼국사기』와 다르지 않다. 다시 말해 『삼국유사』의 제편에서는 『삼국사기』와 동일한 재위년이 적용되었다. 결국 왕력의 '치세년'은 제편의 '재위년'과는 다른 개념으로 쓰였던 것이다. 다만 왕력의 치세년에 대한 오독이 제편의 재위년 표기의 오류를 야기한 정황은 편찬의 유기적 과정을 겨냥할 때 중요한 지표가 된다는 점을 여러 사례로 검증했을 뿐이다.

백제 성왕의 즉위년을 매개로 다시 한 번 이 문제를 음미해 본다. 왕력은 성왕이 계사년(513)에 즉위하였고, 치세는 31년이라고 하였다. 『삼국사기』 백제본기와 연표 등에 따르면 그는 계묘년(523)에 즉위하여 554년에 전사하였다. 왕력의 성왕 즉위년이 10년 이르게 설정된 것이다. 그런데 다음 왕인 위덕왕이 갑술년(554)에 즉위한 것은 『삼국사기』와 왕력이 일치한다. 그러므로 왕력의 치세년 계산법에 따르자면 성왕의 치세 기간은 41년이어야 옳다. 결국 성왕 치세 기간을 31년이라 한 점을 미루어, 그의 즉위년으로 제시한 '계사'가 '계묘'의 오기였음이 틀림없다.

한편 남부여전백제조에는 "『삼국사기』를 살펴보면 백제 성왕 26년 戊

午 봄에 도읍을 사비로 옮기고 국호를 남부여라고 하였다"라고 기술했다. 이것은 백제본기 성왕 16년의 기사 내용을 염두에 둔 것이다. 따라서 '26년'은 '16년'의 오기일 것이다. 그리고 서술자가 첨기한 '무오'의 간지는 백제본기 이외의 근거에서 동원된 것이다.

공교롭게도 왕력에는 "무오에 도읍을 사비로 옮기고 남부여라고 일컬었다"라고 하였다. 성왕의 즉위를 이미 계사년으로 기록한 이상, 그에 이은 무오년은 성왕 재위 26년이 된다. 즉 남부여전백제조 서술자가 이를 '26년 무오'라고 한 것은 성왕의 즉위년을 왕력의 견해처럼 '계사년'으로 삼을 경우라야 들어맞는다. 요컨대 왕력의 즉위년 정보가 남부여전백제조 서술자의 사유에 틈입한 결과일 가능성이 높다. 왕력의 오류가 기이편의 서술에 적용된 것이다. 바꿔 말해, 왕력의 오류 없이는 그와 같은 남부여전백제조의 서술이 비롯할 수 없다.

왕력과 제편의 논증에 오류의 적용이 개입된 사례는 인명에서도 보인다. 태종춘추공조의 백제 멸망 과정은 대체로 『삼국사기』 백제본기의 서술을 원용한 것인데, 유독 의자왕과 함께 사비성을 탈출한 태자 '孝'에 대해서만 '隆'으로 바꿔 쓰는데다가, '융'에 대해 "혹은 孝라고 쓴 경우가 있으나 잘못이다"라고 논증하는 분주까지 더하였다. 그러나 신라본기와 김인문전에도 의자왕과 행동을 함께 한 태자는 '효'로 기록되어 있다. 따라서 서술자의 논증은 중국 정보를 근거로 했을 것이다. 실제 『구당서』와 『신당서』의 소정방전이나 백제전, 그리고 『자치통감』 등에는 이 사건의 태자를 모두 '隆'으로 기록하였다.[72] 이 경우는 대체로 중국 사서들의 정보가 잘못

72) 『구당서』 199上 열전 149 동이 백제국 : 『신당서』 111 열전 36 蘇定方 : 『자치통감』 200 唐紀 16 고종 顯慶 5년.

된 것으로 보거니와, 서술자의 서슴없는 단정의 근거는 드러나 있지 않다는 데 주의하게 된다. 설명의 단서는 왕력에 보인다.

왕력은 백제 무령왕에 대해 "『南史』에 (무령왕의) 이름을 扶餘隆이라 한 것은 잘못이다. 융은 곧 보장왕의 태자이니 唐史에 자세히 보인다"라고 했다. 왕력의 지적처럼 『남사』 등의 중국 사서에는 普通 2년(521) 당시 백제의 왕을 '餘隆'이라고 했다.[73] 다만 '보장왕'은 멸망 시기 왕이라는 공통점에서 야기된 착오로서 '의자왕'의 오기로 본다. 즉 왕력 서술자는 의자왕의 태자를 '융'으로 판단한 것이고, 그 근거는 '당사'였다.

따라서 태종춘추공에서 의자왕의 태자를 '효'라고 한 국내 전승을 간단히 잘못으로 판정한 서술자는 왕력의 판단에 공명한 것이다. 이로써 논증의 오류가 중복되었다. 법흥왕에 대해 "册府元龜云 姓募名秦"이라고 한 왕력의 기재가 원종흥법염촉멸신조에 똑같이 반복된 것도 그러한 추정을 지지한다. 정작 『책부원귀』에는 "新羅王募秦"[74]이라고 했던 것이다. 이처럼 『삼국유사』 편찬의 유기성 문제는 제편 내부에 한정하지 않고 왕력까지 포괄하여 음미되어야 할 당위가 다대하다.

한편 애초의 논증 자체는 옳으나 그 결과를 다른 논증에 동원하면서 오류가 야기된 경우도 있다. 크게 보면 이 또한 논증의 기준에서 다루어야 할 사항이지만, 여기서는 논증의 오류라는 결과의 측면을 주목하려 한다. 먼저 태종춘추공조는 백제본기에 의거한 백제의 멸망 추이를 서술한 다음, 의자왕 등 왕족의 압송을 비롯한 이후부터는 '당사'에 기대 소정방을 중심에 두어 정리한다. 그리고 다시 이어지는 서술은 665년 문무왕과 부

73) 『梁職貢圖』에는 "普通二年 其王餘隆 遣使奉表云 累破高麗"라 했으며, 그에 기반을 두었을 『梁書』 54 백제조와 『南史』 79 백제조에도 '餘隆'이라 하였다.

74) 『册府元龜』 996 外臣部 鞮譯 梁 高祖 普通 2년.

여융의 맹약을 중심으로 한『신라별기』, '總章 원년 무진'에 평양성에 출동한 소정방군에 대한 군량 수송 전말을 전하는『고기』, 의자왕과 궁녀들이 투신했다 한 타사암 전승을 담은『백제고기』, 그리고 소정방 군대를 독살했다는 내용의『신라고전』등이 차례로 인용되었다.

여기 거론된 자료들은 모두 국내 전승으로 판단한다. 서술자는 인용 내용의 타당성을 일일이 '당사'를 들어 언급한다.『신라별기』는 '당사'와 부합하는 것으로 판단하는 반면, 의자왕이 당에서 죽었다는 '당사'의 기록을 들어『백제고기』에 대한 신뢰를 유보한다. 마치 의자왕의 태자를 '융'으로 판단한 근거가 왕력을 매개로 할 때 '당사'로 드러났던 것과 마찬가지 맥락이다. 그러므로 서술자가 중국 문헌보다 국내 문헌의 경우 내용 변경을 더했다는 지적은[75] 중국 문헌에 대한 상대적 신뢰의 편향과 분리될 수 없는 것이다. 심지어 선덕왕지기삼사조에 드러난 서술자의 태도는 선덕왕의 '知幾'에 전혀 못지않은 당 태종의 예지력에 대한 경탄이었다.[76] 그러나 세 가지 색의 모란꽃 그림에서 태종이 신라의 '세 여왕'을 예지했다는 그의 해석은 지나치다. "그림 해석에 자신만의 풀이를 담아 자신이 말하고 싶은 것을 말"한[77] 선덕왕을 비켜난 그 평의야말로 신이와 역사의 거리일 것이다.

여하튼 문제의 소재는『고기』와『신라고전』의 정보에 대한 서술자의 비판 논리이다. 물론 그 기준이 '당사'의 정보인 것에는 다름이 없다. 그 일부를 발췌한다.

75) 맥브라이드 리차드, 2007,「『삼국유사』의 신빙성 연구 — 중국 및 한국문헌자료의 사례」『일연과 삼국유사』, 일연학연구원, 197쪽.

76) 배근흥, 2007,「『삼국유사』에 보이는 나당 관계 내용의 새로운 검토」『일연과 삼국유사』, 일연학연구원, 267쪽.

77) 趙景蘭, 2008,「善德王이 이야기하는 선덕왕의 즉위」『新羅史學報』14, 55쪽.

• 『고기』에 대해 : 만약 총장 무진년(668)이라면 李勣의 일일 것인데, 아래 (『고기』의) 글에 소정방이라고 한 것은 잘못이다. 만약 소정방이라면 연호는 마땅히 龍朔으로 (그) 2년 임술(662)에 평양에 와 포위했을 때의 일일 것이다.

• 『신라고전』에 대해 : 만약 임술년에 고구려를 치는 싸움에 신라 사람이 소정방의 군사를 죽였다면, 그 뒤 총장 원년 무진년에 어찌 당나라에 군사를 청해서 고구려를 멸망시킨 일이 있겠는가? 이로써 鄕傳이 근거가 없음을 안다. 다만 무진년에 고구려를 멸망시킨 후에 (신라가) 신하답지 못한 일이 있었다면 멋대로 그 (점령한) 땅을 차지했던 것일 뿐 소정방과 이적 두 사람을 죽이는 데까지 이른 것은 아니었다.

평양성 작전의 연대에 대한 서술자의 비판은 옳다. 『고기』에 인용된 사건은 『삼국사기』 신라본기에서도 문무왕 2년(662)조에서 확인되며, 김유신전에도 문무왕 원년 겨울부터 다음 해에 걸쳐 그 전모가 자세히 실려 있다. 또한 찬자의 지적처럼 총장 원년이라면 소정방이 아니라 이적의 일이다. 그러므로 '임술년'과 '소정방'을 선택한 논증은 옳다. 『신라고전』에 대한 비판 역시 그 자체로서는 타당하다. 그러나 이 비판에 담긴 두 가지 전제는 『신라고전』의 정보가 아니다. 전제 가운데 하나는 사건 연대 '임술년'이고, 다른 하나는 살해당한 '두 사람'이다.

우선 『신라고전』에 임술년이라는 시점은 제시된 바 없다. 오히려 『신라고전』에 의하면 당 군의 독살 사건은 "소정방이 이미 고구려와 백제를 토벌한 후 다시 신라를 치려고 머물러" 있었던 데 연유하여 일어난 것이었으므로, 결코 662년(임술)의 일로 볼 수 없다. 즉 사건의 사실 여부와 관계없이,[78] 분주자의 연대 비판은 잘못되었다. 추측컨대 이 성급한 고증은 『고기』를 인용하여 소정방군에 대한 김유신의 군량 수송 사건을 서술하면서 그 연대를 '總章元年戊辰'이 아니라 '龍朔二年壬戌'이었다고 한 논증에서 비롯한 착오일 것이다.

다음, 이적의 피살 역시 『신라고전』의 내용이 아니다. 이것은 총장 무진년 고구려 공략에서 당 측의 군사 주체가 이적인 데서 야기된 착오일 것이다. 그런데 이적과 관련한 고구려 공격 전말은 문호왕법민조에 비로소 등장한다. 그러므로 이 또한 다른 항목을 비판의 논거로 채택한 것으로서, 논증 기준의 유기적 맥락에 기여하는 것이기도 하다. 총괄하여, 이 논증은 기왕의 논증과 다른 항목의 서술을 기준으로 하되 성급한 판단의 오류를 범한 것이다. 이어지는 문호왕법민조에서도 유사한 점검 대상이 있다.

서술자는 고구려까지 공멸한 이듬해 즉 669년에 당 고종이 김인문을 불러들여 신라의 반당 동향을 힐책한 것으로 기록하였다. 또한 이와 같은 양국의 갈등으로 인해 김인문이 671년 당시에도 옥에 갇혀 있었던 것으로 서술하였다. 게다가 강수가 표문을 올려 김인문의 석방을 요청했고, 그로 인해 당 고종이 비로소 김인문을 석방하고 귀국시켰으며, 김인문은 귀국 도중 해상에서 죽었다고 한다. 김인문과 관련한 이들 전승은 『삼국사기』와 비교할 때 전혀 공유대가 없다. 『삼국사기』에 따르면 김인문은 668년 9월 21일 평양성 함락 뒤 이적의 군단과 함께 당으로 돌아갔다 한다. 물론 불과 한 달 뒤인 10월 22일에 문무왕이 김인문에게 대각간의 관

78) 이에 대해서는 李道學, 1994, 「唐橋 '蘇定方被殺說'의 역사적 의의」 『芝邨金甲周敎授華甲紀念史學論叢』.

위를 준다거나, 669년에 역시 김인문에게 말 목장 5개 소를 내려 주었다는 기사가 있다. 이것은 669년 당시 김인문이 신라 국내에 있었을 가능성을 철저하게 배제하기가 주저되는 일면이다. 그러나 김인문이 668년 이적과 함께 당으로 돌아갔다는 기록은 보장봉로보덕이암조에서도 다시 언급된 바 있다.

그런데 의상전교조에는 670년 경에 김흠순과 김양도가 당에 구류되어 있었다고 하면서, 김흠순의 경우 "김인문이라고도 한다"라고 한 분주가 있다. 『삼국사기』에도 669년 사죄사로 입당한 이들은 김흠순과 김양도였다. 따라서 여러 정황으로 미루어 김인문이 669년에 다시 입당하고 그 이후 671년까지 옥에 갇혀 있었다는 서술은 어떤 착오에서 비롯한 것으로 판단한다.[79] 즉, 비록 입당 인물을 김인문이라고 단정한 것은 아니지만, 의상전교조의 분주자는 그 논거를 문호왕법민조에서 구한 것이겠다. 오류의 전승 및 그것을 인용한 항목의 서술이 다른 항목의 분주 근거였던 것이다.

오류의 발단은 이처럼 본래의 근거 자료에서 유래하기도 한다. 그러므로 인용자는 종종 인용 자료의 정보에 의문을 가지기도 하는 것이다. 널리 아는 것처럼 고조선조에서도 인용 자료 『고기』의 단군 개국 전승 연대를 서술자 스스로 의심하고 있었다. 특히 고조선조에 보이는 '북대방'의 인식은, 그에 대응하는 일련의 후속 서술들과 함께 유기적 논증의 한 전형을 보여준다. "『삼국유사』는 '朝鮮之遺民'의 행방에 관심을 갖고 기이편을 서술하고 있"다는 파악은[80] 이러한 생각에 공명한다.

79) 權悳永, 1997, 『古代韓中外交史』, 一潮閣, 39쪽.

80) 濱田耕策, 2007, 앞의 논문, 296~297쪽.

문제의 발단은 고조선조에서 한의 군명을 나열하는 가운데 대방에 대해 '북대방'이라고 분주한 데서 비롯한다. '북대방'은 『삼국유사』에만 보이는 특이한 인식인데, 기이편에는 따로 북대방조가 배려되고 있기도 하다. 그렇다면 '북대방'이라는 분주는 기이편 찬자 자신의 것으로 보아도 무방할 것이다. 게다가 북대방조에서는 "弩禮王 4년에 대방인이 낙랑인과 함께 신라에 투항해 왔다"라고 한 다음, "이들은 모두 前漢이 설치한 두 군의 이름인데, 그 뒤 참람하게 나라를 일컫다가 지금 투항해 온 것이다"라고 분주하였다. 그러므로 북대방조 분주자도 '북대방'이 전한 때 설치된 군이라는 인식을 의연히 지니고 있다. 그 때문에 북대방조에 이어 남대방조를 두고 "曹魏 때 처음 남대방군을 설치하였다"라고 하여, 공손씨 정권의 대방군 즉 남대방과 전한의 북대방을 명료히 구분했던 것이다.

그러나 애초에 한이 설치한 군 가운데 대방군은 없었다. 고조선조 서술자는 '唐裵矩傳'을 인용하여 한이 현도·낙랑·대방의 3군을 두었다고 한다. 그러나 『수서』와 양 『당서』 배구전 어디에도 3군의 명칭은 제시되어 있지 않다.[81] 그런데 서술자는 『통전』에도 같은 내용이 있다고 한다. 그러나 역시 『통전』 동이전에는 진번·임둔·낙랑·현도의 4군이 있는 반면 대방군은 없다.[82] 그렇다면 그는 인용 자료 명을 잘못 제시했거나 인용 자료의 내용을 잘못 파악한 것이다. 그런데 인용한 바와 같은 내용을 전하는 기록물은 현전하는 문헌 가운데 없다. 그렇다면 오류의 발단은 인용 자료의 오

81) 『수서』 67 열전 32 裵矩, "(大業 3년) 矩因奏狀曰 高麗之地 本孤竹國也 周代以之封于箕子 漢世分爲三郡"; 『구당서』 63 열전 13 裵矩, "(大業 3년) 矩因奏曰 高麗之地 本孤竹國也 周代以之封箕子 漢時分爲三郡"; 『신당서』 100 열전 25 裵矩, "(大業 3년) 矩因奏言 高麗本孤竹國 周以封箕子 漢分三郡".

82) 『통전』 185 邊防 1 동이 上, 朝鮮.

독 때문일 수밖에 없다.

> 낙랑은 본래 조선국이었는데 漢의 武帝 元封 3년에 조선 사람이 그 왕을 베고 항복하였으므로 그로 인해 그 땅을 樂浪·元菟 등의 군으로 삼았으며, 뒤에 또 帶方郡을 두었으니 모두 遼水의 동쪽에 있다. (『통전』 180 州郡 10)

인용한 『통전』 주군조에는 조선의 멸망을 계기로 낙랑과 원도[현도] 두 군을 둔 사실에 이어, 딱히 시점을 명시하지 않은 채 뒷날 다시 대방군이 설치되었다는 사실을 언급하였다. 『통전』 주군조의 문의를 속단하면 자칫 한이 낙랑·현도·대방의 3군을 설치한 것으로 오독할 가능성이 있다. 그리고 여기에서 거론된 '3군'을 배구의 발언 가운데 등장한 '3군'의 실체에 대응시켰을 가능성을 고려해보는 것이다. 즉 한편의 자료 오독이 다른 인용 자료의 오인으로 이어진다. 그리고 그것이 기준이 되어 북대방조가 신설되고, 남대방이라는 새로운 인식으로 귀결된다. 물론 그것은 오류에 입각한 탓에 새로운 오류에 불과하다.

- 노례왕 4년 고구려 3대 無恤王이 낙랑을 쳐서 멸망시키자, 그 나라 사람이 대방(인)과 함께 신라에 투항하였다. (낙랑국)
- 노례왕 4년에 대방인이 낙랑인과 함께 신라에 투항하였다. (북대방)

우선 낙랑국조의 서술은 『국사』를 인용한 것이다. 『국사』는 인용한 내용 앞에, 혁거세 30년에 낙랑인이 와서 투항했다고 하였다. 신라본기 혁거세거서간 30년 조에는 낙랑인들이 신라를 침입하려다가 신라의 도의에 감복하여 자신들의 행위를 부끄러워하며 철군했다고 한다. '투항'과 '철군'은 다르나, 그 의미에서 두 정보는 공명하는 바가 없지 않다. 또 무휼왕이 낙랑을 '멸망'시켰다는 기사 역시 고구려본기 대무신왕 20년(37)조에 보인다. 그러므로 『국사』는 『삼국사기』로 보아도 좋다.

그러나 낙랑인들이 신라에 투항했다 한 기사는 『삼국사기』에 노례왕 즉 유리이사금 4년이 아니라 그 14년(37)조에 있다. 고구려의 낙랑 공멸과 그들의 신라 투항은 연계된 사건이므로, 상이한 연대 가운데 '노례왕 4년' 측이 오류일 것이다. 또한 그때 대방인들이 함께 투항했다고 하는 것은 대방군이 미처 설치되기 전이므로 역시 오류이되, 그것은 고조선조에서 발생한 '북대방'의 오인을 배경으로 한 것이다. 그리고 낙랑국조를 바로 이어 서술된 북대방조에 그 두 가지 오류는 완벽하게 반복되었다.

노례왕 14년은 고구려의 공격으로 인해 낙랑인들이 신라에 투항해 온 해로서, 매우 저명한 사건과 관련하여 주목할 만한 해이다. 그러나 제3노례왕조에는 낙랑이 언급된 바 없고, 낙랑국조와 북대방조에는 해당 사건을 노례왕 4년의 일이라 하였다. 이 문제의 '노례왕 14년'은 뜻밖에도 伊西國과 관련하여 언급된다. 즉 이서국조(기이)에는 "노례왕 14년에 이서국 사람들이 와서 금성을 공격했다"라고 한다. 다시 제3노례왕조에는 "建武 18년에 이서국을 쳐서 멸망시켰다"라고 한다. 『삼국사기』와 왕력에 의하면 노례왕 14년은 37년이고, 건무 18년은 42년이다. 게다가 미추왕죽엽군조에서는 "제14대 儒理王代에 이서국 사람들이 와서 금성을 공격했다"라고 한다. 일단 노례왕조에 이서국을 '멸망'시켰다는 정보는 미추왕죽엽군조의 정보와 부합하지 못한다. 현재로서는 노례왕조 기사의 진위를 판별할 기준이 없다. 논의 가능한 문제는 이서국조와 미추왕죽엽군조에 있다.

『삼국사기』 신라본기에는 유례이사금 14년(297)에 伊西古國이 금성을 공격했다 하며, 그에 대한 사건의 추이는 미추왕죽엽군조의 내용과 방불하다. 반면에 노례왕 즉 3대 유리왕 14년 조에는 앞에 말한 바와 같이 낙랑인의 내투 기사가 있을 뿐이다. 따라서 이서국의 금성 공격 사건에 대해서는 신라본기 유례이사금 14년 기사와 미추왕죽엽군조 기사의 상응 현상을 주목하는 것이 순리이다. 미추왕은 노례왕보다 뒷시대 인물이라는 점도 고려 조건이 된다. 그렇다면 이서국조의 노례왕 14년 관련 기사는 서술자의 오류이거나 미추왕죽엽군조 기사의 중복일 것이다. 그 원인 맥락은 왕의 이름 '노례'에 있다.

신라본기에는 14대 유례이사금에 대해 "『고기』에는 제3대 왕과 제14대 왕 두 왕의 이름이 같아 儒理 혹은 儒禮라고 하였다"라고 한다. 주지하듯이 3대 왕은 유리이사금이다. 왕력에서는 3대와 14대 왕을 각각 '弩禮'와 '儒禮'라고 한다. 제3노례왕조에서는 노례이질금에 대해 "儒禮王으로도 쓴다"라고 분주하였고, 미추왕죽엽군조에는 14대 '儒理王'이라고 하였다. 결국 3대와 14대 왕은 이름을 공유한다.

만약 미추왕죽엽군조의 이서국 관련 기사를 기준으로 한다면 이서국조의 '노례왕 14년'은 '유례왕 14년'과 동의어일 수 있다. 즉 이서국조의 노례왕이 3대 왕을 의미한다면, 서술자는 왕명의 공유에서 오류 정보를 쓴 것이다. 반대로 14대 왕을 의미했던 것이라면, 이서국조를 별도 항목으로 세운 이상 14대 유례왕 관련 사건을 발췌하여 수록한 것이다. 어떤 경우이든 이서국조와 미추왕죽엽군조에 있는 이서국의 금성 공격 서술은 서로 분리될 수 없는 유기적 맥락에서 비롯하였다.

이 글은 편찬의 유기성 여부를 점검하기 위해 네 가지 문제의식을 설정하였다. 첫째, 서술자의 내용 지시가 실제 어떤 방식으로 호응되고 있는가? 둘째, 동일 범주의 자료와 내용이 어떤 맥락에서 항목별로 분재되고 있는가? 셋째, 서술자의 논증들에 동원된 기준의 논리적 자질에 어떤 유기적 측면이 개입되어 있는가? 넷째, 검증 가능한 오류의 토대나 그 오류의 적용 혹은 공유의 사례는 어떤 유기적 과정을 반영하고 있는가? 이러한 질문들은 이미 유기적 서술을 우호적으로 탐색하고 확인하기 위한 편향을 감추지 않는다. 그에 따라 '미지의 전혀 다른 복수의 서술자들의 존재'에 대한 동의를 유보하는 데로 귀결하였다.

물론 후주의 존재 여부 논란은 말끔히 해소되지 않았다. 오히려 본문 서술자와 분주 작성자 사이의 미세한 간극은 종종 감지되고 있다. 그러므로 이 글의 점검 사례들을 향한 비판적 논의 제기 가능성을 완전히 차단하지 못한다. 그러나 그 비판이 일연과 무극 이외의 서술자의 존재를 '증명'하는 '반증'의 지위를 차지할 가능성은 크지 않다. '증명되지 않았으나 배제될 수도 없는' 가필자의 손길이란, 애초 서술자의 방식과 인식에 충분히 공감하거나 기여하는 데 그쳤다고 보기 때문이다. 『삼국유사』가 토대로 한 현실에는 당대인들의 인식 지향과 당대까지의 자료 전승이 함께 자리하는 것이다.

더구나 이 글에서 점검한 측면 외의 여러 요소들에 대한 논의는 이미 『삼국유사』의 전일적 서술 지향을 증거해 왔다. 예컨대 '본사'로서의 『삼국사기』에 대한 존중, 『고기』를 비롯한 고유 전승에 대한 비판적 시각, 중국 측 사서의 정보에 대한 편향된 신뢰, 연대 추정과 간지 적용과 전거 인용의 허다한 오류, 자료를 취사하고 대교하는 방식 등을 환기한다. 특히 『삼국유사』에 담긴 당착과 오류와 그에 기반을 둔 의혹의 정도는, 『삼국사기』의 그것에 비해 그다지 다르지 않다는 점을 직시할 일이다. 아울러 문헌의 편찬 관련 논의는 정작 그 내용에 대한 정당한 음미에 기여하기 위해 유의미할 뿐이라는 점도 잊지 않고자 한다.

[참고논저]

가. 사료

『高麗史節要』『高麗史』『舊唐書』『錦南先生集』(崔溥)『訥齋集』(梁誠之)『唐大詔令集』『大覺國師文集』『大東野乘』『大東地志』(金正浩)『東國李相國全集』(李奎報)『東國通鑑』『東史綱目』(安鼎福)『論語』『孟子』『牧隱詩藁』(李穡)『樊川文集』(杜牧)『法苑珠琳』(道世)『北史』『四佳集』(徐居正)『史記』『三國史記』『三國史節要』『三國遺事』『三國志』『尙書』『星湖僿說』(李瀷)『星湖先生文集』(李瀷)『世祖惠莊大王實錄』『世宗實錄地理志』『世宗實錄』『續高僧傳』『宋高僧傳』『宋史』『隋書』『新唐書』『新增東國輿地勝覽』『陽谷先生集』(蘇世讓)『梁書』『梁職貢圖』『與猶堂全書』(丁若鏞)『燃藜室記述』(李肯翊)『五洲衍文長箋散稿』(李圭景)『遼史』『魏書』『類聚國史』『應制詩註』(權擥)『日本書紀』『資治通鑑外紀』(劉恕)『資治通鑑』『佔畢齋集』(金宗直)『帝王韻紀』『朝鮮佛敎通史』(李能和)『左傳』『周禮』『周書』『增補文獻備考』『晋書』『册府元龜』『崔文昌侯全集』(崔致遠)『太宗實錄』『太平御覽』『通典』『漂海錄』(崔溥)『筆苑雜記』(徐居正)『漢書』『韓昌黎集』(韓愈)『海東高僧傳』『海東繹史續』(韓鎭書)『後漢書』『欽定全唐文』

나. 단행본

강경구, 1991,『古代의 三朝鮮과 樂浪』, 기린원.

강봉룡, 2016,『바닷길로 찾아가는 한국 고대사』, 경인문화사.

姜仁求 외, 2002·2003,『譯註 三國遺事 Ⅱ~Ⅴ』, 以會文化社.

高麗大學校 中央圖書館, 1983,『晩松文庫本 三國遺事』, 旿晟社.

고운기, 2001,『일연과 삼국유사의 시대』, 도서출판 月印.

국립광주박물관, 1996,『백제금동향로와 사리감』.

국사편찬위원회 편, 2005,『혼인과 연애의 풍속도』, 두산동아.

權悳永, 1997,『古代韓中外交史』, 一潮閣.

권순형, 2006, 『고려의 혼인제와 여성의 삶』, 혜안.
김기섭, 2000, 『백제와 근초고왕』, 학연문화사.
김대웅 옮김, 1985, 『가족의 기원』(Friedrich Engels, 1892, *Der Ursprung der Familie, des Privateigentums und des Staats*), 아침.
金福順, 1990, 『新羅華嚴宗硏究』, 民族社.
金福順, 2002, 『한국 고대불교사 연구』, 民族社.
金庠基, 1974, 『東方史論叢』, 서울대학교출판부.
노중국, 2003, 『백제부흥운동사』, 일조각.
노태돈, 2009, 『삼국통일전쟁사』, 서울대학교출판부.
金聖洙, 2000, 『「無垢淨光大陁羅尼經」의 研究』, 淸州古印刷博物館.
金哲埈, 1975, 『韓國古代國家發達史』, 한국일보사.
문안식, 2006, 『백제의 흥망과 전쟁』, 혜안.
박진태·정호완·이동근·김복순·이강옥·조수동, 2002, 『삼국유사의 종합적 연구』, 박이정.
白南雲, 1933, 『朝鮮社會經濟史』, 改造社.
백제문화사대계 편찬위원회, 2008, 『유적·유물로 본 백제(Ⅰ)』.
邊東明, 1995, 『高麗後期 性理學受容研究』, 一潮閣.
성균관대학교 대동문화연구원, 1972, 『崔文昌侯全集』, 성균관대학교출판부.
辛鍾遠, 1992, 『新羅初期佛敎史硏究』, 民族社.
신종원, 2016, 『신라불교의 개척자들』, 글마당.
申瀅植, 1981, 『三國史記 研究』, 一潮閣.
沈喁俊, 2002, 『「無垢淨光大陀羅尼經」의 傳入與否攷 — 敦煌石室·北京圖書館藏本을 中心으로』, 三希出版社.
연세대학교 박물관, 2016, 『파른본 삼국유사 교감』, 혜안.
李康來, 1996, 『三國史記 典據論』, 民族社.
이강래, 1998, 『삼국사기 Ⅰ·Ⅱ』, 한길사.
이강래, 2007, 『삼국사기 형성론』, 신서원.
이강래, 2011, 『삼국사기 인식론』, 일지사.

이강래, 2020, 『한국 고대의 경험과 사유 방식』, 전남대학교출판문화원.
李根直, 1997, 『三國遺事 校勘研究』, 신서원.
李基白, 1986, 『新羅思想史研究』, 一潮閣.
李基白 編, 1987, 『韓國上代古文書資料集成』, 一志社.
李基白, 1974, 『新羅政治社會史研究』, 一潮閣.
李基白, 1996, 『韓國古代政治社會史研究』, 一潮閣.
李文雄 역, 1977, 『文化의 概念』(Leslie A. White, 1973, *The Concept of Culture*), 一志社.
李文雄 譯, 1981, 『人類學槪論』(Ernest L. Schusky & T. Patrick Culbert, 1978, *Introducing Culture*, Prentice-Hall, Inc.), 一志社.
이범교 역해, 2005, 『삼국유사의 종합적 해석 (상)』, 민족사.
李丙燾, 1977, 『國譯 三國史記』, 乙酉文化社.
전덕재, 2018, 『三國史記 본기의 원전과 편찬』, 주류성.
全海宗, 1982, 『東夷傳의 文獻的 研究 — 魏略·三國志·後漢書 東夷關係 記事의 檢討』, 一潮閣.
鄭淸柱, 1996, 『新羅末高麗初 豪族研究』, 一潮閣.
趙東元 編, 1982, 『韓國金石文大系 3』, 圓光大學校出版局.
趙東元 編, 1982, 『韓國金石文大系 4』, 圓光大學校出版局.
震檀學會 編, 1980, 『韓國古典심포지움』 제1집, 一潮閣.
최광식·박대재 역주, 2014, 『삼국유사 1』, 고려대학교출판부.
최달중·정동호 공역, 1978, 『古代社會』(Lewis H. Morgan, 1877, *Ancient Society*), 玄岩社.
崔英成, 1987, 『註解 四山碑銘』, 亞細亞文化社.
崔英成, 1999, 『譯註 崔致遠全集 2』, 아세아문화사.
崔在錫 譯, 1978, 『社會人類學』(John Beattie, 1968, *Other Cultures : Aims Methods and Achievements in Social Anthropology*), 一志社.
최치원, 이상현 옮김, 2009, 『고운집』, 한국고전번역원.

坂本太郎, 박인호·임상선 역, 1991, 『일본사학사』, 첨성대.

河廷龍, 2005, 『삼국유사 사료비판』, 民族社.

韓國古代社會研究所 編, 1992, 『譯註 韓國古代金石文 Ⅱ·Ⅲ』, 駕洛國史蹟開發研究院.

한국사연구회 편, 1996, 『譯註 羅末麗初金石文(上)』, 혜안.

韓永愚, 1981, 『朝鮮前期 史學史研究』, 서울대학교출판부.

高寬敏, 1996, 『『三國史記』の原典的研究』, 雄山閣.

末松保和, 1966, 『青丘史草』 第二, 笠井出版印刷社.

三品彰英, 1975, 『三國遺事考證』 上, 東京, 塙書房.

三品彰英, 1979, 『三國遺事考證』 中, 東京, 塙書房.

Adam Kuper, 1982, *Wives for cattle : Bridewealth and marriage in Southern Africa*, London : Routledge & Kegan Paul Ltd.

Christraud M. Geary, 1986, *On Legal Change in Cameroon : Woman, marriage, and bridewealth*, African Studies Center : Boston University.

Edward Westermarck, 1921, *The History of Human Marriage Ⅱ*, London : Macmillan and Co.

Elman R. Service, 1985, *A Century of Controversy : Ethnological Issues from 1860 to 1960*, New York : Academic Press.

Holly Wardlow, 2006, *Wayward Woman : Sexuality and Agency in a New Guinea Society*, University of California Press.

Jonathan W. Best, 2006, *A History of the Early Korean Kingdom of Paekche*, Cambridge : Harvard University Asia Center.

Napoleon A. Chagnon, 1977, *Yanomamö, the fierce people*, Holt, Rinehart & Winston.

Thomas Hakansson, 1987, *Bridewealth, Woman and Land : Social Change among the Gusii of Kenya*, Sweden : Uppsala University.

다. 논문

姜鳳龍, 2001, 「甄萱의 勢力基盤 擴大와 全州 定都」『후백제 견훤정권과 전주』, 주류성.

강봉룡, 2014, 「한국 고대사에서 바닷길과 섬」『한국 고대사 연구의 시각과 방법』, 사계절.

江守五夫, 1981, 「日本의 婚姻成立儀禮의 史的 變遷과 民俗」『日本學』 1.

姜仁求, 1987, 「新羅王陵의 再檢討(3) — 三國遺事의 記事를 中心으로」의 「附篇 : 新羅王陵에 關한 文獻資料 解析」『三國遺事의 綜合的 檢討』, 한국정신문화연구원.

강인숙, 1985, 「구『삼국사』의 본기와 지」『력사과학』 4, 사회과학원 력사연구소.

강재철, 2000, 「善德王知幾三事條 說話의 歷史的 理解」『說話와 歷史』, 集文堂.

高翊晋, 1982, 「『三國遺事』 撰述攷」『韓國史研究』 38.

권도경, 2007 「국립도서관본 계열 「설인귀전」의 형성 과정에 나타난 고·당 전쟁 문학의 교섭양상에 관한 연구」『동북아역사논총』 15.

權純烈, 1993, 「三國遺事 所載의 金庾信 說話 研究」『(朝鮮大)人文科學研究』 15.

金壽泰, 2001, 「烏合寺」『성주사와 낭혜』, 서경문화사.

金乾坤, 1988, 「「新羅殊異傳」의 作者와 著作背景」『정신문화연구』 34, 정신문화연구원.

金基興, 2010, 「서동설화의 역사적 진실」『歷史學報』 205.

김대현, 2000, 「『搜神記』와 『三國遺事』의 孝行談에 대한 비교 고찰」『아시아문화』 15.

金都鍊, 1982, 「『三國遺事』 國譯上의 諸問題 — 몇 事例를 中心으로」『韓國史研究』 38.

金杜珍, 2000, 「三國遺事의 體制와 내용」『韓國學論叢』 23, 국민대학교 한국학연구소.

김두진, 2002, 「一然의 生涯와 저술」『全南史學』 19.

金相鉉, 1978, 「『三國遺事』에 나타난 一然의 佛敎史觀」『韓國史研究』 20.

金相鉉, 1982, 「『三國遺事』의 刊行과 流通」『韓國史研究』 38.

金相鉉, 1985, 「三國遺事 王曆篇 檢討 — 王曆 撰者에 대한 疑問」『東洋學』 15, 단국대학교 東洋學研究所.

金相鉉, 1987, 「三國遺事의 書誌學的 考察」『三國遺事의 綜合的 檢討』, 韓國精神文化研究院.

金相鉉, 1993, 「三國遺事 元曉 關係 記錄의 檢討」『新羅佛敎의 再照明 — 新羅文化祭

學術發表會論文集 14』.
金相鉉, 1993, 「三國遺事의 歷史方法論的 考察」『東洋學』 23.
金相鉉, 2000, 「三國遺事 孝善篇 檢討」『東洋學』 30.
金相鉉, 2003, 「三國遺事論」『강좌 한국고대사』 1, 가락국사적개발연구원.
金相鉉, 2007, 「『삼국유사』의 연구현황 — 편찬과 간행을 중심으로」『일연과 삼국유사』, 일연학연구원.
김석형, 1981, 「구『삼국사』와 『삼국사기』」『력사과학』 4.
김선주, 2005, 「『삼국유사』 기이편을 통해 본 한국 고대 혼인」『삼국유사 기이편의 연구』, 한국학중앙연구원.
김수진, 2010, 「7세기 高句麗의 道敎 受容 배경」『韓國古代史硏究』 59.
김영관, 2014, 「의자왕과 백제 멸망에 대한 새로운 시각」『한국 고대사 연구의 시각과 방법』, 사계절.
김영범, 1999, 「알박스(Maurice Halbwachs)의 기억사회학 연구」『(대구대)사회과학연구』 6-3.
金煐泰, 1974, 「三國遺事의 體裁와 그 性格」『東國大論文集』 13, 동국대학교.
金潤坤, 1983, 「麗代의 雲門寺와 密陽·淸道 地方」『三國遺事硏究』 上, 嶺南大學校出版部.
金毅圭, 1979, 「新羅 母系制 社會說에 대한 檢討 — 新羅親族硏究(其一)」『韓國史硏究』 23.
金廷鶴, 1954, 「檀君說話와 토오테미즘」『歷史學報』 7.
김창현, 2013, 「문집의 遊歷 기록을 통해 본 고려후기 지역사회의 양상 — 이규보의 전주권역 遊歷 기록을 중심으로」『韓國史學報』 52.
김창호, 2001, 「『三國遺事』에 실린 我道本碑의 작성 시기」『慶州史學』 20.
金哲埈, 1973, 「魏志東夷傳에 나타난 韓國古代社會의 性格」『大東文化硏究』 13.
金泰永, 1974, 「三國遺事에 보이는 一然의 歷史認識에 대하여」『慶熙史學』 5.
김화경, 2000, 「견훤 탄생담 연구」『說話와 歷史』, 集文堂.
나경수, 2009, 「薯童說話와 百濟 武王의 彌勒寺」『韓國史學報』 36.
남동신, 2019, 「삼국유사(三國遺事)의 성립사 연구 — 기이(紀異)를 중심으로」『韓國思想史學』 61.

노중국, 2020, 「『삼국사기』 초기 기록 연구의 흐름과 문제점」 『삼국사기 초기 기록, 어디까지 믿을 수 있나』, 한성백제박물관.
盧泰敦, 1983, 「高句麗 초기의 娶嫂婚에 관한 一考察」 『金哲埈博士華甲紀念史學論叢』, 知識産業社.
맥브라이드 리차드, 2007, 「『삼국유사』의 신빙성 연구 — 중국 및 한국문헌자료의 사례」 『일연과 삼국유사』, 일연학연구원.
文暻鉉, 1983, 「三國遺史所載 未鄒王攷」 『三國遺事研究 上』, 嶺南大學校出版部.
閔泳珪, 1969, 「三國遺事」 『韓國의 古典百選』 『新東亞』 1월호 附錄.
박대재, 1999, 「『三國史記』 初期記事에 보이는 新羅와 百濟의 戰爭」 『韓國史學報』 7.
朴大在, 2001, 「『三國遺事』 古朝鮮條 인용 『魏書』論」 『韓國史研究』 112.
朴性鳳, 1990, 「馬韓認識의 歷代變化」 『馬韓·百濟文化』 12.
박승범, 2014, 「7세기 전반기 新羅 危機意識의 실상과 皇龍寺9층木塔」 『新羅史學報』 30.
朴漢濟, 1993 「七世紀 隋唐兩朝의 韓半島進出 經緯에 대한 一考 : 隋唐初 皇帝의 正統性確保問題와 關聯하여」 『東洋史學研究』 43.
박현숙, 2009, 「百濟 武王의 益山 경영과 彌勒寺」 『韓國史學報』 36.
方善柱, 1988, 「檀君紀年의 考察」 『檀君神話論集』, 새문사.
裵慶淑, 1981, 「韓國婚俗의 變遷에 관한 研究 — 三國時代와 高麗時代의 婚姻習俗을 중심으로」 『法史學研究』 6.
배근홍, 2007, 「『삼국유사』에 보이는 나당 관계 내용의 새로운 검토」 『일연과 삼국유사』, 일연학연구원.
邊東明, 2011, 「전통시기의 紺岳山 숭배와 山神 薛仁貴」 『歷史學研究』 42.
濱田耕策, 2007, 「『삼국유사』의 북방사 — 고조선의 행방과 出典과의 관련을 중심으로」 『일연과 삼국유사』, 일연학연구원.
史在東, 1974, 「「武康王傳說」의 研究」 『百濟研究』 5, 충남대학교 百濟研究所.
史在東, 1978, 「「甄萱傳」의 形成에 대하여」 『語文論志』 3.
徐大錫, 1985, 「百濟神話 研究」 『百濟論叢』 1.
徐海淑, 2000, 「甄萱說話의 傳承樣相과 歷史認識」 『후백제 견훤정권과 전주』, 주류성.

성정용, 2007, 「金堤 碧骨堤의 性格과 築造時期 再論」『한·중·일의 고대 수리시설 비교연구』, 계명대학교출판부.

蘇在英, 1974, 「三國遺事에 비친 一然의 說話意識 — 註·議·讚을 中心으로」『崇田語文學』 3, 숭전대학교.

송호정, 2005, 「三國遺事에 보이는 一然의 古朝鮮 認識」『三國遺事研究』 창간호.

辛東鎭, 1983, 「高句麗 初期의 婚姻體系 分析」, 건국대학교 석사학위논문.

辛鍾遠, 1987, 「新羅五臺山史蹟과 聖德王의 卽位背景」『崔永禧先生華甲紀念韓國史學論叢』, 探求堂.

辛鍾遠, 1988, 「三國遺事 〈郁面婢念佛西昇條〉 譯解」『新羅文化』 5.

신종원, 1992, 「三國遺事 〈良志使錫〉條 註釋」『古文化』 40·41合.

辛鍾遠, 1993, 「三國遺事 <阿道基羅>條 譯註」『宋甲鎬敎授停年退任記念論文集』.

신종원, 2002, 「삼국 불교와 중국의 남조문화」『강좌 한국고대사』 9, 駕洛國史蹟開發研究院.

신종원, 2009, 「미륵사석탑사리기를 통해 본 『삼국유사』 무왕조의 이해」『미륵사 사리장엄 연구의 쟁점과 전망』, 한국학중앙연구원 동아시아역사연구소.

신종원, 2010, 「『삼국유사』 信忠掛冠條의 몇 가지 문제」『명예보다 求道를 택한 신라인 — 新羅文化祭學術論文集 31』.

신종원, 2011, 「사리봉안기를 통해 본 『삼국유사』 무왕조의 이해」『익산 미륵사와 백제 — 서탑 사리봉안기 출현의 의의』, 일지사.

申虎澈, 1985, 「後百濟 甄萱 研究(Ⅰ) — 甄萱 關係 文獻의 豫備的 檢討」『百濟論叢』 1.

申虎澈, 1987, 「後百濟의 支配勢力에 대한 分析 — 특히 後百濟의 멸망과 관련하여」『斗溪李丙燾博士九旬紀念韓國史學論叢』, 知識産業社.

申虎澈, 1991, 「後百濟와 관련된 여러 異說들의 종합적 검토」『國史館論叢』 29.

梁炳龍, 1997, 「羅唐戰爭 進行過程에 보이는 高句麗遺民의 對唐戰爭」『史叢』 46.

鈴木靖民, 1993, 「7世紀 中葉 百濟의 政變과 東아시아」『百濟史의 比較研究』, 忠南大學校百濟研究所.

柳鐸一, 1983, 「三國遺事의 文獻變化 樣相과 變因 — 그 病理學的 分析」『三國遺事研

究 上』, 嶺南大學校出版部.
柳承國, 1987, 「檀君朝鮮의 年代考證에 관한 연구」『季刊京鄕』 여름.
尹武炳, 1976, 「金堤 碧骨堤 發掘報告」『百濟硏究』 7.
이강래, 2007, 「고려와 조선전기의 백제 인식」『百濟史 總論』, 충청남도역사문화연구원.
李光奎, 1967, 「蒙古族의 婚姻考」『歷史教育』 10.
李光奎, 1976, 「同性同本不婚의 史的 考察」『韓國文化人類學』 8.
李根直, 1998, 「『삼국유사』 왕력의 편찬 성격과 시기」『韓國史硏究』 101.
李基東, 1987, 「三國遺事에 의한 新羅史硏究와 敍述」『三國遺事의 綜合的 檢討』, 한국정신문화연구원.
李基東, 1998, 「鄭求福 外 編著, 『譯註 三國史記』 4冊(城南市 : 韓國精神文化硏究院 1996~1997)」『歷史學報』 157.
李基白, 1962, 「景德王과 斷俗寺·怨歌」『韓國思想』 5.
李基白, 1973, 「三國遺事의 史學史的 意義」『震檀學報』 36.
李基白, 1978, 「金大問과 그의 史學」『歷史學報』 77.
李基白, 1984, 「三國遺事 紀異篇의 考察」『新羅文化』 1, 동국대학교 新羅文化硏究所.
李基白, 1985, 「『三國遺事』 王曆篇의 檢討」『歷史學報』 107.
李基白, 1987, 「三國遺事의 篇目構成」『佛教와 諸科學』, 東國大學校出版部.
李基白, 1987, 「『三國遺事』 記錄의 信憑性 問題」『아시아문화』 2, 한림대학교 아시아문화연구소.
李基白, 2000, 「『三國遺事』 興法篇의 趣旨」『震檀學報』 89.
李楠永, 1986, 「三國遺事와 僧一然과의 關係考察」『三國遺事硏究論選集(1)』, 白山資料院.
이도학, 1989, 「泗沘時代 百濟의 四方界山과 護國寺刹의 成立」『百濟硏究』 20.
李道學, 1994, 「唐橋 '蘇定方被殺說'의 역사적 의의」『芝邨金甲周教授華甲紀念史學論叢』, 芝邨金甲周教授華甲紀念史學論叢刊行委員會.
李東夏, 1986, 「『三國遺事』 所載의 佛教說話에 대한 一考察」『三國遺事硏究論選集(1)』, 白山資料院.
李鳳麟, 1983, 「三國遺事의 象徵性 硏究」『三國遺事硏究 上』, 嶺南大學校出版部.

이부오, 2005, 「『삼국유사』 기이편에 나타난 고대 왕호 인식」 『삼국유사 기이편의 연구』, 한국학중앙연구원.

李純根, 1989, 「羅末麗初 地方勢力의 構成形態에 관한 一硏究」 『韓國史硏究』 67.

李永植, 2002, 「「駕洛國記」의 史書的 檢討」 『강좌 한국고대사』 5, 가락국사적개발연구원.

이용현, 2009, 「미륵사 건립과 사택씨 — <사리봉안기>를 실마리로 삼아」 『新羅史學報』 1.

晋永美, 1990, 「「皇龍寺九層塔」 창건설화의 구조와 의미 — 一然의 『三國遺事』 편찬의식과 관련하여」 『成大文學』 27.

李佑成, 1969, 「三國遺事 所載 處容說話의 一分析」 『金載元博士回甲紀念論叢』, 乙酉文化社.

이장웅, 2017, 「백제 五岳 제사와 佛教寺院 — 북악 烏含寺(五會寺·烏合寺)와 南岳 지역을 중심으로」 『百濟硏究』 66.

李載浩, 1983, 「三國遺事에 나타난 民族自主意識 — 特히 그 體裁와 義例에 對하여」 『三國遺事硏究 上』, 嶺南大學校出版部.

李昊榮, 1996, 「新羅中心思想의 成立 背景」 『重山鄭德基博士華甲紀念韓國史學論叢, 韓國史의 理解』, 景仁文化社.

이효형, 2009, 「『歷代年表』와 『三國遺事』를 통해 본 一然의 발해 인식」 『동북아역사논총』 18.

林炳泰, 1967, 「新羅小京考」 『歷史學報』 35·36.

張忠植, 2001, 「『三國遺事 塔像篇 體裁의 檢討」 『東岳美術史學』 1.

全京秀, 1988, 「신진화론과 국가형성론 — 인류학이론의 올바른 적용을 위하여」 『韓國史論』 19.

전장석, 1961, 「동성불혼(同姓不婚)에 관한 연구」 『문화유산』 1.

鄭求福, 1987, 「三國遺事의 史學史的 考察」 『三國遺事의 綜合的 檢討』, 한국정신문화연구원.

鄭求福, 1993, 「高麗 初期의 『三國史』 編纂에 대한 一考」 『國史館論叢』 45, 국사편찬위원회.

鄭求福, 1994, 「高麗朝의 避諱法에 관한 연구」 『李基白先生古稀紀念 韓國史學論叢 上 — 古代篇·高麗時代篇』, 一潮閣.

정병삼, 2007, 「신라불교사상사와 『삼국유사』 의해편」 『일연과 삼국유사』, 일연학연구원.

정용숙, 1994, 「『三國史記』에 나타난 女性像 — 高句麗 好童記事를 중심으로」 『釜大史學』 18.

정운용, 1998, 「金石文에 보이는 高句麗의 年號」 『韓國史學報』 5.

丁天求, 1996, 「三國遺事 글쓰기 방식의 특성 연구 — 殊異伝·三國史記·海東高僧傳과의 비교를 통해」, 서울대학교 석사학위논문.

趙景蘭, 2008, 「善德王이 이야기하는 선덕왕의 즉위」 『新羅史學報』 14.

조동일, 1983, 「삼국유사 불교설화와 숭고하고 비속한 삶」 『三國遺事研究 上』, 嶺南大學校出版部.

조동일, 1986, 「삼국시대 설화의 문학적 해석」 『傳統과 思想(Ⅰ)』.

조동일, 1987, 「삼국유사 설화와 구전설화의 관련 양상」 『三國遺事의 綜合的 檢討』, 韓國精神文化研究院.

趙仁成, 1994, 「崔致遠 撰述 碑銘의 註釋에 대한 一考」 『加羅文化』 11, 경남대학교 加羅文化研究所.

曹佐鎬, 1973, 「魏志東夷傳의 史料的 價値」 『大東文化研究』 13.

曺喜雄, 1986, 「三國遺事 佛教說話의 形成過程」 『韓國文學史의 爭點』, 集文堂.

존 C. Jamieson, 1969, 「羅唐同盟의 瓦解 — 韓中記事 取捨의 比較」 『歷史學報』 44.

晋永美, 1990, 「「皇龍寺九層塔」 창건설화의 구조와 의미 — 一然의 『三國遺事』 편찬의식과 관련하여」 『成大文學』 27.

蔡尙植, 1986, 「至元 15년(1278) 仁興寺刊 歷代年表와 三國遺事」 『高麗史의 諸問題』, 三英社.

崔南善, 1946, 「三國遺事 解題」 『新訂 三國遺事』(4판, 1971), 民衆書館.

崔柄憲, 1987, 「『三國遺事에 나타난 韓國古代佛教學史 認識 — 佛教教學과 宗派에 대한 認識問題를 중심으로」 『三國遺事의 綜合的 檢討』, 한국정신문화연구원.

崔相天, 1985, 「『三國遺事』에 나타난 國家繼承意識의 검토」 『韓國傳統文化研究』 1, 효성여대 韓國傳統文化研究所.

최연식, 2007, 「高麗時代 僧傳의 서술 양상 검토 — 『殊異傳』 『海東高僧傳』 『三國遺事』의 阿道와 圓光전기 비교」 『韓國思想史學』 28.

최일례, 2011, 「연개소문의 출자에 관한 몇 가지 의문」 『韓國思想과 文化』 57.
崔在錫, 1969, 「韓國古代家族에 있어서의 母系 父系의 問題」 『韓國社會學』 4.
崔喆, 1980, 「衆論形成과 그 機能 — 三國遺事를 중심하여」 『三國遺事의 新硏究』, 新羅文化宣揚會.
최희준, 2018, 「『삼국유사』 '황룡사구층탑' 조에 대한 재검토와 아비(阿比)의 출자」 『삼국유사의 세계』, 세창출판사.
卓奉心, 1984, 「『東明王篇』에 나타난 李奎報의 歷史意識」 『韓國史硏究』 44.
河廷龍, 2002, 「『三國遺事』의 編纂과 刊行에 대한 硏究」, 고려대학교 박사학위논문.
河廷龍, 2008, 「『日本帝紀』와 『日本帝記』를 통해서 본 『三國遺事』의 사료비판 — 延烏郎細烏女條와 元聖大王條의 後註를 중심으로 한 原典論」 『新羅史學報』 12.
河炫綱, 1968, 「高麗前期의 王室結婚에 對하여」 『梨大史苑』 7.
許興植, 2005, 「三國遺事 撰述의 時期와 場所」 『三國遺事硏究』 창간호.
현승환, 2000, 「서동설화와 무왕의 등극」 『說話와 歷史』, 集文堂.
洪淳昶, 1983, 「金官國의 世系에 대하여」 『三國遺事硏究 上』, 嶺南大學校出版部.
洪潤植, 1987, 「三國遺事에 있어 舊三國史의 諸問題」 『韓國思想史學』 1.
黃壽永, 1973, 「百濟帝釋寺址의 硏究」 『百濟硏究』 4.
黃壽永, 1980, 「三國遺事와 佛教美術」 『三國遺事의 新硏究』, 新羅文化宣揚會.
황인덕, 1995, 「천정대(天政臺)전설의 역사성과 지역성(속)」 『百濟硏究』 25.

鏡山猛, 1937, 「日本書紀に現れたる百濟王曆に就いて」 『史淵』 15.
高橋亨, 1955, 「三國遺事の註及檀君傳說の發展」 『朝鮮學報』 7.
今西龍, 1910, 「檀君の說話に就て」 『歷史地理臨時增刊朝鮮號』, 日本歷史地理學會.
末松保和, 1932, 「高麗文獻小錄(二)三國遺事」 『青丘學叢』 8.
木下禮仁, 1993, 「『三國史記』にみえる倭關係記事」 『日本書紀と古代朝鮮』, 塙書房.
小田省吾, 1920, 「三國史記の稱元法竝に高麗以前稱元法の硏究(上)」 『東洋學報』 10-1.
深津行德, 1992, 「『三國史記』編纂作業の一齣 — 武寧王紀·文咨明王紀を手がかりとして」 (黛弘道 編)『古代國家の歷史と傳承』, 吉川弘文館.

野村伸一, 2004,「東シナ海周邊の女神信仰と女性生活史の視点—基層文化の基軸を求めて」『東アジアの女神信仰と女性生活』, 慶應義塾大學出版會.

田中俊明, 1977,「『三國史記』撰進と『舊三國史』」『朝鮮學報』83.

田中俊明, 1982,「『三國史記』中國史書引用記事の再檢討 — 特にその成立の研究の基礎作業として」『朝鮮學報』104.

坂元義種, 1978,「『三國史記』百濟本紀の史料批判 — 中國諸王朝との交涉記事を中心に」『百濟史の研究』, 塙書房.

坂元義種, 1978,「『三國史記』分注の檢討 —『三國遺事』と中國史書を中心として」『古代東アジア史論集』上, 吉川弘文館.

Bobbi S. Low, 2000, "Sex, Wealth, and Fertility : Old Rules, New Environments", in Lee Cronk, Napoleon Chagnon, William Irons eds., *Adaptation and Human Behavior : An Anthropological Perspective*, Aldine De Gruyter.

Grace Harris, 1972, "Taita Bridewealth Affinal Relationships", in Meyer Fortes, eds., *Cambridge Papers in Social Anthropology*, Cambridge University Press.

Leslie A. White, 1957, "How Morgan came to write System of Consanguinity and Affinity" *Papers of the Michigan Academy of Science, Arts, and Letters* 42.

Napoleon A. Chagnon, 2000, "Manipulating Kinship Rules : A Form of Male Yanomamö Reproductive Competition", in Lee Cronk, Napoleon Chagnon, William Irons eds., *Adaptation and Human Behavior : An Anthropological Perspective*, Aldine De Gruyter.

R. H. Barnes, 1980, "Marriage, Exchange and the Meaning of Corporations in Eastern Indonesia", in J. L. Comaroff eds., *The meaning of marriage payments*, London : Academic Press.

[찾아보기]

ㄱ

가락국고기駕洛國古記 303
가락국기駕洛國記 408
가언충賈言忠 89
가화嘉禾 244
갈반지葛蟠地 455
개황록開皇錄 303, 483
건마국乾馬國 138
경림耿臨 32
계급내혼階級內婚 183
계림잡전鷄林雜傳 337
계백階(堦)伯 37
계필하력契苾何力 35
고구려비기高句麗秘記 89
고기古記 385~393
고달산高達山 96
고도령高道寧 73
고려고기高麗古記 83, 117, 389
고본古本 119, 157, 490
고본수이전古本殊異傳 485
고전기古典記 63, 294, 332
골령鶻嶺 70
공검지恭儉池 197
공손탁公孫度 32
관구검毌丘儉 85
관나부인貫那夫人 184
관미성關彌城 46
관불삼매경觀佛三昧經 225
관세음응험기觀世音應驗記 139
괴곡성槐谷城 24
구삼국사舊三國史 377
구양성狗壤城 26
구인교혼蚯蚓交婚 271, 396
구한九韓 431, 463
국사고려본기國史高麗本記 67
군대부인君大夫人 121, 359
근친혼近親婚 183
금마金馬 138
금마산金馬山 143, 144, 149, 330
금마저金馬渚 141
기군강基郡江 123
기후샤먼(weather shaman) 209
김종직金宗直 161

ㄴ

낙화암落花岩 102, 132
남경천도론南京遷都論 434
남대방南帶方 301
남옥저南沃沮 365
낭산狼山 73

ㄷ

단군고기檀君古記 384
단군기壇君記 68, 368, 481

단군본기檀君本紀 69
당배구전唐裵矩傳 300, 503
당사唐史 318
당서唐書 31
당승전唐僧傳 382
당어림唐語林 86
대각국사大覺國師 154
대관사大官寺 232
대화지大和池 436
덕지德智 28 47
도리천忉利天 72
도유나都唯(維)那 203
도현道顯 100
동도성립기東都成立記 432, 462
동방성인東方聖人 433
동성불혼同姓不婚 181
동천東泉 220
동타천多陁川 242
두목杜牧 297

ㅁ

마령馬嶺 95
마전리麻田里 유적 200
마한정통론馬韓正統論 151
마한조馬韓祖 145
만월성滿月城 92, 93, 114
말통대왕릉末通大王陵 158
망제望祭 242
명랑법사明朗法師 223
명림답부明臨答夫 37
명림씨明臨氏 174
모가장제matriarchy 179
모권제母權制 179
무강왕武康王 157, 161, 164, 354, 475
무광왕武廣王 139
무구정광경無垢淨光經 406
무극無極 441 457 459
문두루비법文豆婁秘法 223
문무왕전文武王傳 410, 453
미륵사彌勒寺 277, 472

ㅂ

박술희朴述希 58
반월성半月城 115
반족半族(moieties) 182
발징본전發徵本傳 485
발해말갈渤海靺鞨 494
방처혼訪妻婚 178
백고伯固 32
백률사석당기栢栗寺石幢記 416
백석白石 56, 87, 117, 355
백운자白雲子 55
백제고기百濟古記 131, 322, 387, 489, 499
백제기百濟記 30
백제지百濟池 198
법해法海 222
벽골제碧骨堤 16, 17, 198
벽골제중수비碧骨堤重修碑 205

벽골지碧骨池 16, 17, 198
보덕普德 95, 124, 153, 435, 448
보덕왕報德王 141
보덕전普德傳 154
복신福信 49
본국본기本國本記 409, 468
본조사략本朝史略 367, 477
봉산성蓬山城 24, 45
부례랑夫禮郞 456
부석존자전浮石尊者傳 413
부여융扶餘隆 498
부여충승扶餘忠勝 49
부여충지扶餘忠志 49
북대방北帶方 300, 334, 502
북옥저北沃沮 59, 365
비래방장飛來方丈 95

ㅅ

사금갑射琴匣 362
사중고기寺中古記 463
사천왕사四天王寺 442
산중고전山中古傳 381, 382, 392, 407, 483
삼국본사三國本史 382
삼국사본전三國史本傳 53, 254~262, 396
삼보三寶 430
삼조선三朝鮮 148
삼화상전三和尙傳 453
삼황三皇 493
상태사시중장上太師侍中狀 478
생식 유용성(reproductive utility) 189
생존 가치 182
서거정徐居正 162
서동薯童 158, 277, 343
서술성모西述聖母 466
서옥壻屋 178
설계두薛罽頭 90
설인귀전薛仁貴傳 90
성왕聖王 65
성조대왕聖祖大王 405
소서노召西奴 181
소세양蘇世讓 162
수곡성水谷城 47
수미강須彌强 275
수신襚(水)神 220, 235
수이전殊異傳 401
숭복사崇福寺 488
승전僧傳 447
시제矢堤 200
신라고기新羅古記 339, 387
신라고전新羅古傳 323, 500
신라별기新羅別記 320
신라이전新羅異傳 486
신라전기新羅傳記 296
신묘神廟 188
신붓값(bride-wealth) 172, 175, 186
신월성新月城 92, 93, 115
신유림神遊林 72
신인神人 95, 111, 126, 129, 154, 282

ㅇ

아도본비阿(我)道本碑 73, 380, 401, 417, 474, 476
아도阿道 21
아도화상비我道和尙碑 337
아라파사산阿羅波斯山 402
아리영정娥利英井 230
아비지阿非知 125, 127
아야사산阿耶斯山 402
아지阿之 360, 470
아해阿海 360, 470
악본樂本 340
안승安勝 140
안시성安市城 86
안홍安弘 413, 433, 458, 462
야래자신화夜來者神話 276, 399
양명羊皿 55, 84, 108, 359
양성지梁誠之 147
연복사延福寺 96
영석靈石 92
오가야五伽耶 367
오곡원五谷原 47
오국吳國 20, 21
오당吳堂 21
오인吳人 21
오작비塢作碑 203
오함사烏含寺 110
오합사烏合寺 109
오회사烏會寺 109
옥문지玉門池 449
옥현玉峴 유적 197
와산성蛙山城 26
완산아完山兒 265
왕거인王巨仁 247
왕안석王安石 87
왕흥사王興寺 112, 277
외혼外婚(exogamy) 182
요내정遙乃井 231
용명악龍鳴嶽 240
용산龍山 226
용암龍嵓(巖) 131, 227, 282, 398
용언궁龍堰宮 94
우영優永 43
운제성모雲帝聖母 221
유공권柳公權 86
유례왕儒禮王 364
유별적類別的 친족 호칭 179
유인궤劉仁軌 209
유화柳花 304
의상義湘 54, 291, 427
의상전義相傳 413, 457, 458
이계복李繼福 379
이곡李穀 132
이문진李文眞 163
이성二聖 221, 390
이오李敖 241
이익李瀷 148
이제(비)가기李磾(碑)家記 262~268, 396

이합시離合詩 350, 395
이흥二興 54
일리천一利川 74
일본제기日本帝紀(記) 347, 487
일통삼한一統三韓 433
임류각臨流閣 247

ㅈ

자매역연혼(sororate) 171
작제건作帝建 181
저전리苧田里 유적 200
적조赤潮 233
전고려前高麗 448
전백錢帛 178, 188
전백제前百濟 409
정사암政事巖 131, 282, 398
정신대왕淨神大王 392
제나부提那部 171
제동신성모문祭東神聖母文 284, 466
제석사帝釋寺 139
제왕연대력帝王年代曆 419
제우齊于 43
조룡대釣龍臺 132
조천석朝天石 92, 93, 135
좌식자坐食者 190
즉위년칭원卽位年稱元 419
지기삼사知幾三事 410, 429, 449
지룡池龍 280, 343, 472
지명법사知命法師 158, 280, 397
지모밀지枳慕蜜地 139, 165
지의법사智義法師 135
직산稷山 150
진감선사眞鑑禪師 163, 404

ㅊ

차득공車得公 185
차록此錄 457
창왕昌王 420
책화責禍 182
처옥妻屋 178
처처혼妻處婚 180
천경림天鏡林 73
천년보장도千年寶藏堵 92
천인감응天人感應 211
천정대天政臺 132
철원鐵原(圓) 424
청제(비)菁堤(碑) 201
촉향분례불결사문髑香墳禮佛結社文 467
최치원崔致遠 338~342
최후본전崔侯本傳 413, 458
추남楸南 55, 87, 108, 118, 355
춘남春男 89
출산력出産力 175, 185~188
취선사鷲仙寺 470
측천무후則天武后 406
치술신모鵄述神母 486
치양성雉壤城 27, 47
친영親迎 177

ㅌ

타사암墮死岩 102, 131, 283, 489

통삼지업統三之業 156

통전通典 298, 339, 503

ㅍ

팔자八likes 235

표훈表訓 362

ㅎ

하백河伯 180, 219, 368

한인지韓人池 198

해동고기海東古記 308

해동고승전海東高僧傳 401

해동승전海東僧傳 486

해동안홍기海東安弘記 463

향고기鄕古記 294, 328

향기鄕記 318

향전鄕傳 323, 500

허경종許敬宗 82

현수賢首 460

형사처수兄死妻嫂(levirate) 171

혜명선사慧明禪師 404

혜소慧昭 163, 405

혜조慧照 405

호강왕虎康王 145

호동好童 182

혼인 재화(marriage payments) 173, 176

황룡사구층목탑찰주본기皇龍寺九層木塔刹柱本記 382

황룡탑편皇龍塔篇 455, 456

황룡黃龍 71

황복사금동사리함기皇福寺金銅舍利函記 406

효조대왕孝照大王 405

효조왕孝照王 391

B

Bantu 176

I

Iroquois 168

K

kifu 172

T

Taita 172

W

Whe 186

Y

Yanomamö 189

한국 고대의 시선과 시각

지은이 이강래

펴낸이 최병식

펴낸날 2021년 11월 1일

펴낸곳 주류성출판사

서울특별시 서초구 강남대로 435 (서초동 1305-5)

TEL | 02-3481-1024 (대표전화) • FAX | 02-3482-0656

www.juluesung.co.kr | juluesung@daum.net

값 26,000원

ISBN 978-89-6246-453-5 93910

잘못된 책은 교환해 드립니다.